HUMAN RESOURCE
MANAGEMENT
▶人力资源管理译丛

组织人员配置
招募、选拔和雇用（第7版）

Staffing Organizations
(Seventh Edition)

赫伯特·赫尼曼
（Herbert G. Heneman Ⅲ）

蒂莫西·贾奇　　　　　著
（Timothy A. Judge）

约翰·卡迈尔–米勒
（John D. Kammeyer-Mueller）

徐世勇　苏中兴　李育辉　王　桢　译

孙健敏　校译

中国人民大学出版社
· 北京 ·

图书在版编目（CIP）数据

组织人员配置：招募、选拔和雇用：第 7 版/赫伯特·赫尼曼等著；徐世勇等译．—北京：中国人民大学出版社，2017.1

（人力资源管理译丛）

书名原文：Staffing Organizations（Seventh Edition）

ISBN 978-7-300-23843-2

Ⅰ.①组… Ⅱ.①赫… ②徐… Ⅲ.①劳动力资源-资源管理-教材 Ⅳ.①F241

中国版本图书馆 CIP 数据核字（2016）第 317488 号

人力资源管理译丛

组织人员配置——招募、选拔和雇用（第 7 版）

赫伯特·赫尼曼

蒂莫西·贾奇　　著

约翰·卡迈尔-米勒

徐世勇　苏中兴　李育辉　王　桢　译

孙健敏　校译

Zuzhi Renyuan Peizhi：Zhaomu，Xuanba he Guyong

出版发行	中国人民大学出版社			
社　　址	北京中关村大街 31 号		**邮政编码**	100080
电　　话	010 - 62511242（总编室）		010 - 62511770（质管部）	
	010 - 82501766（邮购部）		010 - 62514148（门市部）	
	010 - 62515195（发行公司）		010 - 62515275（盗版举报）	
网　　址	http://www.crup.com.cn			
	http://www.ttrnet.com（人大教研网）			
经　　销	新华书店			
印　　刷	三河市汇鑫印务有限公司			
规　　格	185 mm×260 mm　16 开本		**版　　次**	2017 年 1 月第 1 版
印　　张	32.75 插页 2		**印　　次**	2017 年 1 月第 1 次印刷
字　　数	730 000		**定　　价**	69.00 元

译者序

市面上关于人力资源管理的书，无论是翻译的还是自编的，已经不少了。为什么还要花力气翻译这样一本书呢？

首先，这本书是关于人员配置的。人员配置这个概念对我国读者而言并不陌生，上网一查就可以找到很多定义。最普通的定义是指在具体的组织或企业中，为了提高工作效率、实现人力资源的最优化而实行的对组织或企业的人力资源进行科学合理的配备。这样听起来有点过于抽象，好像很简单，其实不然。

广义地讲，人员配置是分析和决定一个组织对人力资源的需求和保证足够的符合标准或要求的人来满足这些需求的一系列活动。实际的人员配置远不是给个定义这么简单，而是包含很多复杂的任务和程序，从组织的人力资源规划到绩效考核，从职位分析到培训项目的设计，从招聘录用到终止合同或解聘裁员，几乎涵盖了人力资源管理的全部职能。

狭义地，我们也可以具体地把人员配置定义为一个管理过程，通过这个过程，组织可以保证无论何时何地，无论对于什么工作（当然是指组织内设置的工作），都有适当数量并具备相应技能的员工可以帮助组织实现既定目标。

配置的目标是保证组织持续不断地拥有合适数量和质量的人才，在正确的时间和正确的地点，高质量地完成工作任务。国内叫做人尽其才，才尽其用，给每个人找到合适的工作，给每份工作找到合适的人。无论是从成本控制的角度还是从人力资本投资的角度，无论是从人尽其才的角度还是从人力资源开发的角度，无论是为了组织目标的实现还是为了员工个人的职业生涯，人员配置都是一个组织至关重要的综合职能，是对人力资源管理的一个侧面的解读。

看起来目标很简单，但要实现却不是轻而易举的事情。如果每个组织都能把人员配置做到位的话，目前我们所面临的诸多困难和挑战就不复存在了。首先，承担人员配置的人，要想有效地完成这项工作，就必须熟悉有关劳动和雇佣的法律法规、心理学，以及经济和社会大背景，同时还要了解组织的需求。

人员配置一定是针对两个对象而言的，一个是人，一个是工作或组织。这两种思路演变成了人力资源管理中两种既相关又有区别的分析视角，也可以叫做理论，一个视角强调人与组织或环境的匹配，一个视角突出人与工作或岗位的匹配。无论是哪种匹配，都必须合规，既符合人力资源本身成长发展的规律，又遵守有关的法律法规。俗话说没有规矩不成方圆，人力资源管理制度也需要有规矩，而这个规矩就是建立在法律法规基础上的科学实践。

本书是全球范围内分析和讨论人员配置的经典著作，不是一般的教科书（当然可以作为教科书使用）。一本讨论人员配置的书能在十几年的时间内出版到第 7 版，可见其影响力之大。本书的三位作者都是学术研究和教学领域的佼佼者。第一位作者是人力资源管理和组织行为领域的导师级人物。第二位作者大家肯定不陌生，他参与编写的《组织行为学》已经是第 16 版了。第三位作者是年轻的后起之秀，值得大家关注。

　　如本书题目所展示的，主要内容是招募、选拔和雇用（包括员工流动、组织精简等）。其中所涉及的内容，不仅具有坚实的理论基础和实证研究证据，而且有很强的可操作性。例如，第 1 章的人员/组织匹配的判断模型、人员配置系统的组成要素模型，第 13 章的人员配置流程、人员配置结果的评估，第 14 章的员工流动的类型及其成本收益分析等，不胜枚举。

　　为了保持原书的学术特点，我们保留了每章后面的参考文献，以便有兴趣的读者进一步阅读。

　　本书的翻译，是集体劳动的结晶。四位译者都是人力资源管理或组织行为领域有成就的学者，他们的翻译完全保证了在忠实原文基础上的可读性。在此感谢他们的工作。我作为校译者，通读了全稿，对专业词汇作了统一。参与本书翻译的还有孙明珍、王静、孟冉、闻婧、牟小凡、邢丽、李益瑶、段佳利、鱼姝娟、郭靖圆、陈乐妮。

　　尽管努力，但纰漏在所难免。作为组织者和校译者，我愿意和译者一起接受大家的建议。请各位读者不吝赐教。

孙健敏

前　言

　　《组织人员配置》第7版增加了很多新内容，体现了组织及其人员配置系统在战略、技术、实务和法律方面所面临的新问题。像以往版本一样，我们对参考文献做了相当大的更新（见各章末的注释）。我们还对各章的开篇材料做了重大调整。每章章首为一系列的学习目标，方便学生学习，章首的导言也作了修订。

　　本书的第二大变化是写作风格更加简明清新。尽管读者认为本书已经写得不错了，但仍有读者建议，写作还可以更生动一些。因此，我们对每章都做了改动，相信这些改动会使本书更加明白易懂。

　　技术不断改变着人力资源的各个方面，人员配置也不例外。相应地，第7版我们增加了有关人力资源信息系统及其在人员配置过程各阶段的作用（包括法律问题）的内容。我们还大幅增加了一些日益重要的主题，如规划过程中的多元化、情绪智力测试以及视频面试与计算机面试。

　　尽管有如上许多变化和补充，但我们通过删减一些不重要的内容很好地控制了本书篇幅。

　　我们对贯穿全书的案例——唐格尔伍德商店做了改进，这个案例是由佛罗里达大学的约翰·卡迈尔-米勒教授开发的。唐格尔伍德商店是美国西北部一家非常有前途的零售组织，它具有自己的扩张计划，该计划会给其他许多零售连锁店带来挑战。唐格尔伍德商店在其销售活动中重点强调户外主题与西部主题。尽管它的人员配置政策和实践分布在各个区域和分店，但是为了提高品牌效应和管理实践的一致性，唐格尔伍德商店已经开始将人力资源功能（包括人员配置）集中化。在第1，3，5，7，9，11和14章末，你会读到这个案例与该章有关的内容，之后会有一些任务，要求你利用该章的资料进行分析。

前 言

目 录

第Ⅴ篇　人员配置活动：雇用

第Ⅵ篇　人员配置系统与员工保留管理

第 I 篇　人员配置的性质

第 1 章　人员配置模型与战略

第**1**章

人员配置模型与战略

1.1 学习目标和导言

1.1.1 学习目标

- 定义人员配置的内涵，思考人员配置的决策如何在"大画面"中起作用
- 学习人员配置五模型，思考每种模型的优缺点
- 思考影响人员配置系统的因素以及如何将其运用到人员配置计划中
- 理解人员/组织匹配模型以及如何将其不同的影响因素运用到人员配置计划中
- 明确人员配置战略的重要性以及过程中需要做出的 13 种决策
- 深入理解人员配置伦理的重要性，并学会如何实现符合伦理的人员配置

1.1.2 导言

人员配置是一项涉及获取、安置和保留劳动力的关键组织职能。正如我们在本章乃至全书所阐明的，人员配置是影响组织效能最重要的功能，因为组织是由员工组成的，总成本中人工成本比重最大，失败的录用决策不易弥补。

本章开篇对人员配置的性质进行阐述，其中包括人员配置的"大画面"概览、人员配置的正式定义以及定义的内涵。

其次，本章将利用五个模型来详细阐述与图解说明人员配置系统的不同侧面。第一个模型说明如何通过比较预计的劳动力人数需求与预期的劳动力人数可获得性，来决定组织合适的人员配置。接下来的两个模型则对人员配置的质量进行说明，人员配置质量是指个人资历与工作或组织要求的匹配度。人员/职位匹配模型是所有人员配置活动的基础；人员/组织匹配模型反映了人员/职位匹配扩展到个人与组织的匹配情况。核心配置要素模型将招募、选拔和雇用作为三项关键的人员配置活动，该模型表明求职者与组织间的互动就发生在这三项活动中。最后一个模型为组织人员配置模型，它为人员配置提供了整体研究框架并决定了本书的结构。该模型表明组织、人力资源和人员配置战略相互作用，以此来指导人员配置的支持性

活动（法律法规、规划、工作分析）和核心活动（招募、选拔、雇用）的顺利进行；雇员留任（也称保留）和人员配置系统管理则将在这两类活动之间穿插展示。

之后，本章将详细探讨人员配置战略。在这个过程中确定并描述任何组织都要面对的一组（含 13 个）战略性人员配置决策，其中一些决策属于人员配置水平，其余的均属于人员配置质量。

接着，本章将对人员配置伦理进行探讨，主要涉及可接受实践的道德原则与指导方针。其中提出了一些指导人员配置管理的伦理指标，这些指标是那些容易忽视的并且个体做出伦理妥协时所面对的普遍压力。同时，本章也提出了控制压力的相关建议。

最后，本章将提供本书其他部分的计划。除了展示本书的总体框架外，还将说明每章的主要特征。

1.2 人员配置的性质

1.2.1 大画面

组织是物力、财力和人力资本的有机结合体。其中人力资本包括组织中人的知识、技术、能力以及运用这些要素获得工作成就所需的动机。"劳动力质量"是指称组织中人力资本的重要概念。因此，组织劳动力是指组织为追求其有效结果（这些结果的指标包括盈利能力、市场份额、客户满意度以及环境可持续性）所获取、配置和留任的人力资本总量。由此可见，人员配置是系统构建组织劳动力的组织职能，这一系统由人员配置战略、人力资源规划、招募、选拔、雇用与留任组成。

在国家层面上，遍布于将近 800 万个工作场所的劳动力总数超过了 1.15 亿（相比 2005 年的最高值 1.40 亿下降很多）。这些工作场所的规模差异很大，有 55% 的工作场所的员工总数少于 100 人，37% 在 100～1 000 人之间，12% 超过 1 000 人。[1]每个工作场所都会通过某种人员配置的形式来获取劳动力，尽管 2008 年经济危机爆发，据估计全美国每个月仍有超过 400 万、每年有超过 5 000 万的雇用活动。而这个年度数据并不包括临时工的雇用和内部的调动与升迁，所以人员配置活动的总数远远超过了 5 000 万。[2]从总量来看，即使在经济不景气时期，人员配置对于组织和求职者也都是非常重大的事务。

对于绝大部分组织来说，劳动力成本在总成本投入中都占据比较高的比重。据估计，每个组织的雇用成本（工资和福利）占总收益的 22% 以上（占总成本的比重更大）。[3]与制造业相比，这个数字对于服务提供型的劳动密集型产业的组织来讲则更高，这些行业包括零售业、信息业、金融服务、专业和商业服务、教育、健康护理、休闲娱乐与酒店服务。服务提供型产业在美国经济发展中占据主要地位，因而人力成本投入的多少以及组织能否雇用到高质量的劳动力对于许多组织是至关重要的。

组织对于人力成本的评估定位正在由纯粹商业成本角度转向提高竞争优势。比如，通过雇用那些在客户服务方面知识丰富且能够灵活运用服务技巧的员工，组织能够为客户提供高质量的服务，从而在竞争中更具有明确的定位和长远的发展，而这种来源于人力资本的竞争优势对组织的财务有着重要的影响。

很多组织越来越深刻地认识到通过人员配置能够创造价值。表 1—1 引用几位组织领导者的观点来表明人员配置对于组织创造价值的重要性。

表 1—1	**组织领导者关于人员配置对于组织重要性的阐述**

对于每个公司而言，人员配置对其获得成就具有决定性的作用。在当今激烈的竞争环境下，公司需要雇用最优秀的员工，这些员工能够提供创意并且具有执行力。如果没有胜任力强、才能出众的劳动力，组织的发展会停滞并最终破产。对于当今的企业，优秀的雇员是其最重要的发展资源。[4]

盖尔·海兰德-萨维奇（Gail Hyland-Savage），首席运营官
迈克尔森、康纳 & 保尔——房地产销售

新经济，尤其是因特网及其产生的创业机会，强化了对杰出人才的竞争。我们已经发展到一定规模和业务范围，其中重要的是不但要获取杰出的人才，而且要获得大量的杰出人才。因此重点已经转向了对员工提出价值要求，确保他们一定是最优秀的人才。[5]

拉雅·伽帕塔（Rajat Gupta），管理董事
麦肯锡咨询公司

我在雇用员工时会仔细思考，因为我们的业务都将最终取决于人……实际上，当我面试一个资深候选人时，我最大的关注点是他在雇用中表现如何，我至少会花一半面试时间在这上面。[6]

杰夫·贝佐斯（Jeff Bezos），首席执行官（CEO）
亚马逊公司——网络销售

我们错过了一个非常好的护理反弹机会……仅仅是因为我们没有做好雇用工作。没能在合适的时机找到合适的人，这种损失是其他业务所不能弥补的。[7]

戴维·亚历山大（David Alexander），首席执行官
索利恩特医疗公司——医疗保健

通用电气公司 100 年来的发展轨迹所记录的仅仅是在每个职位寻找最为优秀的员工，这是它第一位的核心能力。没有其他人能够超越，没有优势更为接近的替补员工。对人的迷恋要求公司高管花费大量的时间在人力资源管理过程中——招募、评估、追踪、训练、指导、继任计划。当我还在通用电气工作的时候，我需要花费超过一半的时间来处理关于员工的各种问题，但当你找到了最优秀的员工，你就不必担心执行力的问题，因为他们一定会做得最好。[8]

拉里·约翰斯顿（Larry Johnston），首席执行官
艾伯森公司——零售商

1.2.2　人员配置的定义

下面提出的人员配置定义将在全书中用到：

人员配置是为了对组织效能产生积极影响而从事的获取、安置和留任充足数量与质量的劳动力的过程。

这个简单定义的具体内涵将在下面进行详细说明。

1.2.3 定义的内涵

■ 获取、安置、留任

任何组织都必须具有人员配置系统，以此来指导获取、配置和留任其劳动力。获取活动包括外部人员配置系统，它控制着求职者最初的入口。获取活动包括：规划所需人员的数量和类型、以任职资格或 KSAO（知识、技能、能力和其他特质）的形式确定有效完成工作所必需的工作要求、确定工作职位提供的报酬类型、发起外部招募活动、使用选拔工具来衡量求职者具备的 KSAO 水平、决定哪些求职者因最胜任而将获得工作录用函，以及对求职者愿意接受的工作录用函进行整理汇总。

安置活动指的是对新入职员工在他们将要从事的工作岗位上给予妥善安排，有些事情在雇用初期有时还不完全清晰，比如那些具体的工作部门或工作地点。配置活动也包括通过内部人员配置系统（该系统用来应对晋升、调动和新项目任务人员分配等问题）来指导现有员工在整个组织内的流动。内部配置系统在很多方面模仿外部配置系统，比如对晋升与调动引起的职位空缺进行规划、确定工作要求与工作报酬、为晋升或调动招募员工、评估员工的任职资格以及对新的职位提供工作邀请。

留任系统尝试管理不可避免的组织内部员工外流的问题。有时这些外流对于雇员是非自愿的，比如裁员或将某个业务部门卖给其他组织。另一些流出则是雇员自愿发起的，比如离开这个组织而去从事另一项工作（一种潜在可避免的人员离职）或者离开组织跟随配偶或搭档到另一个地方（一种潜在不可避免的人员离职）。因此，没有组织能够或应当完全杜绝人员流出，但是组织应该尝试减少这样的人员离职，即有价值的员工流动到其他更能施展自己才华的地方——这是自愿的可避免的离职。这样的离职对组织而言成本很高。此外，解雇和裁员也会造成人员离职。通过各种留任战略与技术，组织能够通过留住组织认为无法失去的员工来防止这种类型的离职。

■ 作为一个过程或系统的人员配置

人员配置不是"我们今天雇了两个人"这么简单，而是一个过程，这个过程确定并控制人员进入组织、留在组织和离开组织。组织利用多个相互联系的系统来管理人员的流动，包括规划、招募、选拔、决策、工作邀请和留任系统。在某个系统内发生的事情或行为将不可避免地影响到其他系统。比如，如果规划活动表明，与历史标准相比，存在空缺职位数的预期增长，那么招募系统需要产生比之前更多的求职者，选拔系统要给更多的求职者做 KSAO 的评估，也需要增加发出的工作录用函，同时这些工作录用条件应当更具有吸引力，以便吸引到足够多的新员工。此外，还需要采取措施来留住这些新入职的员工，以免在下一个人员配置周期中重复上述工作程序。

■ 数量和质量

组织中的人员配置需要注意人数（数量）和人员类型（质量）两个方面在入

职、内部流动和留任中的情形。数量要素是指能够从事业务的足够人数，质量要素则指需要人员具有必需的 KSAO 水平，以便工作得以有效完成。值得关注的是，有足够劳动力质量和数量的结合才能产生人员配置系统的效能最大化。

■ 组织效能

人员配置系统存在，并且应该用于诸如生存、盈利和成长等组织目标的实现。类似于这样的人员配置的宏观角度常常不被考虑或被遗忘，因为从本质上讲，大多数日常状态的人员配置系统操作过程所包含的微观活动是程序性、事务性和常规性的。但是，这些微观活动是人员配置系统的基础，它们必须在更大的背景中，也就是人员配置对组织效能的积极影响下被考虑。人员配置的关键角色有许多指标。

领导人才可带来巨大回报，而寻找一个新的领导者则是一个很大的赌注。有时组织从外部引进具有领导才能的领导者，希望他能够使整个组织或组织中的某个部门改变财务状况。其他组织需要新的领导者来为组织的成长开发新的业务、洽谈新的投资。而组织中获取新领导者的次要方面，是关于领导者的留任问题。对组织来说，始终存在一个问题，便是关键领导者的非正常流失，特别是向竞争对手的流动。现任领导者具有组织所需要的多方面知识和技能，如果离开将会带来很难弥补的漏洞，尤其是很难再找到一个与其相似或更加优秀、更具领导才能的人。领导者也可能带走其他员工，如此一来将会加剧其离开后的不利影响。

组织也意识到人才寻找和才能提升是组织提升其价值和竞争力的方法。这一战略在人才独特或稀缺的市场环境中非常有效，在产生预期贡献方面最能突出其价值（比如新产品创造或设计创新），并且对竞争者来说很难模仿（比如通过培训现有员工）。这种具有才能的员工有望在今后很长一段时间里成为竞争优势的来源。[9]

虽然人才获取并不是竞争优势的体现，但这对组织成长起到必要的作用。比如，如果一家信息技术公司没有人员配置为它注入人才，就不能茁壮成长。Edocs 公司是一家新起步的网络公司，主要出售网络支票交兑和支付软件。在 5 个月内它的员工数量翻倍，超过了 100 人，并且寻求在下 5 个月再翻倍。该公司 CEO 声称：“这很有必要，否则我们就没有资源追赶上公司增长的速度并成为公众认可的公司，要么快速发展，要么就会破产。”[10] 劳动力在数量和质量方面的短缺可以导致商业机会的流失、规模扩展计划的缩减，无法为客户提供关键产品和服务，甚至威胁到组织的生存。

最后，对于单个经理人而言，拥有足够数量和类型的员工对于稳定有效地完成工作是必需的。员工短缺通常需要破坏性调整，比如工作再分配或现有员工加班加点。不称职的员工对经理来说是一种挑战，比如需要经理对其进行密切的监督和详细的培训。如果不称职的员工不能取得令人满意的绩效，就可能会终止雇佣关系。这是难以做出或执行的决定。

简言之，组织进行劳动力配置，并意识到这些劳动力对组织效能的重要性。劳动力的作用表现在各个方面：获得新领导者以便改变组织方向和效能；阻止关键领导者流失；作为增长的源头来使用人才；发挥竞争优势；劳动力短缺——数量和质量上的——将对组织成长甚至生存构成威胁；经理人有效运作业务部门的能力。

1.2.4　人员配置系统的例子

■ 没有头衔的人员配置

戈尔公司是特拉华州的一家组织，专门制造氟聚合物的衍生产品。戈尔公司的产品包括：纤维（牙线和缝纫线）、管道（例如在心脏支架和石油开采中使用的）、磁带（例如在空间探索中使用的）和膜（防水服装所使用的）。

在长达半世纪的历史中，戈尔从未亏损过。拥有超过9 000名员工的戈尔公司几乎出现在所有"最佳工作场所"的榜单上。是什么让戈尔如此特别？戈尔公司的员工认为是因为文化，而文化始于招聘。

戈尔强大的文化体现在其结构上：以团队为基础的扁平化结构推动了个人主动性。在戈尔，任何员工都不能命令另一名员工，所有的承诺都是自愿的，任何员工都可以对别人提出的请求说"不"。员工被称为"伙伴"，管理人员被称为"发起人"。如何成为戈尔的领导者？"如果你的团队要你带领他们，你就能成为一个领导者。"

戈尔将这种平等主义的、创业型的方式应用于人员配置过程。戈尔招募过程的重点是它的网站：www.gore.com，该网站描述了公司的核心价值观和独特文化。它还以视频的形式提供了完整的职位描述和员工对于在戈尔工作的看法。戈尔的三个员工——罗恩、亨利和戴夫自豪地讨论着为保护消防队员而生产一种防护材料。莎拉、汉娜和尼廷讨论着他们团队的工作：生产一种微创设备，去帮助那些天生心脏具有房间隔缺损的病人。

戈尔认为，其推崇的以员工为中心的招募模式并不适合所有人。"有些我们正在招募的候选人告诉我们，这家公司很可能不适合他们，"制定招聘战略的史蒂夫·舒斯特（Steve Shuster）说。舒斯特说，这种自我选择体现出了戈尔公司发布招聘信息方式的另一个好处：对于那些倾向于传统工作模式的人，戈尔是不适合他们的，"而不是通过面试的过程，花费他们和我们的时间，这正是我们想避免的情况。"舒斯特说。

当然，戈尔是一种满足多种需求的文化。负责生产心脏设备的员工汉娜说："戈尔对我来说不仅仅是一份工作，它更是一种生活方式和我生活中的主要部分。"[11]

■ 制药厂经理

虽然辉瑞公司（美国制药公司）被其他制药公司认为在选拔和开发其员工方面表现出色，但该公司最近发现它依然需要在人员配置的方法上进行变革。虽然辉瑞在先前的人员甄选中做得很成功，但执行官克里斯·阿尔蒂泽（Chris Altizer）指出："辉瑞并没有关注外部环境的管理。"据他所说，辉瑞过去总会对人员筛选进行规划，设计出之后10年需要的人才类型并选择与其设计相匹配的人员。如今辉瑞不再做这样的规划工作，因为全球竞争不断加快，甚至规模很小的刚起步的制药公司就能很快将产品推向市场，它们在这样的状况下更看重自己适应能力的发展。

为了适应不断变化的市场环境，辉瑞公司如今倾向于雇用那些可以变换职位的员工。这就意味着在雇用过程中，辉瑞较少关注职位描述（在雇用中注重特定技能与特殊职位的匹配），而更偏好具有可以转换职位和工作的一般胜任特征。阿尔蒂泽认为，辉瑞需要"能够由心脏病预防的工作转换为帮助戒烟的工作的员工"——换句话说，相比之前关注某一个产品的相关工作经历（如心脏病药物知识），公司正在寻找能够快速并熟练地转换工作岗位的员工。[12]

■ 直销代表

雅芳公司使用多层次直销的方式向客户销售美容产品。雅芳拥有 25 000 名销售代表，这些代表是雅芳领导销售团队中的一部分，而领导小组的职能是激发销售团队的活力并不断促进销售。这些销售代表是独立的承包人而非公司员工。在销售阶段和与客户沟通的过程中，他们会利用适当的机会招募一些客户成为公司的销售代表。销售代表每周一到两次会收到相应的报酬：一部分是销售佣金，另一部分是招聘和培训新的销售代表的佣金。这样的雇用方式已经使销售代表的数量增加了3％，销售量增加了4％，利润增加了20％。由于销售代表的数量不断增加，并且他们还会招聘和培训新的销售代表，公司也可以减少销售代表经理的职位设置。而一个存在已久的问题便是销售代表的流动，每年的流动率都会超过50％。为了增加留任数量，雅芳公司为一系列项目（比如培训）投入了 2 000 万美元来提高销售代表的销售量、增强他们留任的决心。[13]

1.3 人员配置模型

以下几个模型描述了人员配置的不同要素。每个模型都将更加充分地表达与描述组织人员配置的性质与丰富内涵。

1.3.1 人员配置数量：水平

人员配置定义中所指的数量或人数部分意味着组织必须关注人员配置的水平及充足性。图 1—1 是一个基本模型。组织作为一个整体，与它的每个部门一样，需要预测劳动力数量需求，然后将此与预期的劳动力可获得性相比较，来探究员工人数是否合适，以决定其人员配置水平的匹配度。如果人数需求和可获得性相匹配，就表明组织人员可得到充分配置；如果需求超过了人员的可获得性，组织人员将配置不足；如果可获得性超过了人员需求，组织将会过度配置。

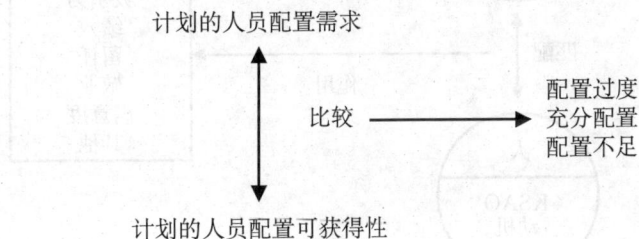

计划的人员配置需求

比较 ———→ 配置过度
充分配置
配置不足

计划的人员配置可获得性

图 1—1　人员配置水平

做出这些预测是为了决定大致上的人员配置水平及其以后相应的具体规划的开发，这是规划工作中所必需的。人员配置不足意味着组织将不得不增加人员配置的投入，以加快招募为起点依次启动人员配置的其他系统。同时也需要制定留任计划来减少人员的流失，避免成本较高的"十字转门"或"旋转门"式的人员配置。过度配置则表明有必要放慢甚至停止招募，采取另外的程序减少实际人数，比如减少每周工作的时间、使员工提前退休或临时裁员。

1.3.2　人员配置质量：人员/职位匹配

人员/职位匹配寻求的是把个人特质和工作职位进行结合，尝试达到理想的人力资源结果。我们常不经意地评论求职者，这反映了我们对人员/职位匹配重要性的认识："克拉克仅仅缺少人际交往技能，而这种技能对一个称职的客户服务代表来讲不可缺少。""玛丽恰好具有这份工作所需的财务预算经验，如果我们招聘她，她很快会适应我们的财务系统。""加里说他对这份工作的薪酬计划感兴趣，因为如果他做得出色，就能拿到很高的薪酬。""黛安娜对工作的挑战性和自主性给我们留下了深刻印象。""杰克拒绝了我们的工作录用函，我们提供了最好的工作待遇，但他觉得不能接受长时间出差的工作。"

关于人员/职位匹配的这些评价引发了四点思考：第一，工作是由工作任职要求（人际交往能力、之前的财务预算经验）及内在工作回报（如销售佣金计划、工作挑战性和自主性）来定义的。第二，个人是由他们的任职能力（缺少人际沟通能力、拥有财务预算经验）和工作动机（基于绩效的薪酬需求、对工作挑战性和自主性的需求）来定义的。第三，以上的每个例子的重点在于工作特征和个人特征之间的匹配或适合程度。第四，每个匹配都有一个暗示的结果。比如，克拉克可能不会和客户进行很好的沟通；对于杰克来讲，他的留任问题可能会很快显现出来。

这些要点和概念以较正式的人职匹配模型表现出来（见图1—2）。在模型中，工作具有与之相联系的任职要求和回报。个人具有特定的资格，其中包括KSAO和工作动机。在个人与职位之间进行匹配存在着必然需要。匹配度越高，则人力资源结果越好，尤其是对工作者的吸引力、工作绩效、留任、出勤率和满意度。

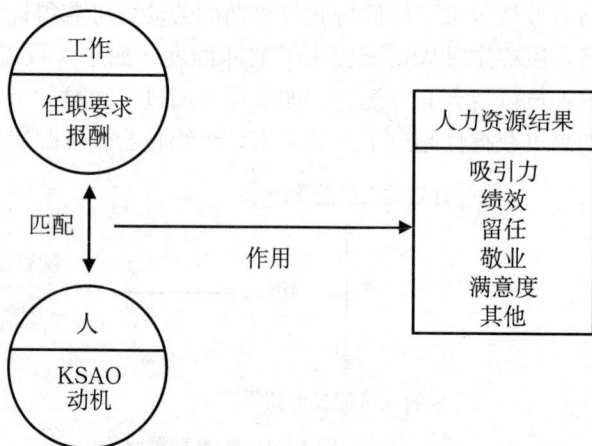

图1—2　人员/职位匹配

实际上匹配过程中也存在着双重匹配：工作任职要求对 KSAO 的匹配、工作回报对个人工作动机的匹配。在人员配置活动中存在某些使这两方面匹配发生的机制，后面将探讨这些机制。

针对人员/职位匹配模型，有几个关于人员配置的要点需要说明：第一，模型中展示的人员/职位匹配的概念并不新颖。[14] 它们早在几十年前就作为探究个人能否成功适应工作环境的主要观点而提出和应用，观点的核心是个人与工作特征的积极互动形成了最成功的匹配。因此，具有特定 KSAO 的人并不等于适合所有工作，因为不同的工作对 KSAO 的要求也不同。所以，在人员配置中必须根据任职要求和工作回报条件来评估求职者。

第二，模型强调双重匹配的过程，即 KSAO 对任职要求的匹配、动机对工作回报的匹配。这两个匹配都需要在人员配置过程中予以关注。比如，人员配置系统可能对 KSAO 与任职要求的匹配进行设计：首先确定细致的工作任职要求，然后全面评估求职者与任职要求相关的特征是否与任职要求匹配。虽然这样的人员配置系统在辨别高绩效者方面很准确，但问题也可能因此产生，即忽视了动机与回报的匹配，组织就有可能遇到难以让员工接受工作录用函（吸引的效果）或难以在长时间内让员工留在公司（保持效果）的困难。如果组织不能吸引申请者接受工作录用函或使员工长期留任，便无法确定哪些人属于高绩效者。

第三，工作任职要求通常是由完成的任务以及完成任务所需的 KSAO 表现出来的。如果没有确定工作任务，那么在绝大部分情况下很难确定和建立有意义的 KSAO 要求。KSAO 必须从工作任务中得出。大多数工作都必需的 KSAO 诸如语言读写和口头表达能力则另当别论。

第四，工作任职要求经常不仅仅指工作任务和 KSAO 要求。某项工作可能需要员工准时报告工作内容、按时出勤、对同事和客户保密以及出差等。根据这些要求，在人员配置时必须同时考虑求职者和这些要求的匹配度。比如，出差要求就包括求职者对出差任务分配的可能性和自愿性。

第五，匹配过程所产生的影响仅仅体现在这些人力资源结果上，因为这些影响或者结果受到很多人职匹配以外的因素影响。比如，留任员工不仅取决于工作回报和个人动机之间的匹配，还取决于其他组织和劳动力市场的工作机会的可获得性。

1.3.3　人员配置质量：人员/组织的匹配

组织通常要求个人不但要与工作相匹配，还要与组织相匹配。同样，求职者除了经常考虑自己是否适合特殊的工作任职要求和回报，也关注自己是否适合在某个公司工作。因此，对于组织和求职者双方来说，还需要关注人员/组织匹配情况。[15]

图 1—3 表明了匹配的这一扩展观点。人员配置的重点是人员/职位匹配，且工作就像匹配的靶心一样。然而，另外四个匹配包含更广泛的组织内容。这些关注点分别是组织价值观、新工作职责、多样性工作和将来的工作。

组织价值观是指组织对员工要求的理想态度和行为标准。比如诚实、正直、成就感、努力工作、公平以及关注同事和客户。虽然这些价值观在工作描述中可能并不明确写出，但在人员配置中会了解求职者和组织价值观的匹配度。[16]

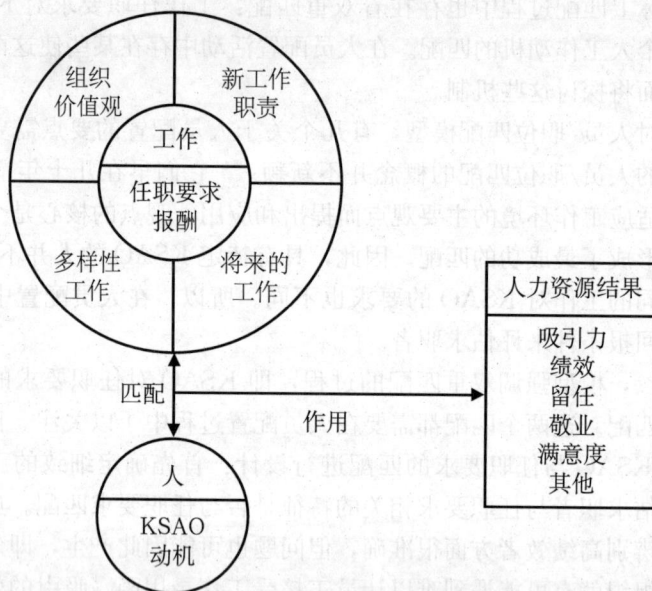

图 1—3 人员/组织匹配

新工作职责是指随着时间的推移可能会增加的工作任务。组织希望新员工能成功地完成这些新加的工作任务。为了区分这些要求，工作描述常常会包括那些包罗万象的任务和"其他分配的任务"。这些其他任务在招聘过程中模糊不清，或从未具体化。尽管如此，组织还是希望雇用那些它认为可以完成新增职责的员工。拥有这些员工，组织就可以在无须额外雇用员工的情况下拥有一定的灵活性来处理新的工作项目。

灵活性也涉及雇用能够从事多样性工作的新员工问题。比如，小企业通常希望新入职的员工是通才（who can wear multiple hats），工作起来像个万事通（jacks-of-all-trades）。经历快速成长的组织可能需要新入职的员工能够处理几项不同的工作任务，并可以根据不同的工作任务来分配自己的时间。因此，这些期望需要对人员/组织匹配度进行评估。

将来的工作是指组织和个人需要超前思考除了最开始的工作之外，还可能采用何种工作任务的分配方式。从长远来看，当员工经验越来越丰富，求职者和组织需要考虑的是工作转换与晋升过程中的长远匹配。随着技术进步和全球化进程，工作任务也在快速变化，更多的组织开始进行"机会主义的雇用"，即为新创造的岗位，或将之前的分布式任务合并成的新岗位雇用员工。如此看来，人员/组织匹配比人员/工作匹配更重要。

1.3.4 人员配置系统的组成要素

以上提到的人员配置包含了对进入组织、组织内人员的安置，以及留任人员的管理问题。在核心的人员配置过程中的几个要素描述了在这些人员流动过程中的步骤和进行的活动。图 1—4 说明了人员配置系统的组成要素及其所产生的结果。

如图 1—4 所示，人员配置系统开始于求职者和组织之间的接触。求职者寻找

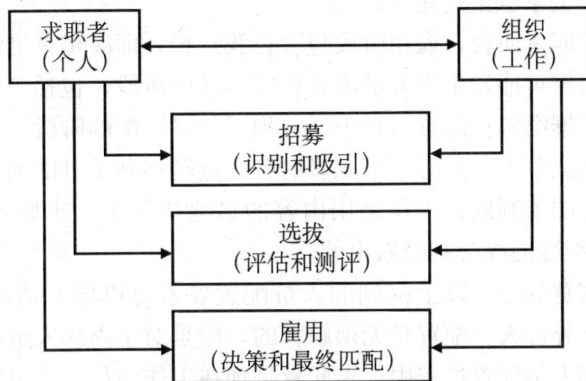

图 1—4　人员配置系统的组成要素

组织和工作机会，与此同时，组织寻找能够填补空缺职位的求职者。组织和求职者双方作为人员配置程序的"参与者"，从人员配置程序开始到结束始终是合作参与者的关系。

有时，组织可能起支配作用，比如组织针对某种类型的求职者进行定位、积极招募。某些时候，求职者也可能处于支配地位，比如求职者很想在某公司工作，他会想尽一切办法在该公司谋得一份工作。大多数情况下，人员配置包含组织和求职者之间更为平衡自然的相互作用，这种相互作用会贯穿整个人员配置过程。

人员配置的最初阶段是招募，它包含组织和求职者双方的识别和吸引行为。组织尝试识别和吸引人们成为求职者，采取的行为包括做广告、参加人才市场、派遣招聘人员、准备和投放招聘手册、提取现有员工对空缺岗位的详细说明。求职者试图通过诸如阅读广告、联系雇佣中介机构以及向用人单位投递简历等行为来寻找组织及其工作机会。这些行动还常伴随着努力使自己的资格条件（KSAO、动机）对组织更具吸引力，比如通过某人推荐或准备一份凸显自己技能和经验的结构化简历。

随后，招募活动就转入选拔阶段的活动。此时的重点是测量与评价。对组织来说，需要使用各种不同的选拔技术（面试、空白申请书等）来测量求职者的 KSAO 和工作动机。之后，组织会将这些测评数据与任职要求进行对照以决定求职者的人员/职位匹配程度。与此同时，求职者也在对工作和组织进行测评。求职者的评估所依据的信息源包括组织代表（如招聘人员、空缺职位的经理、其他员工等）、书面信息（如小册子、员工手册）、非正式资源（如在该公司工作的亲戚和朋友等）和个人观察（如视频资料、工作场地参观）。求职者将这些信息与自我评价的 KSAO 和工作动机整合在一起，与他们对工作任职要求和工作回报的主观理解相比较，以确定是否有一个满意的人职匹配。

下一个核心要素便是雇用，它包括组织和求职者的决策及最终的匹配活动。组织必须决定哪些求职者需要进一步考察，而哪些求职者需要被拒绝。这可能包括对一系列选拔步骤或关口进行的多重决策。某些求职者终于成为这个职位的最后人选，在这一关键点上，组织必须决定谁将最后获得该工作录用函，工作录用函的内容如何，如何拟定和展现。在求职者接受工作录用函之后，伴随着匹配最后阶段的结束，雇佣关系也正式建立。

对于求职者而言，雇用阶段包含自我选择，即决定是继续还是离开人员配置程序。这些决定可能发生在人员配置程序的任何阶段，包括工作录用的那一刻。如果求职者决定继续留在配置过程中，并到了最终匹配的阶段，那么他很有可能成为该工作的最后竞争者。此时，求职者的关注点转移到了可能的工作录用、对工作录用和工作条件的谈判以及工作录用内容的最终决策上。求职者的最终决策是根据人员/职位匹配度的综合判断做出的。

值得注意的是，以上提到的人员配置要素可以同时适用于内部和外部人员配置。这对于外部人员配置是无须解释的，但是对于内部人员配置还需要一个简短说明。在内部人员配置过程中，求职者是现在工作的员工，组织是当前的雇主。组织存在空缺的工作岗位，并且通过内部劳动力市场来解决这一问题。这些活动包括招募、选拔和雇用，而雇主和雇员是这些人员配置活动的共同参与者。比如，投资银行高盛公司通过多重步骤来选拔与晋升合伙人。[17]一些内部员工"被招募"为候选人——由部门的主管确定谁可以获得晋升（就像许多内部配置的决定一样，高盛公司也假定所有的员工都喜欢晋升）。候选人要接受严格的审查，审查的主要依据是公司内部资深经理人提供的资料以及该员工的档案（包括他的照片、背景资料和工作业绩）。经过这样一个为期 6 个月的选拔过程，这些合伙人的候选人会被推荐到执行官那里，由执行官最后决定，幸运者最终会被选出来（合伙人平均年薪是 700 万美元加额外津贴）。当候选人接受了合伙人的邀请后，最终匹配就发生了，新的雇佣关系也因此而建立。

1.3.5 人员配置组织

如图 1—5 所示，整体的人员配置组织模型构成了本书的框架。该模型显示，组织的使命和目标驱动了组织战略、人力资源和人员配置战略，这三者在形成过程中会相互影响。人员配置政策和方案就来源于这种相互作用，它包含所有支持性活动和核心人员配置活动。员工的留任和人员配置系统的管理贯穿于这些支持性活动和核心人员配置活动。最后，虽然并未在模型中显示，但应该注意到人员配置水平和人员配置质量是人员配置战略、政策和方案的关键点。下面将详细介绍这个模型。

■ 组织、人力资源与人员配置战略

组织形成战略是为了表述其目的或使命，是为了建立更广泛的目标和任务以指导组织朝完成使命的方向发展。比如，一家新成立的软件开发组织可能拥有的使命是"帮助个人和家庭通过电子方式管理所有个人财务及其记录"，基于这一使命，组织可能会以出色的产品质量和客户服务质量为基础建立关于产品开发、销售额增长和竞争差异性的目标或任务。

这些目标对组织获取、培训、管理、激励和留任劳动力的规模和类型提出了特定预设。人力资源战略代表的是对这些预设如何应对的关键决策。因此，人力资源决策不但源于组织战略，而且其自身可能实际上对于组织战略的形成也有直接贡献。

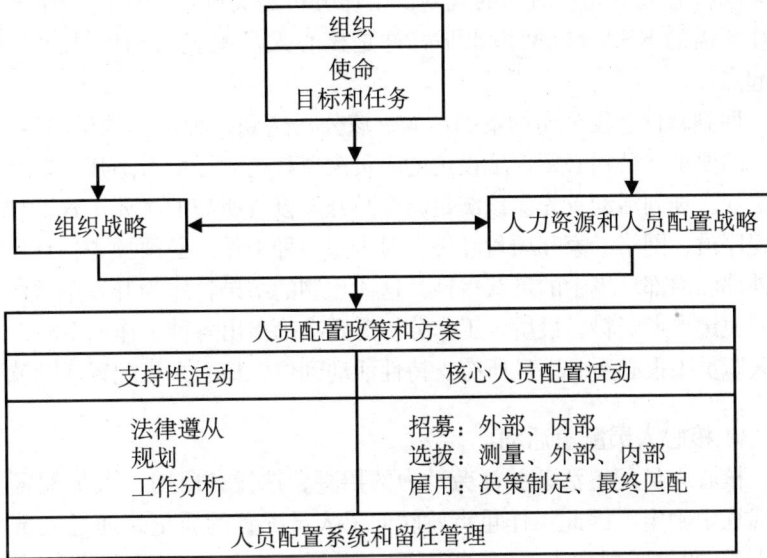

图1—5 人员配置组织模型

让我们再来思考这家软件开发公司及其新产品开发的目标。要想开发新的产品，就需要预设在组织内部和外部有足够的、合格的产品开发团队成员，人力资源部门对人员可获得性的保证将对帮助组织确定产品开发目标起到关键的作用。根据这个一般性预设，人力资源战略会建议：（1）从其他软件公司获得新的、有经验的员工，而非寻找新毕业的技术学院或大学的学生；（2）在一个能够吸引软件开发员工工作、照顾家庭和休闲的地理区域为他们建造新的设施；（3）推出搬迁援助项目和家庭—亲善福利；（4）提供高于市场平均水平的周薪或月薪，并且为了吸引员工离开当前雇主而设立雇用奖金；（5）制定针对每位员工的特定培训经费预算，用于他们提升技能的自主性；（6）建立一个快速晋升通道，并使员工职位可以晋升到专业领域或管理层面。这些方式表明，人力资源战略正在尝试使得劳动力的获取、管理与组织战略保持一致。

人员配置战略是以上所描述的组织与人力资源战略相互作用的衍生物。它直接进行关于获取、雇用和留任劳动力的关键决策。这些决策指导招募、选拔和雇用项目的进行。以上我们讨论了软件开发公司的案例，从其他公司获取有相应经验新员工的战略性决策可能需要组织设计出积极的、个性化的和机密的招募活动来把这些人吸引过来。这也会导致特定选拔技术的开发，以便更有效地评价工作经验与工作成就。以这些方式，战略性人员配置决策模型塑造了人员配置的过程。

■ 支持性活动

支持性活动是开展核心人员配置活动的基础和必要组成部分。法律法规代表了平等就业机会和平权行动法案（EEO/AA）等种类很多的法律法规的知识，以及如何将法律知识融入核心人员配置活动的整个过程中。人力资源规划作为支持性活动的工具，需要首先感受到对于人员配置的关键外部影响，尤其是经济条件、劳动力市场和工会。这些意识限定了人员配置水平（需求与可获得性）的形成，这一结果会驱动核心人员配置活动的规划。工作分析是关键运行机制，通过该机制组织确定工作所需的 KSAO 和回报水平，这是核心人员配置活动填补预计的空缺岗位的两个起点。

回到软件开发公司的案例，如果该公司达到各种招募数量门槛（通常 15 人及以上）的要求，公司必须保证设定的人员配置系统遵守所有适用的联邦、州和地方的法律法规。规划活动首先应该满足新产品开发投资所需的主要工作职位类型，比如计算机程序员、网络专家和项目经理。对于每一种工作，必须预先估计所需员工数及员工在外部和内部环境中的可获得性。这些预测的结果将作为开发细致的核心人员配置规划的关键参考资料。最后，工作分析需要准确指出各种工作的 KSAO 和回报，这对于新入职员工很必要。一旦所有支持性活动到位，核心人员配置活动就开始了。

■ 核心人员配置活动

核心人员配置活动关注劳动力的招募、选拔和雇用。人员配置水平已在人员配置规划中确定，因此工作重点就转向了人员配置的质量。通过人员配置质量确保达到人员/职位匹配和人员/组织匹配。得到这个最终结果需要各种计划、决策和活动，其中包括招募手段的使用、与具有特定招募信息的潜在求职者和招募媒体进行的沟通、选拔工具和类型的选择、决定获得工作录用函的求职者以及工作录用工作包等。人员配置专家和招聘经理都将参与到这些核心人员配置活动中。另外，对于每种工作的人员配置活动都需要适宜的设计。

让我们来思考软件开发公司案例中的计算机程序员这项工作的核心配置活动。我们有必要针对以下问题开发具体的计划：是使用网络招募，还是其他方式如报纸广告或人才市场（招募方法）？应该明确告诉求职者关于工作和公司的哪些信息（招募信息）？通过哪种方式告知他们这些信息，比如网站或者招募手册（招募媒体）？使用哪种选拔方式，比如面试、经验测试、工作取样和背景考察等来评估求职者的 KSAO（选拔技术）？如何整理和评估通过这些选拔工具收集到的求职者信息，并决定哪些求职者可以获得工作录用函（决策）？在工作录用函中应该加入什么条件，是否愿意就录用条件进行谈判（雇用）？

■ 人员配置和留任系统管理

各种不同的支持性活动和核心人员配置活动非常复杂，必须对其进行指导、调整、控制和评估，这就是人员配置管理的作用。在新产品开发的案例中，人力资源部的角色是什么？需要哪些类型的人员来制定和管理新的人员配置系统（人员配置系统的管理）？如何评价这些系统的结果——我们需要收集与关注诸如平均雇用成本和平均雇用时间等数据吗（人员配置系统的评估）？这样的数据对于参与人员配置活动的总经理和人员配置经理而言都是非常敏感的指标。

最后，员工自愿离开常会带来高成本和工作破坏，并且流失人才将会造成难以替代的人才的损失。解雇也具有破坏性。除非组织在裁员，否则为了保持理想的人员配置水平，就必须找到替代人才。这些配置中的人才替换压力是非常大的，在面对非常突然的离职时表现得尤为明显。另外，更多合适的雇员留任意味着更少的人员配置活动，因此有效的留任计划可以补充人员配置计划。

　　在软件开发公司案例中，首要的关注点可能在"增加配置"以便维持现有的产品生产和新产品开发。除非关注点转向员工留任，否则保持相似的人员配置水平和质量可能会变得有困难。因此，组织将需要控制离开组织的员工数量、质量以及他们离开的原因，以便了解有多大比例的员工离职是自愿和可以避免的；对解雇的控制也是必要的。根据这些数据，才能制定出既具体又合适的留任战略和计划，并且这些计划可以符合员工的需要。如果战略和计划有效，人员配置系统的压力就会减小。

　　我们将基于图 1—5 的组织人员配置模型来组织本书余下部分的结构。

1.4　人员配置战略

　　如上所述，人员配置战略需要对组织劳动力的获取、雇用和留任做出关键决策。下面将确定和探讨 13 个这样的决策。一些决策主要是针对人员配置水平的，另外一些主要是针对人员配置质量的。表 1—2 总结了这些决策。这些决策看上去都是"二择一"的，然而每一个决策都处于由"二择一"的两个极端锚定的连续体上。我们继续以正在开发个人财务软件的软件开发公司为例来探讨这些决策。

表 1—2　　　　　　　　　　　　　　　　　人员配置决策

人员配置水平	人员配置质量
获取或开发人才	人员/职位匹配或人员/组织匹配
自行招聘或外包	具体或一般 KSAO
外部或内部招聘	杰出或可接受的劳动力质量
核心或弹性劳动力	主动或被动的多元化
雇用或留任	
国内或国际	
吸引或变更工作场所	
过度配置或配置不足	
短期或长期关注点	

1.4.1　人员配置水平

■ 获取或开发人才

　　为了满足人员配置的需求，纯粹的人员配置获取战略会让组织关注那些能够"马上进入角色"并在短期内达到绩效巅峰的新员工。这些员工不需要或接受很少培训与开发，就能够给工作带来新的才能。纯粹的开发战略将仅仅需要获取那些愿意并能够获得工作所需的 KSAO 的任何人。人员配置战略必须将组织正确地置于"购买或产生人才"的连续体上。在软件开发公司的案例中，对于关键职位和新出现的职位，由于其开发新产品的紧迫性，公司可能将招聘重点放在获取人才方面。没有时间来培训员工，也没有合适的内部应聘者。

■ 自行招聘或外包

现在越来越多的组织将招聘活动外包出去，即利用外部其他的组织来招募和选拔员工。虽然有很多形式的人员配置外包（我们将在第 3 章详细介绍），但在大多数情况下，组织会将决策的权力完全交给承包方。为什么组织会做出这样的决定呢？第一，组织认为承包方可以在确定应聘者方面做得比自己更出色，尤其是一些中小企业，它们缺少专业的人力资源部门。第二，针对如今劳动力短缺的情况，组织可能无法依靠自身的能力招募到足够的员工，因此它们只有通过具有专业能力的承包方来帮助自己完成招募或筛选求职者方面的工作。第三，外包也具有法律法规方面的优势，很多承包方在遵守平等就业机会的法律过程中具有自己专业化的程序。

■ 外部或内部招聘

当出现空缺职位或产生新工作岗位时，组织应该从外部还是内部劳动力市场寻找员工来填补呢？在大多数情况下内部和外部招聘有必要结合运用，结合的程度有显著的差异。组织培养稳定、承诺度高的劳动力的意愿越强烈，内部招聘就会越受重视。如此一来，员工将会以内部劳动力市场为起点，开始在组织内部的长期职业发展。进而外部招聘就有可能被限制在初级的职位，以及内部的应聘者都不适合的新职位。外部雇用也可能对快速成长的企业起到必要的作用，这些企业产生的新职位数量要大于内部的供应。

■ 核心或弹性劳动力

组织的核心劳动力由正规编制（他们自己也如此认为）的员工组成，其中包括全职员工和兼职员工。他们是组织提供核心产品和服务的中流砥柱。

弹性劳动力由那些更加边缘化的、招之即来的劳务人员组成。他们不会被认为是"正规员工"（他们自己也如此认为）。从法律层面讲，他们甚至还不是组织中的员工。他们更有可能是另外一个组织的员工，比如人员配置公司（临时帮助机构）或向组织提供劳务的独立承包商。从战略意义上讲，组织必须决定是否愿意同时使用核心劳动力和弹性劳动力，这两种类型的劳动力如何构成，以及在组织中的哪些岗位和部门采用两种劳务的组合。在软件开发公司的案例中，程序员可能被视为核心劳动力，辅助工作的员工（文员）可能被视为弹性劳动力。尤其值得一提的是，弹性劳动力的需求还随着新产品开发的速度和成功的结果来决定。

■ 雇用或留任

对于人员配置来说，雇用和留任战略之间也存在平衡问题。从一个极端来说，组织能够接受所有水平的人员离职，并雇用替代者来填补空缺职位。另一个极端是，组织能寻找最小规模下的人员离职办法，以使人员配置替换成本削减为最少。由于这两种战略都具有对应的成本和优势，组织应当分析、决策和尽量采取一种最佳的雇用—留任结合形式。通过这种有效的方法，组织能够通过控制人员的流出（留任）来控制人员的流入需求（替换性人员配置）。

■ 国内或国际

正如上面所提到的，人员配置活动外包是外包的一种形式。当然，很多组织外包出去的职能不仅仅局限于人员配置——常见的外包职能有：技术支持、数据库管理、客户服务以及生产制造。例如，越来越多的电脑芯片制造商（比如 IBM、英特尔和摩托罗拉等）将芯片制造外包给其他公司，这些公司通常是海外的公司。境外生产是与外包有关但不同的概念。外包是指将某项商业运作（服务或者制造）转移给其他的承包商（不论这个承包商位于组织的原籍国还是境外），境外生产则是指组织在其他国家建立自己的运营机构（组织并非与境外的承包商签订合约，而是直接在境外建立自己的运营机构）。比如之前电脑芯片制造商的例子，如果 IBM 与一个境外承包商签订合同进行芯片的生产制造，则为外包活动，而如果 IBM 在境外建立自己的子公司专门进行芯片的生产制造，则为境外生产。

在美国越来越多的组织开始同时向海外进行这两种模式——外包和境外生产的运作，推动这种趋势的因素主要有三个。第一，大多数国家降低了贸易和入境壁垒，这促进了境外生产和承包的发展。第二，尤其是在美国和西欧，通过境外生产和承包，制造出的产品和提供的服务都要比本国更加廉价。第三，一些组织发现它们无法在本国招聘到足够的人才，因此将目光投向海外。在美国和西欧，很多高技术企业面临着严重的人才短缺。德国工程巨头西门子公司目前仅在德国就有 2 500 个技师的职位空缺，而人才短缺的现状要求像西门子公司这样的企业开始发展境外承包或境外生产或两者兼有。[18]

■ 吸引或变更工作场所

典型的人员配置战略是基于"组织能够吸引足够数量的合格员工进行工作"这一前提的。换句话说，相对于组织迁移来讲，将劳动力吸引进组织更好（成本更低）。而另一些公司（无论是老公司还是新公司）会选择挑战这个前提，它们决定将工作场所建在劳动力供给更加充裕的地方。搬迁到南方的木材加工厂和汽车制造厂都反映了这一战略。同样，一些像硅谷企业一样的高技术企业的成长也反映了企业会建立在或迁移到接近高技能工作者和雇员愿意生活的地方，而这些地方通常会靠近大学，以便得到职位所需的刚毕业的学生。上面提到的软件开发公司将厂址选在这样的地方比较理想。

■ 过度配置或配置不足

按常理，大多数组织会选择足员配置，但有些组织则会主动选择或者被迫偏离这种情况，出现过度配置或配置不足。过度配置可能发生在外部环境对产品或服务需求下降，而组织为了"安全度过"仍然雇用同样多的人员时。组织也可能因为储备人才而过度配置，因为组织也认识到人员配置的水龙头并不能轻易地关紧或打开。而配置不足则可能发生在组织长期面临劳务短缺时，比如保健站的护士。此外，预测到经济衰退可能会使组织有意选择人员配置不足以避免即将到来的短期裁员。最后，组织还可能以增加雇员劳动时间或使用临时人员来弥补配置不足。那个软件开发公司可能会选择过度配置以留住核心员工，并准备好新产品的上市以应对可能到来的需求波动。

■ 短期或长期关注点

虽然任何组织都希望对人员配置有比较全面的短期和长期预测，但同时对这两个目标进行优化比较困难，所以需要一定程度上的均衡。这往往意味着以短期的劳动力短缺平衡长期的人才识别及开发的问题。当面临选择时，组织会更关注它们的短期需求。这样的选择无可厚非，因为劳动力短缺会让组织变得虚弱，就像人体缺少血液一样。即使在整体经济疲软时，合格的申请人池也可能会很小。一位招聘专家指出："劳动力市场的疲软确实提高了噪声水平，因为会有越来越多的不合格候选人申请日益减少的空缺职位。"[19]因此，即使是在经济低迷时期，劳动力短缺也可以发生在任何行业。卡车运输产业的商业领袖接受关于"该产业最该关注的问题"的调查时，86%的人都将"司机的短缺"列为最该关注的问题的前三项。[20]

与短期的"危机管理"相平衡的是长期关注点。长期关注人员配置需求的组织会将长远的人员配置需求定位于人才管理。这意味着组织需要考虑人才战略、未来技能以及整个组织的需求。回想约翰·梅纳德·凯恩斯（John Maynard Keynes）的评论，"从长远来看，我们都会灭亡"。关注长期发展的问题是，长期的需要（需求）和可用性（供给）往往不易确定。通常情况下，它是由"婴儿潮"一代的员工退休引起的即将到来的劳动力短缺问题，好像这种问题永远不会结束。彼得·卡普利（Peter Cappelli）总结说："自20世纪90年代中期，人们一直在预测劳动力短缺问题的出现，但是它没有发生。"劳动统计局（BLS）估计，到2018年，劳动力总量将有明显萎缩，导致未来的劳动力短缺。但是，BLS的经济学家伊恩·怀亚特（Ian Wyatt）承认，人口和劳动力增长可以相当准确地进行预测，但劳动力需求估计就不那么可靠了。未来劳动者的需求问题是一个"非常棘手的问题"，怀亚特说，"也许正因为如此，大部分组织都意识到可能的劳动力短缺，但很少有组织有具体的计划加以应对。"[21]

尽管存在长期预测困难，但在一些技术领域还是会有所增长，而其他领域会有所减少。不对未来的供给和需求做预测的雇主，会制定偏离的战略，从而会导致缺乏可用劳动力的危险。由于缺乏规划，一些企业正面临着意料之外的熟练劳动力短缺问题。例如，在伊利诺伊州，琳达找不到熟练的工人在她的钢铁厂工作。琳达对这一劳动力短缺的现象感到很困惑，毕竟制造业一直声称存在着工作岗位增长乏力。"它始终存在，如果你想这样做，"她说。也许长期规划本来可以避免或改善琳达的困境。[22]

1.4.2　人员配置质量

■ 人员/职位匹配或人员/组织匹配

在获取、雇用人员时，组织应该选择人员/职位匹配还是人员/组织匹配？这是个复杂的决策。从某种程度上讲，雇用某位员工从事一系列的任务时，我们不得不进行人员/职位匹配。回到软件开发公司的案例，为雇用使用特定语言（比如Java）的程序员来编写程序，组织一般会评估这位求职者是否能够符合特定的工作要求。另一方面，工作可能没有准确的界定或变动性较大，要做到人员/职位匹配并不容易，因此就需要做人员/组织匹配。这样的工作通常会出现在技术和软件开发组织中。

■ 具体或一般 KSAO

组织会获取具体还是一般 KSAO 的求职者？选择具体的 KSAO 意味着组织更关注工作的相关胜任力，通常指工作知识和技术性技能等。而选择一般的 KSAO 意味着组织更关注跨多种工作职位所需要的 KSAO，也包括现在与将来的 KSAO。这些 KSAO 的例子包括灵活性和适应能力、学习能力、口头和书面沟通能力以及数学/统计能力。一个期望工作内容快速变化和新工作产生的组织，像上面那个软件开发公司的例子，在特殊与一般的连续体上可能更偏好一般的胜任力。

■ 杰出或可接受的劳动力质量

从战略层面来讲，组织可能会获得一个具有杰出 KSAO 水平的劳动力（杰出质量），或一个合格 KSAO 水平的劳动力（可接受质量）。追求前者将会让组织去储存"最优秀和最聪明的"人才，并期待这个人才储备库将带给组织真实卓越的绩效。追求后者则会让组织获取不那么高效能的劳动力，如此成本也没有前者那么高。比如，职业体育队的老板经常会面临这样的选择，并将做出相应适宜的决策。而对于软件开发公司来讲，如果它试图开发创新性和超越性的产品，它必将选择这个连续体上更加杰出的劳动力质量。

■ 主动或被动的多元化

劳动力在人口统计学、价值观、语言方面都越来越多元化。组织是要在劳动力市场中主动追求其组织内部劳动力已反映出来的劳动力多元化，还是被动地接受这种多元化在自己组织内的劳动力中出现？选择主动多元化战略的人认为，这样不但符合法律和道义，而且多元化的劳动者可以让组织更加协调地去适应客户的多样化需求。而那些选择被动多元化战略的人认为，劳动者多元化需要时间，因为这需要实实在在的规划和执行过程。在软件开发公司的案例中，主动多元化战略可能会被用来获取多元化的劳动者，以便开发出不同市场所偏好的、可接受的软件产品。

1.5 人员配置中的伦理问题

组织中的人员配置涉及大量的个体——雇佣主管、人员配置专家、可能的同事、法律顾问以及求职者。在人员配置的过程中，这些个体都会参与招募、选拔和雇用活动，其中也包括人员配置决策的制定。这些个体的行为和决策是否存在边界或是否应当存在边界？答案是肯定的，如果不明确其行为和决策的边界，会出现消极后果和危害性的影响。例如，很多时候人员配置是一个紧迫的过程，拥有严格的截止日期，只要求解决眼前问题（雇佣主管会告诉人员配置专家，"现在只要给我招聘到一些人就可以了——我之后会关注他们的工作质量"）。这样的要求可能会导致消极的结果，包括：没有进行适当的评估就迅速地雇用人员随后却发现这些人的工作绩效不佳，忽略了许多有可能工作质量很高的求职者，失去了推动组织劳动力多元化的主动性，逃避了可能的法律义务，提供部门中最高薪酬的、慷慨的工作邀请，引起部门其他员工的不满和可能的离职。这些行为和结果会引发人员配置中的伦理问题。

伦理问题包括为可接受的实践确定道德原则和指导方针。在工作场所领域，伦理问题强调"知晓组织规范和指导方针，在面对商业或专业工作的困境时在规范界定的范围内采取行动"。[23]更加明确地，组织伦理需要做到以下几点：

- 提出伦理期望；
- 使伦理问题的讨论合法化；
- 鼓励伦理决策；
- 防止不当行为并提供强制执行的相关依据。

虽然如今组织都在制定并推动经营中的普遍性规则，但并不确定这些规则中有没有涉及人员配置的条款。普遍性规则中可能会涉及与人员配置相关的条款，如法律遵从、信息的保密和披露、组织资产和财产的使用等。人员配置中的个体应当了解并遵守组织中的伦理规范。本书提出了几条人员配置特有的伦理行为要点，作为人员配置中的指导。这些要点列在表1—3中，并在下面详细说明。

表1—3 　　　　　　　　　　　　人员配置实践中的伦理建议

1. 代表组织的利益	6. 咨询专业的行为规范
2. 谨慎处理利益冲突	7. 以研究结果塑造有效实践
3. 记住工作申请者	8. 探寻道德建议
4. 遵守人员配置的政策和程序	9. 知晓组织的伦理文化和氛围
5. 了解并遵守法律法规	

第一条是指作为组织的代理人，其首要的、最重要的职责便是代表组织。该职责就是达到有效的人员/职位匹配和人员/组织匹配。第二条表明，代理人必须避免将自己或第三方（比如求职者或朋友）的利益置于组织利益之上。第三条认为，虽然人力资源专员代表的是组织，但他们应当记住求职者是人员配置过程中的一方参与者。人力资源专员对待求职者的方式除了对求职者有帮助外，也会引起求职者的相关反应，这些反应对组织和组织利益也是有利的。第四条提醒人力资源专员了解组织人员配置的政策和程序并严格遵守。第五条表明，为了很好地遵守法律法规，组织人员需要对法律和人员配置管理条例深入了解，并在解释和应用过程中寻求帮助。第六条表明人力资源专员应当了解和遵守关于人员配置和人力资源的专业规则和条例。人力资源管理协会制定了正式的伦理规范规则（www. shrm. org/ethics）。工业与组织心理协会依照美国心理协会的伦理规则，制定出了一套指导雇员选拔程序的专业守则（www. siop. org）。第七条是指现在有很多关于人员配置系统和技术有效性的知识，这些知识是基于研究的，而且实用性很强，应该可以指导人员配置实践。其中的很多研究都在本书以实用的形式呈现。第八条则表明在面临伦理问题时，可以从其他人那里寻求相关的伦理建议，独自处理令人心烦的伦理问题是不明智的。

最后一条，必须明白一个组织的氛围和文化与员工伦理行为的关系。组织有不同的道德氛围/文化[24]，对于人员配置来说有两种应用。首先，一个组织对如何在人员配置中做决定是有预期的。比如,组织如何与求职者(包括那些被拒绝的求职者)沟通;又如,甄选决策是不是分级做出或协作做出。在以上这两个例子中,由于不同组织具有不同伦理氛围而采用不同的人员配置方式。其次,企业的伦理氛围也会影响其人员配置决策的制定。对于伦理期望很高的组织与那些只有平均期望的组织在对待甄选信息上有很大差异(比如更重视背景调查)。

无论是哪种组织,都需要认识到,虽然一些道德观念看起来是普世的,但在其他情况下,那些被认为道德的行为很可能是违背道德的。

我们也需要认识到,人力资源专员有时承受的压力会使他们在以上提到的道德标准的执行上有所妥协。研究表明造成这些压力的原因有:需要遵从老板的决策、过于急迫地想要满足商业目标、帮助组织走出困境、面临时间压力、成为有团队合作精神的人、保住工作、提升老板的事业。[25]

表 1—3 所示的关于人员配置中的伦理建议是对个人行为的指导。认识并有意识地遵守这些建议是一个人的专业和伦理责任。但是在哪些情况下会被他人怀疑或认为存在伦理不当?

一种反应就是什么都不做——不报告也不尝试去改变不当行为。研究表明,小部分人(20%)会选择忽视和不报告不当行为。[26]其中大多数人没有采取行动的原因在于害怕来自老板或高管人员的报复、对保密承诺的不信任以及不被作为团队成员看待的恐惧感。而反对这些不作为的原因必须权衡已经或可能给雇主、雇员或求职者带来的伤害。更值得一提的是,对于不当行为的隐瞒可能会增加其重复的机会,继续造成破坏性的后果。隐瞒不当行为也会与个体的价值观发生冲突并不断增加没有做对事的懊悔情绪。最后一点,对于不当行为的不作为如果被老板或高管人员知道也会带来惩罚。简而言之,"视而不见"并不是一个安全、明智或者道德的选择。

另一种处理其他人在人员配置中的不道德行为的方法就是向其他人寻求建议,这些人包括老板、高管、同事、法律顾问、道德部门主管或监察员或者组织外的朋友和自己的家人。表 1—3 所示的指导方针可以帮助我们建立伦理问题讨论的框架,为我们的决策提出建议。

有时,回应别人不当行为的方法就是直接阻止或纠正这种行为。特别是在面对自己的下属和同事时,这是一种相当不错的方法。在采取行动之前,需要明智地考虑是否有权力和资源去付诸行动,能否得到其他雇员和同事的支持。

1.6 本书计划

本书分为六个部分:
1. 人员配置的性质
2. 支持性活动
3. 人员配置活动:招募
4. 人员配置活动:选拔
5. 人员配置活动:雇用

6. 人员配置系统与员工保留管理

在这六个部分中，每个章节都以简短的导言开始，这样可以帮助读者更快地了解基本内容。随后是该章节的内容。每章后面都会有总结回顾和本章重点内容的强调。每章最后以讨论题、伦理议题、应用（案例和练习）、唐格尔伍德（Tangle-wood）商店的案例（一些章节会出现）、详细的注释作为结束。

法律法规的重要性正如第 2 章（法律法规）开始所论述的那样。特别需要指出的是，法律法规的影响如此深刻，我们必须认真考虑。对此，第 2 章回顾了影响人员配置的基本法律，对主要的关于 EEO/AA 问题的联邦法律法规做重点介绍。关于人员配置的特别规定则会做出深入探讨。接下来的每一章都会在最后有独立的一节"法律问题"来讨论与该章节内容相关的法律问题。如此一来我们将会更加关注法律主题的讨论，同时并没有偏离本书的重点内容。

每章注释涉及的内容非常广泛，这些注释的内容取自学术、实践和法律几个来源，其目的是提供每一类参考文献的均衡选择。本书重点引用了那些高质量且容易找到的参考文献。本书避免为每一个特定的话题列出冗长的参考文献，相反，我们仅从最佳文献中选取代表性文献。

每章后面的应用分为两类。第一类描述了特定的情境案例，要求读者分析和回应，对于问题需要笔答或口答（比如课堂上的讨论或者团队中的展示）。第二类是关于一个小型项目的练习，需要对特定的任务给予积极的实践。通过这些案例和练习，读者会在学习过程中成为一个主动的参与者并能够应用每一章涉及的概念。

在本书某些章的最后，介绍了关于唐格尔伍德商店案例的作业指导语。关于案例和作业的完整资料在下面的网址可以看到：www.mhhe.com/heneman7e。你将会了解到，唐格尔伍德商店是一个位于太平洋西北地区的不断发展的零售组织。它正在扩张之中，试图扩大当前 243 家分店的规模。由于唐格尔伍德商店不断地扩张自己的事业，大量的人员配置问题需要分析、决策以及你的建议。你将会在本书中看到关于唐格尔伍德商店人员配置的作业，其中包括人员配置战略（第 1 章）、规划（第 3 章）、外部招募（第 5 章）、测量（第 7 章）、外部选拔（第 9 章）、决策制定（第 11 章）以及员工保留管理（第 14 章）。

小　结

在国家的层面上，人员配置每年都会涉及数量极大的雇佣事宜，并且对于商业领域，尤其是提供服务的行业是一项很大的成本投入，同时也能够为组织带来收益和市场价值的增长。人员配置定义为"为了对组织效能产生积极影响而从事的获取、安置和留任充足数量与质量的劳动力的过程"。这个定义强调了人员配置水平和劳动力质量两方面对组织效能的有利影响，同时也强调劳动力获取、运用和留任的"合奏"指导着劳动力的进入、留任和流出组织。对于三个人员配置系统的描述也有助于清晰认识人员配置的定义。

几个模型表明了人员配置的不同要素。人员配置水平模型说明的是如何比较预测的劳动力需求和劳动力可获得性，以此评估人员配置水平。人员配置表现为过度配置、完全配置和配置不足三个水平。另外两个模型揭示通过人员/职位匹配和人员/组织匹配达到的人员配置质量。前一个模型表示需要进行两个方面的人员/职位匹配：（1）个人的 KSAO 和工作要求的匹配；（2）个人动机和工作回报的匹配。在人员/组织匹配中，个人特质与目标岗位之外的要素进行匹配，其中包括：组织价值观、新工作职责、多样性工作和将来的工作。有效管理匹配过程将对人力资源结果起到积极的影响，比如吸引人才、绩效管理和留任人才。核心人员配置要素模型则表明存在人员配置的三种基本活动。这些活动及其基本目标是招募（确定并吸引人才）、选拔（测试和评估求职者）以及雇用（决策制定和最终匹配）。人员配置组织模型表明组织、人力资源和人员配置战略一起形成和影响人员配置政策和程序。相应地，它们形成一系列人员配置的支持性活动（法律遵从、规划和工作分析）和核心活动（招募、选拔和雇用）。留任和人员配置系统管理活动贯穿这些支持性活动和核心活动。

人员配置战略是人力资源战略和组织战略的产物，同时也对二者产生影响。任何组织都会涉及 13 个重要的战略性人员配置决策。某些决策和人员配置水平选择有关联，另一些与人员配置质量选择有关联。

人员配置中的伦理问题则涉及人员配置过程中的伦理原则和指导方针。本章中提出了人员配置中伦理行为的一些建议，也讨论了为回避这些行为而带来的压力点。之后，本章提出了一些处理这些压力的适当方法。

我们将人员配置组织模型作为本书的结构框架。第一部分论述人员配置模型和战略。第二部分论述法律遵从、规划和工作分析等支持性活动。接下来的第三部分论述核心人员配置活动，如招募、选拔和雇用。最后一部分则论述人员配置系统和员工保留管理。每章还另外有独立的以"法律问题"命名的讨论单元、伦理问题、应用、唐格尔伍德商店案例（一些章节会出现）和详细的注释（参考资料）。

讨论题

1. 假如存在以下两种人员配置填补工作空缺的程序：(1) 在求职者中间抽签决定；(2) 求职者先到先被雇用。这两种人员配置程序有哪些潜在问题？

2. 从求职者的角度来看，为什么全面考虑所有的人员配置要素（招募、选拔和雇用）对于组织很重要？

3. 在招聘时，仅仅考虑人员/组织匹配而忽视人员/职位匹配有哪些可取之处？

4. 举例说明培训活动和薪酬活动如何影响人员配置。

5. 13 个战略性人员配置决策中，是否有一些比另一些更加重要？是哪些？为什么？

伦理议题

1. 作为部门中人员配置的专业人员或者工作单元中的雇佣主管，为什么代表组织的利益如此重要（参见表 1—3）？如果不这么做会造成哪些后果？

2. 之前提到的一项人员配置战略为积极多元化或被动多元化。首先给出选择积极多元化的伦理性原因，其次给出选择消极多元化的伦理性原因。假设这项决策为增加劳动力代表中女性和少数族裔的数量。

应 用

为你自己的工作进行人员配置

说明

考虑一项你以前拥有或者现在正在从事的工作，使用人员配置要素模型来分析、描述人员配置程序如何使你获得这份工作。你需要从以下两个角度来描述人员配置过程：(1) 你自己作为求职者的角度；(2) 组织的角度。下面列出的是一些促进你回忆的问题，请写下你对这些问题的思考并准备进行讨论。

求职者角度

招募

1. 你为什么确认并选择该组织的职位？

2. 你是怎样使自己对组织更具有吸引力的？

选拔

1. 你怎样收集工作任职要求和回报信息？

2. 相对于这些工作任职要求和回报信息，你怎样评估自己的 KSAO 水平？

雇用

1. 你为什么决定继续留在人员配置程序中进行竞聘而非中途退出？

2. 你为什么决定接受这项工作？这项工作的优缺点是什么？

组织角度

即使你不知道或者对这些问题的答案并不确定，也请努力回答或猜测答案。

招募

1. 组织怎样确认你是一名求职者？

2. 组织怎样使工作对你产生吸引力？

选拔

1. 组织采用了哪些工具（求职者表格、面试等）来收集你的 KSAO 信息？

2. 组织怎样评价这些信息？组织认为你的 KSAO 的强项和弱项分别是哪些？

雇用

1. 为什么组织决定继续让你参与竞聘而非拒绝对你进行更深入的考察？

2. 你的工作录用程序是怎样的？你收到的是口头还是书面的工作录用函（或两者兼有）？谁向你发出了工作录用函？工作录用涉及哪些内容？

对人员配置程序的反应

在描述了人员配置程序之后，你对该程序的反应如何？

1. 程序的优点或积极因素是什么？

2. 程序的缺点或消极因素是什么？

3. 你希望看到程序发生哪些变化？为什么？

新工厂的人员配置战略

家庭消费者事业责任有限公司（HCE）的总部设在芝加哥市区，它的制造和仓储/配送设施分布于美国中北部地区。该公司擅长设计与生产家庭用品，如扫帚、刷子、耙子、厨房器具和花园工具。公司最近将它的使命由"提供安全和坚固的家用器具"改变为"提供安全、坚固、视觉上具有吸引力的家庭器具"。"视觉上具有吸引力"成为设计和制造的新重点，使"设计和制造具有设计才能和创意的新产品"这一战略变得尤为必要。基于这一考虑，公司将根据不同类型的人群制造不同的器具。其中一个客户群是 25～40 岁之间的技术和管理人员，这些人通过视觉吸引和需求交谈就可以购买产品。

一个初步的战略是建立和配置一个新工厂，该工厂将具有为 25～40 岁群体设计、制造器具的自由支配权。一开始，该工厂将集中于生产一套高关联性（设计导向）的塑料产品：洗碗盘、户外废纸篓、户外植物固定器以及水罐。这些产品生产出来不需要太多资金和设备投入，且能够批量上市，并能在货架以上以及为圣诞节销售的 HCE 网上商店出售。

工具设计和工程团队最初决定，这四个产品中的每个都由独立装配线生产，虽然这些装配线有共同的技术并需要大致相同的装配线工作职位。根据人力资源副经理贾里默·威茨基（Jarimir Zwitski）的建议，工厂人员配置的关键职位是工厂经理、产品设计（计算机辅助设计）、装配工人和包装/仓储人员。工厂原先计划的人员配置水平是 150 名员工。由于具有较高起步成本，工厂仅推出四个产品，考虑到这四个产品的投资风险和较低的边际收益，工厂将加大力度每周生产 6 天（即 24/6 时间表），剩下的时间预留给清理和维修。计划的报酬水平相对市场来说较低，只有产品设计师的工资高于市场。所有员工的福利都有限，工作满一年后的健康保险是为员工支付 30% 的挂号费，且没有养老金计划，除此之外的福利就是可累积的每年 160 小时的假期（包括休假、病假和旅游假）。

如果你是公司的人员配置经理，设计团队的负责人马里奥（Maria Dos Santos）和威茨基意识到人员配置问题对于这项投资来说很重要，希望与你分享他们初步的想法并向你咨询一些问题。他们需要你参与讨论以下问题。他们将问题事先发给你，希望你能够在会面前有所准备。你的任务是写下对每个问题的回答并参与讨论。问题如下：

1. 哪些地理位置最适合建厂以吸引足够数量和质量的劳动力，尤其是那些关键工作职位的劳动力？

2. 工厂经理应当来源于现有管理层还是从外部寻找？

3. 人员配置应当仅仅根据人员/职位匹配还是也需要考虑人员/组织匹配？

4. 最初配备工厂时使用弹性劳动力，即临时工是否合适，能否在工厂获得一定成效后再转向核心劳动力的策略？

5. 在最初阶段，工厂应当配置充足、配置不足还是过度配置？

6. 员工留任是否会成为问题，如果是，这将如何影响到新工厂的发展能力？

唐格尔伍德商店案例

在本章你知道了组织战略与组织人员配置执行之间的关系。通过对于案例的学习，你将有机会看到这些原则如何应用于实践。而这部分的目的是帮助你了解竞争、战略以及文化是如何一起有效地促进人员配置战略的开发的。

背景

这一部分涉及与唐格尔伍德商店相关的一系列人员配置实践内容。你将扮演组织的人员配置服务部门的外部顾问。唐格尔伍德商店是一家户外用品的连锁零售商店，包括野外郊游和户外活动。该组织的文化基于一套核心的价值体系，其中包括雇员参与并承诺营造一个积极的工作场所。

在背景部分将会提供关于唐格尔伍德的产业详细信息、关键工作、市场定位以及其他战略关注点。

你的任务

根据表1—2所提到的战略性人员配置水平和人员配置质量，尝试陈述唐格尔伍德应当如何对自己进行定位。比如，第一个决策是开发或获取人才，那么唐格尔伍德应当在什么样的范围内确定这两项战略？原因是什么？在每一个人员配置水平和人员配置质量战略决策中重复这一过程。此部分的背景信息以及你的具体任务都可以在这个网址中找到：www.mhhe.com/heneman7e。

注 释

1. A. Sadeghi, J. R. Spletzer, and D. M. Talan, "Business Employment Dynamics: Annual Tabulations," *Monthly Labor Review*, May 2009, pp. 45–56.

2. M. deWolf and K. Klemmer, "Job Openings, Hires, and Separations Fall During the Recession," *Monthly Labor Review*, May 2010, pp. 36–44.

3. Saratoga Institute, *The Saratoga Review* (Santa Clara, CA: author, 2009), p. 10.

4. G. Hyland-Savage, "General Management Perspective on Staffing; The Staffing Commandments," in N. C. Burkholder, P. J. Edwards, Jr., and L. Sartain (eds.), *On Staffing* (Hoboken, NJ: Wiley, 2004), p. 280.

5. J. V. Singh, "McKinsey's Managing Director Rajat Gupta on Leading a Knowledge-Based Global Consulting Organization," *Academy of Management Executive*, 2001, 15(2), p. 35.

6. G. Anders, "Taming the Out-of-Control In-Box," *Wall Street Journal*, Feb. 4, 2000, p. 81.

7. J. McCoy, "Executives' Worst Mistakes in Staffing," *Staffing Industry Review*, Sept. 2010, pp. 1–2.

8. "America's Most Admired: GE," *Fortune*, Mar. 6, 2006, p. 104.

9. J. B. Barney and P. M. Wright, "On Becoming a Strategic Partner: The Role of Human Resources in Gaining Competitive Advantage," *Human Resource Management*, 1998, 37(1), pp. 31–46; C. G. Brush, P. G. Greene, and M. M. Hart, "From Initial Idea to Unique Advantage: The Entre-

preneurial Challenge of Constructing a Resource Base," *Academy of Management Executive*, 2001, 15(1), pp. 64–80.

10. J. S. Lublin, "An E-Company CEO Is Also Recruiter-in-Chief," *Wall Street Journal*, Nov. 9, 1999, p. B1.

11. C. Fleck, "'Not Just a Job,'" *Staffing Management*, 2010, 6(1), (*www.shrm.org*); G. Hamel, "Inventing the Future of Management," Oct. 25, 2010, Ross School of Business, University of Michigan (*www.bus.umich.edu*); "Our Culture," W. L. Gore & Associates, Inc., 2010 (*www.gore.com*).

12. J. Marquez, "A Talent Strategy Overhaul at Pfizer," *Workforce Management*, Feb. 12, 2007, pp. 1, 3.

13. N. Byrnes, "Avon Calling—Lots of Reps," *Business Week*, June 2, 2003, pp. 53–54.

14. D. F. Caldwell and C. A. O'Reilly III, "Measuring Person-Job Fit With a Profile-Comparison Process," *Journal of Applied Psychology*, 1990, 75, pp. 648–657; R. V. Dawis, "Person-Environment Fit and Job Satisfaction," in C. J. Cranny, P. C. Smith, and E. F. Stone (eds.), *Job Satisfaction* (New York: Lexington, 1992), pp. 69–88; R. V. Dawis, L. H. Lofquist, and D. J. Weiss, *A Theory of Work Adjustment (A Revision)* (Minneapolis: Industrial Relations Center, University of Minnesota, 1968).

15. D. E. Bowen, G. E. Ledford, Jr., and B. R. Nathan, "Hiring for the Organization and Not the Job," *Academy of Management Executive*, 1991, 5(4), pp. 35–51; T. A. Judge and R. D. Bretz, Jr., "Effects of Work Values on Job Choice Decisions," *Journal of Applied Psychology*, 1992, 77, pp. 1–11; C. A. O'Reilly III, J. Chatman, and D. F. Caldwell, "People and Organizational Culture: A Profile Comparison Approach to Assessing Person-Organization Fit," *Academy of Management Journal*, 1991, 34, pp. 487–516; A. L. Kristof, "Person-Organization Fit: An Intergrative Review of Its Conceptualizations, Measurement, and Implications," *Personnel Psychology*, 1996, 49, pp. 1–50.

16. L. L. Levesque, "Opportunistic Hiring and Employee Fit," *Human Resource Management*, 2005, 44, pp. 301–317.

17. S. Craig, "Inside Goldman's Secret Rite: The Race to Become Partner," *Wall Street Journal*, Oct. 13, 2006, pp. A1, A11.

18. M. Kessler, "More Chipmakers Outsource Manufacturing," *USA Today*, Nov. 16, 2006, p. B1; C. Dougherty, "Labor Shortage Becoming Acute in Technology," *New York Times*, Mar. 10, 2007, pp. 1, 4.

19. B. Leonard, "Economic Climate Provides Chance to Refine Recruiting Practices," *Staffing Management*, July 14, 2009, (*www.shrm.org*).

20. S. Wisnefski, "Truckers' Worries: Fuel, Driver Short-fall," *Wall Street Journal*, Oct. 25, 2006, p. B3A.

21. K. R. Lewis, "Recession Aside, Are We Headed for a Labor Shortage?" *The Fiscal Times*, Aug. 26, 2010, (*www.thefiscaltimes.com*); K. Gurchiek, "Few Organizations Planning for Talent Shortage as Boomers Retire," *SHRM News*, Nov. 17, 2010, (*www.shrm.org*).

22. C. Bowers, "Skilled Labor Shortage Frustrates Employers," *CBS Evening News*, Aug. 11, 2010, (*www.cbsnews.com/stories/2010/08/11/eveningnews/main6764731.shtml?tag=mncol;lst;1*).

23. *www.shrm.org/kc*.

24. A. Ardichvili and D. Jondle, "Ethical Business Cultures: A Literature Review and Implications for HRD," *Human Resource Development Review*, 2009, 8(2), pp. 223–244.

25. J. Joseph and E. Esen, *2003 Business Ethics Survey* (Alexandria, VA: Society for Human Resource Management, 2003), pp. 1–10.

26. Joseph and Esen, *2003 Business Ethics Survey*, pp. 10–11.

第Ⅱ篇　支持性活动

第2章

法律法规

2.1 学习目标和导言

2.1.1 学习目标

- 比较员工、独立合同人以及临时雇员所涉及的不同法律规范
- 理解在人员配置的过程中法律规章占据重要位置的原因以及来源
- 了解六条主要的平等就业机会和平权行动的法规
- 区分在执行过程中的不同措施及其不同效果
- 理解六部主要法规中具体的人员配置条款
- 了解其他人员配置法律法规
- 概览第 3 章至第 14 章中的法律问题

2.1.2 导言

当组织需要人们为其工作时，法定的雇佣关系就建立了。组织需要的人可能是员工、独立合同人或临时雇员。这就需要法律去定义雇主如何利用不同种类的员工，以及这些员工所拥有的权利。此外，已经颁布法律以创造公平和非歧视的人员配置环境。法律和相应法规禁止诸如种族歧视、性别歧视和残疾歧视等多种问题。基于这些歧视的行为必须从人员配置过程中剔除。相应地，雇主必须把重点放在与工作相关的 KSAO 上，以它们作为行为和决策制定的基础。忽视这些法律法规的雇主很可能会面临严厉的处罚。

在开始部分，本章从法律角度讨论了雇佣关系的形成。本章首先定义了雇主这一概念，同时阐释了雇主的权利和义务。雇主会以员工、独立合同人以及临时雇员的形式雇用人员。这些概念在下面的内容里都会得到阐释。

由于各种各样的原因，雇佣关系已经日益规范。影响雇佣关系的原因也会在下面的内容里有所提及。约束雇佣关系的法律规章的来源也会有所涉及。

在关注组织人员配置的人士看来，平等就业机会和平权行动已经成为最重要的

法律规章。本章概括了六条主要的平等就业机会和平权行动的法规，以及这些法规是如何实施和执行的。尽管对于执法机关来说，自觉的法律遵守是更受欢迎的，但是一旦自觉的法律遵守失败，就会产生法律诉讼。法律诉讼源于差别性对待和差别性影响这两个关键的概念。

这六条对于人员配置的具体规定，在本章会有详尽的介绍。通过本章的介绍，对于人员配置相关法律的正确范围、复杂性及影响，读者都会有清晰的了解。

本章的内容也会关注其他人员配置法律法规，包括数目繁多的联邦法、州和地方法，以及公务员法律法规。这些法律和联邦平等就业机会/平权行动法律法规一样，对人员配置活动有着重要的影响。

在本章的最后，会提示后续的每一章节的最后都有一个独立的部分——法律问题，本章即以此结尾。在这些部分，都会讨论具体的法律话题和应用。其目的是为人员配置实践提供指导和案例（并不是法律咨询），以此来帮助鉴别哪些人员配置活动是法律允许的，哪些是不被允许的，哪些是法律要求的。

2.2　雇佣关系

从法律的角度来讲，"人员配置"这一概念指的是雇佣关系的形成。这一关系涉及组织与其雇员之间几种不同类型的模式。这些模式都有特殊合理的独立法律意义。这一部分探讨的模式包括：雇主—员工、独立合同人以及临时雇员。[1]

2.2.1　雇主—员工

目前，雇主—员工模式是采用最为广泛的模式。这一模式是组织的人员配置惯常活动（即人员/职位匹配过程的最高形式）的结果。如图 2—1 所示，雇主和员工通过谈判在定义和监管他们关系的条款和条件方面达成一致。正式的协议方式是雇佣合同，代表了各方当事人期许的条款和条件（工作要求与回报、KSAO 和工作动

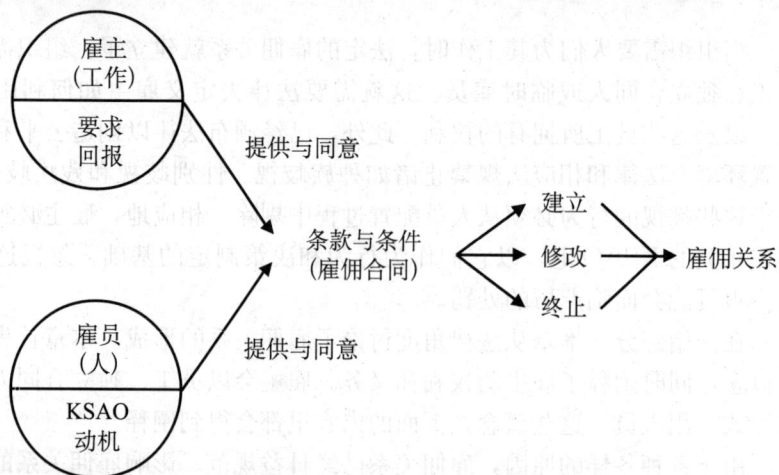

图 2—1　匹配过程、雇佣合同与雇佣关系

机）。随着时间的变化，原始的合同可能会由于任职资格要求的改变、目前工作的回报、员工职位的变更、职位升迁等原因而被修改。与此同时，合同也可以被任意一方终止，以此来结束雇佣关系。

雇佣合同可以通过很多形式来呈现。可以是书面的，也可以是口头的（两种形式都具有法律效力），具体条款从宽泛到细致。一些情形下，在书面合同里，条款和条件的具体内容规定得很详细。这样的例子包括集体协商协议及针对专业运动、演艺人员和高级管理人员的合同。在其他一些极端的案例里，雇佣关系合同的规定并不比一些简单的对于工作的口头承诺（比如关于工资和工作时长的承诺）多多少，通常是握手即达成协议。

从法律的角度来看，雇主是雇佣他人（员工或独立合同人）来完成其工作或代表雇主来工作的一个实体。当这里的"他人"指的是员工时，雇主有权明确规定期望工作产出（结果）和需要遵循的工作方法。作为控制员工的这些权利的交换，雇主需要承担一定的法律责任和义务。具体来讲，雇主的责任和义务有：（1）代员工扣缴工资税（个人所得税、社会保险）；（2）缴纳税款（失业补助、雇主应承担的部分社会保险和医疗保险）；（3）遵循各种规范雇佣关系的法律法规；（4）对员工在雇佣关系中的行为负责。

对于雇主和员工来说，何时以何种方式结束雇佣关系都是一件重要的事情。对于雇主来说，主要取决于组织人员配置的灵活性，是否有可能无障碍地快速结束雇佣关系。对于员工来说，主要是他们所期望的持续获得雇佣和工作稳定性在多大程度上能够满足的问题。根据就业自由的一般法律原则，在不违背任何合同规定的前提下，雇佣关系是严格意义上的单方面意志作用的。也就是说，在任何时候，雇主和员工都可以以任何理由终止雇佣关系，而不需要提前通知。对于就业自由权利的限制通常是通过劳动雇佣合同的一部分来呈现的；其他的限制呈现方式还有联邦、州、地方法律（如非歧视终止劳动关系）。[2]

2.2.2　独立合同人

雇主也会雇佣独立合同人。[3]在法律意义上，独立合同人并不等同于员工，因为与员工相比，雇主赋予独立合同人的权利，以及雇主应承担的义务都是不同的。当以独立合同人的形式雇佣员工时，雇主并不需要承担代扣所得税的义务。同时雇主需要遵循的雇佣关系方面的法律法规也会减少，比如反就业歧视法（如《民权法案》）。

在享有使用独立合同人的优势的同时，雇主实际上也丧失了对独立合同人的控制权。具体来讲，尽管雇主仍然可以控制预期的工作结果，但是雇主不能够支配独立合同人完成工作的地点、时间以及方式。因此，雇主就失去了对开展和完成工作的方式（工作过程、工具、设备、工作程序，等等）的控制。

除了这个主要的区别，员工和独立合同人的划分界限经常是很模糊的。其他很多因素在其中起作用。例如，劳动者在下面的情形下更会被认为是独立合同人而非员工：

- 从事一项非常设的工作和业务。

- 工作过程中没有雇主的监管和监视。
- 为自己的业务和差旅费买单。
- 自主安排工作时间。
- 掌握一门非常高的技能。
- 工作中使用自己的工具、材料和办公室。
- 主要从事有确定完成日期的项目工作。
- 从事时长相对较短的项目。
- 报酬支付以项目或任务为标准，而非时间。

以上列举的情形建立在对习惯法的解读之上，也是（美国）国税局在判定员工和独立合同人区别时所使用的标准中列举的情形。将员工误认定为独立合同人会给雇主带来实质的税务责任和罚款。国税局已经加强了对雇主的审计，以打击将员工视为独立合同人，从而获得人员配置的灵活度、减少人工成本的现象。[4]

2.2.3 临时雇员

临时雇员没有特定的法律地位，他们是临时工职业介绍所（劳务公司）通过自己的人员配置过程获得的员工。劳务公司会将临时雇员安排给雇主并分派一定的工作任务。在完成这些任务的过程中，临时雇员的工资仍然由劳务公司负责，客户公司只是向劳务公司支付工资和其他花费。客户公司必须认识到，自己对于所使用的员工的控制权是极其有限的，因为临时雇员并不是客户的员工，而是劳务公司的员工。

临时雇员的使用经常会引起共同雇佣方面的问题。在共同雇佣关系里，客户公司和劳务公司共同享有传统的雇主角色。[5] 因为在一定程度上，双方均有雇主的功能，所以就需要根据各种法律来区分出它们各自的义务与责任。平等就业机会委员会（Equal Employment Opportunity Commission，EEOC）就有关劳务派遣单位及其客户组织的覆盖范围和责任要求提出了指导意见。[6] 当公司和劳务派遣机构都对临时员工有所控制，且两个组织都具有符合要求的员工数量时，它们就会被认为是《民权法案》、《就业年龄歧视法案》（ADEA），以及《同工同酬法案》负连带责任的雇主。公司必须在无歧视的基础上进行员工推荐和任务分配，不能设置歧视性的职业介绍和就业分配准则。公司必须以非歧视的方式对待临时员工；如果企业知道事实并非如此，就必须采取纠正措施加以控制。对于违规现象有严厉的处罚措施。《美国残疾人法案》（ADA）中有对这类问题的特别指导。依据涉及的具体问题和法律，客户公司和劳务公司都可以称为法律意义上的雇主。及就业歧视法，比如《民权法案》，就同时适用于客户公司和劳务公司。因此，客户公司雇用临时雇员之前，应该好好研究共同雇佣法律的各种情形和结果。

当客户公司长期从劳务公司雇用临时雇员时，会导致所谓的永久临时工问题。这种情况下，员工和临时雇员的区别就会变得模糊。在美国，有29%的劳务派遣员工为其服务的公司服务一年甚至更久。所以，他们看起来更像是客户公司的员工，而非劳务公司的员工。他们到底属于哪类雇员呢？几个法庭的案例揭示了他们事实上是客户公司的员工而非劳务公司的员工。主要原因是雇主对他们施以了具有高度控制权的行为。因此，为了保证永久临时工在法律意义上不是雇主企业的员工，雇主企业就应该放弃，或者是不要试图影响和直接控制这些雇员，而对待他们的方式要与正式员工完全区分。比如，客户公司不要培训或监控他们，不要将他们的信息列入电话簿中，也不要允许他们使用公司的文具。实际上这很难做到。[7]

2.3　法律法规

雇佣关系的建立和维系包括雇主和雇员双方行使自由裁量权。一般而言，影响雇佣关系的法律源于界定和限制自由裁量权的需要。法律法规必要性的具体原因以及这些法律法规的来源，会在接下来的内容里进行探讨。

2.3.1　法律法规的必要性

■ 力量的平衡

建立和维系雇佣关系涉及权力问题的谈判。雇主会根据自己的需要，将具有一定要求和回报的工作提供给雇员，雇员也会给雇主以回报（任职资格和工作动机）。通常，在这个力量关系里，雇主有更大的掌控权。雇主决定工作岗位的创立，决定工作的岗位要求和工作回报，通过员工配置系统使员工能够获得工作岗位，以及雇员在工作中的工作时长、员工去留和雇佣关系的终止。而雇员通过参与这些过程及决定，可以决定工作的强度。由此来看，雇员和雇主在力量对比中是很不平衡的，法律法规因此而存在，部分原因是为了减少和限制雇主在雇佣关系里的权力。

■ 雇员保护

法律法规旨在为雇员提供一些具体的保护。这些保护的内容虽然看起来可以从劳动合同中获得，但实际上并不能。这些保护涉及雇佣标准、个体在工作场所的权利、对待一致性。雇佣标准通常代表最低标准的条款和雇佣条件。比如最低工资、非歧视待遇、加班工资、安全和卫生标准。法律法规也会为雇员提供一些个体权利。这些个体权利的具体例子包括组织集体谈判权，获得民主保护等。最后，法律法规实际上能够保证雇员受到一致对待的权利。雇佣和晋升不能根据受保护雇员的特征（如种族、性别）来决定。

■ 雇主保护

雇主也需要法律法规的保护。首先，法律指导雇主什么是允许的活动，什么是不被允许的。比如，《民权法案》不仅禁止民族、种族、宗教、性别、国籍的歧视，同时也具体提到了许可的雇佣活动。其中一种便是专业职业能力测试，这种测试活动主要用于内部和外部选拔。其次，法律意义的清晰化有很多途径，这些途径包括法院的判决、政府机构的政策声明、执法人员的非正式指导以及与其他雇主的社交网络。通过这些途径加深了对法律含义的共识。这就允许雇主进行必要的改变，从而成为人员配置系统的标准化操作程序。通过这种方式，比如，对于很多雇主来说，平权行动计划已经发展和植入到人员配置的主流中。

2.3.2　法律法规的起源

规范雇佣关系的法律来源是多种多样的。表 2—1 列举了一些与人员配置有关的例子。在下面的内容里会进行讨论。

表 2—1　　　　　　　　　　　　　　　　法律法规的起源

来源	举例
习惯法	随意雇佣
	职场侵权
宪法	第五修正案
	第十四修正案
成文法	《民权法案》
	《遗传信息无歧视法案》
	《就业年龄歧视法案》
	《美国残疾人法案》
	《职业康复法案》
	《移民改革控制法案》
	《公平信用报告法案》
	《雇员测谎保护法案》
	《统一服务就业和再就业权利法案》
	国家和地方法律
总统令	11246 号总统行政令（联邦合同非歧视）
机构	平等就业机会委员会（EEOC）
	劳动部（DOL）
	联邦合同合规项目办公室（OFCCP）
	国土安全部
	国家平等就业实践部（FEP）

■ 习惯法

习惯法，起源于英国，是法庭制定的法律，不同于如联邦法那样其他来源的法律。它包括法庭对具体案例的裁定，这决定性地影响着以后的实践活动，哪些是被允许的，哪些是不被允许的，以及处理方案。先前法庭判例所建立的优先次序非常依赖习惯法。每个州都发展和管理着自己的习惯法。比如随意雇佣和职场侵权案件被认为是州层面的法律事务。如上所述，随意雇佣涉及雇主和雇员随意终止劳动关系的权利。侵权是一项民事不法行为，发生于雇主因为违背为雇员或顾客承担义务的责任而给他们带来了伤害或损失之时。人事侵权案件包括因疏忽而雇佣不安全或危险雇员、雇佣条款和条件的欺骗和误导、对前雇员的诽谤中伤，以及隐私的侵犯。[8]

■ 宪法性法律

宪法性法律来源于美国宪法及其修正案。其优于其他任何法律法规。主要应用领域为公务员权利，特别是他们应有的程序权。

■ 成文法

成文法来源于立法机关的书面规约。立法机关包括联邦的（国会）、州的（州议会和州国民大会）、地方的（市政委员会和理事会）机构。立法机构可以制定、修改和废除法律法规。同时，立法机构还能够设立机构执行法律。

■ 执行机构

联邦、州和地方层级均有执法机构。其主要的职责就是解释和执行法律。在联邦层级，两个主要的人员配置执法机构为劳动部（DOL）和平等就业机会委员会（EEOC）。劳动部下属有几个管理和执行雇佣法律的部门，主要是联邦合同合规项目办公室（OFCCP）。国土安全局负责美国公民及移民服务局的外国劳工与移民问题。

执法机构的职能行使严重依赖于书面文件。这些书面文件主要是指规章制度、法律规章、指导方针，以及政策声明。规章制度、法律规章、指导方针由联邦公报发布，同时也包含在美国联邦法规（CFR）中，它们都具有法律效力。政策声明在某种程度上更加宽松，因为它并不具有法律效力。不过，政策声明确实代表了政府机构在某一方面或某一问题上的官方立场。

2.4 平等就业机会/平权行动法案：总则和法律执行

这一节对主要的联邦平等就业机会和平权行动（EEO/AA）法案进行概述。这些法律的执行机制也会有所讨论。[9]更多的细节在网上可以查到（www.eeoc.gov；www.dol.gov/esa）。

2.4.1 总则

联邦平等就业机会/平权行动法案主要有：

1.《民权法案》第七章（1964 年、1991 年）；

2.《就业年龄歧视法案》（1967 年）

3.《美国残疾人法案》（1990 年、2008 年）

4.《遗传信息无歧视法案》（2008 年）

5.《职业康复法案》（1973 年）

6. 11246 号总统行政令（1965 年）

表 2—2 包含对这些法律的基本规则的概括，涉及适用范围、歧视禁止、执行机构，以及重要的规章制度、法规、指导方针。这些法律被称为"主要法律"有几个可能的原因。首先，这些法律的雇员覆盖范围很广。其次，这些法律具体地禁止了一些以个体特征为基础的歧视（种族、肤色、宗教、性别、国籍、年龄、无能力、残障）。再次，成立了独立的行政机构负责法律的管理和执行。最后，这些机构颁布了很多规章制度、法律规则、指导方针，有助于法律的阐释、实施和施行。对于人员配置管理有重要作用的三套规章为：雇员选拔程序统一指南（www.eeoc.

gov）、平权行动计划规定（www. dol. gov/esa）、美国残疾人劳动法规（www. eeoc. gov）。其具体内容将会在接下来的章节里讨论。

表 2—2　　　　　　　　　　主要的联邦平等就业机会/平权行动法案：总则

法律和 行政命令	适用范围	禁止的歧视内容	执行机构	重要的法律规则、 规章制度、指导方针
《民权法案》 （1964，1991）	拥有 15 名或以上雇员 　的私人雇主 联邦、州、地方政府 教育机构 职业介绍所 工会	民族、肤色、宗 教、国籍、性 别	平等就业机会委员 会（EEOC）	雇员选拔程序统一指 　南 反性别歧视指导方针 反宗教歧视指导方针 反国籍歧视指导方针
《就业年龄歧 视法案》 （1967）	拥有 20 名或以上雇员 　的私人雇主 联邦、州、地方政府 职业介绍所 工会	年龄（40 周岁 及以上）	平等就业机会委员 会（EEOC）	就业年龄歧视法案说 　明条例
《美国残疾人 法案》 （1990，2008）	拥有 15 名或以上雇员 　的私人雇主 联邦、州、地方政府	有残疾的合格个 体	平等就业机会委员 会（EEOC）	美国残疾人—雇佣规 　章 残疾人概念界定说明 残疾人雇佣前的相关 　问题和医学鉴定
《遗传信息无 歧视法案》 （2008）	拥有 15 名或以上雇员 　的私人雇主 联邦、州、地方政府 教育机构 职业介绍所 工会	遗传信息	平等就业机会委员 会（EEOC）	最终条款
《职业康复法 案》 （1973）	超过 2 500 美元合同的 　联邦合同人	有残障的合格个 体	劳动部（DOL）及 其下属的联邦合 同合规项目办公 室（OFCCP）	残障工人平权行动规 章制度
11246 号总统 行政令 （1965）	超过 10 000 美元合同 　的联邦合同人	民族、肤色、宗 教、国籍、性 别	劳动部（DOL）及 其下属的联邦合 同合规项目办公 室（OFCCP）	就业性别歧视指导方 　针 平权行动计划规章制 　度

表 2—2 中列举了根据组织雇员的数量来决定一个组织是否被某项法律覆盖的情况。为了确定雇员的数量，平等就业机会委员会颁布了一项指导方针，依据该方针，在组织中，凡是与组织在当年或上一年有超过 20 周雇佣关系的雇员都要包括在内。实质上，这就意味着全职和兼职的雇员，以及是真实共同雇佣关系的临时雇员都应该计算在内。[10]

个体反对非法待遇、提起诉讼或者要求调解的行为，都会受到表 2—2 中所列法律的保护，而不至于遭到报复。"报复"这一概念被法庭和平等就业机会委员会广泛阐释，这一概念包括拒绝雇佣、拒绝升职、终止合同，其他影响雇佣关系的行为（比如，威胁、不公正的工作考核），以及阻止雇员追求他们的正当权利（比如，人身攻击、无根据的民事诉讼、刑事罪）。平等就业机会委员会颁布了关于鉴别"报复"行为的指导方针，同时也颁布了雇主报复行为的具体处理办法。[11]

在这里，由平等就业机会委员会和法庭阐释的平等就业机会法案的其他三个基本特征也应该被提及。[12] 第一个特征，作为雇主的州（不是地方）政府可以免于雇员对其违反《美国残疾人法案》和《就业年龄歧视法案》的诉讼。因此，州政府的雇员必须在适用的州法律下提起年龄和残疾歧视的诉讼。第二个特征，对于《民权法案》《美国残疾人法案》《就业年龄歧视法案》，公司领导和基层经理在个体层面并不对歧视行为负责。但是，在州层级的法律下，他们却需要对此负责。第三个特征，《民权法案》《美国残疾人法案》《就业年龄歧视法案》适用于被美国雇主雇佣的海外美国公民。同时，由美国人拥有或控制、在国外运营的外国公司同样适用这三项法案。

联邦平等就业机会/平权行动法案影响的具体雇佣行为的最本质特征的综述如表 2—3 所示。

表 2—3　　　　　　　　　　　　**联邦法所禁止的政策与实践**

根据 EEOC 执行的法律，由于种族、肤色、宗教、性别（包括怀孕）、国籍、年龄（40 岁以上）、残疾人或遗传信息等原因，对某人（申请人或员工）产生歧视是非法的。而且，因为某人抱怨歧视，因歧视索要费用，或参加就业歧视调查或诉讼而遭到的报复也是非法的。

法律在就业的各个方面禁止歧视。

EEOC 执行的法律禁止任何雇主或受法律监控的组织使用对特定种族、肤色、宗教、性别（包括怀孕）、国籍、个人或群体残疾的雇员具有不同程度负面效应的雇佣政策或条款，除非该政策或条款与特定工作所需或商业运营所需的条件有关。EEOC 执行的法律同样禁止雇主采用对于 40 岁以上雇员有不同程度负面效应的政策和条款，除非该政策和条款建立在非年龄的基础上。

涵盖的活动：

- 招聘广告、招募和就业推荐；
- 应用程序和雇用；
- 工作任务和晋升；
- 就业推荐；
- 预就业调查；
- 处罚和解雇；
- 薪酬和福利；
- 残疾和宗教信仰；
- 培训和学徒计划；
- 骚扰；
- 条款和就业条件、着装；
- 建设性辞退/被迫辞职。

资料来源：EEOC，2010.

2.4.2　法律的执行：平等就业机会委员会

如表 2—2 所示，平等就业机会委员会（EEOC）负责《民权法案》《就业年龄歧视法案》《美国残疾人法案》的法律执行。尽管每项法律的执行都需要不同的执行机制，但它们还是有一些共性。[13]

■ 差别性待遇和差别性影响

对于人员配置方面的歧视诉讼是需要证据的，尤其是当这些诉讼与人员配置系统及其在操作实践中的具体特征有关时。为了达到这个目的，有两种不同的方式可以遵循——差别性待遇和差别性影响。[14]这两种方式都能够遵循《民权法案》第七章、《美国残疾人法案》和《就业年龄歧视法案》的要求。

差别性待遇。对于差别性待遇的诉讼包括雇主基于种族或性别等人格特征的有目的性的故意歧视。这些诉讼的证据可以包括几个方面。

首先，证据需要是清楚明确的。比如，一个证据可能会涉及组织的一项明确的书面政策，如"以下工作不雇用女性"。

但是，有时这种情形并不是如此明确和清晰，其中的动机可能是很复杂的。比如，一个禁止的歧视行为（如性别）和一个合法的原因（如胜任力）都是促成雇主对某一雇员做出消极决定的重要原因，如没有被雇用或晋升。如果一个非法的动机，如性别，在此项决定中发挥任何作用的话，那么此项决定就是非法的，即使其中也有合法动机的存在。

最后，一个歧视行为需要有因为受法律保护的个人特征而没有被录用或晋升的证据，证据必须符合几项情景因素。这四项因素为：

1. 个体属于受法律保护群体。
2. 个体申请了雇主想要招聘的职位，同时也能够胜任此项工作。
3. 虽然个体胜任职位，但还是被拒绝。
4. 职位仍然空缺，雇主继续招聘与被拒绝个体同样胜任此项工作的申请者。

绝大多数的差别性待遇案例都会涉及上述四项因素，也需要利用上述四项因素来证明诉讼案件的非法歧视性。

差别性影响。差别性影响也被理解为负面影响，主要关注雇佣关系的影响，而不是动机或内在的目的。因此，重点就是要有直接的证据来证明个体在雇佣的实践中或在受法律保护的个人特征方面受到了负面的影响。必须提出数据方面的证据来支持对负面影响的诉讼。[15]可能会用到的数据证据有三种类型，如表 2—4 所示。详情见第 3 章和第 7 章的"法律问题"。

表 2—4　　　　　　　　　　　　差别性影响的数据类型

A. 流量统计数据					
定义		举例			
不同群体选拔通过率的差别		工作类型：客户服务代表			
	申请者数量		雇用数量		选拔通过率
	男性	女性	男性	女性	男性　　女性
	50	45	25	5	50%　　11%

B. 存量统计数据				
定义		举例		
与其在相关人口中的可获得性相比，女性或少数群体没有得到充足就业机会		工作类型：管理培训生		
	管理培训生		可获得性	
	非少数群体	少数群体	非少数群体	少数群体
	90%	10%	70%	30%

续前表

C. 集中度统计数据	举例			
定义	工作类型			
某项工作中女性或少数群体的集中度	行政	产品	销售	管理者
男性	3%	85%	45%	95%
女性	97%	15%	55%	5%

表 2—4 中的第一项为申请者的流量统计数据，这些数据体现申请同一个工作的不同群体之间的选拔通过率（所有申请者的雇用比率）的不同。如果相差很大，则说明甄选系统具有歧视影响性。在这个例子中，男性申请者的选拔通过率为 0.50（50%），女性申请者则为 0.11（11%），这显示了具有歧视行为的可能性。

接下来是第二种类型的数据证据——存量统计数据。这种类型的数据对在一项工作中雇用的女性或者少数群体的百分比与他们在相关人口中的可获得性作比较。相关人口因素中的"相关"可以定义为"胜任的""感兴趣的"或者"地区性的"。在以下的例子中，少数群体的雇佣比率（10%）和他们的相关人口因素比率（30%）之间有较大的差距，这说明他们并未得到充分的雇用。

第三种类型的证据利用了集中度的数据统计。这种类型的证据通过比较女性或者少数群体在岗位中的百分比，来确定女性在某一岗位中的集中度。所举的例子中，行政岗位的女性百分比为 97%，产品类岗位和管理类岗位的男性百分比分别为85% 和 95%，销售岗位的百分比为男性 45%，女性 55%，相对来说差别不大。

■ 最初指控和调停

当一个雇员或者工作申请者提起法律诉讼（平等就业机会委员会也可以是诉讼的提起者）时，法律的实施过程就开始了。在州的范围里，如果有平等就业机会委员会批准的公平雇佣惯例法律，那么起诉最初要在州的层级里提起。为了确定所控诉的歧视行为是否真实存在，就要做调查来找到"合理的理由"（即歧视行为的证据）。如果并没有找到"合理的理由"，就要撤销控诉。如果发现了"合理的理由"，平等就业机会委员就会试图调停。调停是自愿采取的解决程序，试图使得雇主达成协议，停止被起诉的行为，同时遵循其提出的改正方案。平等就业机会委员会更倾向于调停这一解决方案。当平等就业机会委员会决定不再继续诉讼时，便会向原告一方发一封"诉讼权利"的信件，允许原告开始对雇主展开私人诉讼。

调解是对调停的补充。在调解中，一个中立的第三方会加入，并在雇主和平等就业机会委员会之间调解矛盾；第三方会得到双方解决矛盾的协议书。调解的参与是完全自愿的，任何一方都可以由于任何原因退出。调解进程是保密的。双方之间达成的任何协议都有法律效力。申请调解的控诉中，超过 70% 得到解决；96% 使用过调解方式的雇主愿意继续选择这一方式。[16] 总之，平等就业机会委员会更倾向于解决纠纷而非提起诉讼。在表 2—5 中列举了一个解决纠纷的案例。

表 2—5　　　　　**案例：与平等就业机会委员会达成协议**

丹佛——美国平等就业机会委员会今天宣布，已与坐落在西雅图的窗户制造公司——米尔格达股份有限公司达成协议，以解决对其的法律诉讼；平等就业机会委员会控诉在科罗拉多州的工作场所，米尔格达在招聘过程中有种族歧视行为，以及对一位名为莉·安·奥德格伦兰的人力资源助理有报复行为，这位人力资源助理指控该公司有非法行为。奥德格伦兰女士（这起诉讼案中的原告）的法律代理人为 Arckey & Reha 法律公司的汤姆·阿克。

尽管米尔格达公司拒绝承认其曾经参与不合法的行为，但还是同意支付 310 万美元来解决这个诉讼问题，同时愿意承担 27 万美元的诉讼解决管理花费。这笔款项将会用于建立一个基金，为非裔美国人或其他自 1997 年以来申请过米尔格达公司的职位但是没有被录用的黑人提供一定的补偿。平等就业机会委员会预期其将会在 2004 年 7 月 1 日之前收到这笔诉讼基金。与此同时，任何认为自己有权从基金中获得补偿的人都可以与其联系，电话为（303）866-1346。

除了货币的解决方式，米尔格达公司同意认真检查公司的政策和程序，以确保其符合联邦管理法律；为其科罗拉多的员工和经理增加关于工作场所歧视问题的培训；参与招募和外展服务来提高非裔美国人和黑人在其求职群体中的比例。米尔格达公司已经同意，在三年的时间里，目前科罗拉多的业务运作和任何未来可能在科罗拉多开展的业务都会继续处于平等就业机会委员会的监控之下。

这一诉讼案件始于 1998 年，当时奥德格伦兰仍然负责米尔格达窗户公司工厂（当时位于丹佛地区的蒙特贝洛）工作申请者的初级面试。平等就业机会委员会和奥德格伦兰坚持说当时蒙特贝洛工厂的经理告诉她，不要雇用或指派黑人应聘者到某些岗位。奥德格伦兰和平等就业机会委员会也指控这家公司，当她向美国经理反映这些相关的指示时，公司并没有对这位工厂经理做出任何举措，奥德格伦兰却遭受到了报复行为，最终被迫辞职。平等就业机会委员会也声称，一份自 1997 年以来关于米尔格达的科罗拉多工厂的应聘者数据分析显示，米尔格达公司雇用的非裔美国人和黑人的比率远远低于依据其地理特征（以居住地为基础）的人口比率。

约瑟夫·米切尔，平等就业机会委员会丹佛地区办公室的律师说："我们很高兴案件得到解决，同时也建议米尔格达公司认识到禁止歧视性招聘和杜绝报复员工（像莉·安·奥德格伦兰这样冒险维护被拒绝的黑人应聘者的权利的员工）的重要性。"

资料来源：Equal Employment Opportunity Commission，May 26，2004（www.eeoc.gov）.

■ 诉讼和法律救济

如果调解失败，那么原告就会向法庭提起诉讼。依据《民权法案》第七章而得出的起诉过程如图 2—2 所示。我们可以看到，原告（提起诉讼的一方）可以选择差别性待遇或差别性影响任意一种方式。[17] 在任何案件中，都要求原告有原始的证据。这就要求原告需要提供确凿的证据来证明歧视行为确实发生过。假设原告一方提供了这样的证据，被告必须反驳并且拿出反驳的证据。

如果是差别性待遇的案件，在辩护阶段，被告必须提供能够证明审理中的行为是非歧视性的理由。如果是差别性影响的案件，雇主必须能够阐明审理中的行为是与工作相关的，同时也是业务的需要。

辩护阶段之后，原告可以回应被告提出的辩护。在差别性待遇的案件里，原告的回应要显示被告对其行为的辩词是托辞，或者是障眼法。在差别性影响的案件里，原告的回应要着重显示被告并没有表明其行为是与工作有关或者是雇主拒绝采取产生更少负面影响的行为。

涉及就业年龄歧视的差别性影响诉讼案件有某种程度的不同。差别性影响案件的判决（由差别性影响的数据支持）作出之后，被告的辩驳会试图证明被控诉的行为有合法的原因，而不是因为年龄的歧视；原告则要回应，试图证明被告所举的合

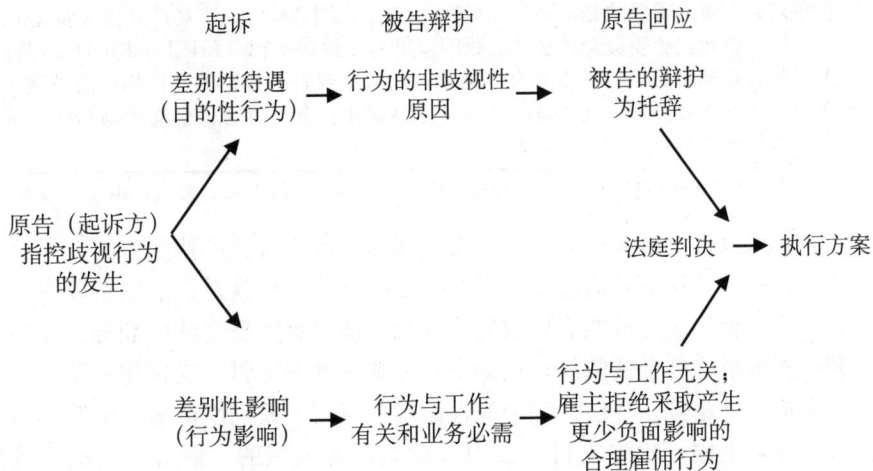

图 2—2 《民权法案》第七章下的基本诉讼程序：EEOC

法原因是非法的，并不是被告实施此行为的真正原因。

提供最终证据的责任应该由哪一方承担？在差别性待遇的案件里，原告必须最终证明被告的行为是歧视性的。而在差别性影响的案件里，提供最终证据的责任由被告承担。也就是说，被告必须能够证明其行为并不具有歧视性。

原告和被告都有机会通过双方一致赞同的和解协议来结束纠纷。这是自愿的，是双方之间达成的法庭—赞同协议。和解协议不仅包括终止特定歧视行为的协议，也包括应该采取的执行方案，如多种形式的货币救济和平权项目。表 2—6 介绍了一个关于和解协议的例子。

表 2—6 和解协议案例

洛杉矶—美国平等就业机会委员会和自诉原告人宣布了他们与被告（阿贝克隆比 & 费奇有限公司）之间达成的诉讼和解协议，CV-04-4731 SL 号案件（名为 EEOC 诉阿贝克隆比 & 费奇有限公司）。这一案件于 2004 年 11 月 10 日在加利福尼亚北部的洛杉矶联邦地区法庭提起。这起诉讼案件宣称，阿贝克隆比 & 费奇公司（在全国范围内经营连锁零售商店）违反了 1964 年《民权法案》第七章。此公司维持不招募、不雇用少数群体和女性的行为，采取限制性的市场形象，执行限制雇用少数群体和女性的公司政策。

这一诉讼因为美国联邦地区法院的和解协议而得到和平的解决。在这份和解协议里，阿贝克隆比 & 费奇有限公司将支付 5 000 万美元来解决平等就业机会委员会提起的法律诉讼和两起针对阿贝克隆比 & 费奇的私人诉讼：冈萨雷斯等人对阿贝克隆比 & 费奇的诉讼和韦斯特对阿贝克隆比 & 费奇的诉讼。

和解协议禁止阿贝克隆比 & 费奇：

a. 基于种族、肤色、国籍（包括非裔、亚裔，以及拉丁裔）的歧视；

b. 对女性的性别歧视；

c. 拒绝给女性及少数群体提供升职机会。

阿贝克隆比 & 费奇同时同意发展和施行雇用与招聘程序来确保其符合和解协议。阿贝克隆比 & 费奇同意确保少数群体和女性在实习经理与经理的提升中不受歧视。公司将会雇用一名监控人员来保证阿贝克隆比 & 费奇公司完全遵循和解协议的条款，并报告执行情况。阿贝克隆比 & 费奇将雇用一名副董事长负责员工的多元化，将多元化员工的数量增加至 25 人。阿贝克隆比 & 费奇会为上述各个领域拟定新的公司规章。阿贝克隆比 & 费奇会在国际网站和所有的商店里发布通知（定期分发给员工）。此外，阿贝克隆比 & 费奇将会为其所有的经理人员提供培训。更为重要的是，阿贝克隆比 & 费奇也同意确保其市场产品体现多元化。

平等就业机会委员会的法律总顾问埃里克·德赖本德（Eric Dreiband）声明："零售业以及其他行业都需要知道不能因为市场政策的前兆或者是特别的'长相'而歧视个人。雇佣行为里对于种族和性别的歧视是违法的，平等就业机会委员会将会继续毫不松懈地寻找那些参与歧视性行为的雇主。"

资料来源：Equal Employment Opportunity Commission，Nov. 18，2004（www. eeoc. gov）.

如果没有和解协议，法庭就会依据法律提出自己的执行方案。可行的方案有几种。第一种，法庭可能会禁止某些特定的行为，也就是说法庭会要求被告终止其行为。第二种，法庭可能会要求雇主雇用个体或者恢复个体的职务。第三种，法庭会利用多种形式的金钱救济，比如支付欠款，预先支付，支付律师费，以及支付补偿性和损失性赔偿。补偿性和损失性赔偿只应用于差别性待遇的案件，赔偿金额以 30 万美元为上限；预先支付和支付欠款是没有上限的。最后，依据《民权法案》和《美国残疾人法案》，法庭可以指明"这样的平权行动计划是合法的"，或者法庭认为合理的"其他任何公平的救济"。通过这些规定和条款，法庭在裁定执行方案方面有较大的自主权。这表明法庭的自主权包括强制实施平权行动计划。

2.4.3　法律执行：联邦合同合规项目办公室

联邦合同合规项目办公室的法律执行机制与平等就业机会委员会有很大不同。大部分被其覆盖的雇主都需要为女性和少数群体发展实施平权行动计划。依据 11246 号总统行政令，平权行动计划对雇主的具体要求在平权行动计划规章里有具体的规定，见第 3 章的"法律问题"。

为了执行这些要求，联邦合同合规项目办公室要进行工作场所外的书面审计，检查雇主的记录档案，执行平权行动计划，进行工作场所的参观视察，还要审计雇主的平权行动计划，同时也要对非法行为的投诉进行调查。如果雇主被发现有不法的行为，那么就需要通过调停的方式来终止自己的行为。一旦调停没有成功，雇主就要承担一系列的惩罚，而这些惩罚会影响它们联邦合同人的地位，包括合同的取消以及禁止以后投标争取合同。

2.5　平等就业机会/平权行动法案：人员配置的具体规章条款

前面章节里的所有主要法律都包含与组织人员配置有关的具体规章制度。这一节则对这些具体的规章制度进行一个概括，包括法律执行机构和法庭的法律解释。引号里的语句是法律条文的原文。这些法律规章在人力资源政策、人员配置实践与行动中的应用，会出现在接下来的部分里。

2.5.1　《民权法案》（1964 年、1991 年）

为了更好地讨论，我们把 1964 年《民权法案》和 1991 年《民权法案》集合在一起。1991 年《民权法案》基本上是 1964 年《民权法案》的一系列修正案，尽管它也包括一些独有的条款。

■ 非法的雇佣实践行为

这部分法律包含关于非法雇佣实践行为的综合陈述。具体来讲，雇主的以下行为是违法的：

1. "因为种族、肤色、宗教、性别或国籍等原因，没有雇佣、拒绝雇佣或者是解雇个体，或者是在报酬、条款、工作条件、雇佣优待方面歧视个体"；

2. "因为种族、肤色、宗教、性别或国籍等原因，对其员工和应聘者进行任何方式的限制、隔离以及分类，可能会剥夺或者是试图剥夺任何个体的雇佣机会，或者是会对员工的地位产生负面影响"。

上述两条陈述是《民权法案》的基础。它们的适用范围很广泛，适用于组织的所有人员配置实践活动。至于职业介绍所和工会则有独立的法律陈述条文。

■ 差别性影响

正如之前所讨论的，对于歧视性的诉讼可以通过差别性影响和差别性待遇两种方式。关于差别性影响的方式，法律有几条规定。

第一，那些看起来是不公平的、粗暴的或者具有可疑价值观的人力资源行为，如果没有导致负面影响，就不算违法（假设这些行为并没有意图歧视）。因此，只有当这些行为导致了差别性影响的时候，它们才会是法律所关注的歧视问题。

第二，除非雇主能够提供合理的辩护，否则原告最先提出的导致负面影响的人员配置行为就是违法的。因此，雇主必须表明这些行为是"与工作相关的、业务发展的必需"。如果被指控的行为不能满足以上两条要求，那么就是违法的。

第三，原告必须指明每个具体的人员配置行为所产生的负面影响。比如，如果某一雇主有一个简单的选拔系统，应聘者要先参加一项笔试，通过笔试的再参加面试，原告就需要分别指明笔试和面试所产生的负面影响，而不是这两个程序的混合。

■ 差别性待遇

有目的性的人员配置歧视行为是不允许的，雇主不能以业务的必需性来为歧视行为开脱。

■ 混合动机

在试图证明自己的行为合法时，雇主不能找这样的理由：尽管一个禁止性的因素，比如性别，影响了人员配置的决策，但是其他因素，比如胜任能力，也影响了决策的结果。像这样的"混合动机"辩护是不被允许的。原告可以通过环境性的或者是直接的歧视证据来追查混合动机。

■ 实际职业资格

雇主可以试图证明被保护的特征，如国籍，是一种实际职业资格（BFOQ）。法律允许这样的声称，但是只有性别、宗教和国籍可以——种族和肤色是不允许的。雇主必须能够证明这样的歧视实际上是"特定的业务和公司的正常运营所必需的一种实际职业资格"。因此，一个需要极度安全保证、主要关押男性囚犯的监狱会只雇用男性监狱看守，这样才能更好地确保囚犯的安全、安保和隐私。但是，一定要能够证明这样做纯粹是工作的需要。

■ 测试

法律上明确规定在人员配置实践中可以使用测试的方法。雇主可以"进行任何专业的职业能力测试，可以依据结果来做决策；只要此项测试、测试的管理及依据测试结果所做出的行为不是预先设定好的，不是有意图的，也不是为了种族、肤色、宗教、性别、国籍方面的歧视"。

对于这项条款的解释很困难。什么才是"专业的职业能力测试"？雇主是如何利用测试来进行歧视活动的？如何判断有没有歧视？这些问题的答案在《雇员选拔程序统一指南》中有所解答。

■ 测试分数的调整

雇主不能声称为了测试分数的公平性而改变测试分数；测试分数是什么结果就是什么结果。具体来说，"因为种族、肤色、宗教、性别或国籍而调整分数，使用不同的录用分数线，或者是更改与招聘有关的测试结果"是违法的雇佣行为。这一规定禁止所谓的种族评分法，在这一方法里，被测试者的分数只会与同一种族的人相比较，不同的种族有不同的录用分数线。

■ 年资制度和考核系统

法律明确允许在将不同的条款和条件应用于员工时，可以将年资和个人成就系统作为基础。但是，年资和个人成就必须是"真实的"，同时也不能成为有目的性歧视行为的结果。

这一规定与内部人员配置系统有着特别的关系。实质上是允许雇主在做人员配置决定时，可以将年资（经验）和个人成就（比如，任职资格能力、潜在升职能力评估）纳入考虑范围。

■ 招聘广告

招聘广告中的歧视行为是被禁止的。具体来说，雇主不可以暗示"关于种族、肤色、宗教、性别或者国籍的任何偏好、限制、规定或歧视"。但是，不包括性别、宗教和国籍是实际职业资格的情形。

■ 怀孕

《怀孕歧视法案》（PDA）是《民权法案》第七章的修正案。依据《怀孕歧视法案》，雇主不能因为怀孕、怀孕相关的状况，或者是同事、客户、顾客的偏见而拒绝雇用怀孕妇女。关于怀孕和产假的规定也有很多。

■ 特惠待遇和定额分配

法律并不要求特惠待遇和定额分配。因此，并不强求雇主的工作团队是比例平衡的，比例平衡的意思即为工作团队的人口构成能够匹配或反映附近人口（即招聘员工的区域）的人口构成。

　　注意：法律并没有禁止特惠待遇、平权行动和定额分配。法律只是强调以上三项不是必须的。因此，它们可以用于一些特定的案例中，比如自愿的平权行动计划或者是法庭强制执行的补偿。

2.5.2　《就业年龄歧视法案》（1967 年）

■ 禁止就业年龄歧视

　　法律非常明确且特别规定，禁止歧视 40 周岁及以上的人。雇主的以下行为是违法的：

　　1. "因为年龄的原因，没有雇佣、拒绝雇佣或者解雇个体，或者在报酬、条款、工作条件或者雇佣的优待方面歧视个体"；

　　2. "因为年龄的原因，对其员工和应聘者进行任何方式的限制、隔离以及分类，可能会导致剥夺或者试图剥夺任何个体的就业机会，或者会对员工的地位产生负面影响"。

　　上述规定可以阐释为"相比年轻的人更喜欢年龄大的人是不违法的……即使个体的年龄在 40 岁以上"（www.eeoc.gov）。因此，只有歧视较大年龄的人是违法的，而不是所有的年龄段。

■ 实际职业资格

　　如《民权法案》一样，这一法律包含对于实际职业资格的规定。因此，雇主以年龄区分应聘者或员工时，只要"年龄是特定业务操作所必需的职业资格能力"，那么雇主的行为并不违法。

■ 合理的理由而非年龄的缘故

　　雇主在做雇佣决策时，可以依据"合理的理由而非年龄的缘故"（RFOA）。这些合理的理由必须公平地应用于所有的应聘者，不能包括年龄，而且必须是与工作相关的，不能导致基于年龄的歧视行为。但是，与年龄相关的理由，如工作经验，可以作为依据。EEOC 正在探索更多的条款去定义 RFOA。

■ 年资制度

　　法律允许年资制度的使用（个人成就制度并没有被提及）。因此，法律允许雇主"遵循并不是以逃避法案制定初衷为目的的真实年资制度的条款"。

■ 招聘广告

　　招聘广告中不能包括限制或阻碍年龄大的应聘者的雇用的内容。但是，可以使用更喜欢年龄大的员工的条款或短语，比如"年龄 60 周岁以上""退休人员"或者是"增补您的退休金"。

2.5.3 《美国残疾人法案》（1990 年、2008 年）

《美国残疾人法案》的基本目的是禁止对胜任工作的残疾人的歧视，同时要求雇主为残疾员工提供合理的便利措施，除非这样做给雇主带来过度的困难。

■ 禁止歧视

这一法律包含很多关于禁止残疾歧视的内容。具体来讲，雇主不能"因为个体的残疾而在工作申请程序、招聘、升职、解雇、报酬、培训，以及雇佣的其他条款、条件和优待方面歧视残疾个体"。同时也禁止因为某个人与某个残疾人的关系而歧视他。

这一法律并不适用于所有的残疾人，而只是那些"能够胜任工作的"。为了确定某个体是否受《美国残疾人法案》的保护，需要确定该个体有残疾，同时必须能够胜任工作。

■ 对残疾的定义

根据修订的《美国残疾人法案》，残疾的定义适用于广泛的个体。"残疾"是指以下内容：

a. 身体或精神障碍，大大限制了个人的一种或多种主要生命活动；

b. 有相关受损记录；

c. 被视为具有这种损伤。

更详细地说，"残疾"的这种一般定义是指以下内容：包含身体或精神有障碍的人；可以是当前或过去具有的，或者是被别人认为具有的。这些残疾不考虑辅助措施（如药物、助听器等），除了普通眼镜或隐形眼镜。吸食非法毒品不包括在内；恢复期的吸毒者及练习和恢复期的酗酒者都包括在内。残疾是发作或缓解时期，大大限制了活跃期的主要生命活动（如癫痫、抑郁症）。

许多重要的生命活动可能因损伤受到大幅限制。包括（但不限于）照顾自己、执行手动任务、看、听、吃饭、睡觉、走路、站立、举、弯腰、说话、呼吸、学习、阅读、注意力、思维、沟通和合作。主要的身体机能也是主要的生命活动。包括免疫系统功能；正常细胞的生长；消化、肠、膀胱、神经、脑、呼吸、循环、内分泌和生殖功能。平等就业机会委员会的新规定可能会增加其他重要生命活动。

平等就业机会委员会指导下的"实质限制"的定义目前正在开发之中。这将包括一些常识性评估，这些常识性评估主要是通过比较某个体与大多数人在执行特定的生命活动时的能力差异来完成的。临时的、短期的、非慢性的、很少或没有影响的损伤通常不会被视为残疾（如普通感冒、关节扭伤、骨折和季节性过敏）。由于残疾实质限制是指破坏了主要生命活动的能力，所以它必须是大幅度地限制一个人从事一类工作。

总之，残疾的定义是相当广义的，它会随着法院和 EEOC 定义的发展而变化。

另外一些平等就业机会委员会的指导涉及精神残疾的精神障碍（www. eeoc. gov）。精神障碍包括精神或心理疾病，例如重度抑郁症、双相情感障碍、焦虑症

（包括惊恐障碍、强迫症和创伤后应激障碍）、精神分裂症和人格障碍。若要被定义为残疾，以上精神障碍必须大幅限制一种或多种主要生命活动。

平等就业机会委员会针对特定残疾的问答文件提供了更多的指导：耳聋和听力障碍、失明和视力障碍、糖尿病、癫痫、智力残疾和癌症。该文件解释了在何种情况下可算做残疾，强调了哪些问题可能（也可能不会）被问到，提供了合理例子，以及提出如何处理安全问题和骚扰情况（www. eeoc. gov）。最后，平等就业机会委员会和法院正在探索，肥胖是否以及何时可能会被认为适用《美国残疾人法案》。[18]

■ 胜任工作的残疾员工

胜任工作的残疾员工是指"身有残疾，有或者没有合理便利措施，能够胜任所担任或申请职位的人"。

■ 必需的工作职能

关于什么是必需的工作职能，法律提供的指导是很少的。必需的工作职能看起来是那些主要的、重要的工作任务。雇主在决定什么是必需的工作职能方面有自主决定权。具体来讲，"雇主要考虑什么工作职能才是必需的，雇主在做招募广告或面试应聘者之前是否准备了书面描述，书面描述将会成为判定什么是必需工作职能的证据"。接下来的规则会引申到什么是必需的工作职能；这些将会在第 4 章里讨论。

■ 合理便利措施和过度困难

雇主必须为"已知的身体或精神上有伤残但是胜任工作的应聘者或员工"提供"合理的便利措施"，除非这会为雇主带来"过度的困难"。法律也为这种便利措施提供了实际的例子。包括改善设备（例如，安装无障碍通道）；工作重组；远程办公；调整工作程序；重新分派员工到空缺职位上；购买自适应设备；提供合格的阅读器和注视器；测试和培训材料的调整。对于精神障碍和精神疾病的残疾，平等就业机会委员会的指导意见里指明的合理便利措施有如下几种类型：休假和其他工作日程的调整，工作场所的物理变化，公司政策的修正，监督和指导方式的调整，药物检测，空缺职位的重新分配（www. eeoc. gov）。概括来讲，只有会造成巨大的困难和成本的便利措施才会被认为会造成过度的困难。

下面介绍一个处理应聘者或员工合理便利措施的四步问题解决方案。[19] 第一步，利用工作分析来决定必需的工作职能。第二步，辨别阻碍应聘者或员工工作的绩效阻碍因素。第三步，与应聘者或员工一起工作来确定潜在的便利措施。第四步，评价每种便利措施，选择不会带来过度困难的最合理的便利措施。

■ 员工选拔

法律会直接处理员工选拔过程中的歧视问题。禁止的歧视行为包括：

1. "使用任职资格标准、招聘测试和其他选拔准则来筛选出或试图筛选出有残疾的个体或者有残疾的群体，除非这些覆盖所有人的任职资格标准、招聘测试和其他选拔准则是与工作相关的，或者是业务的需要"；

2. "通过最有效的方法挑选和使用雇佣测试，以此确保当一个有感官、体力、言语残疾的人参加测试时，测试的结果仍然能够准确地反映应聘者和员工的技能、能力或其他任何因素（测试意图测试的目标因素），而不是反映感官、体力、言语上的残疾，如果没有做到这些，那么就是歧视行为（除非这些技能是测试意图测试的目标因素）"。

看来，上述法律规定对人员配置系统做出了两方面的要求。第一，如果选拔程序会导致对残疾人的差别性影响，雇主就必须证明选拔程序与工作相关，是业务的需要。这一要求与《民权法案》对选拔程序的要求颇为类似。第二，雇主必须保证雇佣测试能够准确预测他们试图测量的职业技能和资格。

■ 对应聘者和员工的体检

在确定发出工作录用函之前，雇主不可以给应聘者做体检，以此来确定应聘者是否残疾，残疾的严重程度，或者确定应聘者是否已经接受了精神或情绪方面的治疗。但是，关于应聘者必需工作职能的具体确认是允许的。

在工作录用函确定之后，雇主可以要求应聘者参加体检，包括精神疾病检查。工作录用函的发放依赖于应聘者是否顺利通过体检。雇主应该注意确保所有的应聘者都需要参加同样的体检，都能够通过体检。病历卡必须保密，保存在单独的文件夹里。

对员工来说，体检必须是与工作相关的，是业务的必需。检查结果都是保密的。

■ 直接威胁

雇主可以拒绝雇用可能会对他人或自己的健康和安全构成威胁的人。

■ 平权行动

法律里并没有雇主必须实施平权行动的要求。

2.5.4 《遗传信息无歧视法案》（2008 年）

《遗传信息无歧视法案》（GINA）规定，禁止在就业中使用遗传信息，或是遗传信息的购买；遗传信息必须保密。

■ 遗传信息

遗传信息包括个人的基因测试，家庭成员的基因测试，以及家庭成员的疾病或病症（即家族病史）的表现。年龄和性别不属于遗传信息。

■ 禁止的歧视行为

用人单位不能因为遗传信息拒绝雇佣、解雇、限制、隔离或分类此类员工。任何情况下都没有例外。

获取（要求、索取或购买）员工或家庭成员的遗传信息也是违法的。有几个特殊情况例外。

■ 信息保密

所有遗传信息必须保存在一个单独的文件中，但涉及《美国残疾人法案》的活动可以使用此信息。对于遗传信息的公开有严格限制。

2.5.5 《职业康复法案》(1973 年)

《职业康复法案》适用于联邦承包商和分包商，其中大部分也都包含在《美国残疾人法案》中。《职业康复法案》与《美国残疾人法案》有很多相似之处。实际上，《美国残疾人法案》与《职业康复法案》非常接近并补充了《职业康复法案》。《美国残疾人法案》的权责规定与《职业康复法案》很相似，只不过《美国残疾人法案》的适用雇主为非联邦合同人。因此，本章提及的《职业康复法案》规定是很简略的。

■ 禁止的歧视行为

根据《美国残疾人法案》对残疾的定义，歧视有残疾的合格员工是违法的，并且为他们提供住宿条件也是必须的。

■ 平权行动

对于雇佣和晋升胜任的残疾员工，雇主必须制定和完善书面平权行动计划。OFCCP 会对雇主的计划和实施情况进行检测和审查。

2.5.6 11246 号总统行政令（1965 年）

■ 禁止的歧视行为

联邦合同人禁止对种族、肤色、宗教、性别以及国籍的歧视。（联邦合同人对年龄的歧视禁止内容则属于 11141 号总统行政令。）

■ 平权行动

11246 号总统行政令明确规定，雇主要实行平权行动法案。具体来讲，"合同人要实施平权行动计划，以确保应聘者在招聘过程中以及员工在劳动关系中没有受到涉及与种族、肤色、宗教、性别、国籍相关的待遇。平权行动计划应该包括以下内容，但并不局限于此：雇佣、升职、降职、调任；招募或招募广告；临时解雇和终止合同；薪金额或其他形式的福利；培训的选择，包括实习生"。（11141 号总统行政令并没有要求实行平权行动计划。）这些平权行动计划的规章要求会在后面的第 3 章里讨论。

2.6 其他的人事法律

除了平等就业机会和平权行动法案之外，影响人事管理的法律和规章还有很多。在联邦层级的有《移民改革与控制法案》《员工测谎保护法案》《公平信用报告法案》。在州和地方层级，与平等就业机会法案有关的法律很多，其他领域的相关法律也很多。最后，还有与联邦、州、地方政府的人员配置实践有关的公务员法律法规。

2.6.1 联邦法

■《移民改革与控制法案》（1986年）

《移民改革与控制法案》与其修正案的目的即禁止雇佣非法居留的外国人，以及对违反此法律的行为进行民事和刑事处罚。《移民改革与控制法案》涵盖各类规模的所有雇主。

禁止的实践。《移民改革与控制法案》禁止雇主对非法居留外国人的初始雇佣和继续雇佣。具体包括：

1. "在美国，如果个人或实体在知晓某外国人对于此项雇佣是未经许可的，此时雇佣、招募该外国人，或者因为雇佣与该外国人谈及费用的行为是违法的"；

2. "个体或实体知道某个外国人是（或已经变为）非法居留者时，却雇佣或继续在美国雇佣此外国人，这种行为是违法的"（不过，这项规定并不适用于1986年11月6日之前对外国人的雇佣）。

法律同时也禁止基于出生国和公民身份的歧视。这一规定的主要目的是，阻止雇主仅仅通过拒绝雇佣外国人相貌或外国人口音的求职者的方式，来执行禁止雇佣非法居留外国人的规定。

就业资格审查系统。雇主必须确认一个人不是一个未经授权的外国人，是通过合法渠道获得就业身份和资格的人。用人单位使用I-9表格来收集新员工信息，即身份证明和资格（授权）的工作证明文件。能够提供证明的文件将显示在I-9表格的背面。只有当员工被确定录用，才能够正式获取这些文件，而且，这些文件必须在正式雇佣起3个工作日内获取。为了验证资格信息，联邦承包商和分包商必须使用电子验证，即联邦数据库中的电子验证检查。其他用人单位可自愿参加电子验证。数据库中有详细的关于记录保存的要求。有关验证的详细信息请参见第12章的"法律问题"。

临时工作签证。雇主可以为外国员工申请时限最长6年的两种主要临时签证（还有其他的签证类型，但是并不适用本节讨论）。最主要的签证类型是H-1B型。想要获得H-1B签证的非移民在某一专业必须有学士（或等同于学士的其他学位）或以上的学位。这些工作者的主要的职业方向有建筑师、工程师、计算机程序员、会计和教授。雇主向这一类型的员工支付的报酬必须是在相似岗位上工作的员工的标准工资，同时也必须证明这些员工不会取代美国的任何一个员工。国会批准的年度签证限额为65 000人。但是高校和非营利机构（包括政府）雇佣的非移民员工不算入年度限额中。同时，在美国高校取得硕士或更高学位的雇员也不包括在内（年度限额为20 000人）。只要雇主批准了更换工作申请书，H-1B签证的持有者就可以更换工作，而且他们的就业区域并不局限在目前的地理范围。

H-2B签证类型主要是对有最高负荷的、季节性的或间歇性的需求来增加其员工的雇主而设定的。这样的雇主类型有建筑行业、医疗保健、景点/度假服务、采伐业，以及制造业。年度限额为 65 000 人。

法律执行。《移民改革与控制法案》的执行由国土安全部下属的美国移民局（www. uscis. gov）来执行。每雇佣一个非法居留者会处以最高 1 万美元的罚款，同时，任何形式的雇佣非法居留者会处以最长 6 个月的监禁。联邦合同人禁止在一年内签订联邦合同。

■《员工测谎保护法案》（1988 年）

《员工测谎保护法案》的目的是禁止大部分雇主对应聘者或员工使用测谎仪。但是，此法案并不适用于其他类型的"诚信测验"，比如纸笔测验。

禁止的行为。《员工测谎保护法案》禁止大部分私人雇主（公共部门雇主则不包括在内）：（1）要求求职者或员工参加测谎测试；（2）在做雇佣决定时使用测谎测试的结果；（3）因为求职者或员工拒绝参加测谎测试而解雇或惩罚他们。

在以下三种情形下，可以使用测谎仪。第一，制造、分类和分配管治物品（比如药品）的雇主可以使用。第二，为影响公共安全的行业（如核电厂或装甲车工厂）提供服务的私人安保公司。第三，在给雇主带来经济损失的盗窃、挪用公款、破坏活动的调查中，可以使用测谎仪。

法律执行。《员工测谎保护法案》的执行是由美国劳动部（DOL）来实施的。对一个员工或者求职者使用测谎仪可处以最高 1 万美元的罚款。同时个人也可起诉雇主，要求雇主给予雇用、复职、提升、补发工资。

■《公平信用报告法案》（1970 年）

《公平信用报告法案》作为修正法，规范组织在获取和使用求职者的客户报告的行为。客户报告是关于求职者的信息，是客户报告机构的数据库里提取出来并提供给组织的。这些信息不仅包括信用特征，还包括雇佣历史、收入、驾驶记录、逮捕、犯罪记录、生活方式；未经应聘者本人同意，体检信息是不可以提供给组织的。关于收集和使用这些信息的具体要求会在第 8 章中介绍。

第二种类型的客户报告是研究型报告。研究型报告是建立在对其他个体的个人面谈之上的，而不是建立在数据库的查询基础上的。关于这一类型报告的遵循，有几个独立的步骤。

法律实施。《公平信用报告法案》的实施由联邦贸易委员会来执行（www. ftc. gov）。对于故意或疏忽的法律违反，最高处以 1 000 美元的罚款。

■《军警部门就业与再就业权利法案》（1994 年）

《军警部门就业与再就业权利法案》（USERRA）的目的是禁止对军警部门服役人员的歧视，同时也是为了将复职、福利和工作保障扩大至退役人员。

覆盖范围。所有的雇主，包括私有雇主和公共部门，不论大小，都处于 USERRA 的覆盖范围之下。所有服役或服过役的人都享有 USERRA 权利。但是只有曾经被雇用的人或者是现在正在被雇用的人才适用于这些权利。

法律要求。雇主不能对服役人员（或者正在申请服役的人员）采取消极的雇佣行为（比如，解雇、降职、调岗，或拒绝雇用）。对于为了服役而从岗位上离开不超过 5 年的员工，雇主必须给其恢复原职（在申请复职的两周之内）。这些雇员有权返回其"扶梯"岗位（所谓"扶梯"岗位是指如果他们不间断任职的话，他们将会达到的岗位）。如果员工不能胜任"扶梯"岗位，雇主必须做出足够的努力来帮助员工达到胜任的水平。同时，这些雇员也有权得到他们本来能够获得的晋升、加薪，以及其他本应该获得的年资福利。关于 5 年服务的限制和恢复原职的权利都有很多例外情况。某些福利必须提供给因服役而离开工作的人，同时福利必须为退役返回工作岗位的人复原。雇主在一年之内不得无故解雇退役返回的员工。

法律执行。这一法案的实施是由美国劳动部下属的退伍军人就业与培训服务机构（VETS）（www.dol.gov/vets）来执行的。雇主同时也要遵循其中的规定。

2.6.2　州和地方法律

本书的重点是联邦法律法规。但是，我们同时应该知道，组织也需要遵守州和地方层级的法律。这极大地扩大了组织需要遵守的法律范围。

■ 平等就业机会与平权行动法案

平等就业机会和平权行动法案经常被归于联邦法律的框架之下。但是，它们的基本规定在各州之间却有着实质性的差别。对联邦 EEO/AA 的遵循并不能确保对州和地方 EEO/AA 的遵循，反之亦然。因此，对于一个组织来说，明确地知道自己所适用的法律法规是其重要的责任。

值得一提的一个事实是，州和地方的 EEO/AA 法律法规经常提供联邦法律法规之外的保护。比如，有些州层级的法律适用于少于 15 个员工的雇主，而在《民权法案》中，拥有 15 个员工是其覆盖范围的界限。州法律也会禁止某些联邦法律并不禁止的歧视行为，比如，性取向、性别认定或性别表达。哥伦比亚的区域法禁止 13 种歧视行为，包括性取向、外貌特征、入学证明，以及政治倾向。最后，在执行机制和对违法行为的惩罚方面，州法律与联邦法律会有所不同。

■ 其他的州法律

前面提到的习惯法下的自由雇佣和职场侵权行为，也受州法律的管控。除了 EEO/AA 之外，适用于人员配置的州级的成文法有很多，包括雇主获取犯罪记录、测谎仪和"诚实测试"、毒品检验、艾滋病检验以及员工获取人事记录。

2.6.3　公务员法律法规

联邦、州和地方政府作为雇主受公共部门相关特定成文法的管控。公共部门主要是由指导人员配置实践的功绩原则指导。在功绩原则的指导下，公共部门和私有雇主在人员配置实践中产生了很大的不同。

■ **功绩原则和人员配置实践**

与人员配置相关的功绩原则的本质主要有以下四点：

1. 依据任职资格来招募、选拔、晋升员工。

2. 给求职者和员工提供公平的待遇，而不应考虑政治倾向、种族、肤色、国籍、性别、宗教、年龄或残疾。

3. 如保护公民一样，保护求职者和员工的隐私与宪法权利。

4. 保护员工避免因党派的政治目的而遭受强制和高压。[20]

功绩原则在公务员法律法规中有具体的规定。

■ **与私有部门的比较**

功绩原则和公务员法律法规致力于规范公共部门的人员配置实践。这导致了公共部门与私有部门之间的显著差异。公共部门的人员配置实践的例子如下：

1. 公开所有的职位空缺，以及与其相关的选拔程序的具体内容。

2. 由于是面向所有人的招聘信息，会吸引大批求职者。

3. 经法律授权，可以测试求职者和工作直接相关的任职资格能力。

4. 在招聘的最后程序里，对自主决策权的限制。如最终人选的人数、最终人选的排序、平权行动的考量。

5. 求职者有权对录用决定、测试程序、实际测试内容和方法进行申诉。[21]

以上例子的处理方法与私有部门有很大的不同。而且，以上只是公共部门和私有部门在人员配置实践与人员配置环境方面众多不同例子中的一部分。

2.7 本书其他部分的法律问题

适用于组织人员配置实践的法律法规，无论在数量还是复杂性上，都是很高的。这一章重点介绍了法律必要性、法律起源、法律总则，以及与人员配置活动相关的具体规定。但是，对实际的含义和应用并没有涉及。

在本书后面的章节里，重点将会转向实际应用方面，对如何在法律要求下进行人员配置活动提供指导和建议。后面所有章节的最后一节——"法律问题"，都会从遵循法律的角度来讨论主要问题。提到的问题，以及它们出现的章节都被列在表2—7中。认真阅读表2—7，将会加强对从外部影响人员配置活动的法律法规重要性的认识。

表 2—7	其他章节涉及的法律问题
章节	涉及的问题
规划（3）	平权行动计划和多样性项目
	平权行动计划多样性项目的合法性
	平等就业机会和临时雇佣机构
工作分析与报酬（4）	工作相关性和法庭案例
	工作分析与选拔
	基本工作职责

续前表

章节	涉及的问题
外部招募（5）	工作求职者的定义
	平权行动项目
	网络招募
	招聘广告
	欺诈和误传
内部招募（6）	平权行动项目规定
	善意年资制度
	玻璃天花板
测量（7）	差别性影响数据
	标准化和效度
外部选拔Ⅰ（8）	免责声明
	参考和背景调查
	雇佣前的调查
	实际职业资格
外部选拔Ⅱ（9）	雇员选拔程序统一指南
	依据《美国残疾人法案》的选拔
	药品测试
内部选拔（10）	雇员选拔程序统一指南
	玻璃天花板
决策制定（11）	雇员选拔程序统一指南
	多样性和雇佣决定
最终匹配（12）	工作授权
	随意雇佣
	任意就业和雇佣
人员配置系统管理（13）	档案管理与隐私保护
	EEO-1报告
	合法审计
	经理和员工培训
	替代性争端解决机制
员工保留管理（14）	独立法律法规
	绩效考核

需要注意的是，表2—7中的法律问题只是选取的一部分。作者只选取了一部分法律问题放入表中，并且对于法律遵循的含义，只包含其概要。同时，关于这些法律问题的讨论，并不包括专业的法律建议。

小　结

人员配置涉及雇佣关系的形成。在雇佣关系里，雇主要求个体以员工、独立合同人、临时雇员的身份为其工作。与这些安排相关的具体法律含义和义务，本章都作了介绍。

起源于几个来源的大量法律法规，约束着雇主和员工之间的契约关系。这些约束不仅是为了保证雇佣关系中力量的平衡，也是为了给雇主和员工提供相应的法律保护。

与平等就业机会/平权行动相关的联邦成文法，禁止基于种族、肤色、宗教、性别、国籍、年龄、残疾的歧视。歧视规定适用于故意实施歧视（差别性待遇）的人员配置行为，也适用于产生歧视性影响（差别性影响）的人员配置行为。平等就业机会和平权行动法案也包括与人员配置有关的具体法律法规规定，这些规定具体地界定了哪些行为是允许的，哪些行为是禁止的。不论是允许的还是被禁止的行为，规定的重点都是与工作相关以及关注人职匹配的人员配置活动。

组织在设计和实施人员配置活动时，大量的法律信息对其遵循平等就业机会和平权行动法案的规定起了很大帮助。平等就业机会委员会同时也采取很多具体的行动来进一步履行其界内的和延伸的义务与责任。

还有一些影响人员配置活动的其他法律法规。联邦法律禁止雇佣非法居留外国人以及进行测谎测试（测谎仪），限制求职者信用报告的使用，具体规定了服役人员的劳动权利。公务员法的法规和条款适用于政府雇员。州和地方法律也涉及其他很多人员配置实践。最后，公务员法律法规规范着公共部门的人员配置实践活动。这些规定导致了公共部门和私有雇主之间在人员配置实践上的显著不同。

在本书的后面部分里，会继续涉及法律问题，但是重点会放在法律对人员配置实践规定的解释和应用上。从下一章开始，在每章的最后将讨论法律相关问题。

讨论题

1. 在建立雇佣关系时，"雇主通常具有较多的优势"，你同意这一观点吗？在什么情况下员工会比雇主有更多的优势呢？

2. 差别性影响统计数据在预测潜在的人员配置歧视行为时的局限性是什么？

3. 为什么四种因素对于差别性待遇控诉的成立都是必需的？

4. 什么因素会促使组织达成和解协议而非继续法庭控诉？

5. 私有部门和公共部门在人员配置实践方面有哪些不同？为什么私有雇主可能会抵制公共部门的人员配置系统的很多特征？

伦理议题

1. 假设你是某一组织的人力资源经理，这一组织虽然没有正式地，但是却强烈禁止你和其他经理雇用有残疾的人。这一组织的理念是，有残疾的人不可能会有高绩效或长期就职，因此，对其进行培训，给其买保险，将其融入到业务单元中，都是不划算的。对于组织的这一立场，你的道德判断是怎样的？你是否有道德义务去改变这一现状呢？如果是的话，你会如何做？

2. 假设你所服务的组织在与员工和求职者的关系中，严格遵守劳动法律相关规定。组织称之为"完全书本化的人员配置管理"。但是，所有的人员配置实践似乎都过于保守。你如何评价这种人员配置法律遵循的方式？

应　用

晋升中的年龄歧视？

最佳保护保险公司（Best Protection Insurance Company，BPIC）公司层面的诉讼部门以及四个地区的诉讼中心每年都会处理大量的投诉。公司诉讼是由公司诉讼的高级副总裁（SVPCC）来领导；公司诉讼的两个经理，公司诉讼—生活经理（MCC-Life）和公司诉讼—居住经理（MCC-Residential）与一位高级诉讼专员（CCS），都要向SVPCC报告。每个区域办公处都由一位区域中心经理（RCM）领导；区域中心经理领导区域办公处的监管人员和诉讼专家。区域经理要向区域副总裁（VPRC）负责。下面是重组之前的结构图：

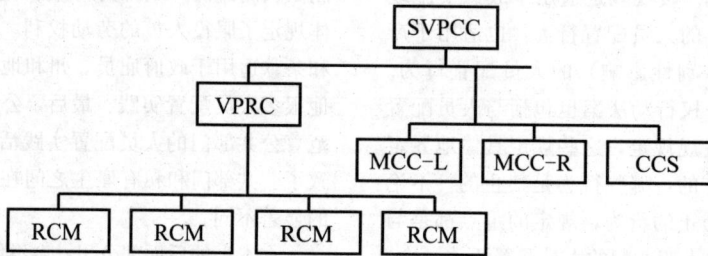

最佳保护保险公司决定对其诉讼部门进行重组，撤销四个区域办公处（以及区域办公处经理的职位），在全国范围内建立大量的小区域办公处。重组的另一部分包括创造五个新的CCS职位。CCS本身就是依据技术要求重新设计和更新的。计划通过从诉讼部门进行内部晋升和选拔，匹配到新的CCS岗位上。

案例里的原告是一位名为格斯·泰沃斯的52岁RCM。因为他的工作岗位被撤销，SVPCC要求格斯申请新设立的CCS职位；格斯和其他的RCM一样，年龄都在40岁以上。格斯和其他的RCM都没有被录用。还有其他一些申请者也被淘汰，他们的年龄有些也超过40岁。得到晋升的是五位在之前区域办公处的诉讼专家和监管人员，他们的年龄都在40岁以下。其中，新得到晋升的两个员工曾经在格斯身为RCM时为其工作，并向其报告。

知道自己没有获得提升机会之后，格斯就开始寻找失败的原因。他了解到（会在下面的内容里介绍），他因为年龄而受到了歧视。于是，他找到法律顾问布鲁斯·戴维斯律师。布鲁斯与SVPCC进行了一次非正式的会面，试图了解升职程序以及他的客户格斯没有得到提升的原因。SVPCC告诉他，有很多候选人都比格斯更加胜任工作，格斯缺乏足够的专业技能和沟通技巧，而这两项素质是胜任新的岗位CCS所必需的。SVPCC拒绝重新考虑格斯，同时表明所有的决定都不会改变。于是格斯和布鲁斯就向联邦地区法庭提起了控诉，指控其违反了《就业年龄歧视法案》。同时，法庭调取了BPIC的大量资料，包括所有申请CCS职位候选人的人事档案。

基于这些资料档案以及与格斯的讨论，布鲁斯了解到了更多关于BPIC所实际使用的晋升程序。SVPCC和两位MCC全程参与整个过程；他们并没有接受VPRC和人员配置部门的介入。对新的CCS职位，公司并没有正式书面工作描述，也没有如公司政策要求的正式的内部海报。SVPCC和两位MCC列出了一些他们觉得可能会对职位感兴趣的员工，包括格斯，然后他们面试了这些候选人。面试过程中，他们并没有参考这些候选人的人事档案与之前的绩效评价。在决定了晋升的五位候选人（五位候选人均接受了晋升要求）之后，SVPCC和两位MCC确实浏览了这五位（只是这五位）的人事档案和绩效评价，以此来查看候选人是否有不合格的条件。最终没有发现。通过对格斯提供的所有档案的检查，书面档案并没有提供任何关于在之前绩效评价里对包括格斯在内的所有候选人的年龄歧视证据。同时，也没有证据表明格斯欠缺专业技能和沟通技巧。格斯之前的所有评价分数都在平均分以上，并且没有证据表明格斯之前的绩效分数最近下降。最后，通过与VPRC（格斯的上级）的一次面谈发现，升职的全程里，都没有征询他的意见。对于格斯没有得到提升，不能胜任CCS岗位，他感到十分震惊。

1. 基于以上事实，需要准备一份有说服力的报告，能够强有力地证明格斯受到了故意的年龄歧视行为这一差别性待遇。不要将投诉归为差别性影响控诉。

2. 从BPIC角度，对这一差别性待遇的投诉给予有说服力的反驳。

差别性影响：这些数据代表着什么

对歧视行为的投诉也可以通过差别性影响的投诉形式来实施。依据这一方式，人员配置行为的影响需要是歧视性的，因此就违反了《民权法案》。即使对于受保护群体（例如，女性或少数群体）并没有潜在的故意歧视意图，差别性影响也可能会发生。起诉一起差别性影响行为，需要利用大量的数据来证明，女性和少数群体与男性和非少数群体相比，确实受到了不公正的待遇。

表 2—4 中呈现了差别性影响数据的三种类型：流量统计数据、存量统计数据，以及集中度统计数据。同时，每种类型的统计数据都列举了一个例子。对于这三种类型的数据，需要准备的

报告中要讨论如下内容：

1. 组织是如何收集和报告表 2—4 中所呈现的数据的？

2. 关于判断男性和女性，或者少数群体与非少数群体的不同数据，是如何反映组织人员配置系统中的歧视行为，你有什么推荐的经验法则或指导建议？

3. 什么人员配置行为（招募、选拔、雇用）可能会导致数据的不同呢？比如，在表 2—4 中，录用率男性是 50％，而女性是 11％。组织是如何收集到必要的信息进行计算和处理的？你是如何确定录用率的差异（50％与 11％）足够证明歧视行为的潜在存在的？又是哪种人员配置行为导致了录用率的不同？

注　释

1. M. W. Bennett, D. J. Polden, and H. J. Rubin, *Employment Relationships: Law and Practice* (Frederick, MD: Aspen, 2004), pp. 1-1 to 3-50; D. J. Walsh, *Employment Law for Human Resource Practice*, second ed. (Mason, OH: Thompson Higher Education, 2007), pp. 33–60.

2. C. J. Muhl, "The Employment-at-Will Doctrine: Three Major Exceptions," *Monthly Labor Review*, Jan. 2001, pp. 3–11.

3. S. Bates, "A Tough Target: Employee or Independent Contractor?" *HR Magazine*, July 2001, pp. 69–74; Bennett, Polden, and Rubin, *Employment Relationships: Law and Practice,* pp. 1-4 to 1-7; K. D. Meade, J. W. Pegano, I. M. Saxe, and J. A. Moskowitz, "Revisit Independent Contractor Classifications," *Legal Report*, Society for Human Resource Management, Oct./Nov. 2007, pp. 7–8.

4. A. R. Midence, "A Risky New Trend: Replacing Employees With Independent Contractors," *Workforce Management Online*, Nov. 2009, accessed 5/18/2010.

5. D. C. Feldman and B. S. Klaas, "Temporary Workers: Employee Rights and Employer Responsibilities," *Employee Rights and Responsibilities Journal*, 1996, 9(1), pp. 1–21; B. Lanza and M. R. Maryn, "Legal Status of Contingent Workers," *Compensation and Benefits Review*, July/Aug. 2003, pp. 47–60.

6. Equal Employment Opportunity Commission, *EEOC Policy Guidance on Temporary Workers* (Washington, DC: author, 1997); Equal Employment Opportunity Commission, *Enforcement Guidance: Application of the ADA to Contingent Workers Placed by Temporary Agencies and Other Staffing Firms* (Washington, DC: author, 2000); N. Greenwald, "Use of Temporary Workers Also Invites Exposure to Lawsuits," *Workforce Management Online*, March 2010, accessed 3/25/2010.

7. R. J. Bohner, Jr., and E. R. Salasko, "Beware the Legal Risks of Hiring Temps," *Workforce*, Oct. 2003, pp. 50–57; Walsh, *Employment Law for Human Resource Practice,* pp. 42–43.

8. P. Salvatore and A. M. Gutterman, "The Risk of Intentional Torts," *HR Magazine*, Aug. 2003, pp. 109–114.

9. L. Guerin and A. DelPo, *The Essential Guide to Federal Employment Laws*, second ed. (Berkeley, CA: Nolo, 2009); D. D. Bennett-Alexander and L. P. Hartman, *Employment Law for Business*, sixth ed. (New York: McGraw-Hill Irwin, 2009).

10. Equal Employment Opportunity Commission, *EEOC Enforcement Guidance on How to Count Employees When Determining Coverage Under Title VII, the ADA, and the ADEA* (Washington, DC: author, 1997).

11. Equal Employment Opportunity Commission, *EEOC Guidance on Investigating, Analyzing Retaliation Claims* (*www.eeoc.gov*).

12. W. Bliss, "The Wheel of Misfortune," *HR Magazine*, May 2000, pp. 207–218; W. A. Carmell, "Application of U.S. Antidiscrimination Laws to Multinational Employers," *Legal Report*, Society for Human Resource Management, May/June 2001; S. Lash, "Supreme Court Disables State Employees," *HR News*, Apr. 2001, p. 6.

13. Bennett, Polden, and Rubin, *Employment Relationships: Law and Practice*, pp. 4-75 to 4-82.

14. Bennett, Polden, and Rubin, *Employment Relationships: Law and Practice*, pp. 4-75 to 4-82.

15. R. K. Robinson, G. M. Franklin, and R. F. Wayland, *Employment Regulation in the Workplace* (Armonk, NY: M. E. Sharpe, 2010), pp. 84–103.

16. K. Tyler, "Mediating a Better Outcome," *HR Magazine*, Nov. 2007, pp. 63–66.

17. Bennett, Polden, and Rubin, *Employment Relationships: Law and Practice*, pp. 4-75 to 4-82; T. S. Bland, "Anatomy of an Employment Lawsuit," *HR Magazine*, Mar. 2001, pp. 145–151.

18. J. Staman, "Obesity Discrimination and the Americans With Disabilities Act," Congressional Research Service, Library of Congress, 2007.

19. J. R. Mook, "Accommodation Paradigm Shifts," *HR Magazine*, Jan. 2007, pp. 115–120.

20. J. P. Wiesen, N. Abrams, and S. A. McAttee, *Employment Testing: A Public Sector Viewpoint* (Alexandria, VA: International Personnel Management Association Assessment Council, 1990), pp. 2–3.

21. Wiesen, Abrams, and McAttee, *Employment Testing: A Public Sector Viewpoint*, pp. 3–7.

第3章

规 划

3.1 学习目标和导言

3.1.1 学习目标

- 认识到外部影响会对人员配置规划过程产生影响
- 理解如何将战略规划与人员配置规划结合
- 熟悉统计和评估技术来预测人力资源需求和供给
- 了解替代和继任计划之间的相似点与不同点
- 明白核心员工、弹性员工以及员工外包战略的优势与劣势
- 学习如何将多元化融入人员配置规划中
- 认识平权行动中包含的基本要素

3.1.2 导言

人力资源规划是预测组织未来人员雇佣需求的过程，在与既有战略保持一致的前提下，该需求可通过随后的开发行动以及人员配置计划与项目获得满足。在人员配置过程中，人力资源规划是其他所有活动和行为的基础。如果一个组织能够全面考虑其人员配置需求以及如何使需求与外部环境相匹配，那么这个组织就会发现，招募到合适数量和质量的员工、改进选拔方法以及评估选拔流程是比较容易做到的。

简而言之，人力资源规划包括了解就业环境，决定组织将来需要的员工数量，并且评估内外部劳动力市场的供给情况。这一章中我们将涉及人力资源规划过程中的几个具体构成要素，包括：作出重要人力资源规划决策，预测人力资源需求与供给，明确员工的优势与劣势，并且制定出行动方案。

这一章以概括外部环境对人力资源规划过程的影响为开端，如劳动力市场、技术和工会。接下来，我们提供了一个人力资源规划过程的综述，包括人力资源供给和需求预测的方法回顾。人员配置计划涉及区分核心员工和弹性员工，以及理解外

包的环境。由于多元化项目在人力资源规划过程中变得更加重要，我们也对其进行了讨论。另外，人员配置规划中最重要的法律问题是平权行动计划（AAP）。本章还讨论了另一个法律问题，即覆盖临时员工及其机构的平等就业机会（EEO）问题。

3.2 外部影响

影响人力资源和员工配置规划的主要外部因素有四个，即经济条件、劳动力市场、科技和工会。表3—1展示了这些影响因素的具体例子，接下来我们将对此进行讨论。

表3—1 人员配置的外部影响因素举例

经济条件

- 经济膨胀和收缩
- 工作增长和工作机会
- 内部劳动力市场流动性
- 离职率

劳动力市场

- 劳动力需求：就业模式，KSAO寻求
- 劳动力供给：劳动力人数，人口增长趋势，可获得的KSAO
- 劳动力短缺和过剩
- 就业安排

科技

- 工作岗位消除
- 工作岗位创造
- 技术需求变化

工会

- 谈判
- 劳动合同：人员配置水平，人员配置质量，内部流动
- 申诉制度

3.2.1 经济条件

许多宏观力量决定了企业运行的整体经济环境。其中包括产品和劳动力市场竞争（包括国内和国外）、通货膨胀、利率、现金交易率、货币汇率以及政府财政和货币政策。这些因素的影响结果就是整体经济膨胀和收缩程度。

经济膨胀和收缩力量的一个直接衍生物就是就业机会的产生和增长，无论是积极的还是消极的。正向的就业增长意味着对个人而言，就业机会增加；负向就业增长或者就业收缩意味着工作机会减少。企业根据工作增长的数量，以不同的速率吸纳劳动力（雇用新员工）、在组织内调动劳动力（内部劳动力市场）和裁员。因此，就业增长就像阀门一样控制着劳动力的流动。

下面，我们来看一个工作扩张的例子。当新的工作岗位产生时，新的雇佣率开

始增加入门级和更高层次的工作岗位。这些新员工包括刚刚进入劳动力市场的劳动力（比如刚毕业的大学生等）和目前劳动力市场上已经存在的劳动力，失业和就业的都算在内。企业内部劳动力市场通过晋升机制和调动系统，其流动率也会增加。一方面新的工作岗位需要企业内部人才填补，另一方面也有企业在职员工离职，这两方面的结合必然导致了内部劳动力市场流动。大多数时候，员工从一个企业离职是因为他们在其他企业找到了新工作。然而也存在部分人暂时失业（当他们在寻找新的工作机会的时候），也有的劳动力可能永久退出劳动力市场。

当就业增长率下降甚至就业紧缩时，劳动力市场的流动变慢。企业将雇用更少的人，求职者将要花更长的时间来进行工作搜寻，并且可选择的就业机会变少。现有员工的晋升和调动机会将减少，自愿离职率会下降，并且很多员工甚至会因为非自愿裁员或自愿提前退休计划而终止工作。2008 年的"大萧条"导致职位空缺和就业水平的大规模下跌，并持续打击了下一年的经济情况。[1]

3.2.2 劳动力市场

在劳动力市场内并通过劳动力市场，企业发布特定的人才偏好和需求（劳动力需求），人们表达自己的工作偏好和需求（劳动力供给）。最终，通过劳动力供需双方力量的相互作用形成了人/岗匹配。如下所述，劳动力需求和供给包括数量和质量两方面。劳动力市场短缺和过剩，以及一系列可能的就业安排都将在下面进行讨论。

■ 劳动力需求：就业模式

劳动力需求是一种派生需求，它是顾客对企业的产品和服务的需求的衍生。企业获取并部署劳动力，以使其能够用一种有竞争力的方式来响应顾客的需求。

要了解劳动力需求，需要收集和分析国家就业统计。国家就业统计提供了关于就业模式的数据，以及行业、职业和企业规模的预测。

到 2018 年的预测表明，大部分的就业增长将发生在服务业，其中教育行业和卫生服务行业处于领先位置，其次是商业和专业服务。制造业和联邦政府就业将保持稳定，而采矿业和农业就业将会下降。[2]

到 2018 年，不同职业的就业增长存在差异。大多数的就业增长集中在保健和信息技术领域，而大多数的就业收缩集中在文书和制造领域。就业增长"赢家"的代表有兽医（33％）、医疗助理（34％）、计算机软件工程人员（34％）、家庭健康助理（49％）与个人财务顾问（41％）。"输家"的代表有文件文员（-23％）、缝纫机操作员（-34％）、机器送料员和搬运工（-22％）和电脑操作员（-19％）。

■ 劳动力需求：KSAO 寻求

除了教育要求外，雇主对知识、技能、能力和其他特征（KSAO）的需求或偏好没有被广泛衡量。劳动统计局收集的数据显示，市场对大学或以上学历的个人需求在持续增长。需要学士学位的工作数量上升 17％，硕士学位的上升 19％，博士学位的上升 22％。相反，需要经过短期在职培训的工作数量只上升了 9％。[3] 对受教育程度需求的增长很可能反映了科技的进步使许多工作变得更加复杂和具有技术性质。[4]

关于岗位对 KSAO 需求的一个详尽且系统的信息源是职业展望手册（可参照 www.bls.gov）。它没有指出 KSAO 的不足，而是提供了美国几乎所有职业的工作性质、培训和 KSAO 需求的详细信息。在经理层级，曾经做过一个有趣的尝试：让专家们预测管理人员未来工作最需要的关键技能。六个可识别的技能分别是快速反应、高度关注、压力疏解、战略授权、有效组织能力和团队建设。[5]

调查结果显示，雇主在对劳动力的数量有一定要求的同时，也对一般性的 KSAO 具有多重要求。自然，雇主和工作类型不同，职位的具体要求也会有所不同。调查还显示，基于现有在职员工的技能差距，雇主确定了对未来劳动力的 KSAO 的一般需求。对于管理人员，雇主则确定了他们未来应该具有的关键 KSAO。

■ 劳动力供给：劳动力及其趋势

美国劳动统计局定期统计并报告劳动力供给数量。表 3—2 展示了 2005—2010 年统计的基本结果。从表中看出，无论是全职还是兼职员工都达到了约 1.54 亿人（就业与失业），失业率范围为 4.4%～9.7%。2009—2010 年的数据显示出经济衰退产生的主要影响。

表 3—2			劳动力统计			
	2005 年	**2006 年**	**2007 年**	**2008 年**	**2009 年**	**2010 年**
民用非机构人口（百万人）	227	229	232	234	236	238
国内劳动力（百万人）	150	152	153	155	154	154
就业人数（百万人）	143	145	146	147	140	139
失业人数（百万人）	7.3	6.7	7.0	9.4	14.5	14.6
非劳动力（百万人）	77	78	79	78	82	84
劳动力参与率（%）	66	66	66	63	65	65
失业率（%）	4.9	4.4	4.6	6.0	9.4	9.7

资料来源：US Department of Labor，"The Employment Situation," July 2005，July 2006，July 2007，July 2008，July 2009，July 2010.

数据揭示了与人员配置组织特别相关的若干个劳动力趋势。劳动力增长速度在放缓，年增长率从 20 世纪 90 年代早期的约 2% 到预测的 2018 年的 1.0%。新进入劳动力市场的劳动力越来越少。这种趋势再加上许多新进劳动力面临的 KSAO 严重不足，造成了企业的主要适应障碍。

从人口统计学角度来看，劳动力越来越多样化，这种趋势将会继续下去。从 20 世纪 80 年代到预测的 2018 年的数据显示，劳动力市场上的男女比例将会缓慢地趋于相等；白人劳动力比例稍微降低；西班牙裔和亚裔为代表的劳动力比例增加。另外，在劳动力年龄上会发生戏剧性变化：年轻员工会减少，超过 55 岁的老年员工将增加。

此外，正在发生更多微妙的劳动力趋势变化。总体来说，人们工作的小时数略微增加，并且那些从事特定职业（例如经理和专业人士）、工作时间很长的员工所占比例大幅增加。与此相关，同时从事多项工作的员工有所增加。6.2%的在职者从事不止一份工作。在总人口中，移民人数增加；几乎每十个人就有一个人出生在国外，这是 50 年来的最高比率。新的联邦及州政策努力将福利享受者推入劳动力市场，这些人大多从事低工资、低学历要求的工作。那些曾经离开劳动力主流的人群——例如残疾人和不断增长的退休人群——在劳动力市场的比例可能会增加。[6]

■ 劳动力供给：KSAO 的可获得性

一项针对 431 位人力资源专业人士的调查发现，40%的雇主认为高中毕业生缺乏从事入门级工作所需的阅读理解、书面表达、数学的基本技能，70%的雇主认为高中毕业生在专业性、批判思维、个人信誉和时间管理等工作习惯上表现欠佳。[7]大部分被调查者认为大学毕业生从某种程度上为工作做的准备更充分，但是 44%的拥有大学学位的求职者仍被认为书面表达能力差。[8]经济学家和社会学家迅速注意到 20 世纪 60 年代以来，尽管劳动力的标准化考试成绩和学历不断提升，但是关于这些技能缺陷的报道一直存在。[9]因此，正如我们前面观察到的，问题似乎是对先进技能的需求在不断增加，而并非技能员工的供给在减少。另一项研究进一步证实了这个观点，在这项针对 726 位人力资源专业人士的调查中发现，98%的被调查者认为近年来人才竞争加剧。[10]至少对于部分劳动力来说，这类数据支持了雇主指出的 KSAO 严重缺乏的看法。

■ 劳动力短缺和过剩

在某一固定的工资率上，劳动力需求超过劳动力供给，这时的劳动力市场被称为"紧绷"，并且企业的劳动力出现短缺。劳动力短缺经常发生在特定岗位和职位上。低失业率、特定岗位的劳动力需求激增以及技能短缺，都加重了很多企业劳动力质和量的短缺程度。劳动力短缺会引起许多反应：

- 报酬及福利的增长；
- 雇用奖金和股票期权；
- 用于吸引和留住老员工的备选工作安排；
- 使用临时工；
- 雇用移民；
- 降低录用标准；
- 与中学、技工学校和大学建立合作关系；
- 增加强制性超负荷工作；
- 延长运营时间。

当劳动力市场"放松"——相对于劳动力需求有劳动力剩余存在时，这些反应会减弱或逆转。

■ 就业安排

尽管劳动力市场力量将企业和求职者联系在一起，就业安排的具体性质可采取多种形式。其中一种形式是劳动者被雇佣为全职员工还是兼职员工。数据显示，大约 83％的员工从事全职工作，17％的员工从事兼职工作。[11]尽管很多人喜欢兼职工作，但大约有 23％的兼职工作者在寻找全职工作。

第二个就业安排是关于灵活调度和轮班工作的。灵活轮班覆盖的劳动力比例从 1985 年的 12.4％稳定发展到 2004 年的 27.5％。这其中的很多员工都参加了弹性工作时间计划。工作时间经常轮换，大约有 15％的全职员工在夜晚工作或实行轮班。[12]

另外两种类型的安排经常结合在一起考虑，即多种备选安排来代替传统的雇主—雇员关系和使用临时员工。备选安排包括企业通过使用独立承包商、应招工人与计时工、临时工职业介绍所员工，以及合同公司派遣的提供特殊服务的员工（例如会计）来满足企业员工需求。临时员工没有显性或隐性的长期员工合同；他们期望这种雇用是临时性的而非长期的。

有关替代性工作安排和临时员工使用的国家数据如表 3—3 所示。从表中可以看出调查个体的 89.3％都处在传统的雇主—雇员安排中，其中的绝大多数（97.1％）认为自己是非临时性质的。最盛行的替代性工作安排方式是承包商（7.5％），其次是临时工（1.7％），临时工职业介绍所员工（0.9％），合同公司派遣的员工（0.6％）。在这些备选安排中临时员工的比例范围从 3.4％（承包商）到 60.7％（临时工职业介绍所员工）。

表 3—3   **替代性就业安排和派遣员工的使用**

安排	总数		百分比	百分比
	百万人	百分比	派遣	非派遣
替代性安排				
承包商	10.3	7.5	3.4	96.6
临时工	2.4	1.7	24.6	75.4
临时工职业介绍所员工	1.2	0.9	60.7	39.3
合同公司派遣的员工	0.8	0.6	19.5	80.5
传统安排	122.8	89.3	2.9	97.1
	137.5	100		

资料来源：US Department of Labor, Bureau of Labor Statistics, *Contingent and Alternative Employment Arrangements*, Feb. 2005.

表 3—4 揭示了其他劳动力趋势，这些结论是针对 1 232 位人力资源专业人士的调查得出的。

表 3—4   **主要劳动力趋势**

- 超过 55 岁的员工数量在不断增长，这意味着企业将支付较高的医疗保健费用。
- 全球持续经受衰退威胁和贫困经济状况。
- 人们对退休的态度正在发生改变，尤其是退休者在某种程度上越来越倾向于留在劳动力市场。
- 技术变革导致雇主对技术的需求发生变化。
- 由于越来越多的员工对保险计划的需求增加以及保险公司要求的保险费在增加，雇主将面临更多的医疗保健费用的支出。
- 人口结构变化会导致技能的匮乏，特别是那些需要高技能水平的工作。

资料来源：J. Schramm, *Workplace Forecast*, 2008 (Alexandria, VA: Society for Human Resource Management, 2008).

3.2.3 技术

技术的变化对人员配置规划过程有显著影响。有时，技术通过消除或大幅减少某类员工的需求而成为劳动的替代品。正如我们前面提到的，随着整体经济的发展，社会对诸如文书工作者、电话接线员以及许多制造业的生产操作员等岗位的需求减少了，因为科技已经代替了这些劳动力成为产出的投入。讽刺的是，软件的革新使得电脑更容易被普通人操作，因此消除了很多与计算机编程有关的工作。

同时，随着新的商业机会涌现，科技创造了新的工作岗位。尽管有些工作被淘汰了，但诸如机器人工程师、系统和数据库分析员、软件工程师等技术职业的需求增加了。电子商务和其他基于互联网服务的扩张增加了对设计和维护互联网岗位人员的需求。技术变革导致的不断增长的生产力会推动企业业绩增长，反过来，这也将会创造更多的工作岗位。相比之前的工作，这些新的职位需要一套完全不同的KSAO，这意味着新增加的人力资源需要重新进行培训或者替换现在的劳动力。一项同时在美国和德国进行的研究表明，计算机化导致了对高教育水平的专家的需求增加，进而导致对科学和数学技能的需求增加，从而导致拥有这些技能的个人的薪酬有了戏剧性的增长。[13]在企业运营的任何方面想要采用新科技的雇主必须考虑为挖掘拥有该新技术的劳动力市场需要做怎样的调整。

3.2.4 工会

工会是受法律保护的实体，其组织员工与企业管理层协议并通过劳动合同来制定条款和员工雇佣条件。约有 12% 的员工加入了工会，其中 7.4% 在私有部门，36% 在公共部门。[14]这个趋势说明了私有部门工会化水平的下降和公共部门工会化水平的提高。[15]

劳资双方需要通过真诚地协商来达到合同上的共识。可能许多人员配置问题都需要谈判，包括人员配置水平、生产设备地区分布、加班工资和工作安排、职位描述和分类、资历规定、晋升和调动、裁员和工作终止、招聘池、KSAO 要求、申诉程序、备选纠纷解决程序、就业歧视保护以及非常重要的——薪酬和福利。因此，人员配置几乎所有方面的问题都受谈判和由此产生的劳动协议的影响。

因此，工会对员工配置及其他人力资源系统有直接且有力的影响。即使在非工会情况下，工会的影响也能通过"溢出效应"被感知。溢出效应指雇主努力模仿工会设置下达成的薪酬福利和人力资源实践。

3.3 人力资源规划

人力资源规划（HRP）是预测企业劳动力需求（要求）和内部劳动力供给（可获得性）的过程和一套活动，通过比较这两个预测结果来确定就业缺口，并且制定行动计划来填补缺口。行动计划包括达到理想的人员数量和人员质量的人员配置计划。

首先给大家呈现人力资源规划过程的一般模型，接着阐述一个人力资源规划的操作性实例，然后给出人力资源规划的主要组成部分。[16]

3.3.1 过程和举例

图 3—1 列出了几乎所有企业的人力资源规划的基本要素。正如我们从图中可见，人力资源规划过程包括以下四个步骤：

1. 确定未来人力资源的需求。
2. 确定未来人力资源的供给。
3. 协调需求和供给，即确定两者间的差距（短缺和过剩）。
4. 开发行动方案来填补预测的缺口。

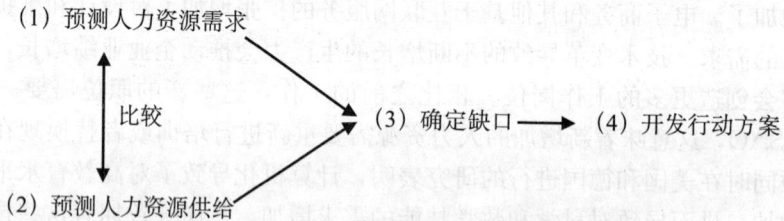

图 3—1 人力资源规划的基本要素

表 3—5 列出了人力资源规划的一个例子，包括预测需求和供给的结果。表中显示了某组织为一个具体的企业单元（销售和顾客服务）开发的部分人力资源规划。它只包括两种职位类别（A——销售，B——客户服务），并且每个职位类别有两个层级（1 为入门级，2 为管理级）。如表 3—5 所示，所有人力资源规划步骤都局限于这个特殊的组织单元和职位类别/层级。

表 3—5　　　　　　　　　　　　人力资源规划的运营模式和示例

企业部门：销售和客户服务					
职位类别及层级	目前劳动力	劳动力预测（一年）		协调和缺口	行动计划
		需求	可获得性		
A1（销售）	100	110	71	−39（短缺）	招募
A2（销售经理）	20	15	22	+7（过剩）	选拔
B1（客户服务代表）	200	250	140	−110（短缺）	雇用 保留
B2（客户服务经理）	15	25	22	−3（短缺）	薪酬
	335	400	255	−145（短缺）	培训和开发

给定了每种职位类型和级别的现有劳动力规模（员工人数）；预测出了为期一年的劳动力需求和可获得性，其结果展示在相关的列表中。经过协调之后，得出了差距列中的最终差距数据。从表中可见一共有大约 145 个劳动力短缺。总体的短缺在这四种职位类别/层级中分布严重不均。在其中三类中，存在预测短缺（39，110 和 3）；在剩下的一类中，存在预测过剩（7）。

这些差距数据为制定行动方案提供了最基本的输入。因为既有短缺又存在过剩，并且缺口的严重性因相对现有劳动力而不同，因此针对每种职位类别/层级都很可能需要开发和实施特定的行动计划。在规划过程中，最后产生的四种人员配置（和其他）计划将很可能使得人力资源规划进入需求和可获得性有序平衡的状态。

以上的程序和例子介绍和阐述了人力资源规划的基本知识。其中有几个人力资源规划的构成需要详细阐述。接下来我们主要讨论这些部分，讨论中着重强调每个部分代表了人力资源规划中必须考虑的一个因素，并且对于每个部分的操作细节都需要做一些具体的决策。

3.3.2　初步决策

在人力资源规划实施之前，必须作出几个关键决策。这些决策将对人力资源规划流程有重要影响作用，并且将会影响流程的产出，即缺口估计。当做初步决策时，在缺口估计基础上开发的行动方案的质量及潜在的有效性仍悬而未定。

■ 战略规划

在商业战略和人力资源规划间建立紧密、互惠的联系是一个很好的想法。[17]负责人力资源规划的经理应该认识到环境中的突发事件和影响不同商业单元规模的战略目标。技术和战略的变化也会对那些在未来需要的 KSAO 产生影响。当人力资源规划成为组织战略规划中的重要一步，就称其为基于战略规划的人力资源规划。这是一种睿智的做法，因为它将人力资源的相关信息整合到了组织战略规划的过程中。

但是，正式的商业计划并不能囊括所有重要的业务发展，尤其是变化迅速和意料之外的情况。例如，消费者偏好或法律要求的忽然改变可能会对商业计划产生严重不利影响。企业对这类变化的反应通常以特殊项目的形式呈现，而非修改整体商业计划。然而，每个反应都需要考虑人力资源的相关部分，据此产生了基于项目的人力资源规划。这类规划帮助确保创造必要的新职位、现有职位的要求和薪酬改变以及员工工作岗位变化等活动有序地展开，而不会意外中断。

此外，许多企业除了制定正式规划，还定期地针对关键员工制定人力资源规划。这经常发生在员工长期短缺的岗位，包括内部缺失和外部缺失。这样的例子包括在卫生保健组织的护士、高校里某些特定领域的员工和中小学教师。针对某特定员工领域的规划称为基于群体的人力资源规划。

企业对内部环境的把握同样重要。因此规划者必须在企业上下进行充分沟通，抓住机会去了解企业的现状。与主要管理人员进行非正式讨论是一种有效的办法，同样起作用的是员工态度调查、特定调查以及一些关键指标（如员工绩效、缺勤率、流失率和意外伤害率）的监控。应该更多关注那些会威胁和干扰到未来商业规划或其他重要组织目标的常见问题。例如，销售公司的高离职率很可能会威胁到一项可以增加销售配额和快速推出新产品的商业计划的可行性。

管理人员尤其是高层管理人员对人力资源的价值认同和态度对人力资源规划同样重要。当管理人员对人力资源的态度与企业的商业计划存在冲突时，就会产生麻烦。例如，一个中等规模的会计师事务所制定了一项商业计划，以期通过进取的市场策略和选择收购小企业来实现事务所的快速成长，但是现有管理层的能力可能不足以管理一个更大规模、更复杂的企业。而且，高级管理层对大力投资管理开发或从企业外部引进人才存在普遍的抵制态度。这种态度与商业计划相冲突，这两者需要改变其一。

规划期限

既然规划涉及展望未来，那么组织要问的一个问题是：这个规划需要延伸到多久以后的未来呢？通常，计划分为长期（3年及以上）、中期（1～3年）和短期（1年及以下）。一个组织规划期限的长度取决于它实施以上三种规划中的哪一种。

对于基于战略规划的人力资源规划，期限和商业规划相同。在大多数企业里，时间范围在3～5年的称为战略规划，时间范围在3年以下的称为运营规划。基于项目的人力资源规划则根据涉及的项目属性的不同而有所差异。解决一个临时性短缺问题，例如新产品的销售人员，这类规划可能只需要几个月，然而，关于新设备启用的规划可能准备两年或以上的时间。基于群体的人力资源规划依据可获得的劳动力供给（包括内部和外部）的必要时间而有不同期限。例如对于企业的高层管理者，规划时间就会比较长。

职位类别和层级

人力资源规划和分析的单元是由职位类别和层级组成的。这些职位类别/层级的结合，以及员工在其中的移动类型和路径，形成了内部劳动力市场的结构。管理人员必须选择人力资源规划覆盖哪些职位类别和层级。例如在表3—5中，对一个特定的企业单元，这种选择包括两类职位（销售和顾客服务）和两个层级（入门级和管理级）。

在分析预测企业单元的劳动力短缺和剩余的基础上，划分并使用职位类别。应该选定职位层级以使其与正式的组织层级相一致。这样做的原因是这些正式的层级定义了员工晋升（层级上升）、调动（层级水平移动）和降级（层级下降）。在劳动力市场内部，通过层级获得职位缺口的信息有利于进行内部流动程序的规划。例如，如果不知道可能产生的空缺职位数目以及企业不同层级的缺口，那么制定系统的内部晋升程序就会很困难。

员工人数（现有劳动力）

一个企业究竟怎样盘点现有劳动力的员工人数以达到预测和规划的目的呢？在规划的初期阶段，似乎仅清点工资单上的员工数目就够了，然而，有时我们更倾向于盘点现有劳动力的其他测评方法。

通过盘点现有的全职员工（FTE），测量出每个员工的预定工作时间。然后确定每周全职工作的小时数（或其他时间单位），并测量每个员工所有工作日里预定工作的小时数。如果定义每周工作40小时为全勤，那么每周工作20小时的员工计数为0.50 FTE，每周工作30小时的员工计数为0.75 FTE，以此类推。盘点员工人数时，将当下已经授权的职位空缺计入盘点数据中也是明智的做法。

角色和责任

直线经理和人事专家（通常来自人力资源部门）都会参与人力资源规划的制定

过程，所以作为人力资源规划的一部分，其各自的角色和职责必须界定清晰。大多数企业采用的做法是，直线经理对人力资源规划的完成和质量负最终的责任，但是通常是让人力资源部门的员工进行过程运作。

起初，人力资源部门的员工率先提议要实施什么类型的人力资源规划以及何时实施，并且对全局、规划期限、职位类别/层级和员工数目等方面提出建议。这些事项的最终决策通常是由直线经理作出的。一旦决定采用某种方法，直线经理和人力资源部门的员工都将行动起来设计一个合理的预测和行动规划过程，同时进行其他辅助工作。

一旦开始实施这些进程，人力资源部门的员工通常承担收集、处理和向直线经理呈递必要数据的职责，以及制定备选行动计划（包括人员配置计划）。行动计划通常是直线经理和人力资源部门员工的连接点，尤其是当他们相互吸取经验和相互信任时。

3.3.3　预测人力资源需求

预测人力资源需求是商业和企业规划的一个直接衍生物。就其本身而言，它是各种预测因素的反映，例如销售、产品、技术变革、生产率提高和监管环境。许多特定的技术可以用来预测人力资源需求；这些技术不是具有统计属性，就是具有判断属性，并且它们经常是为企业量身打造的。

■ 统计技术

大量的统计技术可以用来进行人力资源需求预测。其中主要的技术有回归分析、比率分析、趋势分析、时间序列分析和随机分析。表 3—6 简单介绍了其中三种技术。

表 3—6　　　　　　　　　　　　　　　预测人力资源需求的技术举例

（A）比率分析

1. 检测劳动力规模的历史比率。例如：

$$\frac{销售额}{1.0\ FTE}=?\qquad \frac{新顾客的人数}{1.0\ FTE}=?$$

2. 假设未来比率保持不变。

3. 运用比率来预测未来的人力资源需求。例如：

　（a）过去的比率 $=\dfrac{销售额\ 40\ 000}{1.0\ FTE}$

　（b）预测的销售额 $=4\ 000\ 000$ 美元

　（c）人力资源需求 $=100\ FTE$

（B）回归分析

1. 从统计学角度识别劳动力规模的历史预测因子。例如：

　　FTE $=a+b_1$ 销售额 $+b_2$ 新顾客人数

2. 仅使用预测因子具有统计显著性的方程。

3. 应用方程预测未来的人力资源需求。例如：

　（a）FTE $=7+0.000\ 4$ 销售额 $+\ 0.02$ 新顾客人数

　（b）预测的销售额 $=1\ 000\ 000$ 美元

　　　预测的新顾客人数 $=300$ 人

　（c）人力资源需求 $=7+400+6=413$

(C) 趋势分析

1. 按照时间段收集员工规模水平数据，并将其录入到电子表格中，一列是员工规模数据，另一列是时间。

2. 直线拟合一定时间内的历史人员配置水平，来预测员工需求的趋势（这可以通过使用电子表格程序中的回归或图解法获得）。

3. 将每个时期的需求除以平均年度需求，得到期间需求指数。例如：

1 月份需求指数＝1 月份平均 FTE/年度平均 FTE

4. 将前一年的 FTE 与趋势数字相乘，然后将得出的数字与期间需求指数相乘。

例如：一家零售商店发现过去 5 年的平均员工人数分别是 142，146，150，155 和 160，可见每年都有 3% 的稳定的增长率；为预测明年的平均需求，将 160 乘以 3%（预测增长率仍为 3%）。在同样的时间段内，平均每月 150 FTE，12 月是 200 FTE。这意味着 12 月的需求指数是 200/150＝1.33，所以明年 12 月的 FTE 需求的估计值将是（160×1.03）×1.3＝219 FTE。

集成的人力规划软件能与企业其他数据库的数据结合使用，这意味着统计技术的应用比过去更简单了。正如我们之前提到的，人力资源从业者也越来越希望能通过"硬数据"来支撑他们的建议和计划。表 3—6 列出的三种技术都有各自的优势和缺陷。比率分析使用之前的销售数据和其他运营数据来预测未来的员工数目，这是一种将人力资源计划和其他部门进行整合的有用的方法。然而，这种模型不能直接解释技术或技能上的变革（其变革可能会引起比率的变化）。回归分析技术使用历史预测指标，通过同时考虑几种因素对未来期望进行更精确的统计估计，然而收集进行精确估算所需的足够数据的过程可能很耗时并且需要良好的判断力。当企业的数据大多是关于历史人员配置水平的数据，并且特定预测因子的详细信息较少时，趋势分析比较有用。在卫生保健和零售业经常根据需要将数据分解到特定时段来进行分析，因为这些领域的人员配置水平在一年内甚至一天的不同时段都会发生很大变化。美中不足的是，趋势分析没有直接将可能改变趋势的外部分析考虑在内。鉴于上述多种方法都存在问题，管理人员只能将统计估计视为起点，随着战略和环境的改变可能会做修改。

■ 判断性技术

判断性技术是指基于人的主观判断预测人力资源需求的模型。与统计技术不同，判断性技术是决策者主观地收集和衡量信息的重要程度，然后将其转换成人力资源需求的预测。决策者的预测和通过统计技术得到的结论可能一致，也可能不那么一致。

判断性预测的实施过程有自上而下和自下而上两种途径。对于第一种途径，企业和业务单元的高层管理者或职能经理依据他们的商业知识和企业计划来对未来的员工人数进行预测。实际上有时这些预测更像是指令而不是估计，指令对于严格遵守商业计划是必需的。这类指令常见于正在经历重大变革（如重组、并购和成本削减行动）的企业。

在自下而上的途径中，基层经理在他们获知或设想的商业和企业计划的基础上为其负责的单元（如部门、办公室或工厂等）做初步估计。这些估计被整合起来层层向上传递。然后，高层管理者据以制定人力资源需求。

3.3.4　预测人力资源的供给

表 3—5 给出了目前劳动力和每个职位类别/层级的预测供给的员工数目的相关数据。这些预测数据考虑了每类职位类别/层级的流入、流出和退出业务单元或企业的情况。下面描述了预测供给的三种不同的方法:管理者判断、马尔科夫分析法、替代和继任计划。

■ 管理者判断

单个管理者可以根据判断来为其工作单位进行供给预测。这在规模较小的企业或缺乏集中的劳动力内部流动数据和统计预测能力的企业里尤其适用。沿用表 3—5 里的例子,假设经理需要对入门级的销售职位 A1 作劳动力供给的预测,进行预测需要依照的程序以及预测的结果见图 3—2,A1 职位现有的员工人数(100)加上可能流进 A1 的员工数(10),然后减去可能离开 A1 职位的人数(37),得到预测的员工供给数(73)。确定流入、流出的人数需要进行晋升、调动、降职和离职等方面的估计。正如图 3—2 底部说明文字所述,晋升包括职位间或职位内的层级上升;调动是不同的职位类别相同的职位层级间的水平移动;降职包括职位类别间或职位类别内的层级下降。对于其他职位类别/层级组合(A2,B1 和 B2)需要分别作预测。

职位类别/层级:销售岗(A1)

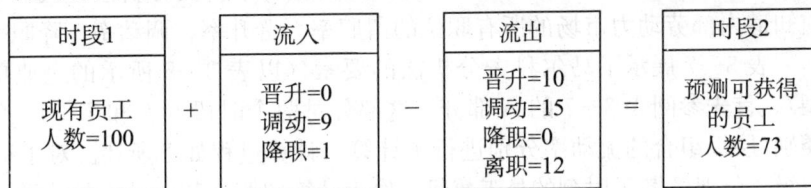

图 3—2　管理人员对未来可获得的人力资源的预测

说明:晋升包括从 A1 到 A2,A1 到 B2,B1 到 B2 或 B1 到 A2;调动包括从 A1 到 B1,A2 到 B2,B1 到 A1 或 B2 到 A2;降职包括从 A2 到 A1,A2 到 B1,B2 到 B1 或 B2 到 A1。

为了做出可靠的预测,管理人员必须对企业商业计划和员工个人计划及流动倾向(愿意留在现在岗位还是愿意调动的倾向)都有充分的了解。对商业计划的了解会帮助判断员工内部流动的机会。例如,业务拓展很可能意味着更大的内部流动机会。对员工个人计划和流动倾向的了解会帮助识别哪些员工可能会更换职位或离职。

图 3—2 中预测的可获得的劳动力数目($n=73$)与基于马尔科夫分析法预测的结果($n=71$)基本一致,这不是偶然情况。马尔科夫分析法利用历史流动数据和流动可能性来预测未来可获得的劳动力,而管理者判断法是使用商业计划和员工个人规划的相关信息对每个员工的流动进行逐一预测。这两种方法得出的预测结果并不一定一致,但是如果管理人员对过去的流动模式、员工的流动倾向和流动机会十分了解的话,那么这两个结果可能会很相近。

使用管理者判断法进行预测的一个主要问题是管理人员可能缺乏必要的商业计划和员工意向的信息,因而不能提供准确的预测,反而可能形成"臆断"。再者,如果工作单位里员工数目很多且职位类别/层级复杂,预测工作的巨大的复杂性可能令管理人员难以招架。马尔科夫分析法提供了一种走出困境的方法，它利用关于内部流动性的数据和离职率代替管理者的判断来作为预测劳动力供给的基础，并且该方法在预测中同时考虑了可能发生的各种类型的员工流动。

■ 马尔科夫分析法

马尔科夫分析法是在员工工作稳定性与流动性的历史模式的基础上预测人力资源的可获得性。再次考虑销售和客户服务部（sales and customer service unit）的四种职位类别/层级：A1，A2，B1 和 B2（见表 3—5）。注意在任意两个时间段之间，内部劳动力市场上的每个员工都存在如下可能性：

1. 工作稳定（留在 A1，A2，B1 或 B2）；
2. 晋升（上升到更高层级：A1 到 A2，A1 到 B2，B1 到 B2，B1 到 A2）；
3. 调动（同层级的横向运动：A1 到 B1，B1 到 A1，A2 到 B2，B2 到 A2）；
4. 降职（降到较低层级：A2 到 A1，A2 到 B1，B2 到 B1，B2 到 A1）；
5. 离职（调任到另一个企业单元或离开企业）。

这些可能性可能是基于流动或流动率得出的。在设定过去的流动率在未来保持不变的程度的基础上，可以通过衡量历史的流动和流动率情况来预测员工的未来供给。例如，从职位 A1 到 A2 的历史晋升率是 0.10（A1 职位的 10％的员工晋升到 A2），我们可以预测在相关时间段里，由于 A1 职位的部分员工晋升到 A2 的可能性，A1 职位将会损失 10％的劳动力。要实施马尔科夫分析法，我们需要在预测之前知道内部劳动力市场的所有职位的留职率、晋升率、调动率、降职率和离职率。

表 3—7 展示了马尔科夫分析法的要素（以表 3—5 所示的企业单元为分析原型）。首先参阅表 3—7 的 A 部分。这部分对两个时段（T 和 $T+1$）间的四种职位类别/层级组合的流动率分别进行了计算。计算过程如下所述。对于每个职位类别/层级，分别采集 T 时刻的员工数目，作为计算留职率和流动率的分子。再看在 $T+1$ 时刻，这些员工分别在什么职业类别/层级上。然后将 $T+1$ 时刻的每类职位类别/层级的员工数目分别相加，作为计算留职率和流动率的分子。最终，分别用分子除以分母，得出用比例表达的留职率和流动率（也称转移概率）。职位类别/层级的任意一行的概率相加之和必须为 1。

表 3—7　　　　　　　使用马尔科夫分析法预测劳动力可获得性

A. 转移概率矩阵

职位类别和层级		A1	A2	B1	B2	离开
	A1	0.60	0.10	0.20	0.00	0.10
T	A2	0.05	0.60	0.00	0.00	0.35
	B1	0.05	0.00	0.60	0.05	0.30
	B2	0.00	0.00	0.00	0.80	0.20

表头：$T+1$（对应 A1、A2、B1、B2、离开列）

B. 可获得性预测

	现有劳动力	A1	A2	B1	B2
A1	100	60	10	20	0
A2	20	1	12	0	0
B1	200	10	0	120	10
B2	15	0	0	0	12
		71	22	140	22

以职位 A1 为例。假设在过去的 T 时刻总共有 400 人在该职位，再假设在 $T+$ 1 时刻，有 240 位员工仍留在 A1 职位，40 人晋升到 A2 职位，80 人调动到 B1 职位，没有人晋升到 B2 职位，并且有 40 人离开了部门或企业。如表中 A1 那一行所示，计算出的转移概率分别是 0.60，0.10，0.20 和 0.10，注意所有这些概率加起来等于 1.00。

通过参照这些数据和矩阵里的转移概率，企业就能了解工作单元的内部劳动力市场的运作了。例如有 60%～80% 的员工职位保持稳定，各职位离职率差异较大，在 10%～35% 间浮动。晋升只发生在相同的职位类别中（A1 到 A2，B1 到 B2），而不会发生在不同的职位类别间（A1 到 B2，B1 到 A2）。调动只局限于较低层级的职位（A1 到 B1，B1 到 A1）。降职只是偶尔发生，并且只发生在一个职位类别内（A2 到 A1）。可以推测，这些留职率和流动率反映了在 T 和 $T+1$ 时段采取的具体的人力资源政策和程序。

在假设在相同的时间间隔里历史概率及人力资源政策和程序都保持不变的前提下，结合历史的转移概率，我们可以预测在同样的时间间隔（T 到 $T+1$）里现有劳动力的未来供给。现在来看表 3—7 的 B 部分。为预测供给，用现有劳动力数目的那一列与 A 部分算得的转移概率矩阵相乘即可。得到的可获得的未来劳动力数据（注意到其与表 3—5 显示的数据一样）列在每列底部：A1＝71，A2＝22，B1＝140，B2＝22。现有劳动力的剩余部分（80 名员工）预测将离职，在 $T+1$ 时刻将不可用。

马尔科夫分析法的局限。马尔科夫分析法是获取内部劳动力市场的潜在运作信息，然后使用该信息预测未来人力资源供给的一种非常有效的方法。然而，必须意识到马尔科夫分析法有某些局限性。[18]

首先，最根本的限制是每个职位类别/层级的现有劳动力的数目（即样本规模）。一般来说，每个职位类别/层级最好有 20 个或以上的员工。由于这个数据在计算转移概率的时候作为分母，如果样本规模较小的话，即使计算中用到的分子差异不大，计算出来的转移概率的数值也可能有很大差异（例如，2/10＝0.20，4/10＝0.40）。因此，基于小样本的转移概率会产生关于未来供给的不稳定的估计。

马尔科夫分析法的第二个局限在于它没有检验到在 T 到 $T+1$ 时段员工的多种流动。它仅根据员工开始（T）和结束（$T+1$）的不同职位类别/层级来对员工进行分类并统计其流动情况，而忽视了这段时间内任何间歇的流动。因此，为了将没有检测到的多种流动降到最低，有必要将相关的时间间隔缩短，最好不要超过两年。

第三个局限在于用来分析的职位类别/层级组合。这些职位类别/层级组合必须对于企业达到预测和行动规划的人力资源规划目的有意义，因此需要避免极端宽泛（如经理、办事员等）和没有指定层级的职业类别。需要注意到这个建议可能在某种程度上与基于平权行动的人力资源规划相冲突，这一点将在后面展开讨论。

最后，转移概率只是反映了员工总的、平均的流动情况，而没有挖掘流动的潜在原因。换句话说，任何职位类别/层级的所有员工都被假设为拥有均等的流动机会。这是不符合现实的，因为企业对员工做出流动决策的时候需要将多种因素都考虑在内（如资历、绩效评估结果和 KSAO 等）。由于这些因素的存在，不同类别/层级的员工流动的可能性会有很大差异。

■ 替代和继任计划

替代和继任计划集中于发掘晋升人选、对候选人的现有能力和缺陷进行全面评估、实施弥补缺陷的一系列培训和开发计划，因此该计划同时关注人力资源供给的质量和数量。企业通过替代和继任计划建立内部人才通道，保证有能力的员工能稳定公开地流向需要承担更多责任和影响力的更高层级。替代计划发生在继任计划之前，企业可能选择只进行替代计划，而不继续实施更为复杂的继任计划。[19]

替代和继任计划可能发生在组织的任何层级，应用最广泛的是管理层，从首席执行官到下面的其他执行官或高级管理者。但是该计划可以应用在整个管理队伍中，包括发掘和准备初级经理候选人的晋升工作。它也可以应用在关键岗位上，即那些对组织绩效很重要但却未必纳入管理结构的岗位，如在技术驱动的某企业研究和开发部门的高级科学家。

替代计划。替代计划聚焦于识别哪些员工可以晋升，并且对他们的优缺点进行全面的评估。用于人岗匹配的培训和开发计划也有了改进。它关注的是提升人力资源的数量与质量。替代计划的结果通过替代图表来表示，有关的例子请见表3—8，该表是在之前的表3—5的基础上得出的。从销售人员（A1）系列中选拔销售经理（A2）的替代计划是作为企业的"发展自我"、内部晋升的人力资源战略的一部分。表头部分指明了替代计划覆盖的业务单元和职位，以及最低的晋升合格标准。

表3—8   **替代图**

业务单元：营销——纺织品
替代：部门销售经理（A2）
替代渠道：部门销售人员——优先；外部招聘——最后考虑的渠道
基本能力要求：至少两年的销售经历；整体绩效等级为"超越期望"；晋升能力等级为"已经准备好"或"准备期少于1年"
部门：男装部
商店名称：克洛弗代尔百货店

现任经理	工作年限	整体绩效等级		
Seng Woo	7	√超越期望	__达到期望	__未达到期望
晋升到	**晋升能力等级**			
集团销售经理	√已经准备好	__准备期少于1年	__准备期1~2年	__不可晋升

替代候选人	工作年限	整体绩效等级		
Shantara Williams	8	√超越期望	__达到期望	__未达到期望
晋升到	**晋升能力等级**			
销售经理	√已经准备好	__准备期少于1年	__准备期1~2年	__不可晋升

替代候选人	工作年限	整体绩效等级		
Lars Stemke	2	√超越期望	达到期望	__未达到期望
晋升到	**晋升能力等级**			
销售经理	__已经准备好	√准备期少于1年	__准备期1~2年	__不可晋升

接下来给出了克洛弗代尔百货店的男装部门现任经理（Woo）和两名符合条件的销售人员（Williams 和 Stemke）的信息。关键数据是工作年限、整体绩效和晋升能力评估。当现任部门经理被提升为集团销售经理时，这两个销售人员同时进入晋升候选池。Williams 更有可能获得该职位，因为在晋升能力评估里她"已经准备好"。考虑到 Stemke 相对较短的工作年限和在一年内准备好晋升的情况，他可能被看做企业想要快速提升的"新星"或"黑马"。该商店其他所有部门和层级（包括管理人员）也会开发类似的替代图表。替代图表数据将会从企业内部收集并提供企业复合人才的供给信息。

人力资源信息系统大大加快了替代计划的进程。许多人力资源信息系统（HRIS）使收集并保存关于 KSAO 的数据成为可能，这些数据或是基于员工的职位历史，或是基于员工的培训和外部教育。软件也使企业能够确定已经准备好进入特定职位的员工名单，以及哪些管理者或者领导者具有离职的风险。通过技能集的标准化清单来追踪员工的能力意味着人员配置经理在企业内可以快速、一致地比较各个员工，以指派新岗位人选。丰富的候选人数据库也可以搜寻出被动的职位内部候选人，这些人不会主动地寻求职位变更，但是如果提供了机会，他们可能也很乐意接受新职位。许多使用综合数据库系统来追踪多种职位候选人的企业发现，比起基于纸质文件的系统，综合数据库系统使企业能够考虑到更广阔的候选人才池。有些人力资源信息系统能够在关键职位空缺时自动向人力资源部门发出警报，因此可以加快寻找替代者的过程。综合替代计划软件的开发通常都很昂贵，达到几十万美元，这就意味着这种软件对能承担大型系统花费的大企业是最有用的，小企业则会发现可以在企业内部建立较为简单的技能数据库作为促进内部替代流程的方法。[20]

继任计划。继任计划建立在替代计划的基础上并直接嵌入领导力开发中。该计划的目的是确保晋升候选人将具备新职位所需的特定 KSAO 和一般素质。继任计划的关键在于评估每位候选人的 KSAO 或素质缺口、找到缺口所在以及制定弥补缺口的员工培训和开发计划。人力资源管理协会的调查显示，超过一半的职业人力资源从业者表示他们所在的组织实施了某种形式的继任计划。[21]

沿用替代计划的例子，表3—9列出了作为候选人的两位销售人员的继任计划。该公司已经为所有的管理人员开发了一系列通用领导能力，并且对于每个管理岗位（如销售经理）都明确了晋升所需能力以及最低资格要求。继任计划关注的焦点是能力以及开发计划（使晋升候选人逐步获取缺乏的能力），这两者使替代计划和继任者计划有所不同。

可以看到，Williams "已经准备好"，她没有领导能力缺口，可能的例外是预算编制和监控，因为目前刚刚完成这个方面的内部培训课程。而 Stemke 尽管具有"新星"潜质，但必须参与开发课程。当他顺利结束课程的时候，他将会被尽快提拔为销售经理，或者他也可能被放入人才加速储备库里，这个储备库里储备着像 Stemke 一样来自企业内部的人才，一般这些员工都被培养为管理人才，并且他们会得到快速提拔，而不是在常规的晋升路径上按部就班地前进。

表 3—9 继任计划举例

业务单元：营销——纺织品
部门：男装
待填补的职位：销售经理（A2）
需要的领导能力

- 规划业务单元活动
- 预算编制和监控
- 销售人员的绩效管理

合格的候选人	晋升能力等级	能力缺口	发展计划
S. Williams	已经准备好	预算编制	刚刚完成内部培训课程
L. Stemke	准备期小于 1 年	规划工作	跟随学习销售经理的工作
		预算编制	开始参加内部培训课程
		绩效管理	每周用 10 小时做销售经理的工作；在大学参加绩效管理的课程

应该注意到，管理人员需要花费时间和专业知识来实施替代和继任计划，企业必须乐意为管理人员提供这两方面的支持。从这点上说，替代和继任计划软件可能会有所帮助。而且，必须要有合适且有效的绩效评估和培训与开发系统来支撑替代和继任计划。例如，整体绩效和晋升能力评估，以及能力缺口测评和制定开发计划，可以作为每年管理工作中绩效考核过程的一部分来实施。另外，继任计划不仅应该识别组织当下需要的技能，还应该识别出未来将会需要哪些技能。最后，进行晋升能力和开发评估需要管理人员做出艰难而诚实的决定。对几个《财富》500 强企业的成功的继任管理的调查得出这样的结论："继任管理只有在鼓励高管直率和冒险的企业文化中才有可能实现。关键在于企业区分个体绩效的意愿以及企业文化是否更重视事实而非客套。"[22]

美国加利福尼亚州康典医疗网络是进行继任计划的成功典范，该企业的子公司（如蓝十字）加起来有 16 500 名员工和 5 000 万名会员。[23]该计划覆盖了 5 个最高级别的管理层的 600 位管理者。康典认为，该计划对于处理由于填补高层职位空缺引起的多重职位变换来说是十分必要的。人力资源规划系统用来记录管理者的详细信息，包括绩效、晋升能力评估、主要成就和职业目标。该系统使企业能在内部发掘每个管理岗位的合格候选人。"挑战会议"的活动颇具特色，在这个过程中管理人员评价彼此的员工，以发掘可能被顶头上司忽视的潜在候选人。继任规划和绩效评估结合起来，每年进行一次评估，评估内容包括个人绩效、核心能力和晋升能力。这些信息和其他 KSAO 信息（如学历、语言技能和历史经验）一同放在网络（安全的互联网网站）简历里，当发现重要的技能缺口的时候，就需要实施特定的培训项目。使用继任计划系统带来了可观的收益。当一位资深管理人员离职时，通过内部抢座位的游戏规则，完成了填补他和其他 4 个职位空缺的任务。填补职位的过程非常迅速，并且节约了请猎头公司在外部搜寻的近 100 万美元的花费。一般来说，该系统使得 86% 的管理岗位可以从内部进行填充，节约了外部招聘和新员工培训的 2 100 万美元的成本，并且将管理职位填充时间从 60 天缩短到 35 天。

3.3.5 协调和缺口

下面通过一个例子详尽阐释协调和缺口确定的过程。表 3—10 呈现了表 3—5 的完整示例，现在我们直接来看协调和缺口的那一列。

表 3—10　　　　　　　　　　　　人力资源规划的操作形式和举例

职位类别和层级	现有劳动力	劳动力预测（一年）		协调和缺口	行动规划
		需求	供给		
A1（销售代表）	100	110	71	−39（短缺）	招募
A2（销售经理）	20	15	22	＋7（剩余）	选拔
					雇用
B1（客户服务代表）	200	250	140	−110（短缺）	保留
B2（客户服务经理）	15	25	22	−3（短缺）	薪酬
	335	400	255	−145（短缺）	培训和开发

这一列数字是通过将劳动力需求和供给预测（内外部环境分析得出）结合起来得到的。必须确定缺口数据并将其记录在那一列中，并且需要分析形成缺口的可能原因。

以第一个职位类别/层级 A1 为例。由于需求的温和膨胀和供给的大幅下降，预测的 A1 职位缺口相对较大，该职位可获得的劳动力的减少不是由于过高的离职率，而是晋升和职位调动带来的员工流失（可回顾表 3—7 所示的劳动力供给预测）。

对于职位 A2，减少的需求和增加的供给导致了该职位预测的劳动力剩余。显然，需要通过修改人力资源政策和程序来抑制供给的增长，例如放缓从 A1 到 A2 的晋升速度或者增加离职速率（如制定提前退休计划）。

再来看 B1，注意到预测 B2 有很严重的短缺，这是由于需求大幅增加而供给大幅减少。为填补短缺，企业应该增加从 A1 到 B1 的员工调动，但是这种做法会加重职位 A1 已经预测到的供给短缺，这样做可能具有成本效应，并且为弥补严重的短缺而加强职位 A1 的外部人员配置。或者可以单独针对职位 B1 开发和实施规模较大的外部人员配置方案。再或者可以对职位 A1 和 B1 同时尝试内部调动和外部招聘。既然外部招聘已经成为一个备选方案，自然将会深入到其他人力资源活动，比如为职位 A1 和 B1 制定起薪水平。最后将要开发一个截然不同的战略并且针对客户服务部员工主要实施保留计划。

职位 B2 被预测有微小的劳动力短缺，这个缺口太微不足道了，所以从实际目的出发可以忽略。人力资源规划过程没有那么精确，以至于不需要关注如此微小的缺口数据。

总而言之，人力资源规划的协调和缺口阶段需要明确预测的缺口以及缺口形成的可能原因。很自然地，关于未来的设想开始渗透于这个过程中。即使在这个简单的例子中我们也可以看到，需要思考和采取许多行动来应对该部门的预测结果，包括外部和内部人员配置，薪酬也很可能要纳入考虑。通过行动规划，这种可能性将会变成现实。

3.4 人员配置规划

在人员配置规划完成后，就该把精力投入到对具体人员配置规划的改进中。这是配置过程中很重要的一个阶段，在这个阶段人员配置目标得到提升，并产生替代的人员配置活动。这些目标是组织为了决定所需要的员工的数量和位置而建立的。活动是指具体的方法，包括活动中需要的招聘甄选战略。我们对这一部分格外重视是因为人员配置规划中一项重要的决策：组织应该招募核心劳动力、弹性劳动力，还是一部分员工来自外包渠道？

3.4.1 人员配置规划过程

■ 人员配置目标

人员配置目标是由识别的需求和供给的缺口产生的，因此涉及解决劳动力短缺和过剩的问题。可能需要制定劳动力数量和劳动力质量两类目标。

数量目标应该以每类职位类型/层级的员工数目或 FTE 来表示，并且与可识别的缺口在数量上非常接近。实际上以企业相信预测缺口的程度来看，目标应该与缺口数字相一致。例如，职位 A1 预测的 39 个职位短缺转化为 39 个空缺填补的人员配置目标，并且该目标应该在预测的时间区间末尾实现。表 3—11 提供了关于人力资源数量目标的要点阐述。对于每个区域，每增加一个员工就输入一个正数，每减少一个员工就输入一个负数。

表 3—11   设置人员编制数量目标

职位类别和层级	缺口	目标					合计
		新雇用	晋升	调动	降职	离职	
A1	−39	52	−6	−3	0	−4	+39
A2	+7	0	+2	−8	0	−1	−7
B1	−110	+140	−5	−3	−2	−20	+110
B2	−3	+2	+4	−1	0	−2	+3
总计							

人员配置质量目标指的是从 KSAO 来看，员工的类型或素质要求。对于外部人员配置的目标，可以从平均的角度进行阐述，例如新员工的平均教育水平或能力测试的平均得分。同样可以制定内部人员配置的素质目标，这可能基于资历、若干年的绩效考核记录、在职或脱产培训的类型等来反映理想的 KSAO。

替代和继任计划的结果或类似的东西，都将非常有价值。

■ 产生人力资源备选活动

当建立数量目标和质量目标后，需要确定实现这些目标的可能途径。在产生备选方案的初始阶段，最好不要过早地忽略任何一种可能性。图 3—3 提供了应对员工短缺和过剩的初步可行方案的全面列表。

正如图 3—3 所示，对于短缺的短期和长期选择（涉及人员配置和工作量管理

```
                                    员工短缺
                                       │
   ┌───────────────────────────────────┴───────────────────────────────────┐
长期选择                                                                短期选择
   │                                                                         │
 ┌─────────┬─────────┬──────────┬──────────┐                                │
重新召回  新雇用  永久性调入  再培训  向外转移工作                           │
            │                                                                │
      ┌──────────┬─────────┬─────────┬──────────┐                           │
   增加加班    增加      提高     回购假期                                   │
   和兼职    分包合同  生产率   和节日                                       │
                                    │                                        │
                          ┌──────────┬─────────┬──────────┐                 │
                       临时指派  临时雇用  向外转移                          │
                                              工作                           │
```

```
                                    员工过剩
                                       │
   ┌───────────────────────────────────┴───────────────────────────────────┐
长期选择                                                                短期选择
   │                                                                         │
 ┌──────────┬─────────┬─────────┬──────────┬─────────┐                      │
冻结雇佣并  永久调离   裁员    鼓励退休   再培训   工作调入                   │
使用自然减员                                                                 │
     │                                                                       │
 ┌──────────┬─────────┬─────────┬──────────┬──────────┐                     │
冻结雇佣   减少加班   工作调入  缩短     临时关闭                            │
并自然减员 和兼职              工作周   或裁员                               │
     │                                                                       │
 ┌──────────┬─────────┬─────────┬──────────┐                                │
 请假     临时指派  培训或    积累盈余                                       │
                    再培训                                                   │
```

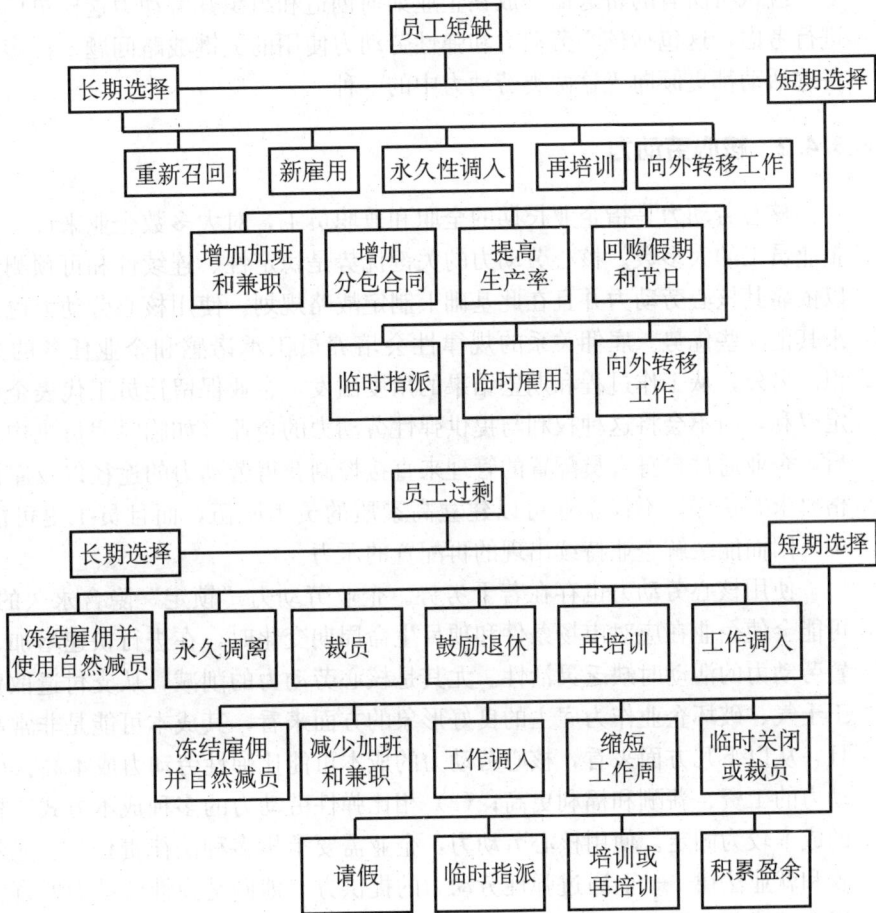

图 3—3 处理员工短缺和过剩的人员配置备选活动

的结合）都是可行的。短期选择包括现有员工的更有效的利用（例如更多的加班，提高生产率，假期和节日的回购），将工作外包给其他企业（分包合同，工作向外转移），以及在短期基础上劳动力的增加（临时雇用和指派）。长期选择包括配备额外员工（召回以前的员工，从其他工作单元转移员工，新的永久雇佣）、提升技能（再培训）和将工作转移给其他企业（将工作向外转移）。

■ 评估和选择备选活动

明显能看出，填补劳动力缺口的可供备选的人员配置活动非常多。应该系统地对每种方案进行评估以辅助决策者从中进行选择。

这类评估的目的是识别一种或更多的满意的活动。满意的活动是指在规定的时间里最有可能以最低或可接受范围内的成本、最小的负面作用达到人员配置目标的活动。有一系列可用的度量指标来评估潜在的活动。首先，应该制定并采用同样的评估准则（如完成时间、成本和成功的可能性等）；其次，每种备选活动应该根据每条准则分别进行评估。这样一来，所有的备选方案都会得到公平的对待，最初选择的主观倾向性会降到最低。

应该将所有的备选活动放在企业如何创造和组织其劳动力这样更广泛的背景中进行考虑，这包括核心劳动力和弹性劳动力使用的关键战略问题。许多人员配置的备选活动都更倾向于这两类劳动力中的一种。

3.4.2 核心劳动力

核心劳动力是指企业长期的全职和兼职员工，对大多数企业来说，这些员工占企业员工的大多数。核心劳动力的关键优势是稳定性、连续性和可预测性。企业可以依靠其核心劳动力并且在此基础上制定战略规划。使用核心劳动力也会给企业带来其他一些优势。雇佣关系的规律性会培养员工承诺感和企业任务的共享目标意识。另外，从工作过程和期望结果的角度出发，企业保留让员工代表企业工作的法定权利，而不会将这种权利与提供弹性劳动力的企业（如临时雇员机构）共享。最后，企业通过自身人员配置的管理来直接控制获得劳动力的途径以及雇佣员工的资格要求。这样，不仅企业可以建立高素质的员工队伍，而且员工更可能留在企业中，因而能缓解企业持续出现的再配置的压力。

使用核心劳动力也存在若干劣势。企业劳动力"锁定"隐含永久的雇佣关系，可能会使企业在应对市场条件和项目生命周期变化时，在进行快速增加、减少和重置劳动力的活动时缺乏灵活性。尤其是核心劳动力的削减，从支付遣散费、降低员工士气、破坏企业作为雇主的良好形象的方面来看，其成本可能是非常高昂的。而且，从以下几方面来看，核心劳动力的成本可能比弹性劳动力成本高：（1）核心劳动力的工资、薪酬和福利更高；（2）相比弹性劳动力的多种成本方式，核心劳动力的成本较为固定。使用核心劳动力，企业需要承担多种法律责任——尤其是遵守税收和就业法律——而通过弹性劳动力的提供方（他们是弹性劳动力的真正雇主）可以全部或部分避免这些法律责任。最后，使用核心劳动力可能会阻碍由弹性劳动力（如程序员和顾问）带来的新技术和先进的管理知识的注入。

对于人力资源规划覆盖的多种职位和业务单元，需要分别考虑这些优势和劣势。核心劳动力的使用需要遵循战略选择。例如回顾最初的表3—5的例子，人力资源规划者应该对销售和客户服务部门，以及部门内部的销售和顾客服务职位（包括入门级和管理级）进行特定的核心劳动力分析。分析的结论可能是：对于管理级职位只使用全职核心劳动力；对于销售职位雇用全职或兼职的核心劳动力；对于顾客服务代表使用全职核心劳动力，在销售高峰期可雇用临时性的全职和兼职员工。一旦确定使用核心劳动力的职位和业务单元，接下来就需要制定有效获取劳动力的特定人力资源规划，这包括招募、选拔和雇用活动，这些内容将在后面的章节中进行详述。但是，有一个首要问题必须及早阐明，因为它对所有人员配置活动都有普遍影响，这就是人员配置理念。

■ 人员配置理念

应该结合人员配置规划过程，审视企业的人员配置理念。结合企业人员配置战略，审视的结果有助于明确正在运行的人员配置系统的特点和方向。审视应该集中在以下几个方面：内部和外部人员配置、EEO/AA（平等就业机会/平权行动）实践和申请人反应。

企业外部或内部人员配置的相对重要性是一个非常关键的问题，因为它直接确定了人员配置系统的性质，同时也向员工和申请者发出了企业作为雇主的信号。图 3—4 着重阐述了外部和内部人员配置的优缺点。显而易见，要想确定最佳的外部—内部人员配置组合，需要进行一番权衡。关于达到最高生产率的所需时间这一点需要特别讨论。不管是内部还是外部，任何新雇员都需要时间来熟悉和达到最高生产率水平。一般认为内部招聘在这方面有优势，这反映了这样一个假设：内部招聘需要相对较少的熟悉环境的时间，并且内部员工可能已经接受了适应内部新职位类型的专业训练和开发。然而，内部招聘的这个优势需要结合每种雇佣类型的其他优势和劣势进行权衡后才能确定。

	优势	劣势
内部	• 内部晋升带来的员工积极反应 • 更快速地找到合适的职位候选人 • 成本较低 • 员工达到最高生产率花费的时间较短	• 没有新的 KSAO 纳入企业 • 可能导致延续目前少数群体和女性代表性不足的状况 • 劳动力市场选择范围小 • 员工可能需要更多的培训时间
外部	• 引进新的 KSAO • 可选择的大量的少数群体和女性 • 可选择的更大的劳动力市场 • 员工的培训时间可能较短	• 外部招聘带来员工的消极反应 • 花费时间寻找合适的候选人 • 搜寻外部劳动力市场可能比较昂贵 • 员工达到最高生产率花费的时间可能较长

图 3—4 人员配置理念：内部招聘与外部招聘

从 EEO/AA 的角度来看，企业必须考虑到或培养一种重要意识——成为关注 EEO/AA 的雇主，并且主动作出承诺将 EEO/AA 要素纳入到人员配置系统的各个阶段。对待 EEO/AA 的态度可以一路从彻底敌视到漠不关心，再到善意的忽视，积极的承诺，最后到支持。很明显可以看出，企业采取的立场对其运作的人员配置系统以及职位申请人和雇员有很大影响。

关于人员配置理念的最后一点是，规划者必须牢记人员配置是将企业和职位申请者都纳入其中作为参与者的一种互动。正如企业招募和选拔候选人，候选人招募和选择企业（和工作机会）。通过职业搜寻策略和活动，申请者对他自己的人员配置的命运起主要作用。一旦申请者决定进入企业的人员配置程序，申请者将会面临很多抉择：通过进一步思考来决定是去是留。自我选择的过程是任何人员配置系统所固有的。在进行人员配置规划的时候，企业相关人员必须经常考虑到候选人对人员配置系统及其组成部分的可能反应，以及企业是否愿意激励候选人做出自我选择。

3.4.3 弹性劳动力

由劳务派遣单位提供的临时劳动力和独立合同人是两类主要的弹性劳动力。使用弹性劳动力的规划必须和核心劳动力的规划同时考虑，因此首先需要审视弹性劳动力的优劣势。[24] 关键的优势在于人员配置的灵活性。当技术变革或顾客需求变化，以及产品和服务订单出现涨落时，弹性劳动力可以用于应对人员配置水平的快速调整。其他优势在于能快速为新领域或新项目配置员工，以及填补因为疾病、休假和节日而不在岗位的核心劳动力的空缺。相对于核心劳动力，弹性劳动力的工资和福利较低，劳动成本更可变，培训费用可削减，从这些角度来看弹性劳动力的用工成本更低。然而需要注意的是，弹性劳动力的提供方承担着这些费用，它可以通过简单地向企业收取服务费来将这些成本转嫁给企业。使用弹性劳动力的另一个优势是企业可能减免税收和避免承担劳工法的义务，这是因为弹性劳动力通常不被认为是企业的员工。但是对于临时员工，企业可能被认为是承担一定法律义务（尤其是关于 EEO 的义务）的联合雇主主体。现在越来越凸显的优势是弹性劳动力——尤其是专业或技术队伍的弹性劳动力——可能成为企业核心员工不具备的最佳实践和新技能（尤其是市场迫切需求的"热门技能"）的重要来源。同样，为促进变革或开展需要特定技能的新项目，企业雇用临时或过渡性质的高管来填充职位，直到新的正式员工入职为止。[25] 最后，使用弹性劳动力能减轻企业设计和管理自身人员配置系统的压力，因为这部分工作由其提供方负责。这里另一个优势在于企业可能在"试用"的基础上使用弹性员工，就像试用期一样，企业会雇用那些人/岗匹配很好的员工，将其纳入核心员工队伍。比如，许多临时员工，都是"临时—永久"模式，这就是说如果这些员工在其临时职位上表现优秀的话，企业将会永久雇用他们。这样的安排通常需要与劳务派遣公司进行商洽。

以上的诸多优势必须与潜在的劣势进行权衡考虑。其中最重要的是由于弹性劳动力不是企业的员工，企业没有对这些员工的合法控制权。因此尽管企业在起初指派任务时具有灵活性，但是在对这些人的监督和绩效管理上很受限制。核心劳动力和弹性劳动力之间的摩擦也可能导致情况恶化。例如，核心劳动力会觉得临时员工缺乏知识和经验，只是在"投入时间"，工作任务简单，而不是忠诚奉献的"团队成员"。同样，弹性劳动力可能对设备、政策、流程和重要客户缺乏了解，并且缺乏特定职位需要的培训。最后需要记住，弹性劳动力的素质在很大程度上依赖其提供者使用的人员配置和培训系统。企业最后可能招用的是灵活但却素质较低的员工。

如果弹性劳动力的优劣势分析加强了企业使用该类员工的战略选择，那么企业必须就其在哪些业务单元和职位上使用弹性劳动力、如何获得弹性劳动力等问题上做出计划。员工获取计划通常包括劳务派遣企业和独立合同人的使用，这两者都可以帮助企业实施传统的人员配置活动。因此，与针对核心员工的繁多且持续的人员配置规划相比，弹性劳动力的规划是这样的一项事务：了解潜在的资源，并且在真正需要前将其"整理"好。

■ 劳务派遣企业

劳务派遣公司（也称为临时工代理商）是提供劳动力的合法雇主，尽管这可能会引起共同雇佣的问题。因此，劳务派遣公司针对弹性劳动力开展招募、选拔、培训、薪酬、绩效管理和员工保留活动等工作，同时，也需要对这类员工的现场监督和管理、工资发放和法律规定缴纳的保险金负责。对于这些服务，劳务派遣公司向企业收取劳工成本（工资和福利）的总费用，再加上劳动成本的"涨价"部分（通常是劳工成本的40%～50%），以收回成本并赚取利润。劳务派遣公司可能会对特定的服务额外收费，如额外检测、背景调查或技能培训。"临时—永久"员工可能会从劳务派遣公司（需要得到其许可并支付一笔特定费用）被雇用到其他企业成为核心劳动力。对于比较大的客户，公司会提供现场经理来协助企业规划临时员工的特定需求、监督和绩效评估、处理纪律和投诉，以及促进劳务派遣公司和企业间的关系。通过提供这些额外的人力资源服务，派遣公司越来越像人力资源伙伴而不仅是人力资源提供者。

使用劳务派遣公司需要提前制定计划，而不是在需要员工的时候慌慌张张地拿起电话联系。除了要了解纳入考虑范围的公司外，熟悉这些公司的特点和服务是明智的做法。表3—12列出了需要了解的劳务派遣公司的各种因素。

表 3—12   **选择劳务派遣公司的考虑因素**

因素	议题
机构及其声誉	从业时间、地点、可能的顾客推荐
推荐的员工类型	职业和 KSAO 类型、可能推荐的人数
规划和交付周期	机构是否帮助企业规划人员编制的水平和需求；多长时间可以提供员工
提供的服务	
招募	招募过程的针对性和真实性
选拔	使用什么选拔技术来评估 KSAO
培训	在派遣员工前对其提供什么类型的培训（如果有的话）
工资和福利	如何确定工资，提供怎样的福利
定向	机构怎样给将要派遣的员工分派工作，机构的员工是否有"员工手册"
监督	机构如何监督派遣的员工，是否提供现场经理
"临时—永久"	机构是否允许客户公司雇用其临时工人为正式员工
客户满意	企业如何评估客户公司对服务、派遣人员和费用的满意度
员工效率	
守时及出勤	机构是否对此进行监督，之前客户公司的相关记录是什么
工作绩效	是否评估工作绩效，评估结果的用途
员工保留	员工自愿留守在工作任务上的时间有多久，机构如何解雇员工
成本	
利润	向客户公司收取的超过基础费用的百分比（通常是50%来覆盖福利、经常费用和利润率）
特殊服务	在利润收费之外是否有其他服务（如"临时—永久"模式）收费，这些收费具体是多少

在真正选择了一家合作的劳务派遣公司之后，双方需要签订正式的书面合同。合同应该涵盖将要提供的具体服务、费用、确保弹性劳动力是企业员工的步骤（例如给这些人配备一个现场经理），以及终止劳务派遣公司和企业关系的流程。该合

同最好由法律顾问来起草和审核。

有时，企业可能决定建立自身内部的劳务派遣公司。一旦落实，该劳务派遣公司的员工甚至可能就是企业的员工，因此经理们就拥有了可供调遣的常备弹性劳动力，而不需要一一实施上述规划步骤。

■ 独立合同人

独立合同人（IC）为企业提供特定的任务与项目辅助，例如维护、记账、广告、程序设计和咨询。独立合同人可以是单独的个人（自雇人士、自由职业者）或拥有雇员的雇主。无论是独立合同人还是其雇员，使用该类劳动力的企业都不会考虑将其纳入自身的劳动力队伍，需要注意确保独立合同人不被当作企业员工来对待（见第 2 章）。[26]

和劳务派遣公司一样，企业必须在实际使用之前采取措施识别和考核可能合作的独立合同人。最好能够从独立合同人的过去或现有客户那里征求和调查参考意见。此外，企业应该尽可能地了解独立合同人是如何配置员工、实施培训和向员工付酬的。这些问题在与独立合同人进行初次会面的时候就应该弄清楚。这样，企业将会在实际使用之前结识和考核独立合同人。

建议独立合同人和企业起草和签订双方合作的书面协议。总的来说，协议应该清晰标明项目的性质和范围，以及有关强调独立合同人角色（而不是当做一般雇员）的说明。例如，协议应该用"企业"和"独立合同人"指代双方，描述待完成的特定工作，详细说明项目完成（而不是按工作时间计）的报酬，指定独立合同人负责提供所有的设备和供应品，规定独立合同人不享受企业的任何福利，以及独立合同人负责缴纳所有的法律规定的税收。这类协议的起草可能需要法律顾问的协助。

3.4.4 外包

工作职能的外包可以被定义为将某业务流程转移到外部企业。相比简单使用独立合同人和临时员工，这是一种更彻底的做法。首要的区别就是，当业务流程被外包出去时，企业期望得到的是从外部获得一个完整的成品，也就是说，企业没有雇用、引导或控制工作展开的方式，而仅仅是获得工作的最后成果。在人力资源部门内部，将企业的工资任务完全外包已经成为共识，这指的是企业将相关数据发送给第三方，由第三方评估税种税收、预扣税以及负责直接将工资存入账户或发放薪水。[27]

企业外包的原因有很多。制造业和常规的信息处理任务进行外包的一个明显原因是可获得全球市场的廉价劳动力。通常，特定的供应商在不同的企业中实施程序化的任务会达到规模经济效益。企业也愿意将有高度周期性需求的职能外包，这样的话企业就不需要做出重大的资本支出，也无须负担招聘和培训永久员工的费用——企业未来可能并不需要这些工作。有时企业需要特定的专门技能，但在企业内部又不能很便宜地获得该技能，企业就可能将该部分职能外包出去。例如，有法律需求的小企业经常会选择外部律师事务所，而不是建立内部法律专家的人才库。正如我们提到的，很多企业也将例行的工作职能外包，例如工资支付或福利管理任务。

另一种不同的外包称为"离岸外包"，指的是由企业的核心运作发生地所属国家之外的外包公司提供产品和服务。[28]将生产制造业务外包到廉价劳动力的国家已经是历史悠久了，并且这一趋势有增无减。例如在计算机领域，企业将电子零件的生产业务外包给海外的第三供应方的现象很常见，但是产品的最终组装发生在国内。而且，很多企业将计算机程序编写和电话求助服务外包给印度的第三方提供商，因为那里有一批高技能的劳动者，而且支付给他们的工资比北美的员工要低得多。离岸外包不再仅仅局限在蓝领和粉领的职位，在 21 世纪的头几年，随着全球学历增长，中国和印度的就业环境越来越积极，跨国公司的产品和服务需求越来越旺盛，白领的技术和专业职位的离岸外包显著增长。

外包的决策很可能引起争议。[29]外包通常都是针对企业附加值较低的活动。通常的可替代性很强的程序性和事务性工作都很可能会被外包；而对企业的业务战略具有高价值的活动都几乎不应该被外包。将核心业务的基础性工作外包不是个明智的做法，尽管很多管理人员都清楚地意识到这一点，但仍然有许多企业将应该在内部完成的工作错误地外包，这类追悔莫及的实例不在少数。另外，离岸外包已经成为媒体和政治审查的焦点。由国外的一方提供的极低工资和危险的工作环境已经引起了人们对某些跨国公司的抗议。以服装产业为主的海外"血汗工厂"的恶劣工作环境的负面报道尤为突出。美国几家玩具生产商外包给海外工厂生产的玩具被铅污染了，这类玩具的进口已经导致这几家公司在财务和外部形象方面的崩溃。当进行外包的时候，企业需要确保不会过分丧失对其主要工作流程的控制，因为业务流程的外包并不意味着企业对外包方的行为就可以不负责任（有时这还包括法律责任）。

3.5 多元化的人员配置规划

多元化项目源于对劳动力人口统计特征和文化差异的认知。多元化的人员配置规划需要变革性的招募选拔战略，以便得到一个由多元化人员组成的团队。此外，对多元化劳动力的同化和适应也是多元化项目所关注的重点。

为了促进劳动力多元化，并强化多元化组织的绩效环节，组织设计并实施了多种多样的计划和项目。很多项目都涉及人员配置，因为多元化的劳动力必须被积极地识别、获取、安置和保留。

很多组织用多样化项目来充实人员配置规划，包括对员工和管理者认知并接受多元化概念的培训、师徒关系、工作生活平衡（如灵活的工作时间安排）、团队建设以及特殊职业和信任提升的工作任务。

3.5.1 美国劳动力的人口统计特征

某种程度上，考虑到劳动力已经变得更加多元化这一现实，组织才开始更加关注多元化。在过去的 30 年中，美国劳动力的构成发生了巨大的转变。[30]过去，女性被排除在主要劳动力之外，但是现在她们已经占据了劳动力市场的一半，并且成为大学毕业生的主要构成部分。劳动力的民族和种族多元化也在提高。美国的移民潮为其带来大量的拉丁裔和亚裔人口，民事权利的立法进程也消除了之前非裔美国人的就业障碍。立法和科技的进步还为那些身患残疾的劳动力带来了就业机会。最后，劳动力的年龄多元化也在随着时间不断扩大，因为越来越多六七十岁的人还留在工作岗位上。

劳动力构成的这些变化，导致了对有效人力资源管理的需求。人力资源管理协会的一项调查显示，管理者很担心由于"婴儿潮"一代的退休会带来技术的流失、医疗开销的增加以及护理老年员工责任的加重。[31]人口统计学上的变化也带来了其他一系列问题，包括为双职工夫妻提供工作—生活福利，以及为非英语母语的员工提供语言培训。

3.5.2　与多元化有关的商业案例

一股强大的动力在推动着有效管理多元化劳动力的发展。事实上，除了在伦理道德方面要求平等地对待员工并尊重员工外，还有一种需求可以实现对多元化的有效管理，即财务方面的需求。[32]正如我们前面提到的，组织有两种方法可以解决多元化带来的问题。在被动情况下，组织审查所有的政策和措施，确保组织内部没有种族、宗教、民族、性别、残疾以及年龄的歧视。在主动情况下，组织会进一步鼓励少数群体去竞聘，并从少数群体中招聘员工，以及对少数群体进行额外的培训和辅导，以使他们进步。

主动多元化管理战略是有优势的。由多元化的主张者提出的具体优势包括：从所有人口统计群体招聘可以扩展人才库，多元化劳动力能够更好地理解多元化的客户需求，增强团队的创造力和问题解决能力，以及提升少数群体工作满意度，最终减少缺勤和离职带来的损失。与此同时，主动的多元化也会产生附带成本，例如额外的招募、选拔以及培训项目。根据经验，尽管在工作群体内形成了多元化观点的概念，但多元化团队的工作效率不如同质化团队。主动多元化的组织会区别对待特定群体，而无意中传递给多数群体一个信息，让他们认为自己不受组织的欢迎。因此，组织需要谨慎采用主动的多元化人员配置，并且选择正确的主被动混合战略以使组织效率最大化。

3.5.3　多元化的人员配置规划

无论采用主动还是被动的多元化战略，组织在规划人员配置时都应该将员工多元化考虑在内。首先，优秀的管理都认可一个观点：多元化的目标是重要的，并且将会被考量。[33]无论选择怎样的多元化战略，都需要建立清晰的沟通渠道，并通过经常更新来提醒员工消除歧视对完成组织使命的重要性。

很多招聘活动可以增强劳动力多元化。例如，通过媒体渠道向大众发布招聘信息。[34]也可以选择在少数群体集中的地方实施招聘，如大学和其他教育机构，来提升劳动力的多元化。这些行为都会对员工态度产生巨大的影响。研究表明，女性和少数群体更倾向于在招聘中做出多元化承诺的组织。在组织内部，也应关注少数群体中有资格晋升的成员，并对他们进行辅导，以便消除技术上的差距。[35]

相应的技术支持能将多元化融入选拔环节。组织应当谨慎考虑那些可能降低传统少数群体代表性的招聘要求，并消除那些与工作绩效无关的部分。此外，在招聘过程中以客观的标准评估候选人的资格，并展现公司鼓励反歧视的政策和方法。[36]

遗憾的是，有些组织在实施人员配置规划时并没有将人口统计特征变化的因素考虑进来。帮助双职工夫妇管理工作和照料子女的项目更像是碎片化的时尚做法，而且有些组织基本上不认可家庭中有此需求。有些组织则是无法满足那些残疾员工的工作需求，即使残障权呼吁者表示残障劳动力相对廉价并且不会影响核心工作的完成。一项对 700 多家组织的研究发现，77%的公司没有分析劳动力的预计退休率或者只做到了很有限的程度。[37]类似地，1/3 的雇主表示它们没有充足的、针对老年员工的招聘与培训项目。[38]

研究显示，多元化的实践，包括定向招聘、在高管团队中融合女性和非裔美国人、提供工作家庭便利、平权行动计划以及多元化委员会，可以增加组织内部整个管理层的种族和性别多元化。[39]这些实践对非管理层员工构成的影响并不显著，也没有相关记录表明这些实践对组织绩效产生了影响。

我们应该记住，人事方面无数的法律法规也适用于对多元化的倡议，所以任何多元化导向的政策和程序的法律后果都应经过谨慎的考虑。

3.6 法律问题

人力资源和人员配置规划的主要法律问题是平权行动计划（AAP）的相关问题。AAP 来源广泛——雇主的自愿性努力、法院规定的对于歧视行为的补救措施、调解或同意协议以及联邦合同人的要求。不管是何种来源，所有的 AAP 都通过提高企业劳动力中的特定群体（如少数群体、女性和残疾人）的代表性来减少和消除过去的就业歧视带来的影响，这可以通过为这些群体建立或积极追求雇用和晋升目标来达成。正如前面提到的，建立多元化的项目更多的是出于提升竞争力的考虑，而不仅仅是对反歧视的一种合法化回应。然而，多元化项目可能与 AAP 有共同的组成部分。

本节描述 AAP 的总体内容，讨论在 AAP 的法律条件下联邦合同人的平权行动的要求，并且给出关于 AAP 的合法性的一般指示，简要介绍多元化方案。

3.6.1 平权行动

正如之前提到的，AAP 是具有法律起源与基础的专门针对企业的计划，它先于多元化项目（企业出于战略原因自愿实施而非只是法律问题），然而 AAP 的结构和内容通常与多元化项目非常相似。多元化项目将在下面分开讨论。尽管 AAP 是针对企业的，但它们都有一套包括三个主要部分的共同结构：女性和少数群体的可获得性分析、将供给和现有劳动力（女性和少数群体的百分比）比较后得出的安置（招聘和晋升）目标、实现安置目标的行动项目。这三个部分以及相关的细节在由联邦合同合规项目办公室（OFCCP）提出并实施的联邦法规中进行了详细说明。

■ 平权行动法规

所有联邦承包商（除了规模极小的）都必须根据 OFCCP 制定的平权行动法规（见 www.dol.gov/esa/ofccp）开发并实施 AAP。下面是这些法规的概述。一个对小规模雇主很有用的实例可见 OFCCP 网站（网址同上）。订约人必须对其每个规模超过 50 人的公司分别开发 AAP。在得到 OFCCP 的预先核准后，订约人可以通过开发覆盖不同职能、业务单元（即使是在不同地点）的一个职能性规划来回避在组织内部为不同的职能或业务单元独立地制定规划。所有的员工都必须纳入其中一个 AAP。接下来描述的是一个计划，基于之前要求的 EEO-1 形式。现在要求的 EEO-1 形式见第 13 章。OFCCP 还没有就如何将新的 EEO-1 形式应用于 AAP 给出指导意见。

企业简介。企业简介是对企业内部人员配置模式的描述。它提供了企业劳动力的简介，并且能协助识别女性和少数群体缺乏的业务单元。可以通过组织陈列或劳动力分析来完成简介。后者需要列出工作头衔，而前者则不需要。这两种方法的关键因素都是需要列出职位晋升或业务单元变更的组织结构线路、现有岗位数目、现有员工男女总数，以及在以下各群体中的现有少数群体的男女总数：黑人、西班牙裔、亚裔/太平洋岛民、印第安人/阿拉斯加原住民。

职位簇分析。具有相似内容、工资率和机会（如晋升和培训等）的职位必须被纳入同一职位群体中；每个群体必须包括一系列岗位名称。小企业（少于 150 人）可以使用 EEO-1 形式的 9 类职位簇：行政和管理人员、专业人士、技术员工、销售人员、办公室及文书、技工（具备技能的、熟练的）、操作工（半熟练的）、体力劳动者（不熟练的）和服务人员。必须指明少数群体以及妇女在每一职位簇中的占比（在前一步骤已经确定）。

确定可获得性。对于每个职位簇，女性和少数群体的可获得性必须分别进行确定。在这个过程中，至少要考虑以下两个步骤：

1. 在合理的招募区域里，具有必要技能的少数群体和女性所占的比例；
2. 少数群体和女性在能得到晋升、调动和培训机会的员工中所占的比例。

目前的普查数据（2000）、就业服务数据或其他数据能用来确定可获得性。当一个职位簇有多个岗位名称，并且其可获得率不同时，必须计算出该职位簇的综合可获得性数据。这需要加总不同岗位加权后的可获得性。

表 3—13 描述了一个基于 EEO-1 形式的确定职位簇（行政和管理人员）可获得性的例子。左边列出的是必须考虑的两个可获得性因素。接下来展示的是对每个可获得性因素（请参照统计列的来源来了解用以估计的数据来源），女性和少数群体（对四个少数群体算总和）可获得性的原始统计数据估计。然后，根据每个可获得性因素得到的权重代表了所有可获得的女性和少数群体的估计百分比（每个群体占 50%）。加权统计是原始统计数值乘以权重得到的（如 41.8%×0.50＝20.9%）。加权统计的总和等于总可获得性估计数值的百分比（女性为 47.6%；少数群体为 18.1%）。

表 3—13　　　　　　　　　确定少数群体和女性的可获得性

职业簇：1	原始统计		权重	加权统计		统计数据的来源	权重设置的原因
	女性	少数群体		女性	少数群体		
1. 在合理招募范围内，具备必要技能的少数群体或女性的百分比	41.8%	9.4%	50.0%	20.9%	4.7%	2000 年普查数据 该职位簇的合理招募区域是圣路易斯，MO-IL 大都市统计区	该职业簇 50% 的替代来自外部雇用
2. 在企业内可晋升、调动和培训的员工中，少数群体或女性所占的百分比	53.3%	26.7%	50.0%	26.7%	13.4%	在职业簇 2 中可晋升的员工级组	该职业簇 50% 的替代来自内部晋升
合计			100.0%	47.6%	18.1%	小于最终因素	

资料来源：Sample Affirmative Action Program for Small Employers，2004，www.dol.gov/ofccp.

现职人数与可获得劳动力的比较。对于每个职位簇，女性和少数群体在现有劳动力中所占的百分比必须与可获得性相比较。当女性和少数群体在现有劳动力中所占比例小于合理预期的可获得性比例时，必须建立一个新的安置目标。

表 3—14 列出了包括行政和管理簇（职位簇 1）在内的 8 个职位簇的任职情况与可获得性劳动力的对比，其中女性和少数群体分别进行了对比。当现有劳动力小于预期可获得性时，可能会决定设置一个安置目标。在职位簇 1 中，现职中女性和少数群体与可获得性劳动力的差距较大，应该分别设置安置目标（女性目标为 47.6%，少数群体目标为 18.1%）。需要注意的是，现有劳动力比可获得的比例小时，并不一定自动设置安置目标（例如职位簇 5 的女性群体）。

表 3—14　　　　确定平权行动的目标：将任职情况与可获得性和年度安置目标作比较

职位簇	女性任职%	女性劳动力可获得性%	设置目标？是/否	如果设置，其目标是	少数群体任职%	少数群体可获得性%	设置目标？是/否	如果设置，其目标是
1	0.0%	47.6%	是	47.6%	11.1%	18.1%	是	18.1%
2	45.5%	43.8%	否		18.2%	8.2%	否	
4	20.0%	34.5%	是	34.5%	0.0%	12.4%	是	12.4%
5	83.3%	87.7%	否		43.3%	27.6%	否	
6	9.3%	5.5%	否		34.9%	23.2%	否	
7	10.0%	6.3%	否		30.0%	37.5%	否	
8	6.3%	19.1%	是	19.1%	37.5%	26.3%	否	

注：当少数群体或女性的雇用率不到他们供给的 80% 时，应该遵循"80%准则"来确定未得到充分利用的劳动力并设置目标。当女性或少数群体的雇用人数比供给少，且现有人数与可获得人数的比率小于 80% 的时候，则应该在"如果设置"那一列设置目标。

资料来源：Sample Affirmative Action Program for Small Employers，2004，www.dol.gov/esa.

企业怎样决定是否为某一职位簇中的女性或少数群体设置一个安置目标呢？OFCCP 提供了一些自由选择空间。一种可能性是只要现有劳动力小于预期可获得性，就应该设置安置目标，这是基于这样一个理论：现有劳动力和预期可获得性的任何差别都意味着女性或少数群体未得到充分利用。第二种可能性基于这样一个理论：有些差异只是偶然情况，因此一定数量的差距是允许的。经验法则是80％的公差，这意味着如果现有劳动力比例与可获得比例的比值大于80％，那么就不需要设置安置目标；反之则必须设置。表3—14就是遵循80％原则。尽管在职位簇1和5中，女性群体的现有劳动力百分比都小于预期可获得性百分比，但是只有职位簇1的两者的比率是小于80％的，因此只有该职位簇的女性群体才会被设置安置目标。

安置目标。如果需要，必须为职位簇中的女性和少数群体设置至少等于可获得性百分比的年度安置目标。安置目标可以不是硬性或僵化的指标；指标是被明确禁止的。安置目标并不要求雇用缺乏胜任工作能力的人，或者说不是优先雇用缺乏能力的人。

指定责任。必须指定企业的某个行政人员负责平权行动项目的实施。

识别问题区域。企业必须评估以下内容：

1. 每个职位簇中的少数群体或女性的使用和分配可能存在的问题；

2. 存在差异性选择可能性的人事活动（申请流程、雇用、终止和晋升）和其他人事行为；

3. 可能的基于性别、种族和民族差别的薪酬体系；

4. 检测选拔、招募、推荐和其他程序，以确定是否导致了雇用差异，或者是提高了少数群体或女性的地位。

面向行动的项目。一旦识别了问题区域，企业必须开发和实施面向行动的项目来纠正问题区域并达到安置目标。详细例子见表3—15。

表3—15 AAP中面向行动的项目举例

1. 每年对工作描述进行修订，保证它们准确地反映了岗位职能。

2. 以部门为单位回顾工作描述，并根据绩效标准评定职称。

3. 工作描述要适用于招聘过程以及所有管理者，包括招募、选拔和晋升过程。

4. 对整个选拔过程进行评估，通过以下方式避免偏见：

  a. 回顾工作描述和其他就业前表格，以确认所有要求的信息是职位相关的；

  b. 评估可能产生差异性影响的选拔方式，确保它们是职位相关的，并符合业务需求；

  c. EEO是为了培训管理和监督人才。

5. 使用招聘技术来提升招聘效果，并增加少数群体和女性应聘者：

  a. 所有招聘广告中注明"平等就业机会/平权行动"的标语；

  b. 在当地少数群体及女性感兴趣的媒体上刊登招聘广告；

  c. 当出现职位空缺时，向代表少数群体、女性和就业发展部门等组织发布职位信息；

  d. 鼓励所有员工推荐有资格的申请人；

  e. 积极在少数群体和女性集中的地方实施招聘活动，如中等学校、大专院校、高等院校；

  f. 向招聘机构寻求有资格的少数群体和女性候选人。

6. 雇用一位统计顾问，对组织的薪酬安排进行审核。

7. 确保每位员工有平等的晋升机会：

  a. 发布职位晋升机会；

  b. 为员工提供咨询服务，帮助他们识别晋升机会，提供培训教育项目来提升晋升机会，以及轮岗和转岗；

  c. 评估晋升的职位要求。

内部审计和报告。必须开发一个审计系统来阶段性地平权行动项目的有效性。

3.6.2 AAP 的合法性

AAP 在一开始就引发争议，并且关于其合法性的挑战颇多。合法性问题涉及复杂的问题，包括合宪性和法定解释问题；AAP 提出的在法庭上受到挑战的结构差异问题；宣称平权行动目标代表雇佣配额的问题；很重要地，在职位申请者最终选择决策上的种族和性别的权重差异问题。

尽管存在诸多问题，但是可以提供几条关于 AAP 的结论和意见。一般来说AAP 在最高法院看来是合法的。但是为了使其更能被接受，AAP 应该基于以下几个原则[40]：

1. 该计划应该有矫正过去歧视行为造成的具体和可识别的不良后果的目的。
2. 企业里现有女性或少数群体劳动力应该存在明确的利用不足。
3. 至于非少数群体和男性劳动力，该计划不应该动摇他们的合理期待，不会导致他们被解雇或被少数群体或女性员工替代，也不会为他们的晋升造成绝对障碍。
4. 该计划应该是暂时性的，一旦目标实现，就应该取消该计划。[41]
5. 所有的职位候选人应该都具备胜任能力。
6. 该计划应该包含企业的实施机制以及申诉机制。

最近，联邦和州政府的 AAP 的合宪法院裁决表明，可能有必要实施比上述更严格的原则。在这些受关注的程序中，种族偏见受到了严格的宪法审查。只有以下几种情况下才可以使用 AAP：当具有确定的歧视证据时，补救措施只作用于确定的歧视时，只有当那些受歧视的人能从补救措施中获益，并且其他人不会从补救中承受不当压力（如被取代工作等）时。对于性别偏见，审查标准相对宽松。[42]有些州甚至禁止政府单位、订约人和教育机构使用 AAP。[43]

在多元化项目中，EEOC 列举了以下与 AAP 的不同之处，以及它们的容许性：

多元化和平权行动是两个相关的概念，但是它们又拥有不同的起源和法律内涵。劳动力多元化属于商业管理中的概念，在这个领域，雇主们自发地提供具有包容性的工作场所。那些认同多元化理念的雇主为了从各个群体中引进人才和思想，营造出尊重个体差异的文化氛围，因此在经济日趋全球化的今天，它们才会具备有潜力的竞争优势。很多雇主都认为，多元化的工作场所使得公司更强大，能获得更多利润，以及营造更好的工作环境。尽管多元化的倡议可以消除歧视，但它们认为多元化的注入更多的是出于提升组织竞争力的目的，而不仅仅是对反歧视的回应。

条款Ⅶ中关于允许多元化努力的阐述：机会是面向每一个人的。例如，如果雇主发现非裔美国人参加职位竞聘的人数没有达到预期，雇主可以采取扩大合格非裔美国人的申请池，例如从学校招聘以非裔美国人为主的员工。相似地，准备改变招聘行为的雇主可以更进一步确认其选择的招聘行为能最大限度降低对不同种族的不同影响。例如，雇主以前要求新员工有大学文凭，现在改成大学文凭或两年相关领域的工作经历。人口种族结构的变化推动了对多元化的需求，这也许能够为我们展现出与当前的劳动力相比，某些未被充分代表的种族群体。[44]

3.6.3　EEO 和临时员工

平等就业机会委员会为临时就业机构（或其他类型的劳务派遣公司）与它们的客户公司提供了关于其责任的指导。[45]当就业机构和客户公司都对临时员工实施管理监控并且都有必要数量的员工时，它们就被认为是雇主，并且共同承担《民权法案》《就业年龄歧视法案》《美国残疾人法案》和《同工同酬法》的责任。注意对于通过"以工代赈"计划进入企业的个人，这些法律同样适用。机构有义务用一种非歧视的方式来推荐和指派工作，而客户公司不得设置歧视性工作推荐和工作分配标准。客户公司必须以非歧视的方式对待临时员工；如果机构获知客户公司没有这么做，那么机构必须在其权力范围内采取任何正确的行动。对于不遵守法规的行为（如欠薪、预先支付和补偿性的损伤），可能会对机构或公司甚至两者都处以巨额罚款。关于《美国残疾人法案》的相关问题有更详细的指导。

小　结

外部力量确定了人力资源规划的实施和结果。其中的关键力量和趋势是经济条件、劳动力市场、技术和工会。

人力资源规划是预测未来人力资源需求和供给（可获得性）而采取的过程和一系列活动，它能识别可能的就业缺口（短缺和剩余），然后为填补缺口制定了行动计划。在开始人力资源规划之前，必须制定关于其全面性的初步决策，包括规划期限、职位类别和层级、如何控制员工数，以及直线经理和人事（包括 HR）经理的角色和职责。

在预测中可以应用多种统计和判断性技术。那些需求预测的技术一般都结合业务和企业规划使用。对于供给预测的技术，需要考虑员工流入、流出以及在企业内部的运动，并且需要逐个职位进行分析预测。在这里，管理者判断、马尔科夫分析法、替代和继任计划都是非常有用的技术。

人员配置规划是行动计划的一种形式。通常它需要设置人员配置目标，产生备选的人力资源活动（或人员配置活动），以及评估并选择这些活动。正如在人力资源战略中确定的，一个基本的备选活动包括核心劳动力或弹性劳动力的使用。必须制定获得这两种劳动力的计划。每种类型的劳动力都有其各自的优势和劣势，应该对其进行审视以再次确认关于使用这两类劳动力的战略选择。接下来就可以制定规划了，对于核心劳动力，首先需要明确指导招募、选拔和雇用活动规划的人力资源理念；对于弹性劳动力，企业需要提前联系弹性劳动力的提供者（如劳务派遣公司和独立合同人等）。此时企业同样需要考虑将某些工作外包的优势。劳动力构成的变化显示，组织应该将人员多元化考虑进人员配置规划过程中。可以在人员招募、选拔、培训、开发和保留过程中实现劳动力的多元化。

AAP 是总体人力资源和人员配置规划的应用拓展。AAP 有几个组成部分，适用于联邦合同人的平权行动程序规范具体阐述了这几个部分的要求。AAP 的合法性早就得到了确立，但是关于其内容和适用范围，在法院有一些限制。为阐明 EEO 法律如何适用于临时员工和帮助机构，EEOC 发布了具体指导。

讨论题

1. 企业通过什么方法确保避免 KSAO 缺陷?

2. 如果企业没有进行人力资源和人员配置规划,那么企业可能得到什么(尤其是与人员配置相关的)结果?

3. 为什么职位类别和层级的设置对于人力资源规划的行为与结果至关重要?

4. 对企业所有层级的管理者(而非仅仅是高层管理者)设置继任计划的优点和缺点分别是什么?

5. 协调指的是什么?为什么它作为人员配置规划的输入项会发挥作用?

6. 你认为图 3—3 显示的人员配置备选活动应该使用什么样的评估标准?

7. 你认为企业在设置 AAP 的时候,可能会遇到哪些在经常性的人员配置规划中没有遇到的问题?

伦理议题

1. 企业是否有伦理责任将人员需求和可获得性的预测结果与其所有员工进行分享?不这样做是否违背伦理责任?

2. 举出一个企业在设置 AAP 时可能面临的道德困境的例子。

应 用

马尔科夫分析法和预测

门到门体育器材公司向业余爱好者和轻运动(跑步、网球、快走、羽毛球和高尔夫)爱好者出售衣服和设备。这是全美唯一一家提供上门服务的公司,该公司设法绕过运动商品零售店,直接将产品卖给顾客。公司的销售人员携带装有样品和全套商品目录的销售工具箱,以便随时展示给顾客,和顾客进行讨论。销售职能由以下几类组成:全职销售和兼职销售人员(级别 1)、销售经理助理(级别 2)和区域销售经理(级别 3)。

公司决定研究销售职能岗的人员内部流动模式,同时预测在未来可能获得的劳动力。预测的结果会用来确定人员缺口(过剩或不足)并为未来发展开发员工策略和规划。

为达到上述目标,人力资源部门首先收集了 2010—2011 年的数据来建立转移概率矩阵,并且收集了 2012 年每个职位类别的现有员工数,然后用该矩阵预测 2013 年员工的可获得性。以下是收集的数据:

职位类别	级别	转移概率(2010—2011 年)					目前(2012 年)
		SF	**SP**	**ASM**	**RSM**	**离开**	**员工人数**
销售岗,全职(SF)	1	0.50	0.10	0.05	0.00	0.35	500
销售岗,兼职(SP)	1	0.05	0.60	0.10	0.00	0.25	150
销售经理助理(ASM)	2	0.05	0.00	0.80	0.10	0.05	50
区域销售经理(RSM)	3	0.00	0.00	0.00	0.70	0.30	30

基于以上数据:

1. 从工作稳定(留在同样的职位)、晋升路径和比率、调动路径和比率、降职路径和比率以及离职率几个方面描述公司的内部劳动力市场。

2. 预测每个职位可获得的员工数目。

3. 说明预测的可能局限性。

决策是否使用弹性劳动力

凯撒制造公司（KMC）已成立 50 年，它的主要产品是种植业和乳业两个领域的农业企业的专业工具，包括拖拉机、联合收割机、切块机等的专用附件，以及挤奶和饲喂设备的附加设备（用以提高设备的效率和安全性）。

KMC 有一小间公司办公室和四个加工工厂（两个在美国中西部，两个在美国南部）。公司的核心劳动力包括 725 个生产工人、30 个办事员、32 个专业技术工人和 41 个管理人员。所有的员工都是全职的，KMC 从来不使用兼职或临时工人。可以很明显地感受到，这些年只使用核心劳动力的人员配置策略，使公司在吸引和保留忠诚、高生产率的员工上花费巨大。

公司销售额自 2002 年就几乎一直停滞在 1.25 亿美元的水平上。同时 KMC 的产品订单开始不那么稳定，这增加了销售的难度。这反映了如下几个因素的影响：气候模式多变，利率波动增大，专业市场产生了新的竞争对手，以及农业未来发展方向和增长的总体不确定性。伴随着销售不确定性的是劳动力成本的持续上升。这是由于 KMC 的员工年龄不断增长和工厂周围的直接劳动力市场的各类员工（尤其是生产工人）短缺。

假设你是 KMC 负责人员配置和培训的人力资源经理。灵活劳务服务公司（FSS）的代表雅各比刚刚和你取得联系。雅各比提出想要向你和 KMC 的总裁凯撒介绍 FSS 以及 FSS 如何为 KMC 提供服务。你和凯撒同意会面，在会面中，雅各比正式介绍了 FSS 的服务、运营和收费情况，并且强调了使用弹性劳动力的优势。在这次会面中，你从雅各比那里获知了以下信息。

FSS 是新进入劳工派遣领域的公司，它的基本目标是在客户需求的基础上，为公司配置员工，从而帮助公司实施灵活的人员配置战略。FSS 主要提供四类员工：生产员工、办事员、技术员和专业人员/管理人员。对每类员工同时提供全职员工和兼职员工。兼职人员可以以严格的临时员工的身份，也可以以"临时—永久"（在 90 天的试用期过后，FSS 的临时员工可以转成客户公司的永久员工）的模式，为客户公司提供服务。

对于临时员工和"临时—永久"两种安排，FSS 提供以下服务：对于每类员工进行招募、选拔并录用到 FSS，然后再以租赁的形式提供给客户公司。FSS 实施所有的招募、选拔和录用活动。对于所有的申请者，FSS 都有一套标准的选拔系统，包括申请表审核、背景调查、药物测试和体检（提供工作机会之后）。而且 FSS 为客户公司提供定制的选拔方案，客户公司可以在一系列特殊技能测试、人格测试、诚信测试和背景调查中进行选择。在基于标准和/或客户评估的基础上，FSS 为客户公司推荐其认为最合适的候选人。FSS 尽量为每个空缺职位推荐两个候选人，以便客户公司从中进行选择。

FSS 的新员工工资与市场工资相似，并且与直接受雇于客户公司的员工工资相近。除此之外，新员工享受带薪休假（每 6 个月有 1 周的假期，多的达 4 周）、健康保险（其中 25％是员工自费），以及可选择参与 401（k）计划。FSS 负责实施所有的工资发放和扣除职能，并且支付所有的保险赔偿和失业赔偿。

FSS 向客户公司收取的费用如下：提供的每位员工有一个标准收费 1.55×基本工资×每周工作小时数。1.55 被视为"加价"，它涵盖了 FSS 的所有费用（人员配置、保险、福利、管理）再加上利润。标准收费之上是定制选拔服务的额外收费，这部分收费的范围在 0.50～0.90×基本工资×每周工作时数。最后，对于属于"临时—永久"模式的员工，在圆满结束 90 天试用期，转至客户公司后，需要支付一笔一次性费用（一个月的工资，作为中介费）。

雅各比在最后强调了选择由 FSS 公司提供弹性劳动力的三大益处：首先，在需求的基础上使用 FSS 提供的员工能使 KMC 在人员配置上有更大的灵活性，以适应动荡的产品需求，并且使公司完全固定的劳动力成本更加多样化。其次，FSS 提供了管理上的便利性，减轻了 KMC 大量招募、选拔和支付薪酬的压力。最后，由于 FSS 是这些员工的雇主，KMC 可以免于诸多诉讼（工人补偿、EEO 和侵权）。

在听完雅各比的陈述后，凯撒告诉你他很感兴趣，但是在公司决定选择使用弹性劳动力并且考虑 FSS 作为合作方前，显然还需要进一步思考。他让你准备一份简短初步的报告，该报告应包含以下内容：

1. 使用弹性员工的可能的优势和劣势的总结；

2. 使用 FSS 作为服务提供方的优势和劣势的总结；

3. 在决策过程中，你推荐收集或使用的附加信息的类型的汇总。

唐格尔伍德商店案例

本章阐述了企业如何将战略目标及管理数据与确定人员需求结合起来。该案例将介绍唐格尔伍德商店如何实施以上活动。

背景

规划流程包括预测劳动力的需求、将这些需求与劳动力的可获得性相比较、确定存在的缺口。唐格尔伍德的历史招聘数据将提供给你以辅助预测。除了设置要招聘的员工数目的目标，你还需要考虑工作场所的员工组成，以确保公司维持员工多元化。在本书中还有平权行动计划的拓展讨论。

你的任务

你首先要完成人力资源可获得性的预测。由于唐格尔伍德商店十分强调企业的内部文化，你应该考虑公司是否应该转向使用弹性劳动力战略。另外作为平权行动的一部分，你需要评估在一些职位类别里女性和少数群体的代表性。该案例的背景信息和你的具体任务请见 www. mhhe. com/heneman7e。

注 释

1. K. Klemmer, "Job Openings and Hires Decline in 2008," *Monthly Labor Review*, May 2009, pp. 32–44.
2. T. A. Lacey and B. Wright, "Occupational Employment Projections to 2018," *Monthly Labor Review*, May 2009, pp. 86–125.
3. Lacey and Wright, "Occupational Employment Projections to 2018."
4. A. Spitz-Oener, "Technical Change, Job Tasks, and Rising Educational Demands: Looking Outside the Wage Structure," *Journal of Labor Economics*, 2006, 24, pp. 235–270.
5. Society for Human Resource Management, *Critical Skills Needs and Resources for the Changing Workforce* (Alexandria, VA: author, 2008).
6. M. Toossi, "Labor Force Projections to 2018: Older Workers Staying More Active," *Monthly Labor Review*, Nov. 2009, pp. 30–51; P. L. Rones, R. E. Ilg, and J. M. Garner, "Trends in Hours of Work Since the Mid-1970s," *Monthly Labor Review*, Apr. 1997, pp. 3–14; J. Schramm, *SHRM Workplace Forecast* (Alexandria, VA: Society for Human Resource Management, 2008); P. J. Kiger, "With Baby Boomers Graying, Employers Are Urged to Act Now to Avoid Skills Shortages," *Workforce Management*, 2005, 84(13), pp. 52–54; J. F. Stinson, Jr., "New Data on Multiple Job Holding Available From the CPS," *Monthly Labor Review*, Mar. 1997, pp. 3–8; Manpower Inc., *Employment Outlook Survey: United States* (Milwaukee, WI: author, 2007).
7. T. Minton-Eversole and K. Gurchiek, "New Workers Not Ready for Prime Time," *HR Magazine*, Dec. 2006, pp. 28–34.
8. M. Rich, "Factory Jobs Return, but Employers Find Skills Shortage," *New York Times Online*, July 1, 2010.
9. M. J. Handel, "Skills Mismatch in the Labor Market," *Annual Review of Sociology*, 2003, 29, pp. 135–165.
10. BMP Forum and Success Factors, *Performance and Talent Management Trend Survey 2007* (San Mateo, CA: author, 2007).

11. Bureau of Labor Statistics, "Employed and Unemployed Full- and Part-Time Workers by Age, Race, Sex and Hispanic or Latino Ethnicity," Dec. 2007 (*www.bls.gov*).

12. US Department of Labor, "Workers on Flexible and Shift Schedules in May 2004," *News*, July 1, 2005.

13. T. Dunne, L. Foster, J. Haltiwanger, and K. R. Troske, "Wage and Productivity Dispersion in United States Manufacturing: The Role of Computer Investment," *Journal of Labor Economics*, 2004, 22, pp. 397–429; Spitz-Oener, "Technical Change, Job Tasks, and Rising Educational Demands: Looking Outside the Wage Structure."

14. US Department of Labor, "Union Members in 2006," *News,* Jan. 25, 2007.

15. G. Chaison, "Union Membership Attrition," *Monthly Labor Review*, Jan. 2010, pp. 74–76.

16. C. R. Greer, *Strategic Human Resource Management*, second ed. (Upper Saddle River, NJ: Prentice Hall, 2001); International Personnel Management Association, *Workforce Planning Guide for Public Sector Human Resource Professionals* (Alexandria, VA: author, 2002); D. W. Jarrell, *Human Resource Planning* (Englewood Cliffs, NJ: Prentice Hall, 1993); J. W. Walker, *Human Resource Strategy* (New York: McGraw-Hill, 1992).

17. F. Callocchia, "How HR Can Be Seen, Heard, and Valued," *Canadian HR Reporter*, Dec. 14, 2009, p. 35.

18. H. G. Heneman III and M. H. Sandver, "Markov Analysis in Human Resource Administration: Applications and Limitations," *Academy of Management Review*, 1977, 2, pp. 535–542.

19. J. A. Conger and R. M. Fuller, "Developing Your Leadership Pipeline," *Harvard Business Review*, Dec. 2003, pp. 76–84; International Public Management Association–Human Resources, *Succession Planning* (Alexandria, VA: author, 2003); S. J. Wells, "Who's Next?" *HR Magazine*, Nov. 2003, pp. 45–50.

20. E. Frauenheim, "Software Products Aim to Streamline Succession Planning," *Workforce Management*, Jan. 2006 (*www.workforce.com/archive/feature/24/24/94/242496.php?*).

21. S. Fegley, *2006 Succession Planning* (Alexandria, VA: Society for Human Resource Management, 2006).

22. Conger and Fuller, "Developing Your Leadership Pipeline," p. 84.

23. P. J. Kiger, "Succession Planning Keeps WellPoint Competitive," *Workforce*, Apr. 2002, pp. 50–55.

24. S. F. Matusik and C.W.L. Hill, "The Utilization of Contingent Work, Knowledge Creation, and Competitive Advantage," *Academy of Management Review*, 1998, 23, pp. 680–697; Society for Human Resource Management, *Alternative Staffing Survey* (Alexandria, VA: author, 2000); C. V. von Hippel, S. L. Mangum, D. B. Greenberger, R. L. Heneman, and J. D. Skoglind, "Temporary Employment: Can Organizations and Employees Both Win?" *Academy of Management Executive*, 1997, 11, pp. 93–104.

25. G. Weber, "Temps at the Top," *Workforce*, Aug. 2004, pp. 27–31; M. Frase-Blunt, "Short Term Executives," *HR Magazine*, June 2004, pp. 110–114.

26. J. Brown, "Contingent Workers: Employing Nontraditional Workers Requires Strategy," *IPMA-HR News*, June 2004, pp. 9–11; A. Davis-Blake and P. P. Hui, "Contracting for Knowledge-Based Competition," in S. E. Jackson, M. A. Hitt, and A. S. DeNisi (eds.), *Managing Knowledge for Sustained Competitive Advantage* (San Francisco: Jossey-Bass, 2003), pp. 178–206.

27. D. Arthur, *Recruiting, Interviewing, Selecting, and Orienting New Employees*, fourth ed. (New York: Arthur Associates Management Consultants Limited, 2006); E. Esen, *Human Resource Outsourcing Survey Report* (Alexandria, VA: Society for Human Resource Management, 2004); J. Schramm, *Workplace Forecast, 2005–2006* (Alexandria, VA: Society for Human Resource Management, 2006).

28. P. Babcock, "America's Newest Export: White-Collar Jobs," *HR Magazine*, Apr. 2004, pp. 50–57; B. Tai and N. R. Lockwood, *Outsourcing and Offshoring HR Series Part I* (Alexandria, VA:

Society for Human Resource Management, 2006); R. J. Moncarz, M. G. Wolf, and B. Wright, "Service-Providing Occupations, Offshoring, and the Labor Market," *Monthly Labor Review*, Dec. 2008, pp. 71–86.

29. M. Belcourt, "Outsourcing—The Benefits and the Risks," *Human Resource Management Review*, 2006, 16, pp. 269–279; B. M. Testa, "Tales of Backshoring," *Workforce Management*, Dec. 2007 (*www.workforce.com/section/09/feature/25/27/70/index.html*); A. Fox, "The Ins and Outs of Customer Contact Centers," *HR Magazine Online*, May 2010.

30. L. Lieber, "Changing Demographics Will Require Changing the Way We Do Business," *Employment Relations Today*, Fall 2009, pp. 91–96; A. Fox, "At Work in 2020," *HR Magazine Online*, Jan. 1, 2010.

31. J. Schram, *SHRM Workplace Forecast* (Alexandria, VA: Society for Human Resource Management, 2006).

32. E. Esen, *2005 Workforce Diversity Practices* (Alexandria, VA: Society for Human Resource Management, 2005).

33. Society for Human Resource Management, *2007 State of Workplace Diversity Management* (Alexandria, VA: author, 2007).

34. D. R. Avery, "Reactions to Diversity in Recruitment Advertising: Are the Differences Black and White?" *Journal of Applied Psychology*, 2003, 88, pp. 672–679; D. R. Avery and P. F. McKay, "Target Practice: An Organizational Impression Management Approach to Attracting Minority and Female Job Applicants," *Personnel Psychology*, 2006, 59, pp. 157–187.

35. S. B. Welch, "Diversity as Business Strategy: Company Faced Racial Tensions Head On," *Workforce Management Online*, Apr. 2009; L. Lieber, "Changing Demographics Will Require Changing the Way We Do Business."

36. J. M. Sacco, C. R. Scheu, A. M. Ryan, and N. Schmitt, "An Investigation of Race and Sex Similarity Effects in Interviews: A Multilevel Approach to Relational Demography," *Journal of Applied Psychology*, 2003, 88, pp. 852–865; J. C. Ziegert and P. J. Hanges, "Employment Discrimination: The Role of Implicit Attitudes, Motivation, and a Climate for Racial Bias," *Journal of Applied Psychology*, 2005, 90, pp. 553–562.

37. P. J. Kiger, "Few Employers Addressing Impact of Aging Workforce," *Workforce Management*, Jan. 2010, pp. 6–7.

38. A. Nancherla, "Getting to the Foundation of Talent Management," *T + D*, Feb. 2010, p. 20.

39. M.E.A. Jayne and R. Dipboye, "Leveraging Diversity to Improve Business Performance: Research Findings and Recommendations for Organizations," *Human Resource Management*, 2004, 43, pp. 409–424; A. Kalev, F. Dobins, and E. Kelley, "Best Practices or Best Guesses? Assessing the Efficacy of Corporate Affirmative Action and Diversity Policies," *American Sociological Review*, 2006, 71, pp. 589–617; N. R. Lockwood and J. Victor, *Recruiting for Workplace Diversity: A Business Strategy* (Alexandria, VA: Society for Human Resource Management, 2007).

40. D. D. Bennett-Alexander and L. B. Pincus, *Employment Law for Business*, sixth ed. (Burr-Ridge, IL: Irwin McGraw-Hill, 2009), p. 245; C. R. Gullett, "Reverse Discrimination and Remedial Affirmative Action in Employment," *Public Personnel Management*, 2000, 29(1), pp. 107–118; T. Johnson, "Affirmative Action as a Title VII Remedy: Recent U.S. Supreme Court Decisions, Racial Quotas and Preferences," *Labor Law Journal*, 1987, 38, pp. 574–581; T. Johnson, "The Legal Use of Racial Quotas and Gender Preferences by Public and Private Employers," *Labor Law Journal*, 1989, 40, pp. 419–425; D. J. Walsh, *Employment Law for Human Resource Practice*, second ed. (Mason, OH: Thompson Higher Education, 2007).

41. For an example of eliminating an AAP once affirmative action goals have been achieved, see A. R. McIlvaine, "Court: Boston Must Hire White Firefighters," *Human Resource Executive*, Feb. 2004, p. 13.

42. R. T. Seymour and B. B. Brown, *Equal Employment Law Update* (Washington, DC: Bureau of National Affairs, 1997), pp. 23-553 to 23-558.

43. M. P. Crockett and J. B. Thelen, "Michigan's Proposal 2: Affirmative Action Law Shifts at the State Level," *Legal Report*, Society for Human Resource Management, July/Aug. 2007, pp. 5–8.

44. EEOC Compliance Manual, 2006 (*www.eeoc.gov/policy/docs/race-color.html*).

45. Equal Employment Opportunity Commission, *EEOC Policy Guidance on Temporary Workers* (Washington, DC: author, 1997); Equal Employment Opportunity Commission, *Enforcement Guidance: Application of the ADA to Contingent Workers Placed by Temporary Agencies and Other Staffing Firms* (Washington, DC: author, 2000).

第**4**章

工作分析与报酬

4.1 学习目标和导言

4.1.1 学习目标

- 知道工作描述和工作规范的区别
- 学习收集工作要求的方法
- 理解为什么基于素质的工作分析日趋重要
- 认识工作报酬的种类
- 熟悉工作分析相关的法律问题

4.1.2 导言

一旦人员配置规划完成了,下一步目标就是建立一个有效的、战略性的人员配置系统,以此对空缺岗位进行全面透彻的理解。工作分析指对职位的具体要求进行研究和描述的过程。任何有过找工作经历的人都很熟悉传统的工作描述,其中包括工作中的主要任务、责任和义务等。这样的描述只是工作分析过程中收集到的一部分信息而已。通过阅读本书,你会认识到工作分析可以用来确定招聘池、设计选拔工具,还可以用于员工绩效的评估和提升。

乍一看工作分析是一项容易完成的任务,然而,在决定应该用哪些技术收集信息时也需要经过深思熟虑。在很多案例中,传统的基于任务的工作分析足以支撑组织人员配置战略中的运行要求和法律要求。在其他案例中,对 KSAO 的关注似乎更有意义,因为它跨越了组织中的各类工作。技术的选择不仅取决于工作的属性,还需要考虑组织对未来的发展规划。

本章开头描述了工作属性的变化,是一股外力使得工作分析的性质和其他人员配置行为产生变化。之后,讨论了工作分析的方法。第一种方法是基于工作要求的工作分析,它基于工作要求矩阵,其中包括任务、KSAO 和工作环境。接着,本书描述了基于素质的工作分析。这是一种较新的方法,始于组织的使命和目标,之后开发 KSAO 清单来帮助组织达到目标。在此之后本书将注意力转向工作报酬，其中包括工作带给员工的外部和内部报酬。最后，介绍了与工作分析相关的法律问题。

4.2　不断变化的工作本质

就工作内容及其产生的层级关系而言，工作是组织的基本组成部分。明确的工作设计与组合是为了增加企业产品和服务的产出。由于组织是在工作设计中提取工作要求、确定工作报酬的，因此工作分析必须在工作设计这一更广阔的框架中进行。

工作在不断地发展——它们产生于组织需求，其范围和职责会随着组织需求的增加而增加，也会随着组织需求的变化而消失。[1] 例如，曾经所有的航空公司都有飞行工程师这一职位，他们的职责是在飞行过程中监控空中与地面之间的沟通，以及观察和控制某些飞机系统。因此组织还设计了座舱，使飞行工程师可以坐在驾驶员和副驾驶员后面的控制面板旁边。然而，随着计算机技术的发展，飞行工程师的工作已经过时并从商业航空领域消失了。这只是大量工作中的一个例子。许多工作岗位被创造出来，同时每年也有大致相同数量的工作岗位被淘汰。这是以能力为基础的工作分析方法兴起的原因之一，它比传统的工作分析更加灵活。

可以将工作分析定义为研究工作的过程，在这个过程中收集、分析、综合和报告与工作要求相关的信息。在这一定义中，将工作分析过程视作一个整体，而不是一种具体的方法或者技术。基于工作要求的工作分析希望识别和描述出某一特定岗位具体的任务、KSAO 和工作环境。这一类工作分析经过了深入的开发，成为组织中最常见的一类工作分析。第二种工作分析是基于素质的工作分析，它以一系列工作中普遍要求的 KSAO 为基础，对工作要求进行识别和描述；对任务和工作环境的关注较少。例如，销售和顾客服务类岗位要求的素质是跨领域技术；管理类岗位要求的素质则是领导力。尽管基于素质的工作分析是最近几年才开始流行的，但它与基于工作要求的工作分析有相似之处。

传统的工作设计方法是首先精确地确定和定义其元素与任务，然后将它们合并为工作说明书。这个任务核心几乎包括与职位有关的所有任务，由这些任务会得出一个相当完整的 KSAO 清单。因此，就工作任务和 KSAO 两者而言，工作之间都存在一个清晰的界限。无论从哪个角度来讲，工作之间都几乎没有重叠。各个工作都有一套自身的外在和内在奖励。这种工作设计的特点是，正式的组织结构图、清晰准确的工作描述和工作规范，以及根据工作流动（晋升和转换）所确定的工作之间的关系。传统工作也是非常静态的，在任务或 KSAO 方面几乎或者完全没有变化。

在讨论传统工作时会使用一些特定的术语。表 4—1 呈现了一些重要术语的定义和例子。这些术语以一个逻辑上层次递降的方式来呈现，以工作簇和工作类型为起点，继续向下为工作（职务）、职位、任务维度、任务和元素。

术语	定义
工作簇 (job family)	指一组职位，一般是根据行使的功能（如生产、财务、人力资源、营销）来划分。
工作类型 (job category)	在工作簇内或跨越工作簇的，根据通用的工作头衔或职业（如管理、销售、职员、维修）划分的一组工作。
工作（职务） (job)	在任务和任务维度上相似的一组职位。
职位 (position)	组成单个员工所有工作任务的任务/维度组；职位与任职者是一一对应的。
任务维度 (task dimension)	一组类似的工作任务，有时也叫做"职责""责任范围"，或者"关键结果范围"。
任务 (task)	构成某项工作绩效的有逻辑、必不可少、可区分的工作活动步骤元素的组合。
元素 (element)	工作能被分解的最小单位，不能再被分解的动作、运动和心理过程。

表 4—1 在描述工作时经常使用的术语

　　传统视角的一个挑战在于职位在不断地进化。一般来说，这些变化不会激进到使职位不复存在（如飞行工程师的工作）。而且，这些变化经常是由于科技或工作量的变化导致的。这种不断进化的职位的一个很好的例子是秘书职位。与秘书职位有关的传统的或核心的任务包括打字、文件归档、做记录以及接打电话。然而，在几乎所有的组织中职位职责都发展为包括文字处理、管理多个项目、建立电子表格、采购供应和办公科技及在互联网上收集信息等新任务。这些任务变化需要计划和协调技能及电子表格处理软件的使用等新的 KSAO 要求。伴随这些变化的是职称变为"行政助理"。应当指出的是，职位可能是由于变化的组织和技术要求而发展，也可能是通过精雕细琢工作过程由员工发起的改变。

　　传统视角的另一个挑战在于弹性需求。弹性工作具有经常变化的任务和 KSAO 要求。在某些时候，这些变化是由于任职者为了达到变动不定的机会目标而不断增加或减少新的任务与项目引起的。另外一些时候，任务变化是由生产计划、客户需求或科技方面的变化导致的。许多小企业主、新成立的战略业务部门的总经理，以及高层管理人员都从事着弹性工作。

　　改变工作设计与分析传统视角的第三个因素是对新的、通用的技能与能力的需求。比较重要的两项新技能或能力是团队合作与敬业度。我们将在本章的结尾部分讨论以团队为基础的工作分析。就敬业度而言，工作分析通常更大程度地关注技能和能力而不是激励因素。随着越来越多的组织重视敬业度——或员工对其工作的认同程度与热情——工作分析需要将激励因素考虑在内。正如杰克·韦尔奇所说，"如果没有那些相信企业使命并知道如何实现企业使命的精力充沛的员工，任何一家公司，无论其规模大小，都不能获得长远的发展。"[2]一项有 7 939 家公司参与的大规模研究支持了韦尔奇的观点，即敬业度高于平均水平的组织（63％的组织具有高于平均水平的绩效）比敬业度低于平均水平的组织（37％的组织具有高于平均水平的绩效）明显表现得更好。[3]

　　敬业度的测量反映了内在的心理特征，而这通常不是工作分析的主题。例如，戴尔公司通过以下条目测量敬业度，如"总的来说，戴尔公司对我而言是合适的地方。"Intuit 公司采用诸如"我以为 Intuit 公司工作为荣"这样的陈述来测量敬业度。由于敬业度本质上是 KSAO 里其他特征中的一种，关于敬业度如何被整合到工作分析中的著作几乎没有。将敬业度整合到工作分析中的一种方法是将其作为以能力为基础的工作分析中的通用能力。这种方法在本章稍后的内容中会提到。正如一位敬业度著作的评论家所建议的，"识别最适合职位和组织文化的候选人"。[4]

4.3 基于工作要求的工作分析

4.3.1 概述

正如前面提到的，基于工作要求的工作分析能够识别任务、KSAO 和工作环境。基于工作要求的工作分析能够从以下几个方面为招募、选拔和雇用提供有用的信息，包括向求职者传达工作要求，当配置员工时为 KSAO 开发选拔计划，确定合适的评估方法来测量求职者的 KSAO，建立雇佣资格，遵守相关法律和规章等。基于能力的工作分析的结果主要帮助确定一套所有的申请者都必须精通的通用 KSAO，不管他们申请的具体工作是什么。

对以上提到的各种工作类型来说，有效的人员配置当然需要工作要求信息和可能的能力信息。传统的工作和缓慢演化的工作适合这种情况。这些工作的工作要求通常是众所周知的，并且极少发生变化，即使有变化也是缓慢的。对于特殊的、弹性的、以团队为基础的及远程的工作而言，工作分析更困难也更加不确定。这些工作的要求可能频繁发生变化，难以准确描述，甚至无人知晓，这是因为这些工作要求在很大程度上取决于任职者如何定义它们。由于这些工作常见的模糊性和流动性，组织可以更关注按照能力而不是具体的任务和 KSAO 来分析和定义它们。近期在工作分析上取得的成就鼓励评估者对未来工作要求中的潜在变化进行明确描述，进而有助于适应这些工作。[5]

工作分析与其提供的信息因此成为组织所有人员配置活动的基本投入。在这个意义上，工作分析是各种功能性人员配置活动的支持性活动。事实上，如果没有完整、精确的相关工作要求与能力信息，组织在试图获得有效的人力资源结果（如绩效、满意度、留任）方面，将会受到极大的阻碍。因此，工作分析是构建成功的人员配置系统的基础。

图 4—1 显示的是基于工作要求的工作分析的框架。可以看出，工作分析首先要为一个特定工作确定具体的任务和工作环境。[6]这样，就能推断出在工作环境中执行这些任务所需要的 KSAO。例如，在确定销售经理职务的任务是"形成和规划每月销售和市场计划"之后，工作分析将继续推断这个任务的绩效所需的特定 KSAO。这个任务可能需要识别潜在用户的知识、算术技能、创新能力以及在多个组织单位间频繁变动的意愿和可能性。销售经理的任务绩效或必需的 KSAO 并不需要特定的工作环境因素（如对身体条件的要求）。工作描述将记录任务和工作环境信息，而 KSAO 要求则会放在工作规范中。在实践中，这些经常包含在一份单

一的文件中。

图 4—1　基于工作要求的工作分析法

4.3.2　工作要求矩阵

工作要求矩阵显示了基于工作要求的工作分析的关键组成部分，在任何基于工作要求的工作分析中必须明确地考虑这些组成部分。矩阵单元格中列出的内容代表了必须以可用的书面形式来收集、分析、综合和呈现的信息。

就工作要求而言，工作要求矩阵是任何工作的基本信息源。其结果信息可以作为所有接下来的人员配置活动的基本输入和指导。表 4—2 呈现了行政助理职务的部分工作要求。

表 4—2　　　　　　　　　　　　　**行政助理的工作要求矩阵（部分）**

任务			KSAO	
具体任务	**任务维度**	**重要性**（花费时间所占百分比）	**本质**	**任务的重要性**（1～5 级）
1. 为办公室助理/志愿者安排日程，以确保规定时间内办公室的人员配置	A. 监督	30%	1. 办公室操作和政策方面的知识	4.9
			2. 根据员工的技能和可用时间来实现人职匹配的能力	4.6
2. 为办公室助理/志愿者分配工作任务以确保各项活动的协调	A. 监督		3. 与各种各样的人打交道的能力	2.9
			4. 确定任务类型和优先顺序的能力	4.0
3. 从书面或口述材料中打出/抄写信件、备忘录和报告，利用文字处理器生成最终版本	B. 文字处理	20%	1. 输入格式方面的知识	3.1
			2. 拼写和标点知识	5.0
			3. 图形显示软件知识	2.0
4. 利用文字处理器准备图表和其他可视材料来补充报告	B. 文字处理		4. 校对和更正工作的能力	5.0
			5. 熟练使用 WordPerfect（最新版本）	4.3
5. 校对抄写材料，纠正拼写、标点和排版错误以生成高质量材料	B. 文字处理		6. 熟练制作具有视觉吸引力和可理解的图表	3.4

工作环境：室内，小隔间，商务服饰，主要是站着和坐着，没有环境和工作上的危险。

表 4—2 列出了通过工作分析确定的五个特定任务。需要说明的是，该表只呈现了职务总体任务的一部分。随后这些任务可归类为两个通用的任务维度——监督和文字处理。完成各项任务所需的时间显示了其对整体工作的重要性，具体来说，分别是 30％和 20％。对于各个任务维度及其特定任务，可以推断出一些对绩效来说必需的 KSAO。表中也呈现了所需 KSAO 的本质以及各 KSAO 对任务维度绩效的重要程度等级（1～5 级）。矩阵下方是与工作环境（室内）、工作区域的隐私性（小隔间）、着装（商务服）、工作姿势（主要是坐姿和站姿），以及物理工作环境（没有环境或工作上的危险）相关的工作环境因素指标。

■ 任务陈述

工作分析首先会形成任务陈述。任务陈述是对工作中执行的任务的客观书面描述。任务陈述的结果将会作为基于工作要求的工作分析的其余部分的基础资料。任务陈述采用简单的陈述句。

在理想的情况下，任务陈述需：

1. 首先以一个具体的动词来描述员工做什么；
2. 陈述动词的宾语，即员工为谁做、做了什么；
3. 表明动词的期望产出，即产出是什么；
4. 使用什么设备、材料、工具或程序。

使用句子分析技术对编撰符合以上四个要求的任务陈述具有很大的帮助。表 4—3 就是使用这一技术的例子，显示了不同工作的一些任务。

表 4—3 　　　　　　　　　　　任务陈述中句子分析技术的使用

句子分析技术		
任职者从事什么工作活动？	任职者为什么从事这些活动？已经完成了什么？	最后的结果或科技目标是什么？
任职者行为	任职者行为的目的	材料、产品、标的物和/或服务项目
任职者职责　（工作设备、人员、信息）	（工作领域）	（MPSMS）
动词	直接宾语	不定式短语
		不定式　｜　不定式的对象
安装	各种类型的金属机械（工作设备）	来制造（机器）	飞机的金属零部件（材料）
说服	顾客（人员）	购买（推销）	汽车（产品）
会晤（分析）	客户（人员）	评估（建议—咨询）	技能和能力（标的物）
驾驶（驾驶—操作）	公交车（工作设备）	运输（交通）	乘客（服务项目）

资料来源：Vocational Rehabilitation Institute, *A Guide to Job Analysis* (Menomonie, WI: University of Wisconsin-Stout, 1982), p. 8.

除了达到上述四个方面的要求外，对于有效地编撰任务陈述还有其他一些建议。第一，使用不含歧义的特定行为动词。不符合这一建议的动词包括"支持""协助"和"处理"。

第二，专注于记录任务，而不是组成任务的特定元素。由于任务和元素之间具有相关性，而且它们之间的区别经常模糊不清，这就特别要求使用判断。在判断时可以记住的一个有用规则是，大部分工作可以用 15～25 个任务陈述充分描述。就定义的活动而言，如果一项任务陈述的清单超过这一范围，那么就要注意也许对该任务的定义太窄了。

第三，任务陈述中不包括次要或琐碎的活动，而只关注主要任务和活动。当一项所谓的次要任务实际上对工作具有极大重要性时，属于例外情况（见以下讨论）。

第四，采取行动以确保任务陈述的清单是可信的。[7] 遵守这一建议的基本方法是两个或更多人（"分析员"）独立地评价任务陈述清单的完整性和清晰性。评价者之间较高的一致性表明具有较高的信度。如果发现评价者之间具有不一致性，则需要讨论不一致的本质，并对任务陈述进行适当的改进。

■ 任务维度

任务陈述清单可以保持列表形式，随后再整合成工作描述。然而，通常更有用的方法是，将一系列任务陈述分组成任务维度，然后再为各维度添加一个名称。其他任务维度术语包括"责任""职责范围""义务"及"绩效维度"。

将任务陈述进行分组的一种有用的方法是形成一个任务维度矩阵。矩阵中的每列表示一个潜在的任务维度，并暂时给其附加一个标签。矩阵中的每行表示一个特定的任务陈述。矩阵中的单元格表示归类到任务维度的任务陈述（即任务分组）。目标是将每个任务陈述分配到一个任务维度中。

关于任务维度，需要记住以下几点。第一，它们的创建不是必需的，只有在需要时才会创建。第二，任务维度存在许多不同的分组程序，从简单的判断到高度复杂的统计。[8] 在大多数情况下，一个简单的判断过程就足够了。比如一些人参与了任务陈述的创建，同样也将参与创建分组的活动。一般来说，无论使用的具体分组程序是什么，根据任务陈述的数量，应该有 4～8 个维度。第三，重要的是，分组程序能够产生一系列可信的任务维度。这些任务维度对经理、任职者和其他组织成员来说是可接受的。

■ 任务/维度的权重

一项工作的所有任务/维度分配相同权重的情况很少发生。从一般意义上说，必须捕捉、表达这些不同之处，并将其整合到工作信息尤其是工作描述中。通常而言，只对任务维度做权重评价，但有时也可能要对单个任务的权重作出评价。

在确定实际权重之前必须做出两个决策。首先，就重要性而言，必须确定需要评估的具体属性（如任务/维度占用的时间）。其次，要确定属性的测量方式是选择分类术语（如必要的或不必要的）还是连续术语（占用时间的百分比，1～5 重要等级）。对于通常使用的重要属性和测量方式，表 4—4 呈现了这两个决策结果的例子。

在做出这两个决策之后，就可以根据重要性来进行评估或衡量任务/维度的实际过程了。在这里需要注意的是，如果任务/维度没有按照上述方式评估，所有的任务/维度最终将被默认为具有相同的权重。

表 4—4　　　　　　　　　　　　　　　　评估任务/维度权重的方法举例

A	**相对占用时间**

与该工作中其他任务/维度相比，评估你在每项任务/维度上花费的时间。

1	2	3	4	5
非常少		平均		非常多

B　　**花费时间所占百分比（%）**

就各任务/维度，指出其花费时间所占百分比（百分数总和必须为 100%）。

维度 _____　　　　　　所花时间百分比_____

C　　**整体绩效的权重**

就各任务/维度，评估其对总体工作绩效的重要性

1	2	3	4	5
次要		一般重要		非常重要

D　　**新员工培训需要**

新员工是否接受该项任务绩效方面的标准的、预先设计的课程培训，而不是例行的入职指导？

_____是

_____否

■ KSAO

KSAO 是由任务和任务维度知识推断得出的。这一推断过程需要分析员清晰地以特定的因果关系的方式来思考。对各任务或任务维度而言，大体上分析员必须问："我认为什么 KSAO 对这一任务或任务维度的绩效是必要的？"然后，为了考虑清楚推理逻辑的合理性，分析员应该问："我为什么这样认为？"鼓励分析员讨论这些问题。

在询问和回答这些问题时，记住"知识""技能""能力"和"其他特征"的含义是有益的。参考能够帮助我们理解这些概念的本质和复杂性的研究结果是有帮助的。正如下面描述的，这些研究结果整合成了职业信息网络 O* NET （www. onet-center. org）。

知识。知识是可以直接应用于任务绩效的大量信息（概念的、事实的、程序的），它往往集中在工作、组织或职业上。在确定和撰写知识要求的陈述时，分析员可以从 O* NET 上获得帮助。O* NET 提供了各职业水平所需的 33 种知识定义，表 4—5 呈现了这些知识的清单。O* NET 也以出版或在线形式提供了有关这些知识的定义。例如，"销售和市场"知识被定义为"有关展示、促销和推销产品或服务的原则和方法的知识，包括市场战略和战术、产品展示和销售技术及销售控制系统"。[9] 使用 O* NET 上的知识及其定义是准备知识陈述的良好开端。由于知识对各职业来说是通用的，它可能需要工作分析师撰写的工作特定陈述的补充。在完成这一工作的过程中，分析师应特别注意使用通用的或简要的术语，如"会计原则方面的知识"。在这里，指出需使用什么会计原则，以及为什么各会计原则对任务绩效是必需的会更好。

表 4—5	O* NET 中包括的知识

- 工商管理
  - 行政管理
  - 办公室知识
  - 经济及会计
  - 销售和市场
  - 客户与人事服务
  - 人力资源
- 制造和生产
  - 生产加工
  - 食品生产
- 工程技术
  - 计算机和电子学
  - 工程技术
  - 设计
  - 房屋建筑学
  - 机械制造
- 数学与科学
  - 数学
  - 物理
  - 化学
  - 生物
  - 心理学
  - 社会人类学
  - 地理学
- 健康服务
  - 医学及牙医学
  - 治疗与辅导
- 教育与培训
  - 教育与培训
- 人文艺术
  - 英语
  - 外语
  - 艺术
  - 历史及考古学
  - 哲学和神学
- 法律和公共安全
  - 公共安全和保障
  - 法律、政府和法律体系
- 沟通
  - 电信
  - 沟通及传媒
- 运输
  - 运输

资料来源：Adapted from N. G. Peterson, M. D. Mumford, W. C. Borman, P. R. Jeanneret, E. A. Fleishman, and K. Y. Levin (eds.), *O* NET Final Technical Report*, *Vol. 1* (Salt Lake City: Utah Department of Workforce Services, 1997), pp. 4-1 to 4-26. © Utah Department of Workforce Services on behalf of US Department of Labor.

技能。技能是指在工作中运用的可观察的能力，或应用知识执行特定任务或一系列密切相关任务的能力。技能取决于个人的经验和实践，而不是个人的永久不变的特性。技能要求是从对执行任务的观察或应用到的知识中直接推断得出的。

大量研究致力于确认特定的工作相关技能并将其分类。工作分析员应以参考这些研究结果作为技能推断的开端。

O* NET 有关于上述有价值的研究的优秀例子。[10] O* NET 确认和定义了适用于不同职业范围的 46 种技能。前 10 种技能是获取和传递信息的基本技能，其他 36 种技能是促进任务绩效的跨职能技能。表 4—6 提供了所有技能的清单。O* NET 也以出版或在线的形式，提供了所有技能的定义。例如，"阅读理解"这一基本技能被定义为"理解与工作相关文件中的书面语句和段落"；"谈判"这一跨职能技能被定义为"将其他人召集在一起并试图调解分歧"。对工作分析员来说，参考这 46 种技能是一个良好的开端。对于特定工作来说，分析过程中可能需要确认和描述更多的特殊技能。一个非常好的例子是与电脑相关的技能，如电子表格和数据库的使用、MS Word 及各种编程软件的使用。

表 4—6   O* NET 中包括的技能

基本技能

- 内容
  - 阅读理解
  - 积极聆听
  - 写作
  - 演讲
  - 数学
  - 科学

- 过程
  - 批判性思维
  - 主动学习
  - 学习策略
  - 监督

跨职能技能

- 社交技能
  - 社会洞察力
  - 协调能力
  - 说服力
  - 谈判能力
  - 指导能力
  - 服务导向
- 复杂问题的解决能力
  - 问题识别
  - 信息收集
  - 信息组织
  - 综合/重组
  - 产生创意
  - 评估创意
  - 实施计划制定
  - 解决方案评估
- 资源管理技能
  - 时间管理
  - 财务资源管理
  - 物质资源管理
  - 人力资源管理

- 工艺技能
  - 操作分析
  - 技术设计
  - 设备选择
  - 安装
  - 编制程序
  - 设备维修
  - 发现并排除故障
  - 修理
  - 测试
  - 运行监测
  - 操作控制
  - 生产巡检
- 系统性技能
  - 愿景规划
  - 系统性感知
  - 识别后续结果
  - 识别关键原因
  - 判断与决策
  - 系统评估

资料来源：Adapted from N. G. Peterson，M. D. Mumford，W. C. Borman，P. R. Jeanneret，E. A. Fleishman，and K. Y. Levin（eds.），*O* NET Final Technical Report*，Vol. 1（Salt Lake City：Utah Department of Workforce Services，1997），pp. 3-1 to 3-36. © Utah Department of Workforce Services on behalf of US Department of Labor.

     能力。能力是指个人所具有的有助于执行各种不同任务的潜在的、持久的特质。能力与技能的不同之处在于，前者不太可能随着时间改变，并适用于许多不同的工作中遇到的一系列任务。普遍认为存在四种通用的能力分类：认知能力、心理运动能力、体力、感知能力。O* NET 包含这四种类型的完整分类，如表 4—7 所示。能力的定义以出版物和在线的形式呈现。例如，"口头表达能力"被定义为"使他人理解其传递的信息和想法的能力"。又如，"动态柔韧性"是指快速并反复弯曲、伸展、扭曲或伸出身体、胳膊和/或腿。[11]

表 4—7 　　　　　　　　　　　　　　O* NET 中包括的能力

认知能力
- 语言能力
  - 口头理解
  - 书面理解
  - 口头表达
  - 书面表达
- 创意产生和推理能力
  - 思维流畅
  - 独创性
  - 问题意识
  - 演绎推理
  - 归纳推理
  - 信息排序
  - 灵活分类
- 定量能力
  - 数学推理
  - 数字能力
- 记忆力
  - 熟记能力
- 知觉能力
  - 闭合速度
  - 闭合灵敏度
  - 知觉速度
- 空间能力
  - 空间组织
  - 形象化
- 注意力
  - 选择性注意
  - 时间共享

心理运动能力
- 精细操控能力
  - 手臂稳定性
  - 动手能力
  - 手指灵巧度
- 控制运动能力
  - 控制精度
  - 四肢协调能力
  - 反应定向能力
  - 速率控制

- 反应时间和速度能力
  - 反应时间
  - 腕—指灵活度
  - 肢体运动速度

体力
- 身体力量
  - 静力
  - 爆发力
  - 动态性力量
  - 躯干力量
- 耐力
  - 持久力
- 柔韧性、平衡性、协调性
  - 灵活程度
  - 动态柔韧性
  - 身体总体协调能力
  - 身体总体平衡能力

感知能力
- 视觉能力
  - 近视
  - 远视
  - 颜色辨识的能力
  - 夜间视力
  - 周边视力
  - 深度知觉
  - 眩光敏感度
- 听觉和说话能力
  - 听觉灵敏度
  - 听觉注意力
  - 声源定位
  - 语音辨识
  - 说话清晰度

资料来源：Adapted from N. G. Peterson, M. D. Mumford, W. C. Borman, P. R. Jeanneret, E. A. Fleishman, and K. Y. Levin (eds.), *O* NET Final Technical Report*, Vol. 2 (Salt Lake City: Utah Department of Workforce Services, 1997), pp. 9-1 to 9-26. © Utah Department of Workforce Services on behalf of US Department of Labor.

其他特征。主要是不能完全符合知识、技能和能力类别因素的杂项类别。虽然这样的要求看上去庞杂无序，但它们对于能否进入雇佣关系（法律要求）、能否执行任务（可用性要求）、是否具有与组织文化和价值观一致的价值观（性格要求），具有重要的作用。表4—8显示了这些因素的例子。需要小心谨慎以确保这些因素确实是工作要求，而不是异想天开和不确定的组织偏好。

表4—8 其他职位要求的例子

法律要求	品格要求
专业许可证（执业的、司机的，等等）	道德
公民还是符合法律规定居住的外国人	职业伦理
地理性居住地（如公务员的城市限制）	背景
安全审查	责任心
可用性要求	诚实正直
起始时间	
工作地点	
一周工作小时数和天数	
出差	
出勤率和迟到	

■ KSAO 的权重

正如工作要求矩阵所建议的，一项工作的 KSAO 可能在其权重或对任务绩效的贡献上有所不同。因此，必须明确地考虑、定义和表示 KSAO 的权重。如果不这样做，就意味着所有的 KSAO 将会在默认情况下被假定为具有同等权重。

正如任务权重一样，得出 KSAO 的权重需要做出两个决定。首先，判断权重依据哪些特定属性。第二，各属性的测量是分类型的（如需要—偏好）还是连续型的（如1~5 评级标准）。表4—9列举了有关 KSAO 权重格式的例子。O* NET 采用1~5级标准格式，并为许多工作提供了实际权重等级。

表4—9 评估 KSAO 权重方法的例子

A. （可接受）（出色）任务绩效的权重
    1＝不重要
    2＝比较不重要
    3＝中等重要
    4＝比较重要
    5＝非常重要

B. 在招聘/选拔的过程中是否需要评估 KSAO？
    □是
    □否

C. 对招聘/选拔而言，KSAO 是需要的、被偏好的还是不需要的？
    □需要
    □偏好
    □不需要（从工作或培训中获得）

■ 工作环境

正如工作要求矩阵所显示的，任务和 KSAO 都存在于广阔的工作环境中。基于工作要求的工作分析应考虑工作环境，以及对定义工作环境具有重要性的因素。这些考虑之所以是必需的，是因为这些因素可能对任务和 KSAO 有影响，而且相关因素信息可能用于对求职者的招募和选拔。例如，在招募过程中，将这些信息传达给求职者可能使他们对工作有更实际的评价；在选拔过程中，对工作环境因素的考虑对可能的人员/组织匹配的评估会有帮助。

O* NET 包括许多工作及对描述职业有用的工作环境因素。[12] 比如，O* NET 对物理工作条件的分类包括：背景、着装、身体姿势、环境条件及工作危害。表 4—10 呈现了这些分类所包含的大量特殊方面。工作分析员应该使用这样的清单来确认相关的工作环境因素，并将其包括在工作要求矩阵中。

表 4—10　　　　　　　　　**O* NET 中包括的工作环境（物理工作条件）**

工作背景	环境条件
● 这一工作要求员工工作在以下环境中的频率： 室内，环境可控 室内，环境不可控制 室外，无遮蔽物 室外，有遮蔽物 在开放的交通工具中，或在开放的操作设备中。 在封闭的交通工具中，或在封闭的操作设备中。 ● 工作范围的隐私性 ● 物理距离	● 在常规的工作时间内员工暴露在下列条件中的频率： 令人注意力分散和不舒服的声音、噪声水平 极冷或极热 极其明亮或光照条件不足 污染物 需要进入尴尬位置的狭小的工作环境 全身震动
工作着装	**工作危害**
● 员工着装频率： 商务着装 物殊制服 工作服 常见的安全或保护服装 特制的安全或保护服装	● 这一职位需要员工暴露在以下危害中的频率： 辐射 疾病/感染 高处 有害的条件 有害的设备 有害情境，包括可能的切割、咬伤、刺痛或轻微烧伤
身体姿势	
● 在常规的工作时间内员工花费多长时间： 坐着 站立 爬梯子、支架、电线杆等 行走或跑步 跪、弯腰、蹲或爬行 保持或重获平衡 用手来处理、控制或触摸物体、工具或控制装置 弯曲或扭曲身体 做重复性动作	

资料来源：Adapted from N. G. Peterson, M. D. Mumford, W. C. Borman, P. R. Jeanneret, E. A. Fleishman, and K. Y. Levin (eds.), *O* NET Final Technical Report*, Vol. 2 (Salt Lake City: Utah Department of Workforce Services, 1997), pp. 7-1 to 7-35. © Utah Department of Workforce Services on behalf of US Department of Labor.

O* NET 也包括了与人际关系（沟通、角色关系类型、对他人的责任和与他人有冲突的接触）及结构化的工作特征（职位的重要性、常规或具有挑战性的工作、进度和计划）有关的工作环境因素。工作分析也要考虑到这些因素。

4.3.3　工作描述和工作规范

如前所述，常见的做法是以书面的工作描述和工作规范的形式，来表示基于工作要求的工作分析结果。回顾工作要求矩阵，就会发现它与任务及工作环境有关的部分和工作描述相似，描述 KSAO 的部分则与工作规范相似。

工作描述和工作规范都没有标准的格式或其他要求。然而，就内容来说，工作描述通常应该包括以下内容：职位簇、职务名称、职务概述、任务陈述和维度、权重指标、工作环境指标及工作分析进行的日期。工作规范通常包括职位簇、职务名称、职务概述、KSAO（分为不同的部分）、权重指标及进行的日期。表 4—11 呈现了一个工作描述/规范整合在一起的例子。

表 4—11　　　　　　　　　　　工作描述/工作规范整合的例子

职能部门：儿童康复中心

职务名称：康复专家

日期：2011 年 12 月 5 日

工作概述

同残疾儿童及他们的家人一起工作，以确定可发展的优势和劣势，形成康复计划，执行并协调康复活动，最后评估这些计划和活动的有效性。

绩效维度和任务	占用时间（%）
1. 评估	**10%**
管理正式和非正式的运动筛选和评估工具来进行评估。执行评估以确定优势和需要改进的地方。	
2. 计划	**25%**
与父母和其他抚养者合作，以直接形成个性化的家庭服务计划。在形成计划时使用直接的和咨询性的服务模型。	
3. 执行	**50%**
与儿童及其父母一起完成个人和小组的运动开发活动，为指定的家庭提供服务协调。与家庭保健和儿童护理提供者一起工作，以提供全面的服务。与社区机构中的其他员工和专家合作以获取资源和专业援助。	
4. 评价	**15%**
观察、解释、报告客户的情况以监控其个人进步。协助收集和报告干预数据以准备正式的项目评价报告。撰写评价报告以帮助其形成新的治疗策略和程序。	

工作规范

1. 执照：在该州进行物理治疗的执照

2. 教育经历：要求物理疗法或职业疗法的学士学位；优先考虑硕士

3. 经验：有与残疾儿童及其家人工作一年的经历会更好（非硬性规定）

4. 技能：聆听及与他人（儿童、家人、同事）互动

形成治疗计划

使用 Microsoft Word 来组织和撰写报告

工作环境：室内、办公室、商务着装、无环境或工作危害

4.3.4　收集工作要求信息

工作分析不仅要考虑需要收集的信息（任务、KSAO 及工作环境）的类型，也要考虑收集信息时所使用的方法、资源和程序。我们将在下面讨论这些问题，可以看到在具体情况下，开发整体的工作分析系统都存在许多可供选择的方法。同时，也将指出这些可供选择的方法的潜在不精确性和其他限制。[13]

■ 方法

工作分析方法代表了收集工作信息的程序和技术。目前已开发出很多名称各异的特定技术和系统（如功能性的工作分析、职位分析问卷）。我们将集中于构成特定技术和应用的主要的通用方法，而不是分开讨论各项技术。可以找到许多特定技术的精彩描述和讨论。[14]

先验信息。对于任何工作来说，通常会存在一些可以讨论也应该讨论的先验信息。事实上，应该经常搜索这些信息并将其作为工作分析的起点。

可以找到许多可用的工作信息的组织源，包括当前的工作描述和工作规范、职位特有的政策和程序、培训手册及绩效评估。从外部来说，工作信息可以从其他雇主，以及贸易与专业协会那里得到。美国人力资源管理协会（SHRM，www. shrm. org）和国际公共管理协会—人力资源（IPMA-HR，www. ipma-hr. org）均提供在线的工作描述样例。工作信息也可以在互联网上购买（如 www. jobdescription. com）。

最后，还有 O* NET（www. onetcenter. org）。O* NET 在以下几个方面提供大量基于研究的分类：职业任务、知识、技能、能力、教育和经验/培训、工作环境、组织背景、职业兴趣和价值观、工作风格。[15]另外对于许多职业，O* NET 给出了各类别中特定因素的等级，并且还在不断增加其他一些职业的评价。例如，表 4—5 至表 4—7 呈现了职业和特定知识、技能、能力的权重等级。工作分析员可以将这些等级作为标杆，与其确定的特定工作的具体权重等级对比。例如，如果分析员为一家具体的医院的注册护士的知识、技能和能力确定权重等级，这些等级可与 O* NET 中同样工作的等级作比较。这两组等级间合理的相似性将作为确认分析员准确性的依据。有些统计技术将工作的 O* NET KSAO 等级和具体的选拔工具挂钩，如标准化的文字测验（literacy tests）。[16]

O* NET 明显的优点在于其灵活性（它可以应用于许多不同类型的工作），特别是它的易用性。[17]需要注意，先验工作信息的随时可用性也有一些限制。首先是普遍存在的完整性问题。通常，先验信息会在一些重要的工作要求领域缺失，如正在发展的或非传统的工作类型。因此需要避免单纯依赖先验信息。第二个限制是几乎没有迹象明确表明信息是如何收集的，与之相关的是其精确性不确定。这些限制表明尽管先验信息应该作为工作分析的起点，但不应该成为终点。

观察。简单地观察任职者如何完成工作显然是了解有关任务、KSAO 和环境的一种优秀方法。它提供了其他任何方法无法匹敌的彻底的、丰富的信息。观察法也是获取信息的最直接的形式，因为它不和其他方法（如对任职者和监督者进行访谈）一样依赖于中介信息来源。

应记住观察法的潜在不足。第一，对于需要体力（相对于脑力而言）劳动的职位和工作周期（即完成工作任务需要的时间）相对较短的职位是最合适的。第二，这种方法可能需要大量的时间和成本。第三，对观察员进行完整和精确分析的能力存在争论。因此，在工作分析之前对观察员进行培训是有必要的。第四，这一方法可能需要许多人的协调和批准（如监督者和任职者）。第五，在观察期间，被观察的任职者可能会以自私自利的方式扭曲他们的行为，比如使任务看起来比事实上更困难或费时。

访谈。访谈任职者及其他人（如他们的经理）有许多潜在的优点。它尊重受访者有关工作的大量信息来源。访谈的形式也使访问者可以解释工作分析的目的及其结果将如何使用，因此可提升受访者对这一过程的接受程度。访谈法力求在格式上的结构化，以确保收集的信息是标准化的。

如同其他任何工作分析方法一样，访谈法也有潜在的不足。访谈法费时且价格高，这可能导致组织为节省成本而使用损害收集信息的信度和内容效度的方法。非匿名的访谈可能导致受访者的猜疑和不信任。所获信息的质量及受访者的接受度取决于访谈者的技巧。当使用访谈法收集工作信息时，应认真考虑对访谈者进行仔细选择和可能的训练。最后，访谈的成功也取决于受访者的技能和能力，如口头沟通能力和回顾所完成任务的能力。

任务问卷。一份典型的任务问卷包括许多不同职务名称的一长串任务陈述列表，它适用于这些职务的任职者（所有任职者或一个样本）。对每个任务陈述来说，需要受访者指出：（1）任务是否适用于受访者的工作（受访者应经常得到 DNA——不适合（does not apply）的选择）；（2）任务重要性（如难度或占用时间的 1~5 重要性等级）。

以问卷为基础的工作分析工具——PAQ 可能是最流行的具体的工作分析方法，PAQ 由任职者需要完成的 300 个条目组成。这些条目分为 6 个主要部分：（1）信息输入（如书面材料的使用）；（2）心理过程（如使用推理和问题解决方法）；（3）工作产出（如使用键盘设备）；（4）人际交往活动（如服务/餐饮）；（5）工作条件和工作环境（如低温下工作）；（6）其他方面（如不定时工作）。一旦员工对这 300 个条目在多大程度上适用于他们的工作进行了评估，电脑就会对已完成的问卷评分，并生成提供各部门（及更细分部门）得分的报告。[18]

任务问卷的优点有很多。它们在内容和格式上是标准化的，因此形成了收集信息的标准方法。任务问卷可以从许多人那里获得大量的信息。它们在管理和评分上是经济的，得分的可获得性为接下来的数据分析提供了可能性。最后，任务问卷是（并且应该是）匿名完成的，因此提高了相对参与度、诚实性和可接受性。

组织中任务问卷的开发（如 PAQ）也促进了任务维度与必需的 KSAO 之间的联系。有些引入了综合效度这一技术，帮助确定选拔过程中最适合的工具。[19]因为连接着任务维度和 KSAO 的数据库规模和范围随着时间不断增长，我们就越来越有可能在不求助于当地效度研究的情况下，选择最适合已知岗位的选拔工具。这一点我们将在第 7 章进行讨论。

　　在某些方面，任务问卷可能存在不足。最重要的不足与任务陈述内容有关。必须小心谨慎以确保问卷的任务陈述具有充分的内容相关度、代表性及独特性。这表明如果要使用特制的问卷，必须在问卷的形成过程中投入大量的时间和资源以确保任务陈述的正确完整性。如果考虑使用已开发的问卷（如 PAQ），在做出使用该问卷的任何决定之前，需要对其任务陈述内容进行评估，以确保该问卷与被分析工作的任务内容是相关的。

　　任务问卷的第二个不足与潜在的被调查者的反应有关。如果被调查者感到问卷中没有涉及工作中重要方面的任务陈述，他们可能会作出消极反应。被调查者也可能会发现填写问卷是一个枯燥乏味的过程，这可能会导致评级错误。对有阅读和理解障碍的被调查者来说，解释和理解任务陈述可能会存在问题。

　　第三个不足在于，问卷（如 PAQ）是在假定任职者相当聪明、有工作经验并接受过充分的教育的条件下评估这些条目的，而在某种程度上这些任职者不够聪明、缺乏经验或接受的教育较少。我们熟悉的格训"如果输入的是垃圾，那么输出的一定也是垃圾"可能适用。

　　委员会或特别小组。工作分析通常由委员会或特别小组指导。委员会或特别小组的成员通常包括岗位能手（经理和员工）及人力资源部的代表。他们会进行许多活动，包括：（1）审查现有信息并收集工作描述样例；（2）对在职者和经理进行访谈；（3）监督工作分析调查的执行，并分析结果；（4）撰写任务陈述，将任务陈述分组到任务维度，对任务维度的权重进行评级；（5）确定 KSAO 并按权重评级。委员会或特别小组会给工作分析带来大量的专业知识，他们通过交谈和建立共识促进判断的信度，并提高最终结果的接受度。

　　组合方法。只有在极少数的情况下才采用单一的工作分析方法，更可能的选择是混合与折中使用多种方法。这使得工作分析成为比每种方法的单独使用更难设计和管理的复杂过程。

　　选择方法的标准。我们需要做出一些有关工作分析的明确选择。一组选择涉及是否使用收集信息的特定方法。例如，一个组织必须决定是使用现成的方法还是使用适合其需要和条件的特定方法。另一组决定涉及在实际的工作分析中，如何将一系列将要使用的方法以不同的方式和程度融合在一起。表 4—12 显示了上述决策的一些指导标准。

表 4—12　　　　　　　　　　　　　　　　工作分析方法选择的标准

方法	来源	优势与劣势
先验信息	当前工作描述 培训手册 绩效评估 O* NET	现成的 成本低 外部资源与组织内工作可能不匹配 关注以前如何完成工作，而不是未来将会如何完成工作
观察	经过培训的工作分析师或人力资源专业人士监督任职者完成工作	全面、丰富的信息 不依赖于中介信息来源 不适用于心理类的工作 若任职者发现自己被观察，会表现出不同的行为

续前表

方法	来源	优势与劣势
访谈	人力资源专业人士与任职者和管理者讨论工作要求	考虑了任职者对岗位的了解 时间成本和经济成本高 访谈质量取决于被访谈者的知识和能力以及访谈者的技术
任务问卷	任职者、管理者和人力资源专业人士填写工作相关问题的标准化表格	标准化的方法 能够快速地收集大量在职者掌握的信息 问卷的开发工作比较昂贵且会花费大量时间 需要任职者准确地完成
委员会或特别小组	管理者、人力资源代表和雇主一起讨论工作描述	专家的加入 增加过程的信度 强化对最终产品的接受度 对员工时间的大量投入

■ 使用的信息来源

选择信息来源需要考虑将由谁提供信息。但信息源与工作分析方法并不完全独立（如任务问卷的使用通常需要任职者作为信息来源）。接下来的部分将对此单独讨论。

工作分析员。就职称和接受的培训而言，工作分析员是能够并适合进行工作分析的人，他们可以指导工作分析过程。工作分析员也是"圈外人"，不是要分析的职位的经理或任职者。工作分析员既具有工作的专业知识，同时又不限于现有工作，因此是专业知识与中立性的结合。

除了这些优势和吸引力，依赖工作分析员作为职位信息来源也存在潜在的不足。首先，工作分析员可能会被任职者和监督者视为局外人，这可能会导致对分析员的职位知识、专业知识以及可信赖性的质疑。其次，事实上，工作分析员可能会缺少待分析工作的详细知识，尤其在一个有许多不同职务名称的组织中（这一不足会更加明显）。专业知识的缺乏可能会导致分析员把不准确的工作原型带到分析过程中。最后，特别指定的工作分析员（员工或外部顾问）往往会更贵。

任职者。任职者看起来似乎是工作分析中获取信息的一个自然来源，事实上许多工作分析系统都依赖于这些信息。与任职者一起工作的最主要优势在于，他们对于任务、KSAO及工作环境比较熟悉。另外，通过参与其中，工作分析员（也就是任职者）可能会更接受工作分析过程及其结果。

如同任何信息来源一样，任职者作为工作场所数据来源也会受到一些质疑。他们可能缺少提供完整信息所需的知识或见解，特别是当他们是实习生或兼职员工时。一些员工可能也在描述或推断与工作有关的任务，以及清晰地表达工作所需的基本的KSAO方面存在困难。也有人担心任职者没有对工作分析调查作出回应；大多数研究显示不到一半的任职者自愿对工作分析调查作出回应。等级低和文化水平低的员工回应率相对较低。[20] 任职者的另一潜在局限性是：信息提供者会影响到配合意愿和信息准确性。不信任和质疑的感受可能极大地阻碍员工作为信息源更好发挥的意愿。例如，任职者可能会故意不将某些任务报告为他们工作的一部分，以至于这些任务不会被整合到工作描述中。或者，任职者为了使工作看起来更困难，可能会故意夸大任务的重要性等级。

监督者。监督者可能是工作分析中较好的信息来源。他们不仅监督所分析工作的员工，也在定义任务和随后增加/删除任务（如在发展中的和灵活的工作）中起着重要作用。此外，监督者最终将接受他们监督工作的工作描述和工作规范结果；将其包括在内作为一种信息来源，这看起来是确保他们接受性的一种方法。

主题专家。之前提到的来源通常称为主题专家（SME）。除了已提及的，其他人也可以作为主题专家。这些人将特定的专业知识带到工作分析的过程中，而通过标准化的来源是没法获得这些专业知识的。虽然主题专家应具有的确切任职资格还远未清晰，但是确实存在一些这样的例子。这包括之前的从业人员（如最近晋升的员工）、私人顾问、消费者/顾客及一些公共部门（如一个学区的学校）负责人。无论主题专家的来源是什么，一个共同的要求是他们具有被分析工作的最近的、第一手的资料。[21]

综合信息来源。将各种信息来源结合起来，如同将各种方法结合，才更可能被用于典型的工作分析，这不仅是可能的，也是值得的。正如前面所提到的，工作分析中各信息来源都能够提供一些潜在的独特见解，也存在一些局限。通过这样的来源及其提供的信息，更可能产生精确和可接受的工作分析。

■ 工作分析过程

通过工作分析收集工作信息需要开发和使用一个整体过程。遗憾的是，并没有一套可遵循的最佳过程；为适应工作分析的特定情境，需要定制这一过程。然而，在构建和操作的过程中，存在许多需要处理的关键问题。[22]接下来将对存在的问题进行简要的讨论。

目的。应该确定清晰的工作分析目的，并达成一致。由于工作分析这一过程旨在产生工作信息，因此组织应该要弄清楚需要的工作信息究竟是什么，以及为什么。在参考工作要求矩阵时，检查可以在基于工作要求的工作分析中找到和获得的信息类型是很有用的。管理者必须准确地确定需要得到什么类型的信息（任务陈述、任务维度等）及信息的形式。一旦确定工作分析的所需输出和结果之后，组织就可以设计一个可以产生预期结果的过程。

范围。范围的问题包括工作分析中包括哪些工作。有关实际范围的决定应该基于以下考虑：（1）工作对组织运作的重要性；（2）工作申请者和任职者人数；（3）职位是不是入门级别，并因此存在经常性的人员变动；（4）工作要求（任务和KSAO）改变的频率；（5）距上一次工作分析的时间。

内部员工或顾问。组织可能利用其自身员工进行工作分析，或者也可能借助外部顾问。这是一个困难的决定，因为它不仅包括成本这一明显的考虑，而且涉及其他许多考虑。表 4—13 强调了一些担忧和涉及的权衡。

组织和协调。任何工作分析项目，无论是由内部员工还是由外部顾问执行的，都需要谨慎的组织和协调。可以采取两个关键步骤以确保其目标达成。第一，需任命一个组织成员作为整个过程的项目经理（如果采用外部顾问，他们应该向这一项

表 4—13 工作分析时选择内部员工或顾问时需考虑的因素

内部员工	顾问
技术上或程序上的失败造成的成本较低	技术上或程序上的失败造成的成本较高
项目范围是有限的	项目范围是全面的和/或大的
对工作数据的需求是持续的	对工作数据的需求是一次性的、孤立的事件
在工作分析中需要开发内部员工技能	需要确保工作分析技能的各类型和各水平的可用性
控制项目成本需要强大的管理控制能力	项目成本的可预测性取决于对工作计划的坚持
有关组织规范、"文化"及行话的知识是重要的	技术创新和质量是重要的
内部员工的技术可靠性较高	需要利用外部专家地位来执行项目
项目的过程和产出不大可能被挑战	项目的过程和产出更可能需要接受法律、技术或政治上的审查
需要理性的或叙述性的工作分析方法	需要商业化的或专有的工作分析方法
收集的数据是定性的	收集数据的方法是结构化的、标准化的和/或定量的

资料来源：D. M. Van De Vort and B. V. Stalder, "Organizing for Job Analysis," in S. Gael (ed.), *The Job Analysis Handbook for Business, Industry and Government.* Copyright © 1988 by John Wiley & Sons, Inc. Reprinted by permission of John Wiley & Sons, Inc.

目经理汇报），项目经理应该被授权全面负责整个项目，包括组织和控制。第二，必须明确参与项目各人员——人力资源部员工、项目员工、直线经理及任职者——的职责和关系。

沟通。与所有相关人员进行透明、公开的交流有利于促进工作分析过程。一些员工将工作分析类比为具有损伤性的、探索性的外科手术，这自然会引出他们对工作分析的目标、过程和结果的疑问。这些问题和担忧需要得到及时的反馈与表达。

工作流程和时间框架。工作分析涉及人员和文件的结合，在这一过程中他们很快就缠绕在一起。在进行工作分析的过程中，项目经理需要开发并遵守工作流程表，工作流程表会显示接下来一些步骤的先后顺序。同时，也显示了项目阶段中关键完成日期和最后截止日期的时间框架表。

分析、合成及形成文档。一旦收集了职位信息，就必须通过不同的程序和统计方法来对其进行分析和整合。这一过程应该提前计划并被整合到工作流程和时间框架要求中。同样，书面文件的准备也需要制定条款，特别是关于如何完成工作描述和工作规范的条款，以及关于如何将二者整合到相关政策和程序手册中的条款。

系统的维护。工作分析不会随着项目的完成而结束，而是必须形成机制并利用其来维持工作分析和信息系统。这一点很重要，因为系统将受到很多必须响应和适应的因素的影响。这些影响的例子包括：（1）工作任务和 KSAO 方面的变化——增加、删除和修改；（2）工作再设计、重构和重组；（3）创立新工作岗位。总之，工作分析必须被当作一个持续的组织过程。

工作分析过程的例子。因为涉及许多因素，所以不存在最好的或必需的工作分析。更准确地说，应设计不同的工作分析过程以适合各种特殊情况。表 4—14 显示了小范围的工作分析过程的例子，即单一工作——行政助理（秘书）的工作分析。

它使用了多种方法（先验信息、观察、访谈）和多种资源（工作分析员、任职者和监督者）的特殊工作分析，由前任任职者实施。实施和准备这一过程共花费了他 20 小时（持续 30 天），并完成了书面工作描述。

表 4—14   **基于工作要求的工作分析样例**

1. 与经理见面，并讨论项目 →	2. 从 O* NET、目前的工作描述、对任职者的观察中收集已有工作信息 →	3. 准备一组初步的任务陈述 →
4. 与任职者和经理检查任务陈述；增加、删除、重写陈述 →	5. 最后确定任务陈述，获得任职者和经理的认可 →	6. 形成任务陈述，将任务分配到维度，确定各维度占用时间（重要性）百分比 →
7. 推断所需的 KSAO，形成初步清单 →	8. 与任职者和经理检查 KSAO；增加、删除、重写 KSAO →	9. 最后确定 KSAO，从任职者和经理那里得到认可 →
10. 以可用的形式形成工作要求矩阵和/或工作描述 →	11. 为参与人员提供矩阵或工作描述（如在职者、经理、人力资源部门）→	12. 在人员配置活动中使用矩阵或工作分析，如与应聘者和招聘者沟通，形成选拔计划 →

4.4 　基于素质的工作分析

新近出现的工作要求观点来源于素质和素质模型的概念。这些概念与 KSAO 在某些方面紧密联系，在另一些方面是 KSAO 的大幅扩展。它们是确认、定义和建立工作要求的创新性的、潜在的有效方法。下面将讨论素质的本质和素质信息的收集。

4.4.1 　素质的本质

素质是个体的潜在特征，其有助于工作绩效或角色绩效，以及组织的成功。[23]特定工作的素质与基于工作要求的工作分析建立的 KSAO 类似。素质要求可超出某个特定工作而拓展到多种工作、一般工作种类或整个组织。这些素质是更普遍或更通用的 KSAO，如"技术专业知识"或"适应力"。素质模型则是指特定职位或角色所需的几种素质的结合。在招聘中使用素质和素质模型反映了如下愿望：（1）以超出特定工作的方式解释工作要求；（2）以更通用的素质术语来描述和测量组织的劳动力；（3）围绕素质设计和执行招聘项目（而不仅仅是特定工作岗位），以此作为增加工作分配过程中人员配置灵活性的方法。

尽管素质和 KSAO 之间存在极强的相似性，但也存在两个明显的差异。第一，素质可能是跨工作的，这就意味着它们在多种工作中都有助于成功。例如，一个工作团队中的每个成员可能都具有自己特定的工作，但他们也需要有跨工作的素质，如适应力和团队工作导向。这些素质要求确保了团队成员可以与其他人成功地交流，并在必要的时候承担其他人的部分工作。再比如，素质要求可能横跨同一类别中的工作，如销售工作和管理工作。所有的销售工作都有"产品知识"这一素质要求，所有的管理工作都要求"计划能力和结果导向"。在同一类别工作的工作安置和工作分配时，这些要求考虑到了更大的灵活性。

第二，素质不仅对工作绩效有贡献，对组织的成功也有贡献。这些都是适用于所有工作而且是所有工作都必需的通用素质。这些素质要求是一个组织内部与组织使命和目标相一致的所有的工作必需的。例如，酒店可能将"顾客导向"作为所有工作的素质要求，以这种方式表明服务其顾客的需求是所有工作的关键组成部分。

■ 有关素质的样例

图4—2显示了基于素质方法的工作要求。绿色环保公司生产草坪保养产品：气、电割草机，气、电除草机，人工草坪打边机，电动树墙修剪机，该公司处在一个高度竞争性的行业。为了生存和发展，公司的核心使命是产品创新和产品可靠性；其目标是达成每年10％的收入增长和2％的市场份额增长。为帮助其实现这一使命和目标，公司确立了四种通用（战略上）的能力——创造性/创新性、技术专业知识、客户导向及结果导向，这些要求是公司中各工作的一部分。在业务部门（天然气割草机）层面，公司也确立了工作特定的和跨工作的要求。某些工作，如设计工程师，是传统的或发展较慢的工作，因此这些工作只有工作特定的KSAO或素质要求。由于产品通过团队组装流程完成，组装团队的工作（如引擎组装师、最终组装师）就有工作特定的和跨工作的素质要求。跨工作素质——团队导向、适应力、沟通能力——是通用的和行为性的。这些素质是必要的，是因为引擎组装师和最终组装师这两个工作之间的任务依赖性，也因为在员工突然短缺时，员工可以在两个工作之间转换，这可以弥补计划外旷工并保证生产线的顺利运行。因此业务部门的各工作有四个通用素质要求、不同工作的特定素质要求，以及跨工作的素质要求。

■ 组织使用

组织也在试图开发素质和素质模型，并将其作为一些人力资源模块的基础。[24]研究表明各种规模的组织都在尝试建立素质模型，尤其是大型组织。建立素质模型的三个战略人力资源原因是：（1）认识和理解业务中的变革需要；（2）提升工作场所技能水平；（3）加强团队合作与协调。重点大多在于建立通用的素质，比如在一个框架中使用的"大八"素质所阐述的[25]：

- 领导力（激发行动，给出方向）；
- 支持力（显示尊重，以人为本）；
- 演讲能力（有效地沟通和交往）；
- 分析能力（清晰地思考，应用专业知识）；
- 创造力（思路开阔，创造性地解决问题）；
- 组织能力（计划在先，遵守规则）；
- 适应力（对变革作出反应，应对挫折）；
- 执行力（关注结果，关心组织）。

许多人力资源模块都应用了素质模型，尤其是人员配置、职业生涯发展、绩效管理和薪酬。与人员配置有关的一个重要应用是人力资源规划和人员配置规划。此

公司：绿色环保公司
产品：气、电割草机,气、电除草机,人工草坪打边机,电动树墙修剪机

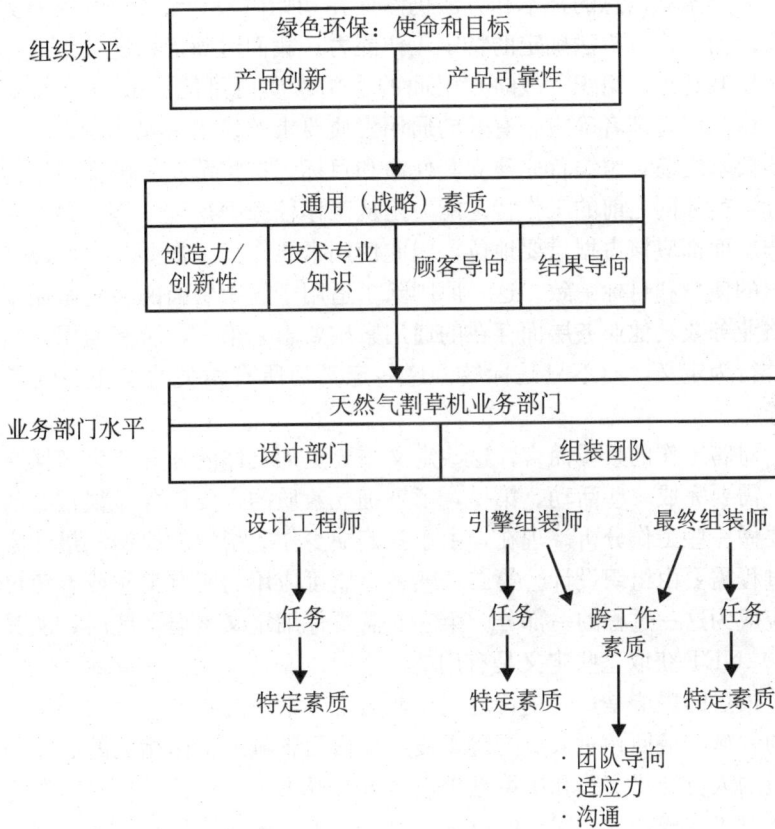

图 4—2 素质的样例

时，劳动力要求主要是指素质方面的，并将其与目前的劳动力素质水平进行比较以确认素质差距。在轮岗和接班人计划中，这些比较可能尤其适用。另一个重要的人员配置中的应用是外部和内部选拔，不仅评估求职者的特定工作能力，也要评估其是否具备通用素质。对外部招聘来说，对申请者进行以能力为基础的面试以评估通用素质，并以此作为选拔决策和已聘用员工的轮岗决策的一个关键因素。晋升决策会将基于素质的面试和主管对可晋升性的评估结合起来使用。[26]

虽然素质模型可应用于许多人员配置活动，但是在使用素质模型时应当小心谨慎，因为研究发现在使用素质模型时存在许多潜在的障碍。在这些障碍中，比较突出的是：(1) 缺少最高管理层的支持，他们可能不愿意应用素质模型或检测其有用性；(2) 员工可能没有准备好接受素质模型并学习素质模型所要求的新的能力与行为；(3) 有关不同的组织部门是否应该有不同的素质模型的冲突，以及通用的、跨工作的和工作特定的素质的相对重要性之间的冲突；(4) 执行素质模型所需的时间和资源，包括在使用中培训员工，保持并不断更新模型。从积极的方面来说，研究表明当评估者接受了如何使用素质方法的培训，并能够获得评价所需的详细信息时，以素质为基础的方法是有效和准确的。[27]

4.4.2　收集素质信息

收集素质信息的技术和方法仍然处在初始阶段。[28]当然，一个例外是由基于工作要求的工作分析法确定的特定工作能力。我们对确定和定义更通用的素质的最好方法所知甚少。组织（战略）层面的通用素质更可能在战略人力资源经理的指导下，由高层管理者确定。有效的通用素质要求的建立一般至少需要：第一，在确定素质要求之前，组织首先建立其使命和目标，这将帮助其确保通用素质来自使命和目标，就如同之前的工作特定能力是从工作任务中得到一样。第二，通用素质在各工作层面都应该占据重要地位，因此使用素质作为工作要求，可以使所有的工作与组织的使命和目标一致。这一原则除了适用于组织层面的通用素质要求，还适用于战略业务或其他业务层面存在的通用素质要求。第三，所有通用素质要求应具有特定的行为定义，而不只是标签。这些定义为所有相关的工作提供了内容、含义与指导。

对跨工作的素质而言，这些定义需要更加具体的任务。为确保有效的确认和定义，需要完成一些活动。第一，了解确立素质的主要任务是很重要的，这意味着首先要做一些工作分析。现在，由于我们缺少作为指导的原型和最佳实践的例子，这一过程需要由组织设计。第二，熟悉素质可应用的所有工作或者角色的主题专家会议应成为这一过程的一部分。第三，需要仔细定义素质。此时，从其他组织、顾问或 O*NET 获取这些定义是有用的。

最后的提醒是，超越特定工作能力之外素质的收集和使用会发生在法律不能覆盖的领域。请回顾对人员配置实践产生负面影响的工作相关的法律条款，基于通用素质的人员配置实践和决策是否也会被解释为工作相关？虽然一个特殊的能力要求可能对工作成功没有很大的贡献，但是对组织的成功是必需的，这是一个站得住脚的辩护吗？这些问题将不可避免地产生；为处理这些问题，组织应将以上建议作为建立素质要求这一过程的起点。

4.4.3　工作报酬

在人员/职位匹配模型中，工作由要求和报酬组成。到目前为止，本章的注意力主要集中在工作要求和对工作分析的讨论上。现在将注意力转向工作报酬。提供和使用报酬是激发一些人力资源结果（特别是吸引求职者、员工绩效和员工留用）的关键人员配置战略。将提供的报酬与期望报酬成功地匹配是获得人力资源结果的关键。这需要首先对潜在可用和期望的报酬类型进行说明。

4.4.4　报酬的类型

组织和工作提供各种各样的报酬。在本质上区分报酬是外在的还是内在的是很常见的情况。外在报酬是工作本身之外的有形因素，它们被明确设计并由组织代表给予员工（如工资、福利、工作进程、晋升、工作安全）。内在报酬是工作自身内在的"无形"因素，是员工作为组织成员通过真实工作经历所获得的（如工作职责的多样性、自主性、反馈、与同事和主管的关系）。[29]

4.4.5　员工价值主张

与工作相关的总体报酬，包括外在的和内在的，构成了员工价值主张。[30] 员工价值主张与提供给员工的总报酬包密切相关，也与加入组织、为组织贡献绩效和留在组织等行为反应密切相关。这是组织与员工之间存在的交易。首先作为对未入职员工的承诺，之后是作为实际新员工的现实，再之后就是由于员工报酬增加和/或内部工作变化所导致的员工价值主张改变的新交易。因此员工价值主张如同将员工和组织连接在一起的胶水，员工提供某些行为（吸引力、绩效、留用等）来交换员工价值主张。

对组织来说，挑战在于为各种不同类别的员工创立具有吸引力的且能支付的员工价值主张（第 12 章将涉及如何为有潜力的员工以正式的工作录用函形式来创立个人价值主张）。没有报酬，无论外部的还是内部的，就是没有成本的。因此组织在创立员工价值主张时，必须清楚什么是其可以支付的。然而，不管成本是多少，报酬对那些组织需要的人来说必须是有吸引力的。因此在形成员工价值主张时，必须综合考虑吸引力和成本。对员工价值主张的这种可支付性—吸引力的双重要求产生了一些潜在的问题：错误的级别、错误的组合或没有独特性。[31]

错误的级别是指报酬包不是太小就是太大。对潜在或现有的员工来说，太小的报酬包将会被认为是不充足、不具有竞争力或侮辱，所有这些都不是让人愉快的感受。由于其他人（如以前的申请者或员工）的口传信息，或者由于组织提供的书面的或电子的招聘信息，这些感觉可能在申请者找工作的早期就产生了，甚至在组织还没有认识求职者之前就已经出现了。另一种可能是，太小的报酬包可能直到工作搜索的后期——当申请者知道额外的报酬包后——才成为一个问题。不管这种太小的感受何时出现，都可能会导致应聘者不再考虑这一工作，拒绝工作机会或退出。虽然太小的报酬包可能不具有吸引力，但它们的特点是组织通常可以支付。

报酬包太大会给组织带来支付性问题。这些问题可能不会立刻浮现，但是从长期来看会威胁到组织的财务能力甚至生存能力。支付性问题在服务型组织中可能特别敏感，在服务型组织中员工薪酬成本在总运营成本中占很大的百分比。

错误的组合是指报酬包的组成与潜在或现有员工的偏好不同步的情况。例如，向一个相对年轻、有活力的员工提供极好的退休福利和长期绩效激励的报酬包，就更可能是一个错误的组合。其吸引力和留用力在所有可能中都是最小的，而提供这一组合也有可能相对昂贵。

没有独特性是指个人报酬包在本质上被认为是没有吸引力的。它们没有赢得或保留员工的独特性或特殊吸引力。它们没有关于组织独特性的任何展示，或给求职者或员工任何特殊的理由认为这一"交易"是不能错过或放弃的。

总之，创建成功的员工价值主张是一个挑战，其结果对员工的吸引、留用及成本都会产生重要影响。为了建立成功的员工价值主张，组织应该尝试系统地收集职位报酬信息，以了解哪些报酬类型对员工来说是重要的，哪些是不重要的。

4.4.6　收集工作报酬信息

与工作分析中收集工作要求信息的机制不同的是，收集工作报酬信息的机制更加不完善。不过，也有一些可以做的事情，所有这些事情都试图提供有关报酬对员工重要性的数据——他们最偏好和最不偏好的报酬类型。具备了关于员工偏好的知识，组织便可以开始建立具有恰当强度、恰当组合和特殊性的员工价值主张。一种收集工作报酬信息的方法是测量组织内部员工的偏好。另一种不同的方法是了解其他组织中员工的偏好及其提供的实际报酬。

■ 组织中

为了解组织中员工的报酬偏好，可以采用员工访谈的方法或更正式的调查。

员工访谈。访谈方法要求就谁将指导访谈过程、访谈内容、样本保密性、数据记录和分析及报告结果做出决定。以下是一些指导这些决定的建议。第一，在员工访谈过程方面，具有专业知识的员工应该指导整个过程。他可以是人力资源部门的员工，也可以是人力资源部门之外具有专业知识的人员（如在市场调研部），或者是外部的顾问。指导这一过程的人员可能是唯一的访谈者。如果不是，他应该仔细挑选和培训将要参与访谈的人员，包括监督一次访谈活动的练习。

第二，访谈应该是结构化和有行动方向的。首先应该提前确定主要的内容范围和具体的问题，并在一个小样本的员工中测试其清晰性和措辞，然后才能将其放在正式的访谈工具中供访谈者使用。表 4—14 显示了潜在问题的样例。注意到访谈中应包括的最主要的内容是提供的报酬、报酬级别、报酬组合和报酬的特殊性。

表 4—15　　　　　　　　　　　有关报酬偏好访谈提问的样例

提供的报酬
- 是否存在任何报酬形式是你希望组织现在提供的？
- 未来是否有任何报酬形式是你希望组织提供的？

报酬级别
- 总体而言，与类似的其他工作相比，你认为得到的工资和福利水平是太多、太少，还是恰当比例？
- 总体而言，与类似的其他工作相比，你认为工作报酬的无形因素是太多、太少，还是恰当比例？
- 是否愿意为某些报酬而付出努力，以确保组织继续提供报酬？

报酬组合
- 你是愿意工资和福利的组合转向工资或福利，还是保持二者相等？
- 对你来说最重要的两种报酬形式是什么？
- 什么报酬是与你无关的？

报酬的特殊性
- 你获得的哪种报酬是最愿意告诉别人的？
- 我们的哪种报酬对你来说是有吸引力的？对求职者呢？
- 我们可能提供哪种具有独特性的报酬呢？

第三，整个组织中的员工都应该是样本的一部分。在规模较小的组织中，有可能包括所有的员工；在大型组织中，员工的随机抽样则是必需的。在抽样时，包含所有工作类别、组织单位和组织水平的样本员工是很重要的。

第四，强烈建议访谈应该是保密的，只有记录和分析数据的人员才能看到受访者的回答。同时，收集（得到允许时）被访者的人口统计信息（如年龄、性别）和组织信息（如职称、组织单元）将会是有用的，因为在数据分析时这能对受访者的回答分析出突破性结果。这些突破性结果在决定是否为某些群体的员工或组织单元创建员工价值主张时非常重要。

第五，受访者的回答应该记录下来而不是单纯依赖访谈者的记忆力。比较推荐的记录反应的方法就是访谈者做笔记。电子记录回答将可能影响受访者对保密性的感知，以及需要后续费力的转录。需要分析员用眼睛分析这些反应数据以捕获数据中最主要的"主题"，如最重要和最不重要的报酬，以及员工认为可以没有的报酬。随后这些发现将被整合到一个报告里，该报告将呈现给组织中的代表。

员工调查。 员工调查与员工访谈过程以相同的方法进行，也需要遵循员工访谈的许多建议。最大的不同之处在于收集信息，员工调查收集信息的方式是具有回答等级的一系列书面问题，而员工访谈是口头进行的一系列开放式回答。为使调查结构化，必须形成调查中需包括的报酬清单。报酬清单可以从组织目前的外在报酬清单中选择，也可以从一些有关内在报酬的问题中选择。对于回答等级，通常使用 1（非常不重要）到 5（非常重要）的等级形式。表 4—16 显示了部分员工报酬偏好调查样例。

表 4—16　　　　　　　　　　报酬偏好调查问题的样例

外部报酬	非常不重要		中等		非常重要
基本工资	1	2	3	4	5
激励工资	1	2	3	4	5
加班工资	1	2	3	4	5
健康保险	1	2	3	4	5
晋升机会	1	2	3	4	5
工作保障	1	2	3	4	5
内部报酬	**非常不重要**		**中等**		**非常重要**
使用我的技能	1	2	3	4	5
完成重要的任务	1	2	3	4	5
决定如何完成工作	1	2	3	4	5
从工作中得到反馈	1	2	3	4	5
对管理层的信任	1	2	3	4	5
与管理层的沟通	1	2	3	4	5

和访谈一样，建议由具有专业知识的人员来指导这一项目。调查的内容要结构化（而不是像往罐子里装东西那样毫无章法地堆在一起），调查样本应该涵盖组织中的所有员工，确保员工的隐私，对结果进行全面分析，并为组织代表准备结果报告。

使用哪种方法？ 组织应该选择访谈、调研还是结合两者呢？访谈的优点在于它是个人化的，员工可以用自己的语言来回答，更有可能产生探索报酬等级、组合和特殊偏好的问题，可以获得一组提供见解而不仅仅是评价等级反应的数据。不好的地方在于，计划和执行访谈的成本更大，数据分析更麻烦且耗时，数据的统计和分析更困难。调查更容易管理（尤其是在线的），这使得数据统计和分析更有利于解释回应。最大的不利之处在于数据不够丰富，以及在构建能挖掘员工对报酬等级、组合和特殊偏好方面的问题时存在困难。

假定有充足的资源和专业知识，最好能够将访谈和问卷调查方法结合。这将允许组织利用各方法独有的优点，也可以抵消各种方法的弱点。

最后要注意的是，对现有员工的访谈和问卷遗漏了可获得有用的报酬偏好信息的另两个来源。第一个是即将离职的员工或已离职的员工，他们可能是由于对员工价值主张的不满而离开。在第14章中我们将离职访谈作为了解这一组人员的方法。第二个是求职者。假设组织可以对这组人员进行访谈和问卷调查，但是这在管理上具有挑战性（特别是对于在线求职者）。求职者也可能会感到他们接受调查会透露自己希望从组织中所获得的东西的"底牌"，或者假装接受工作邀请。了解求职者的报酬偏好更常用的方法来源于对组织外的员工的问卷调查，这些员工代表着组织将遇到的求职者类型。

■ 组织外

其他员工。组织之外的员工报酬偏好数据可以从其他组织的员工调查中获得。这些员工与本组织的申请者和员工的相似程度越大，这些数据就越有可能作为偏好的晴雨表。一个例子是由SHRM执行的工作满意度调查。它在全国随机抽取604名员工，进行了一项在线调查。员工根据1～5级（非常不重要到非常重要）评估21项外在和内在报酬对整体满意度的重要性。图4—3显示了将各报酬偏好评估为"非常重要"的员工比例。

可能是由于2010年糟糕经济条件的影响使得员工人心惶惶，工作保障被视为满意度的最大影响因素。这时出现了外部报酬——"奖金"，之后又出现了内部报酬——"运用技能/能力的机会"和"工作本身"。其中与上级的关系、认可和交流的等级都很高。

有两个重要的发现在图4—3中并没有显示。第一，一批人力资源专业人士曾被要求预测员工报酬偏好的重要性，但是他们的预测与员工的实际评级并不完全相符。第二，员工的年龄、任期、性别和行业在影响报酬重要性方面会有差别，然而这些差别相对较小。

组织实践。评估报酬对员工重要性的一种间接方法是，检查其他组织给员工提供的实际报酬。这里的假设是这些组织注意到员工的偏好，并试图提供与员工偏好一致的报酬。由于工资和福利在大多数员工报酬偏好中都显得比较突出，因此了解其他组织的工资和福利实践来协助形成员工价值主张特别重要。

由劳动部下属的美国劳动统计局（www.bls.gov）实施的全国薪酬调查是工资与福利信息的一个最好的来源。调研的工资部分报告了员工的平均工资，分别根据职业、私营—公共部门、组织规模和地理范围划分。工资部分的另一个特征是职业分层。由于在同一职业层内不同职业和职称的工作具有相同的工作内容，因此可将它们的工资水平作比较。调查的福利部分显示了可以享有福利或平均福利条款的员工所占百分比的详细数据，同时也提供了以下福利数据：退休金、医疗保险（医药、牙科、视力）及要求的员工贡献、短期或长期的残疾、带薪假期、带薪休假、带薪工伤假、带薪服兵役、儿童托管费、领养补助、长期护理保险、灵活的工作场

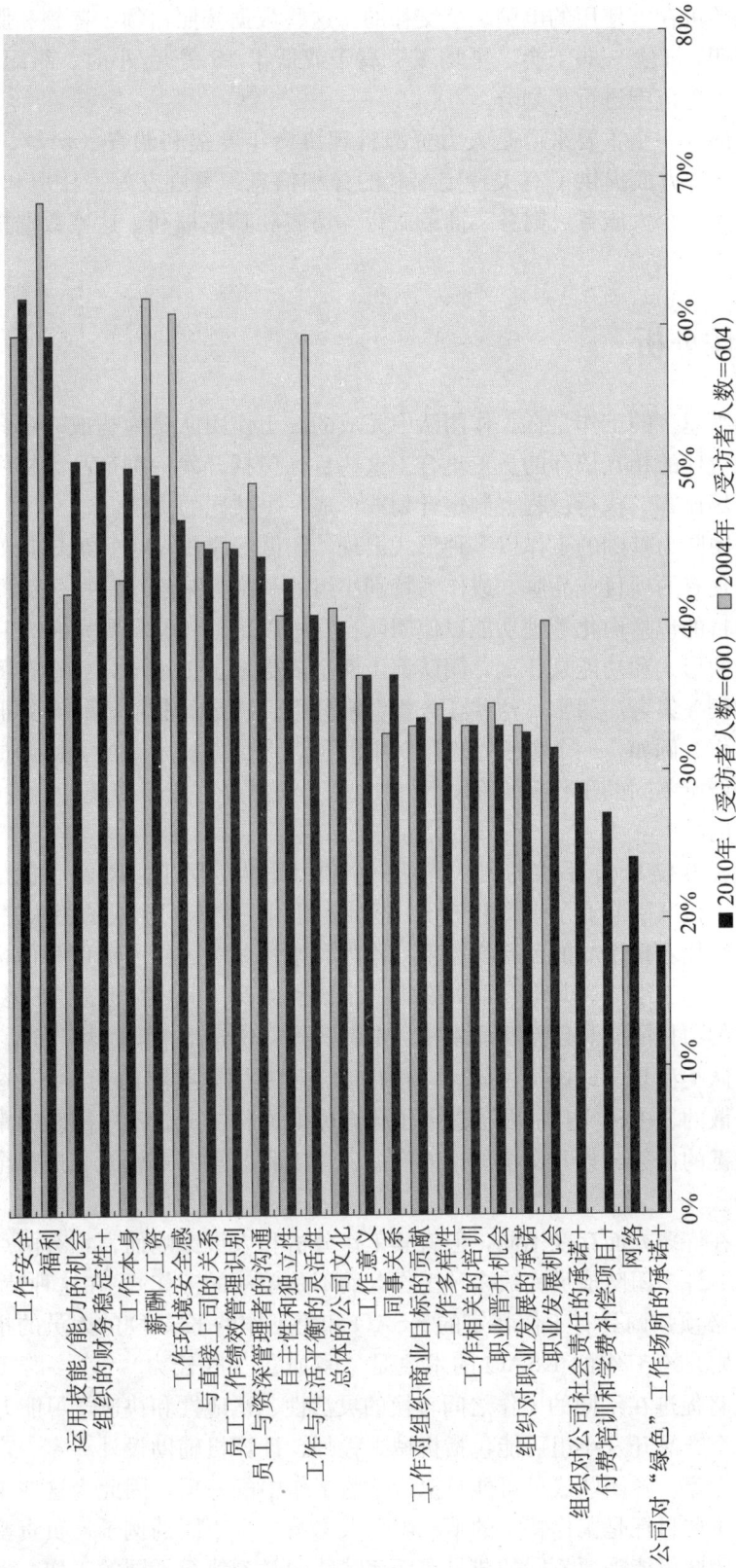

图4—3 员工工作满意度"非常重要"的方面

■ 2010年（受访者人数=600）　▨ 2004年（受访者人数=604）

+指在2010年新增项。因此，没有与之相比较的2004年的数据。

资料来源：Society for Human Resource Management, *2010 Employee Job Satisfaction* (Alexandria, VA: Author), p. 7; E. Essen, *Job Satisfaction Series* (Alexandria, VA: Society for Human Resource Management, 2004), p.156. Used with permission.

所、雇主提供的可在家使用的电脑、公交补助。这些数据按照白领、蓝领和服务行业，长期—兼职、工会—非工会、平均工资高于或低于 15 美元/小时、组织规模、产品—服务及地理范围进行了划分。

福利信息的另一个重要来源是人力资源管理协会年度福利调查（www. shrm. org）。它在以下各方面提供了有关特定福利的详细信息：家庭友好、住房和搬迁、卫生保健和健康、个人服务、财务、商务旅行、请假和其他福利。这些数据根据组织规模来划分。

4.5 团队的工作分析

现在，越来越多的工作是在工作团队中完成的。工作团队是为达成一个具体目标而共同承担责任的相互依存的员工集合。这些目标包括开发一种产品、提供一种服务、赢得一场比赛、执行过程、制定计划或形成一个共同的决定。

团队及以团队为基础的工作以多种形式出现。团队经常围绕项目形成，如开发新产品，管理现有的项目或品牌，或作为特别小组的一部分来解决一些关键问题或危机。其他的目的包括内化管理功能以使团队自身可以管理和监督要完成的工作。

无论团队的形式和功能是什么，团队都由两个或更多员工组成，并存在团队执行的可识别的任务集合。通常，这些任务将会被分组到特定的集群，每个集群组成一个职位或工作。例如，一个项目管理团队中的预算专员、技术专员、协调员和现场工作人员可能有不同的工作和职称，所有这些工作都有可能是传统的、发展的、灵活的或特殊的。

开发了摩托罗拉 Razr 手机的团队就是一个项目团队的例子。Razr 手机是市场上第一款平板手机（引起竞争者竞相效仿）。Razr 是由一个专门形成的团队完成的，该团队由来自摩托罗拉中心的创新实验室（称为"摩托城"）、伊利诺伊利伯蒂维尔研究开发中心的员工组成。其他公司如费雪、宝洁和波音（其团队开发 787 梦幻客机）利用大量的项目团队和创新实验室来创造新产品并快速地推向市场。[32]

另一种团队类型是全球虚拟团队，它包括以上所有团队类型的元素。[33]这种团队由地理上分散的、多种文化的及通过电子化合作的成员组成。这些团队通常被指派临时的、关键的任务，如开发全球化的产品、建立和监管海上设施、进行全球审计和管理品牌。

虽然团队在许多方面存在不同，但就其工作分析和人员影响而言，有两点不同是非常重要的。许多团队成员完成多种工作（而不是单一的工作）。在这种情况下，人员配置活动必须强调具有工作特定的 KSAO 和跨工作的 KSAO 的人员的招募和选拔。另一点则是跨工作的 KSAO 的术语是"素质"（胜任力）。许多跨工作的KSAO 都包括将促进在不同的工作之间转换的灵活性、适应性和快速学习能力。[34]

例如，一个产品开发小组可能包括机械工程师、计算机辅助设计专家、产品安全专家及营销专家。各团队成员可能只执行这些工作中的一项，因此为这些工作配备工作人员时主要目标是工作特定的 KSAO。又如另一个不同的例子，负责割草机引擎生产线的团队可能需要不同的成员在任何特殊的时刻执行不同的工作，但是也需要各成员在不同的生产线阶段都很（或变成）精通。这样的团队需要具有工作特定的和跨工作的 KSAO 的成员。

团队之间有关人员的第二个重要不同在于团队成员之间任务依赖性的程度。任务之间依赖性越大，与个人特质（如沟通、合作和解决冲突）和团队自我管理素质（如设置组织目标、检查各成员的工作）有关的 KSAO 就越重要。因此，任务的依赖性使得行为导向的 KSAO 成为基于团队的职位的最重要要求。

4.6　法律问题

本章强调了工作分析在构建人员配置活动的基础中扮演的重要作用。从法律的角度来看，这一重要作用仍然存在。工作分析和人员配置活动相关的法律案例有紧密联系。它也在雇员选拔程序统一指南（UGESP）中占有突出地位。最后，《美国残疾人法案》（ADA）需要组织确定各工作的基本功能，工作分析在这一过程中可以发挥重要作用。在以下部分讨论这些问题的时候，应注意工作要求矩阵与其发展之间的直接联系。

4.6.1　工作相关性与法律案例

在平等就业机会和平权行动（EEO/AA）法律案例中，组织需要证明具有挑战性的人员配置实践与工作是相关的。常识表明，这首先需要组织进行一些类型的工作分析以确认工作要求。如果该案例牵涉到组织对选拔程序的辩护，UGESP 要求进行工作分析。另外，工作分析的特定特性或特征在组织的辩护中也会产生很大不同。特别地，对法律案例的检验表明，为达成法律上的辩护目标，组织应该遵循以下建议：

1. 工作分析必须用于选拔工具所针对的工作。
2. 工作分析以书面形式呈现。
3. 工作分析员应详细地描述使用的程序。
4. 工作数据应由专业的工作分析员从各种现有的来源中收集。
5. 使用选拔工具的工作样本规模应较大并具有代表性。
6. 分析中应包括人物、职责和活动。
7. 最重要的任务应呈现在选拔工具中。
8. 入门级工作的工作绩效的胜任力水平应是具体的。
9. 知识、技能和能力应是具体的，尤其是在伴随着内容效度模型的情况下。[35]

这些建议与我们在更一般的讨论中将工作分析作为人员配置活动中的重要工具和基础是非常一致的。另外，虽然这些建议在多年前就已给出，但是基于近来更多的法律案例，并没有任何理由质疑或修改其中的任何一条。

4.6.2　本质工作职责

我们回顾一下《美国残疾人法案》，组织一定不能歧视带有残疾但可以执行本质工作职责的合格的个体，不管有或没有合理的推荐。这一要求产生了三个问题：什么是本质职责？本质职责的依据是什么？工作分析的作用是什么？

■ 本质职责

《美国残疾人法案》雇佣条例提供了有关职责的以下陈述：

1. "本质职责"这一术语是指带有残疾的个体具有或期望具有的基本工作职责。本质职责不包括工作的边际职责。

2. 一些工作职责可能由于某些原因被认为是必需的，包括但不限于以下原因：

● 职责可能是必需的，因为职位存在的原因是完成这一职责；

● 职责可能是重要的，因为能够完成工作要求的合格雇员数量很有限；

● 职责可能高度专业化，因此任职者因其专业知识或能力而被雇用，以完成特定的职责。

■ 本质职责的依据

雇佣条例指出了任何特定职责成为本质职责的依据。这些依据包括（但不限于）以下内容：

1. 员工对什么是本质职责的判断；

2. 在宣传或面试求职者之前准备书面的工作说明书；

3. 执行这一职责所花的时间；

4. 任职者没有执行职责所产生的后果；

5. 集体谈判协议的术语；

6. 以前任职者的工作经验；

7. 任职者在类似职位上的工作经验。

■ 工作分析的作用

工作分析在确认本质职责及确定本质职责的依据方面有什么样的作用？雇佣条例并没有说明这些问题。然而，为解决这一问题及《美国残疾人法案》的其他许多问题，美国平等就业机会委员会为组织提供了大量具体的帮助。[36] 表 4—17 显示了有关工作分析和工作本质职责的特定声明。

表 4—17 　　　　　　　　　　　　工作分析和工作的本质职责

工作分析与工作的本质职责

　　ADA 并不要求雇主进行工作分析或任何特定形式的工作分析以确定工作的本质职责。在恰当地确定本质工作职责方面，工作分析提供的信息可能是有帮助的，也可能是没有帮助的。这取决于工作分析是如何进行的。

　　术语"工作分析"通常用于描述收集和分析特定工作或职业的信息的正式过程。正式的工作分析可能用许多不同的方法来进行，这些方法可以得到不同目的的不同信息。其中有些方法不能为决定一个有残疾的个体是否有能力完成本质工作职责提供充足的信息。

　　例如：一种正式的工作分析会根据任务处理数据、人员和对象的方式来研究这些特定的工作任务，并对工作进行分类。这种工作分析类型被用来为不同的工作设定工资水平。然而，在确定特定工作的本质职责方面（如 ADA 要求的），它可能是不够的。另一种工作分析方法研究完成工作所需的知识、技能和能力。这种工作分析类型被用来为不同工作开发选拔标准。有时从这种工作分析中得到的信息可以帮助测量某些技能、知识和能力的重要性，但是并没有考虑残疾人通常可以使用其他技能和能力完成本质职责这一事实。

　　一些工作分析方法要求现任员工和他们的监管者对完成工作所需通用特征的重要性进行评价，如"力量""耐力"或"理解力"，而不将这些特征与特定工作职责或特定任务联系起来。

我们不能确定这些通用的信息是否为完成特定工作职责的必需能力，例如，需要的能力是上身的力量还是下身的力量，需要的是肌肉耐力还是心肺耐力。这些信息本身并不足以确定有残疾的个体是否能在具备或者不具备该条件的情况下完成本质职责。

正如上面提出的，ADA 并不需要正式的工作分析或其他任何分析方法来确定一项工作的本质职责。一家小企业主甚至可能希望通过对任职者、前任任职者以及监管者的观察和咨询来实施非正式的工作分析。如果可能的话，观察和咨询在不同环境中的多个工人，以更了解所有工作职责及执行的方法是明智的。生产记录和工作量也是需要考虑的相关因素。

为了在 ADA 下确定本质职责，工作分析在实现这一目标的过程中应关注工作的目的和实际工作职责的重要性。对重要性的评估可能要考虑执行这一职责的频率、花费的时间及不执行职责的后果。分析可能包括工作环境信息（如不寻常的炎热、寒冷、潮湿、粉尘、有毒物质或压力因素）。除非在不造成不必要麻烦的前提下没有其他完成工作职责的方式，否则工作分析的信息只能包括工作时的行为，而不能确定工作所需的能力，因为行为是必需的工作职责。如果工作分析更多地关注职责结果，而不是执行工作分析的传统方式，这对 ADA 的目标将是最有帮助的。

例如：

● 电脑程序员工作的本质职责可以描述为"开发能够完成必要目标的程序的能力，"而不是"手工编写程序的能力"。尽管从事这一工作的员工目前可能手写这些程序，但这并不是本质职责，因为程序可以直接在电脑上开发。

● 如果工作要求员工掌握技术手册中包含的信息，则本质职责将是"学习技术材料的能力"，而不是"阅读技术材料的能力"。有视觉和其他阅读障碍的员工可以通过其他方式完成这一职责，如听录音带。

● 需要将物体从一个地方移动到另一个地方的工作，应该对这一本质职责进行说明。工作分析可能要表达为员工"每天 5 小时将 50 磅的纸箱举到 3 或 4 英尺高并装载到卡车拖车上"，而不应该将"手工举起和装载 50 磅纸箱的能力"确认为本质职责，除非这是完成这一职责而不造成过大负担的唯一方法。

注重结果的工作分析对于建立合适的资格标准、形成工作分析、进行访谈及根据 ADA 的要求选拔员工是十分有用的。这对于确认调整方案以使那些具有特殊的职责能力和局限的个体能够完成工作是非常有帮助的。

资料来源：Equal Employment Opportunity Commission, *Technical Assistance Manual for the Employment Provisions (Title I) of the Americans With Disabilities Act* (Washington, DC: author, 1992), pp. II-18 to II-20.

考察表 4—17 中的这些声明，我们可以获得以下信息。第一，虽然法律并不要求将工作分析作为建立工作本质职责的方法，但仍然强烈推荐工作分析。第二，工作分析应关注与工作相关的任务。在研究 KSAO 或将 KSAO 具体化时，应该对其与主要任务之间可能的联系进行认真思考之后得出。第三，关于任务，应关注任务本身和任务的结果，而不是执行的方法。第四，对于确定潜在的合理意见，工作分析应该是有用的。[37]

小　结

组织会设计并使用各种各样的工作类型——随着工作的变化和发展，组织需要新的设计方法。所有的设计方法都会形成以工作要求和工作报酬形式呈现的工作内容。工作分析是收集、分析、整合和报告工作内容有关的信息的过程。基于工作要求的工作分析关注工作特定任务、KSAO 及工作内容。基于素质的工作分析试图确认适用于所有工作和角色的更通用的 KSAO。

工作要求可以通过工作要求矩阵完成。这一矩阵需要有关任务和任务维度及重要性的信息。同样，它需要工作任务所需的 KSAO 信息及显示 KSAO 重要性的信息。矩阵的最后组成部分处理了工作内容的大量元素。

在收集工作要求矩阵所需的信息时，组织面临许多选择。这些选择围绕着各种工作分析方法、来源和过程。它们各有优点与缺点，组织必须从中做出选择。在做选择时，应将所收集的信息的精确性和可接受性作为指导方针。

确认工作要求的一种新方法是基于素质的工作分析方法。这种工作分析方法试图确认工作所需的通用素质（KSAO），因为这些素质支持组织的使命和目标。在工作单位内，也会构建跨越多个工作的其他通用素质（跨工作 KSAO）。本章也对收集素质信息的技术和过程提出了建议。

工作提供了多样化的内在和外在报酬形式，这些报酬的总体构成了员工价值主张。为帮助形成员工价值主张，收集有关员工报酬偏好和其他

组织付给员工的报酬的信息是必要的。存在多种多样收集这些信息的技术。

由于以团队为基础的工作在不断地扩展，因此也需要不断扩展工作分析方法。我们需要特别的强调特定工作 KSAO 和跨工作 KSAO，正如我们对人际交往品质的关注。

从法律的角度来说，工作分析在建立符合 EEO/AA 法规要求的人员配置系统和实践中发挥着重要作用。雇主必须确保（或能够显示）这些实践是与工作有关的。这不仅需要进行基于工作要求的工作分析，也需要使用本身具有抗辩功能的方法。在 ADA 之下，组织必须确定工作的本质职责。尽管这不需要工作分析，但组织也应该将其作为一种可使用的工具。随着时间的推移，我们会更多地了解，工作分析在 ADA 之下是如何进行的。

讨论题

1. 确定一个以团队为基础的工作情景。在这一情景中所需的跨工作 KSAO 的例子是什么？

2. 任务维度应以何种方式编撰？要求任职者编撰这些陈述时，可能会遇到什么样的问题？

3. 先确定任务维度再为各维度建立特定的任务陈述，或是先确定任务陈述再建立任务维度，哪一种更好些？

4. 在试图确定利用哪些标准（如所花费时间的百分数）来收集任务权重时需要考虑什么？

5. 综合使用多种工作分析方法的优缺点是什么？使用多种形式的信息来源的优缺点又是什么？

6. 确定和使用通用素质来指导人员配置的优点和缺点是什么？

7. 为什么人力资源专业人士不能准确地预测不同报酬类型对员工的重要性？建立员工价值主张的意义是什么？

伦理议题

1. 有人认为"伦理行为"应作为通用素质要求整合到组织任何工作的工作要求中。请从正反两方面来讨论这一建议。

2. 假设你作为人力资源部的代表来协助工作

分析的实施。你遇到了几位经理，他们想将与员工安全有关的某些任务和 KSAO 从正式的工作描述中删除，尽管它们明显是与工作要求有关的。你将如何处理这一情况？

应　用

进行工作要求或工作报酬工作分析

工作分析被定义为"为收集、整合和报告有关工作内容的信息而研究工作的过程"。以人员/

工作匹配为基础，工作内容由工作要求（任务和 KSAO）和工作报酬（外在的和内在的）组成。基于工作要求的工作分析的目标是形成工作要求矩阵。

你的任务是选择一种你想研究的工作，并开展工作要求或工作报酬的工作分析。

你的报告应包括以下部分：

1. 工作——你选择什么工作（职务名称）来研究？为什么？

2. 使用的方法——你使用什么方法（先验信息、观察、访谈、任务问卷、委员会及这些方法的集合），以及你将如何使用它们？

3. 使用信息的来源——你使用了什么信息来源（工作分析员、任职者、监督者、主题专家委员会及其集合），以及你是如何使用它们的？

4. 使用的程序——你将如何进行信息的收集、整合和报告？回顾表 4—14 作为例子。

5. 矩阵——呈现实际上的工作要求矩阵。

维护工作描述

InAndOut 是一家为印量（书籍印刷的数量）少的小出版商提供仓储服务（订单接收和填写）的公司。当图书在一台印刷设备上印刷出来并装订好之后，会被运到 InAndOut 公司处理。图书最初由操作人员接收，这些人员将图书从货车上卸下来，放在货盘上，通过升降机和传送带送到仓库中分配储存空间。这些操作人员也检索图书，并在收到订单的时候将图书带到发货区。然后将这些图书打包，放在纸箱中，并装上运输卡车（交给空中运输或地面运输公司）。图书订单由客户服务代表通过书面、电话和电子（邮件、传真）形式接收。新客户由市场代表产生，他们也为现有客户提供服务。订单员处理所有内部文件。所有员工都向监督者——运营或监督者——客户服务部报告，他们再向总经理汇报。

InAndOut 的所有者和董事长——阿尔塔·弗索姆，独立且富有。她将日常管理事项全都交给总经理马文·奥尔森。然而，阿尔塔要求马文在采取行动之前，向她汇报任何新想法或活动。公司在快速成长和发展过程中，增加了许多新客户，这些客户通常比过去的更大，而出版商也不断要求更好的服务和更快地执行订单。这都要求持续地更新信息技术，不断投入使用新机器（升降机和计算机辅助输送系统）。为满足业务需求，员工也在不断增加。现在有 37 名员工，马文期望明年再招聘 15～20 名员工。

公司的工作描述大约在 8 年前由咨询顾问编撰，之后再也没有修改过，已经完全过时了。由于在 5 年前没有市场代表这一工作，公司根本就没有对该工作的工作描述。作为总经理，马文负责所有的人力资源管理工作，但是他没有多少时间花在这方面。为帮助他更好地控制人力资源责任，马文将聘用你为兼职的人力资源（HR）实习生。他认为需要更新或重新撰写工作描述，并将这一项目指派给你。因为马文需要向阿尔塔说明这一项目，他希望你准备一个简短的提案，从而可以得到阿尔塔的批准。在提案中，他希望能够向阿尔塔提出以下建议：

1. 为什么更新和撰写新的工作描述是很重要的；

2. 一个全面的、最新的工作描述的过程大纲；

3. 以后定期检查和更新这些工作描述的流程。

马文希望与你当面讨论以上内容。他希望从你这里得到非常明确的建议和想法，使他可以用来准备提案。你会给出哪些建议呢？

注　释

1. P. Bobko, P. L. Roth, and M. A. Buster, "A Systematic Approach for Assessing the Currency of Job Analytic Information," *Public Personnel Management*, 2008, 37, pp. 261–277.

2. J. Welch and S. Welch, "How Healthy Is Your Company?" *Business Week*, May 8, 2006, p. 126.

3. J. K. Harter, F. L. Schmidt, and T. L. Hayes, "Business-Unit-Level Relationship Between Employee Satisfaction, Employee Engagement, and Business Outcomes: A Meta-Analysis," *Journal of Applied Psychology*, 2002, 87, pp. 268–279.

4. Bobko, Roth, and Buster, "A Systematic Approach for Assessing the Currency of Job Analytic Information."

5. R. J. Vance, *Employee Engagement and Commitment* (Alexandria, VA: Society for Human Resource Management, 2006), pp. 1, 13; Harter, Schmidt, and Hayes, "Business-Unit-Level Relationship Between Employee Satisfaction, Employee Engagement, and Business Outcomes: A Meta-Analysis."

6. For excellent overviews and reviews, see M. T. Brannick, E. L. Levine, and F. P. Morgeson, *Job and Work Analysis* (Thousand Oaks, CA: Sage, 2007); S. Gael (ed.), *The Job Analysis Handbook for Business, Industry and Government,* Vols. 1 and 2 (New York: Wiley, 1988); R. D. Gatewood and H. S. Feild, *Human Resource Selection*, fifth ed. (Orlando, FL: Harcourt, 2001), pp. 267–363; P. Sackett and R. Laczo, "Job and Work Analysis," in W. Borman, D. Ilgen, and R. Klimoski (eds.), *Handbook of Psychology: Industrial and Organizational Psychology*, Vol. 12 (New York: Wiley, 2003), pp. 21–37.

7. E. T. Cornelius III, "Practical Findings From Job Analysis Research," in Gael (ed.), *The Job Analysis Handbook for Business, Industry and Government,* Vol. 1, pp. 48–70.

8. C. J. Cranny and M. E. Doherty, "Importance Ratings in Job Analysis: Note on the Misinterpretation of Factor Analysis," *Journal of Applied Psychology*, 1988, 73, pp. 320–322.

9. D. P. Costanza, E. A. Fleishman, and J. C. Marshall-Mies, "Knowledges: Evidence for the Reliability and Validity of the Measures," in N. G. Peterson, M. D. Mumford, W. C. Borman, P. R. Jeanneret, E. A. Fleishman, and K. Y. Levin (eds.), *O*NET Final Technical Report, Vol. 1* (Salt Lake City: Utah Department of Workforce Services, 1997), pp. 4-1 to 4-26.

10. M. D. Mumford, N. G. Peterson, and R. A. Childs, "Basic and Cross-Functional Skills: Evidence for Reliability and Validity of the Measures," in Peterson et al., *O*NET Final Technical Report, Vol. 1*, pp. 3-1 to 3-36.

11. E. A. Fleishman, D. P. Costanza, and J. C. Marshall-Mies, "Abilities: Evidence for the Reliability and Validity of the Measures," in Peterson et al., *O*NET Final Technical Report, Vol. 2*, pp. 9-1 to 9-26.

12. M. H. Strong, P. R. Jeanneret, S. M. McPhail, and B. R. Blakley, "Work Context: Evidence for the Reliability and Validity of the Measures," in Peterson et al., *O*NET Final Technical Report, Vol. 2*, pp. 7-1 to 7-35.

13. F. P. Morgeson, K. Delaney-Klinger, M. S. Mayfield, P. Ferrara, and M. A. Campion, "Self-Presentations Processes in Job Analysis: A Field Experiment Investigating Inflation in Abilities, Tasks, and Competencies," *Journal of Applied Psychology*, 2004, 89, pp. 674–686.

14. For detailed treatments, see Brannick, Levine, and Morgeson, *Job Work Analysis*; Gael (ed.), *The Job Analysis Handbook for Business, Industry and Government*, pp. 315–468; Gatewood and Feild, *Human Resource Selection*, pp. 267–363; M. Mader-Clark, *The Job Description Handbook* (Berkeley, CA: Nolo, 2006).

15. Peterson et al., *O*NET Final Technical Report, Vols. 1, 2, 3*; N. G. Peterson, M. D. Mumford, W. C. Borman, P. R. Jeanneret, E. A. Fleishman, K. Y. Levin, M. A. Campion, M. S. Mayfield, F. S. Morgeson, K. Pearlman, M. K. Gowing, A. R. Lancaster, M. B. Silver, and D. M. Dye, "Understanding Work Using the Occupational Information Network: Implications for Research and Practice," *Personnel Psychology*, 2001, 54, pp. 451–492.

16. C. C. LaPolice, G. W. Carter, and J. W. Johnson, "Linking O*NET Descriptors to Occupational Literacy Requirements Using Job Component Validation," *Personnel Psychology*, 2008, 61, pp. 405–441.

17. R. Reiter-Palmon, M. Brown, D. L. Sandall, C. B. Buboltz, and T. Nimps, "Development of an O*NET Web-Based Job Analysis and Its Implementation in the U.S. Navy," *Human Resource Management Review*, 2006, 16, pp. 294–309.

18. Brannick, Levine, and Morgeson, *Job and Work Analysis*.

19. T. A. Stetz, J. M. Beaubien, M. J. Keeney, and B. D. Lyons, "Nonrandom Response and Variance in Job Analysis Surveys: A Cause for Concern?" *Public Personnel Management*, 2008, 37,

pp. 223–241.

20. P.D.G. Steel and J. D. Kammeyer-Mueller, "Using a Meta-Analytic Perspective to Enhance Job Component Validation," *Personnel Psychology*, 2009, 62, pp. 533–552; P.D.G. Steel, A. I. Huffcutt, and J. D. Kammeyer-Mueller, "From the Work One Knows the Worker: A Systematic Review of the Challenges, Solutions, and Steps to Creating Synthetic Validity," *International Journal of Selection and Assessment*, 2006, 14, pp. 16–36.

21. R. G. Jones, J. I. Sanchez, G. Parameswaran, J. Phelps, C. Shop-taugh, M. Williams, and S. White, "Selection or Training? A Two-fold Test of the Validity of Job-Analytic Ratings of Trainability," *Journal of Business and Psychology*, 2001, 15, pp. 363–389; D. M. Truxillo, M. E. Paronto, M. Collins, and J. L. Sulzer, "Effects of Subject Matter Expert Viewpoint on Job Analysis Results," *Public Personnel Management*, 2004, 33(1), pp. 33–46.

22. See Brannick, Levine, and Morgeson, *Job and Work Analysis*; Gael (ed.), *The Job Analysis Handbook for Business, Industry and Government*, pp. 315–390; Gatewood and Feild, *Human Resource Selection*, pp. 267–363.

23. J. S. Schippman, "Competencies, Job Analysis, and the Next Generation of Modeling," in J. C. Scott and D. H. Reynolds (eds.), *Handbook of Workplace Assessment* (San Francisco: Jossey-Bass, 2010), pp. 197–231; M. Harris, "Competency Modeling: Viagraized Job Analysis or Impotent Imposter?" *The Industrial-Organizational Psychologist*, 1998, 36(2), pp. 37–41; R. L. Heneman and G. E. Ledford, Jr., "Competency Pay for Professionals and Managers in Business: A Review and Implications for Teachers," *Journal of Personnel Evaluation in Education*, 1998, 12, pp. 103–122; J. S. Schippman, R. A. Ash, M. Battista, L. Carr, L. D. Eyde, B. Hesketh, J. Kehoe, K. Pearlman, E. P. Prien, and J. I. Sanchez, "The Practice of Competency Modeling," *Personnel Psychology*, 2000, 53, pp. 703–740.

24. Schippman, "Competencies, Job Analysis, and the Next Generation of Modeling."

25. D. Bartram, "The Great Eight Competencies: A Criterion-Centric Approach to Validation," *Journal of Applied Psychology*, 2007, 90, pp. 1185–1203.

26. Schippman et al., "The Practice of Competency Modeling."

27. D. Rahbar-Daniels, M. L. Erickson, and A. Dalik, "Here to Stay: Taking Competencies to the Next Level," *WorldatWork Journal*, 2001, First Quarter, pp. 70–77.

28. Schippman et al., "The Practice of Competency Modeling."

29. F. H. Borgen, "Occupational Reinforcer Patterns," in Gael (ed.), *The Job Analysis Handbook for Business, Industry and Government*, Vol. 2, pp. 902–916; R. V. Dawis, "Person-Environment Fit and Job Satisfaction," in C. J. Cranny, P. C. Smith, and E. F. Stone (eds.), *Job Satisfaction* (New York: Lexington, 1992); C. T. Kulik and G. R. Oldham, "Job Diagnostic Survey," in Gael (ed.), *The Job Analysis Handbook for Business, Industry and Government*, Vol. 2, pp. 936–959; G. Ledford, P. Mulvey, and P. LeBlanc, *The Rewards of Work* (Scottsdale, AZ: WorldatWork/ Sibson, 2000).

30. E. E. Ledford and M. I. Lucy, *The Rewards of Work* (Los Angeles, CA: Sibson Consulting, 2003).

31. Ledford and Lucy, *The Rewards of Work*, p. 12.

32. "'Mosh Pits' of Creativity," *Business Week*, Nov. 7, 2005, pp. 98–100.

33. M. Harvey, M. M. Novicevic, and G. Garrison, "Challenges to Staffing Global Virtual Teams," *Human Resource Management Review*, 2004, 14, pp. 275–294.

34. Brannick, Levine, and Morgeson, *Job and Work Analysis*.

35. D. E. Thompson and T. A. Thompson, "Court Standards for Job Analysis in Test Validation," *Personnel Psychology*, 1982, 35, pp. 865–874.

36. Equal Employment Opportunity Commission, *Technical Assistance Manual on the Employment Provisions (Title 1) of the Americans With Disabilities Act* (Washington, DC: author, 1992), pp. II-19 to II-21.

37. K. E. Mitchell, G. M. Alliger, and R. Morgfopoulos, "Toward an ADA-Appropriate Job Analysis," *Human Resource Management Review*, 1997, 7, pp. 5–26; F. Lievens, J. I. Sanchez, and W. De Corte, "Easing the Inferential Leap in Competency Modelling: The Effects of Task-Related Information and Subject Matter Expertise," *Personnel Psychology*, 2001, 57, pp. 847–879; F. Lievens and J. I. Sanchez, "Can Training Improve the Quality of Inferences Made by Raters in Competency Modeling: A Quasi-Experiment," *Journal of Applied Psychology*, 2007, 92, pp. 812–819.

第Ⅲ篇 人员配置活动：招募

第5章

外部招募

5.1 学习目标和导言

5.1.1 学习目标

- 能够开展有效的招募计划活动
- 了解开放式招募与目标性招募的区别
- 应用多种招募渠道
- 在确定的指标基础上评估招募效果
- 创建有效的沟通信息
- 了解多种招募媒介
- 识别求职者的反应如何影响招募效果

5.1.2 导言

外部招募是识别和吸引来自组织外部的求职者的过程。有效的招募过程是构建有效人员配置系统的基石。如果招募系统有效，能够吸引高质量的求职者，组织就可以从中选择并最终招聘到优秀人员，也就更容易实现其战略性人员配置目标。相反，如果招募不能吸引足够的合格的求职者，人员配置系统的其他部分也很难正常运转，毕竟你不想雇用那些并不合适的人员。

在外部招募中，组织试图将自己推销给潜在的求职者，因此营销活动的许多原则也适用于外部招募活动以提高招募效果。在本章中，我们将了解网络招募、雇员推荐、校园招募和其他招募方式的利与弊；学习招募者如何从三种不同的信息类型中——事实性的、品牌性的、目标性的，选择适当的方式吸引合适的求职者。

招募流程从计划阶段开始，这一阶段要解决的问题包括组织性议题、行政性议题以及与招募者相关的其他事项。接下来，需要形成招募策略，以确定在哪里以及怎样寻找合格的应聘者。随着招募策略的形成，能够传递给求职者的招募信息，以及传递信息的媒介方式也就确定了。在企业外部招募的每一阶段，都必须特别考虑应聘者对招募者以及整个招募过程的反应。此外，还需要充分注意相关法律事项，包括求职者的界定、免责声明、定向招募、电子化招募、招募广告以及欺诈和虚假陈述。

5.2 招募计划

在实际识别和吸引求职者之前，需要解决两个问题。第一，制定与本次要招募的求职者的识别与吸引相协调的组织计划；第二，行政事项，例如联系数量、需要多少招募者以及预计的费用等都需要充分考虑，以保证有足够的资源使招募活动成功进行。

5.2.1 组织性议题

企业的招募过程有许多不同的组织方式。它可以是企业内部组织的，也可以是通过外部的招募代理机构进行的。一个组织可以独立完成自己的招募过程，或是以招募联盟的形式与其他机构合作完成。组织中招募的权力可能是集中的或者是下放到各个事业部和部门的。

■ 自己内部组织还是招募代理机构组织

大部分组织的招募都是内部（组织自身）完成的。规模较小的组织会依靠外部招募代理机构，原因可能是它们没有足够的人员与资金来独立完成招募活动。低离职率的企业通常也更倾向于使用外部招募代理，因为它们的招募频率较低以至于建立独立的招募系统并不划算。

外部招募代理机构的数量在不断增长。一些代理机构如 Elaine R. Shepherd 公司提供全方位的招募服务，从确认招募需求到针对求职者的广告活动以及申请材料的筛选。其他代理机构，如 American Classified Services 公司，仅提供某种单一的招募活动服务。尽管这些服务的费用很高，但是对于一个没有招募功能的组织或职位空缺很少的用人单位来说，这样的成本却可能是合理的。

规模较大的组织以及经常有招募需求的组织应该拥有自己的招募系统。自己的招募系统有助于招募成本最小化，自始至终保证招募搜索的一致性，以及满足组织的特定需求。

■ 集中招募还是分散招募

企业可以通过集中或者下放权力来进行外部招募。在集中招募中，招募活动由一个中央团队来执行协调，该团队通常是由该公司人力资源部门的专职员工组成的。在分散招募系统中，招募活动由各个业务部门或部门经理来执行协调。在许多大型企业中，招募活动通常是中央集中式的。虽然最终的雇佣决策是由各个业务部门来决定，但多数企业还是会集中进行有关招募和筛选求职者的行政性活动。

集中招募的优点是避免一些重复性的工作。例如，在进行校园招募的时候，通常是一张综合的招募广告，而不是针对不同业务部门的多张广告。集中招募的另一个优点是可以确保招募政策在不同业务部门间的理解是一致的。例如，通用汽车公司通过集中式的招募系统向其求职者传递了统一的信息。[1]同样，集中的方式还可以保证遵守相应的法律法规。另外，人事软件的发展也解释了集中招募的原因（参见第 13 章）。

　　然而，一些企业更倾向于分散的招募方式。案例研究表明，研发部门经常能够开发出独有的吸引人才的策略。这些招募策略更关注大学校园招募并且强化项目专业，更容易吸引受过高等教育和有强烈内在动机的研究人员。[2]分散招募的优点是当需要小规模招募时，该方式比集中招募在时间上更有效率。同时，招募搜寻可能更加符合业务部门的特定要求，因为分散招募相比企业层面而言更接近特定业务部门日常的工作职能。

5.2.2　行政性议题

　　在招募的计划阶段，与组织性问题一样，行政方面的问题同样需要关注。许多组织使用人力资源信息系统（HRIS）来整合职位需求信息，制定招募预算，以及设计招募流程。

■ 职位招募申请书

　　职位招募申请书是一份正式的由高层管理者签字批准授权以填补岗位空缺的文件。部门主管并没有自行决定填补岗位空缺的权力。相比之下，高层管理者由于更有可能了解整个组织的人员配置计划信息，为保证招募活动与人员配置计划之间的协调性，他们的意见是必需的。

　　表 5—1 是一份职位招募申请书的例子。好的职位招募申请书应能够清楚地阐述打算雇用的数量和资格要求（KSAO）。因此，每一份职位招募申请书都应该列明每个职位的空缺人数以及求职者需具备的最低任职资格。任职资格都需要根据工作分析和能力体系分析来确定。

表 5—1　　　　　　　　　　　　　　　　**职位招募申请书**

职位名称	事业部	部门	部门编号
薪酬/职位等级	工作时间	工作地点	汇报对象

可获得的激励计划	是否已安排预算
□ 销售提成	□ 是
□ 生产奖金	□ 否
□ 管理层奖金	□ 替换谁：_____
□ 特别贡献	离职/任职日期：_____
□ 其他（具体指出）	□ 其他事项
□	

岗位概述

说明：（1）完成下述Ⅰ，Ⅱ，Ⅲ部分。（2）附上职位描述问卷（如果有）或写于背面。

Ⅰ. 职位目的：用一两句话简要概括设置该岗位的主要目的。

Ⅱ. 任职资格：列出该职位需要的受教育程度、接受的正式培训以及工作经历方面的最低要求。

Ⅲ. 专业技能：列出该职位需要的文书、行政、技术或管理方面的专业技能要求。

现在或之前的任职者是否具有这些资格技能？如果没有，请写明在招募中增加这些要求的原因。

批准审核		仅供人力资源部填写	
负责复试的部门		刊登日期_____广告日期_____	
用人部门经理	日期	申请书编号_____岗位数量_____	
		接收日期_____开始日期_____	
更高一层批准	日期	新员工_____	
人力资源部批准	日期	来源渠道_____	

资料来源：Reprinted with permission from United Health Care Corporation.

■ 时间安排

何时进行人员招募主要考虑两点：前滞期间隔和时间顺序。随着人员配置经理更多地被要求展示他们工作的具体成果，填写职位招募申请书的时间的重要性在上升。

前滞期间隔。 虽然用人部门经理都希望在职位招募申请书一经批准后空缺员工能马上到位，但这是不可能完成的，因为在任何一个时间点招募人员都会有大量的招募申请书需要处理。然而，在实际空缺发生之前提前针对可能发生的职位空缺做好准备计划，可以有效地缩短填补职位空缺的周期。有效的计划安排需要公司高层将职位空缺按优先次序进行排列和批准，这样可以使招募申请书的填写和执行顺序更好地满足业务需求。同时要求招募人员做好人才搜寻的充分准备。这就需要招募人员了解在相应的期刊上安排招聘广告刊印的截止日期，同时也应该了解劳动力市场的供应情况。随着网络招募的快速发展，许多雇佣活动现在已经变得具备连续性。[3] 例如，登录星巴克官网（www.starbucks.com），就可以看到岗位空缺列表。

时间顺序。 在一个成功的招募项目中，其涉及的每一个步骤往往都会被清楚地定义并且合理地排序。人员配置流程图应该包含招募过程中的每一个重要环节。招募活动先后顺序的安排会在很大程度上影响填补职位空缺所需的时间。

考虑时间顺序安排的一组非常有用的指标是时间推移统计。这些统计提供关于招募过程中不同阶段间平均时间间隔的数据。企业组织应该定期收集这些数据，以协助经理们计划什么时候应该进行招募（参见第 13 章）。

■ 联系数量

求职者的数量往往要远大于最终实际雇用的数量。一些联系到的求职者可能对我们的职位不感兴趣，或者是不符合任职资格。

填补一个特定的职位空缺究竟需要联系多少人是很难界定的。然而，历史数据在确定联系人数上是十分有用的。如果仔细地记录，可以得到一些比率，用来总结以往的数据并且指导联系人数的决策。产出率反映了在各项决策点上求职者投入和产出的关系。例如，如果为填补一个岗位空缺需要联系 90 位求职者（用提交的简历数量来表示），那么产出率就是 90：1。因此根据以往的产出率 90：1，为填补 2 个完全相同的职位，就可能需要联系 180 人。

■ 联系类型

联系类型的确定基于两点。第一，清楚地建立完成工作所需的任职资格是非常关键的。这将通过工作分析来完成，最终得到一个工作要求矩阵或者能力系统。这些工作所需的要求界定得越清楚，为成功找到一个候选人所需联系的求职者数量就越少，这样就可以缩小招募搜寻的范围。

第二，还需考虑求职者的工作搜寻及决策过程。也就是说，企业应该注意求职者有可能在什么地方寻找就业机会以及什么将吸引他们进入企业工作。调查结果一致认为，相比就业中介，工作搜寻者更有可能通过朋友或家人来寻找工作。另一项调查结果发现，工作搜寻者在很大程度上会依赖广告。

一些企业在划定联系范围上仅使用较少的资源，并从这些资源里积极吸引求职者。例如，在多数情况下，超市只需要在其橱窗上张贴一份职位需求来填补职位空缺。然而，其他一些企业为在社区内树立知名度显得十分主动。通过奖学金、校园活动项目、咨询服务、设备赞助、实习以及职业规划服务等方式，许多企业正在越来越多地与教育机构发生联系。美国国家航空航天局（NASA）就有一个项目，旨在帮助教师、学生和行政人员运用科学和数学。[4]通过这些方式企业可以在当地建立良好的形象，进而可以形成较大的求职者非正式联系范围。

调查显示，雇主与潜在求职者的联系越紧密，越有可能提高雇主的企业形象。反过来，好的形象就意味着潜在求职者更愿意寻求与该企业的联系。[5]

■ 招募预算与投资回报率

招募是组织人员配置活动中费用相对较高的模块。成本包括员工的时间成本，如发布招募信息、开发与管理招聘网站、广告宣传所需要的时间，以及与应聘者联系的时间、后续跟踪联系潜在候选人的时间和使候选人来到现场的时间。由于招募投资如此昂贵，对于人力资源部门来说，同时关注招募实践中的投资和回报显得尤为重要。[6]求职者追踪系统更加容易使领导者从许多招募实践中评估指标。

招募活动的高费用投入显示，制定良好的招募预算也是非常重要的。表 5—2 就是一个招募预算的例子。在制定招募预算时需要考虑两个问题。第一，制定预算所需的信息可以通过自上而下或者自下而上的方式获得。在自上而下的过程中，高层管理者根据组织业务计划和预期收益来决定招募活动的预算。在自下而上的过程中，招募活动预算是由不同职能业务部门的具体需要决定的。当目标是控制成本时，前一种方法更好。而当目标是让各业务部门负责人对自己的预算负责时，第二种方法则更有效。

表 5—2	500 人雇佣需求的招募预算的例子	单位：美元
行政管理费用		
员工		32 000
物资		45 000
设备		10 000
		87 000
招募人员费用		
工资		240 000
福利		96 000
费用		150 000
		486 000
候选人费用		
旅行		320 000
住宿		295 000
费用		50 000
重新安置		150 000
		815 000
总招募费用		
87 000＋486 000＋815 000＝1 388 000		
总人均费用		
1 388 000/500＝2 776		

第二个要考虑的问题是是否向各业务部门收取招募费用。也就是说，招募费用应该由人力资源部门承担还是由接受人力资源服务的业务部门承担？许多企业都是人力资源部门承担所有的招募费用，而不是各业务部门。或许这样做的目的是鼓励业务部门更多地使用人力资源部门提供的招募服务。然而，这样做容易导致业务部门不会考虑招募成本最小化的问题。

招募预算与招募技术实施后，企业应该采用附加步骤，评估各类技术的有效性。求职者追踪系统可以评估招募吸引了多少求职者，每种招募来源中成功雇用了多少人。求职者追踪系统通常以计算机数据库的形式存在，它可以帮助确认哪些招募来源有助于吸引求职者申请组织的招聘。例如，它能够确定分别有多少求职者通过招聘广告、企业网站、校园招募、招聘会、雇员推荐或其他招募渠道获得企业招聘信息。它还能够追踪到通过各招募渠道分别雇用了多少雇员。通过这些应聘及雇用信息，结合招募预算指标，就可以计算出单位应聘者费用（该招募渠道总费用除以应聘者数量）和单位雇员费用（该招募渠道总费用除以本次雇用人员数量）。企业从而可以选择高效益的招募策略，摒弃那些低投资回报率的策略。

■ 制定招募指导手册

招募指导手册是一种正式文件，其中对招募的各个步骤做了详细的规定。一般情况下应该建立在组织人员配置流程图的基础之上。指导手册中注明的详细信息包括时间、费用、参与人员以及招募步骤。表 5—3 是招募指导手册的一个例子。

表 5—3   **针对索赔处理主管的招募指导手册**

职位：主管，索赔处理

汇报对象：高级主管，索赔处理

任职资格：4 年制商科专业本科生；8 年医疗保险行业工作经验，其中 5 年索赔处理工作经验、3 年管理经验

相关劳动力市场：中西部地区

时间表：1 月 17 日：对合格求职者进行面试

           2 月 1 日：预计雇佣日期

寻找合适的候选人所进行的活动：

在地区报纸上刊登招聘广告

在公司网站发布职位招聘信息

要求员工进行推荐

联系地区健康人寿保险协会

询问当地健康人寿保险公司的人力资源部门是否有重新安排的中层管理人员

如有必要，联系招募负责人获取更多的候选人

参与的成员：

人力资源招募经理

索赔处理部门的主管

人力资源副总裁

未来可能的同事与直接上级

预算：3 000～5 000 美元

尽管制定招募指导手册需要花费时间，尤其是职位需求较为紧急时，但它仍然是必需的文件。招募指导手册澄清了招募人员和用人部门的相互期望，包括需要做的事情有哪些，费用是多少，以及谁应该对结果负责等。它还规定了招募的具体步骤，以确保招募活动与公司的政策和相关的法律法规保持一致。简单来说，招募指导手册保证了雇主、求职者以及招募人员的利益。

■ 流程和记录保存

在决定在哪里以及如何寻找求职者之前，组织对招募所带来的大量数据有所准备是十分必要的。多渠道寻找候选人（例如，广告、雇佣中介），为多方提供求职者资格材料（例如，招聘经理、人力资源部门）的需要，以及就职位申请进程与候选者之间的沟通确认等，都会产生大量的数据。在正式的搜寻工作开始之前，如果流程和记录保存的问题没有解决，组织可能会由于负荷过重而不能及时专业地给候选人回复，进而可能失去合格的求职者。

鉴于管理流程和记录保存的需要，必须为招募建立信息系统。一个有效的信息系统允许无论是候选者、招聘经理还是人力资源代表在任何时候都可以及时地获取有关候选者的资料信息。这样的信息系统可以追踪求职者的资料状态，使其仿佛流动于组织内部的整个招募过程之中。信息系统还可以定期报告有关求职者信息处理的及时性和准确性等内容。

随着网络求职方式的产生，对数据及记录的管理过程也相应发生了转变。[7]事

实上，网络技术的应用可以看做一把双刃剑。一方面，由于求职者资料可以立即输入一个标准的数据库，简化了数据录入及记录维持过程，这样就可以省去数据的录入，使所有的资料以一种统一标准的、易于检索的形式保存。另一方面，使用网络求职方式会产生更多的数据，包括一些本无意应聘的和明显资格不符职位需求的求职者，因此会有更多的数据需要处理。为了更好地梳理所有这些数据信息，许多网络招募系统都引入了筛选工具，以提早排除资格完全不符的求职者。

随着招聘进度的发展，还需要记录和保存其他一些信息。需要记录的信息包括谁审阅过相关材料，不同个体审阅资料的时间长度，已经做出哪些决策（例如，拒绝、参观邀请、参加复试），以及接下来需要执行的事项（例如，安排航班和住宿、安排面试）。在整个过程中还需要与求职者保持良好的沟通，使求职者了解他们的资料是否以及何时将会进一步审核，同时要让求职者知晓接下来他们还需要参加哪些步骤以确保就业。

即便拒绝求职者的职位申请，也有必要进行记录保存。应保存求职者的资料信息，以便在其资格符合其他职位空缺的需要时进行搜寻。这种信息存储最长可达一年（见本章最后的"法律问题"）。

5.2.3 招募人员

■ 招募人员的选择

许多研究都旨在评价一个理想的招募人员所需要具备的资格条件。通过对这些研究进行回顾可以总结出，一个理想的招募人员应该具备以下特征：良好的人际交往技巧；熟知企业、工作及职位相关问题；技术技巧（例如，知道如何利用数据库，互联网招募等）；对企业和求职者热情。[8]这些特征可以作为选择招募人员的初步的 KSAO 要求。

企业中实际的招募人员来自多个方面，包括人力资源部的专业人员、直线经理以及雇员。与理想的招募人员应具备的特征相比，不同来源都具有各不相同的优势及缺点。人力资源部的专业人员可能会对职业发展十分了解并且对企业抱有热情，但却对具体的工作职责缺乏详细的认识。直线经理虽然知道有关企业和他们所负责的工作的具体细节，但却不太了解职业发展机会的相关内容。同样，雇员虽然对他们自己的工作有相当深刻的了解，但却对组织整体缺乏认识。结果在这些权衡比较之下，并没有一个理想的单一来源供企业挑选招募人员，所有的招募人员都需要进行培训以弥补其不可避免的缺陷。

■ 招募人员的培训

许多非人力资源专业出身的招募人员并没有接受过相关专业的训练，因此对招募人员进行培训是十分必要的。然而遗憾的是，几乎没有招募人员接受过类似的训练。基于当前组织管理实践，招募人员应该接受以下相关领域的培训：面试技巧、工作分析、招募的人际交往知识、相关法律法规、表格与报告、企业和工作特征，以及招募目标。[9]除了这些传统的领域之外，招募人员接受"非传统"领域的培训也是必要的，包括：技术技巧、营销技巧、与其他部门的工作协调，以及道德规范。

首先，关于技术技巧，尽管访问像 monster.com 这样的大规模招募网站是理所当然的，但必须意识到许多招募人员在试图进一步挖掘这些网站的内容。因此，招募人员需要接受如何访问针对一种特定的求职群体的"细分"网站或个人网页甚至公司网站方面的指导。

其次，招募人员必须学习营销和销售技巧。[10] 其中一些较为简单，例如浏览简历网站以获得人才竞争的优势。招募人员还需要学会如何创造性地识别潜在求职者。例如，劳动力市场紧缩时，一些极富独创性的招募人员涉足之处包括机场、寺院和教会，以及健身房等场所。一位招募人员甚至在各机场"突袭"机场俱乐部，目的就是寻求一丝潜在的招募机会。更一般地，招募人员需要学习如何将他们的工作推销给潜在求职者。例如，招募人员接受的相关训练可以包括怎样进行市场调查，如何在市场中寻找工作候选人，以及如何识别怎样的求职者是企业所需的。提升招募人员的营销技能还包括如何与其他部门联系协调，如营销部门和公关部门。比如，招募可以与营销活动结合以达到提高公司形象的目的，也就是说向消费者推销产品的同时也是在向潜在雇员推销企业本身。

最后，在努力进行有效的招募过程中，招募人员还需要了解招募相关的道德规范。招募人员在竞争对手的业务场所进行招募活动是否有悖道德？在停车场呢？抑或在婚礼或葬礼上呢？一些招募人员为了吸引求职者甚至对其撒谎。为了保证招募人员的活动符合道德准则，应该制定相应的标准并在其基础上对招募人员进行培训。[11]

5.3　策略制定

当招募计划阶段完成后，接下来就是制定招募策略。实质上，策略的制定可以帮助评估企业面临的一些基本问题：开放式还是目标性招募，招募渠道，以及招募有效性的衡量。每一个问题都应依次得到解决。

5.3.1　开放式与目标性招募

当收到职位招募申请书后，进行招募的最困难的一个方面就是确定去哪里寻找求职者。理论上，劳动力市场中的人（就业的、非就业的、垂头丧气的工人、新进入劳动力市场的大学毕业生，以及重新进入劳动力市场的）是所有可能的潜在求职者。在实践中，企业必须将庞大的劳动力群体分解为不同的部分和层级以保证其成为企业所需的最理想的求职者。为了达到这样的目的，企业可以采取开放式的或者目标性的招募方式。

■ 开放式招募

开放式招募，即企业为具体职位空缺采取广泛撒网的方式来确定潜在的求职者。此时企业很少对劳动力市场进行分类、形成最能满足 KSAO 要求的求职者群体。由于任何人都可以就职位空缺进行申请，这种方法因此显得较为被动。所有的职位申请者，无论其资历如何，都会予以考虑。开放式招募的优点在于，求职者普遍认为正是每个人都有申请的机会从而是"公平"的。开放式招募保证不同的求职群体——包括残疾人、少数族裔、部分青少年、退休者、军人，以及其他一些被忽视的劳动者群体——都公平地拥有被考虑的机会。开放式招募的另一个优势就是当雇佣数量较大时，这种方式是有用的，甚至是绝对重要的。开放式招募需要处理的求职者数量较大，由此产生的缺点就是在这个过程中很容易忽视合格的求职者。遗憾的是，随着网络招募的发展，许多雇佣企业发现开放式招募会产生大量的求职者，因而将在简历筛选及资料阅读上耗费大量的时间。[12]

■ 目标性招募

目标性招募就是企业在劳动力市场中识别确定极有可能包括合格候选人的子群体。通常情况下，当需要雇用具有一定特征的求职者以达到人岗匹配或雇员—企业匹配的目的时，这种招募方法会被采用。

目标性招募的对象是什么？以下列出了一些可能的目标群体（当然，这不并排除其他的种类）：

- 关键技能短缺：目的就是识别那些掌握新技术或热门技术的求职者。
- 雇员多样化不足：通常，用人单位必须超越开放式招募以达到雇员多样化的目的并为此付出努力。
- 被动的工作搜寻者：有时可以在"延伸人群"或其他双职工家庭中找到优秀的职位候选人。
- 退役军人：尤其是那些刚退役不久且拥有关键能力的，如领导力。
- 就业受挫者：长期失业者、家庭主妇、福利享受者、青少年、残疾人。
- 报酬驱动者：这些人注重企业是否具有雇员价值观念，例如可能会为员工提供灵活的工作时间安排或是全额负担其医疗保险费用或其他福利。
- 以前的员工：这些人作为雇员时保持着良好的追踪记录。
- 勉强的求职者：一些个体对某一企业有兴趣的同时还有可能存在一些顾虑，调查结果表明灵活的工作安排极有可能吸引那些左右摇摆的人。[13]

■ 做出选择

选择采用开放式招募还是目标性招募直接决定了招募的方法和渠道，但这并不代表两者所达到的目标一定是不同的。目标性招募可以达到与开放式招募相同的结果，只是采取了一种不同的作用机制。与目标性招募仅专注于某一特定的群体相比，开放式招募鼓励所有人参与申请从而涵盖度较高。理论上，开放式招募和目标性招募可以结合使用。打个比方，一个企业可能广泛宣传，在网络上公开招募，鼓励所有的求职者进行申请，但却仍然专注于特定的劳动力群体。当然基于同样的考虑，如果只是针对特定的群体，可能会失去其他的劳动力雇佣机会。因此，在决定是否采用目标性招募之前，企业应该仔细地对目标群体加以考虑，同时也不能忽视空缺职位所需的工作技能。同样，企业在决定是否使用开放式招募之前，应该考虑自己是否已经做足准备，以快速有效地面对由此产生的大量求职申请信息。

招募专家建议，不要局限于使用一种招募策略。[14]当企业招募的职位并不是其核心业务部门时，如文秘或行政部门，极有可能会选择一个相当开放式的招募策略，然而当企业需要的是具备特定 KSAO 的雇员时，便会转而采用目标性招募策略。埃森哲专业咨询公司就建议，零售商应该识别劳动力市场中的关键群体，并且对成功雇员的行为进行分析，然后再通过制定专门的招募策略来吸引那些具备与优秀雇员相同特征的求职者。对于一些非核心的职位，则可以采用资源密集度较低的招募过程。表 5—4 展示了开放式招募和目标性招募各自的优缺点，并且对于不同策略应当在何时采用提出了建议。

表 5—4	在开放式和目标性招募之间进行选择		
	技术手段	优势	使用条件
开放式	对招募岗位进行广告宣传，使用可以吸引不同类型工作搜寻者的公告信息，并采用各种拥有大范围潜在读者群的不同媒介	确保求职者的多样化 每个求职者分摊的资源成本和人力成本较低	雇佣需求量较大；入职前的资格能力并不是那么重要
目标性	专门针对劳动力市场中具有特定技术技能或某一人口统计特征的群体来制定招募公告信息，采用集中的广告和招募手段	缩小潜在求职者的范围，使组织可以将注意力集中于最适合的候选人 有利于针对每个求职者提供更个性化的招募手段	组织所需的各种特定技术技能在劳动力市场上供应不足；为高层次岗位进行招募活动

5.3.2 招募渠道

对于用人单位来说，在搜索求职者的过程中，并不需要自己去确定每一位可能的求职者。在当下的经济体中，存在着大量的机构能够被求职者关注和聚焦。更重要的是，这些机构通常作为用人单位和求职者之间的中介，保证了人岗匹配。这些机构被称作招募渠道或方式。其中一些老字号的机构甚至已经运营了很长时间。其他后来成立的机构往往更具新颖性，但同时也缺乏相关的追踪记录。

■ 自荐求职者

一般情况下企业都会接受那些直接走进公司或者投递简历的求职者的申请。为主动求职者或简历投递者所提供的接触点在规模较小的企业是接待员，在规模较大的企业是就业办公室。当申请被接受后，就需要安排一个专门负责相应求职者的联系人。同时还要向主动求职者提供足够的空间和时间，以利于其完成申请并接受入职前的测试。程序上的事项需要提前完成，以保证有关主动求职者和简历投递者的数据可以及时进入求职者流程之中。相对地，如果他们像不请自来的入侵者那样被对待，会从舆论上给企业在当地的形象造成负面影响。

现在越来越多的主动申请都是通过电子设备接受的。其中电子申请最主要的门户方式就是通过企业的官方网站。当收到电子申请时，企业首先应该保证这些申请不会在系统中丢失。这些申请信息需要定期转交至招募人员或聘用决策者的手中，同时需要与求职者联系以了解其申请意向。企业收到提交的大量电子申请后，或是从简历中搜索关键词，或是要求所有的申请者回答标准化问卷，其目的都是精减求职者数量。尽管调查显示绝大多数用人单位坚信它们的网站在吸引申请者方面优于张贴告示，但这些网站许多时候并不能达到它们的期望。[15]许多仅仅被当做供申请者投递简历的官方信箱，而申请者收到的也只是一封自动回复信而已。[16]对 140 家高知名度的企业的网站研究显示，有高影响力的网站往往具有以下七个特点：

1. 界面布局易于浏览，且提供有关企业文化的信息；

2. 提供"职位车"，允许求职者搜索和申请企业中的多个空缺职位；

3. 简历生成器，可以方便求职者提交他们的教育水平、家庭背景及经历等信息；

4. 提供有关职业发展机会的详尽信息；

5. 清楚的图表展示；

6. 个人搜索引擎，可供求职者在企业的数据库中建立个人档案，并在事后进行更新、修改；

7. 自我测评工具，可以帮助大学毕业生向有吸引力的职业道路发展。

对于许多企业来说，公司网站为其提供的招募机会若不是大为成功的，就是彻底失败的。[17]除了前面列出的在设计网站时所应遵循的一些原则之外，还需要提供有关企业历史、文化及员工福利等信息，以强化企业雇主品牌。研究表明，企业通过在官方网站上展示企业政策、相关图片和客户评价，能够成功传播企业文化。优秀的网站还为用户提供定制信息服务，用户可以通过询问他们感兴趣的问题和提供相关信息接收资讯。

企业网站的外观和风格往往会对工作搜寻者是否进行申请造成影响。为了确定工作搜寻者的偏好，Brass Ring 的咨询顾问观察申请者浏览公司网页的整个过程，并要求实验者随时大声说出内心的想法。结果显示大部分求职者都对企业复杂的申请系统不满意，尤其是那些要求他们反复输入相同数据的。为了避免潜在的申请者在网上招募过程中感到被忽视，建议在整个过程的每个阶段都与他们保持一定的联系。为了加快申请的速度，当申请者提交的信息与职位要求不匹配时，一些企业会立即通知申请者，申请者就会立刻知道他们不在考虑的范围之内。招募人员在及时排除不被接受的申请者的同时，也可以快速回复那些具有充分任职资格的申请者。研究发现，优秀的网站招募广告会为潜在申请者提供特殊的服务，例如申请者可以有机会查询他们处在招聘的哪个环节、观看公司的日常工作视频，或者是就他们的条件是否符合企业和职位的要求进行有效的反馈。

许多企业已经开始注意并努力提高其网站招募的效率和质量。例如，作为为期半年的全面提升的一部分，Red Lobster（一家海鲜餐厅）修改了其招募网站，目的就是提高其基于企业品牌的招募策略水平。为了方便求职者更好地选择职位，企业可以根据求职者的经历条件提供一些职位选项，并且在他们实际申请前就对每个职位的要求进行详细的描述。与我们所熟悉的电子商务网站的形式相似，求职者在不同的工作职位间进行选择比较实际上就相当于为工作"购物"。通过鼓励求职者在不同的工作机会之间进行选择，可以更好地达到人岗匹配的要求。调查表明，求职者比较偏向那些允许他们定制接收信息的企业网站。求职者在选择多个工作岗位的同时也会自行排除那些自己并不是很感兴趣的，这样就可以减少本无意申请或条件不符的求职者数量，最终降低员工的离职率。

■ 员工推荐

对用人单位来说，在职员工是寻找求职者的一个有利资源。[18] 在职员工能够推荐一些他们认识的人以供雇主考虑。绝大部分的企业都会接受推荐，尽管其中只有一半有正式的规定。在一些企业，如果雇员所推荐的求职者在一定的时间内在工作上是被认可的，该雇员将会得到一定的奖金鼓励，奖金数额通常在几百美元至上千美元不等。为了保证付给推荐者的奖金的回报率，应该事先制定一个良好的绩效考核系统以考核被推荐入职的新员工。同时还需要一个良好的求职者绩效追踪系统以保证在奖金发放之前，新员工的表现是稳定的。还有一些企业采用更独特的激励机制。位于美国威斯康星州道奇维尔市的 Lands' End 公司为每一个推荐者提供评选机会，获胜者将获得免费观看 Green Bay Packers 球赛的奖励。

推荐制度有许多潜在的优势，包括降低招聘成本、提高招聘质量、减少招聘时间，以及加强与在职员工的联系等。研究表明，通过雇员推荐所招聘的员工离职率通常比较低。

雇员推荐制度也可能因为多种因素而失败。如员工可能缺乏推荐的动力和能力；另外，员工有时无法意识到招募对于一个企业的重要性。所以，除了为成功的推荐提供奖金外，企业还需要通过一些特殊的奖励和认可来鼓励雇员参与。有时员工的推荐或许无法达到人岗匹配，主要是因为他们对空缺职位或职位要求缺乏了解。因此，需要时常就职位空缺情况和职位要求与在职员工进行沟通。

■ 员工网络

虽然员工网络并不是正式的推荐机制，但许多企业开始利用它来抓住潜在的招募机会。这样的网络可以是一个人自己的交往圈，也可以是正式的业务活动和职业往来。

另一个寻求求职者的方式是通过社会网络，通过朋友或认识的人将雇佣需求方和供给方联系起来。许多招募人员开始依靠社交网站来寻找合适的求职者，例如 Twitter，Jobster，LinkedIn，Facebook 等。[19] 近几年，使用社交网站的人数在大幅增加，尤其是在年轻劳动力群体中，这样就导致无法获得在某一特定时点究竟有多少人在使用这些网站的可靠数据。利用社交网站有其优点。因为大多数使用者都是根据其专业领域或共同的工作经验联系起来的，因此可以提供接触具有相同特定技能的潜在劳动力群体的可能。一些专业的社交网站会鼓励它的使用者说明其工作所在的行业和领域。招募人员还可以在这些网站上创建自己的网页，通过私下的沟通来吸引潜在的求职者。通过了解已经在企业就职的人的社会网络，就可能找到那些已就业且当时不太需要找新工作的消极的候选人。在一些失业率较低的领域，例如工程、卫生保健和信息技术领域，这些消极候选人极有可能成为潜在求职者的主要来源。与传统的推荐机制一样，使用电子网络的一个最主要的优势就是企业在招募活动中可以得到其现有员工的帮助。然而，许多招募人员发现这些社交网站是缺乏效率的，因为大部分的消极候选人对企业所提供的工作邀请并不是很感兴趣。而且企业在使用社交网站时，由于涉及候选人的个人信息，如婚姻状况、健康状况、人口数据等，会面临法律或道德上的问题。这些社交网站长期的发展前景肯定会随时间做出相应的调整和变化。

■ 广告

吸引求职者的一种简便的方法就是在报纸和行业杂志上张贴广告，或者就是互联网网页中的广告。广告还可以通过广播或电视进行传播。此外，有线电视频道有时还会有"职位秀"。广告制作费用往往较高，因此需要时刻对其进行密切监视以保证收益。通过观众群人口统计的市场数据，企业可以在各种针对不同人群的媒体终端做广告，进而达到申请者多样化的目的。调查结果显示，求职者往往对可以反映他们所在人口统计类别的广告有积极的反应，这一点在进行媒体宣传时值得企业注意。[20]通过对每一个广告的反应进行监视，随后当职位空缺出现时，企业便可以更充分地做出使用哪个广告的决定。为了对广告进行追踪，每一个广告都应该进行编码以评估其效果。接着，当企业收到作为对广告的反馈的求职者的简历时，这些简历也会被编号，这样就可以计算出相应广告的效果了。

对广告编号的过程较为简单。例如，为招募一位人力资源副总监，一般会在各种各样的人力资源杂志上刊登广告，如《人力资源杂志》，或者其他的商业发行物，如《华尔街日报》。为了追踪广告的反应情况，根据他们所看到广告的不同媒介，求职者被要求联系不同的就业部门，《人力资源杂志》的读者联系部门 A，《华尔街日报》的读者联系部门 B。因此，那些投递至部门 A 的简历就会被编号为对《人力资源杂志》的回应，而投递至部门 B 的简历就会被标记为对《华尔街日报》的回应。

■ 就业网站

就业网站起初仅仅是作为职位告示板——职位信息和简历的数据存储器而存在的，而现今已逐步进化成独具特色的招募和浏览中心。[21]只要用人单位支付费用，许多就业网站就会向其提供类似于定向目标广告、视频广告、雇佣前的筛查，以及申请人跟踪等服务。对于工作搜寻者来说，就业网站有许多资源利于他们探索不同的职业通道，提供职位的社区的信息，以及现任和以前的雇员通过留言板就不同企业的文化和管理实践发表的意见。

每年有成千上万的求职者在就业网站上传简历，截至 2007 年在线注册的网站就至少有 40 000 家。虽然无法得到就业网站使用量的准确数据，但最近的估计表明就业网站已经成为继熟人推荐后第二大招募渠道。微软公司的简历中有超过一半都是通过互联网接收的。另一方面，研究显示来自电子公告板的就业征集信息与企业网站或校园就业办公室的面对面招募相比，在公信度及信息量上水平是比较低的。因此，网络渠道的使用应该有其他包含更多人际接触的方法作为辅助，否则不应该使用。[22]

使用互联网进行招募的困难在于，许多专门为招募设计的网站很快就会变得无法使用。相反，几乎每天都有新的求职网站产生。因此我们无法假设一个公司过去用过的求职网站今后也会是好的选择，或者这些网站甚至会消失。任何对互联网工作公告板现有状况的总结都应该是有所保留的，因为互联网招募的概貌是风云突变的。互联网招募的另一个问题就是越来越多的信息盗用，有些张贴在网站上的招募信息只是为了获取个人的重要信息或骗取手续费。

在通用性就业网站上发布职位。本书的绝大多数读者对大型就业网站很熟悉，因此我们很容易忘记早在 1994 年，就业网站还被认为是一个冒险且没有前景的提议。从那以后，一些先行者和较大的投资者就抓住了最大的市场份额。三大就业网站分别是 monster.com，careerbuilder.com 和 hotjobs.com，三家网站加起来估计占据了外部互联网招募的绝大部分份额。用人单位可以通过 www. hiring. monster. com 登录 monster.com，据估计在 2007 年其数据库中就有 7 300 万份简历和超过 100 万个职位公告。可以通过 www. careerbuilder. com 登录 careerbuilder.com，类似地，据估计其每月有 2 100 万次访问量，以及 100 万个职位公告。

如前所述，通用性就业网站并不局限于简单的招聘广告。这些网站服务总是在快速发展，许多已经提供在线创建和审批求职申请，管理招募任务，跟踪空缺职位及应聘人员进展情况，报告招聘时间、招聘成本及平等就业机会等招聘指标。几个较大的就业网站在本地的报纸上发展了广泛的交叉使用关系，有效地融合了本地媒体与强大的技术优势和大型网站用户群在信誉和名称识别上的优势。[23]

在专业性就业网站上发布职位。正如之前所描述的，尽管开放式招募有诸多好处，但是仍然有可能通过小型专业性就业网站实现基于网络的更具目标性的招募。[24] 小型专业性网站针对特定的职位（从护士到地理学家，再到冶金工人，都有相应的就业网站），针对不同的行业（体育、医药、运输、公用事业），或针对不同的地区（不同的城市、州、地区都有它们自己的网站）。越来越多地，就业网站同样也开始针对蓝领工人。想要了解针对特定职位的小型就业网站的具体例子，招募人员可以在互联网上搜索"就业网站"，再加上所感兴趣的职位。尽管小型就业网站不可能含有大量的招贴广告，但总体来说，这些更具针对性的小型就业网站据估计可以占到整个互联网招募的 2/3。有经验的招募人员声称，相比那些来自常规工作网站的申请者，小型就业网站的访问者通常质量更高且对具体的工作更感兴趣。

小型就业网站同时还在不断发展以迎合一些特殊的群体，包括针对女性、非裔，以及拉美裔。当企业试图提高工作场所多样化，或者是正在执行一项行动计划时，需要考虑在各种不同的、具有针对性的就业网站上张贴招募信息，作为其搜索策略的一部分。调查数据显示申请人相信在目标性网站上张贴招募信息的企业更倾向于劳动力多样化，这就意味着多样化导向的招募广告的重要性。[25]

搜索基于网络的数据库。与积极地在网络上发布职位信息相比，利用互联网招募的另一种（但不是互斥的）方法是直接搜索申请人而不发布任何招募信息。在这种情况下，当申请者上传的简历符合用人单位的标准时，简历就会被转发至该用人单位。这种机制允许根据不同的搜索标准对数据库进行搜索，这些标准包括工作技能、工作年限、教育水平、专业、GPA 等。申请者在数据库中发布他们的简历或其他信息的费用从 0 到 200 美元不等，或者更多。对于用人单位来说通常都会有费用，具体的花费取决于企业订购的不同数据库以及购买的服务。许多数据库都允许企业利用布尔逻辑（Boolean logic）进行检索。例如，若招聘人员想要为位于迈阿密的生产设备制造商搜寻潜在人力资源经理的简历时，就可能需要输入"人力资源＋迈阿密＋制造业"。

求职网站的优缺点。基于网络的招募对用人单位来说有许多好处。没有其他方法可以比公布职位招募信息更快地搜索到更多的人。当招募需求大时，这样的优势尤其明显，而不管劳动力市场是国内的还是国际的，或者由于某些必要的职位要求的特殊性而需要更大的网络平台。此外，使用就业网站可以更快地发现候选人。大多数就业网站的系统可以全天 24 小时进行简历数据的接收和输出，其可检索的数据库使得获取理想候选人的信息更加便利。通常认为互联网招募具有成本优势，尤其是比较在《洛杉矶时报》上发布招募广告的费用和购买在线数据库的花费时，这无疑是正确的。最后，就业网站还具有管理上的便利性（同一个企业中许多人都可以进入数据库，这省去了许多材料复印、整理等工作）。

过去网络招募的一些缺陷——具体而言，就是绝大多数的申请人都具有计算机背景，且大多数网站使用者都是男性白人——看起来正在得到改善。另一方面，网络招募并不是能够让申请人和用人单位达到匹配的神奇解决方案。不管怎么说，决策者需要参与到网络招募中。实际上，一些大型企业甚至设置新的职位，专门负责网站和数据库的管理。值得注意的是，无论一个系统如何堂而皇之地承诺可以筛选出合适的申请者，都仅仅是一个搜索条件，仅仅是一个粗略的筛选（例如，基于工作年限、教育背景、广泛的专业知识）。与所有的渠道一样，就业网站需要与其他渠道相比后进行评估，以确保它可以达到预期的目的。同时，用人单位还必须认识到，目前就业网站是不可能作为招募活动的唯一来源的。使用就业网站的成本需要与其收益进行比较考虑，包括合格的申请人的数量，这些申请人的质量，以及其他标准，如要约的接受率、离职率等。

■ 高校及就业指导办公室

高校拥有许多适合专业技术岗位的专业技术人才。许多高校都设有就业指导办公室来专门负责毕业生与用人单位之间的匹配问题。调查显示，与公司网站或电子招募公告板相比，校园招募更具有信息量和公信力。[26]实际上，招募专家发现，许多精通技术的 80 后并不喜欢运用社交网络或其他网络求职工具，他们更喜欢通过学校就业指导中心找工作。[27]

通常情况下，就业指导中心就是联系高校的节点。然而仍需要注意的是，并不是所有的学生都会使用就业指导中心所提供的服务。学生有时不愿意接触就业指导中心，因为他们认为这样做他们将会与最优秀的学生竞争，因此极有可能得不到一份工作录用函。此外，可以与在校学生联系的其他方式还包括教授、学院领导、专业联谊会、荣誉团体、注册社团以及全国专业学会。在寻找招募渠道时，企业往往会忽视规模较小的学校，因为其生源数量似乎不值得企业这样做。为了在数量上提高学生的规模，许多小的学校通过协议绑在一起。例如，俄勒冈人文科学就业安置协会就为 8 所规模较小的公立或私立的高校提供了一个集中的招募来源。选择合适的高校进行参观访问是有必要的。

用人单位首先应该考虑的问题就是将哪些高校作为招募的目标。通常这种选择是困难的。许多企业仅关注那些对其招募而言最具投资回报率的学校，并且在相应的校园招募项目上投入巨大。其他企业，尤其是那些具有相对较高离职率的企业，发现它们需要开展更大范围的招募。因此，招募的宽度和深度取决于需要招聘的人数、招募预算以及关于深入投资还是广泛投资的战略性决定。在决定将哪些高校作为目标时应该考虑以下几点[28]：

1. 之前与该校学生合作的经验，包括现在的雇佣质量（用绩效和离职率来决定）、录用函的接受率、技能、经验，以及职位涉及领域的培训情况，这些都要予以考虑。

2. 高校的排名。《美国新闻与世界报道》《高尔曼报告》和《彼得森指南》对高校的综合能力与各种学位课程进行排名。《商业周刊》《华尔街日报》和《金融时报》提供商学院的排名。由于来自高排名教学项目的申请人市场价格往往较高，企业在聘请时需要考虑是否具有可观的投资回报率。

3. 评估在某一特定高校进行招募的成本。高校位于企业附近往往就意味着企业可以大幅节省交通资源（无论是招募人员到校园去招募，还是将申请人带到公司进行面试）。

企业可以通过多种途径与高校建立高质量关系。关键的任务就是与就业指导主管保持良好的关系。尽管多数就业指导主管希望企业的招募过程愉快且有效率，但他们仍然可以通过许多方面对企业雇用高质量毕业生造成额外的影响（例如，与学生就什么是好雇主的非正式谈话，提醒招募人员注意优秀的候选人等）。与高校建立高质量关系的另一种方法就是保持合作关系。这种合作可以通过多种形式达成，越来越多的企业在与高校或学生建立关系时变得更加主动且富有创造性。一些投资银行、咨询公司和其他企业在每所高校平均投资 50 万美元或更多，用于职业研讨会、学生的奖励和好的餐饮。安永在哥伦比亚大学设立研究室，通用电气赞助了康涅狄格大学的一个电子商务实验室。[29]还有的企业采用其他非常规的方式。联合包裹服务公司（UPS）曾在招募会上雇用按摩治疗师为学生提供按摩服务。福特公司允许学生试开福特和美洲虎，道汽车系统公司则举办小龙虾餐会。

当然，关系的建立并不仅仅是花钱这么简单，而且小型企业很少有机会拥有这样的资源。除了与就业指导主管保持良好的关系和提供资金支持，招募人员还需要与其他关键人物建立良好的联系，如学院副院长、就业指导中心的其他员工、关键教职工、学生组织成员等。不仅是招募期间，在平时与这些人保持联系也是十分重要的。最后还需注意的就是所有的活动都应该是得到许可的。曾有一家互联网公司由于给学生提供宝马汽车作为签约奖金，而没有告知就业指导中心有这项计划，被一家著名高校的 MBA 项目禁止。[30]

■ 职业介绍所

职业介绍所是非豁免员工及低层豁免员工的来源之一。这些职业介绍所通过联系、筛选将申请人介绍给用人单位，并索取一定的费用。费用的多少取决于是否将候选人安置到合适的岗位，通常是候选人初始工资的一定比例（约 25%）。当经济不景气时，用人单位会减少职业介绍所的使用及（或）试图在费用上协商谈判以控制成本。

在选择职业介绍所时还需要特别注意，要参考之前其他企业使用职业介绍所的情况，因为不乏对一些中介机构劣质服务的指控。比如，它们会给企业提供大量的简历，然而这些简历良莠不齐。一个优秀的中介机构会为其客户企业筛选剔除不符合条件的申请人，以避免大量简历对客户企业造成不必要的麻烦。而较差的中介会向求职者和用人单位传递不实的信息，当中介机构只考虑配置速度和收益，却忽视"一锤子买卖"所造成的成本时，这种不实的信息就极有可能产生。优秀的中介机构致力于发展长期业务，因此不会造成信息不实，导致离职的发生。较差的中介有可能会催促经理人在尚未确定或违背自己意愿的情况下做出决策。同时，它们还会绕过企业人力资源部工作人员以期与个别经理谈判达成"特殊交易"。这种特殊交易的费用可能会高于与人力资源部门协商达成的费用，并且有可能忽视符合条件的少数族裔和女性。优秀的中介机构不会对经理的决策造成影响，不会达成特殊交易，或者是回避人力资源部门。最后，当双方就各自的权利和义务达成一致时，还需要签署协议。

■ 猎头公司

当需要雇用的是高层专业技术岗位，或工资为10万美元或以上时，可以依靠猎头公司。与职业介绍所相同，猎头公司的主要任务也是联系、筛选候选人，并将简历提供给用人单位。猎头公司与职业介绍所的不同之处在于两个方面：第一，与后者相比，猎头公司主要是针对那些层级较高的职位；第二，猎头公司的主营收入主要是以聘用费的形式获得，而不是类似提成的劳务费形式。以聘用费为收入形式时，无论就业安置是否成功，猎头公司都会得到支付。这种运行模式的优点在于，从用人单位的角度来看，它将猎头公司的利益与用人单位的利益捆绑在一起。因此，收取聘用费的猎头公司不会急于提名候选人，相反，劳务费是在提名候选人后才可以获得。更重要的是，即便一个星期内没有完成招募任务，收取聘用费的猎头公司也很少会放弃。近来，猎头公司的业务逐步放缓，部分是由于比较温和的经济增长以及网络招募业务的兴起，这意味着用人单位可以在费用方面拥有更强的谈判权（无论是聘用费还是劳务费）。[31]

无论是向猎头公司支付劳务费还是聘用费，用人单位都不可能在招募过程中完全撒手不管。它们需要监控整个搜索的进程，并且在必要的情况下，督促猎头公司的工作。为了加快搜索进程，一些企业开始诉诸互联网。monster.com有一个模块是专门针对高端经理人岗位的。大多数在线数据库的一个共性问题是不包括被动候选人——这些人往往是具有符合职位要求条件的经理人但并没有积极地寻找工作。一些企业，如Direct Search of the United States，将国内企业电话名录卖给寻找经理人的企业或猎头。当然，这种行为是有争议的。更多有关招募猎头的信息见www.kennedypub.com。上面列举了几千家猎头的信息，包括它们的专业领域。

越来越多的猎头公司开始拓展测评业务，即为企业提供其高管人员的测评结果并收取费用。猎头公司涉足测评行业，在某一层面上是有意义的。问题是对猎头公司来说测评收入低于猎头的劳务费或聘用费，那么它们就倾向于将高管评估为不合标准（因为这样它们就有理由引入外部人员）。这就是为什么常常发生猎头公司的主管招聘人员不积极对一位经理人进行评估，而只是建议再雇用一名外部人员的现象。这样，猎头公司的这位招聘人员就可以得到一份相当漂亮的报酬。正是因为存在这种固有的利益冲突，组织应该在评价现有的管理团队和准备引入新的经理人时，避免使用同一家猎头公司的服务。[32]

■ 专业协会和会议

许多专业技术组织至少一年一次在全国范围内举行年度会议。这些组织中许多都会为它们的会员提供就业安置服务，当然这种招募服务会收取一定的费用。这种招募来源提供了一种可以直接接触拥有特定技术和专业资格证书的申请人的方式。一些会议还提供了吸引女性和少数群体的机会。比如，由全美国黑人工程师和科学家协会主办的年度会议。除了在年会上包括就业安置的相关活动之外，专业协会全年中也会起到就业安置的作用。[33]例如，一种惯例做法是，一些专业协会在新闻简报中同时刊登职位招募信息和感兴趣的求职者的信息。其他一些协会可能已经拥有电子化的职位和求职者库。

■ 社会服务机构

在美国，每一个州都有就业或工作服务机构。这些服务是政府利用用人单位支付的税收来提供，用以促进求职者特别是那些目前处于失业状态的人就业。一般情况下，这些服务都是针对中低层劳动力，将其推荐给用人单位。为了更好地填补职位空缺，用人单位必须与这些就业服务机构保持紧密的联系。任职资格的要求必须清晰准确地传达给服务机构，以确保适当的筛选过程。一旦职位空缺得到填补就需要及时地将这一情况告知服务机构，以免进行无谓的简历收集。另外还可以考虑联邦工作联合会项目。工作联合会的成立是为了帮助 16～24 岁年龄段的个体得到就业机会。该项目的受众目标是教育水平较低的个体，并通过一系列的职业道德和基础工作技能的培训帮助他们更好地竞争初级职位。对用人单位来说，工作联合会可以提供专业培训，对求职者进行初步筛选，以及税收优惠。当地社区的一些服务机构还为那些无力支付再就业服务的失业工人提供再就业帮助。使用这些服务的求职者同时会被列入国家就业服务体系之下。社区机构还会提供咨询和培训。

美国劳动部曾资助成立全国性的一站式职业中心，该中心为劳动者提供各种项目活动、福利以及有关寻找工作的机会。该职业中心的工作重心是为不同的人口群体提供消费者满意的服务，并与各个州的就业服务机构达到全面的整合。[34]例如，当本田公司决定在亚拉巴马州修建奥德赛工厂时，极有可能的情况就是该州会与本田公司在招募和培训员工方面建立紧密的合作关系。[35]日产公司也与密西西比州、田纳西州建立了类似的合作关系。伊利诺伊州为用人单位提供高效率、用户化的求职者筛选和推荐服务，一些用人单位，如 Jewel Companies——一家副食品连锁商店，将该服务作为其人力资源部门的延伸。[36]

■ 再就业服务

一些企业会依靠再就业服务机构来为那些失去工作岗位的员工提供帮助。通过咨询和培训的方式，再就业服务机构为工作搜寻者提供帮助，从而更好地达到人岗匹配。许多大型再就业机构具备就业资料库，将求职者及其技术资格条件进行计算机化存储。用人单位注册使用就业资料库通常是免费的。

经历人员裁减的大企业可能在公司内部拥有自己的再就业职能部门，执行与外部再就业服务机构的传统活动相同的工作任务。它们也会举行内部招聘会。这样做是为了节省使用外部再就业服务公司的费用，并且提升仍然留在企业工作的员工的士气，因为他们可能会受到朋友失去工作事件的影响。

■ 招聘会

专业协会、学校、用人单位、军队及其他相关组织会举行职业会或招聘会来吸引求职者。通常情况下，招聘会的主办方和赞助商会出现在中央位置，同时还包括大量的工作人员负责提供信息、收集简历和对求职者进行筛选。一般来说，参加招聘会的用人单位需要支付一定的费用。招聘会可以同时为组织提供短期和长期收益。从短期来看，组织可以发现合格的求职者。而从长远来看，它可以帮助提高组织在当地的知名度，进而提升组织的形象并吸引更多的求职者。

若想通过招聘会来吸引大量的求职者，必须事先做好广告宣传工作。更重要地，广告还可能需要被安排在有可能吸引少数族裔和女性的专业出版物上。为了在到场的人中吸引到合格的候选人，组织必须实行差异化的措施使自己区别于在招聘会中共同竞争的其他企业。一种做法是，向求职者免费赠送有企业标识的马克杯和钥匙链等纪念品，以提醒他们该企业的就业机会。一个更好的宣传策略可以是，为招聘会的出席者提供简历和求职信撰写方面的帮助。

招聘会的优势同样也是它的一个缺点——尽管招聘会可以使组织接触到许多人，但是一般的招聘会都会有将近1 600位求职者竞争，目的就是吸引约65家用人单位的注意。这样求职者与用人单位的数量比例就是25∶1。考虑到这一比例，用人单位与求职者的接触可能是比较表层的。为了解决这样的问题，一些用人单位转而（或者同时）将它们的资源用于信息会议，专门针对那些拥有一定技术技能的小型候选人群体。在这些会议中，企业展示关于企业本身的信息，包括组织文化、工作环境以及职业发展机会。通常还会发放赠品和宣传册。近期的一项研究显示，对组织的信息会议有好印象的求职者后期极有可能寻求在该组织中就业。其他一些研究则表明，若在招聘会中可以与组织代表进行人际互动，这场招聘会就会被求职者看做信息量较为丰富的。因此，不管是求职者还是用人单位都认为信息会议是有价值的选择，或者是对招聘会的一种补充。[37]

如今越来越多的招聘会通过网络举办。许多在线招聘会都会事先设定时限。一家在线招募网站举办的招聘会就有240家企业参与。在这些虚拟招聘会上，招募人员通过聊天室与候选人取得联系。

■ 合作与实习

现在的在校学生偶尔也会进行兼职工作。兼职的两种工作安排方式是合作和实习。在合作的情况下，学生在季度交替的基础上为用人单位工作。比如，在某一季度学生全天进行工作，然后在下一季度学生则全日上课。在实习的安排下，学生在特定时间内连续在某一用人单位工作。这些方式使得组织可以在短期内雇用兼职劳动力，同时还可以借此机会对他们进行评估，是否可以在毕业之后胜任全职工作。一位曾经和实习生工作过的经理评价道："对经理人来说，与实习生一起工作是最好的寻找人才的机会。"[38]反过来，实习生由于拥有实习经历也可以获得更好的就业机会。

实习和合作的工作任务可以采取多种形式。一种可能的方式就是让学生参与到部分阶段性业务的活动中。例如，北方一些仅在夏季营业的游乐园，在春季或许就需要雇用大量的员工并进行培训。这样一个拥有人力资源背景的学生就可以负责这些招聘和培训工作。目前越来越多的高等院校开始用学分鼓励，甚至在一些情况下要求学生必须具有实习经历作为获得专业学位的条件。[39]例如，社会福利专业的学生可能要求有在社会福利系统中实习的经历。偶尔也有经验表明，实习和合作经历并不一定有助于提高学生的技术技能。研究显示，在考虑收益成本后这种从学校到工作的方案往往不会给企业带来很高的效益。因此，组织在对实习和合作项目进行评估时，不仅要考虑学生的质量，同时还要从收益成本的经济角度来衡量。[40]

有意义的经历能使组织和学生双方受益。组织得益于可以感受到学生在其工作中展现出的新的想法，学生则可以获得学以致用的经历——在面临组织约束的现实条件下如何运用所学到的理论。出于各方利益的考虑，应该制定一份由学生、指导教师及企业三方签署的学习契约。这份学习契约从本质上成为指导学生工作行为的岗位描述。它同时还包括对学生的业绩评价指标，一方面为学术指导教师给学生打分提供依据，另一方面也有利于组织成功完成相应的工作项目。如果没有签订学习契约，企业就有可能产生不切实际的期望，这样当学生没有达到这些未被告知的期望时，会加大企业的失望程度。[41]

为了确保一定量的学生劳动力，组织可以联系高中、学院、大学以及职业技术学校的就业指导中心，同时也可以联系教师、教授以及专业协会学生分会。就业指导中心可以给用人单位提供有关就业安置需要遵循的政策，而教师和教授则可以就可供组织雇用的学生类型以及学生受益最大的组织经验方面提供指导。

■ 其他渠道

其他一些创新性的渠道同样可以使用，特别是当需要扩大搜寻范围的时候。

利益群体。许多协会可以促进其成员的利益。这类组织的两个例子就是美国退休者协会（AARP）和全国有色人种促进协会（NAACP）。例如，当家得宝公司（Home Depot）预计拥有 35 000 个新工作岗位时，它就是与 AARP 合作来进行招聘的。[42]

房产经纪人。在美国，一些经纪人为其雇主的家属提供就业服务。当一个已婚人士需要变更工作时，房产经纪人也会为其伴侣提供一份新的工作。

其他媒介渠道。尽管大多数招募人员对互联网、广播、电视及平面广告的优势非常了解，但仍然存在其他一些不常使用的媒介产品可以为招募人员在吸引候选人方面提供竞争优势。例如，伯灵顿北方圣菲铁路公司（BNSF Railway）就发现在电影院中进行招聘广告宣传可以有效地达到多样化的候选人群体，否则他们在一般情况下不会考虑在铁路行业工作。BNSF 铁路公司这种招募方式的可取之处就在于通过使用电影院广告来激发对相关就业机会的初始兴趣，再配合后续在网站中对招聘职位进一步的信息描述。其他创新性媒介招募的例子并不常见，如美国军队曾经使用非常有名的在线视频游戏《美国部队》来吸引成千上万的新兵。[43]

人才管道。 一些组织开发人才管道，用于管理那些当下并不会入职但是组织希望在未来可以吸引、雇用的个体。管理组织的人才管道意味着甚至在招聘需求出现之前就需要建立良好有效的人际关系。一些组织试图提早与高校新生建立联系，以期他们在毕业之后将本企业作为就业的考虑对象。那些与高校进行大规模合作研究项目的企业同样与教职工培养关系，就是希望最后可以吸引他们在将来的某一天到私营部门工作。许多组织建立有关高潜力人才的档案或数据库，他们目前可能还是在校学生，也可能在为其他企业工作但是却展现出较大的潜力，因此组织就会定期给他们寄送材料介绍本企业潜在的职业前景。例如，联合健康集团（United Health Group）就长期保持着对高潜力人才的高度兴趣，举办探索性的访谈面试，定期发送有关职位空缺的邮件，以及举办研讨会。[44]

以前的雇员。 以前的雇员可以作为未来求职者的一个理想来源，无论是直接重新雇用还是询问他们是否可以进行推荐。以前的员工会特别了解企业及企业内部的工作岗位。作为返聘员工，他们熟知企业及其文化，并且与组织内部其他人员相互了解。这会减少新进员工的训练成本，同时还意味着他们可以更快地投入到工作之中。作为推荐来源，他们可以提前向求职者传达他们个人的心得体会，这样那些决定申请的人就可以事先获得更充分的信息。依靠以前的雇员作为一种招募来源意味着组织需要确保与离职员工保持良好的关系，并在员工离开后保持开放的沟通渠道。许多经历周期性裁员或拮据时期缩减规模的组织，在扩张策略下同样可能寻求重新聘用之前解雇的员工。[45]

5.3.3　招募效果衡量

每一种招募渠道都有其优点和不足。对任何企业来说，选择最优的方式需要对每一种招募渠道的收益和成本进行分析评估，然后再选择最佳的招募渠道组合以满足企业的战略需求。表5—5对不同招募活动的衡量标准以及针对每一种渠道需要考虑的事项进行了一个总的概括。我们关于不同方式下求职者类型和数量的结论来源于许多对不同招募渠道进行比较的研究。[46]尽管各种招募方式的效果大致能通过数量、质量、成本和人力资源绩效等指标概括出来，但不同企业所面临的不同的劳动力市场状况仍需加以考虑，因为元分析表明不同招募变量对求职者吸引方面的影响存在相当的不确定性。

表 5—5　　　　　　　　　　　　　　不同招募来源有效性的测量

招募渠道	数量	质量	成本	对人力资源的影响
自荐求职者	取决于企业品牌的知名度	如果没有明确任职资格，求职者技能水平差别很大	申请受理和公司文员的工作时间	高培训成本，低绩效，高离职率

续前表

招募渠道	数量	质量	成本	对人力资源的影响
员工推荐	带来少量求职者	更好的匹配度，因为在职员工会将企业文化告知求职者	有时会为提高质量而提供签约奖金	高绩效，高满意度，低离职率；多样化不足
员工网络	大量潜在的个体，取决于公司员工对这些网络的使用情况	取决于该网络是否由具备相近知识技能的人组成	通过网络进行搜索以及征集申请的时间成本	可以与推荐所造成的结果相同，尽管结果是不得而知的
广告	对大众媒体广告而言，求职者数量较大；特定化媒体则数量较少	候选人水平差异性大；可以在广告中指出所需的技能要求来限制求职者的数量	广告制作成本，媒体产品使用成本	低工作绩效，高离职率，但是可以提高员工的多样化
就业网站	对大部分求职者开放，尽管专业网站所针对的群体较窄	可以通过提供特定的关键词来锁定那些具有特定 KSAO 的求职者	使用数据库服务所产生的会员费或使用费	较好的跟踪数据，可能较低的满意度和高离职率
高校及就业指导办公室	在每所学校每天约能接触 50 人	高水平的工作相关人力资本，筛选通常是基于学习能力，缺少工作经验	与高校建立关系，到对方所在地进行访问所产生的时间成本	针对无工作经验员工的初始培训和开发，可以提高平均 KSAO 水平
职业介绍所	大部分求职者是针对底层工作岗位的，几乎没有可供管理层岗位雇用的求职者	求职者会事先得到筛选；组织通常可以在雇用前将候选人作为临时员工进行试用	由职业介绍所收取费用	减少对候选人的筛选成本，提高人岗匹配度
猎头公司	可以联系到的个体人数较少	猎头公司会仔细地对求职者进行筛选，通常是有经验的候选人	支付给猎头公司的费用有时会超过被雇佣者年薪的一半	缩短人员配置时间，因为猎头公司帮助寻找求职者；费用较高
专业协会和会议	可以为每个职位空缺找到的候选人相对较少	那些参加专业会议的人通常是高投入和高质量的	参加会议，以及直接和员工进行访问的成本可能会非常高	尽管那些在会议中搜寻工作的人有可能是"频繁跳槽者"，但是会带来出色的绩效
社会服务机构	尽管含有不同技术层次的求职者，但通常可雇用的个体数量少	由于缺乏技术技能，求职者往往很难通过其他途径找到工作	利用服务机构雇用员工通常有财务方面的直接诱因	存在潜在的高培训成本，多样化程度较高
再就业服务	仅有少量的个体可供雇用	尽管他们被解雇的原因尚未明确，但这些求职者往往都是经验丰富的	用人单位进行注册往往是免费的	员工因为有经验，所以培训成本较低；对工作绩效的影响不得而知

续前表

招募渠道	数量	质量	成本	对人力资源的影响
招聘会	每位招聘人员每天可以联系约 40 名求职者	通常会吸引对本企业或本行业有所了解的求职者	尽管这是筛选候选人较为有效的手段，但宣传和承办费用往往也较高	可以提高员工的多样化程度，对绩效、满意度的影响尚未明确
合作与实习	在许多组织，只有少数实习生最后可以被雇用	正规教育程度较高，但普遍缺少工作经验	付薪实习生的费用可能会非常高，而对于非付薪实习生来说，可以节省许多成本	那些最后被雇用的人会事先经过筛选，应该会带来高绩效水平和低离职率

■ 足够的数量

企业搜索方式的覆盖面越广，就越有可能吸引到更多的求职者。那些本质上越具有针对性的招募方式，就越会得到一个相对较小的求职者数量。需要注意的是，一些范围较广的招募方式，如广告和互联网招募，可以覆盖成千上万的个体，然而对于企业来说吸引太多的求职者有时并不是一件好事，因为涉及处理这些求职信息的成本问题。

■ 充分的质量

有的招募方式可以直接将用人单位与拥有特殊技术的雇员库联系起来，这样可以为用人单位在筛选上节省资金，但是搜索范围越窄，企业越有可能陷入漫长的搜寻过程中。

■ 成本

任何一种招募方式的成本，是涉及联系求职者以及处理申请信息的直接花费。一些招募渠道，如电台广告，将信息定制化并为雇员提供反馈的精细的门户网站，以及猎头公司，所需的花销都是相当大的。然而当组织招募需求较大，符合职位所需技能的劳动力供给不足，或者需要招募的是企业的核心岗位时，那么这些方式的采用就是值得的。相反，当雇佣需求较小，或所需的 KSAO 很容易在劳动力市场上获得时，企业将会发现低成本的方式如求职者自荐式招募或推荐的方式可以满足它们的需求。一些付费的服务，例如职业介绍所，同样可以低成本处理申请，因为求职者群体已经按照相关的 KSAO 提前做好了筛选。

■ 对人力资源结果的影响

有相当数量的研究已经针对不同招募渠道的有效性做出分析，可以作为有关哪种渠道最有效问题的起点。研究将有效性定义为招募渠道对提高员工满意度、工作绩效、多样化，以及员工保留的影响。有证据表明，总的来说推荐和工作试用更有可能吸引那些对企业及其文化有较好认识的雇员，因此他们更倾向于高满意度、高劳动生产率和低离职意向。相反，平面广告、职业介绍所等招募方式则更容易产生低满意度和低生产率的雇员。任何有关招募渠道有效性结论的得出还应该考虑的事实包括组织的地理位置，报酬和福利的提供，员工的类型，以及典型求职者的经历和教育水平等，这些都会影响招募渠道的有效性。

5.4　搜　寻

一旦招募计划和策略制定阶段完成，接下来就是积极地实施搜寻工作了。寻找合适的候选人首先需要做的是形成信息，然后就是选择传递这些信息的媒介。下面依次考虑这些步骤。

5.4.1　沟通信息

■ 信息的类型

针对求职者的沟通信息的核心内容可以是传递事实的，体现企业的雇佣品牌的，或是目标性信息。

事实性招募信息。事实性招募信息是以事实为基础描述企业和职位，而不是企业认为的求职者想要听到什么。企业习惯于以一种过于正面的口吻描述自己，夸大受欢迎的价值观如风险承担，同时对一些不受欢迎的价值观如制度导向仅是轻描淡写。一些人认为这样的做法无论是从道德的角度还是实践的角度来看，都不是传递给求职者最佳的信息。这种大肆宣传加入某一组织的好处的方法对于军队来说是可行的，因为招募到的新成员必须在军队待够 3～5 年的时间，但对于普通的雇员来说，一般没有这样的义务。

经过充分调查后的招募信息就是大家熟悉的所谓事实性工作预览（realistic job preview，RJP）。[47]根据这种做法，通过口头的、书面的或者是视频影像的方式，求职者被告知某一工作职位究竟是什么，类似于提前接种疫苗。[48]表 5—6 举例说明了一份 RJP 所可能包含的特征。它显示了基础教育教师工作的许多特征。需要注意到这些特征都十分具体，且同时包括优点和不足之处。像这样的信息传递给求职者的就是"用事实来说话"。

表 5—6　　　　　　　　　　招聘小学教师的 RJP 中工作特征的例子

正面工作特征

提供牙科险

鼓励创新性教学方法

附近高校听课的机会

为教师提供大量教辅人员

负面工作特征

在过去 3 年中工资平均增长率仅为 2％

班级规模较大

一天的在校时间较长

与社区的互动不够好

接种"疫苗"后，求职者就可以决定究竟是否愿意在某一企业工作。RJP 所期望的是求职者可以自主选择进入或退出企业。通过选择进入一家企业，求职者对于工作就会有更强的承诺感，反之则不然。当一个求职者自主选择退出时，企业不会面临有关招募、筛选、培训以及支付报酬的成本，导致求职者离开的原因仅仅是所提供的工作职位不符合其期望。

有关 RJP 有效性的大量研究显示，RJP 在某种程度上会促使更高的工作满意度和更低的离职率。这种结论看起来是正确的，因为通过帮助求职者对未来的工作职位形成正确的预期，有助于他们在被雇用后更好地应对与处理工作需要。RJP 同样还可以使雇员相信用人单位关心他们，会对他们坦诚相待，这样就会形成较高的组织承诺。

尽管近期的观察表明 RJP 不会对招募过程中的人员损耗造成影响，但仍然可能会致使求职者退出招募过程。对于那些青睐使用 RJP 的雇主来说，这极有可能是一个大新闻：给求职者提供真实的信息可以使雇主获得高满意度和承诺感的雇员，同时又可以保持职位对求职者的吸引力。但考虑到那些被真实信息"吓跑"的求职者，这种判断就成为一个问题。那种认为高质量求职者更容易排斥真实信息的想法似乎是合理的，因为他们往往有更多的选择。事实上，研究表明 RJP 对于吸引求职者方面的消极影响特别体现在高质量的求职者以及有相同或相似工作经验的人上。

尽管 RJP 可以造成轻微的积极结果（提高新员工的工作满意度、降低离职率）和消极结果（降低雇用到高质量求职者的可能），但这些结果都会受到其他一系列因素的影响。40 项针对 RJP 影响的研究表明，RJP 仅有较弱的影响，但是在某种程度上这些影响又会受到其他一些因素的干扰。从这些研究发现中可以总结出下列一些建议：

● 在招募过程的一开始就采用 RJP，与雇用前后采用相比，对降低雇用后离职率的影响较小。

● 与雇用前的 RJP 相比，雇用后的 RJP 会导致更高的工作绩效水平。

● 与书面的和视频的 RJP 相比，口头的 RJP 更可能降低离职率。

● 当企业在提供 RJP 后通过一些手段（如签订合同、提供高于市场的工资水平等）控制一段时期的离职率时，RJP 更不容易导致离职的发生。

总的来说，这些研究表明 RJP 应该采用口头的方式（而不是通过书面或是视频影像），而且运用于招募后期或许更好（企业不应该最初就将 RJP 作为公布给求职者的一部分）。[49]

雇佣品牌信息。 渴望在潜在求职者心目中塑造良好形象的企业，应该开发雇佣品牌来吸引求职者。雇佣品牌是一个好的"企业标签"，这样的标签存在于职位候选人的观念里，给企业塑造了一个"不错的工作场所"或"值得选择的企业"的形象。一个企业的雇佣品牌与其产品市场的形象紧密相关。与一般的产品认知相同，一个企业的雇佣品牌被越多的"消费者"（在这种情况下为潜在的求职者）认知，他们就对申请某一职位越感兴趣。[50] 被潜在求职者熟知的企业可能并不需要在其职位招募广告中投入过多。那些拥有知名产品的著名企业，如微软、苹果、索尼和迪士尼，通常会吸引比其职位所需更多的求职者。低知名度的企业则需要积极地宣传其雇佣品牌以吸引更多的求职者。小企业若想强化其独特的品牌，最好的方法之一就是集中在企业最具吸引力的特征上。公司品牌专家也鼓励企业通过比较自身和竞争者的雇佣条件，确定自己的独特之处，然后在企业招募信息中强调这些独特的优势。在品牌策略的指导之下，美国海军曾经宣称海军是一个由战士组成的精英队伍，而并非强调登记入伍后所提供的资金优势。

强化雇佣品牌的一种方法是登上《财富》杂志公布的 100 强最佳雇主名单。被提名意味着向求职者传递了这样的信息：我们公平地对待每一位员工，我们的每一位员工都热爱他们的工作，我们为员工提供丰厚的报酬。显然，这会是一笔巨大的招募资产。西南航空公司作为长期上榜的成员，其每个职位空缺都会有平均 80 位竞争者。

除知名度之外，还可以依靠价值观和企业文化来塑造雇佣品牌。例如，通用电气公司长期宣传其高绩效期望，就是为了吸引具有成就动机导向并追求相称报酬奖励的求职者。企业官方网站往往被用作传递企业文化、强调这一雇佣品牌的工具。许多企业网站会提供有关企业历史、文化、多样化、福利以及具体工作的信息，这些信息都放在招聘和职业有关栏目下面。这些企业的网站具有充足的信息量以了解它们为求职者提供了什么。例如，默克公司的网站就显示了一个组织的专业发展和社会责任，而高盛投资公司强调绩效和成就，可口可乐则强调全球机遇和乐趣。

塑造雇佣品牌有诸多可能的好处。显而易见，一个具有吸引力的雇佣品牌可以帮助企业吸引更多有能力的理想求职者。此外，它还可以帮助保留那些起初就是被这一品牌吸引的在职员工。研究表明，被认可的雇佣品牌可以在新员工中形成组织承诺。[51]一个有工作自主性和高薪待遇的雇佣品牌对于求职者来说是非常有吸引力的。[52]

调查显示拥有雇佣品牌可以为企业吸引到求职者，其作用甚至超过了工作岗位和企业特征。有证据还表明，若企业可以在招募活动早期，如推广或宣传企业的阶段参与其中，则更有可能对外展现它们的品牌形象。[53]

目标性信息。 一种可以提高人岗匹配的方法就是针对某一特定群体发布目标性招募信息。不同的群体希望从雇主那里得到的报酬形式不同。尤其是那些特殊求职群体，如青少年、高龄劳动者、残疾人、无家可归的人、退伍军人、失去生活来源的家庭妇女，会有特殊的需求。比如，高龄劳动者会寻找那些可以满足他们经济需求（例如，补充社会保险）、安全需求（例如，再培训）和社交需求（例如，可以与他人进行沟通互动的场所）的雇主。而高校学生则更青睐基于个人表现而非团体的奖励和晋升机会，因此更容易被这样的企业吸引。同时，大多数高校学生更喜欢工资形式而不是奖金形式的报酬。[54]

■ 信息的选择

不同类型的信息——事实性的、品牌性的、目标性的——在相同情境下的效用是不同的。选择哪种信息取决于劳动力市场、空缺职位的特征，以及求职者的特征。

表 5—7 总结了三种不同类型的信息。如果劳动力市场紧俏，难以获得求职者，那么事实性的信息就不是一种有效的方法，因为随着候选人主动退出求职者群体，

在收紧的劳动力市场上，可供用人单位挑选的候选人很少。因此，如果雇用的目标仅仅是在短期内填补职位空缺而暂时又不用担心离职率，那么事实性的信息效果不好。当然，如果劳动力供应充足且离职率又是当前要解决的一个问题，那么事实性的信息就是合适的。

表 5—7　　　　　　　　　　　　　不同信息类型的比较

	包含的信息	求职者的反应	潜在缺点	建议使用条件
事实性的	关于工作和组织的真实情况，有利的或不利的都会予以描述	一些求职者会自主选择离开；留下来的则对工作有更好的理解并且离职的可能性较低	最优秀的潜在求职者可能会因为工作的现实情况而选择离开	劳动力市场宽松或离职对企业来说成本较高
品牌性的	在市场营销原则的基础上制定具有吸引力的描述，重点要突出组织的特色	形成对组织正面的印象，对岗位的申请意向增加，对岗位福利有更好的期待	内容上过于华而不实的信息会导致员工在入职后的满意度较低	劳动力市场紧俏，或岗位空缺为高附加值工作
目标性的	广告主题的设计目的是吸引特定的雇员群体	组织提供的申请信息和特定的申请人群体可以达到更好的匹配	对广告中指出的某些工作特征不感兴趣的求职者可能因此放弃申请	需要特定的 KSAO，或是试图寻求一种特定类型的求职者

在劳动力市场收紧期间，品牌性的或是目标性的信息在吸引求职者方面更加有效。因为存在申请工作的引诱要素，吸引力就增强了。因此，相比而言，求职者更有动力申请具有吸引力的、目标性信息的企业。当经济放缓时，劳动力供应充足，品牌性的或是目标性的信息成本就会超出必要。同时，它们还会给求职者树立错误的工作生活预期，由此导致离职现象的发生。

求职者对一些工作的实际特征会比对其他工作有更好的了解。例如，服务部门，像出纳，与大众的接触程度较高。对于这些岗位来说，采用现实的信息描述就有可能是多余的。其他的工作，如户外销售岗位，人们对其了解较少。对于那些没能看清其不光辉一面（例如，过多的旅途和文书工作）的潜在求职者来说，这些工作往往是令人向往的（例如，销售提成）。

有些工作看起来似乎更适合一些特殊群体，因此，目标性的方式就会是有效的。例如，年纪较大的雇员往往具有社交需求，那么一份需要大量与公众接触的工作便可以满足这一需求。企业这时便可以利用不同工作的这些特征来吸引相应的求职者。

工作岗位给企业所带来的价值同样会影响对招募信息的选择。与低价值岗位相比，组织更有理由在招募时给予高价值岗位预算上的厚爱。由于这些岗位对企业如此重要，以至于企业愿意提供超额的引诱物来吸引高资格条件的候选人。

与其他人相比，有些求职者的态度和行为不太容易受到招募信息的影响。比如，近期的一项研究显示，事实性信息对于那些之前有过相当工作经验的人影响较小。[55]当来源看似并不可信时，目标性信息就不会有什么好的效果。[56]经验丰富的求职者相比经验不足的求职者，更容易被高细节性的招募广告打动。[57]诱因对于那些单身的或是有相当财富的求职者来说也不是特别有效。

5.4.2 沟通媒介

不仅信息本身是招募过程中重要的一部分，而且选择用以传递信息的媒介同样重要。最常见的招募媒介有招募手册、视频及视频会议、广告、直接接触和在线服务。

有效的沟通媒介体现在其丰富性和可信度上。内容丰富的媒体渠道允许即时的个人反馈，并提供一系列不同的信息载体（如图像、文字、数字和图表等），同时它们还根据不同用户的具体要求提供定制化的服务。可信的媒介渠道则传播那些真实、准确、完全的信息。调查显示那些传递丰富和可靠信息的企业往往更容易在受访者中形成正面形象。[58]如果信息看似来源于雇员个人，而不是来自企业的招募办公室，那么这样的信息更有可能被认为是真实、公正的。广告专家同时指出，招募人员需时刻记得向潜在的求职者推销他们的品牌，因为纯粹的重复和一致的促销信息会增强信息的有效性。

■ 口碑相传

一种组织无法直接控制但在寻找潜在工作机会方面最有效的沟通方法是口碑相传。[59]口碑相传内容涉及企业声誉、就业实践和能够给求职者留下深刻印象的雇主等非正式的企业信息。因为口碑相传通常来源于那些对"销售"工作没有既得利益的人员，所以信息被认为更为可信。求职者在提问与得到答案间使其成为内容非常丰富的信息来源。有些口碑相传已不再是面对面的，因为微博和社交网站同样可以交流雇主信息。

企业如何控制口碑相传呢？方法之一是与现有雇员培养良好的关系，充分认识到对待雇员的方式会影响潜在求职者对企业的印象，因为他们会从中看到自己被雇用后将会被如何对待。这就意味着要令企业目前内外部劳动力都对工作感到满意。企业也应该通过现有员工在线评价，有意识地塑造雇主品牌形象，这些评价可以作为一种虚拟的口碑相传。虽然求职者可能会对企业网站信息持有怀疑态度，但是一份来自企业在职员工的评价仍然比传统介绍更具有说服力。

■ 招募手册

招募手册通常是直接寄送至求职者手里的。由于其中包含的信息往往详细具体，招募手册一般比较冗长。招募手册除了包含工作岗位的信息，还会包括企业及其地址的相关信息。除文字之外，它还会加入一些图片来描述工作的各个方面，如组织所在的城市和目前的合作伙伴。这些展示组织特征的方式会加强这一招募技术的丰富性。

采用招募手册的优点是，组织可以控制宣传对象的范围（即谁可以得到这些手册）。同时，它可以比广告涵盖更多的内容。缺点就是成本较大，而且由于招募手册显然是企业的一种宣传手段，因此常常被认为是缺乏可信度的。

成功的招募手册：（1）相对于同行业的其他企业，有一个特殊的主题或观点；（2）在设计和图片上有视觉独特性。好的招募手册的格式是开头对组织进行一般性的描述，包括组织的历史和文化（价值观、目标、品牌），接下来是对雇佣程序的介绍，然后是对薪酬/福利及绩效管理的描述，最后再加上联系方式信息。

■ 视频及视频会议

视频可以和招募手册一同使用，但绝不可以仅仅是后者内容上的简单复制。招募手册应该被用作基本事实和信息的载体，而视频则传递有关企业文化和气氛的信息。位于密尔沃基的专业营销服务公司专门帮助组织制定"形象"。作为"形象"的一部分，可以突出组织所在城市的某些特征，如气候、住房市场、教育系统、教堂、表演艺术、观赏性运动、夜生活和节假日。这些信息可以通过录影带、磁盘、光盘、交互式光盘以及互联网等渠道传递给工作搜寻者。视频磁盘同样也可以做成交互式的，以便工作搜寻者提交电子申请，获取其他信息，甚至安排面试。

另一种与求职者沟通的形式是视频会议。[60]组织代表不是亲自与求职者见面，而是通过一台显示器，在异地与求职者进行面对面的谈话。一些网站，如 Skype 就可以用于视频会议。过去，视频会议所需的技术成本较高，但近几年有所下降。更重要地，这项技术使得组织可以对多个地方或较远地方的求职者进行筛选，而并不真正需要到达相应的地方。由于节省了差旅费，搭建视频会议平台的一次性投入反而节省了成本。许多高校的就业指导中心现在都有能举行视频会议的设备。

■ 广告

考虑到在商业出版物的广告费用，与招募手册相比，广告要简短扼要得多。遗憾的是，正是由于大多数广告的持续时间较短，它们可能传递的信息就不太丰富。一般，出版物的发行量越大，其所需的广告费用也就越高。

除商业出版物之外，广告还会出现在其他不同的地方。在地方、区域及全国性的报纸上，在电视与广播里，在讨价还价的购买者身上，在门外的拉环上，在直邮广告及送货车上，都可以发现广告。因此，广告可以被用作面向更广的市场范围。几种不同的广告类型有[61]：

1. 分类广告。这类广告按字母顺序出现在报纸的"帮助需要"板块。一般这类广告的类型及风格选择都是有限的，且通常只占报纸的一列宽。这类广告一般被用以低成本快速收集低端劳动力的信息。许多规模中上的报纸将它们的广告放在网上，以面向更多的潜在求职者。尽管现在电子招募是一个大趋势，但是调查显示在招募小时工上，平面广告仍然保持着重要的地位。

2. 分类显示广告。分类显示广告在类型的选择及版面位置上均有更大的自主性。分类显示广告无须按字母顺序排列，且可以出现在报纸的任何一个地方。这类广告的费用适中，通常用于专业及管理职位的招募。表 5—8 就是一个分类显示广告的例子。

表 5—8 针对人力资源专员的一个分类显示广告的例子

人力资源专员

ABC 保健，一家医疗保健行业的领头企业，目前正在招募一位有经验的**人力资源专员**。

该职位隶属于人力资源团队，充当运营部门的业务合作伙伴。引以为傲的是，我们的团队长期制定、改善并执行先进有效的人力资源政策和程序。

合格的候选人需获得人力资源专业的学士学位，或其他相关专业学位，如工业心理学。另外，还需要至少 3 年的人力资源专员工作经验。工作经验需涉及下列职能中的至少 4 项：薪酬、招聘、员工福利、培训、劳资关系和绩效管理。

作为对你工作的回报，我们会提供具有竞争力的工资，以及全面、灵活的员工福利。如果你符合上述资格并对我们所提供的条件感兴趣，请将简历和期望工资水平送至：

佛罗里达州，彭沙科拉 12345

邮政信箱 123

ABC 保健，人力资源部

一个平等就业机会/平权行动的雇主

3. 显示广告。显示广告拥有在出版物中设计及放置的自由。因此，这类广告的费用较高并且开始与招募手册类似。这类广告通常会在用人单位需要为多个职位空缺招募大量人员时使用。

4. 网络广告。越来越多的用人单位开始选择将广告放在互联网。这类广告有多种形式。一种是点击横幅广告，出现在任何可能访问的网页中。另一种形式在前面提到过——在一些网站中发布职位信息，如 monster.com。还有其他雇主在社交网站上设置账户。

5. 广播和电视广告。在广播或电视上做广告就是企业购买其中的一个 30 秒或 60 秒的时间档，公布特定工作类别的职位空缺招募信息。频道及播出档期的选择决定了特定的观众目标。例如，一个古典音乐电台更有可能接触到与当代流行音乐电台不同的求职者；又如一个全民体育节目的插播广告比一个全能料理王节目期间插播的广告更能吸引到求职者。电台和电视台通常会拥有可提供给潜在广告客户的人口统计信息。一些招募专家建议，为提高劳动力多样性，通过不同的社区电台或有线电视节目进行广告宣传是一种不错的方式。广播和电视广告的优势就在于它们的覆盖范围。急聘广告通常只会引起那些正在搜寻工作的个体的注意，而广播和电视广告则有可能被目前并没有找工作的潜在求职者听到。在人才紧俏的劳动力市场上，将潜在的工作池扩大至包括那些实际并没有在寻找工作的人会是一项具有现实意义的竞争优势。

■ 企业自身的网站

网站的特别之处就在于它既可以作为一种招募渠道，又可以作为一种招募媒介。当网页仅用作向潜在求职者传递有关职位和企业信息时，它就是招募媒介。然而，网页是吸引实际求职者的，尤其是可供求职者在线申请时，它便同时作为一种招募来源。

说企业的网站已经变成企业与潜在求职者沟通最重要的媒介方式一点也不为过。几乎所有的大型组织在其网站上都有职业生涯或招聘界面，而小企业至少也为工作搜寻者提供有关企业和联系方式的信息。网站不仅是传递有关职位工作信息的有力工具，同时还可以接触到那些本不愿费心去申请的求职者（或不知道怎样、在哪里申请的求职者）。因此，必须时刻注意保证企业网站对潜在职位候选人的吸引。

提高企业网站吸引力的三个核心特征是投入、功能和内容。第一，网站对求职者来说必须是生动的、有吸引力的。一些专家已经注意到在招募网站上，投入往往处于默默无闻的地位。第二，尽管投入是重要的，但同时网站还必须是具有功能性的，也就是它可以快速加载，轻松导航，以及交互式的。过于复杂的网站看似生动，但如果难以解密或加载速度较慢，那么它带来的将只会是沮丧。第三，企业网站必须包含潜在求职者期望看到的信息，包括目前存在的职位空缺、职位要求和申请步骤。最后，需要记住的是你与求职者的沟通并不止于他完成在线申请。例如，苹果公司的网站就允许求职者在他们提交申请后的 90 天内对他们的申请状态进行追踪。宝洁也有同样的做法（在线申请是唯一接受的申请方式），由于软件可以自动对在线申请打分，使得申请过程轻松了许多。或许这些技术进步并不适用于所有的网站，但企业仍然需要以这样或那样的方式告知求职者他们的申请状态。[62]

一种确保网站符合这些要求的方法就是让用户——指的是非组织 IT 部门或招募部门的人对其进行测验。关键的方面包括尽量减少需要点击的次数，在线申请过程清晰明了，以及使用动画和颜色有效吸引潜在求职者。但同时还要保持在一定的限度之内，不能做得过火。当蔻驰（coach.com），一家皮具零售商，将动画图像从网站上删除后，它的网页访问量增加了 45％。[63]

当然，一个组织网站的设计并不仅限于上面讨论的三个特征。表 5—9 全面列举了为组织招募设计网站时需要时刻注意的事项。

表 5—9   设计组织网站时需要注意的事项

1. 保持简洁——调查显示潜在的求职者会对那些复杂的难以加载的网站感到不知所措；绝不要为了"喧闹"而牺牲简洁——一个好的求职者是去网站寻求内容，而不是附加的装饰物（如背景音乐）。

2. 使网站便于访问；网页和链接应该很容易加载——研究显示通常人们等待页面加载的时间不会超过 8 秒，因此即便是效果很好的四色页面，如果需要当今生活在摩登时代的人们花时间去加载页面，结果也将事与愿违（同时确保主页中对招聘网站的链接处于显著的位置）。

3. 提供在线申请表——如今潜在候选人更希望可以在线提交申请；在线申请表不仅是候选人所希望的，同时组织还可以直接将其下载至可搜索的数据库中。

4. 提供有关企业文化的信息——允许求职者在他们的价值理念明显与组织不符时自主选择离开，毕竟你也不会想要雇用他们。

5. 包括到其他相关网站的精选链接——"精选"和"相关"两个词在这里非常重要；可以包括生活费的计算以及职业建议方面。

6. 保证重要的信息均有效地传达，以免出现不清楚的地方——清晰地指出岗位名称、位置等信息，以便求职者了解他们所申请的岗位；如果有多个岗位可供申请，可以避免他们申请错误的岗位。

7. 保证信息的更新——确保岗位信息可以定期得到更新（如每周更新一次）。

8. 评估效果并对其进行追踪——使用各种指标（点击量、申请数量、申请/点击比率、雇佣质量、网站维护成本、用户满意度、雇佣前滞期等），定期对网站的效果进行评估。

■ 直接接触

与招募手册、视频、网站及广告等沟通方式相比，一些组织选择直接与求职者接触以加强招募效果。直接接触的两种最常用的方式是手机短信和电子邮件。这些技术方式与其他招募手段相比更加人性化，因为组织亲自与具体的求职者进行接触。这种私下的联系被求职者认为更具可靠性。另外，直接接触传达的信息允许求职者个人对相关的问题进行提问，这样做显然可以提高信息的丰富程度。

然而，在当今网络垃圾泛滥的时代，需要注意的是许多人对群发邮件、自动设定的手机短信的感兴趣程度甚至还不及垃圾邮件。为了尽可能利用电子邮件进行招募，必须确保信息高度个人化，足以反映对候选人独特的资格条件的认识和理解。提供有效的邮件回复地址或电话号码，以便求职者询问有关职位空缺的信息，同样可以提高直接接触方式的使用效果。然而，个性化及定制化的回复显然会增加联系求职者的人均成本，因此，必须考虑成本以权衡取舍。

5.5 申请者反应

设计并执行一个有效的招募系统，其中一个重要的信息来源就是求职者对该系统的反应如何。对招募系统中每一个部分的反应，无论是态度上的还是行为上的，都非常重要。我们已经了解的招募系统的组成部分包括招募人员和招募过程。

5.5.1 对招募人员的反应

已经有大量的研究开始关注求职者对招募人员的行为和特征做出的反应。[64] 由于研究数据的收集主要是来源于高校，因此数据多少会有些局限性。尽管如此，仍然产生了一些关键的主题。

第一，虽然招募人员确实会对求职者的反应产生影响，但却不及实际工作职位特征所造成的影响。求职者是否对一份工作感兴趣主要取决于工作环境、组织形象以及所在地。这就意味着为展示工作岗位实际特征很好地设计和传播的招募信息不能被招募人员替代。仅仅依靠优秀的招募人员，组织是无法吸引到求职者的。

第二，招募人员对求职者的影响更有可能体现在其态度而非行为上。也就是说，遇到优秀招募人员的求职者更有可能的是对该招募人员形成好的印象，而不是在与该招募人员接触的基础上接受一份工作。然而这种态度上的影响是非常重要的，因为它为组织形成了正面的宣传。反过来，这种正面的宣传会在将来带来大量的求职者以供组织从中进行筛选。

第三，招募人员的人口统计特征并不会对求职者的反应造成太多的影响。求职者在很大程度上并不关心面试官的性别和职能。

第四，招募人员的两种行为似乎会对求职者的反应造成最大的影响。一是招募人员对求职者所体现出来的温暖程度。这种温暖可以是热情、有风度、同情，也可以是在与求职者交往的过程中有帮助作用。二是对工作岗位的认识。这一点可以通过充分了解、精通职位要求矩阵和工作奖励矩阵体现出来。也就是说，对求职者表示关注的招募人员会更容易受到肯定。

5.5.2 对招募过程的反应

招募过程中只有一些行政性的事情被显示是对求职者的反应有影响的。[65] 总体上，研究显示，与其他任何东西相比，求职者更希望的是一个公平的竞争系统。首先，当对求职者进行筛选的机制与工作相关时，求职者对这样的招募过程更容易有较好的反应。也就是说，筛选过程必须与清楚地在工作要求中体现的内容高度相关。同时，如果求职者有机会展示他们足以胜任一项工作，那么这样的招募过程也会被认为是较为公平的。

其次，招募过程中的拖延现象会在求职者反应中造成负面的影响。特别是当求职者表现出兴趣与组织对其答复两者的间隔过长时，便会形成求职者负面的反应。这时所形成的负面印象不是针对求职者本身，而是有关公司的。例如，在到公司现场参观和给出录用结果之间拖延时间太长的话，求职者则更多地相信是公司出了问题而不是他们自身的资格条件不符。对条件更好的候选人来说更是如此，由于有这样的考虑，他们往往会在此期间接受另一份工作的邀请。

再次，招募人员对求职者的影响往往体现在招募过程的初期而不是后期。在接下来的阶段，工作的实际特征将会逐渐在求职者的决策中占更大的比重。在最初的筛选面试（初试）中，招募人员有可能是求职者与组织的唯一联系。随后，求职者会获得更多有关企业和工作的其他信息。因此，在与求职者联系初期，招募人员的公信力是最为关键的。

最后，尽管没有太多研究证明，但是由于互联网在招募中的使用越来越频繁，且成为求职者与组织的首次接触方式，求职者对于一个公司网站的反应越来越成为他们对招募过程反应的主导因素。

确实，研究表明，与传统的来源如平面媒体相比，求职者通过互联网可以找到更加合适的工作。另外，求职者通常还是比较喜欢互联网的。与一般的招募活动相同，网络招募最重要的还是后续跟进的程度及速度。正如其他形式招募一样，延误会严重损害招募企业的形象，因此组织需要保证在线申请得到有效的追踪跟进。研究还显示，当企业网站可以提供具体的工作信息，同时提供保密规定以保证求职者提交的信息不被泄露时，工作搜寻者会更加满意。企业需要做到的最关键一点就是不将简历泄露给那些向求职者滥发广告邮件的人。[66]

5.5.3 对多样化问题的反应

除了制定员工的具体的 KSAO 外，一些企业还针对一些特定的弱势群体制定 KSAO，例如女性和少数族裔。这方面做出的努力是最有效的、争议最小的，也是 AAP 的基础。在针对女性和少数族裔的出版物上做广告是增加申请人多样化的最常用的方法之一。对求职者的调查显示，女性和少数族裔对通过政策声明和多样化的支持招聘材料的雇主工作特别感兴趣。广告描绘的多样化员工群体对女性和少数族裔更具有吸引力，这就是为什么大多数企业会在招聘材料中突出描述劳动力的多样化。有效地描述多样化也应该考虑工作的职能，广告不能显示女性和少数族裔在公司领导层的多样化，将在公司多样化方面传递一个负面的消息。[67]

一些组织把老年员工作为招聘目标旨在增加劳动力的年龄多样化。许多传统的招募方法，比如校园招募和招聘会，主要是为了拉拢年轻的劳动力。然而，正如前面第 3 章所述，增加 50 岁以后的劳动力的比例，可能会持续下去。这些老年员工通常有较高的质量以及丰富的经验，并且招募的有潜力的新人不仅需要不同的培养方法，也需要他们的带领。成熟的员工会被灵活的时间表、医疗和养老福利及兼职机会吸引，因此如果有这样的计划，就要在招募广告中注明。

5.6 从招募过渡到选拔

一旦求职者被公司识别和吸引后，公司就需要准备人员对求职者进行选拔过程。在准备阶段，求职者应该被告知招募过程接下来的步骤和他们需要做些什么。如果组织忽略了这一过渡性阶段，将有可能会导致组织失去优秀的求职者，因为招募过程中各阶段之间间隔过长会使他们误以为组织不再对他们感兴趣，或者担心他们不具备在接下来的阶段成功竞争的条件。

俄亥俄州哥伦比亚市曾经在这方面做得很好，成功地完成了从外部招募渠道的工作搜寻到消防人员选拔的过渡准备工作。为了成为一个合格的消防人员，求职者需要通过一系列的体能测验，这就要求他们必须接受障碍训练，携带重型设备上楼梯，以及完成其他一些定时的身体锻炼。许多求职者之前都没有经历过这样的测验，因此会担心他们没有成功通过测验的体力和能力。

为了帮助工作搜寻者和求职者准备这些测验，哥伦比亚市制作了视频来指导求职者怎样进行测验以及消防人员接受测验的实例。这些测验被展示给那些申请消防职位的人，同时还通过公共场所的电视展示给那些正在考虑申请的工作搜寻者。哥伦比亚市还为求职者提供上身力量训练，因为在选拔阶段对于一些求职者来说这一方面是绊脚石。

哥伦比亚市的例子说明，为了帮助求职者成功准备向选拔阶段的过渡，组织应该考虑与求职者回顾选拔方式的指导，向他们展示选拔方式的实例，并且在必要的时候提供锻炼和培训。这些步骤不仅仅是针对体能测试，同时也针对招募过程中可能出现的求职者不了解或不习惯的所有选拔方式。

5.7 法律问题

外部招募实践会受制于法律的审查和影响。通过外部招募，工作申请者与组织建立初步的联系，然后才更多地了解工作要求及报酬问题。在此过程中，组织有足够的理由排除特定的劳动力群体（例如，少数族裔、妇女和残疾人），同时不可避免会在与求职者的交往中存在欺骗行为。许多法律法规旨在对这些歧视和欺骗行为进行限制。

本节将会讨论一些实践所涉及的法律问题。其中包括对求职者的界定、平权行动计划、电子招募、招募广告以及欺诈和虚假陈述。

5.7.1 求职者界定

美国平等就业机会委员会（EEOC）与联邦合同合规项目办公室（OFCCP）都要求企业记录申请信息。究竟什么是求职者，以及应该保存哪些记录？区分传统的纸质申请和电子申请对于回答这个问题是十分必要的。

■ 纸质申请求职者

有关申请者最早的界定是 EEOC 于 1979 年在雇员选拔程序统一指南（UGESP）中指出的："申请者的准确界定取决于用人单位的招募、选拔过程。申请者的界定就是对雇用、晋升及其他就业机会表现出兴趣的人，这一兴趣的表现可能是通过完成一份申请表格，或仅仅是口头上的，取决于用人单位的具体行为。"

这一界定产生于电子工作申请产生之前，它对纸质申请者是有效的。由于该界定是如此开放，个体与组织的任何联系都可以看做一种申请行为，由此会给组织带来大量数据记录和保存的负担。因此，对于组织来说，应该制定相应的书面申请政策及流程并严格遵守，这些政策和流程不仅需要组织的招聘代表清楚了解，还需传递给任何可能的求职者。为此提出如下一些建议。

首先，要求每一位有意向者提交一份书面申请，并且向所有潜在的求职者传达这一政策。通过其他方式告知申请者提交书面申请。若没有这一规定，实际上通过任意方式联系组织或表达兴趣的人均可视为求职者。第二，要求求职者明确所申请的岗位，为每一个岗位设立书面的最低任职要求。这样，组织就可以合理拒绝不符合任职资格的求职者。第三，明确每一职位的申请期限，并准确地告知求职者，拒绝在截止日期之后的申请。此外，也不要因为考虑今后的招募需要而保留这些人的信息或存档。第四，通过电子邮件回复主动申请的求职者。最后，对由于失去兴趣或接受其他工作而退出申请过程的求职者予以记录。这些建议可以帮助组织限制"真实"申请者的数量，减少记录，同时保证行为合法性。[68]

■ 网络求职者

OFCCP 对网络求职者作出了定义，并且规定了记录保存要求。[69] EEOC 则还没有相关方面的规范，因此它正在试图对网络求职者作出定义。

根据 OFCCP，任何个体需要满足下列四个条件才可视为网络求职者：

- 个体通过互联网或相关电子技术表达就业意向；
- 用人单位针对具体岗位考虑该个体的就业意向；
- 个体在具备基本任职资格的前提下表达兴趣意向；
- 在收到用人单位的就业邀请之前，处于选拔过程任意阶段的个体均可以退出招募过程，或表示他不再对该职位感兴趣。

"互联网或相关电子技术"包含电子邮件、简历数据库、就业资料库、电子扫描技术、求职者追踪系统/求职者服务提供商、求职者监控仪和传真投递简历。移动设备及手持设备，如手机和智能手机也可能包括在内。"基本任职资格"是已经提前确定并告知求职者的。这些资格必须是能够与求职者匹配的、客观的，并且与特定职位相关的。

用人单位必须保存以下记录：

- 所有通过网络提交的就业意向；
- 内部简历数据库——包括登录时间、搜索的职位、搜索日期和搜索使用的关键字（使用的搜索条件）；

● 外部简历数据库——搜索的职位、搜索日期、搜索条件和符合基本任职资格的每一个人的记录。

OFCCP 同时要求用人单位尽可能收集有关求职者种族、性别的信息，包括传统求职者和网络求职者。推荐首选的方法是自愿自我披露，例如通过在申请表、明信片、简易表格上设置撕页表来收集这些信息，或者是作为最初电话面试的一部分。观察法也可以使用。

在负面影响估计方面，用人单位需对网络求职者和所有接受测试的人进行记录。

5.7.2 平权行动计划

在第 2 章我们讨论过，OFCCP 的平权行动计划规定要求组织为职位簇设立安置（雇用和晋升）目标，这些人员安置目标应该是可以协调整合到组织整体人员配置计划中的。规定中几乎没有提到其他招募行为。不管怎样，基于之前的规定（这一规定现在已失效），OFCCP 就招募活动方面向组织提供了相当的指导。建议的行为包括：

● 更新工作说明，并保证其准确性；

● 使认可的工作说明在雇佣经理与招募渠道之间广泛流通传播；

● 仔细挑选并培训人力资源部人员包括从事人员配置的人员；

● 接触那些促进女性与少数族裔就业的组织，如城市联盟、国家就业（工作）服务、全美妇女协会、宗派妇女团体等；

● 向招募来源代表，对组织机构进行正式的介绍；

● 鼓励女性和少数族裔员工引荐求职者；

● 人力资源部的员工中有女性和少数族裔；

● 积极参与现场招聘会；

● 积极在具有显著的女性和少数族裔入学率的中学及社区大学中进行招募；

● 采取特殊就业项目，如实习，工作/学习，以及暑期工作；

● 在就业指导手册中包括女性和少数族裔；

● 扩大招募员工广告的范围，包括女性和少数族裔新闻媒体。

总的来说，OFCCP 的建议说明了参与平权行动计划的组织应该开展目标性的招募活动，并且由受到平权行动计划培训的招募人员来执行这些项目。

5.7.3 电子招募

对雇主和求职者来说，技术贯穿于整个招募过程。许多法律问题浮现出来。

■ 通道

电子招募技术的使用有可能会人为造成就业机会方面的壁垒。[70] 首先，在线招募与申请的前提是假设所有的潜在求职者具备使用电脑的条件和进行网上申请的技术。这些有可能是较弱的假设，尤其是对少数族裔和经济条件落后的人来说。由于这一问题是最新出现的，这种隐性地对工作申请机会的剥夺（限制）是否合法仍然是待解决的问题。为了防止出现合法性问题并保证可申请性，有一些需要组织做到的地方。一是作为对网络招募的补充，组织可以采用其他广泛使用的招募渠道，如报纸广告或其他被证明女性和少数族裔普遍使用的渠道。二是在线招募和申请仅限于特定的工作岗位，这些岗位往往有很高的计算机相关的技术资格要求，如文字处理、编程、制作电子表格和互联网搜索能力。求职者多半可以很容易地使用电脑和在线招募，包括可以顺利操作和填写申请所需的技术。

另一个可能存在的问题就是使用招募软件用搜索关键字在求职数据库中进行简历的搜索。组织代表，如人员配置专员或招募经理，通常会使用设定的搜索条件，因此他们可以选择一些非工作相关的条件，从而给女性、少数族裔或残疾人造成负面的影响。像这样的搜索条件的例子包括对一流院校毕业生的偏爱、年龄和身体条件。为了防止这种可能性的发生，组织需要确保每一个职位空缺只列出了工作相关的 KSAO，限制组织代表可能使用的搜索条件类型，以及对这些代表进行搜索条件使用及规范方面的培训。

■ 残疾人群

OFCCP 对于残疾人群有特别的规定。[71] 如果企业常规地提供多种渠道（包括电子通道）供求职者申请，这可能是符合规定的。但如果只提供在线申请通道，则该通道必须是能够让所有求职者都访问的。例如，组织网站应该能够与屏幕朗读器相兼容，同时能够使用辅助技术和自适应软件。

该规定还表明，如果有要求，雇主有义务向求职者提供合理的条件。包括：

● 制定盲文的职位空缺申请信息，并且建立聋人电信查询设备或电话中继系统；

● 在应用过程中提供朗读、口译等类似的援助服务；

● 延长在线考试的时间限制；

● 使测试地址完全能够被行动障碍者访问。

■ 视频简历

视频简历会轻易地暴露有关求职者的保护类特征（如民族、性别、人种、残疾），这样很容易导致招募人员和经理在做筛选决策时产生非法歧视。[72] 为防止这一可能性的发生，组织需要采取必要的步骤。第一，制定具体的任职资格要求并据此对求职者进行筛选。第二，重新设计初步筛选过程，仅考察求职者的简历和申请信息。第三，只允许在招募过程的后期使用视频简历。第四，向招募人员及经理提供有关如何依据任职资格对申请者的视频简历信息进行评价的培训，以及如何注意避免受保护信息干扰对申请者的评价。

■ 社交网络

招募人员可能被一些社交网站吸引，如 Facebook，LinkedIn，Twitter 等，从而在传统的精心构建的招募/申请程序之外的渠道获取潜在求职者信息。这样可能会出现问题。[73]

社交网站可能会包含可以造成负面影响的有限的多元化求职者库。另一个问题是获取信息的质量与合法性。法律保护的特征是明确的，从人口统计资料到婚姻状况、公民身份以及性取向。最重要的是，求职者的信息可能不准确或与工作不相关，甚至可能是恶意栽赃。最后，利用这些信息可能与国家或地方禁令相冲突，这些禁令中求职者的行为在业余时间是合法的（如吸烟、饮酒、吸食大麻、政治活动等）。

组织如何在这一新渠道合法展开招募呢？一个选择是不使用社交网络招募。另一个选择就是有约束性地使用它。例如，只将社交网站与其他招募工具和资源组合使用，只从网络中获取与工作相关（任职资格相关）的信息，对招募人员和招聘经理开展培训，培训内容包括社交网络的使用和互联网申请规则下的记录要求。

5.7.4　招募广告

招募广告中对求职者暗示法律保护特征的偏好或是限制，都是被禁止的。这些问题以一些免责条款或是以不太明显的形式表现出来，如以下示例。[74]

《民权法案》第七章规定，如果是实际职业资格（BFOQ），则允许显示对性别、宗教和国籍的偏好。组织在发布这样的招募广告前，应确定 BFOQ 的合法性和有效性。然而，有明显性别特殊性的职位，如服务员、修理工，在招募时应避免使用。

使用"鼓励女性和少数族裔申请"的招募广告是被允许的，因为它囊括了最广泛的合格求职者。但组织在招募广告中表明"寻找"特定类型的求职者（如全职妈妈），是不被允许的，因为它只是意味着一个特殊群体，而不具有激励偏好。

年龄方面，招募广告中不能限制或阻止潜在的老年人谋求职位。但是，表示对年长工作者的偏好是允许的，如可以使用"60 岁以上""退休人员"或"补充您的退休金"等用语。

这些示例表明，招募广告内容之间的允许与禁止是相当模糊的。因此，组织应该严格监控招募广告的形式与内容。

5.7.5　欺诈和虚假陈述

夸大广告、承诺、半真半假的陈述甚至是彻头彻尾的谎言，所有这些在向求职者推销工作和组织的伪装下，已经在招募中出现过。这种宣传方式的过多使用，在法律的层面将会是危险的。当这种现象发生时，根据职场侵权法，申请者可以提起诉讼声称欺诈和虚假陈述。[75]可以主张现存事实的错误表述（如用人单位业务的性质及盈利能力），或未来事件的不实承诺（如有关就业条款和条件的承诺，薪酬、晋升机会及地理位置的承诺等）。无论不实的表述是故意的（欺骗）还是无心的（虚假陈述），都可以成为申请者或新雇用员工提出诉讼主张的合理依据。

为了保证胜诉，原告需证明如下：

1. 虚假陈述已经发生；
2. 用人单位知道，或者应该知道虚假陈述的发生；

3. 原告依据这些信息来做决策或采取行动；

4. 由于对用人单位做出的陈述的信任，原告的利益受到损害。[76]

尽管对于原告来说上述四个条件看似呆板的障碍，但绝不是不可克服的，因为许多成功的原告都是可以证明的。为了避免招募中有关欺诈和虚假陈述的起诉，组织和招募人员需要采取直接坦率的行动。首先，向申请者提供工作说明，以及具体、真实的工作奖励信息。其次，涉及业务性质和盈利能力时要诚实。再次，避免对未来事件的具体承诺，例如有关就业条款和条件或业务计划和盈利能力。最后，确定所有的招募人员在招募求职者时遵循这些建议。

小　结

外部招募的目标是识别并吸引合格的求职者。为了达到这样的目标，组织需要制定招募计划。在这个阶段，必须同时注意组织（如集中或分散招募）和行政管理的事项（如预算的规模）。另外，还需要特别注意对招募人员的选择和培训。

在外部招募中，接下来就是策略的制定。策略应该考虑到是开放式招募还是目标性招募、招募的来源，以及来源的选择。若想获得特定的求职者群体，则需要采用多种招募来源。寻找求职者时，任何一种招募来源的使用都会涉及相关的权衡问题，因此应该事先就仔细考虑好。

下一个阶段就是制作需要传达给求职者的信息，并选择传递信息的媒介。信息的类型可以是反映现实的、体现品牌的，也可以是针对特定目标的。没有哪种信息是最优的，它取决于劳动力市场、工作岗位、求职者等多方面的因素。信息的传递可以通过招募宣传册、视频、广告、语音信息、视频会议、在线服务、电台广播或者电子邮件，每一种方式都有各自的优点和不足。

求职者会受到招募人员及招募过程的影响。通过对这些方面予以适当的注意，组织就可以为求职者营造一种愉悦的招募经历。另外通过认真帮助求职者以应对选拔过程，这种经历还会得到进一步的延续。

招募实践与决策还会受到严格的法律监督，因为在人员配置过程的开始，可能会造成歧视。求职者的法律定义向组织提出了信息记录的要求，进而又会对整个招募过程的设计造成重大的影响。平权行动计划的相关规定同样会影响整个招募过程，如促使组织设立有关女性及少数族裔的针对性安置目标，主动进行招募外展活动。电子招募同样有可能会陷入法律困境，这其中包括一些弱势求职者缺少在线申请和招募的条件；使用关键字搜索条件在数据库中筛选简历可能会造成对女性、少数族裔、残疾人的排斥；网站无法为视觉障碍者提供屏幕朗读功能；视频简历会将求职者保护类特征暴露给招募人员及用人部门经理。招募广告不应该包含有关求职者特定保护类特征的偏好，例如年龄和性别。最后，在与求职者进行沟通的过程中一定要注意避免不实的叙述和承诺，以免欺诈和虚假陈述问题的发生。

讨论题

1. 列举并简要描述在外部招募计划阶段需要解决的行政管理事项。

2. 列举 10 个组织在招募时可以考虑的求职者来源。针对每个来源了解求职者的需求，以及使用这种招募来源的优缺点。

3. 在设计外部招募所使用的沟通信息时，具体哪些内容需要包括在内？

4. 与迎合求职者喜好而对工作岗位进行描述的方式相比，采用反映现实的招募信息有什么优势？

5. 组织可以使用哪些招募策略以确保能够吸引女性和少数族裔求职者？

伦理议题

1. 许多组织采用目标性的招募策略。例如，一些组织旨在招募一些年龄在 50 岁以上的求职者，这样它们就会在广告宣传时特别采用客户群为中年个体的媒介产品。其他招募信息针对女性、少数族裔或具备组织所需技能的人。你是否认为目标性的招募系统是公平的？为什么？

2. 许多组织在自己网站的适当位置设置求职信息栏，以供求职者进行在线申请。组织是否对在线申请者有道德义务？如果有，你认为是什么？

应　用

对校园招募程序的改进

白羽毛公司（WFC）是一家快速成长的消费品企业，主要经营特色家居用品，如草坪家具清洁剂、温泉（热水浴缸）配套用品、蚊虱驱虫剂和抗污车库地坪漆。该企业目前拥有豁免员工 400 人和非豁免员工 3 000 人，其中绝大多数是全职的。除了位于阿肯色州克拉克斯维尔的公司总部外，该企业还拥有 5 个工厂和 2 个分销中心，遍布阿肯色州各个郊区。

两年前 WFC 设立了公司人力资源部门，专门为其关键人力资源职能提供集中化的指导和控制——包括计划、薪酬、培训，以及人员配置。其中，人员配置职能由一位高级人事经理负责，他接受来自三位经理的直接报告：非豁免就业经理、豁免就业经理以及平等就业机会（EEO/AA）经理。豁免就业经理是玛丽安·柯林斯，10 年间与 WFC 共同成长，经历了一系列的销售及销售管理工作。她被选择担任目前的工作，是因为 WFC 所提供的内部晋升承诺，同时也是因为她对组织的产品及客户具有的广泛了解。当玛丽安被任命时，她的关键责任领域为校园招募，她将一半的时间都致力于此。

第一年，玛丽安发展并完善了 WFC 首个正式的校园招募程序。通过与人力资源规划相关人员的合作，WFC 预计截至年底将会有 40 名高校毕业生的雇用需求。他们将会被分配在生产、分销、营销等职能部门；同时具体的岗位名称和描述将在当年制定出来。在掌握这些预测信息的基础上，玛丽安开始了她的招募计划和策略制定的过程。其结果就是如下招募程序。

招募活动将会在全州 12 所公立或私立学校进行。玛丽安联系了各个学校的就业指导中心，并商定针对每所学校进行为期一天的招募宣讲会。所有的宣讲会都被安排在 5 月的第一周进行。在各所学校的就业指导中心进行 30 分钟面试（每所学校 16 场），以确保求职者可以完成并提交标准申请表存档。为了访问这些学校并进行面试，玛丽安选择了三位年轻的、积极进取的经理作为招募人员（分别来自生产、分销及营销部门）。每位经理负责其中的四所学校。由于三位经理都没有招募经验，玛丽安为他们制作了招募简报。在简报中玛丽安回顾了整体的招募（雇用）目标，并针对每所学校提供了简单的纲要，然后解释了招募人员所需要完成的具体工作和任务。这些任务包括事先从就业指导中心取得有关求职者的申请资料信息，对资料进行浏览，及时进行面试（经理们被告知他们可以问任何他们想问的关于职位任职资格的问题），以及在每天结束之后完成对求职者的逐一评价。评价表包括对求职者整体资格条件进行 1~7 的排序，写出对其优势及缺点的评价，以及对是否应该邀请该求职者进行复试提出建议。这些评价建议将会返还给玛丽安查看，然后由她决定复试求职者名单。

经理们完成校园面试工作后，一些问题开始浮出水面。一些学校的就业指导中心联系到玛丽安并提出一些意见。在这些意见中包括：（1）其中一位经理没有拿走被面试者的申请材料；（2）没有一位经理可以提供有关工作性质方面更进一步的信息，尤其是那些不属于他们自身职能部门的工作岗位；（3）面试官在开始阶段没有按照时间表进行面试，导致一些求职者等待时间过长，随后又由于赶进度，另一些求职者的面试时间缩短；（4）没有一位经理拥有关于组织及其地理位置描述的书面信息材料；（5）其中一位经理询问女性求职者非常私人的问题，包括婚姻计划、毒品及酒精的使用情况，以及是否愿意与男性同事一起出差等；（6）一位经理在面试过程中不停地讲话，导致面试者没有展示自己的机会和条件；（7）三位经理都没有通知面试者复试的时间。除了这些不满之外，玛丽安在让经理们完成并提交他们的评价表时同样遇到了困难（他们都声称自己太忙，尤其是在一星期都没有上班的情况下）。参照她所收到的报告，玛丽安将复试人数扩大到 55 名求职者。其中，30 名求职者接受了复试邀请。最终，25 人得到了工作邀请，15 人接受了工作邀请。

说得委婉些，这一首次的校园招募活动对 WFC 和玛丽安来说都是一场灾难。除了尴尬之外，玛丽安还被要求见她的老板及 WFC 的总裁，解释究竟哪一环节出了错误，并就他们对来年招募活动的期望接受"指示"。玛丽安随后才知道这一年她并没有绩效提薪，而三位经理均得到了高于平均水平的绩效加薪。

为了使来年的校园招募有所改善，玛丽安意识到她需要参与到整个招募计划及策略制定的过程中。随着她开始这项事业，通过对过去问题的分析使她得出了这样的结论：她的一个关键的失误就是天真地认为三位经理真的知道怎样成为好的招募人员且愿意有效地进行工作。玛丽安首先决定使用 12 位经理作为招募人员，每个人负责一所学校。她同时认识到不能仅靠一份招募简报就放手让他们进行校园招募活动。她认为有必要制定一项为期一天的高强度的培训项目，在招募"旺季"开始之前事先对经理们进行培训。

你是玛丽安的同行，在当地另一家企业的人力资源部门工作。了解到你有一些校园招募和培训的经历，玛丽安向你询问一些建议。她问你是否愿意见面就下列问题进行讨论：

1. 在培训项目中应该包含哪些主题内容？

2. 该项目需要哪些材料及培训辅助器材？

3. 在培训过程中，接受培训的人员真正需要得到锻炼的技能是什么？

4. 谁来执行整个培训计划？

5. 为了确保培训对经理们有效，并且有动力在招募过程中使用他们在培训中所学到的知识，还需要进行哪些方面的改变？

互联网招募

塞尔玛·威廉姆斯是 Mervin/McCall-Hall（以下简称 MMH）的一位招募人员，MMH 是教育界一家大型教材出版商（中小学和高等院校）。刚走出校门，塞尔玛接到了她在 MMH 的一项重要的任务，而且是一项艰巨的任务——为整个公司开发制定一项互联网招募策略。在此之前，MMH 都是依靠传统的招募方式——校园招募、口碑宣传、报纸广告及猎头公司。随着 MMH 越来越多的教材业务与网络相关，塞尔玛的上司乔恩·比尔弗莱开始清楚地认识到 MMH 应该考虑升级其招募程序。因此，当塞尔玛开始适应了 MMH 的工作环境并完成了一些小型的招募项目（其中包括在过去的 3 个月中完成相当数量的校园招募任务）后，乔恩给她安排了新的任务："塞尔玛，对于这些我了解甚少，因此，就我们下一步应该怎样做，我决定全权交予你。人力资源部门刚刚新进了一名实习生，我会安排他来帮助你完成这项任务。"现在假设你是这名实习生。

在你们的第一次会议中，你和塞尔玛讨论了许多不同的事项并且一致认为其他姑且不说，MMH 必须在公司网站上设置一个招募板块。经过进一步的讨论，塞尔玛针对这一目标给你布置了如下一些任务：

1. 浏览 3~5 家含有招募板块的公司网站，注意它们的主要特色、优势以及不足之处（参见表 5—7）。

2. 采访 3~5 位曾经使用过公司网站招募板块的学生，并询问他们有关这些招募板块喜欢和不喜欢的地方。

3. 准备一份简单的报告，包括：（a）通过任务 1 和 2 的完成，总结你的结论和发现；（b）就可能用于 MMH 网站的设计特色方面提出你的建议。

唐格尔伍德商店案例

我们刚刚学习了许多组织用来激励个体申请职位空缺的主要方法。本招募案例将会提供一个机会，使你看到人事经理如何利用组织数据来解决一个内部争议问题，即哪种招募方式的效果最好。另外，下面的任务还会说明背景因素是怎样使各种招募方式的不同优势更加突出的。

背景

唐格尔伍德商店正处于权力集中化的过程中。之前，大部分的人员配置都是由各个商店自主决定的，但是公司总部希望看到更多的一致性。他们同时也相信，通过跨地区经验的比较，各个商店可以学到许多东西。现有来自唐格尔伍德商店四个不同地区的招募结果数据。作为对这些数据的补充，还有来自组织管理焦点小组的陈述式报告，是关于求职者和唐格尔伍德商店文化的特殊要求之间的匹配问题。

你的任务

首先对唐格尔伍德商店的四个分部所提供的有关招募来源及招募过程的信息进行评价。然后就哪一招募方式最有可能成功提出你的建议，同时对组织应该采取开放式招募还是目标性招募提出你的看法。一旦得出行动的最佳方案，你就要制定一份像表5—3一样的组织招募指导手册。最后，你还需考虑信息内容及传递信息的媒介载体来制定招募信息。本案例的背景信息及具体任务，详见 www. mhhe. com/heneman7e。

注　释

1. M. N. Martinez, "Recruiting Here and There," *HR Magazine*, Sept. 2002, pp. 95–100.
2. P. O. Ángel and L. S. Sánchez, "R&D Managers' Adaptation of Firms' HRM Practices," *R&D Management*, 2009, 39, pp. 271–290.
3. "Cutting Corners to the Best Candidates," *Weddle's*, Oct. 5, 2004 (*www.weddles.com*).
4. I. J. Shaver, "Innovative Techniques Lure Quality Workers to NASA," *Personnel Journal*, Aug. 1990, pp. 100–106.
5. R. D. Gatewood, M. A. Gowen, and G. Lautenschlager, "Corporate Image, Recruitment Image, and Initial Job Choice Decisions," *Academy of Management Journal*, 1993, 36(2), pp. 414–427.
6. J. Whitman, "The Four A's of Recruiting Help Enhance Search for Right Talent," *Workforce Management Online*, Nov. 2009 (*www.workforce.com*).
7. D. Dahl, "Recruiting: Tapping the Talent Pool . . . Without Drowning in Résumés," *Inc.*, Apr. 2009, pp. 121–122.
8. J. A. Breaugh and M. Starkee, "Research on Employee Recruitment: So Many Studies, So Many Questions," *Journal of Management*, 2000, 26, pp. 405–434; R. E. Thaler-Carter, "In-House Recruiters Fill a Specialized Niche," *HR Magazine*, Apr. 1998, pp. 72–78.
9. S. L. Rynes and J. W. Boudreau, "College Recruiting Practices in Large Organizations: Practice, Evaluation, and Research Implications," *Personnel Psychology*, 1986, 39(3), pp. 286–310; S. A. Carless and A. Imber, "The Influence of Perceived Interviewer and Job and Organizational Characteristics on Applicant Attraction and Job Choice Intentions: The Role of Applicant Anxiety," *International Journal of Selection and Assessment*, 2007, 15, pp. 359–371.
10. J. Sullivan, "Becoming a Great Recruiter," in N. C. Burkholder, P. J. Edwards, and L. Sartain (eds.), *On Staffing* (Hoboken, NJ: Wiley, 2004), pp. 6–67.
11. C. Patton, "Recruiter Attack," *Human Resource Executive*, Nov. 2000, pp. 106–109; E. Zimmerman, "Fight Dirty Hiring Tactics," *Workforce*, May 2001, pp. 30–34.
12. D. H. Freedman, "The Monster Dilemma," *Inc.*, May 2007, pp. 77–78; J. Barthold, "Waiting in the Wings," *HR Magazine*, Apr. 2004, pp. 89–95; A. M. Chaker, "Luring Moms Back to Work," *New York Times*, Dec. 30, 2003, pp. D1–D2; B. McConnell, "Hiring Teens? Go Where They Are Hanging Out," *HR-News*, June 2002, p. 16; J. Mullich, "They Don't Retire Them, They Hire Them," *Workforce Management*, Dec. 2003, pp. 49–57; R. Rodriguez, "Tapping the Hispanic

Labor Pool," *HR Magazine*, Apr. 2004, pp. 73–79; C. Wilson, "Rehiring Annuitants," *IPMA-HR News*, Aug. 2003, pp. 1–6.

13. B. L. Rau and M. M. Hyland, "Role Conflict and Flexible Work Arrangements: The Effects on Applicant Attraction," *Personnel Psychology*, 2002, 55, pp. 111–136.

14. F. Hansen, "Recruiting the Closer: Dealing With a Deal Maker," *Workforce Management Online*, Oct. 2007 (*www.workforce.com/archive/feature/25/18/58/index.php*).

15. R. T. Cober, D. J. Brown, P. E. Levy, and J. H. Shalhoop, *HR Professionals' Attitudes Toward and Use of the Internet for Employee Recruitment*, Executive Report, University of Akron and Society for Human Resource Management Foundation, 2003.

16. K. Maher, "Online Job Hunting Is Tough. Just Ask Vinnie," *Wall Street Journal*, June 24, 2003, pp. B1, B10; S. Taylor, "Clearing the Path," *Staffing Management*, Oct. 2008 (*www.shrm.org/publications/staffingmanagementmagazine*).

17. G. Ruiz, "Studies Examine the Online Job Hunting Experience," *Workforce Management Online*, July 2006 (*www.workforce.com/archive/feature/24/45/31/index.php*); D. G. Allen, R. V. Mahto, and R. F. Otondo, "Web-based Recruitment: Effects of Information, Organizational Brand, and Attitudes Toward a Web Site on Applicant Attraction," *Journal of Applied Psychology*, 2007, 92, pp. 1696–1708; P. W. Braddy, A. W. Meade, J. J. Michael, and J. W. Fleenor, "Internet Recruiting: Effects of Website Content on Viewers' Perception of Organizational Culture," *International Journal of Selection and Assessment*, 2009, 17, pp. 19–34; B. R. Dineen and R. A. Noe, "Effects of Customization on Application Decisions and Applicant Pool Characteristics in a Web-based Recruitment Context," *Journal of Applied Psychology*, 2009, 94, pp. 224–234.

18. I. Weller, B. C. Holtom, W. Matiaske, and T. Mellewigt, "Level and Time Effects of Recruitment Sources on Voluntary Employee Turnover," *Journal of Applied Psychology*, 2009, 94, pp. 1146–1162; S. Overman, "Use the Best to Find the Rest," *Staffing Management Magazine*, June 2008 (*www.shrm.org/publications/staffingmanagementmagazine*).

19. T. Cote and T. Armstrong, "Why Tweeting Has Become an Ad Agency's Main Job-Posting Strategy," *Workforce Management Online*, May 2009 (*www.workforce.com/section/06/feature/26/41/30*); F. Hansen, "Using Social Networking to Fill the Talent Acquisition Pipeline," *Workforce Management Online*, Dec. 2006 (*www.workforce.com/archive/feature/24/60/64/index.php*); E. Frauenheim, "Company Profile: Recruiters Get LinkedIn in Search of Job Candidates," *Workforce Management Online*, Nov. 2006 (*www.workforce.com/archive/feature/24/58/49/index.php*).

20. D. R. Avery, "Reactions to Diversity in Recruitment Advertising: Are the Differences Black and White?" *Journal of Applied Psychology*, 2003, 88, pp. 672–679; D. R. Avery and P. F. McKay, "Target Practice: An Organizational Impression Management Approach to Attracting Minority and Female Job Applicants," *Personnel Psychology*, 2006, 59, pp. 157–187.

21. Freedman, "The Monster Dilemma," pp. 77–78; R. Zeidner, "Companies Tell Their Stories in Recruitment Videos," *HR Magazine*, Dec. 2007, p. 28; J. Borzo, "Taking on the Recruiting Monster," *Fortune Small Business*, May 2007, p. 89; E. Frauenheim, "Logging Off Job Boards," *Workforce Management*, June 2009, pp. 25–29.

22. D. M. Cable and K.Y.T. Yu, "Managing Job Seekers' Organizational Image Beliefs: The Role of Media Richness and Media Credibility," *Journal of Applied Psychology*, 2006, 91, pp. 828–840.

23. G. Ruiz, "Newspapers, Job Boards Step Up Partnerships," *Workforce Management*, Dec. 11, 2006, pp. 17–18.

24. P. Babcock, "Narrowing the Pool: Employers Ponder Worth of Niche Job Sites, and Many Take the Plunge," *SHRM Online HR Technology Focus Area*, May 2007 (*www.shrm.org/outsourcing/library*).

25. Avery and McKay, "Target Practice: An Organizational Impression Management Approach to Attracting Minority and Female Job Applicants."

26. Cable and Yu, "Managing Job Seekers' Organizational Image Beliefs: The Role of Media Richness and Media Credibility."

27. S. Overman, "Do Your Hiring Homework," *Staffing Management Magazine*, Jan. 1, 2009 (*www.shrm.org/publications/staffingmanagementmagazine*).

28. J. Flato, "Key Success Factors for Managing Your Campus Recruiting Program: The Good Times and Bad," in Burkholder, Edwards, and Sartain (eds.), *On Staffing*, pp. 219–229; J. Floren, "Constructing a Campus Recruiting Network," *EMT*, Spring 2004, pp. 29–31; C. Joinson, "Red Hot College Recruiting," *Employment Management Today*, Oct. 4, 2002 (*www.shrm.org/emt*); J. Mullich, "College Recruitment Goes for Niches," *Workforce Management*, Feb. 2004 (*www.workforce.com*).

29. A. Sanders, "We Luv Booz," *Forbes*, Jan. 24, 2000, p. 64; M. Schneider, "GE Capital's E-Biz Farm Team," *Business Week*, Nov. 27, 2000, pp. 110–111.

30. S. Grabczynski, "Nab New Grads by Building Relationships With Colleges," *Workforce*, May 2000, pp. 98–103; R. Buckman, "What Price a BMW? At Stanford, It May Only Cost a Resume," *Wall Street Journal*, Aug. 19, 2000, p. A1.

31. D. L. McLain, "Headhunters Edge Toward Consulting," *Wall Street Journal*, May 5, 2002, pp. B4–18; S. J. Wells, "Slow Times for Executive Recruiting," *HR Magazine*, Apr. 2003, pp. 61–68.

32. L. Gomes, "Executive Recruiters Face Built-In Conflict Evaluating Insiders," *Wall Street Journal*, Oct. 14, 2002, p. B1.

33. Deutsch, Shea, and Evans, *Human Resources Manual* (New York: author, 1992–1993).

34. D. Cadrain, "Admit One," *Staffing Management Magazine*, July 2009 (*www.shrm.org/publications/staffingmanagementmagazine*).

35. R. J. Grossman, "Made From Scratch," *HR Magazine*, Apr. 2002, pp. 44–52.

36. L. Q. Doherty and E. N. Sims, "Quick, Easy Recruitment Help—From a State?" *Workforce*, May 1998, pp. 35–42.

37. D. Aberman, "Smaller, Specialized Recruiting Events Pay Off in Big Ways," *EMA Today*, Winter 1996, pp. 8–10; T. A. Judge and D. M. Cable, "Role of Organizational Information Sessions in Applicant Job Search Decisions," Working paper, Department of Management and Organizations, University of Iowa; Cable and Yu, "Managing Job Seekers' Organizational Image Beliefs: The Role of Media Richness and Media Credibility."

38. S. Armour, "Employers Court High School Teens," *Arizona Republic*, Dec. 28, 1999, p. E5; C. Hymowitz, "Make a Careful Search to Fill Internships: They May Land a Star," *Wall Street Journal*, May 23, 2000, p. B1; "In a Tight Job Market, College Interns Wooed," *IPMA News*, Nov. 2000, p. 22.

39. P. J. Franks, "Well-Integrated Learning Programs," in Burkholder, Edwards, and Sartain (eds.), *On Staffing*, pp. 230–238.

40. L. J. Bassi and J. Ludwig, "School-to-Work Programs in the United States: A Multi-Firm Case Study of Training, Benefits, and Costs," *Industrial and Labor Relations Review*, 2000, 53, pp. 219–239.

41. G. Beenen and D. M. Rousseau, "Getting the Most From Internships: Promoting Intern Learning and Job Acceptance," *Human Resource Management*, 2010, 49, pp. 3–22.

42. C. Johansson, "Retailer Shops for Older Employees," *Wisconsin State Journal*, June 7, 2004, p. C8.

43. J. Pont, "Online, In-house," *Workforce Management*, May 2005, pp. 49–51.

44. S. Overman, "Keep Hot Prospects on Tap," *Staffing Management*, Jan. 2007, pp. 19–21.

45. P. Weaver, "Tap Ex-Employees' Recruitment Potential," *HR Magazine*, July 2006, pp. 89–91.

46. D. S. Chapman, K. L. Uggerslev, S. A. Carroll, K. A. Piasentin, and D. A. Jones, "Applicant Attraction to Organizations and Job Choice: A Meta-Analytic Review of the Correlates of Recruiting Outcomes," *Journal of Applied Psychology*, 2005, 90, pp. 928–944; M. A. Zottoli

and J. P. Wanous, "Recruitment Source Research: Current Status and Future Directions," *Human Resource Management Review*, 2000, 10, pp. 353–382.

47. S. L. Premack and J. P. Wanous, "A Meta-Analysis of Realistic Job Preview Experiments," *Journal of Applied Psychology*, 1985, 70, pp. 706–719; J. M. Phillips, "Effects of Realistic Job Previews on Multiple Organizational Outcomes: A Meta-Analysis," *Academy of Management Journal*, 1998, 41, pp. 673–690.

48. J. P. Wanous, *Recruitment, Selection, Orientation, and Socialization of Newcomers*, second ed. (Reading, MA: Addison-Wesley, 1992).

49. R. D. Bretz, Jr., and T. A. Judge, "Realistic Job Previews: A Test of the Adverse Self-Selection Hypothesis," *Journal of Applied Psychology*, 1998, 83, pp. 330–337; D. M. Cable, L. Aiman-Smith, P. W. Molvey, and J. R. Edwards, "The Sources and Accuracy of Job Applicants' Beliefs About Organizational Culture," *Academy of Management Journal*, 2000, 43, pp. 1076–1085; Y. Ganzach, A. Pazy, Y. Ohayun, and E. Brainin, "Social Exchange and Organizational Commitment: Decision-Making Training for Job Choice as an Alternative to the Realistic Job Preview," *Personnel Psychology*, 2002, 55, pp. 613–637; P. W. Hom, R. W. Griffeth, L. E. Palich, and J. S. Bracker, "An Exploratory Investigation Into Theoretical Mechanisms Underlying Realistic Job Previews," *Personnel Psychology*, 1998, 51, pp. 421–451; B. M. Meglino, E. C. Ravlin, and A. S. DeNisi, "A Meta-Analytic Examination of Realistic Job Preview Effectiveness: A Test of Three Counter-Intuitive Propositions," *Human Resource Management Review*, 2000, 10, pp. 407–434.

50. C. J. Collins, "The Interactive Effects of Recruitment Practices and Product Awareness on Job Seekers' Employer Knowledge and Application Behaviors," *Journal of Applied Psychology*, 2007, 92, pp. 180–190; C. J. Collins and C. K. Stevens, "The Relationship Between Early Recruitment-Related Activities and the Application Decisions of New Labor-Market Entrants: A Brand Equity Approach to Recruitment," *Journal of Applied Psychology*, 2002, 87, pp. 1121–1133; P. J. Kiger, "Talent Acquisition Special Report: Burnishing the Brand," *Workforce Management*, Oct. 22, 2007, pp. 39–45.

51. Corporate Leadership Council, *The Employment Brand: Building Competitive Advantage in the Labor Market* (Washington, DC: author, 1999); E. Silverman, "Making Your Mark," *Human Resource Executive*, Oct. 16, 2004, pp. 32–36; M. Spitzmüller, R. Hunington, W. Wyatt, and A. Crozier, "Building a Company to Attract Talent," *Workspan*, July 2002, pp. 27–30.

52. R. K. Agrawal and P. Swaroop, "Effect of Employer Brand Image on Application Intentions of B-School Undergraduates," *VISION*, 2009, 13(3), pp. 41–49.

53. Collins and Stevens, "The Relationship Between Early Recruitment-Related Activities and the Application Decisions of New Labor-Market Entrants: A Brand Equity Approach to Recruitment"; F. Lievens and S. Highhouse, "The Relation of Instrumental and Symbolic Attributes to a Company's Attractiveness as an Employer," *Personnel Psychology*, 2003, 56, pp. 75–102.

54. R. H. Bretz and T. A. Judge, "The Role of Human Resource Systems in Job Applicant Decision Processes," *Journal of Management*, 1994, 20, pp. 531–551; D. Cable and T. Judge, "Pay Preferences and Job Search Decisions: A Person-Organization Fit Perspective," *Personnel Psychology*, 1994, 47, pp. 648–657; T. J. Thorsteinson, M. A. Billings, and M. C. Joyce, "Matching Recruitment Messages to Applicant Preferences," Poster presented at 16th annual conference of the Society for Industrial and Organizational Psychology, San Diego, 2001.

55. R. J. Vandenberg and V. Scarpello, "The Matching Model: An Examination of the Processes Underlying Realistic Job Previews," *Journal of Applied Psychology*, 1990, 75(1), pp. 60–67.

56. D. R. Ilgen, C. D. Fisher, and M. S. Taylor, "Consequences of Individual Feedback on Behavior in Organizations," *Journal of Applied Psychology*, 1979, 64, pp. 349–371.

57. H. J. Walker, H. S. Field, W. F. Giles, and J. B. Bernerth, "The Interactive Effects of Job Advertisement Characteristics and Applicant Experience on Reactions to Recruitment Messages,"

Journal of Occupational and Organizational Psychology, 2008, 81, pp. 619–638.

58. Cable and Yu, "Managing Job Seekers' Organizational Image Beliefs: The Role of Media Richness and Media Capability."

59. G. van Hoye and F. Lievens, "Social Influences on Organizational Attractiveness: Investigating If and When Word of Mouth Matters," *Journal of Applied Social Psychology*, 2007, 37, pp. 2024–2047; G. van Hoye, "Nursing Recruitment: Relationship Between Perceived Employer Image and Nursing Employees' Recommendations," *Journal of Advanced Nursing*, 2008, 63, pp. 366–375; H. J. Walker, H. S. Field, W. F. Giles, A. A. Armenakis, and J. B. Bernerth, "Displaying Employee Testimonials on Recruitment Websites: Effects of Communication Media, Employee Race, and Job Seeker Race on Organizational Attraction and Information Credibility," *Journal of Applied Psychology*, 2009, 94, pp. 1354–1364.

60. E. Baker and J. Demps, "Videoconferencing as a Tool for Recruiting and Interviewing," *Journal of Business and Economics Research*, 2009, 7(10), pp. 9–14.

61. G. Ruiz, "Print Ads See Resurgence as Hiring Source," *Workforce Management*, Mar. 26, 2007, pp. 16–17.

62. R. T. Cober, D. J. Brown, and P. E. Levy, "Form, Content, and Function: An Evaluative Methodology for Corporate Employment Web Sites," *Human Resource Management*, 2004, 43, pp. 201–218; R. T. Cober, D. J. Brown, P. E. Levy, A. B. Cobler, and K. M. Keeping, "Organizational Web Sites: Web Site Content and Style as Determinants of Organizational Attraction," *International Journal of Selection and Assessment*, 2003, 11, pp. 158–169.

63. "A 'Shopper Friendly' Web Site," *Weddle's*, Oct. 2002, p. 1; "KISS Your Web Site Visitors," *Weddle's*, Apr. 2002, p. 1.

64. S. L. Rynes, "Recruitment, Job Choice, and Post-Hire Decisions," in M. D. Dunnette and L. M. Hough (eds.), *Handbook of Industrial and Organizational Psychology*, Vol. 2 (Palo Alto, CA: Consulting Psychologists Press, 1991), pp. 399–444; J. L. Scott, "Total Quality College Relations and Recruitment Programs: Students Benchmark Best Practices," *EMA Journal*, Winter 1995, pp. 2–5; J. P. Wanous, *Organizational Entry*, second ed. (Reading, MA: Addison-Wesley, 1992).

65. D. S. Chapman, K. L. Uggerslev, S. A. Carroll, K. A. Piasentin, and D. A. Jones, "Applicant Attraction to Organizations and Job Choice: A Meta-Analytic Review of the Correlates of Recruiting Outcomes," *Journal of Applied Psychology*, 2005, 90, pp. 928–944; W. R. Boswell, M. V. Roehling, M. A. Le Pine, and L. M. Moynihan, "Individual Job-Choice Decisions and the Impact of Job Attributes and Recruitment Practices: A Longitudinal Field Study," *Human Resource Management*, 2003, 42, pp. 23–37; A. M. Ryan, J. M. Sacco, L. A. McFarland, and S. D. Kriska, "Applicant Self-Selection: Correlates of Withdrawal From a Multiple Hurdle Process," *Journal of Applied Psychology*, 2000, 85, pp. 163–179; Rynes, "Recruitment, Job Choice, and Post-Hire Decisions"; S. L. Rynes, "Who's Selecting Whom? Effects of Selection Practices in Applicant Attitudes and Behaviors," in N. Schmitt, W. Borman, and Associates (eds.), *Personnel Selection in Organizations* (San Francisco: Jossey-Bass, 1993), pp. 240–276; S. L. Rynes, R. D. Bretz, and B. Gerhart, "The Importance of Recruitment and Job Choice: A Different Way of Looking," *Personnel Psychology*, 1991, 44, pp. 487–521; M. S. Taylor and T. J. Bergmann, "Organizational Recruitment Activities and Applicant Reactions to Different Stages of the Recruiting Process," *Personnel Psychology*, 1988, 40, pp. 261–285.

66. B. Dineen, S. R. Ash, and R. A. Noe, "A Web of Applicant Attraction: Person-Organization Fit in the Context of Web-Based Recruitment," *Journal of Applied Psychology*, 2002, 87, pp. 723–734; D. C. Feldman and B. S. Klaas, "Internet Job Hunting: A Field Study of Applicant Experiences With On-Line Recruiting," *Human Resource Management*, 2002, 41, pp. 175–192; K. Maher, "The Jungle," *Wall Street Journal*, July 18, 2002, p. B10; D. L. Van Rooy, A. Alonso, and Z. Fairchild, "In With the New, Out With the Old: Has the Technological Revolution Eliminated

the Traditional Job Search Process?" *International Journal of Selection and Assessment*, 2003, 11, pp. 170–174.

67. P. F. McKay and D. R. Avery, "What Has Race Got to Do With It? Unraveling the Role of Racio-ethnicity in Job Seekers' Reactions to Site Visits," *Personnel Psychology*, 2006, 59, pp. 395–429; Avery, "Reactions to Diversity in Recruitment Advertising: Are the Differences Black and White?"; Avery and McKay, "Target Practice: An Organizational Impression Management Approach to Attracting Minority and Female Job Applicants."

68. R. H. Glover and R. A. Schwinger, "Defining an Applicant: Maintaining Records in the Electronic Age," *Legal Report*, Society for Human Resource Management, Summer 1996, pp. 6–8; G. P. Panaro, *Employment Law Manual*, second ed. (Boston: Warren Gorham Lamont, 1993), pp. I-51 to I-57.

69. OFCCP, "Frequently Asked Questions About the Internet Applicant Rule," periodically updated (*www.dol.gov/ofccp/regs/compliance/faqs/empefaqs.htm*), accessed 3/18/2010; V. J. Hoffman and G. M. Davis, "OFCCP's Internet Applicant Definition Requires Overhaul of Recruitment and Hiring Policies," *Legal Report*, Society for Human Resource Management, Jan./Feb. 2006; D. Reynolds, "OFCCP Guidance on Defining a Job Applicant in the Internet Age: The Final Word?" *The Industrial/Organizational Psychologist*, 2006, 43(3), pp. 107–113.

70. J. Arnold, "Online Job Sites: Convenient but Not Accessible to All," Society for Human Resource Management, July 31, 2007 (*www.shrm.org/hrtx/library_published/nonIC/CMS_022275.asp*).

71. OFCCP, "Frequently Asked Questions About Disability Issues Related to Online Application Systems," periodically updated (*www.dol.gov/ofccp/regs/compliance/faqs/empefaqs.htm*), accessed 3/18/10.

72. K. Gurchiek, "Video Resumes Spark Curiosity, Questions," *HR Magazine*, May 2007, pp. 28–30; J. McGregor, "Because of That Video Resume," *Business Week*, June 11, 2007, p. 12.

73. J. Deschenaux, "Attorney: Using Social Networking Sites for Hiring May Lead to Discrimination Claims" (*www.shrm.org/legalissues/employmentlawarea/pages*), accessed 3/23/2010; K. A. Gray, "Searching for Candidate Information," (*www.hreonline.com/HRE/story.jsp?storyID=327202146*), accessed 1/29/2010; F. Hansen, "Discriminatory Twist in Networking Sites Puts Recruiters in Peril" (*www.workforce.com/archive/feature/26/68/67/index.php*), accessed 2/23/2010.

74. EEOC, "Title VII and ADEA: Job Advertisements" (3/8/2008) and "ADEA: Job Advertisements Seeking Older Workers" (7/11/2007), informal discussion letters (*www.eeoc.gov/eeoc/foia/letters/index.cfm*), accessed 7/28/2010.

75. R. M. Green and R. J. Reibstein, *Employer's Guide to Workplace Torts* (Washington, DC: Bureau of National Affairs, 1992), pp. 40–61, 200, 254–255.

76. A. G. Feliu, *Primer on Individual Employee Rights* (Washington, DC: Bureau of National Affairs, 1992), p. 270.

第6章

内部招募

6.1 学习目标和导言

6.1.1 学习目标

- 能够制定有效的内部招募计划
- 能够在内部招募过程中运用封闭式、开放式、混合式招募等方式
- 能够识别哪种招募来源可获得内部求职者
- 能够基于既定标准评估内部招募
- 能够评价内部选拔的交流信息
- 认识申请者的反应如何影响招募计划的有效性
- 理解如何在内部招募过程中实施平权行动计划

6.1.2 导言

内部招募是一个识别和吸引现有员工的过程。内部招募具有很多优点，例如内部员工已经了解企业文化，内部员工已经与同事建立合作关系，与外部员工相比内部员工需要的岗前培训更少，等等。近乎无处不在的内部劳动力市场强调了有效的内部招募的重要性。一项对725位人力资源专业人士的调查发现，随着招募、选拔、培训和开发的成本增加，公司越来越趋向于内部选拔招募。[1]大部分受访人士表示管理内部人才库在组织内有较高（45.6％）或者非常高（27.7％）的战略优先权。尤为典型的是，内部人才库的开发被视为其中一项高级人才管理任务（63％的受访者），甚至超过了人才的获取（49.4％）。

遗憾的是，尽管意识到需要改善人才管理，但调查显示只有25.7％的公司有正式的人才管理战略，只有13.8％的小公司有正式的人才管理系统。在实施正规有效的人才管理系统方面存在很大局限，这意味着在这方面还有很大提升空间。与此同时，管理不当的内部人才管理系统还会导致个人偏好、偏见和歧视现象的发生。因此，企业必须确保内部招募系统的公平性。

内部招募的第一步是制定招募计划，主要处理组织性和行政性的问题。第二步是战略开发，主要是关注在什么地方、什么时间以及用什么样的方法可以找到合格的内部候选人。知道在什么地方寻找合格的内部候选人需要理解开放式、封闭式和混合式内部招募系统。知道用什么方法寻找合格的内部候选人需要理解职位公告、企业内部网及内部人员配置、人才管理系统、提名程序、内部人才储备、替换和继任计划，以及职业发展中心。知道什么时候寻找合格的内部候选人需要理解招募的周期及不同节点的时间顺序。内部招募流程的第三步主要包括空缺职位的信息沟通及其发布媒介。内部招募流程的第四步是开发一个系统来顺利向选拔阶段过渡。实现过渡需要一个成熟的职位公告系统，让应聘者了解选拔流程以及如何做最好的准备。内部招募流程的第五步是考虑法律问题。需要强调的特定的问题主要包括平权行动计划法规、善意的资历制度和职业天花板。

6.2 招募计划

在识别和吸引内部员工申请空缺职位之前，必须注意组织性和行政性方面的事项，这有助于内部应聘者和空缺职位的有效匹配。

6.2.1 组织性议题

外部劳动力市场能被分成不同部分和层级，在不同部分和层级的劳动者能成为特定职位的候选人，组织内部的劳动力市场也是一样的。组织内部通常进行这种非正式的划分。例如，经理们经常讨论管理培训生"人才库"，并且将其中一些视为高潜力员工。又如，在组织中人们会讨论他们的技术专家，即具备业务需要的技能的人才的集合。

在一个更正式的水平上，组织必须为员工创建结构化的职位体系和职业生涯上升的流动路径。因此，组织建立了内部劳动力市场。每个劳动力市场有两个部分：流动路径和流动政策。流动路径描述了职位之间的流动方向，流动政策指的是员工在职位之间流动时需要的操作流程。

■ 流动路径

流动路径包含在组织内部劳动力市场结构内员工流动的所有可能的路径。流动路径有很多决定因素，包括劳动力、组织、工会、劳动力市场特征。流动路径有两种类型：层级型和轮换型。两种流动路径都决定了什么样的人在组织内有资格获得新职位。

层级流动路径。层级流动路径的例子如图 6—1 所示。在图 6—1，重点是在组织内向上流动。由于层级流动路径是向上的，因此这种路径称为晋升阶梯。这暗示了每次职位流动都向组织的权力中心前进一步。由于晋升富有令人满意的特征，因此员工认为在组织内的晋升是一种奖励。当员工同其他人竞争获得空缺的职位时，他们就得到了这种奖励。例如，晋升会带来更高的薪酬、更好的工作环境。研究表明这些竞争引起了争议，因为晋升的机遇在多数组织内是有限的。[2]

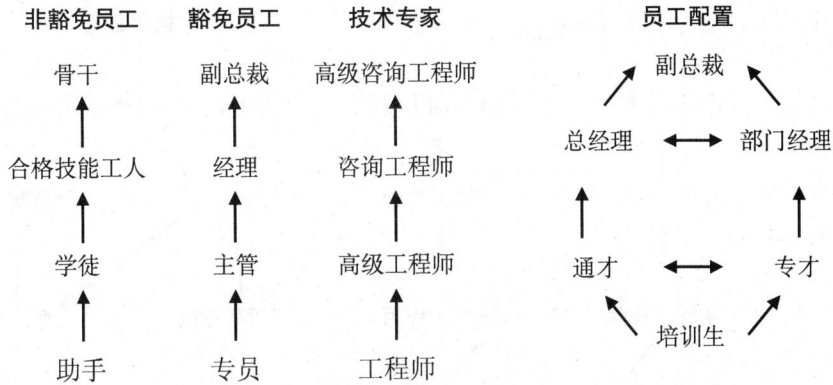

图 6—1　层级流动路径

图 6—1 展示了在晋升阶梯上的一个例外，当员工既具备一般技能，又具备专业技能，或同时有公司和部门工作经验时，会出现横向流动。这样的员工被认为更具有各方面能力，能更好地在整个组织内工作。专业技能会帮助员工熟悉产生的技术问题，一般技能使员工拥有关于员工职责的广泛知识，公司经验提供了政策和规划视角，部门经验使员工具备对日常事务的更好的洞察力。

从管理优势上看，层级流动路径使在组织内寻找合适的候选者变得容易。晋升员工，可以看该职位等级的下一级职位。尽管该系统对管理者来说非常直观，但是它不灵活，并且抑制了人岗的最佳匹配。例如，空缺岗位的最佳匹配员工可能在该职位以下的两个等级，并且可能在另外的部门。在层级流动路径下很难找到这样的人。

轮换流动路径。图 6—2 展示了轮换流动路径的例子。它强调的重点不再是简单的向上流动。相反，组织内的流动可能是任何方向，包括向上、向下和横向。员工流动强调要确保员工持续学习，这样员工才能为组织做出更大的贡献。它的目标与层级晋升阶梯中员工试图获得越来越高的地位形成了鲜明的对比。很多组织已经由层级流动路径转变为轮换流动路径，有两个原因，一是考虑到全球和技术变化，有必要灵活；二是较慢的组织成长有必要发现轮换方法以利用员工才能。平行路径（双通道）是员工能在技术或者管理工作上有专长，并且在任一路径上都能晋升。从历史上看，技术专才如果想要获得更高地位的工作头衔和薪酬，必须从技术工作转换到管理工作。换句话说，成为一个技术专才是没有出路的。在平行路径系统，技术专才的工作头衔和薪酬都提升到和对应的管理人员相当的水平。

在横向路径系统里，可能并没有向上流动路径，如图 6—2 所示。这种情况下，员工对组织的贡献体现为在特定层级上通过使用不同类型的知识能力在不同部门为组织长时间服务。

格状流动路径有向上的、横向的甚至向下的流动。例如，招募专员可能被提升为招募主管，但是为了继续为组织做出贡献，他可能需要横向流动以掌握薪酬有关的知识技能，所以转而成为薪酬专员。在掌握所有的薪酬技术之后，他可能又成为薪酬主管。由于该员工可能在以前的公司已经做过培训方面的工作，因此可以不用在本组织内经历培训的低端职位而直接申请培训经理职位。最后，他可能再横向流

平行路径　　　　　　　　　　　　　　　格状路径

副总裁工程师　　高级咨询工程师　　　培训经理　→　部门人事经理

经理工程师　　　咨询工程师　　　　　招募主管　　　　薪酬主管

主管工程师　　　高级工程师　　　　　招募专员　　　　薪酬专员

工程师

横向路径

生产经理　→　项目经理　→　国际业务代表　→　销售经理

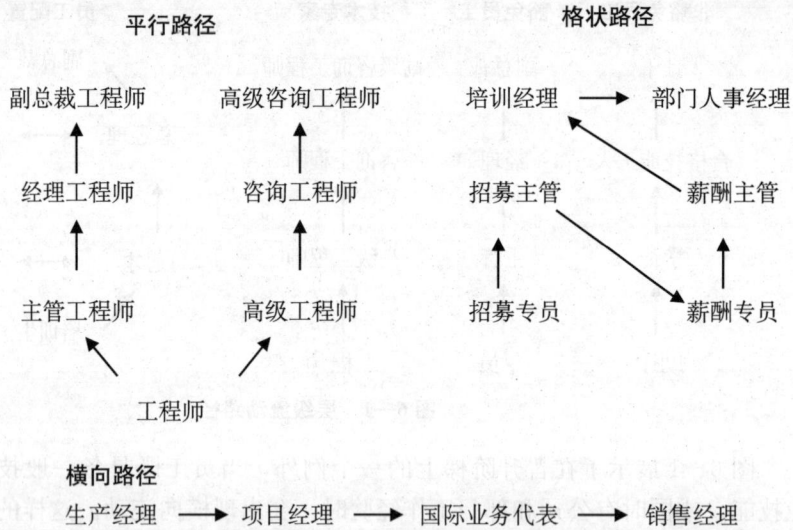

图 6—2　轮换流动路径

动到一个部门，作为事业部的人事经理而管理人力资源的所有工作（招募、薪酬、培训等）。

　　越来越多的组织放弃了职业路径结构。在以团队为基础的工作中，员工不再从事传统的工作，而是依据项目同其他员工进行团队工作。在这种结构里，员工本质上是创业顾问，在组织帮助下完成顾问活动。这样由一个个团队组成的组织的例子是澳大利亚悉尼的 TCG 公司。TCG 跟其他组织合作提供电脑服务。TCG 的员工根据个人的专门技术从事特定的项目，报酬也是依据项目的成功。报酬包括可能将来分配到更大的项目，这也是一种晋升的形式。[3]

　　正如讨论的那样，下降的轮换流动路径在管理上是很难的，而且轮换流动路径也不像层级流动路径那样分类明确。但是，从积极的一面看，因为轮换流动路径非常灵活，所以能发掘内部有才能的员工，但是层级流动路径不能。

　　当晋升流动路径在组织内受到限制时，很多组织使用轮换流动路径，采取特殊的措施保证工作对员工仍然是有意义和有吸引力的。如果不采取措施，晋升有限制的组织会面临优秀员工流失的危险。怎样使工作更加有意义呢？

　　第一，轮换型报酬系统。薪酬增长不是基于晋升，而是基于员工具备的知识、技能以及员工作为团队成员和个体对组织的贡献。研究表明，这些项目可以成功鼓励员工发展相关工作技能。[4]

　　第二，团队建设。通过让员工参与团队工作，可以在工作场所内创造更多的挑战和主动，因为在团队工作中，员工负责工作的各个方面，包括服务、产品以及自我管理。

　　第三，咨询服务。组织利用研讨会、自我指导工作手册、个人建议，确保员工在组织里有很合理的流动计划。

　　第四，轮换新雇佣。安排员工休假、咨询任务以确保员工保持挑战性和获取新知识技能。

■ **流动政策**

流动路径说明了职位之间的关系，但是并没有说明员工在工作之间流动的规则。这些规则在书面政策里有详细的说明，这些政策必须是成熟的，而且应该详细说明任职资格。

开发。一项定义明确的流动路径政策说明对层级流动路径和轮换流动路径都是必要的，而且具有以下特征：

1. 政策的意图是清楚表达的。
2. 政策包含董事会的理念和价值。
3. 政策的范围，例如地理区域、员工群体等的覆盖范围，需要明确地表达。
4. 员工的职责和发展机会要明确定义。
5. 直接上司对员工发展承担的责任要清楚地描述。
6. 过程要清楚描述，例如怎样通知员工开始及截止日期，以及员工需要提供的资料，怎样传达任职要求和资格，选拔程序怎样进行，怎样安排员工入职。
7. 规则涉及薪酬和晋升。
8. 规则涉及福利以及晋升后的福利变化。

表述明确并且严格执行的流动路径政策被员工认为是公平的，不成熟或者政策缺失会导致员工认为公司提拔或降职是根据主观偏好，存在歧视。

资格标准。一项有效的流动政策的重要组成部分是要列出资格标准，通过资格标准组织可以决定谁符合空缺职位的申请条件。本质上，这些标准界定了符合招募要求的员工群体。这些标准以资历、经验、KSAO 或是工作职责为基础的。例如，在国际运作上，应聘者需要在组织内工作了一定的时间，对空缺的职位有一定的工作经验，精通外语，而且有兴趣承担新的责任。这些标准需要在政策里制定得非常清楚，否则不符合要求的员工会申请空缺职位，当他们没有被考虑的时候就会沮丧。同样，组织也会被申请书淹没，并且需要处理不合格的应聘者。

6.2.2 行政性的议题

流动路径和政策必须在内部招募的计划阶段建立。同样，一些行政性事项也要在这个阶段明确，这些事项包括申请、协调、预算和招募手册。

■ **申请**

正如第 5 章所说，申请是企业高级管理层对填补职位空缺的正式批准。要求正式的批准更容易保证内部招募全过程的公平性和客观性。申请在内部招聘中尤为重要，因为管理者可能会考虑与申请者的私人关系。没有正式的申请书，经理很容易对员工做出承诺或者与偏爱的员工达成私下协议，这是与组织目标不符合的。在招募之前，详细说明申请者需要符合内部职位的特点，更容易保证内部流动与组织的标准和目标相一致。记录内部流动所遵循的一致的、与商业相关的政策也有助于确保该系统在法律上的不可侵犯性。

■ **协调**

内部招募和外部招募的力度需要相互协调，并且要同时进行（见第 3 章）。如果没有做好协调工作，会带来很大的损失。例如，如果内部招募和外部招募分别进行，那么两个人可能会受雇于同一个职位。如果只进行外部招募，内部的员工会感觉在晋升中他们被忽略了，从而影响公司内员工的士气。如果只进行内部招募，雇用的员工可能不像外部市场员工那样符合标准。由于种种可能性，在开始寻找候选人之前，内部招募专员和外部招募专员必须同直线经理协作进行内部招募和外部招募。

为了协调招募活动，企业需要制定政策来详细说明在内外部招募中分别要寻找的申请求职者的数量和类型。外部招募专员应与内部招募专员保持联系。

■ 预算

一个组织的内部招募预算过程与外部招募预算过程应该是一致的。但是，人均招募成本在内部招募和外部招募之间有所不同。内部招募的目标候选人已经在组织内工作并不意味着人均招募成本必然低于外部招募的人均招募成本。有时内部招募成本会高于外部招募，因为内部招募的一些方法可能花费很高。例如，内部应聘者竞聘失败，组织会给出建议，今后需要做什么来发展他们的职业，才能在下次该职位出现空缺时使自己变得有竞争力。当外部的应聘者被拒时，一封简单的低成本的拒绝信通常就足够了。

■ 招募手册

正如外部招募一样，内部招募活动包括招募手册的开发，也就是一份正式的详细描述如何吸引应聘者的招募流程的文件。文件中具体包含的细节有：时间、资金、具体的招募相关活动，以及如何填补因内部员工竞聘成功而带来的新的职位空缺。内部招募手册的例子如表 6—1 所示。

表 6—1 　　　　　　　　　　　内部招募手册

职位派至新成立的索赔处理中心

目标：将所有合格的医疗索赔处理人员和审查人员从一个子公司调任到新成立的索赔处理中心。那些不胜任新岗位以及现岗位正在被取消的员工除外。

假设：所有员工已被告知他们目前在子公司 ABC 的职位已经取消，他们有资格申请新成立的索赔处理中心的岗位。

招募责任方：索赔处理经理和索赔审查经理。

其他资源：所有人力资源部员工。

时间安排：

2012 年 4 月 2 日发布内部职位公告

2012 年 4 月 16 日申请截止

2012 年 4 月 19 日起一周内完成面试的安排和协调

2012 年 4 月 26 日起一周内进行面试

到 5 月最后一周完成选拔和通知

职位总数：60

职位及任职资格简介：

索赔主管：6 人，要求：四年制大学毕业，三年索赔工作经验，其中包括一年主管经验。

索赔数据录入员：14 人，要求：半年数据录入经验，最好熟悉医疗术语。

医院索赔审查员：8 人，要求：一年数据录入/处理经验，需要熟悉医疗术语。

医生索赔审查员：8 人，要求：一年数据录入/处理经验，需要熟悉医疗术语。

牙科索赔审查员：8 人，要求：一年数据录入/处理经验，半年牙科索赔审查经验，需要熟悉牙科术语。

心理健康索赔审查员：8 人，要求：一年数据录入/处理经验，半年心理健康索赔审查经验，需要熟悉医疗和心理健康术语。

药物滥用索赔审查员：8 人，要求：一年数据录入/处理经验，半年以上药物滥用索赔审查经验，需要熟悉医疗和心理健康术语。

调任申请指南：内部候选人必须提交内部调任申请书，按照优先顺序，在附页上列出申请的所有职位。内部候选人可以申请不超过 5 个职位。调任申请必须完成并且由员工本人及其主管签字。

候选人资格审查：内部员工的调任申请需要每日进行审查。由于申请书很多，因此需要当天电话通知那些申请的职位全都不符合的候选人。

所有的调任申请及其附页需按员工申请的职位归档。如果内部候选人申请多个职位，要将调任申请进行复制，保证每个职位文件夹里都有一份调任申请复印件。

所有候选人接受资格审查后，每位候选人的调任材料都将被复制并移交给经理进行审查和面试。由于候选人数量较多，要求经理只面试对岗位来说具备最优资格的候选人。经理会通知人力资源部其计划面试的候选人名单。只要可能，经理将在一次安排中面试所有岗位的合格申请者。

选拔指南：只要可能，要为职位选择资格最优的候选人。

公司承诺尽量安置所有岗位已取消的员工，经理有权不选择仍在违纪试用期内的员工，员工新岗位的工资水平应与目前的工资水平相当。因本次调动是非自愿的工作调任，所有员工的工资不得减少。

未被选中的通知：公司将通知电子邮件通知未通过职位选拔的员工。

被选中的通知：人力资源部将亲自通知通过职位选拔的员工，并且将发放确认信详细说明入职时间、职位、报告关系和工资。

6.2.3　招募周期的考虑

组织必须制定的最后一项战略性决策是什么时间寻找内部员工。和外部招募一样，内部招募也应考虑招募周期的计算和时间顺序关系。

▇ 招募周期

内部招募和外部招募的主要不同是内部招募不仅填补了空缺职位，同时也产生空缺职位。每一个空缺职位由内部候选人填补时，一个新的空缺职位就由内部候选人的腾出即时产生了。

由于这种不同，组织有职责做好包括内部招募在内的人力资源规划。人力资源规划包括继任计划（见第 3 章）。这样的计划对有效的内部招募是必要的。

内部招募和外部招募的招募周期也是不同的。因为在内部市场，雇主可以主动地参与对符合资格标准的内部员工池确认和发展知识技能的过程。策略性的人才管理意味着组织确定在未来职位上需要的关键技能，并提前开始培养员工的这些技能。[5] 通过提前主动培养所需技能，企业可以在很大程度上缩短达到任职所要求的 KSAO 的招募周期。

▇ 时间顺序

正如前面所说的，必须合理协调内部招募和外部招募活动。合理的协调包括仔细地列出外部招募和内部人员安置的开始时间和顺序。许多组织以内部招募作为开始，然后用外部招募填补职位空缺。需要强调的问题包括内部搜寻会发生多久，外部招募是否可以与内部招募同时进行，以及当公司内部候选人和外部候选人被确认具备相匹敌的任职资格时，应该选择谁，等等。

6.3 战略开发

在完成内部招募计划后，组织必须形成战略去寻找可行的内部工作申请者。必须思考到什么地方寻找、怎样寻找以及什么时间寻找。

6.3.1 封闭式、开放式和混合式招募

选择在哪里寻找的搜寻战略必须在通用的任职资格的约束下实施。在这些约束下，需要了解开放式、封闭式和混合式制度。

■ 封闭式内部招募制度

在封闭式内部招募制度下，员工不知道职位空缺。只有人力资源部负责员工配置的人员、空缺职位所在部门的直线经理以及被联系的员工知道晋升和调任机会。图6—3展示了在封闭式制度下典型的填补空缺的路径。

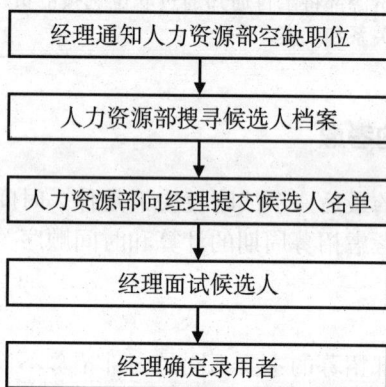

图6—3 封闭式内部招募制度

封闭式制度效率高，流程简单，时间和费用最少。然而，封闭式系统的效果和候选人任职资格的文件一样，如果是保存不精确或者过时的文件，合格的候选人会被忽视掉。因此，保证准确的KSAO信息和人力资源信息系统至关重要。

■ 开放式内部招募制度

在开放式内部招募制度下，所有的员工都知道空缺职位。通常通过职位公告和申请系统通知所有员工该空缺职位。图6—4展示了在开放式内部招募系统下，填补空缺职位的典型步骤。

开放式系统给员工一个机会针对晋升需要的任职资格去估量他们自己的资格。这有助于最大限度地减少主管晋升和调任自己偏爱的员工，有利于发现潜在的人才。

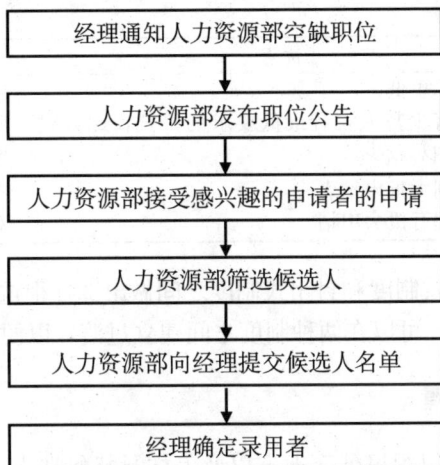

```
经理通知人力资源部空缺职位
        ↓
人力资源部发布职位公告
        ↓
人力资源部接受感兴趣的申请者的申请
        ↓
人力资源部筛选候选人
        ↓
人力资源部向经理提交候选人名单
        ↓
经理确定录用者
```

图 6—4 开放式内部招募制度

然而，开放式制度产生了员工之间因有限的晋升机会而产生的不必要的竞争。筛选所有的候选人并且给他们提供反馈是一个冗长且耗费时间的过程，并且降低了没有得到晋升的员工的士气。

■ 混合式内部招募制度

在混合式体系下，开放式和封闭式招募同时进行。内部进行职位公告，人力资源部在职位公告之外实施搜寻。两种制度都用于尽可能地扩大招募范围，然后再根据 KSAO、资历合格性、人口统计特征和申请者的可获得性来缩减候选人范围。

Merico 酒店使用的是混合式招募，它培训并开发在某特定高级岗位有潜能的职员。[6] 该组织的绩效管理系统鼓励员工详细说明他们潜在的企业内部职业生涯轨迹，并指出什么样的发展机会可以帮助他们进步。那些被认为有高潜力的员工会在一系列正式的继任计划系统内接受特殊培训。如果出现空缺职位，一款由 Merico 研发的内部职位空缺软件就会发布信息，这样，组织就会提醒并鼓励符合这些职位要求的职员提出申请。

混合式制度有三个优势：实施全面的搜寻；所有人有同等的机会申请公告的职位；可以发现潜在的人才。其主要缺点是非常耗时，而且费用成本很高。

■ 选择招募方式的标准

在资源无限的理想世界中，人们会选择混合式内部招募制度。然而，资源的限制使这种选择不可能实现，因此组织必须在开放式制度和封闭式制度之间做出选择。在选择内部招募制度之前，需要全面考虑表 6—2 中的标准。

表 6—2　　　　　　　　　　开放式、封闭式、混合式招募方式的选择

方式	优点	最佳采用情况
开放式	可以吸引更多的申请者，包括那些在封闭式系统里可能被忽视的人。 制定对所有员工公开并且具体的规则和规定。 有时为劳动协议规定所必需的。	可感知到公平性存在。 潜在的人才可能会被忽视。

续前表

方式	优点	最佳采用情况
封闭式	搜寻成本更低。 对于只有少数人符合最低要求的筛选，此方式工作量相对较少。	管理人员需要求职者马上入职。 工作需要范围很小并且专门的KSAO。
混合式	可以找到大批申请者。 每个人都有机会申请。	有充足的资源来运行混合式系统。 对企业成功至关重要的工作。

尽管在开放式制度和封闭式制度之间做出选择很重要，但随着员工配置软件的出现（见第13章），可以在两种制度之间建立过渡，以便利用每种制度的最大优势。

6.3.2 招募渠道

一旦确定在组织里什么地方以及怎样寻找候选人，可以采用以下几种主要的方法寻找应聘者：职位公告、企业内部网站和内部员工配置、人才管理系统、提名、接替和继任计划、职业开发中心以及内部临时人才池。

■ 职位公告

职位公告和用于外部招募的广告非常相似。它清楚地说明工作职责和要求，以及申请者怎样申请。职位公告的内容应基于职位需求矩阵。当出现职位空缺时，开始发布职位公告。职位公告可通过公告栏、时事通讯、电子邮件或企业内部网站（见随后的部分）发布。在本阶段，组织必须决定在组织内第一时间限制公告在特定人群还是广泛宣传空缺职位的信息。如果第一次公告限制在特定的部门、区域，或者是工作地点，而岗位没有得到填补，则应该在更广的范围内进行公告。应聘者可以用表6—3所示的竞聘表申请职位。

表6—3 　　　　　　　　　　　　　　竞聘表示例

内部申请表封面

为申请公告的职位，感兴趣的员工应该：

1. 浏览职位公告书或者张贴在公告栏的公告，选择符合任职资格并感兴趣的一个或多个职位（检查公告的任职资格部分）。注意职位申请的截止日期，截止日期会在公告中指出。
2. 在一张内部申请表上申请一个或多个职位。这张表作为简历/申请表，由直接主管签字后交给人力资源部。
3. 在下面列出你想被考虑的职位的优先顺序。
   （优先顺序：1＝第一志愿，2＝第二志愿，3＝第三志愿）

优先顺序　　职位名称

_____　　_____

_____　　_____

_____　　_____

_____　　_____

4. 将封面附在UHC内部申请表上，在职位公告上指出的截止日期前将封面和申请表一起交给人力资源部的凯伦。
5. 签名和日期：

_____

员工签名　　　　　　　　　　　　　　　　日期

资料来源：Reprinted with permission from United HealthCare Corporation and Physicians Health Plan of Ohio，Inc.，Columbus，Ohio.

在家得宝公司，设在休息间的公共讯息查询一体化终端电脑用于列出空缺职位，员工休息时或上班前后可浏览这些职位公告。如果员工对某一工作感兴趣，还可以在电脑上进行测试。如果员工通过测试，申请就会上传。如果员工没有通过测试，会通知主管并且为员工提供培训，以便员工能够在将来成功竞聘某个职位。[7]

即使是先进的职位公告制度，在行政管理上也是存在一些问题的。例如，有些时候员工会认为在职位公告发布前组织已选定人员，经理和人力资源部被大量不合格候选人的简历淹没，指责人力资源部没有有效地为职位筛选候选人，等等。

其中一些问题再次强调了岗位需求模型的重要性。良好的职位公告制度会清楚定义做好工作所需的任职资格。通过岗位需求模型和任职资格界定，员工、人力资源部和直线经理能使筛选更加准确和有效率。

公告制度的另一个重要问题是反馈。员工不仅需要知道他们是否被录用，而且没有被录用的员工需要知道未被录用的原因。提供这一反馈有两个目的。第一，使职位公告成为组织职业发展制度的一部分；第二，使员工参与将来的竞聘。如果员工没有得到反馈，就会减少他们去竞聘其他职位的可能性，因为他们觉得他们的竞聘是徒劳的。

一项实证研究表明，职位公告制度的关键特征带来了用户的高满意度。[8]关键特征包括工作描述的充分性、职位公告程序的适当性、面试中受到的对待、咨询服务的有益性以及职位公告制度的公平性。这些特征应该是对一项好的职位公告制度的要求。

正如指出的那样，传统的职位公告通过人工在合适的地方张贴职位空缺海报。然而这样的方式非常慢，效率低，并且产生大量的文书工作。更快、更有效率的职位公告是将它们放在个人电脑上，员工每天 24 小时都可以看到。

■ 内部网站和内部员工配置

除了用户是来自组织内部的限制外，组织的内部网与互联网是相似的。内部网站让内部招募变得理想，因为空缺职位可以快速公告让所有的内部员工看见。一些公司已经将内部网站扩展到包括在线职业中心，在这里，员工不仅可以看到职位公告，还可以查看感兴趣的岗位所要求的任职资格，甚至包括可以帮助员工获得这些KSAO 的学习模块。

公司内部的电子邮件和内部网站提供了一种理想的工具用于提醒员工组织内部的职业发展和职位空缺，而且为组织寻找有潜力的员工提供了平台。惠而浦公司建立了一个内部网络系统，经理有空缺的职位时就可以进入系统输入空缺职位和任职资格，员工同样能够找到与其兴趣和技能相匹配的空缺职位列表。其他公司如宝马、家乐氏、惠悦酒店和惠普都采用了同样的系统。一些供应商如 Recruitsoft、SAP、甲骨文和 hire. com 也已经为此开发出专门的软件。

为确保公司最好地应用内部网络，这里有一些建议：给经理留下争取内部人才很重要的印象（这样能激励他们使用内部网络系统），鼓励员工应用内部网络系统并强调这是为他们建立的，确保感兴趣的员工能得到人力资源部的关注（即使他们没有被选择）。[9]

■ 人才管理系统

人才管理系统是一个全面监控和追踪员工技能和能力在组织内应用的系统。[10]人才管理的过程与员工重新配置和继任计划是紧密匹配的。人才管理系统追踪劳动力的 KSAO，然后员工重新配置和继任计划将来自人才管理系统的信息转化为特定工作角色的具体行动。尽管人才管理涉及绩效管理、培训、管理内部招募，但追踪员工的知识、技能和能力以及在组织中的应用才是人才管理系统的关键组成部分。

尽管存在大量不同的人才管理系统的模型，但是它们有一些关键共同点。第一步是确认组织内所有的工作都需要的 KSAO，这些信息可以从工作描述和工作说明书中获得。这个完整的贯穿组织的 KSAO 系列将会被编辑成总技能清单。然后，目前的劳动力将需要测评其在该 KSAO 系列中的能力，通常作为日常绩效的附加评价。当职位出现空缺时，经理通过查询人才管理系统确定哪些员工可以补充到空缺职位。应该有合适的程序定期全面地检查组织内 KSAO 要求的变化。这些分析的信息能够作为跳板应用于开发全面的培训计划和发展经验。

人才管理系统是众多数据库软件的强大的集合，以至于当员工配置经理提及人才管理系统时，他们说的是用于帮助追踪劳动力 KSAO 的特定的人力资源信息系统（HRIS）。尽管这些数据库应用软件为整合信息带来了希望，但是很多经理发现操作人才管理系统很有挑战性。在实践中实施人才管理系统产生的多数问题，不是因为缺乏技术，而是由于技术太多而使业务经理不理解。在开发或评价一个用户友好型的人才管理系统时，应该遵循以下原则：

- 保持输入数据的格式尽可能简单；
- 有简单的方法更新每一绩效评价周期基本信息；
- 数据库查询简单；
- 提供多种格式的报告；
- 确保信息保密；
- 能运用相关数据库进行统计分析；
- 将数据与其他人力资源文件关联。

■ 提名

对空缺职位的内部候选人的提名可征求岗位空缺部门的主管或同事。这些人是提供内部候选人名单的一个良好渠道，因为他们非常熟悉胜任该岗位需要什么。他们能够帮助建立任职标准，并且通过他们在组织内的接触，寻找合格的候选人。员工自荐也是一种非常有用的方式，这样能够确保合格的候选人没有因其他搜寻方式的应用而被忽略。员工自荐在少数族裔员工和女性员工的内部招募中是一个尤其重要的考虑。

现任员工向组织推荐潜在雇员是外部招募中一种常用的搜寻候选人的方法。尽管员工推荐在内部招募中没有大量应用，但越来越多的企业正在用员工推荐进行内部员工配置。CareerRewards 就是一款帮助企业实施员工推荐的网络软件。Career-

Rewards 利用基于网络的软件鼓励现任员工为空缺职位推荐公司内其他候选人。员工登录公司的 CareerRewards 网站为公司推荐人才。如果推荐的人被聘用，员工会得到奖励（不同公司的奖励有所不同）。还有其他一些内部推荐系统的软件供应商。[11] 无论采用什么系统，就内部招募来说，内部应用员工推荐计划需要依靠正式的程序认可积极参与员工推荐的员工。此外，需要对员工进行任职资格要求的培训，以确保能够推荐合格的人。

■ 内部临时人才池

内部临时人才池不仅对临时人员配置很重要，而且是永久的内部雇用的一个极好的来源。和通过外部人才派遣机构雇用的员工不同，这些通过内部临时人才池雇用的员工在法律上是同正式员工一样的。因此，雇主对这些员工是承担完整的法律责任的。使用内部临时工也有很多优势。[12] 和外部雇用相比，内部临时工不用花太多时间去适应组织环境。人才派遣机构通常按小时对临时工计费。但是，在内部系统，因为雇主不需要向人才派遣机构按小时付费，节省的成本可以用于提高员工的薪酬和福利。相对于外部临时性的人才派遣，内部人才池也更容易确保临时工的质量和人员与组织的匹配。临时雇用也能充当全职雇用的"试验"，可以让临时工尝试大量的职位直到员工和组织一致认为达到较好的人岗匹配。例如，马里兰州卡罗尔县设立了内部人才池来处理缺勤、假期和职位空缺，这样就不需要依靠昂贵的临时代理。卡洛尔县有 5 个入门级的员工可以到任何需要的地方。阿肯色州小岩城也有相似的计划。[13] 在卫生保健行业，拥有"流动员工"是很常见的，组织会根据需要将员工派遣到不同的下级单位。配置代课老师也用相似的方法。这样的员工需要适应不同的环境，而且组织必须确保这些流动员工有充足的工作。因为期望这些员工在他们的工作中拥有广泛的技能，所以这些员工可能需要额外的培训。

■ 接替和继任计划

接替和继任计划是内部招募的一个重要来源。大部分继任计划包括组织替换图（见第 3 章），替换图主要指出了职位以及当这些职位出现空缺时由谁来填补。替换图通常也会指出员工准备接受指派的时间。继任计划按照职位来进行安排，并列出了预期的职位所需要的技能（例如，员工从其目前的职位晋升到预期的职位，需要发展这些技能）。例如，美国陶氏化学公司的继任计划中列出了可以随时接受继任的候选人名单；需要相似素质的岗位群，并列举了这些岗位群的候选人。美国陶氏公司为 50~60 个关键岗位以及其他 200~300 个被认为需要连续性的岗位制定了正式的继任计划。

继任计划面向未来是很重要的，以免基于过去的组织计划不能应对新挑战。目前有软件可以帮助公司制定继任计划。Saba Succession 是一个继任计划包，它通过与公司的人力资源信息系统连接提供替换图和胜任素质库，从而方便组织确认开发行动和员工在替换图中的指派。很多《财富》500 强公司都在应用 Saba Succession 软件。

CEO 继任计划从来都是一个重要的话题，但是从来没有像今天这样引起重视。

由于员工接近退休的比例不断增加，员工开发工作变得更加重要。职业发展专家非常担心生育高峰期出生的人大规模退休会导致一个组织失去发展历程的记忆以及基于经验的知识。拥有强大的继任计划更能让新雇用的员工在经验丰富的同事晋升到管理岗位之前获取到知识，这能减少大规模退休的影响。例如，在百时美施贵宝公司，已经开发出一种人才管理计划向员工反馈怎样向高级经理和领导学习，并且广泛宣传内部晋升计划，以及描述晋升所需要的领导技能。[14]然而，很多大型的、成功的企业缺少清晰的继任计划。这个问题在亚洲更为严重，很多大型联合企业和家族企业正在由老龄化的 CEO 经营，但是没有适当的继任计划。[15]

避免企业潜在的惨败的关键是 CEO 继任计划。但是，对 518 家企业的调查显示，只有 42% 的企业有正式的继任计划。根据美国董事协会的一项调查，继任计划应该从全面的工作分析及成功 CEO 的特质和行为开始。[16]公司不应该让 CEO 去确定继任者。CEO 通常没有经过培训，在人员继任方面没有经验，并且他们在任命继任者时可能有私人动机。或者，他们可能完全不愿意任命继任者，以便他们自己仍然能够担任这个职位。因此，董事会必须深入地介入到选拔过程中。董事会也需要意识到继任计划应该在 CEO 离职之前就要开始。实际上，继任计划是一个延续性的计划。

■ 职业发展中心

为了便于内部调换，许多组织都设置了内部职业发展中心，帮助员工在组织内探索可能的职业选择。[17]职业发展中心为员工提供可能的候选机会，评估员工的职业目标，以及在整个组织范围内同有代表性的员工进行面谈。职业发展中心有双重目标：第一，让员工了解自己，有机会考虑他们在个人职业中真正想实现什么；第二，使雇主有机会解释公司的职业选择，开发与员工兴趣匹配的内部职业路径。很多组织的调查研究一致表明，当雇主给员工提供充分的沟通和内部晋升机会时，员工的满意度更高。职业发展中心能够起到这样的作用。[18]

职业发展中心提供的职业兴趣量表通常采取多项选择题的方式，要求员工指出他们喜欢的工作活动。例如，被调查者可能被要求确认是喜欢涉及分析性过程的工作如分析财务数据，还是喜欢社会性工作如激励员工。完成调查后，员工将他们的工作偏好与各种工作岗位上的活动进行比较。职业发展中心顾问能够帮助讨论员工关于工作选择的想法和顾虑。较为理想的情况是，这些职业发展测试与精细的 KSAO 分析，结合工作分析的信息将能提高人岗匹配度。如果员工缺少要求的 KSAO，职业发展顾问可建议发展相应的工作经验或者提供培训机会。

评估任何职业发展中心都需要考虑组织的经济底线。[19]配置全职的职业发展中心的员工对组织来说是一项巨大的成本，而且对于中小规模的组织来说，开发一个综合的职业发展中心不可能有较高的性价比。对于小规模的组织来说，更建议通过基于私人的互动进行小规模、非正式的倡议。小企业也可以通过引进外部职业教练或咨询顾问来利用一些职业发展工具，为组织内那些对职业发展特别感兴趣的员工进行咨询和交流。为了降低成本，还可以通过网络调查的方法让员工提交自己的职业发展设想并提供相应的反馈。这些电子化的调查选择通过减少职业发展中心的人员配置节省了成本，并且员工不需要到职业发展中心去就能咨询。

尽管建立和维持职业发展中心是复杂和昂贵的，但它们确实为组织提供了机会以帮助员工了解大范围的职业选择。通过提高员工对自己职业发展的清晰度，企业希望能提高员工的工作满意度，进而提高员工的保留率。鉴于职业发展服务的成本，关注这些服务的投资回报尤其重要。

6.3.3　招募效果的衡量指标

和外部招募渠道一样，各内部招募渠道也有优缺点。表 6—4 展示了招募活动中不同招募渠道的评估指标。由于对各种内部招募技术的成本和效益缺乏足够的实证研究，因此此处的总结和评论并非特别有依据。与外部招募相比，在内部招募时企业更需要详细考虑自身的独特需要。

表 6—4　　　　　　　　　　　不同招募渠道的评估指标

招募方法	数量	质量	成本	对人力资源的影响
职位公告	通常是公司的所有员工	因为公司所有员工都能申请，候选人质量差异性大	花时间去开发招募信息	降低员工离职率，减少员工适应岗位的时间
内部网络和内部配置	尽管淘汰了不喜欢该工作的员工，但候选人数量还是较多	因为应聘者预先具备更多的岗位相关知识，因此比职位公告好	开发复杂的交互系统会花费更多的时间	降低员工离职率，减少员工适应岗位的时间
人才管理系统	识别所有员工知识、技能和能力与岗位的匹配度	质量高，通过技能识别来确认候选人	数据库维护需要大量时间和资金	提高员工绩效，减少停工期，减少培训成本
提名	局限于获得主管或同事积极评价的员工	如果主管进行准确的评价，能达到较好的人岗匹配	很多公司记录员工的日常绩效	主动识别那些潜在高绩效者并明确培训需求
内部临时人才池	基于组织对临时员工覆盖范围的需要	如果内部临时雇员获得的福利比外部派遣更好，那么人才质量更高	开始阶段成本很高，但减少了支付给外部人才机构的费用	相对于外部派遣员工更有责任心，增加了内部灵活性
接替和继任计划	少数挑选出的高潜能员工	能仔细评价员工技能，并且考虑人岗匹配	人事信息系统的成本、数据录入和检查	减少领导力缺口，减少因关键人物离职造成的震动，降低员工离职率
职业发展中心	对职业发展感兴趣的员工	评估员工的 KSAO 和职业偏好	建立成本、人员成本和系统维护成本	有效减少员工离职，增加员工的 KSAO 和岗位需求的匹配度

■ 足够的数量

因为组织的内部人才池必然比外部劳动力市场小，因此大多数内部招募方法所产生的候选人数量都会少于外部招募渠道。使用职位公告和内部网络招募所获得的可供晋升的候选人的数量要远远多于继任计划中的候选人数量。

■ 足够的质量

组织在多大程度上利用内部候选人资格和以往工作绩效相关信息来缩小候选人范围，将决定内部应聘者的质量。大多数使用内部招募系统的组织会比使用外部招募系统的组织在评价应聘者特质方面拥有更大的优势。因此，每一种吸引可以胜任的内部求职者的方法都应该充分利用额外的方法来深入考察申请者。评价员工的日常绩效和记录员工的知识技能水平等情况的人才管理系统是有效的内部招募系统的至关重要的一部分。

■ 成本

内部招募方法和外部招募方法具有完全不同的成本构成。在某些方面，内部招募成本远低于外部招募成本，因为组织能利用自己的内部交流系统降低费用。给员工发邮件通知他们工作机会、在实际的或者电子的公告栏上发布职位公告的成本都非常低。但是，更加精密的系统，例如公司内部网络和综合人才管理系统，需要耗费更多的人力去维护。职业发展中心花费很高，而且只有对有大量内部员工配置需求的组织来说才具备成本有效性。

■ 人力资源相关结果的影响

目前几乎没有关于各种内部招募渠道有效性的研究。因此，组织领导必须考虑内部招募系统会怎样影响员工流动率、工作绩效以及员工多样性。尽管缺少研究，但是由于通过内部方法联系的内部候选人库更容易观测，因此更容易直接监控各种人力资源结果。通过观察，我们能够得出关于内部接替的优势的初级结论。有证据表明，内部职业机会能减少员工离职意向。内部招募方法能缩短员工达到岗位规定绩效所需要的适应时间，因为相比外部招募的员工，他们已经对组织非常熟悉，并且知道更多工作中存在的问题。内部招募的任何一项成本都应该与外部招募的成本进行对比，并且接替内部职位的员工所带来的新的岗位空缺的替换成本也要考虑在内。

6.4 沟通信息和媒介

一旦完成规划和战略开发阶段，就应该进行人才搜寻工作了。跟外部招募一样，内部招募的人才搜寻也从申请表开始。一旦申请表经过审核，必须用信息和媒介将职位空缺传达给应聘者。

6.4.1 沟通信息

和外部招募一样，传递的信息可以是事实性的、目标性的或者品牌性的。事实性的信息真实地描述了工作，包括正面和负面信息。目标性的信息指出该工作如何能够满足求职者的要求。品牌性的信息强调价值观、文化和组织身份，以吸引符合公司品牌的应聘者。

　　事实性的信息可利用技术方法例如 RJP 来传递。内部招募时，应谨慎使用这种方式，因为应聘者已经是组织中的一员，可能已经对该岗位有一个准确的认识，因此，就不需要 RJP。但也不能理所当然地认为，所有的内部候选人都有关于该岗位和组织的准确的信息。因此，当申请者需要到一个不了解的岗位、一个新建立的岗位，或者是一个新的地方包括国际任务时，RJP 还是合适的。

　　目标性的信息同激励因素一起吸引有经验的内部员工。关于职位有利条件和实际报酬之类的目标性信息应该直接来自工作报酬体系。很明显，招聘经理需要真实传递工作报酬体系的信息，而不是可能无法兑现的报酬承诺。

6.4.2　沟通媒介

　　实际用于传递内部职位空缺信息的方法或媒介可以是职位公告、其他书面文件、主管或同事，以及信息系统。职位公告应该清楚定义工作职责以及工作要求包括任职资格要求。为了保证公平、一致，职位公告通常由人力资源部来调整。

　　用于传递空缺职位信息的其他书面文件可能包括组织和地点的说明、工作描述。手册或者录像带可以用于实际展示和描述组织和组织地点的真实情况。这些信息对某些应聘者非常重要，比如那些需要被派遣到新区域或者接受国际任务的应聘者。

　　空缺岗位的主管或同事也可以向候选人描述他正在考虑的职位在更大的组织蓝图中处于一个什么样的位置。主管通常具备该职位和组织的战略方向关系方面的知识，因此，他们可以交流关于组织内存在的业务单元的扩张和缩减方面的信息。而且，主管可以向候选人传递在组织内的流动路径以及如果被聘用在未来职位变动所需要的条件。同事能通过向求职者展示在职业发展中真实发生的事情对主管描述的信息进行补充。

　　组织内存在的一些非正式系统也会成为员工之间交流职位空缺的来源，但是这些非正式系统的信息经常是缺乏准确性的。伴随口头传达、小道消息、道听途说的问题使得这种交流信息的渠道具有高选择、不准确和偶然性。选择性是指不管是偶然还是故意，并不是所有的员工都知道空缺职位，有才能的个人包括少数族裔和女性员工可能被忽略。不准确指的是它依赖于二手或三手信息，重要的细节例如实际工作要求和报酬会在传递中被省略或扭曲。非正式的方式也是偶然的，没有常规的通道详细说明设定沟通工作信息的时间。由于上述问题，不鼓励使用非正式系统。

6.5　申请者反应

　　在研究文献中存在一个明显的疏忽，即缺少对内部招募过程中应聘者反应的关注。这与对外部招募中应聘者反应有大量的研究形成了鲜明的对比。在内部招募过程中一个值得注意的例外是关于公平性的研究。考虑到有限的晋升和调动机会，在组织内的调动决定经常会产生公平性问题。这些问题可分解成不同类型的分配公平和程序公平。分配公平指员工对实际决定的公平性感知（例如，晋升或不晋升）。程序公平是指员工在晋升或者调任决策的过程（比如政策和程序）中感知到的公平。回顾那些证据我们发现，程序基本上和决定一样，是员工产生不满的来源。[20]在某些组织内，因为在晋升和调动机会方面没有正式的政策而使员工产生不满。在某些组织内，可能有正式的政策，但是可能不严格执行。然而在一些组织内，决定晋升资格的不是你的才能如何，关键是你认识谁。最后，在一些组织内存在明显的对少数族裔和女性员工的歧视。所有这些例子都妨碍了程序公平，并且可能被视为不公平。

6.6 向选拔过渡

正如外部招募一样，一旦求职者被新的岗位吸引并且被组织确认，组织需要为其准备选拔过程。不应该因为求职者来自组织内部，组织就自动认定求职者了解并且理解选拔程序。随着在选拔方法上的快速进步，应聘者可能不知道新方法与以前用于自己上个职位的选拔方式不同。即使使用相同的选拔方式，应聘者可能也需要在选拔过程中再次了解这些方法和流程，因为现在距离过去的选拔决策已经过了很长时间。

加利福尼亚州萨克拉门托市的市政工程机构在将内部求职者转变为应聘者方面做得很好，堪称典范。[21]该机构采用面试官小组而不是一系列个人面试来做面试决策。对于在维修部很多职位等级较低的员工来说，这种面试方法是第一次经历。因此，他们由于对这样的内部选择过程没有经验，就会担忧选拔过程。为了解决这种情况，人力资源部首先开展培训课程向应聘者描述这个过程，但是，这对人力资源部的员工来说是一个非常耗时的过程，因此他们用录像替代了教室里的培训。录像的一个主要内容是准备面试官小组的面试，说明事项包括合适的着装和面试材料。录像的另一项主要内容描述了在面试官小组面试中会发生什么，主要包括问题的类型，面试流程，在回答问题时什么能做，什么不能做。录像的最后一项主要内容是来自现在已经成为经理的以前参加过面试的人的现身说法。他们从组织的角度解释了组织正在寻找什么样的人才，并且提出学习建议和战略。

6.7 法律问题

组织内的员工流动，尤其是晋升，一直以来是平等就业机会/平权行动计划关注的问题。内部劳动力市场的运行情况在很大程度上依赖于内部招募活动。同外部招募一样，内部招募活动也可以采取排他性方法进行，这样就会造成不公平的晋升机会和升职率，以及某一特定群体尤其是少数族裔和女性员工得不到公平的晋升机会。平权行动计划法规明确表明内部招募是联邦政府合同人的平权行动计划的一部分。资历系统也是法律审查的主题，尤其是关于在法律约束下，企业这种善意的资历系统是由哪些要素组成的。最近，人们开始研究晋升制度，因为它和"天花板"效应及各种不利于少数族裔和女性员工在组织内晋升的障碍相关。

6.7.1 平权行动计划法规

来自联邦合同合规项目办公室（OFCCP）的平权行动计划法规对在员工晋升中少数族裔和女性员工的雇佣比例及数量是有目标和要求的。伴随这些目标的是必须识别企业在哪些领域存在这些问题，从而制定行动计划改正这些问题。就像在外部招募中指出的那样，这个方案实质上并没有表明组织应该采取哪些具体步骤来修正自己的晋升系统。一些以前（现在已经过期）的法案和制度给我们提供了借鉴。

建议如下：

- 进行公告或宣布晋升机会。
- 列出公司目前所有少数族裔和女性员工清单，并确认这些人的学术、技能和经验水平。
- 发起必要的工作培训和工作学习计划。
- 开发和实施正式的员工评价系统。
- 确保职位任职资格是根据与工作绩效相关的标准制定的（不得要求少数族裔和女性员工比现有最低资格的任职者具备更高的资格）。
- 当合格的少数族裔员工和女性员工明显被忽略晋升时，要求管理人员提交书面辩护。
- 建立正式的职业咨询计划，包括态度开发、教育目标、工作轮换、两人同行制度以及类似的计划。
- 检查工会合同中的资历实例和资历条款，确保这些实例和条款没有歧视和歧视效应。

正如看到的那样，以前的规则包含广泛的关于面试和改善晋升制度的建议。从招募本身的角度来看，以前的规则似乎支持开发基于 KSAO 的员工信息和开放性的员工晋升系统，而职位公告和谨慎使用资历系统是晋升管理的重要依据。

6.7.2 善意的资历制度

《民权法案》第七章（见第 2 章）明确允许使用善意的资历制度，只要不是故意歧视。这种情况使企业陷入严重的两难境地。过去外部员工配置中存在的歧视导致了企业的员工主要是白人男性劳动力。一视同仁的外部员工配置制度可能增加了组织内少数族裔和女性员工的数量，但是与白人男性相比，他们的资历依然更浅。如果晋升的资格基于资历，并且/或者如果资历是晋升决策的一项实际考虑因素，那么那些资历尚浅的员工的晋升率相对较低。因此即使没有歧视目的，资历制度对少数族裔员工和女性员工也有不利的影响。这样的资历系统是善意的吗？

这里有两个相关的要点。第一，法律从来没有定义"资历制度"。但是一般来说，任何已经建立用雇佣时间长短作为决策（例如晋升决策）依据的系统都会被认为是资历系统。然而，对哪一个候选人更富有经验的现场评价的晋升不会被认为是一种资历制度。[22]善意的资历制度能并且一定出现在集体劳资协议的范围之外。

第二，目前认为，只要没有歧视目的，实际上任何资历制度可能都是善意的，即使它产生了不利的影响。[23]这种解释为组织不改变目前基于资历的实践或制度创造了动机。改变的压力主要来源于平权行动计划法规或者自发的平权行动计划，激励组织去改变资历制度以消除在晋升中发生的负面影响。因此，组织必须仔细考虑在平权行动计划下的资历制度是什么样的。

在《美国残疾人法案》下，组织有时会面临需要给残疾员工提供合理的安排（如工作再分配）和组织资历制度规定（如基于资历的竞聘上岗）之间的冲突。根据最高法院的说法，通常要求工作再分配优先于资历制度是不合理的，除非该员工能够说明自己的特殊情况使企业确信这是一个例外。

6.7.3 玻璃天花板

"玻璃天花板"这个术语用来描述组织内存在的强烈的但又无形的女性员工和少数族裔员工的晋升障碍。有很多实质性的证据表明，玻璃天花板确实是存在的。全部的劳动力中有 74％的白人和 54％的男性。在大公司的高层中，白人男性压倒性地担任高级经理的职务。随着职位等级的降低和行业类型的扩大，会显现出一个较混合的数据。平等就业机会委员会的数据显示，从全国范围看，女性官员和经理所占比例已上升到现在的 36.4％。在某些行业，尤其是医疗、百货商店、法律服务和银行业，女性经理的比例实质上更高了，从 47％到 77％不等。在其他行业，如制造业、货物运输、建筑/工程服务，女性经理的比例要低得多（13％～18％）。[24]遗憾的是，少数族裔员工的类似数据无法获取，尽管很少有人怀疑担任管理岗位的少数族裔员工并不多。因此，越靠近职位等级的顶端，天花板的玻璃越厚。在越低的职位等级，玻璃越薄。在所有的行业都存在这种变化模式。

对于玻璃天花板的存在，有两个重要的问题：缺少晋升和代表组织高层的少数族裔和女性员工的原因是什么？需要做出什么改变，尤其是员工配置相关的改变，才能帮助打碎玻璃天花板？

■ 流动障碍

从这些数据中得出一个明显的结论：存在流动障碍，其中很多源于组织内部。联邦玻璃天花板委员会对玻璃天花板效应和流动障碍进行了一项为期 4 年的研究。研究确认的流动障碍有：缺少有助于扩大范围的招募措施，在公司的利润产生领域缺乏导师制培训，缺少机会接触关键的开发性任务；最初选拔时主要针对后勤类岗位，缺乏向高层职位晋升的可能性；带有偏见性的绩效评价体系；缺乏进入公司的非正式网络的通道；同事的骚扰。[25]此外，另一个重要的障碍是抚养孩子和家庭责任使工作/家庭平衡很难。

一项对 21 家公司的男性和女性销售人员职业发展的研究提出了对这些障碍的进一步阐述，尤其是对内部障碍。[26]研究发现，41％的女性和 45％的男性期望晋升到管理层，但是对于他们晋升的机会，女性表示不如男性乐观。研究的销售人员样本中，女性占 26％，但只有 14％的销售经理是女性。研究描述了一种"活命主义文化，在这种文化下，职业通道更像是丛林中的昏暗小路，并且大多数女性说她们经历过性骚扰"。研究还发现，招募专员运用潜在的歧视性选拔测试，经理对女性存在消极的刻板印象，女性缺少职业发展的导师和网络，女性在用传统的方式如钓鱼、高尔夫等户外活动与客户交往方面存在困难等因素，都影响了她们的职业发展。女性销售人员也高度依赖男性经理对她们工作和销售领域的分配，这通常是以他们乐于出差、迁移和长时间工作方面的刻板印象为基础的。

■ 克服障碍

通常认为需要多种超越员工配置制度的行动来克服流动中的障碍。表 6—5 列举了这样的行动，其中很多行动与玻璃天花板委员会推荐的行动是一致的。[27]

表 6—5　　　　　　　　增加女性和少数族裔员工晋升机会的方法

检查企业文化
- 检查人力资源政策和实践，确定它们是公平的、具有包容性的。
- 检查组织非正式文化：观察细微的行为、习惯和规范，这些可能对女性不利。
- 发现男女工对组织文化的看法、他们的职业预期、驱使员工留下和离开的动机。
- 识别组织为支持女性员工晋升的最佳实践。

通过管理层的承诺和投入推动变革
- 支持高管对人才管理的承诺，包括获得女性高管的支持。
- 确保多样化（包括让女性进入高层）是公司成功的一个重要衡量指标，这种观点需要由高管向全体员工明确传达。
- 要求直线经理为女性员工的晋升负责，并把这作为直线经理考核的内容之一。
- 通过培训让经理认识和理解女性员工的晋升障碍。

培养多样性
- 建立和推动变革——管理层多样性计划。
- 确定多样化融入到所有雇佣品牌建设交流中。
- 开发可加入继任计划的女性员工名单。
- 开发并实施女性员工保留计划。

培养并支持女性的职业发展
- 强调女性员工获得直线管理经验的重要性。
- 通过正式和非正式的计划鼓励建立导师制。
- 把成功的高层女性员工树立为典型和榜样。
- 支持组织内外女性社交网络的开发和应用。
- 为女性创建并实施领导力开发计划，如果合适的话，可以包括国际派遣。

对变革的衡量
- 对吸引女性任职组织高层的招募战略的影响结果进行监控。
- 跟踪女性员工在组织内的晋升（聘用、工作轮换、调动、国际分配、晋升）。
- 决定谁获得领导力及管理培训和发展机会。
- 评估在组织内平级的男性员工和女性员工的工资差别。
- 测量比较女性和男性的员工离职率。
- 探究女性离职的原因。

资料来源：Adapted from N. Lockwood, *The Glass Ceiling* (Alexandria, VA: Society for Human Resource Management, 2004), pp. 8-9. Used with permission.

在减少玻璃天花板的员工配置实践方面，我们提出以下建议。通过内部招募活动可以处理和消除至少部分的晋升障碍。内部招募计划需要包括内部劳动力市场的设计和运作，这种内部劳动力市场有助于识别和确认员工并帮助他们在整个组织范围内流动。这可能与基于资历的实践和资历制度有冲突，而且它们可能都非常根深蒂固。而组织不得不对它们的角色做出艰难且清晰的选择：资历在晋升体系中还是起作用的。

根据招募战略，到哪里寻找员工隐约成为促进潜在改变的一个主要因素。组织必须提高搜寻能力以识别合格候选人在整个组织内的晋升。特别是，这需要注意跨部门选人，而不是仅仅在同一个领域内进行晋升（例如，从销售员到销售经理再到大区销售经理）。因此，应该同时从层级型和轮换型两种职业发展路径招募候选人。

招募渠道必须更加开放和更易获取广泛的候选人。非正式途径，如口头传达等途径，已经不够用。鼓励开放空缺职位的职位公告和其他招募战略都是非常有必要的。

招募的改变必须伴随着其他很多方面的改变。[28]男性高级经理需要全面认识到女性经理对主要的晋升障碍的理解是和他们不同的。调查表明，女性经理更可能将排他性氛围（如男性对女性的刻板印象和先入之见、女性被排除在非正式社交网络之外、不友好的公司文化）视为主要障碍，而男性高级经理更可能将缺乏经验（缺少有效的一般管理和直线管理经验、所在岗位时间不够长）视为女性晋升的主要障碍。因此，高管层必须采取措施为女性员工提供更好的丰富经验的机会，而且为女性员工开发和培育更加包容的组织气氛，例如导师制、提供路径进入非正式社交网络等。为了鼓励做出这些改变及增加女性和少数族裔员工的晋升结果，高级经理必须为推动这些事情正式负责。

一个推动内部多样化的例子就是零售巨头塞夫韦公司（Safeway）推出的"为女性而支持改变：一个整合的战略"行动计划。这个计划的一个关键点是零售业领导力发展（RLD）项目，一项正式的专职职业发展计划，该计划是为百货商店的基层员工准备晋升到管理岗位而制定的（90%以上的商店经理来自这个计划）。这个计划特别关注女性和有色人种。他们参加零售知识和技能测试后便可申请参与该计划。完成计划的员工立即被分配到商店担任经理助理，这是未来晋升的跳板。为了支持晋升计划，所有经理都会出席如何管理多样化的研讨会，接受如何做好在岗培训的教育，并能获得工具包帮助他们把多样化讨论融入到他们的员工会议中。实现多样化目标作为评价经理业绩的部分指标，而奖金取决于经理的业绩。组织期望每一位经理都担任导师，帮助员工获取持续晋升必须具备的 KSAO。计划的其他要素包括：CFO 强力的支持和参与、女性领导力社交网络群体（主要针对黑人、亚裔、西班牙裔员工）、为了获得经验而修正重置要求、主动保持员工的工作生活平衡（无论员工有没有孩子）。自行动计划首次发起以来，有资格加入并且完成 RLD 计划的女员工数量增加了 37%，担任经理的女员工数量增加了 42%（其中 31% 是白人女性，92% 是有色人种女性）。[29]

总之，要突破天花板效应，需要从多方面着手。第一，女性和少数族裔员工必须从董事会成员、CEO、高级经理那里得到重视和支持，这些支持必须包括消除歧视和偏见的行动。第二，为女性和少数族裔员工提供工作机会和任务，帮助他们拓展晋升并胜任最高管理职位所需的 KSAO 的深度和宽度。这些发展经历包括轮岗锻炼、管理多元化业务、直接为财务指标负责的直线经理管理经验、多样性的区域任务分配和国际经历。当然，这些相关经验的重要性在不同类型和规模的组织中是不一样的。第三，组织必须为女性和少数族裔员工提供持续的支持以确保人岗匹配。这些支持包括导师制、灵活的工作时间系统。第四，组织必须增加内部招募的力度和开放性，招募到具备晋升潜力的女性和少数族裔员工。第五，组织必须发展和应用有效度的方法评估女性和少数族裔候选人的资格（见第 8 章和第 9 章）。[30]

小　结

内部招募的程序和外部招募的程序是一致的，招募过程包括计划、战略开发和信息传递。在内部招募中，搜寻过程在组织内部而不是组织外部。当内部招募和外部招募同时进行时，应注意协调它们之间的关系。

计划阶段需要确定申请群体。这样做需要了解企业的流动路径和流动政策。为了确定申请群体，必须提前注意搜寻要求、联系的数量和种类、预算、招募手册的开发和招募时间安排。

就战略开发而言，一个封闭式系统、开放式系统或者是混合式系统决定了从什么地方寻找。怎样寻找需要知道招募渠道，例如招募广告、内部网络和内部提名、人才管理系统、内部临时人才池、替代和继任计划以及职业发展中心。正如外部招募一样，选择哪种招募渠道时有许多标准可供考虑。

当寻找候选人时，传递的信息可以是事实性的、目标性的或是品牌性的。哪种方法最适用取决于应聘者、岗位特征和组织。这些信息通常在招募广告中说明。然而，也应该通过其他媒介来补充，例如其他文件、应聘岗位的同事和主管。

不鼓励通过非正式方法传播不能核实或是不完整的信息。

组织需要为应聘者从招募过渡到选拔阶段提供帮助。这些帮助要求应聘者清楚了解选拔过程和怎样做最好的准备。通过这一步，再加上完善的招募广告及组织内清晰的流动路径和流动政策，可以使应聘者认为内部招募系统是公平的。

内部招募活动需要进行严格的法律审查。关于令人满意的晋升系统的特征，在过去和目前的法律中都有一些建议。相关法律允许善意的资历制度，只要不是故意用于歧视。资历制度可能对女性和少数族裔员工的晋升有影响，因为这些群体没有机会积累与白人男性同等的资历。天花板效应是指女性和少数族裔员工在晋升时存在的无形的障碍，尤其是指最高等级的职位。晋升系统的研究暗示了内部招募惯例导致了这种障碍。作为消除天花板效应战略计划的一部分，开放式的内部招募正在越来越多地执行。这些措施包括消除偏见和歧视、培训和发展相关经验、导师制、积极的招募和有效的选拔技术的应用。

讨论题

1. 传统的职业路径强调在组织内严格的向上流动。在组织内创新的职业路径有怎样的不同？列举在本章中讨论的三条创新的职业路径，并描述在每一条路径中流动是怎样发生的。

2. 晋升政策的健全性很重要。列举有效晋升政策所必须具备的特征。

3. 比较封闭式内部招募系统和开放式内部招募系统。

4. 目标性的内部招募信息应该包含哪些内容？

5. 表 6—5 中包含很多改善女性和少数族裔员工晋升的建议，选择你认为最重要的三条建议，并解释原因。

伦理议题

1. 让我们假设一个叫 MDN 股份有限公司的例子，该公司正考虑选拔两个高级经理。其中一个内部候选人朱莉，在 MDN 公司已经工作了 12 年，并且得到很好的绩效评价。另一个候选人拉乌尔来自竞争对手的公司，拥有 MDN 公司想扩展的有价值的产品市场经验。你认为 MDN 公司是否有责任晋升朱莉？请说明原因。

2. 组织有道德上的责任为员工制定继任计划吗？如果没有，说明原因；如果有，说明这项道德责任是什么，由谁来承担。

应　　用

在变化的内部劳动力市场的招募

米切尔航运公司是美国五大湖上一家货物分销商，它不仅分销货物，而且制造用于货物运输的集装箱。生产集装箱的子公司叫做米切尔-柯尔制造公司，董事长兼 CEO 是诺伊·布朗。

布朗正将制造系统从装配线转移到自主工作组。每个工作组负责生产一种集装箱，每个工作组使用不同的工具、机械，每种集装箱都有特定的生产程序。每个工作组的成员的职衔都是装配工，每个工作组都有一个固定的领导。布朗倾向于所有的工作组领导来源于各组的现有员工，不管是现有的领导还是出现的空缺领导职位。此外，她不希望员工跨部门流动，以便增强团队凝聚力。然而，在目前内部劳动力市场上，她的这种内部员工安置目标遇到了潜在的障碍。

由于集装箱制造悠久的历史，员工们尽管不属于工会，但仍然被按照工会雇员来对待。这种设计是很多年前就有的，当初这样做的目的恰恰是为了应对工会化。这是管理的理念，如果得到工会雇员那样的待遇，员工们就没有必要加入工会。这种战略的标志性里程碑就是在该工厂中被员工广泛称为蓝皮书的东西。蓝皮书看上去是一种典型的劳动合同，它清楚地列出了雇员相关的所有条款和条件。其中很多条款应用于内部员工配置，并且这些条款都是非常典型的传统的建立在工会背景下的流动体系。空缺的职位公告被张贴在工厂的各个地方，并且保持开放 30 天，例外的是初级工作的空缺职位只能从外部进行补充。任何有 2 年及以上工龄的员工都有资格竞聘任何公布的空缺职位；2 年以下工龄的员工也可以竞聘，但是，只有在没有 2 年及以上员工申请或者入选的情况下，他们才会被考虑。内部候选人由用人部门经理和人力资源部的一位代表共同评估。他们访谈候选人的主管，调查候选人相关的工作经验、过去的绩效评价和其他的某些 KSAO。蓝皮书要求大部分满足条件的资历较深的员工接受调动或晋升。因此，工龄在录用决策中起重要的作用。

布朗担心目前的内部劳动力市场，尤其是招募和选拔团队领导。这些领导将来可能需要具备大量比工龄更重要的 KASO，而且 KASO 甚至可能跟工龄不是正相关关系。例如，团队领导需要具备高超的电脑应用、沟通、人际关系技能。布朗认为团队领导具备这些技能是至关重要的，并且相对于资历较深的员工，资历较浅的员工更可能具备这些技能。布朗陷入进退两难的境地。她需要你回答以下问题：

1. 在竞聘工作时，资历作为一项资格标准应该被取消吗？这意味着不再给工作 2 年以上员工优先权。

2. 职位公告系统应该被简单地取消吗？如果这样，应该用什么来代替？

3. 应该保持严格的内部晋升政策吗？保持或者不保持的理由是什么？

4. 怎样开发跨团队流动但不威胁到团队凝聚力的职业流动路径？

5. 如果要实施一个新的内部劳动力市场制度，应该怎样与员工沟通？

CEO 继任计划

位于阿马里洛市的孤星银行是得克萨斯州的第四大银行。董事长兼 CEO 哈里·里特已经在公司工作了 30 年，其中后 12 年担任目前的职位。

过去的 3 年对孤星银行来说非常艰难，因为收益已经低于行业平均水平，而且股东越来越没有耐心。众所周知，上个月的季度收益报告对董事会来说是最后一根稻草。尤其麻烦的是，里特未能在高回报投资上投入足够的孤星资产。尽管银行都非常谨慎地管理其投资战略，但是里特的投资战略甚至对于银行来说还是保守了。

在上周的会议上，董事会决定让里特履行完合同的最后一年就找人接替他。有吸引力的离职补偿被匆忙地放在了一起，当它呈现给里特时，里特同意了条款和条件。尽管董事会认为已经迈出了积极的一步，但仍然不确定怎样去确定一个继任者。当他们和里特开会讨论时，里特暗示他认为银行的高级运营副总裁鲍博·鲍尔斯会成为一个能干的继任者。有些董事会成员认为他们应该听从里特的建议，因为他比董事会的任何成员都了解银行内部的工作。其他成员不确定能做些什么。

1. 孤星银行应该怎样着手寻找里特的继任者？鲍尔斯应该被雇用为下一任 CEO 吗？

2. 应该怎样确定和招募其他的内部候选人？

3. 孤星银行需要 CEO 继任计划吗？如果需要，你建议董事会怎样建立这样一个计划？

4. 孤星银行应该对银行里的其他人建立适当的继任计划吗？如果应该，为什么？应该为哪些人建立？

注　释

1. BMP Forum and Success Factors, *Performance and Talent Management Trend Survey 2007* (San Mateo, CA: author, 2007).

2. W. T. Markham, S. L. Harlan, and E. J. Hackett, "Promotion Opportunity in Organizations: Causes and Consequences," in K. M. Rowland and G. R. Ferris (eds.), *Research in Personnel and Human Resources Management* (Greenwich, CT: JAI Press, 1987), pp. 223–287.

3. B. R. Allred, C. C. Snow, and R. E. Miles, "Characteristics of Managerial Careers in the 21st Century," *Academy of Management Executive*, 1998, 10, pp. 17–27.

4. E. C. Dierdorff and E. A. Surface, "If You Pay for Skills, Will They Learn? Skill Change and Maintenance Under a Skill-Based Pay System," *Journal of Management*, 2008, 34, pp. 721–743.

5. D. G. Collings and K. Mellahi, "Strategic Talent Management: A Review and Research Agenda," *Human Resource Management Review*, 2009, 19, pp. 304–313.

6. R. Fisher and R. McPhail, "Internal Labour Markets as a Strategic Tool," *The Service Industries Journal*, Oct. 2010, pp. 1–16.

7. E. R. Silverman, "Break Requests," *Wall Street Journal*, Aug. 1, 2000, p. B1.

8. L. W. Kleinman and K. J. Clark, "Users' Satisfaction With Job Posting," *Personnel Administrator*, 1984, 29(9), pp. 104–110.

9. M. Frase-Blunt, "Intranet Fuels Internal Mobility," *EMT*, Spring 2004, pp. 16–21; L. G. Klaff, "New Internal Hiring Systems Reduce Cost and Boost Morale," *Workforce Management*, July 2004, pp. 17–20; C. Waxer, "Inside Jobs," *Human Resource Executive*, Sept. 2004, pp. 36–41; S. Overman, "Keep Hot Prospects on Tap," *Staffing Management*, Jan. 2007, pp. 19–21.

10. US Office of Personnel Management, *Human Capital Assessment and Accountability Framework* (Washington, DC: author, 2005); A. Gakovic and K. Yardley, "Global Talent Management at HSBC," *Organization Development Journal*, 2007, 25, pp. 201–206; E. Frauenheim, "Talent Management Keeping Score With HR Analytics Software," *Workforce Management*, May 21, 2007, pp. 25–33; K. Oakes, "The Emergence of Talent Management," *T + D*, Apr. 2006, pp. 21–24.

11. B. Calandra, "Reeling Them In," *Human Resource Executive*, May 16, 2000, pp. 58–62; "You've Got Friends," *HR Magazine*, Aug. 2001, pp. 49–55.

12. N. Glube, J. Huxtable, and A. Stanard, "Creating New Temporary Hire Options Through In-House Agencies," *Staffing Management Magazine*, June 2002 (*www.shrm.org/hrdisciplines/staffingmanagement/Articles/Pages/CMS_000353.aspx*).

13. P. Lindsay, "Personnel Services: An Innovative Alternative to Temporary Staffing Problems," *IPMA-HR News*, Dec. 2003, p. 19; "Temporary or Contingent Workers," *IPMA-HR News*, June 2004, p. 7.

14. E. Goldberg, "Why You Must Build Management Capability," *Workforce Management Online*, Nov. 2007 (*www.workforce.com/archive/feature/25/22/23/index.php?ht=*); M. Toosi, "Labor Force Projections to 2014: Retiring Boomers," *Monthly Labor Review*, 2005, 128(11), pp. 25–44; P. J. Kiger, "With Baby Boomers Graying, Employers Are Urged to Act Now to Avoid Skills Shortages," *Workforce Management*, 2005, 84(13), pp. 52–54.

15. S. McBride, "In Corporate Asia, a Looming Crisis Over Succession," *Wall Street Journal*, Aug. 7, 2003, pp. A1, A6.

16. National Association of Corporate Directors, *The Role of the Board in Corporate Succession* (Washington, DC: author, 2006).

17. F. Anseel and F. Lievens, "An Examination of Strategies for Encouraging Feedback Interest After Career Assessment," *Journal of Career Development*, 2007, 33, pp. 250–268; T. F. Harrington and T. A. Harrigan, "Practice and Research in Career Counseling and Development—2005," *Career Development Quarterly*, 2006, 55, pp. 98–167.

18. T. Minton-Eversole, "Continuous Learning—in Many Forms—Remains Top Recruiting, Retention Tool," *SHRM Online Recruiting & Staffing Focus Area*, Feb. 2006 (*www.shrm.org*); Society for Human Resource Management, *2007 Job Satisfaction* (Alexandria, VA: author, 2007).

19. I. Speizer, "The State of Training and Development: More Spending, More Scrutiny," *Workforce Management*, May 22, 2006, pp. 25–26.

20. D. K. Ford, D. M. Truxillo, and T. N. Bauer, "Rejected but Still There: Shifting the Focus in Applicant Reactions to the Promotional Context," *International Journal of Selection and Assessment*, Dec. 2009, pp. 402–416.

21. "Panic or Pass—Preparing for Your Oral Board Review," *IPMA News*, July 1995, p. 2.

22. D. J. Walsh, *Employment Law for Human Resource Practice*, second ed. (Mason, OH: Thompson Higher Education, 2007), p. 207.

23. Bureau of National Affairs, *Fair Employment Practices* (Arlington, VA: author, 2007), pp. 421:161–166.

24. Equal Employment Opportunity Commission, *Glass Ceilings: The Status of Women as Officials and Managers in the Private Sector* (Washington, DC: author, 2004).

25. Federal Glass Ceiling Commission, "Good for Business: Making Full Use of the Nation's Human Capital—Fact-Finding Report of the Federal Glass Ceiling Commission," *Daily Labor Report*, Bureau of National Affairs, Mar. 17, 1995, Special Supplement, p. S6.

26. S. Shellenberger, "Sales Offers Women Fairer Pay, but Bias Lingers," *Wall Street Journal*, Jan. 24, 1995, p. B1.

27. Federal Glass Ceiling Commission, "Good for Business: Making Full Use of the Nation's Human Capital," p. S19.

28. P. Digh, "The Next Challenge: Holding People Accountable," *HR Magazine*, Oct. 1998, pp. 63–69; B. R. Ragins, B. Townsend, and M. Mattis, "Gender Gap in the Executive Suite: CEOs and Female Executives Report on Breaking the Glass Ceiling," *Academy of Management Executive*, 1998, 12, pp. 28–42.

29. A. Pomeroy, "Cultivating Female Leaders," *HR Magazine*, Feb. 2007, pp. 44–50.

30. K. L. Lyness and D. E. Thompson, "Climbing the Corporate Ladder: Do Male and Female Executives Follow the Same Route?" *Journal of Applied Psychology*, 2000, 85, pp. 86–101; S. J. Wells, "A Female Executive Is Hard to Find," *HR Magazine*, June 2001, pp. 40–49; S. J. Wells, "Smoothing the Way," *HR Magazine*, June 2001, pp. 52–58.

第Ⅳ篇　人员配置活动：选拔

第**7**章

测　量

7.1　学习目标和导言

7.1.1　学习目标

- 认识测量的含义并理解其在人员配置决策中的重要性
- 理解信度的概念并能够回顾评估信度的不同方法
- 理解效度的含义及其与信度之间的关系
- 对比了解两种典型的效度研究方法
- 思考效度泛化在人员配置中是如何影响效度测量的
- 回顾数据收集的简单方法

7.1.2　导言

在人员配置中，测量是用数值形式来收集和表达人员和岗位相关信息的过程。测量在人员配置中至关重要，因为就人员选拔而言，只有对某个选拔决定进行了测量，它才是有效的。

本章首先描述人员配置中的测量过程。在探讨测量的重要性和用途后，本章将讨论三个关键内容。第一个关键内容是测量本身，以及与测量有关的一些问题：测量的标准化、测量尺度和主客观测量的差异。第二个关键内容是评分，以及怎样用简单易懂的方式来表示分数。第三个关键内容讨论的是测量得分之间的相关性，尤其是用相关系数及其显著性的形式表示。计算分数之间的相关性能帮助我们对分数所代表的意义有更多的了解。

人员配置中所讲的测量质量指的是什么？受测对象的某个指标是否合理可靠？要回答这些问题，需要我们对测量及其所得分数的信度和效度有所了解。进行信度和效度分析的方式很多，本章将结合人员配置过程中的很多实例进行讨论。正如这些案例所呈现的，人员配置（例如，录用谁或拒绝谁）的质量在很大程度上依赖于制定这些决策所采用的测量方法及其所得分数的质量。一些企业仅使用那些通用的测量工具和标杆（著名公司正在使用的）来测量有效性。虽然这些标杆也具有价值，但要评估所选择的测量工具的质量，关键还是信度和效度。

测量过程中所需关注的一个重要现实问题是评估数据的收集。在测评过程中企业需要去做各种各样的决策（谁有资格去测评求职者，哪些信息是求职者应该知道的，怎样用标准化程序来评估求职者）。评估数据的收集还包括获得测试和测试手册。该过程会根据所选择的测量类型是纸笔测试还是电子化测试而有所不同。最后，在评估数据的收集过程中，企业需要建立专业标准来合理发挥它们的用处。

测量的内容和步骤还会直接牵扯到法律问题，尤其是平等就业机会和平权行动的相关事项。这需要收集和分析受测者的流量和存量数据，还需要重新考虑造成负面影响的方法、测量的标准化和平等就业机会委员会建议的好的案例。

7.2 测量的重要性和应用

测量是组织人员配置的关键组成部分和使用工具之一。事实上，还没有任何不使用测量及辅助程序的系统化人员配置程序。

测量是描述和评估我们所关注对象的特质的一种方法、技术，例如，求职者的KSAO测试、员工的工作绩效评估，以及求职者对各类工作报酬的偏好的打分。这些评估是通过测量过程实现的，测量步骤包括：（1）选择研究特质；（2）对该特质进行可操作性定义；（3）根据可操作性定义构建测量工具（如果没有现成的测量方式可用）；（4）实施测量。

测量的结果通常用数值或分数来表达，例如，求职者能力测试的分数、员工绩效评估等级分数或者受测者对报酬的排序。这些分数成为特质的指标。通过测量过程，最初的特质和它的操作性定义已经转换成数字表达。

7.3 关键内容

本节包括三个方面的关键内容：测量、评分以及测试分数之间的相关性。

7.3.1 测量

前面我们探讨了测量的本质以及在人员配置中的重要性和应用，现在我们正式定义测量，并指出该定义的含义。

■ 定义

测量是将数值分配给某个给定对象，确定该对象在某个给定特质上的量的程序或过程。[1]图 7—1 以机修技工为例，描述了在人员配置中应用测量的一般过程。按照上述定义，测量的第一步是选择和定义受测特质（有时也称作"概念"）。在案例中，该受测特质就是机械原理知识。然后，构造该特质的测量工具，并对该特质进行物理测量。在案例中，测量机械原理知识可以研发标准化的纸笔测试，以应用于受测者。一旦对该特质进行物理测量，就可以确定受测者的数值或分数（在案例中，是通过机械测试评分）。基于该分数，我们可以进行相关评估（哪些分数是满足工作要求的），并作出录用决策（如雇用一个机修技工）。

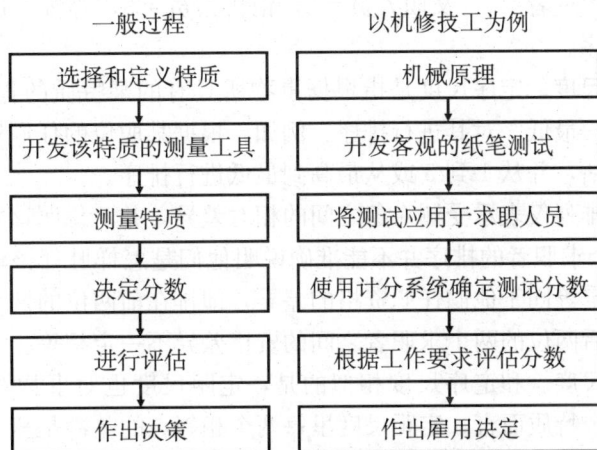

一般过程	以机修技工为例
选择和定义特质	机械原理
开发该特质的测量工具	开发客观的纸笔测试
测量特质	将测试应用于求职人员
决定分数	使用计分系统确定测试分数
进行评估	根据工作要求评估分数
作出决策	作出雇用决定

图 7—1 测量在人员配置中的应用

当然，实际操作并不总是明确地遵循理论过程的每一个步骤，因此也更可能出现选拔错误。如果确定某指标得分的方法没有清晰地确定和评估，所得的分数就可能不正确。类似地，如果分数的评估并不系统，每一个评估决策的制定者评分时，都加入自己的看法，那么测量的目的就很难达成。避免这些问题的最好方法是，每一个参与评估决策的制定者都遵循图 7—1 所示的测量过程的每一个步骤，并在每一个步骤上都达成一致意见。

■ 标准化

可靠的测量实践的特点是标准化。[2]标准化是控制外部因素对测量分数的影响，并尽可能确保所得的分数是受测特质反映的一种方式。

标准化测量具有三个基本性质：

1. 对于所有受测对象来说，内容是相同的（例如，所有求职者参与同一个测试）。

2. 对于所有受测对象来说，测量的实施管理是相同的（例如，所有求职者的测试都有同样的时间限制）。

3. 数字分配的规则事先要达成一致，并有明确规定（例如，测试的计分规则在实施前就已经确定好）。

标准化测量的特点看起来简单直接，但对许多人员配置活动的实施却有实质性的意义。本书接下来的内容会具体探讨这些意义。例如，员工面试、推荐信等评估方式常常不能满足标准化的要求，组织就需要采取措施对之进一步标准化。

■ 测量尺度

在测量特质以及表现测量对象在特质上的差异时有不同的精度，相应地，有不同的测量尺度。[3]一般把测量尺度分为四类：定类、定序、定距、定比。

定类尺度。定类尺度是指按事物的某种特质，对其进行分类，然后对每个类别进行编号，各类别之间没有顺序。定类尺度只表明各事物类别不同，类别之间无法进行比较。例如，每一个职位名称都代表不同的职位类别，每个职位类别都有各自的编号：管理者＝1，文职人员＝2，销售人员＝3，等等。这些编号并不代表类别之间的排序。

定序尺度。定序尺度是指根据事物所具有的某特质的程度，按"最好—最差"或"最高—最低"对其进行排序。例如，根据某职位的任职资格要求，对 5 个求职者进行评估，并从 1 到 5 或从最高到最低进行排序。

定序排列仅表示受测对象之间的相对差异，并不说明该特质的绝对水平。由此可见，5 个求职者的排序并不能准确说明他们是怎样胜任该职位的，他们的排序差异也不一定等同于他们任职资格的差异，即排在前两位的两个求职者之间的资格差异和排在后两位的两个求职者之间的资格差异不一定相等。

定距尺度。和定序尺度相似的是，定距尺度也对事物对象进行排序。不同的是，就某个特质而言，定距尺度里每两个相邻点的差额是相等的。如果 5 个求职者按照定距尺度进行分级排序，排在前两位的两个求职者之间的资格差异和排在后两位的两个求职者之间的资格差异是相等的。

但在很多情况下，测量尺度介于定序尺度和定距尺度之间。也就是说，我们可以对事物对象进行排序，但是不同队列之间的顺序差异并不一定等同于测量尺度。还是以 5 个求职者为例，排在前两位的两个求职者之间的资格差距和排在后两位的两个求职者之间的差距相比可能较小。

许多人员配置问题在测量过程中都会出现这种交叉混合状态。虽然这并不是一个主要问题，但在我们解释目标人群分数差异的含义时还是需要加以注意。

定比尺度。与定距尺度相似，定比尺度里相邻两点之间的间隔都是相等的。此外，定比尺度还有一个绝对零点，正是有了该点，研究对象所拥有的某特质的程度可以用绝对值表示出来。

定比尺度常用来进行计算或衡量，人员配置中应用定比尺度的案例有很多。像消防、建筑这类的体力工作，定比尺度就可以用来评估一个求职者可以携带多重的东西。我们生活中最常见的例子就是计算某个求职者有多长时间的工作经验。

■ 主观和客观测量

人事测量通常分为主观和客观两种。我们使用"主观"一词时，常带有否定的意思（我认为这次访谈并不主观；在主观的基础上，他们没有办法正确评估我）。那么，到底所谓的主观测量和客观测量有什么区别？

在很大程度上，二者的差异与对受测特质进行编号的规则有关。在客观测量的情况下，这些规则是提前沟通确定好，并通过某种评分系统加以应用的。人们认为大多数纸笔测试都是客观的。而主观测量中的评分系统更难懂并且通常涉及一个负责编码的评分者。许多面试官，尤其是那些常用一种不同于其他面试官的带有个人习惯的方式来评估求职者答案的人，都喜欢采用这种主观测量。

一般而言，我们在测量某个特质时，可以只采用主观测量或是客观测量，也可以两种测量方式都使用。研究发现，当我们使用主客观两种方式来测量某种特质时，在测试分数上常常难以达成一致。一个典型的案例就是关于工作绩效的测量。我们可以凭借生产量进行客观测量，也可以通过绩效评估打分进行主观测量。然而，这两种测量方式得到的分数相关性较低。[4]毫无疑问，缺乏一致性的主要原因是评分者缺乏稳定的评分系统来评估员工的工作绩效。

无论我们采取何种类型的测量方式来评估人员配置中的各种特质，都需要格外注意所采用的评分系统。在某种意义上，这就要求我们首先准确理解组织所想要测量的到底是什么。例如在面试中，纸笔测量（客观测量）和判断性的测量（主观测量）都至关重要。这仅是用另一种形式强调标准化测量的重要性。

7.3.2 评分

测量是用数值或分数来代表受测特质的程度，这样，分数就成为该特质的数值指标。分数一旦得出，就可以接受各种方式的处理，以使得它们具有更深层的含义，并能够更好地描述受测对象的特点。[5]

■ **集中趋势和变异趋势**

假设有一组求职者参与机械原理知识的测试，使用某种计分系统对测试结果进行打分，所得分数作为原始分。表 7—1 显示的是求职者的分数。

表 7—1   **集中趋势和变异趋势：汇总统计**

数据		汇总统计
求职者	测试分数（X）	
A	10	A. 集中趋势
B	12	均值（$\overline{X}$）＝338/20＝16.9
C	14	中位数＝中间位置的分数＝17
D	14	众数＝出现次数最多的分数＝15
E	15	B. 变异趋势
F	15	值域＝10～24
G	15	
H	15	标准差（SD）＝$\sqrt{\dfrac{\sum(X-\overline{X})^2}{n-1}}$＝3.52
I	15	
J	17	
K	17	
L	17	
M	18	
N	18	
O	19	
P	19	
Q	19	
R	22	
S	23	
T	24	
总和（$\sum$）＝338		
总数（N）＝20		

如表7—1所示，我们可以通过汇总统计得出这组分数的一些特征，这些特征与该组分数的集中趋势和变异趋势有关。

集中趋势的指标包括均值、中位数和众数。假设该组数据是定距数据，则三个指标都可以进行计算；如果该数据是定序数据，则不能计算均值；而定类数据只能计算众数。

变异趋势的指标包括值域和标准差。值域表示的是求职者所得分数的最低值到最高值的范围。而标准差实质上反映了各分数偏离平均分数的离差的平均数。标准差越大，数据的变异性越大。

■ 百分位数

在分数分布图上，个人的百分位数是指低于该分数的人占总人数的百分比。以表7—1为例，求职者C的百分位数是第10百分位（2/20×100），求职者S的百分位数是第90百分位（18/20×100）。

■ 标准分

在解释分数时，我们常把某人的原始分和总体均值进行比较，也就是看某个样本分数是大于、等于还是小于总体均值。但是要想真正了解某人比平均水平高多少，就需要考虑总体分数的离散程度（标准差）。也就是说，我们在计算的时候，必须用分数的离散程度进行纠正，以更精确地反映出某人原始分和总体均值的相对位置。

标准分的计算就是修正这种偏差的一种方式。标准分数，也称Z分数，用计算公式表示为：

$$Z = \frac{X - \overline{X}}{SD}$$

表7—1中求职者S的原始分数是23，均值为16.9，标准差为3.52，将数据代入上述公式，我们就可以得出求职者S的标准分数，即1.7。求职者S的分数大于总体均值1.7个标准差。

在一定程度上，通过标准分数，我们可以确定某人在两次及其以上测试中的表现。假设某个求职者的测试结果如下：

	测试1	测试2
原始分	50	48
均值	48	46
标准差	2.5	0.80

该求职者在哪次测试中表现更好？为了找到答案，我们只需要计算该求职者在两次测试中的标准分数。结果显示，该求职者在测试1中的标准分数是0.80，在测试2中的标准分数是2.5。虽然该求职者在第一次测试中的原始分较高，但标准分数却较低。由此可见，该求职者在第二次测试中表现更好。

7.3.3 相关关系

在人员配置中，一组人员通常要参加两次或两次以上的测量。常见现象就是得到两组（及其以上）KSAO测量的分数。例如，机修技工一般会参加一次机械原理知识测验，还会在面试中得到面试官关于其工作成功可能性的总体评分。在这种情形下，我们就会问这两组分数之间是否有一定的关系。笔试的分数越高，面试评分的等级是否就越高？

再如，某公司可能拥有某组员工的两组分数：KSAO测量分数（知识测试）和工作绩效（绩效评价评分）的测量分数。这两组分数是否具有相关性？如果有，就有证据表明，将测试结果用于预测工作绩效可能是有效的。相关性的证明可以帮助组织做出是否将知识测试纳入求职者的选拔过程的决策。

绘制散点图和计算相关系数可以帮助了解两组分数的相关性。

■ **散点图**

假设有一组员工参加两次测试——笔试和工作绩效测量，得到两组分数。散点图绘制的仅是两组分数的联合分布，是描述两组分数相关性的一种直观方法。图7—2

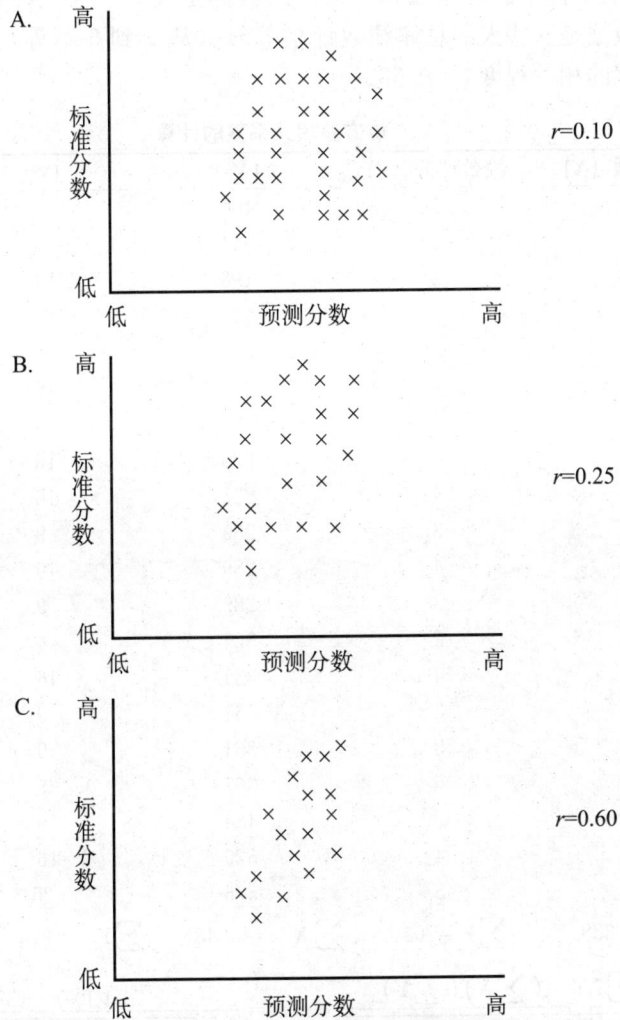

图7—2 散点图和相关系数

描绘的是两组分数三种不同的散点图，其中每个×代表某个员工笔试分数和绩效评分的联合。

图7—2（A）说明两组分数之间几乎没有关系。图7—2（B）说明两组数据之间存在一定的关系。图7—2（C）说明两组数据之间存在一定的强关系。

■ 相关系数

通过相关系数的计算，我们可以了解两组分数的关系。相关系数通常用r来表示，r的取值范围介于-1.0和1.0之间。r的绝对值越大，两者之间的关系越强。当r值大于零时，两者之间呈正相关关系。

r值与散点图极其相似。图7—2给出了三幅散点图的r的近似值。图7—2（A）的r值很小（$r=0.10$），图7—2（B）的r值中等（$r=0.25$），图7—2（C）的r值最大（$r=0.60$）。

相关系数的实际计算很简单。表7—2显示了计算r值的公式和计算过程。该表包括20个样本的两组数据。第一组数据是表7—1所示的20个人的笔试分数。第二组数据是这些人的总体绩效评估等级（从1到5不等）。从计算中可以看出，两组数据的相关程度$r=0.58$。

表7—2 协方差相关系数的计算

名称	测试分数（X）	绩效评分（Y）	（X^2）	（Y^2）	（XY）
A	10	2	100	4	20
B	12	1	144	1	12
C	14	2	196	4	28
D	14	1	196	1	14
E	15	3	225	9	45
F	15	4	225	16	60
G	15	3	225	9	45
H	15	4	225	16	60
I	15	4	225	16	60
J	17	3	289	9	51
K	17	4	289	16	68
L	17	3	289	9	51
M	18	2	324	4	36
N	18	4	324	16	72
O	19	3	361	9	57
P	19	3	361	9	57
Q	19	5	361	25	95
R	22	3	484	9	66
S	23	4	529	16	92
T	24	5	576	25	120
	$\sum X = 338$	$\sum Y = 63$	$\sum X^2 = 5\,948$	$\sum Y^2 = 223$	$\sum XY = 1\,109$

$$r = \frac{N\sum XY - \left(\sum X\right)\left(\sum Y\right)}{\sqrt{\left[N\sum X^2 - \left(\sum X\right)^2\right]\left[N\sum Y^2 - \left(\sum Y\right)^2\right]}} = \frac{20(1\,109) - (338)(63)}{\sqrt{\left[20(5\,948) - (338)^2\right]\left[20(223) - (63)^2\right]}} = 0.58$$

相关系数的计算很简单。r 的值简单总结了两组分数相关性的强度和方向。虽然相关系数的计算很简单，但还是有一些我们需要注意的地方。

首先，相关系数并不等同于比值或百分比。变量 X 和变量 Y 的相关系数 $r=0.50$，并不意味着 X 是 Y 的 50%，或用 X 来预测 Y 有 50% 的准确率。恰当的解释是，将 r 值进行平方，即 r^2，它代表了自变量 X 在多大比例上能够解释因变量 Y 的变异程度。因此 $r=0.50$ 的合理解释是因变量 Y 的变异在 25%（$0.5^2 \times 100\%$）的程度上受自变量 X 的影响。

其次，r 值容易受到每一组分数实际变异程度的影响。在其他条件相同的情况下，其中一组分数或两组分数的方差越小，r 值越小。在极端条件下，即有一组分数的方差为 0，相关系数 r 等于 0。也就是说，如果两组分数有一定的相关性，那么两组分数必然都有方差。这种数据缺乏变异度的问题称作全距限制。

再次，表 7—2 中计算相关系数的公式是建立在两组数据具有线性关系的假设之上。这并不是一个稳定的假设，在很多情况下，两组数据之间的真实关系往往是非线性的。如果在非线性的关系下依然使用相关系数计算公式，所得到的 r 值就会低估实际的相关强度。

最后，两个变量之间的相关性并不能说明二者存在因果关系。相关性只能说明两个变量是共变的、有关联的，并不能说明一个变量是另一个变量的原因或结果。

■ 相关系数的显著性

相关系数的统计显著性，指在已知总体中某个样本的相关系数 r 的基础上，总体存在相关性的可能性。如果某个样本的相关关系在统计上是显著的，那么样本所在总体也很有可能存在相关性。这意味着如果组织采用的选拔测试是显著相关的，那么当该测试被用于另一个样本的选拔（例如，未来的求职者）时，其相关关系可能也是显著的。

形式上，计算 r 值的初始数据组称为样本。那么就出现一个问题，样本具有相关性是否意味着总体也具有相关性。为了找到答案，我们可以用下述公式来计算检验相关关系的 t 值：

$$t = \frac{r}{\sqrt{(1-r^2)/(n-2)}}$$

式中，r 为相关系数的值；n 为样本量。

初级统计学图书的分布表里附有 r 的显著性水平。[6] 显著性水平表示为 $p<$ 某值，如 $p<0.05$。p 的水平说明了尽管总体并不存在相关性，但却得到总体存在相关关系的结论的可能性。$p<0.05$ 意味着即使总体不存在相关关系，我们也有不到 5% 的可能得到"总体存在相关性"的结论。p 值通常相对较小。

避免存伪错误非常重要，即总体本身不存在关系，却被证明存在关系。因此，人们通常选择相当保守或严格的显著性水平以避免出现上述错误。这个显著性水平的标准通常是 $p<0.05$ 或更小（另一个常用标准是 $p<0.01$）。我们将 t 值的实际显著性水平和预期显著性水平进行比较，就可以确定该相关关系是否显著。举例说明如下：

期望水平	实际水平	相关性的结论
$p<0.05$	$p<0.23$	不显著
$p<0.05$	$p<0.02$	显著
$p<0.01$	$p<0.07$	不显著
$p<0.01$	$p<0.009$	显著

虽然显著性水平在判断选拔测量的有效性上非常重要，但我们对其不能过于依赖。在大样本的情况下，即使很小的相关性也会很显著；在小样本的情况下，即使很强的相关性也可能被证明是不显著的。相关性的绝对大小也很重要。

7.4 测量的质量

人们开发和使用测量工具来测量事物的特质。测量的结果一般用分数的形式来表示，然后人们会对该结果进行各种各样的处理，以更好地理解和解释分数和分数所代表的特质。

在人员配置中，出于实践理性，个体的测试分数常被认为代表了受测特质本身，而不仅仅是预测某特质的指标。例如，在心智能力测试中，测试分数被认为是个人智力的同义词；上级对员工的工作绩效评分也被看做员工真实绩效的指标。

从这点来看，评分是制定人员配置政策的一个主要因素。例如，在心智能力测试中，人们对测试分数进行衡量以决定哪一个求职者将得到该职位。或者，利用绩效评估等级来决定哪一个员工最符合内部人员调动（例如，晋升）条件。在实际工作中，管理者经常用这些分数来指导企业的人员配置活动。一些常见短语足以说明企业对测试分数的重视："用数字说话""我们实行数字化管理""没有测量，就没有成功"。

测量作为制定决策和采取措施的基础，其质量往往要比后两者的质量更重要。因此测量的质量在人员配置中是利害攸关的，其中最主要的是测量的信度和效度。[7]

7.4.1 测量信度

测量信度指的是某特质所测结果的一致程度。[8] 如果一项测试能够为某特质提供一系列稳定的分数，则该测量是可信的。由于测量误差的存在，完全可靠的情况是不存在的。因此，信度是程度的问题。

信度在对特质进行测量的单个时间段和不同时间段之间都是重要的。进一步说，无论是主观测量还是客观测量，测量信度都具有重要意义。了解这两点有利于构建一个大致框架，以更好地理解信度。

表7—3 显示了该框架的关键内容，在该表中，要测量的只有一个特质A（如机械原理知识），15 个受测者的可得到的分数为1～5。15 个受测者在第一阶段（T_1）和第二阶段（T_2）分别接受了A方面的测试。在每个时间段里，对特质A的测量可能采用两个测试项目进行客观测量，也可能采用两个评分者进行主观测量，且两个时间段接受的两个测试项目或两个评分者都是一样的。（事实上，对特质A

的测量很可能采用两个以上的测试项目或评分者，但为了简便，这里只采用了两个。）每一时间段的每一测试项都是 A 的子测量。A 有 4 个子测量，分别为 X_1，X_2，Y_1 和 Y_2。就测量信度而言，我们需要关心的是这几组数据的一致性或相似性，这就需要对分数进行各种各样的比较。

表 7—3　　　　　　　　　　　　　　　测量信度的框架

| 名称 | 客观（测试项目） | | | | 主观（评分者） | | | |
| | 第一阶段 | | 第二阶段 | | 第一阶段 | | 第二阶段 | |
	X_1	Y_1	X_2	Y_2	X_1	Y_1	X_2	Y_2
A	5	5	4	5	5	5	4	5
B	5	4	4	3	5	4	4	3
C	5	5	5	4	5	5	5	4
D	5	4	5	5	5	4	5	5
E	4	5	3	4	4	5	3	4
F	4	4	4	3	4	4	4	3
G	4	4	3	4	4	4	3	4
H	4	4	4	3	4	3	4	3
I	3	4	3	4	3	4	3	4
J	3	3	5	3	3	3	5	3
K	3	3	2	3	3	3	2	3
L	3	2	4	2	3	2	4	2
M	2	3	4	3	2	3	4	3
N	2	2	1	2	2	2	1	2
O	1	2	3	2	1	2	3	2

说明：X_1 和 X_2 是同一个测试项目或评分者，Y_1 和 Y_2 是同一个测试项目或评分者。下标"1"指的是 T_1，下标 2 指的是 T_2。

■ T_1 或 T_2 的内部比较

我们将 4 组分数看做客观测量的数据来探讨问题，内部一致性信度指的是对同一时间段 T_1 或 T_2 内的两个测试项目的分数进行比较，相关的比较还有 X_1 和 Y_1、X_2 和 Y_2 之间的比较。由于两个测试项目都是在同一个时间段进行的，因此这些分数预计能显示高度的一致性。

接下来将 4 组分数看做主观测量的数据，这些分数取决于测试者。对这些分数的比较涉及评分者间信度。和客观测量比较一样，X_1 和 Y_1 进行比较，X_2 和 Y_2 进行比较。由于它们也都是在同一个时间段里集中对特质 A 的测量，因此我们也预计分数间能保持高度的一致性。

■ T_1 和 T_2 之间的比较

不同时间段之间的分数比较包括对测量稳定性的评估。当比较客观测量的分数时，主要依据再测信度（重测信度），即 X_1 和 X_2 进行比较，Y_1 和 Y_2 进行比较。若

在两个时间段 T_1 和 T_2 之间 A 没有发生改变，则测量就具有高度的再测/重测信度。

当比较 T_1 和 T_2 之间的主观分数时，需要考虑的就是评分者内信度。在两个不同的时间段，由同一个评分者来评估受测者的 A 特质，若 A 未发生改变，则测量就有较高的评分者内信度。

总之，信度考虑的就是测量的一致性。根据数据测量方式的不同（是主观测量还是客观测量），以及测量分数在某一时间段内和不同时间段之间是否具有一致性，检测信度的方式也不同。图 7—3 对之进行了总结，至于计算分数一致性的方法，在讨论了测量误差的内容之后，我们会对其进行简短介绍。

	T_1 或 T_2 内 分数比较	T_1 和 T_2 间 分数比较
客观测量 （测试项目）	内部一致性	重测信度
主观测量 （评分者）	评分者间信度	评分者内信度

图 7—3　信度的类型

■ 测量误差

先前讨论的分数之间的比较很少能达到完全相似或完全可靠。图 7—3 显示出没有任何比较能在分数上达成完全一致，其原因可能是测量误差的存在。这种类型的错误说明测量工具和测量过程中存在"噪声"。测量误差的存在意味着测量不可能达到完全一致的分数，或是所谓的"真正分数"。

事实上测量所得的分数由两部分组成：真实分数和测量误差，用公式表示为：

测试得分＝真实分数＋误差

在测试得分或者一系列分数中存在误差说明了测量的不可靠性。然而，在人员配置中使用的不同类型的测量方式确实存在误差。为了帮助理解产生这种结果的原因，我们必须在人员配置的背景下，探讨误差的类型和来源。这些误差的类型可以分为不足误差和污染误差。[9]

不足误差。不足误差指的是在测量的过程中由于没有对被评估特质的某个方面进行测量而产生的误差。如果机械原理知识除了其他基本测试内容之外还包括齿轮比例，但我们的量表却没有设计相关项目（或者项目数量不足），那么这个测试就是有缺陷的。又如，若工作绩效的某个特质是"计划并设置工作优先权"，但在员工绩效评估期间评分者无法对该维度进行评估，那么这个绩效测量就是有缺陷的。

不足误差发生的途径多种多样。第一，对该特质的定义就不够全面。以机械原理测试为例，由于机械原理的原始定义没有将齿轮比例包括在内，那么机械原理的知识测试就可能遗漏相关内容。或者，对某个职位来说，"计划并设置工作优先权"并不是该职位的重要维度，那么绩效测量就可能不要求评分者评估受测者相关方面的内容。

不足误差发生的第二种途径是在构建评估特质的测量方式的过程中。虽然受评估特质被完整地定义和理解，但现有技术无法构建能充分测量该特质的测量工具。由于疏忽或者匆忙之下构建的测量工具也会产生这种错误，这两种情况是类似的。

当某企业基于方便、成本、推销技巧和宣传口号而随便选择使用某种测量工具时，不足误差也会随之产生。这样选择的测量方式被证明是有缺陷的。

污染误差。污染误差指的是由于测量工具或受测对象受到有害的或不受欢迎的影响而产生的误差。这些不良影响使分数变得混乱而难以理解。

污染的来源到处都是。表 7—4 列举了一些来源、案例以及控制误差的建议。这些例子说明污染误差是多层面的，这使减少和控制误差变得困难。

表 7—4　　　　　　　　　　　污染误差的来源以及控制建议

污染来源	案例	控制建议
内容领域	和测试无关的内容	给涵盖的测试内容领域作出定义
标准化	同一个测试的不同时间限制	使每个人的时间限制一致
动机效应	应试者的猜测	不可能进行提前控制
评分者	评分者给予过高评价	培训评分者评估的准确度
评分情境	向求职者询问不同的问题	向所有求职者询问相同的问题

■ 信度估计值的计算

计算测量信度的估计值有很多步骤。[10]前两步（阿尔法系数、评分者间一致性）是评估单一时间段内的信度。另外两步（重测信度、评分者内一致性）是评估不同时间段之间的信度。

阿尔法（α）系数。计算 α 系数需要对某个特质进行两项或两项以上的测试（或由两个测试者对其进行测试）。它的计算公式是：

$$\alpha = \frac{n(\bar{r})}{1 + \bar{r}(n-1)}$$

式中，$\bar{r}$ 是各测试项目（或不同评分者）的组间平均数；n 是测试项目（或评分）的个数。例如，如果有 5 个测试项目（$n=5$），这 5 个项目相关系数的组间平均数是 $\bar{r}=0.80$，那么 α 系数就是 0.95。

从公式和示例中我们可以看出，α 系数由两个因素决定：测试项目的个数和它们之间的相关程度。这说明提高测量内部一致性信度的两个基本方法就是增加测试项目的个数和提高项目之间的相关程度。一般来说，为了保证信度处于可接受的范围，测量的 α 系数最好在 0.80 以上。

评分者间一致性。当评分者参与测量时，讨论评分者一致性及其一致性的程度是很方便的。如果一组专家对一组求职者按照 1~5 的等级进行独立评分，那么我们就会质疑专家之间的一致性达到什么程度。

为了解这个程度，一种简单的方法就是计算评分者之间的一致率。表 7—5 就是一个相关例子。

表 7—5 评分者之间一致率的计算

受评者	评分者 1	评分者 2	评分者 3
A	5	5	2
B	3	3	5
C	5	4	4
D	1	1	5
E	2	2	4

$$\text{一致率（\%）} = \frac{\text{一致数}}{\text{一致数} + \text{不一致数}} \times 100\%$$

一致率（%）

评分者 1 和评分者 2 的一致率 = 4/5 = 80%

评分者 1 和评分者 3 的一致率 = 0/5 = 0%

评分者 2 和评分者 3 的一致率 = 1/5 = 20%

并没有一个通用的必须满足的最低标准来证明评分者是可信的，一般会设一个相当高的水平——75% 或更高。评定等级的最终用途越重要，所要求的一致性信度就越高。诸如录用决策这样的关键用途就要求非常高的信度水平，最好超过 75%。

重测信度。 将两个不同时间段的测试分数通过相关系数的计算联系在一起，我们可以评估重测信度。r 值的计算可以是基于全部测试分数的，也可以针对每一测试项目计算单独的 r 值。得到的 r 值是测量稳定性的指标，r 值越高，测量就越稳定。

在两个不同的时间点收集的分数会导致 r 值难以解释，因为在这两个时间点之间，受测对象有可能发生改变。重测信度要求受测对象发生的改变必须在一定程度内，两次测试的时间也要相近。一般来说，在非常短的时间间隔内（几个小时或几天内），大多数特质是稳定的，重测信度也就较高（$r = 0.90$ 或者更高）。如果时间间隔较长的话，通常得到的 r 值也就较小，这取决于受测对象的特质。例如，若超过 6 个月或 1 年，一个人对机械原理知识的了解就会发生改变，那么重测信度也就较低（如 $r = 0.50$）。

评分者内一致性。 为了计算评分者内一致性，我们需要将同一个评分者在两个不同的时间段给同一个人的打分进行比较。获得评分者内一致性的方法一是计算两组分数间的相关关系，二是同样使用计算评分者间一致性的公式（见表 7—5）。

评分者内一致性会受到时间因素的干扰。两次测量之间的时间间隔越短，一致性就越高（例如，$r = 0.80$，或者一致率 = 90%）。若时间间隔较长的话，可靠性水平理所当然就会降低。

■ 信度的影响

信度的高低会产生两方面的影响。第一，与解释某受测者的测量分数和解释测量标准差有关；第二，事关信度对效度的影响。

测量的标准差。 测量会得出分数，分数转而成为人员配置中制定决策的关键因素。如图 7—1 所示，某企业开发有关机械原理的知识测试，并将之应用于求职者，而求职者测试所得分数又成为企业制定雇用决策的基础。

信度的讨论说明测量和评分通常都伴随一定程度的误差。因此，关于机械原理相关知识的分数很可能既反映求职者的真实知识水平，也同时反映误差。由于每一个求职者都只有一个分数，因此关键问题就变成，该特定分数作为反映求职者机械原理真实知识水平的一个指标，其准确程度如何。

测量标准误差（SEM）能解决这个问题。它在一定条件下提供获得受测者可能得分的方式。测量标准差的计算公式是：

$$SEM = SD_x \sqrt{1-r_{xx}}$$

式中，SD_x 是测量分数的标准差；r_{xx} 是预测信度。例如，如果 $SD_x=10$，$r_{xx}=0.75$（根据 α 系数计算），那么 $SEM=5$。

如果 SEM 已知的话，某个人真实分数所处的可能范围就可以估计出来，这个范围称为置信区间。某个受测者的真实分数落在其测试分数 $\pm 2SEM$ 之间的可能性是 95%。因此，如果一个求职者的机械原理的测试分数是 22，该求职者的真实分数就有可能是在 $22\pm2(5)$ 即 12～32 的范围内。

测量标准误差的识别和应用有助于理解受测者的分数，以及他们分数之间的差异。利用先前的数据，如果求职者 1 的测试分数是 22，求职者 2 的分数是 19，那么两个求职者之间的差别说明了什么？在机械原理知识方面，求职者 1 是否就比求职者 2 了解得更多？答案很可能是否定的。这是因为测量标准误差和两个求职者的置信区间有较大范围是重叠的（求职者 1 的置信区间是 12～32，求职者 2 的置信区间是 9～29）。

总之，测试分数和真实分数之间并不是一一对应的。人员配置中采用的测量方式大多不是足够可靠的，这就意味着分数之间的小差异很可能是由于测量误差，可以忽视。

和效度的关系。测量效度指的是某测量工具能准确测出所需测量的事物的程度。举例说明，机械原理知识的测量效度就是该测量方式能准确反映该知识掌握水平的程度。后面会讨论研究效度的一些具体方法。这里只需明确，测量的信度对效度有直接影响。

信度和效度之间的关系是：

$$r_{xy} \leqslant \sqrt{r_{xx}}$$

式中，r_{xy} 是某测量方式的效度；r_{xx} 是信度。我们先前假设机械原理知识测试的信度是 $r=0.75$，那么测试的效度就不会超过 $\sqrt{0.75}=0.86$。

信度设定了效度的上限。需要强调的是，这只是一个单纯的上限，一种高信度的测量方式并不一定是高效度的。高信度并不能保证高效度，只是为高效度的出现提供了可能。

7.4.2 测量效度

测量效度指的是一项测试能准确测出其所需测量的特质的程度。[11]如图 7—1 所示，企业开发有关机械原理的知识测试，求职者测试所得分数又成为企业制定雇佣决策的基础。该案例所指的效度就是知识测试能准确测量掌握机械原理内容的程度。

判断测量是否有效需要收集相关数据和证据，以评估该测量是如何开发的以及测量所得分数是否能得到正确推论。与测量精度和预测精度相关的概念可以用来说明这个收集过程，这些概念也可以用来阐述在人员配置中测量的信度是如何产生的。

■ 测量精度

有关机械原理的知识测试有多准确？这要求证明该测试在多大程度上能准确检测出受测者在机械原理知识方面的真实水平，也就相当于真正被测量的特质与实际想测量的特质之间的重合程度。

图 7—4 显示的是测量精度的维恩图。左边的圆圈代表机械原理知识，右边的圆圈代表实际测试的机械原理知识，而两个圆圈重合的部分反映了在该测试中测量的准确程度。重叠的部分越大，测量的精度越高。

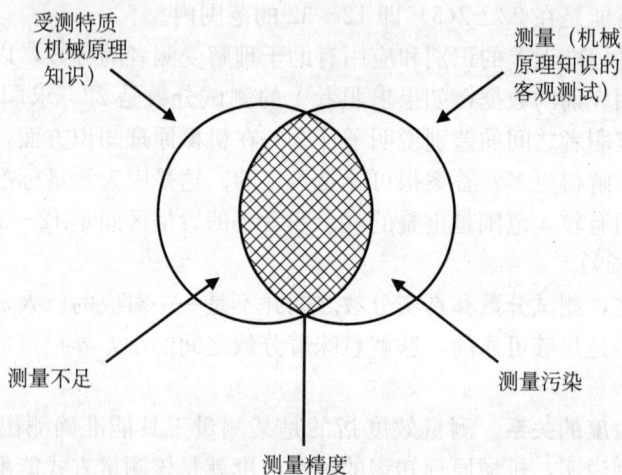

图 7—4 所示的图形并没有达到完全重叠，这说明在测试中发生了测量误差。图中所显示的误差是由先前所说的不足和污染误差所致。

既然测量的精度和信度都与不足和污染误差有关，那二者有什么不同呢？对于这个问题，人们有不同的见解。一般来说，有以下几点：从定义上看，信度指的是测试分数之间的一致性，是由分数之间进行比较决定的；而精度则如图 7—4 中重叠的部分所显示的，指的是所测分数能真实反映受测对象的程度。精度不仅要求信度，还要求更多层面的证据。比如，测量精度要求了解测试的开发，了解其他因素是如何影响测试分数的——比如受测员工曾参加机械原理知识培训，会给测试分数带来怎样的变化。由此可见，精度往往比信度要求更多的证据。

■ 预测精度

测量的开发源于测量能提供与受测者相关的信息，并以此对受测者进行预测。图 7—1 显示的知识测试可以用来预测受测者在未来的工作成就，并以此制定雇用决策。要确定一项测试在预测未来工作成就上的精度，需要检验某一群体的测试分数与对其工作业绩的打分这两者间的关系。

图 7—5（A）解释了什么是预测精度，它可以用于预测实际的工作产出（效标）。在图中，根据预测得分和实际效标两个维度，每个人都被界定为高或者低。落在 A 和 C 单元格说明预测正确，落在 B 和 D 单元格说明预测错误。预测精度指的是所有正确预测所占的百分比，其取值范围在 0～100% 之间。

图 7—5（B）是使用实例计算预测精度。其中，预测标准指的是机械原理知识测试，实际效标是对工作绩效的总体测量。现有 100 个求职者在"预测"和"效标"方面的分数，将这些分数按高低进行分类，然后放进四个单元格中相应的单元格。该测试的预测精度是 70%。

A．通用图解

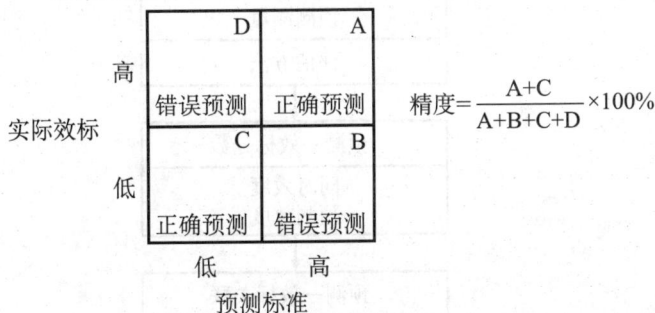

B．示例

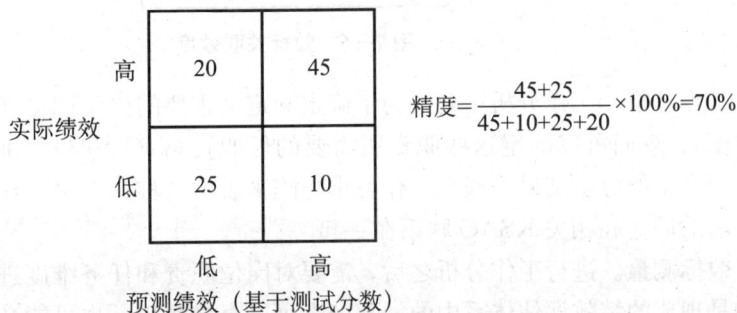

图 7—5　预测精度

7.4.3　人员配置中的测量验证

在人员配置中，常从测量精度和预测精度的角度来关注预测工具的效度。所使用的测量工具不仅要能准确代表受测量的 KSAO，还要能准确预测工作业绩。本节主要通过效度研究来探讨测量的有效性。

两类有代表性的效度研究——效标关联效度和内容效度经常使用，第三类效度研究——结构效度，包括信度、效标关联效度和内容效度等。本书将对前两部分展开独立探讨，但不再讲解结构效度。

■ 效标关联效度

图 7—6 显示的是检验效标关联效度的各组成部分及其顺序。[12]该过程从工作分

析开始，然后根据工作分析的结果对一组样本进行效标测量和预测测量，最后计算两组分数的相关关系，以判断测量的效度。

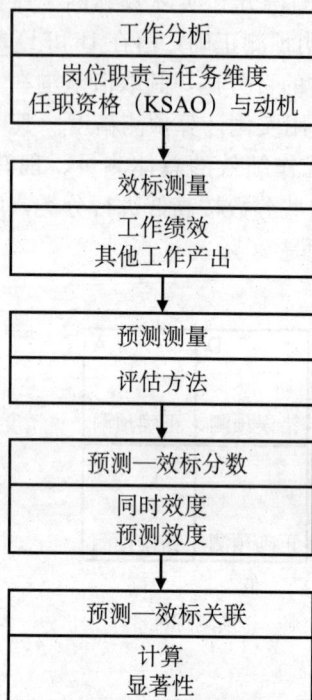

```
┌─────────────────────┐
│      工作分析        │
├─────────────────────┤
│  岗位职责与任务维度   │
│ 任职资格（KSAO）与动机 │
└─────────────────────┘
           │
           ▼
┌─────────────────────┐
│      效标测量        │
├─────────────────────┤
│      工作绩效        │
│     其他工作产出      │
└─────────────────────┘
           │
           ▼
┌─────────────────────┐
│      预测测量        │
├─────────────────────┤
│      评估方法        │
└─────────────────────┘
           │
           ▼
┌─────────────────────┐
│    预测—效标分数     │
├─────────────────────┤
│      同时效度        │
│      预测效度        │
└─────────────────────┘
           │
           ▼
┌─────────────────────┐
│    预测—效标关联     │
├─────────────────────┤
│        计算          │
│        显著性        │
└─────────────────────┘
```

图 7—6　效标关联效度

工作分析。工作分析主要是为了确定和定义重要的岗位职责（以及更概括的任务维度），继而可以确定这些职责所需要的任职资格（KSAO）和动机。工作职责和任职资格的分析结果一般用工作要求矩阵来表示，称作职责×任职资格矩阵，它将要求的职责和相关 KSAO 联系在一起。

效标测量。进行工作分析之后，需要对岗位职责和任务维度进行绩效测量，这可能是现成的绩效评估体系中的一部分，可以直接利用，也可能必须重新开发。无论这些测量是怎样研发的，关键要求是它们应尽可能减小测量误差。

效标测量并不仅限于绩效评估测量。其他测量标准，如出勤率、流动率、安全性和客户服务等，也可以用于效标测量。与以绩效为基础的效标测量一样，其他效标测量方式也应该尽可能减少误差。

预测测量。预测测量指的是其效标关联效度正在被研究的测量。理想情况下，预测测量深入研究的是工作分析中确定的 KSAO 中的一种或多种特质，是最适合评估 KSAO 的测量类型。例如，评估机械原理知识的最佳形式很可能是客观的纸笔测试。

预测—效标分数。预测分数和效标分数必须从现有雇员或求职者中得出。如果效标数据来自于现有雇员，就需要进行同时效度检验的设计；而如果效标数据来自于求职者，则需要进行预测效度检验的设计。图 7—7 显示了这两种设计的本质。

同时效度设计

```
        ┌─────────────────┐
        │     时间段1      │
        └────────┬────────┘
                 │
        ┌────────┴────────┐
        │    现有雇员      │
        └────────┬────────┘
         ┌───────┴───────┐
  ┌──────┴──────┐ ┌──────┴──────┐
  │  获得预测分数 │ │  获得效标分数 │
  └─────────────┘ └─────────────┘
```

预测效度设计

```
  ┌─────────┐  ┌─────┐  ┌─────────┐
  │ 时间段1 │  │录用?│  │ 时间段2 │
  └────┬────┘  └─────┘  └────┬────┘
  ┌────┴────┐         ┌──────┴──────┐
  │  求职者 │         │   现有雇员   │
  └────┬────┘         └──────┬──────┘
  ┌────┴────────┐   ┌────────┴────┐
  │  获得预测分数 │   │  获得效标分数 │
  └─────────────┘   └─────────────┘
```

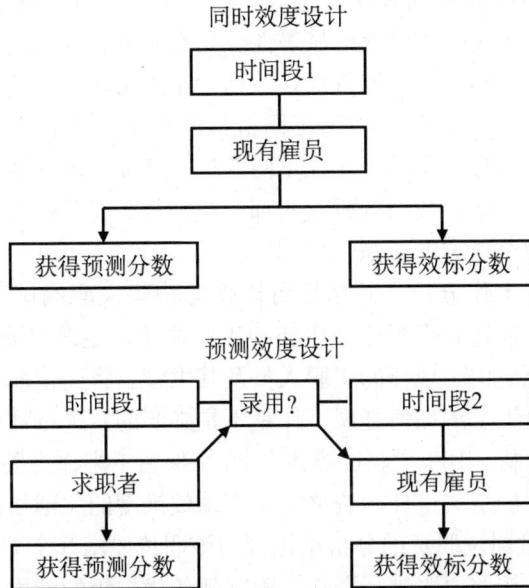

图 7—7　同时效度设计与预测效度设计

同时效度检验确实有一定的吸引力。从管理角度看，同时效度的检验很方便，实施起来也快。在确定预测分数和效标分数之后，很快就能获得效度研究的结果。

但是，采用同时效度可能会引起一些严重的问题。其中之一是，如果预测工具是一个测试，现有雇员很可能不能为激励求职者的同一个方式所激励。然而，该测试可能适用于未来的求职者。

现有雇员也不可能与未来求职者是相似的，或者代表未来的求职者。现有雇员在年龄、种族、性别、残疾状况、教育水平和工作经验等人口统计因素方面和未来求职者并不相同。因此，对现有雇员的研究结果并不能推广到未来求职者。而且，一些令人不满意的雇员将被解雇，一些高绩效的员工可能得到提升，这就限制了效标分数的范围，而效标分数范围的限制反过来又降低了预测分数和效标分数之间的相关性。

最后，现有雇员的预测分数可能受到经验或他们在当前工作上已有业绩的影响。例如，机械原理知识测试的分数反映的不仅是相关知识，可能还有雇员的工龄以及工作绩效。我们期望预测分数应该对效标具有预测力，而不是成为效标的结果表现。

由于预测分数来自于求职者，预测效度就突破了同时效度的潜在限制。求职者受到激励而在预测测试中表现良好，同时他们也更可能代表未来的求职者。而且由于求职者的测试分数是在求职者工作之前所收集的，因而不可能受到他们已有绩效或工作经验的影响。

然而，预测效度并不是没有潜在限制的。从管理角度来看，它实行起来既不简单也不省时。在得到效标分数之前，结果并不能立即使用。尽管如此，预测效度仍被认为是两种设计中更可靠有效的。

预测—效标关联。一旦获得预测和效标分数，就可以计算它们的相关系数 r，r

值就称作该预测分数的效度。例如，已知 $r=0.35$，则预测效度就等于 0.35。然后，必须确定 r 实际和统计的显著性。只有 r 值满足既定的实际和统计的显著性水平，该预测才能被认为是有效的，才适用于人员选拔系统。

案例学习。一个覆盖 20 所不同机构的州立大学服务系统试图确定文职人员工作绩效的预测指标。文职工作在不同院校（比如建筑学院、人文学院）和非学术性部门（比如财务部、数据分析部）都存在。其研究目标是开发能够在一小时内有效施测的拥有两个复本的文职人员测试。

首先进行工作分析，其结果可以作为构建文职测试（预测）和绩效评估（效标）的基础。通过观察职位和之前的工作描述，主题专家构建一份任务型的问卷，并通过该系统应用于现任的文职人员及其主管。将岗位职责按其重要性、频率和必要性（对新员工了解如何开展工作是不是必要的）进行评分。根据对评分的均值和方差的统计分析，188 个职责描述有 25 个保留下来作为关键岗位职责，这些关键的岗位职责成为确定关键任职资格和工作绩效维度的关键指标。

25 个关键岗位职责的分析结果说明该职位要求 5 个方面的任职资格：电脑硬件和软件知识；按照说明进行操作并确定任务优先级的能力；回应来电和访客的知识及能力；英语知识；按字母顺序把不同文件归档的能力。测量这些关键指标的测试内容如下：

- 电脑硬件和软件——17 个问题；
- 优先化任务——18 个问题；
- 接听并转接电话——14 个问题；
- 记录留言——20 个问题；
- 在电话中提供信息——20 个问题；
- 纠正错误语句——22 个问题；
- 标明语句中的错误——71 个问题；
- 文件归档——44 个问题；
- 输入——数目未写明。

为了测量工作绩效（效标），研究者为上述 9 个方面开发了各自的七级量表，并确保测试和它们试图预测的业绩标准高度相关。9 个量表的分数相加得到绩效总分。

对 108 个现任文职人员分别实施这 9 项测试，以获取预测分数。每一项测试都有一个单独分数，相加得到所有测试的总测试分数。此外，还可以得到总测试的两个复本（50 个问题）的总分数（表格 A 和表格 B）。

108 名员工的业绩评分可以从他们的上司那里获得，前提是其上司不知道他们的测试分数。各业绩评分相加得到整体业绩评分。9 项测试的单独分数、测试的总分数、两个复本 A 和 B 的测试分数都和整体业绩评分相关。

表 7—6 显示了同时效度研究的结果。从中可见，9 项测试中有 7 项与整体业绩显著相关（归档和输入不具备显著性）。总测试分数和整体业绩是显著相关的，总测试的两个复本的分数也与整体业绩是显著相关的。统计相关的显著性高低也能反映实际相关的显著性。

表 7—6 　　　　　　　　　　　　　　文职测试同时效度检验结果

测试	与整体业绩的相关关系
电脑硬件和软件	0.37**
优先化任务	0.29*
接听并转接电话	0.19*
记录留言	0.31**
在电话上提供留言	0.35**
纠正错误语句	0.32**
确定语句中的错误	0.44**
文件归档	0.22
输入	0.10
总测试	0.45**
表 A	0.55**
表 B	0.49**

　* $p < 0.05$，* * $p < 0.01$。

资料来源：Adapted from J. E. Pynes，E. J. Harrick，and D. Schaefer，"A Concurrent Validation Study Applied to a Secretarial Position in a State University Civil Service System，" *Journal of Business and Psychology*，1997，12，pp. 3-18.

■ 内容效度

内容效度与效标关联效度的重要区别是：内容效度不含效标测量。因此作为检验测量工具效度的方式，其预测分数无法与效标分数计算相关性。相反，如果有效标测量，就可以判断二者可能的相关性。出于此原因，内容效度常被称作判断效度。[13]

最适合检验内容效度的两种情形是：第一，样本量过少，无法实行效标测量；第二，虽然可以进行效标测量，但其质量值得高度怀疑。一般来说，检验效标关联效度要求样本量不少于 30。

图 7—8 描述的是检验内容效度的两个基本步骤——进行工作分析、选择或开发预测指标。下面会详细介绍这些步骤。将内容效度的检验步骤与效标关联效度的检验步骤（见图 7—6）进行比较，可以看出内容效度检验过程是效标关联效度检验过程的一部分。为此，两种效度应是互补的，内容效度是效标关联效度的一个子集。

图 7—8　内容验证

工作分析。与效标关联效度一样，内容效度也是从工作分析开始的，且都是用于确定和定义岗位职责及其维度、得出关键任职资格及动机，结果用工作要求矩阵来表示。

预测测量。有时候测试是已经开发并正在使用的。此处的示例是一个商业测试、面试过程或履历资料调查问卷。其他情况下，不会有这样的测量可用。这经常发生在测量工作知识的情境下，这种情况仅限于验证所涉及的特定工作。

缺乏随时可用的或可修改的测试意味着某组织将不得不开发自己的测试。在这种情况下，该组织会将测试的开发也纳入检验过程中，即内容效度检验和测试开发过程是同时发生的。组织会忙于建构测试，不过本书不涉及此部分内容。[14]

有关内容效度，最后需要强调的一点是，要持续关注测量可靠性和测量过程的标准化。虽然这些内容是在任何检验工作中都需关注的，但它们在内容效度检验中最重要。其原因在于预测和效标的相关性不能通过实证获得，只能判断可能的 r 值。在形成该判断时，重视可靠性和标准化是相当重要的。

案例学习。马里兰州交通部试图开发一系列评估方法，以确定部门内部有潜力晋升为一级主管的候选人。表 7—7 所示的是内容效度检验过程及其结果。如表 7—7 所示，首先实行工作分析以确定并定义一组业绩维度，然后推断出取得绩效成就所需的任职资格。主题专家小组召开会议，制定一整套暂时的职责维度和基本任职资格。基本任职资格本质上是指所有一级主管，无论属于哪个部门单位，其所需具备的一般能力。其结果将被送往部门内资深的人力资源管理者，由他们修订和定稿。三名评估方法专家将着手制定一套评估，该评估将：（1）在全州各地进行有效实施；（2）在实施地点，由人们进行可靠记录；（3）强调对该工作重要的人际交往能力。如表 7—7 所示，管理者共制定了五种评估方法：多选择公文筐测试、结构化小组面试、演讲、写作范例、培训和实践评估测试。

表 7—7	内容效度研究

工作分析：一级主管——马里兰州交通部

7 个绩效维度和职责陈述

　　组织工作；分配工作；监测工作；管理结果；辅导、效率评价及培训；树立榜样；员工发展

14 个任职资格和定义

　　组织；分析和决策；规划；通信（口头和书面）；授权；工作习惯；细心；人际沟通能力；工作知识；组织知识；韧性；完整性；其他发展；倾听

预测测量：五种评估方法

多选择公文筐测试

　　（假定受测者以新主管的身份进行公文筐测验）

结构化小组面试

　　（预先确定的与 KSAO 相关的经验的问题）

演讲

　　（向模拟小组做有关他们工作时间变化的演讲）

写作范例

　　（给一位虚拟员工准备一份书面警告）

培训和实践评估测试

　　（举例说明与某个任职资格有关的培训及工作业绩）

资料来源：Adapted from M. A. Cooper, G. Kaufman, and W. Hughes, "Measuring Supervisory Potential," *IPMA News*, December 1996, pp. 8-18. Reprinted with permission of *IPMA News*, published by the International Personnel Management Association (IPMA; www. ipma-hr. org).

受测者在测试中的表现将由当地专门挑选的评分者进行评估。为确保评价者能有技巧地观察并实事求是地评价受测者，还需要提供对评价者的培训。该培训将提供书面用户手册和特定技能培训。

7.4.4 效度泛化

在前面有关效度和验证的讨论中，一个隐含的前提是效度是就特定情形而言的，因此，测量的效度也必须发生在特定的情境下。所有例子都涉及具体类型的测量、职位、个人等。对这些具体工作和个人，无所谓效度泛化。也就是说，如果某个预测对于 A 公司的某个职位来说是有效的，那对 B 公司同一类型的职位来说就是有效的吗？或者说效度是仅限于某个特定职位和机构的吗？

这种特定情形的前提是基于以下情境的，而该情境起源于先前几十年的研究成果。假定已经进行了 10 项与效标相关的效度研究，每项研究都涉及对某个共同 KSAO（如一般心理状况）和各种成果（如工作绩效）的效标测量。该预测记为 x，效标记为 y。研究在不同情况（不同类型的职位、不同类型的组织）下进行，且涉及不同的样本（不同的样本量）。计算每项研究的预测信度、效标信度和效度。结果如表 7—8 所示。由于 r_{xy} 的变化范围很大，此研究结果可以被认为效度是针对具体情况的。然而这些结果表明，虽然整体上 x 似乎有一定的有效性，但其效度根据具体情形的变化会出现实质性的变化。

表 7—8		假设的效度泛化实例			
研究	样本大小 (n)	效度 (r_{xy})	预测信度 (r_{xx})	效标信度 (r_{yy})	修正效度 (r_c)
Birch，2011	454	0.41	0.94	0.94	0.44
Cherry，1990	120	0.19	0.66	0.76	0.27
Elm，1978	212	0.34	0.91	0.88	0.38
Hickory，2009	37	−0.21	0.96	0.90	−0.23
Locust，2000	92	0.12	0.52	0.70	0.20
Maple，1961	163	0.32	0.90	0.84	0.37
Oak，1948	34	0.09	0.63	0.18	0.27
Palm，2007	202	0.49	0.86	0.92	0.55
Pine，1984	278	0.27	0.80	0.82	0.33
Walnut，1971	199	0.18	0.72	0.71	0.25

效度泛化的概念对这一假设提出了质疑。[15] r 值的变化是由研究中许多方法论和统计差异（比如 x 和 y 信度的不同）造成的。如果从统计的角度来排除这些差异，则 r 值的变化范围将缩小，并逐步形成对 x（预测）真实效度的估计。如果 r 的真值在实际上和统计上都是显著的，那么就可以将 x 的效度推广到不同的情境。这样来说，效度就不仅限于具体情况。

实际上，表 7—8 的结果表明，未被修正的平均效度是 0.30（由样本大小来衡量），由于在预测和效标中的不可信度而修正的平均效度是 0.36（由样本大小来衡量）。在这个例子中，相关性中出现了 2/3（66.62%）的变量是因为我们在研究人工拟造的事实（与实际情况中的预测或者效标涉及的样本大小和信度都存在差异）。

换句话说，一旦它们被拟造的数据修正，相关性的效度就会降低并且被泛化。

支持效度泛化假设的证据越来越多。有些专家认为效度泛化减少甚至消除了组织进行独立效度研究的需要。如果效度泛化和工作绩效在统计和实际意义上都有很大联系，那为什么还要花费大量的时间和费用做重复工作（寻找证据明确支持测量的作用是在第一位）呢？但接受这种逻辑有两个注意事项。第一，组织或特定职位可能不具有普遍性。若某特定组织或工作并没有体现在效度泛化的研究范围内，则该效度泛化的结果可能就不适用于该组织或工作。第二，效度泛化虽然能比单个研究提供更多证据，但并不完美。比如，效度泛化的结果易受到"发表偏倚"的影响，在这种情况下，施测者可能只报告具有统计学意义的显著的相关性。尽管现有程序可以纠正这种偏差，但是施测者可能认为相关证据和知识并不适用于组织。[16]因此，虽然效度泛化很有前途，但是我们认为组织可能仍希望进行自己的效度研究，尤其是如果该组织认为其研究的职位有别于同类组织。

元分析被证明是一种比较有用的效度泛化的特殊形式。回顾表7—8，我们可以发现元分析表明了 x 和 y 之间的平均相关性是 0.36，相关性中大多数的变量差异是由于数据是编造的（不是因为信度研究中实质性的差别）造成的，并且信度在被泛化。在比较选拔测量的相关效度上，元分析非常有用，第8和9章讨论了元分析的结果和众多选拔技术的比较。

7.4.5 人员配置的指标和基准

目前，人力资源作为一个业务领域，已设法通过应用衡量指标或被证明具有实践有效性（或无效性）的量化衡量标准来证明自身价值，人员配置也不例外。幸运的是，本章所述的许多测量方法显示了优秀的度量标准。遗憾的是，大多数人力资源经理，包括人员配置中的许多人员，对工作分析、验证和测量等知识的了解有限或者没有了解。本书读者可以通过一种易理解、不带威胁的方式向其他组织成员传授相关知识。其结果可能是更严格的人员配置过程，带来更高效度和个人赞誉。

许多工作人员可能更熟悉另一套指标，即标杆管理的指标。标杆管理是指一个组织对比其与标杆企业的实践（此处是人员配置实践）并评估自身做出改进的过程。一些常用的基准包括单位雇用成本、预计招聘人数和填补职位空缺人数等。按惯例，大部分标杆管理工作都集中在雇员的数量和成本上，但现在这种情形已经开始改变。Reuters 和戴尔等公司正在跟踪记录"雇佣的质量"，或者已被录用的员工的绩效水平。如果有足够多的组织跟踪此类信息，它们就可以通过联合，将彼此的数量和质量指标作为基准。[17]

更通常的情况是，美国人力资源管理协会（SHRM）定期召开有关人员配置的大小会议，提供当前组织实践的基准。在最近的一次人力资源会议上，星巴克全球招聘部门副总裁罗宾·科尔介绍了公司人员配置的方法，其中包括公司如何每天聘用 300 多人。

这种基准指标可以作为一种有用手段来测量人员配置方法和过程的重要方面。不过，它们并不能取代本章所述的包括信度和效度在内的其他测量原则。信度、效度、效用和测量原则是评价人员配置有效性的更持久、更根本的基准。

7.5 评估数据的收集

人员配置决策中，测量通过收集内外部求职者的评估数据而付诸实践。到现在，本章已经讨论了如何评估选拔测量。当然，选拔测量的整体评价也很重要。选拔的决策者必须了解如何利用已收集的评估数据，否则数据的潜在价值将消失殆尽。另一方面，要把这些理论概念付诸实践，决策制定者必须知道如何收集评估数据。否则，决策者可能发现自己处于一种"打肿脸充胖子"的状态——知道如何分析和评价评估数据，但是不知道首先在哪里找到数据。

在收集评估数据时，如果购买了一种测试，相应的配套支持服务就要到位。咨询公司和测试出版商可以为测试评分提供支持。为确保遵守法律法规，必要的法律支持也很必要。效度研究在确保测量有效性方面也很重要。此外，对如何管理测试进行培训也很必要。

除了那些用来收集评估数据的一般原则外，还有其他一些有关收集评估数据的具体过程的信息是决策制定者必须知道的。本节将讨论数据收集中的测试程序、测试和测试手册以及专业标准。

7.5.1 测试程序

无论是纸笔测试还是电子化测试，都应该遵循一定的准则。

■ 资格

任何想要使用测试的公司并不总能购买到它们，许多测试的出版商要求购买者具有一定的正确使用测试的专业知识。例如，它们可能希望用户在某个与测试及其应用有关的研究领域拥有博士学位。对于较小的组织，这就意味着其要雇用一名提供咨询服务的专家来使用某特定测试。

■ 保密工作

必须注意确保求职者在参加测试之前，并不知道测试的正确答案。对测试的答案具有访问权限的任何人都应受到充分的培训，并签署保密协议。此外，还需要指导申请者不要与其他申请者分享关于测试的信息。如果发生泄密，就应该放弃使用该测试而启用另一个。

测试本身应保密，并且为了确保个人的隐私权，测试结果也应保密。测试结果只能被有资格进行解释的人出于预期目的而使用。虽然可以给关心结果的候选人以反馈，但是候选人不应获得该测试或评分系统的副本。

■ 标准化

最后，所有候选人必须按标准的程序接受评估。这意味着，不仅应使用同一套或在心理测量学上等效的测试，而且候选人还要在相同情形下接受测试。应该向候选人解释测试的目的，使每个候选人放轻松，在相同的时间要求内在相同的地点接受评估。

■ 网络测试管理

现在在电脑上可以进行多项选拔测量。例如申请到 Kmart，Albertson 及体育管理局当小时工的求职者在报刊亭或电话亭进行电子评估。测试者 Unicru 会提交关于人员配置决策的分数。有些组织也许会发展自己的在线测试。

研究表明，一般情况下只要保证被测者确实是申请者本人并且所有被测者的测试方式是相同的，基于网络的测试和书面测试是一样有效的。然而，一些组织急于使用这种测试，没有对它们进行检验，结果则可能是灾难性的。"9·11"事件发生后成立的美国运输安全管理局（TSA）因其"愚蠢"的在线测试而饱受批评。该测试的许多问题明显是针对一年级学生的。其中一个问题是，对简易爆炸装置（IED）来说，为什么行李检查很重要？

a. IED 的电池可能会泄漏，损害其他乘客的行李

b. IED 的电线可能会导致飞机电线短路

c. IED 可能会导致生命、财产和飞机的损失

d. 计时器可能给其他乘客带来麻烦

很明显，答案是 c。TSA 是在将该测试承包给某个供应商，且不要求检验数据的情况下使用该测试的。TSA 辩解称："我们是按供应商告诉我们的方式来实施该测试的。"因此，基于电脑和网络的测试运作良好，具有很多优点，但组织需要确保该测试是得到严格开发和检验的。[18]

7.5.2 测试和测试手册的获取

要想获得测试和测试手册，无论是电子版的还是打印版的，都需要联系测试出版商，在这个过程中，是需要时间和精力的。然而，一旦进入邮件列表，出版商便能更新数据，供用户使用。

用于选拔决策的纸笔测试的出版商有 Wonderlic（www.wonderlic.com），咨询心理学家出版社（Consulting Psychologists Press，www.cpp-db.com），人格及能力测试协会（Institute for Personality and Ability Testing，www.ipat.com），心理评估资源（Psychological Assessment Resource，www.parinc.com），霍根评估系统（Hogan Assessment Systems，www.hoganassessments.com），心理服务研究所（Psychological Services，Inc.，www.psionline.com）。所有这些组织在官网上都有可供购买商品的信息。

大多数出版商会提供测试和用户手册的样本，以供决策者在购买该测试之前参考。纸笔测试的成本根据不同测试及该测试进行的次数有较大变化。例如，可供测试者打分的测试，测试 25 个候选人需要 100 美元，而测试 100 个候选人只需 200 美元。另一个带有评分系统和评估指导的测试，测试 5 个候选人每个需要 25 美元，而测试 100 个候选人每个只需 17 美元。以此类推，测试的人数越多，所获得的折扣越大。

任何具有使用价值的测试都有配套的专业用户手册（电子版的或纸质版的）。

该手册描述了该测试的开发和检验，包括其在选拔情境中的效度的证据。测试手册还应包括行政指令、评分说明或信息、解释信息和规范性数据。所有这些信息都是非常重要的，它能确保该测试是合适的，并能以适当的（有效的、合法的）方式加以使用。尽量不要使用没有专业手册的测试，因为它可能没有经过检验。使用未经校验的测试就像雇用一个盲人。温德利人事测验的用户手册是专业用户手册的最佳例子。它包含有关温德利人事测验的各种信息（见第 9 章）：如何实施测试，如何解释测试的评分、效度和公正性，有关年龄、种族、性别的各种规范，等等。美国人力资源管理协会建立了人力资源管理评估中心，其成员可以享有超过 200 多种打折的基于网络的测试。[19]

7.5.3　专业标准

由工业社会与组织心理学学会（SIOP）2003 年修订、美国心理学协会（APA）批准的《人员选拔程序检验和应用的原则》（Principles for the Validation and Use of Personnel Selection Procedures）是选拔决策所使用的测试标准的指南。它涵盖了招聘配置中测试的选择、开发、评估和人员选拔程序的使用。它所涵盖的具体主题包括选拔测量检验的各种方式，如何进行效度研究，决定效度的因素的来源，如何进行效度泛化，测试公平和偏见，如何了解员工需求，效度研究中的数据收集，分析效度信息的方式，选拔测量的适当使用和实施指南。

该原则是由许多世界顶尖招聘专家共同开发的，所使用的语言是实际、非专业性的，因此，任何选拔决策制定者都可以参考。该书是免费的，可以访问 SIOP 的网址（www. siop. org）预订。

APA 颁布了一套相关标准。测试实践联合委员会（Joint Committee on Testing Practices，JCTP）制定的《被测者的权利和义务：指南和预期》列举了被测者的 10 项权利和 10 项义务。其中一项权利是申请人有权受到礼貌、尊重和公正的对待。另一项权利是申请人有权接受关于测试目的的事先说明。一项义务是必须遵守给出的测试说明。除了公布受测者的权利和义务外，该文件还提供了组织实施该测试的指南。例如，该文件规定，组织应该告知受测者该测试的目的。组织对申请人实行测试时，应参考这些准则，以尽可能保障这些权利。

7. 6　法律问题

人员配置的法律法规，尤其是 EEO/AA 相关的法律法规，极大地依赖于测量理念和程序的应用。有关该问题的三个重要内容为差别性影响、测量的标准化和 EEOC 提倡的最佳案例方法。

7. 6. 1　差别性影响的统计分析

第 2 章介绍了差别性影响，它是一种方式，用来确定人员配置的实践是否因种族、性别等因素对个人有潜在的非法影响。这种决策要求对相关统计证据，主要是对申请人的流量统计和存量统计进行分析。

■ 申请人流量统计

申请人流量统计分析要求计算各组的录用率（受雇的申请人所占的比例或百分比）并进行比较，以确定它们是否明显不同于另一组。以下举例说明了这点：

	申请人数	录用人数	录用比例
男	50	25	0.50 或 50%
女	45	5	0.11 或 11%

从示例中可以看出，男性和女性的录用比例（0.50 与 0.11）有明显差距。这些差距是否说明存在负面影响？UGESP 回答了这一问题，指出了差别性影响分析决策中应该注意的几点。

第一，UGESP 要求组织保留记录，以便计算录用率，也称作申请者流量统计。这些统计数据是判断是否遵守法律（《民权法案》）的主要载体。

第二，UGESP 要求计算四种录取率：（1）各类别职位的录用率；（2）内外部选拔的录用率；（3）选拔过程中的每一个环节的录用率；（4）按种族和性别分类的申请人录用率。为了满足这些要求，组织必须详细记录人员配置活动和决策。这些记录应直接进入组织的人员配置管理系统。

第三，按 UGESP 规定，为确定选拔决策是否合规，各组录用率之间的比较应以 80% 为基础。UGESP 规定：通常，某族裔或某性别群体的录用率若低于最高录用率的 80%，将被联邦执法机构视为负面影响的证据；反之则不作为。

将此规则应用于之前的例子中，该组录用率最高的是男性（0.50）。那么，女性的录用率应该在男性录用率的 80% 以上，即 0.40（0.50×0.80＝0.40）。由于女性的录用率是 0.11，这就说明存在负面影响。

第四，80% 的规定仅是一个指南。请注意规则中的"通常"一词，它是就实际工作中录用率的差别而言的。考虑到样本规模和影响录用率差异的统计、实际显著性的其他因素，80% 原则还提及了其他例外情况。另外，还有其他技术性的测量和法律事项来决定是否会出现差别性影响。这些例子包括决定谁是申请者，申请者从不同的少数群体到一个完全的少数群体是否有意义。关于解决这些事项的最佳案例建议是可用的。[20]

■ 申请人存量统计

申请人存量统计要求计算女性和少数族裔所占的百分比：（1）受雇的；（2）可就业的。对这些百分比进行比较，找出差距，称作利用率分析。

以下进行举例说明：

	雇用人数	可雇人数
非少数族裔	90%	70%
少数族裔	10%	30%

从中可以看出，10% 的雇员是少数族裔，而可雇人数所占的比例是 30%。这两个比例之间的比较说明少数族裔劳动力没有得到充分利用。

这种利用率分析不仅是合法性评估的一部分，也是平权行动计划（AAP）的主要部分。事实上，利用率分析是 AAP 发展的起点，这在 AAP 规则中有说明。

该规则要求组织对其全部员工实行正式的利用率分析。该分析必须：（1）由一个工作小组来实施；（2）分别计算女性和少数族裔的比例。虽然人数和百分比的计算很简单，但可雇人数并不容易确定。该规则要求在计算可雇人数时，应考虑以下因素：（1）具有必要技能的女性或少数族裔的百分比；（2）组织内部可升职、转换岗位和培训的女性或少数族裔所占的百分比。考虑这些因素之后，对可雇人数进行精确测量和估计是相当困难的。

尽管存在这些测量问题，但该规则还是要求将受雇的女性和少数族裔所占的百分比与他们相应的可雇人数进行比较。当加入工作的少数族裔或女性的百分比低于预期时，就存在未完全利用，就要设置相应的人员配置目标（录用和晋升）。因此，组织在通过使用申请人存量统计来确定负面影响时，必须谨慎考虑。在进行利用率分析时，寻求技术或法律帮助是明智的选择（见第 3 章）。

7.6.2 标准化

申请人受到不一致对待是人员配置中产生歧视问题的主要原因。这在一定程度上是由于测量内容和评估方式没有进行标准化。

测量内容不一致的一个典型例子是要求少数族裔申请人提供的背景信息的类型与非少数族裔申请人不同。少数族裔需要有信用等级和刑事犯罪记录，而非少数族裔则不需要；或者男性候选人所回答的面试问题的类型与女性候选人也有所不同。

即使所有申请人的信息一致，其评价也不可能一样。一个男性候选人，换了好几次工作，他可能被认为是"职业生涯规划师"，但若是女性候选人换了好几次工作，则可能被认为是一个不稳定的"跳槽者"。这说明在实质上，男性和女性申请人所使用的是不同的评分系统。

要想减少甚至消除这种不一致的情况，需要应用前面讨论的标准化测量的三个特征。通过标准化测量，申请者获得一致对待，从而减少负面影响的可能性。

7.6.3 最佳案例

基于对测量和选拔过程长期深入的研究，EEOC 在测试和选拔上的几个最佳案例为雇主提供了指导。[21]这些实践适用于一系列的测试和选拔过程，包括认知能力和体能测试，模拟工作任务，医学咨询和体力测试，性格和诚信测试，犯罪和信用情况审查，绩效评估和英语专业程度测试。下面是一些最佳实践案例。

● 雇主在执行测试和其他选拔流程时，不应考虑种族、肤色、国籍、宗教信仰、年龄（40 岁或以上）或者身体有残疾。

● 雇主应该保证雇佣测试和其他选拔过程对于其所运用的目的或者岗位是合适有效的。测试或者选拔过程必须与工作相关，并且其结果能达到测试者的目的。测试者支持测试有效性的记录是很有用的，雇主有责任确保测试在 UGESP 的指导下是有效的。

● 如果某个选拔过程排斥了一部分被保护人群，测试者应考虑是否有另一套可供选择的流程，如果有，就应采用备用流程。比如，如果一个选拔过程是一个测试，雇主就应该考虑是否有另外一套既能预测工作绩效又不会排斥被保护人群的流程。

● 为了确保一项测试或者选拔过程可以预测工作上的成就，雇主应了解工作要求上的改变并随之更新测试说明或选拔过程。

● 雇主需要保证测试和选拔过程并非很随意地由对相关流程了解很少的负责人来负责。测试或者选拔过程是一种非常有效的管理工具，但是要想实施，必须了解其对组织的有效性和局限性、对某一具体岗位的适用性及其是否适合实施和评分。

需要注意的是，这些实践适用于所有选拔过程或者工具，而不仅仅是测试。它们强调的是对这些工具的公平支配，与工作相关流程的重要性，使用具有更小差别性影响的有效选拔流程，更新工作要求和选拔工具。另外，应避免未被通知的管理者使用选拔工具。

小　结

测量是将数值分配给某个给定对象，确定该对象在某个给定特质上的量的程序或过程，是人员配置活动中的一个基本组成部分。测量过程寻求标准化，并应用测量的四个尺度：定类、定序、定距和定比。客观和主观测量都寻求标准化。

通过测量获得代表受测特质的分数。对分数进行各种处理，可以帮助我们理解其含义。一般的处理包括集中趋势和变异趋势、百分位数和标准差。分数也与两种特质之间相关关系的强度和方向有关，还可以据此评估相关系数的显著性。

测量的质量包括两个问题：信度和效度。信度指的是在某个时间段和两个时间段之间测量的一致性。有多种程序可用于评估信度，其中包括阿尔法系数、评分者间和评分者内一致性，以及重测。信度对测量的效度设置了最高限度。

效度是指测量精度和预测精度，二者都可由所得测试分数反映出来。研究效标关联效度和内容效度有助于了解测量的有效性。在效标关联效度的检验中，预测指标（KSAO）测量的分数与效标（人力资源成果）测量的分数有关。内容效度并不包含任何效标测量，所以我们只能根据与

试图预测的人力资源产出相关的指标内容做出判断。传统上，效度研究的结果仅限于特定情境，这意味着组织最好在其他情境中重新进行新的、独立的效度检验。然而，最近效度泛化研究的结果说明测试的效度可以推广到各种情境，这意味着，在具体情况下，可以放松对高成本且耗时的效度检验的要求。单位成本和标杆为测量基准岗位提供了有用的参考，但仍然不能替代信度和效度研究。

本章接下来介绍了收集评估数据的各种方法。关于测试程序、测试工具和用户手册获得的决策需要引起决策制定者的注意。评估数据的收集、测试及其用户手册的获得根据所利用的测量方式的不同而不同。最后，组织需要参考专业标准，管理评估数据的合理收集和利用。

正如 UGESP 声明的那样，测量也是组织遵从 EEO/AA 法律法规的一个主要部分。当发现负面影响时，测量实践就必须改变。就像 UGESP 所规定的，这些改变涉及测量标准化和效度研究的实施。

讨论题

1. 请设想和描述一套关于某项工作的人员配置制度，且在该制度中没有使用任何测量方式。

2. 请描述你将如何根据候选人对面试问题、

推荐信、以往工作经验等问题的回应进行评分。

3. 对某项工作知识的纸笔测试来说，请举例说明在什么情况下你希望发生以下几种情况：（1）低

阿尔法系数（如 $\alpha=0.35$）；（2）低重测信度。

4. 假设你对申请某特定职位的一组求职者实施一项综合能力测试，以测量他们的口语和计算能力。再假设由于严重的招聘压力，你雇用了所有申请者，而没有考虑他们的测试成绩。你将如

何调查该测试的效标关联效度？

5. 仍使用第 4 题的假设案例，你将如何着手调查该测试的内容效度？

6. 在人员配置决策中，招聘决策的制定者需要收集哪些信息？收集这些信息有哪些方式？

伦理议题

1. 负责人员配置决策的个体负有了解测量问题的道德责任吗？为什么？

2. 若某个雇主使用一项具有高实证效度但缺

乏内容效度的选拔测量，那么他是不是不道德的？请解释。

应　用

对招聘电话客服代表的两种新式评估方法的评价

Phonemin 公司是专门通过其商品目录销售男女休闲服装的经销商。为了迎合客户服装品位的季节变化，该商品目录每年都发行 4 次。客户可以通过邮件或电话订购目录上的商品。目前，所有订单中有 70% 属于电话订单，但该公司希望接下来几年这一比例能增加到 85%。

该公司的成功显然非常依赖于电话订购系统和负责该系统的客户服务代表（简称客服代表）。目前公司有 185 名客服代表，但若要能应对电话订单销售的预计增长，则该数字应增长到 225 名左右。虽然这些客服代表都受过培训，使用标准方法和程序来处理所有电话订购，但是他们的工作表现似乎仍然有很大的差异。客服代表的绩效是按错误率、接收订单的速度和客户投诉进行常规测量的。其中，排名在前 25% 的客服代表和排名在后 25% 的客服代表相比，二者至少在三个因素之一上有差距（如得分最低组的错误率是得分最高组的错误率的 3 倍高）。战略上讲，该公司认为如果能更准确地识别和招聘到有可能成为高绩效的客服代表的员工，就可以大大提高客服代表的绩效（和最终销售）。

客服代表现行的人员配置系统很简单，企业通过员工推荐和报纸广告两种方式来招聘客服代表。但他们的人员流动率很高（每年 50%），因

此对于 Phonemin 公司来说，招聘客服代表是个持续不断的过程。求职者需要完成标准的申请表，填写有关教育和工作经验方面的信息。之后，人力资源部招聘专员将审查信息，剔除那些明显不合格的人。几乎 95% 的求职者都有机会接受面试。面试持续 20～30 分钟，最后专员会决定该候选人是否得到工作。事实上，由于劳动力市场上人员紧缺以及不断有职位空缺需要填补，90% 的求职者都会得到该工作。新雇员会在正式工作之前参加为时一周的培训。

该公司决定充分调查，通过更健全的人员配置实践来提高客服代表的工作绩效。特别是公司对现行的评估求职者的方法并不满意，认为面试和申请表都不能准确、深入地评估求职者是否具备成为一个高效客服代表所需的任职资格。因此，它聘请了一家咨询公司来提供任职资格评估方法，并承担测试的检验和实施。该咨询公司与 Phonemin 公司人力资源部招聘专员合作，进行了以下研究。

首先，专门的工作分析能确定客服代表取得优秀绩效所需的几项具体的任职资格。其中三项（文书速度、准确度、人际交往能力）对工作绩效有很大影响，因此被挑出来进一步考虑。咨询公司提供了两种评估方法进行测试。第一种是能评价文书速度及准确度的纸笔测试，该测试要求在30 分钟内完成 50 个问题。第二种是简单的工作案例，可以作为面试过程中的一部分。在工作案

例中，求职者必须回应来自四种不同类型客户的电话：由于缺货而愤怒的客户；想要了解目录上的某种商品更多信息的客户；想要更换昨天所下订单的客户；进行常规订货的客户。面试官会根据求职者的"机智得体"（T）和"对客户的关注"（C）对其进行评分（按 1～5 进行评分）。面试官一般会得到一份评分手册，该手册包括好、中、差等级对应的求职者的例子。

在当前所有客服代表中随机抽取 50 个样本参加研究。第一阶段，他们将接受文书工作测验以及工作案例测试。从公司记录中得到错误率（每 100 次订单出错的数量）、速度（每小时填写订单的数量）和客户投诉（每周客户投诉的数量）等方面的相关数据。在一周之后的第二阶段，对这 50 个客服代表再次实施文书工作测验以及工作案例测试。这一次，咨询公司的一个成员会参与所有面试，作为第二个评分者，评估候选人在第一阶段和第二阶段中工作案例测试的表现。预期结果是，文书工作测试及工作案例测试的成绩与速度正相关，而与错误率及客户投诉负相关。

文书工作测试结果

	第一阶段	第二阶段
均值	31.61	31.22
方差	4.70	5.11
阿尔法系数	0.85	0.86
重测效度 r		0.92**
和错误率的 r	−0.31**	−0.37**
和速度的 r	0.41**	0.39**
和客户投诉的 r	−0.11	−0.08
和工作案例（T）的 r	0.21	0.17
和工作案例（C）的 r	0.07	0.15

工作案例（T）的结果

	第一阶段	第二阶段
均值	3.15	3.11
方差	0.93	1.01
一致率（评分者）	88%	79%
和工作样本（C）的 r	0.81**	0.77**
和错误率的 r	−0.13	−0.12
和速度的 r	0.11	0.15
和客户投诉的 r	−0.37**	−0.35**

工作案例（C）的结果

	第一阶段	第二阶段
均值	2.91	3.07
方差	0.99	1.10
一致率（评分者）	80%	82%
和工作样本（T）的 r	0.81**	0.77**
和错误率的 r	−0.04	−0.11
和速度的 r	0.15	0.14
和客户投诉的 r	−0.40**	−0.31**

** 指的是 $p < 0.05$ 的情况下 r 是显著的。

基于以上对研究和结果的描述：

1. 如何解释文书测试和工作案例结果的信度？对于 Phonemin 公司来说，在选拔新雇员时考虑"永远"雇用他们是否有利？

2. 如何解释文书测试和工作案例结果的效度？对于 Phonemin 公司来说，在选拔新雇员时考虑"永远"雇用他们是否有利？

3. 在解释上述结果和确定是否使用该项文书工作测试和工作案例时，应注意上述研究存在什么限制？

进行实证效度和负面影响的分析

黄色火焰蜡烛店（Yellow Blaze Candle Shops）提供规格齐全、种类多样的蜡烛及烛台之类的配套用品。它在全国各大商场和购物中心有 150 家连锁店、600 多个销售员工，每家商店都有一位全职经理。根据政策，经理的职位必须留给内部销售队伍中提升的员工。现在，该公司试图提高其对最可能成为成功销售经理的销售人员的鉴别质量，并开发了一套用于评估销售人员是否适合从事经理工作的具体技术。

区域人力资源部代表会见该地区各门店经理，并用这种技术进行测试，以审查和评估每个销售人员晋升为经理的合适度。他们考察了每位销售人员的销售业绩、客户服务方向和商店管理知识，然后分别就这三个因素对销售人员进行晋升合适度的评分（1＝不适合，2＝可能适合，3＝绝对适合）。这样每个销售人员就都得到一个总的晋升合适度（PS）的分数，其范围从 3～9 不等。

所得 PS 分数并没有正式用于所有销售人员的晋升决策。在过去一年，30 个销售人员提升为门店经理。现在是时候对 PS 分数的效度进行初步检验，并验证该套技术的使用是否可能会使女性或少数族裔受到负面影响。每位经理的年度总体绩效评价等级——从 1（最低绩效）到 5（最高绩效）不等，被用作效度研究中的效标测量。以下数据可以用于分析：

雇员 ID	PS 分数	绩效评分	性别 (M=男；F=女)	族裔（NM=非少数族裔； M=少数族裔）
11	9	5	M	NM
12	9	5	F	NM
13	9	1	F	NM
14	9	5	M	M
15	8	4	F	M
16	8	5	F	M
17	8	4	M	NM
18	8	5	M	NM
19	8	3	F	NM
20	8	4	M	NM
21	7	5	F	M
22	7	3	M	M
23	7	4	M	NM
24	7	3	F	NM
25	7	3	F	NM
26	7	4	M	NM
27	7	5	M	M
28	6	4	F	NM
29	6	4	M	NM
30	6	2	F	M
31	6	3	F	NM
32	6	3	M	NM
33	6	5	M	NM
34	6	5	F	NM
35	5	3	M	NM
36	5	3	F	M
37	5	2	M	M
38	4	2	F	NM
39	4	1	M	NM
40	3	4	F	NM

根据以上数据，计算：

1. 全部样本、男性、女性、非少数族裔和少数族裔的 PS 分数的平均值。

2. PS 分数和业绩评分之间的相关性及其统计学意义（当 $p < 0.5$ 时，若相关性是显著的，需 $r = 0.37$ 或更高）。

3. 男性和女性，以及少数族裔和非少数族裔的负面影响（录用率）的统计。将大于等于 7 的一个 PS 分数作为假定的合格分数（该分数可以作为判断某人是否应被提升的分数线）。

利用研究数据、结果和描述，回答下列问题：

1. PS 分数是对一个门店经理工作绩效的有效预测吗？

2. 以 7 作为界限，PS 分数的使用是否会导致对女性的负面影响？对少数族裔呢？如果有负面影响的话，实证证据能使 PS 分数的使用合理化吗？

3. 这项研究的局限是什么？

4. 你建议黄色火焰蜡烛店现在利用 PS 分数来作出晋升决策吗？为什么？

唐格尔伍德商店案例 1

选拔适合某项工作的最好员工的方法，无疑是组织人员配置过程中的核心环节之一。本章描述了评估组织雇佣实践和重要产出之间关系的统计方法。此案例有助于准确理解在人员招聘配置中如何分析这些数据，并描述该过程如何根据受测职位而作出改变。

背景

正如你在招聘案例中所读到的那样，一直以来唐格尔伍德各商店彼此间的人员配置做法有很大不同，所以该公司试图集中进行管理和操作。大多数商店收集的有关求职者的信息只是包含教育水平和以往工作经验的申请表。在与来自运营部和人力资源部的代表进行简单的非结构化面试后，商店经理就可依此做出聘用决定。很多经理抱怨，通过这一方式聘用到的许多员工并不了解唐格尔伍德在零售行业的地位，他们的个性也和公司的文化完全不符。因此为了改善其人员配置制度，唐格尔伍德选定某些分店作为试验性选拔系统的试点，该系统可以对求职者的资格进行更全面彻底的评估。

你的任务

此案例需考虑该公司现行招聘制度的同时效度和拟采用招聘制度的预测效度。你要确定的是拟采用的招聘制度是否能真正提高该公司选拔高绩效员工的能力，以及你是否愿意将研究结果推广到其他分店。在该案例中，一个附加的重要工作是要确保你的统计分析能被非专家容易理解。最后，你要确定是否还有其他工作产出是你希望进行评估的，例如潜在的负面影响和商店经理对新制度的反应。关于该案例的背景信息及你的具体任务，可以到 www. mhhe. com/heneman7e 查询。

唐格尔伍德商店案例 2

负面影响

对于任何组织来说，最事关重大的涉及平等就业机会的情形之一就是一大批雇员聚集在一起提出他们已经受到歧视。在这个案例中，你要对北加利福尼亚唐格尔伍德商店非白人雇员所提出的负面影响投诉进行评估。

背景

该案例提供分析唐格尔伍德晋升渠道的数据，并试图确定是否存在"玻璃天花板"。正如你在案例说明和策划中所看到的，唐格尔伍德的最高管理层非常关注差异，他们想要确保晋升制度中不存在歧视现象。他们已给你提供进行评估的背景数据。

你的任务

利用本章信息，你可以通过分析雇员组成的比例和晋升率，评估女性和少数族裔的数量是否与整体比例相符。如同测量和效度研究的案例，本案例中的一个重要工作是确保你的统计分析能被管理者轻易理解。进行评估之后，你要提供有关规划、文化变革和招聘等方面要点的具体建议。关于该案例的背景信息及你的具体任务，可以到 www. mhhe. com/heneman7e 查询。

注　释

1. E. F. Stone, *Research Methods in Organizational Behavior* (Santa Monica, CA: Goodyear, 1978), pp. 35–36.
2. F. G. Brown, *Principles of Educational and Psychological Testing* (Hinsdale, IL: Dryden, 1970), pp. 38–45.

3. Stone, *Research Methods in Organizational Behavior*, pp. 36–40.

4. W. H. Bommer, J. L. Johnson, G. A. Rich, P. M. Podsakoff, and S. B. McKenzie, "On the Interchangeability of Objective and Subjective Measures of Employee Performance: A Meta-Analysis," *Personnel Psychology*, 1995, 48, pp. 587–606; R. L. Heneman, "The Relationship Between Supervisory Ratings and Results-Oriented Measures of Performance: A Meta-Analysis," *Personnel Psychology*, 1986, 39, pp. 811–826.

5. This section draws on Brown, *Principles of Educational and Psychological Testing*, pp. 158–197; L. J. Cronbach, *Essentials of Psychological Testing*, fourth ed. (New York: Harper and Row, 1984), pp. 81–120; N. W. Schmitt and R. J. Klimoski, *Research Methods in Human Resources Management* (Cincinnati: South-Western, 1991), pp. 41–87.

6. J. T. McClave and P. G. Benson, *Statistics for Business and Economics*, third ed. (San Francisco: Dellan, 1985).

7. For an excellent review, see Schmitt and Klimoski, *Research Methods in Human Resources Management*, pp. 88–114.

8. This section draws on E. G. Carmines and R. A. Zeller, *Reliability and Validity Assessment* (Beverly Hills, CA: Sage, 1979).

9. D. P. Schwab, "Construct Validity in Organization Behavior," in B. Staw and L. L. Cummings (eds.), *Research in Organizational Behavior* (Greenwich, CT: JAI Press, 1980), pp. 3–43.

10. Carmines and Zeller, *Reliability and Validity Assessment*; J. M. Cortina, "What Is Coefficient Alpha? An Examination of Theory and Application," *Journal of Applied Psychology*, 1993, 78, pp. 98–104; Schmitt and Klimoski, *Research Methods in Human Resources Management*, pp. 89–100.

11. This section draws on R. D. Arvey, "Constructs and Construct Validation," *Human Performance*, 1992, 5, pp. 59–69; W. F. Cascio, *Applied Psychology in Personnel Management*, fourth ed. (Englewood Cliffs, NJ: Prentice-Hall, 1991), pp. 149–170; H. G. Heneman III, D. P. Schwab, J. A. Fossum, and L. Dyer, *Personnel/Human Resource Management*, fourth ed. (Homewood, IL: Irwin, 1989), pp. 300–329; N. Schmitt and F. J. Landy, "The Concept of Validity," in N. Schmitt, W. C. Borman, and Associates, *Personnel Selection in Organizations* (San Francisco: Jossey-Bass, 1993), pp. 275–309; Schwab, "Construct Validity in Organization Behavior"; S. Messick, "Validity of Psychological Assessment," *American Psychologist*, Sept. 1995, pp. 741–749.

12. Heneman, Schwab, Fossum, and Dyer, *Personnel/Human Resource Management*, pp. 300–310.

13. I. L. Goldstein, S. Zedeck, and B. Schneider, "An Exploration of the Job Analysis-Content Validity Process," in Schmitt, Borman, and Associates, *Personnel Selection in Organizations*, pp. 3–34; Heneman, Schwab, Fossum, and Dyer, *Personnel/Human Resource Management*, pp. 311–315; D. A. Joiner, *Content Valid Testing for Supervisory and Management Jobs: A Practical/Common Sense Approach* (Alexandria, VA: International Personnel Management Association, 1987); P. R. Sackett and R. D. Arvey, "Selection in Small N Settings," in Schmitt, Borman, and Associates, *Personnel Selection in Organizations*, pp. 418–447.

14. R. S. Barrett, "Content Validation Form," *Public Personnel Management*, 1992, 21, pp. 41–52; E. E. Ghiselli, J. P. Campbell, and S. Zedeck, *Measurement Theory for the Behavioral Sciences* (San Francisco: W. H. Freeman, 1981).

15. F. Schmidt and J. Hunter, "History, Development, Evolution, and Impact of Validity Generalization and Meta-Analysis Methods, 1975–2001," in K. R. Murphy (ed.), *Validity Generalization: A Critical Review* (Mahwah, NJ: Erlbaum, 2003), pp. 31–65; K. R. Murphy, "Synthetic Validity: A Great Idea Whose Time Never Came," *Industrial and Organizational Psychology*, 2010, 3(3), pp. 356–359; K. R. Murphy, "Validity, Validation and Values," *Academy of Management Annals*, 2009, 3, pp. 421–461.

16. M. A. McDaniel, H. R. Rothstein, and D. L. Whetzel, "Publication Bias: A Case Study of Four Test Vendors," *Personnel Psychology*, 2006, 59, pp. 927–953.

17. C. Winkler, "Quality Check: Better Metrics Improve HR's Ability to Measure—and Manage— the Quality of Hires," *HR Magazine*, May 2007, pp. 93–98; Society for Human Resource Management, *SHRM Human Capital Benchmarking Study* (Alexandria, VA: author, 2005).

18. J. A. Naglieri, F. Drasgow, M. Schmit, L. Handler, A. Prifitera, A. Margolis, and R. Velasquez, "Psychological Testing on the Internet," *American Psychologist*, Apr. 2004, 59, pp. 150–162; R. E. Ployhart, J. A. Weekley, B. C. Holtz, and C. Kemp, "Web-Based and Paper-and-Pencil Testing of Applicants in a Proctored Setting: Are Personality, Biodata, and Situational Judgment Tests Comparable?" *Personnel Psychology*, 2003, 56, pp. 733–752; S. Power, "Federal Official Faults TSA Screener Testing as 'Inane,'" *Wall Street Journal*, Oct. 9, 2003, pp. B1–B2.

19. See the Society for Human Resource Management Testing Center (*www.shrm.org/Templates Tools/AssessmentResources/SHRMTestingCenter/Pages/index.aspx*).

20. D. B. Cohen, M. G. Aamodt, and E. M. Dunleavy, "Technical Advisory Committee Report on Best Practices in Adverse Impact Analysis," Center for Corporate Equality, 2010 (*www.cceq. org*), accessed 10/5/10.

21. Equal Employment Opportunity Commission, "Employment Tests and Selection Procedures," 2008 (*www.eeoc.gov/policy/docs/factemployment_procedures.html*), accessed 6/29/10.

第8章

外部选拔 I

8.1 学习目标和导言

8.1.1 学习目标

- 了解预测的逻辑在选拔过程中的指导作用
- 学习预测工具的性质
- 了解制定选拔计划和选拔流程的过程
- 学习初始性评估方法及其如何在组织中最佳地运用
- 评价初始性评估方法的相对有效性以决定哪种最适用及其原因
- 回顾初始性评估方法使用过程中的法律问题以及如何避免这些法律问题

8.1.2 导言

外部选拔是一个更具有现实意义的人员配置研究领域，它是指对来自外部的职位申请者进行衡量和评定。在这个过程中将运用一系列不同的评估方法。我们将讨论指导评估方法运用的基础性问题。这些问题包括预测的逻辑、预测工具的性质、选拔计划的制定和选拔流程。

初始性评估方法用于从最初的职位申请者中选拔候选人。本章将学习的初始性评估方法包括简历和求职信、申请表、传记性信息、推荐信、介绍信和背景调查，以及初步面试。同时还将回顾指导选择初始性评估方法的因素，包括使用频率、成本、信度、效度、效用、申请者的反应和负面影响。

运用评估方法需要深刻理解相关的法律问题，包括由于运用推荐、背景调查与雇佣前调查等初始性评估方法涉及的很多法律问题。本章将会讨论这些细节中最重要的部分。最后，实际职业资格与初始性评估之间有着特殊的关系，因为实际职业资格通常在选拔的最初阶段评估。我们也将讨论在建立实际职业资格的过程中会遇到的法律问题。

8.2 基础性问题

很多时候，人们认为选拔相当于一个事件，也就是一次面试。如果能够达成最佳的人职匹配，那么没有什么会偏离事实。为了实现最佳的人职匹配，需要进行一系列经过深思熟虑的选拔活动。因此，选拔是一个过程而不是一个事件。选拔过程遵循理论逻辑，据此决定需要采取哪些步骤。尽管预测工具的特点各不相同，但是选拔的逻辑适用于所有可能会用到的预测工具。在实际进行选拔时，需要根据选拔计划的制定来选择预测工具。实施选拔的过程中要形成选拔的顺序，即从申请者、候选人、入围者到职位获得者依次进行的有序流程。

8.2.1 预测的逻辑

在第1章中，我们将人员配置过程中的选拔定义为旨在判断人员和职位之间匹配程度而对应聘者进行评估的过程。该过程以预测的逻辑为基础，即个人在过去情境中成功的程度可以预测在未来的新情境中成功的程度。图8—1阐明了选拔的逻辑应用。

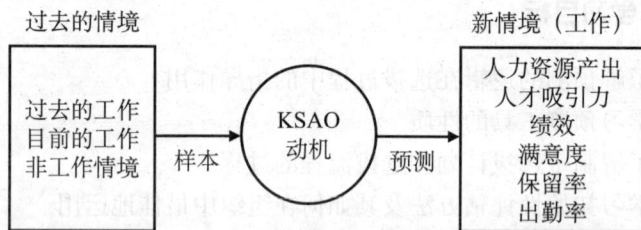

图8—1 预测的逻辑

个人的知识、技能、能力、其他特征（KSAO）和动机是在经历过去的工作、现在的工作和非工作情境下所产生的结果。在选拔过程中，组织对候选人的KSAO和动机进行识别和评估。评估结果构成了个人在新情境或者工作中的整体资质情况。然后，借助人员的资质预测候选人能否在新的情境或者工作任务中有优质的工作产出。如果组织准确地鉴别和测量出与工作要求相关的资质，或者资质随着时间变化保持稳定不变，进而能够沿用到新的岗位上，那么预测的逻辑将用于实践。

下面举一个销售额达几十亿美元的全美大型传媒集团的例子，解释如何在实践中运用预测的逻辑。[1]由于该组织销售人员的销售量处于停滞状态，因此对如何选拔高绩效（销售量）的销售人员产生了浓厚的兴趣。为了达到此目标，该公司构建了"销售胜任特征模型"，也就是选拔计划，据此开发全新的选拔过程。胜任特征模型以销售人员过去的工作为样本，描绘了销售岗位的KSAO，据此预测电话销售工作的成功可能性。该胜任特征通过完整的工作分析构建出来，在构建过程中通过主题专家（SME）明确了优秀电话销售人员必须具备的KSAO（例如，产品知识，对产品研发过程的了解，产品与竞争对手产品对比情况）。然后基于真实工作样本开发出结构化面试，对电话销售岗位的申请者进行评估，考察他们对电话销售必需的 KSAO 的具备程度。因此，面试也被运用到选拔中来预测申请者工作成功的可能性。

图 8—1 所显示的预测逻辑解释了在做选拔决策时仔细核查申请者工作经历的重要性。例如，在警官岗位的选拔时，申请者过去在保安岗位上的成功经历可能作为他在警官岗位上取得成功的一个有意义的预测指标。或者，我们认为申请者过去在家庭主妇工作上的成功与警官岗位完全无关。令人惊讶的是，认为家庭主妇和警官岗位不相关很可能也是一个错误的判断。研究表明，家庭主妇和警官岗位之间存在紧密联系。具体来说，周密的工作分析表明胜任两种角色在很大程度上都依赖于解决纷争和处理紧急情况的能力。因此，如果缺少完善的工作分析，尽管许多工作申请者具备岗位要求的素质特征，也很可能会被无意地忽略。在家庭、社区或者其他机构中取得的非工作经验，可能与过去的工作经验同样重要甚至更加重要。

类似"家庭主妇"这样的职位名称对于做选拔决策来说远远不够。同样，某人拥有一定年数的工作经验往往不能为做选拔决策提供充分的细节。真正重要的并且可以通过工作分析揭示出来的是工作经历的具体类型以及在每种工作类型中取得的成绩。与此类似，某人在工作中是否有工资收入和选拔决策也不密切相关。重要的是这份工作经验的质量，因为它关系到能否在新工作中取得成功。简而言之，预测逻辑表明将岗位要求与申请者在过去工作中获得的资质进行点对点的比较十分必要。

预测逻辑不仅在选拔中很重要，对于招募也很重要。一项研究表明，申请者对选拔过程的反应某种程度上是由选拔过程与申请岗位的相关性决定的。如果申请者认为选拔过程与岗位相关（如果使用了预测的逻辑，就会发生这种情况），他们就更可能认为选拔过程是公平的。[2]那些认为选拔过程很公平的申请者更有可能接受组织提供的工作，或者他们更可能鼓励他人申请该组织中的工作。

最后，预测的逻辑意味着将招募从选拔中分离出来。例如，很多组织通过员工推荐的方法获取理想的人才（招募），筛选申请岗位的人员（选拔），或者招募和选拔兼有。采用员工推荐方式当然没有错，但究竟是从招募角度还是选拔角度（通过推荐信的形式）对他们进行评估是有差别的。

8.2.2 预测工具的性质

正如下面所呈现的，在外部选拔中会用到很多不同类型的预测工具，包括面试和背景调查等。它们在内容和形式方面是有所差别的。

■ 内容

预测工具评估的内容差异很大，可能是指标、样本、标准。[3]指标是与工作绩效有关的个人特质。将人格作为预测工具就是一个很好的例子。如果将人格作为预测工具，那么预测内容就是判断具有某种人格特点（比如粗鲁）的人可能会做出哪些行为（例如对顾客粗鲁），从而会导致出现某些工作后果（例如销售失败）。正如我们所看到的，指标和实际的工作结果有很大差距。样本比指标更加接近实际的工作结果。比如观察一组销售岗位申请人与顾客之间的互动以及最终销售情况，就是一个样本的例子。标准和实际工作绩效非常接近，例如新员工在试用期内的销售情况。

■ 形式

预测工具的形式或者设计可以区分为几种不同形式。

速度与能力。一个人在某些预测工具上的得分是基于他在有限的时间内做出回应的数量。例如，在一个体力测试的项目中，可能是在给定的时间内举杠铃的次数。这就是我们所知道的速度测试。能力测试在另一方面则是给个体一些难度不断增加的项目。例如，数字能力的测试可能是从加法和减法开始，然后到乘法和除法，最后是复杂的问题解决型题目。当工作速度是工作中很重要的一部分时，通常会使用速度测试，而当反应的正确性对工作很重要时，通常会使用能力测试。当然，有些测试（见第9章中的温德利人事测验）既是速度测验又是能力测验，在这种情况下很少有人能够完成该项测验。

纸笔测验与操作测验。很多预测工具属于纸笔测验。申请者被要求填写一份表格，给出一个答案，或者完成多项选择题。另外一些预测工具则是操作测验，申请者被要求操纵一个物体或者设备。比如测量美国橄榄球联盟的球员往返跑的时间就是一项操作测验。纸笔测验运用于心理能力对完成工作十分必要的情况；操作测试则运用于完成工作需要身体或者社会技能的情况。

客观题与主观题。客观的纸笔预测工具往往包含多项选择题或者正误判断题。这类测验通常用来测量个体在某一领域的具体知识。另一种预测工具的形式是主观题，这种题目要求被试写出答案。主观题最适合评估文字表达能力、问题解决能力和分析情形的能力。[4]

口头、书写与电脑。回答预测工具的问题可以通过说的方式、写的方式或者在电脑等电子交流设备上输入的方式。在进行面试时，有的组织是通过倾听口头回答，阅读书面回答或者申请者输入电脑的回答来作出评估。在所有的预测工具中，哪一种工具最合适要取决于工作的性质。如果工作对口头表达能力要求较高，那么必须采用口头回答的方式。如果工作中会用到大量写作，那么应该采用书面回答。如果工作需要经常使用电脑，那么在考核中需要申请者在电脑上作答。[5]

8.2.3　开发选拔计划

为了把工作分析的结果转换成实际用于选拔的预测工具，必须制定具体的选拔计划。选拔计划描述了将使用哪些预测工具来评价某个岗位所必需的 KSAO。在表8—1中我们介绍了一种选拔计划的格式，以及为秘书职位设计的选拔计划。建立选拔计划要采取三个步骤。首先，左边一栏写入 KSAO。这些内容直接从工作要求中获得。其次，对于每一 KSAO，会写下"是"或者"否"，表示这项素质特征是否需要在选拔过程中进行评估。有时候填写"否"，是因为这项 KSAO 是申请者一旦上岗后就能学到的内容（例如，公司政策和流程相关的知识）。最后，列出评估必需的 KSAO 可能会用到的方法，并进一步指明针对每一 KSAO 所使用的具体方法。

表 8—1		选拔计划格式以及秘书职位的选拔计划案例								
主要的 KSAO 类别	**在选拔中是必需的?（是或否）**	**评估方法**								
		WP	**CT**	**DB**	**LTR**	**TEF**	**ML**	**EM**	**TM**	**面试**
1. 遵循口头指令的能力和倾听技巧	是			√					√	
2. 阅读和理解手册或指导方针的能力	是	√	√	√	√	√	√	√		
3. 完成基本运算的能力	是			√		√				
4. 组织能力	是			√		√	√			
5. 判断、优先排序、决策能力	是			√						
6. 口头沟通技巧	是									√
7. 书面沟通技巧	是		√		√					
8. 人际技能	是									√
9. 打字技能	是	√	√		√					
10. 文字处理、图表、数据库、电子制表软件的相关知识	是	√		√		√				
11. 公司政策和流程的知识	否									
12. 基本电脑使用知识	是	√	√						√	
13. 使用基本的办公室设备的知识	否									
14. 灵活应对工作需求的变化	是						√	√	√	
15. 有关电脑软件的知识	是	√	√	√	√		√			
16. 关注细节和准确性的能力	是	√	√	√	√		√		√	

说明：WP＝文字处理测试，CT＝改正测试，DB＝数据库考试，LTR＝推荐信，TEF＝出差费用表，ML＝邮件日志，EM＝电子邮件讯息，TM＝电话留言。

资料来源：Adapted from N. Schmitt, S. Gilliland, R. S. Landis, and D. Devine, "Computer-Based Testing Applied to Selection of Secretarial Positions," *Personnel Psychology*, 1993, 46, pp. 149-165.

　　尽管开发选拔计划成本高且耗时多，但是组织越来越意识到，开发选拔计划带来的利益远比成本重要。因此，它是选拔过程中必不可少的一步。佛罗里达州杰克逊维尔的巴奈特银行使用选拔计划或者"合适职业测试"（niche testing）来选拔出纳员和客户服务代表。该银行发现在与公众打交道时做出判断的能力，对这两个职位来说都是一项至关重要的 KSAO。对于这项技能，该银行开发了一项"合适职业测试"，在这项测试中，申请者会观看视频中与公众交往的现实情况，然后决定什么是合适的行为。测试者会对他们的反应进行评分，该分数将被用来预测他们胜任职位的可能性。

8.2.4　选拔流程

　　通常，在选拔工作申请者之前，组织需要做出一系列决策。图 8—2 列举了这些决策。首先要决定的是工作申请者能否成为工作候选人。候选人是指尚未获得最终的工作机会，但是已经具备一些基本资格要求、值得组织进一步考察的人。

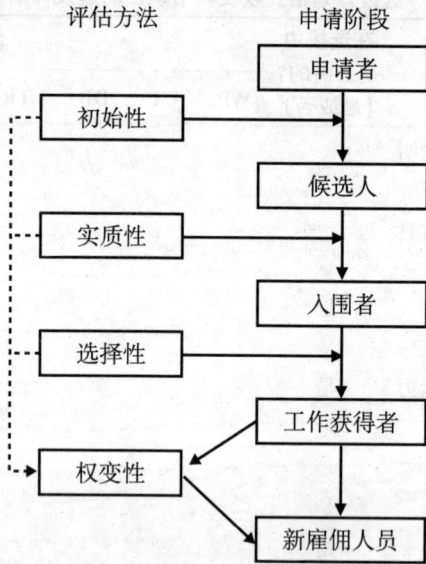

图 8—2　不同申请阶段的评估方法

　　初始性评估方法用来选择职位候选人（这些将在本章的后半部分讨论）。第二个决策是关于哪些候选人能够成为最终入围者。入围者是满足所有最低资格要求并且被组织认为是完全可以胜任工作的人。实质性评估方法用来选拔入围者，这些方法将在下一章中讨论。第三个决策是在入围者中选出工作获得者。获得工作机会的人是组织给予雇佣机会的人。选择性评估方法用于选拔复试入选者，这部分内容将在下一章中讨论。在申请人获得工作机会即将成为新员工之前有时会使用权变性评估方法，这意味着工作机会受到一些资格的限制，例如需要通过健康检查或者药检。下一章将介绍权变性评估方法，尤其是药检和健康检查。最后，候选人获得工作机会并决定加入组织后，就成为了一名新员工。

8.3　初始性评估方法

　　初始性评估方法，也称为雇佣前调查，是指通过减少待评估人员的数量以最小化使用大量评估方法导致的成本。从工作申请者中筛选候选人的预测工具包括申请表、传记性信息、推荐信和初步面试等。下面将依次介绍每种初始性评估方法。我们还将尽可能利用元分析的结果，提供每种评估方法的平均效度（例如 $\bar{r}$）。然后，我们将作出总体评述以决定使用哪种评估方法。

8.3.1　简历和求职信

　　申请者对组织首次介绍自己一般是通过求职信和简历。职位申请者控制着介绍的信息的数量、类型和准确性。因此，经常需要其他预测工具来进一步验证简历和求职信的信息，例如背景核查，以保证组织掌握所有申请者准确完整的数据资料，做出选拔决策。

将简历作为选拔工具的一个重要问题是组织必须处理大量数据。有些组织缺少简历筛选后分类或组织的措施，也不知道做出雇佣决策之后如何存储简历。而大多数组织明智地构建并维护着简历电子资料。这样一方面有利于招聘参与者之间的信息分享，另一方面当新员工遇到问题（法律问题或者其他）时能及时追踪最初信息。

雇主也可以把简历收集外包给提供简历搜寻服务的公司。它们提供的服务不仅是筛选简历，还包括对申请者的简历打分，在申请者的名字旁边写上一个百分数，反映这份简历满足资质标准的程度。虽然外包方式具有省钱、高效等明显优势，但是也有缺点，比如由于过滤软件读取简历困难导致被拒（例如写在彩色纸上或者格式特殊的简历），又比如有些申请者通过使自己的简历符合招聘广告中可能包含的每一项技能要求来顺利通过系统。但是，外包服务的高效率仍然对那些要处理大量简历的组织具有吸引力。

多数大型雇主，甚至是很多中等规模的雇主，鼓励人们通过电子邮件或者公司网站在线表格的形式提交简历。例如，在美国玩具反斗城公司的网站上，申请者能够找到关于招聘的在线信息，可以直接在线填写表格申请。管理岗位的申请者可以把自己的简历发送到指定的电子邮箱。

尽管申请者向雇主提交了一份电子版的简历，但他们仍然需要确定这份简历能够被检索软件识别。这意味着申请者应该避免使用不常用的字体和格式。对于现今的简历而言，形式毫无疑问必须为功能服务。而且，不同于传统地强调动词（"管理""引导"等），申请者应该使用名词来描述其背景中值得注意的方面（"非营利机构""GPA 3.75""环境科学经验"），因为这些名词更有可能成为关键词而被检索软件识别。如果申请者希望增加简历的被浏览度，那么他们的简历需要根据那些将会成为检索焦点的关键词来撰写。

■ 视频简历

视频简历正在引起商业媒体越来越多的注意。有些网站，如 WorldBlast. com，可以帮助申请者整合制作视频简历。在视频简历中申请者面对摄像机或者通过模拟面试来展示自己的任职资格。比如露西将视频简历发给纽约地区的某些组织，这些组织的招聘信息引起她浓厚的兴趣。她说："我使用视频简历去申请我最向往的工作。"她现在在曼哈顿一家叫做 LaForce & Stevens 的公关公司担任人力资源经理。

虽然视频简历的相关话题很时髦，但是很少有雇主有相关经验，并且没有视频简历的有效性研究。虽然一项调查表明很多招聘经理会看视频简历，但是大部分（58%）的人承认他们之所以看纯粹是因为好奇。正如一位职业咨询师指出的，"大多数雇主对视频简历还没有详细的认识，人们仍然在试着弄清应该在选拔过程中如何使用视频简历。"有些雇主拒绝观看视频简历，因为他们担心会因此在决策中引入带有主观偏见的想法（外貌、种族、残疾）。有些申请者把视频简历传过去，结果却成为雇主的笑料。一个在耶鲁大学主修金融专业的学生把视频简历传给了银行业的巨擘 UBS，结果该公司把这个视频放在博客上，被观众嘲笑。[6]

因此，尽管视频简历得到了众多媒体的关注，但是目前由于它可能会对雇主和申请者造成求职陷阱，因此它被认为是一种时尚而不是未来的趋势。

■ 简历问题

申请者能够控制简历中呈现给雇主的信息，但是在评估简历时，雇主应该意识到造假和失真。申请者同时也应该知道如何使他们的简历被注意到。接下来，我们将分析这些问题。

简历造假和失真。由于简历是由申请者准备的并且不遵循固定的形式，再加上申请者也想充分展示自己的闪光点，因此失真是一个很突出的问题。例如，戴维·埃德蒙森（David J. Edmondson）原先是 RadioShack 公司 CEO，在报纸揭露了他在简历上编造两个他从未获得过的大学学位之后就被公司解雇了。埃德蒙森并不是特例，在过去的几年中，似乎都有一些 CEO、运动员教练或者公务人员的职业生涯因他们几年之前自己做的错误陈述的简历而脱轨。ResumeDoctor，一个帮助申请者准备简历的网络公司，检查了申请者贴在网站上的简历的真实性，发现几乎一半（42.7％）的简历有"明显的不真实性"。一个背景核查机构发现，56％的简历或多或少包括虚假信息。[7]

简历如同事实一样也有准确性的高低之分，从小错误、无意造成的错误直到完全的造假。一定程度的编造很常见。比如，艾利·斯特劳斯（Ellie Strauss）最近的两份全职工作持续了不到 6 个月。他把这两份工作描述成具有"高级项目经理"头衔的自由职业，使它们看起来像合同制工作。有些人可能认为这是欺骗，其他人则可能认为这是"聪明的营销"或者"调整"。无论你怎么说，简历修改经常发生。人们甚至为了征婚启事而捏造自己的教育背景。最近，《纽约时报》刊登了一则更正新闻，一位新娘说她从宾夕法尼亚大学毕业并且获得了南加州大学的神经科学的博士学位，没有一条信息是真实的。[8]如果一个人在征婚启事上都会造假，想象一下他会在简历上做些什么！

根据最近的一项调查，歪曲事实或谎报信息最严重的三方面是[9]：

1. 夸大的头衔；
2. 为了掩盖工作中跳槽或者失业而提供不准确的时间；
3. 未完成的学历、夸大的教育背景或者"买来的"学位。

打击简历造假最好的方式是采取细致的背景调查。当然，对任何有疑问的信息进行常识测试也是一个明智的选择。例如，鉴于教练可能提供假信息，大学会对简历做更严格的审查。在路易斯维尔大学体育部的申请表中，插入了一个新的警告："如果在背景调查之后发现了虚假信息，这位新员工就将被解雇。"简而言之，避免简历造假最好的方式就是雇主做好自己的准备工作。[10]

使自己的简历被注意。细心的求职者可能会问，怎样才能准备一份最好的简历。虽然关于一份完美简历有哪些组成部分的理论多得好像阅读简历的人一样多，但还是有一些有益的总结性的指导原则。

首先，要意识到排版错误或者其他小错误可能会葬送申请者的机会。一项调查显示，84％的招聘经理会把有两个排版错误的简历排除出下一轮的考虑；47％的经理会把有一个错误的申请者排除。第二,为不同的职位定做简历(尽量使你的背景、技能和成绩符合具体的工作要求)。第三,虽然简历变得越来越长,但是要记住,简洁是招聘经理非常看重的,很多招聘经理拒绝阅读超过两页的简历,有的经理甚至一页以上的简历都不会读。第四,正如我们之前提到的,要诚实。在需要作出判断的时候,错误就会被证实。正如一位专家所说,"人们总是在没有必要的情况下撒谎。"大多数招聘经理明白没有一份简历是完美的。虽然诚实会在短期内损害你的利益,但最好现在就付出这个代价而不是等到你要赔上你的整个职业生涯的时候。最后,虽然强调要诚实,但简历也不应对成就轻描淡写——明智的做法是不仅仅罗列你的工作职责而且要指明你所取得的成就。考虑你对部门和团队的影响:如果你不在的话有什么事情是不会发生的?你对什么最感到骄傲?你能从你的绩效评价中明确你的优势是什么吗?可以描述一下大学期间表现出的技能吗?比如,埃森哲咨询公司的全球招聘经理说他会在雇佣中寻找表现团队合作能力的线索,他说:"我必须把在团队环境中工作的能力作为我们搜寻的重要指标。"既然大多数大学生会以团队形式完成一些作业,那么为什么不把团队合作作为一项掌握的技能呢?[11]

评估。目前为止的研究几乎都没有讨论过简历和求职信的信度和效度,同样也没有关于它们的花费和负面作用的资料。一篇评论指出申请者自己报告成绩、班级排名和考试分数的效度相对较低,但它并没有对其他信息来源的效度进行评价——例如自我报告的工作经历,这也是经常会在申请表和简历里包含的。很不幸的是,简历和求职信被大量用于某些类型的岗位,尤其是在初级的管理岗、专业岗和技术岗。因此,组织在选拔中使用简历和求职信时应该认真评估它们的有效性,并且对雇佣决策中使用的信息进行单独检查。[12]

8.3.2 申请表

大多数申请表要求申请者填写他们的教育经历、培训和工作经验。这些信息通常也包括在简历中。因此,申请表看起来没有必要甚至是重复的。但事实情况并非如此。申请表能够被用来调查简历中出现的数据,也能够用于获取简历中遗漏的信息,例如雇用日期。相较于简历,申请表的主要优势在于组织取代申请者控制要呈现哪些信息。这样,申请工作或者筛选简历的人遗漏和工作相关的关键信息的可能性很小。申请表的关键问题是要确保所填的信息对工作成功至关重要,并且遵循上面提到的预测的逻辑。

表 8—2 提供了一个申请表的示例。正如大多数申请表一样,工作申请表的主要部分是个人信息、想要申请的职位、教育背景、特殊的兴趣爱好和技能、工作经验和可咨询的推荐人信息。申请表的信息填写必须注意 KSAO 等信息要和工作相关。这不仅可以避免浪费组织和申请者的时间,也保护了雇主免受不公平歧视的控告(具体见本章最后的"法律问题")。有必要留意申请表下面的免责声明。它为组织提供了一些法律保护,具体内容在"法律问题"中将讲到。要求申请者在免责声明上签字也能够降低他们提供虚假信息的动机。

表 8—2 招聘申请表

个人信息

日期 _____

姓名 _____ 社会保障号 _____

当前住址 _____
　　　　　　　国家　　　　　　　城市　　　　　街道　　　　　　邮编

永久住址 _____
　　　　　　　国家　　　　　　　城市　　　　　街道　　　　　　邮编

电话号码 _____ 你是 18 岁以上吗？ 是□ 否□

你在本国是否因为签证或者移民状态而在法律上被禁止雇佣？ 是□ 否□

想申请的职位

职位 _____ 能够开始工作的时间 _____ 期望的薪酬 _____

你现在是否在职？ _____ 如果是，我们能询问你现在的雇主吗？ _____

之前申请过本公司？ _____ 在哪里？ _____ 什么时候？ _____

推荐人 _____

教育

	名称和地址	受教育年限	是否毕业	主修课程
初中				
高中				
大学				
其他				

常规

专项研究 _____

特长 _____

兴趣爱好（文化、体育等） _____

美国陆军或者海军服役		等级		目前在国民保卫队或者预备役中的身份	

之前的雇主（在下面列出三个过去的雇主，从最近的一个开始）

	时间	名称和地址	薪酬	职位	离开的理由
从					
到					
从					
到					
从					
到					

联系人（列出三个与你非亲属关系的人）

	姓名	地址	行业	认识的年数
1				
2				
3				

我保证申请表中所提供的信息是完整和真实的，我知道如果发现任何虚假信息、遗漏或者不正确的内容，我的申请将会被拒绝；即使我被雇用，我的雇佣合同也可以在任何时间被解除。考虑到我的雇佣，我同意遵守公司的规章制度，并且我同意不管公司方面是否有原因，是否提前通知，雇佣关系和薪酬可以在任何时候由我或者公司提出而终止。我清楚并且同意不管公司方面是否有原因，是否提前通知，这份雇佣关系的条款和期限可能会在任何时候改变。我明白只有公司总裁有权签署雇佣合同，并在特定的时间内达成雇佣协议或违反已有的协议，其他任何公司代表都没有此权利。

日期		签名	

■ 教育要求

在申请表上征求有关教育经历和成绩的信息时，要特别注意使用的措辞。[13] 接下来会谈谈申请表上几个有关教育信息特别重要的方面。

教育水平。教育水平或者学历是用教育成绩来预测工作绩效的一项必需信息。通常，教育水平是用获得的学历来衡量的。尽管普遍使用，但教育水平是不是一种真实有用的选拔方法仍然不是很清晰。一些经济学者和社会学家怀疑它的重要性，研究表明教育水平与工作表现之间的相关性较弱（相关系数 $r=0.10$）。[14]

平均学分绩（GPA）。课堂成绩是用 GPA 来衡量的。在解释 GPA 信息的时候要格外小心。比如，一个人在主修专业上的 GPA 可能和他所有课程的 GPA 不同（一般前者高于后者）。不同学科领域的成绩也会有不同（比如工科的成绩一般会比其他学科低）。而且，在一所学校 GPA 为 3.5 可能是优秀的，但是在另一所学校就可能不算是了。研究认为，用 GPA 预测绩效的效度大约在 0.30 左右。大学成绩不一定比高中成绩更有效度，而用成绩预测工作初期的绩效最为有效。虽然不同雇主之间存在差异，但有证据表明 GPA 在大多数招募评估中并不扮演重要角色。对少数群体来说，GPA 可能会造成不利的影响，并且与所有有负面影响的选拔方式一样，必须在有效性和负面性之间权衡。[15]

学校的质量。有很多人议论各种教育项目的质量问题。例如，《美国新闻与世界报道》每年会刊登一个有关学校质量排名（或者声誉，取决于你在一定程度上的信任度）的调查。[16]

从知名大学毕业的学生受到雇主的青睐，特别是对于工商管理硕士（MBA）毕业生，其薪资涨幅非常可观。60％的招聘经理认为，学校的声誉是选择在哪所学校进行招聘的首要标准。正如一篇文章所总结的一样，"你在一个 MBA 项目里学了什么并不重要，重要的是你是在哪里学的。"[17]

专业。职位越是需要具备专业化的知识，申请者的专业越有可能成为一个预测工具。一个英语专业的人也许能够胜任编辑的岗位，但是可能无法成为一位出色的医师。但也应当注意，专业并不能保证最终掌握了一定数量或者类型的课程。每个主修专业或者辅修专业所学习课程的数量和类型在不同的学校有所区别，因此必须严格地审查以确保不同专业之间的比较。学习专业和工作绩效之间的关系很难评估，因此目前尚缺少效度方面结论性的证据。

课外活动。课外活动作为预测工具的有效性取决于招聘岗位的性质。曲棍球运动员成为成功管理者的可能性不大。然而，被选为曲棍球球队的队长表明可能具有领导特质，而领导特质是成为一个成功的管理者所必须具备的。通过申请表获取的有关课外活动的信息必须与正在申请的工作有关。有证据表明参加课外活动是人际交往能力的体现，这说明课外活动对预测社交频繁的工作而言是更有效的。[18]

■ 培训和经验要求

很多能够预测未来绩效的过去经验并不发生在课堂上。相反，这些经验来自其他情境中的生活经历。很幸运的是，通过申请表也能获取这些经历，其中培训和经验要求是主要方面，这是基于行胜于言的理论。比如，经验丰富的外科医生往往能够更出色地完成外科手术。一项研究表明，经验不足的外科医生所做手术的死亡率比经验丰富的医生高 2 倍。然而，对于大多数工作而言，经验值水平较低的时候其优势更明显。超过一个标准之后，经验的增加并没有更多帮助。但是，过多强调过去的工作经验也会有缺点，即申请者可能会过分夸大自己的培训和工作经验。此外，有很大潜力的申请者可能也会由于他过去没有机会获得必需的培训和经验而被忽视。

多种方法能够用来测量培训和经验。由于申请者的培训和经验信息并不直接对等，所以需要决策者的判断。这些决策者将作出如何区分和衡量不同水平的经验的判断。一种名为"行为一致性方法"的工具预测效度最高，因为它主要判断申请者过去的培训和经验的质量。这种方法的手段之一便是要求申请者完成一份补充的申请材料，描述与一系列的关键工作行为有关的最突出的成就。然而，由于其特性，使用行为一致性评分法耗时久、花费大，并且它要求申请者有一定的分析能力和写作能力。因此，选择测量方法时要权衡准确性和执行的难易程度与花费。[19]

■ 执照、证书和岗位知识

很多专业或职业都要求或者鼓励人们证明自己掌握了一定的知识。这样的掌握程度通常通过两种明显的方法来衡量：执照和证书。执照是法律授权人们从事一项活动，而证书不受法律强制，为自愿性质（尽管对雇主个体而言需要证书）。执照的目的是保护公众利益，而证书的目的是鉴别哪些人满足了熟练程度的最低要求。执照考试和证书考试通常由主题专家（SME）和测评专家共同开发。执照和证书需要与岗位相关的知识测试区分开来。执照和证书反映了对知识的总体掌握程度，并且对很多组织都是适用的，而岗位知识测试则是评估在一个组织内对某种特殊知识的掌握程度。岗位知识测试经常在公共部门被用作初步鉴别工具；在私人部门，主要是为晋升目的服务。这里只做简单介绍，有关岗位知识测试的详细内容将在第 9章中涉及。

在实际应用中对执照和证书的要求取决于它们是作为初始性评估方法还是权变性评估方法。作为初始性评估方法，通过对执照和证书的要求淘汰那些没有证书的申请者。例如，汽车修理公司需要招聘合格的技工，最初可能会淘汰那些没有相关证书的人。当执照和证书的要求作为权变性评价方法时，实施选拔的前提是认为申请者已经具备要求的证书（或者在被雇用时将会取得证书）。在确定最终入选者后会核实其证书情况。例如，医院不会调查每个申请护士岗位的人是否具备有效的就业执照，而是假设申请者已经具备有效执照并对他们评估，并且在确定最终人员后核查是否有证书。因此，执照和证书要求是作为初始性评估还是权变性评估方法取决于在选拔进程中什么时候需要考虑执照和证书信息。

组织正越来越多地利用自愿考取的专业证书作为考察各种职业素质要求的方法。目前已有超过 1 000 种专业证书。大多数自愿考取的证书是以经验和教育情况颁发的。大部分的专业证书需要经过考试。

在选拔中使用执照和证书要求存在很多实际运作问题和限制。首先，我们不能仅仅因为申请者有执照或者证书就猜测他能胜任这个岗位。这种假设是对制定执照和证书标准的专业组织充分信任的表现。执照和证书要求的严谨程度不一，不能认为个体满足这些要求就能胜任目标岗位。此外，即使执照和证书要求能够出色地衡量专业的能力，由于达到最低门槛的人就能获得执照和证书，因此它们也不能用来鉴别达到最低要求和资质突出的人。

与职位头衔一样，使用执照和证书要求的第二个难题是执照和证书名目繁多。这对证书来说尤其明显。例如，在金融咨询师领域中有注册金融理财师、注册金融分析师、注册管理会计师、注册理财顾问、注册退休方案咨询师等。事实上在金融行业有超过 100 种以上的认证名称。没有主要的调控者来规范这些名称，金融服务行业的证书的发展几乎也没做什么来防止种种错误和违法行为。如果选拔决策者需要证书，他们则需要调查在这份工作中可能存在的证书的种类和证书的含义。

最后，重复参加执照或者证书考试后会提高考试的练习效应，并且这个效应可能很大。一项针对医药职业的研究发现，对于同一项证书考试而言，第二次考试的分数提高了 0.79 个标准差。在另一项考试中，得分平均提高 0.48 个标准差。将第一个得分（0.79 个标准差）转换为正态分布，将意味着第一次考试得分排在第 34

个百分位上的人在第二次考试中上升至第 66 个百分位。对于第二项考试而言（0.48 个标准差），成绩将从第 34 个百分位提高到第 53 个百分位。不同于某些标准测试每次都会报告成绩，选拔决策者几乎没办法了解申请者究竟参加了多少次执照或者证书考试（他们也不能确定每个申请者考试的真实分数）。

我们并不是说选拔决策者应该忽视执照和证书的要求。它们对很多工作而言是很重要的甚至是必需的。然而，选拔决策者要清楚他们需要哪些领域的执照和证书，并且补充一些关于执照和证书的其他信息来确定所需要的知识和能力。[20]

■ 申请表加权

对于组织而言，并非所有包含在申请表中的内容在做选拔决策时都具有同等价值。根据组织和工作的不同，有些信息对预测工作成绩的效果比其他信息更好。可根据信息在多大程度上能够辨别高绩效和低绩效的个体，开发申请表信息加权的步骤。[21]这种计分方法被称作申请表加权，它不仅能运用于选拔决策过程，还能用在设计申请表中。其中包含的数据分析过程以申请表中的条目预测绩效的效果为标准，帮助组织判断申请表中的哪个条目应该保留，而哪个条目应该被删除。

■ 申请表的评估

有证据表明，利用未加权的申请表的得分评估工作绩效，并不是十分有效的预测方法（平均效度 r 为 0.10～0.20）。[22]考虑到从申请表中收集到的原始信息，这也就不足为奇了。另一个可能降低申请表效度的因素就是失真。有证据显示，针对申请者的背景调查有 1/3 都揭示出申请表中存在不真实的信息。后来有研究表明，最常见的造假问题包括过去的薪酬、教育水平、上一份工作的任期以及离职的原因。有些人不仅填写不真实信息，甚至完全编造信息。一项研究显示，有 15％的工作申请者说的前任雇主表示此人根本没为他们工作过。[23]因此，对在选拔决策中占有重要地位的申请表信息应当进行严格审查。

有关加权申请表的效度证据则显得比较有利。[24]在某种意义上，这也是正确的，因为申请表是根据其所含条目在预测工作绩效上的效应而进行计分加权。因此，只要部分条目有预测绩效的能力，申请表加权后的得分和加权组合就能够保证总体的分数有预测力。由于当前开发加权申请表的过程比较耗时、昂贵，所以应当进行更多关于加权申请表成本收益的研究。申请表的效度值得为它所花费的成本吗？遗憾的是，目前很少有关于加权申请表效度的研究，所以这个问题的答案很难获得。

尽管未加权的申请表的信度较差，但并不意味着在选拔决策中没有预测的价值。未加权的申请表是一种便捷收集工作申请基本信息的方法。大多数组织只会在最初筛选简历时使用未加权的申请表（淘汰掉明显达不到岗位要求的申请者）。只要申请表正在这种环境中使用（不依靠它做出实质的雇佣决策），其对于从最初的申请者中选拔就是有效的方法。因此，以未加权的申请表很少使用为理由批评它不一定恰当。

8.3.3 传记性信息

传记性信息，经常称为个人经历，是有关申请者背景和兴趣爱好的个人历史信息。有关传记性信息的调查结果提供了关于一个人生活历史的大致描述。传记性信息的背后所暗含的首要假设是一句格言："过去的行为是预测未来行为的最好工具。"过去的行为可能反映了个体的能力或者动机。

与申请表类似，传记性信息表要求申请者介绍自己的背景。通过申请者回答这两份问卷，能够为选拔申请者的初步决策提供有效的信息。然而，与申请表有所不同，传记性信息也能够有效地运用于实质的选拔决策过程。事实上，如果传记性信息表的得分能够有效预测接下来的工作绩效（我们将看到，这是经常的情况），那么传记性信息表的得分仅仅用来做初步的评估决策显得有些浪费。因此，尽管传记性信息既是一种初始性评估方法又是实质性评估方法，但是由于它和申请表有很多相似之处，因此我们把它包含在这一章节中。然而，究竟应该使用哪一种实质性评估方法则需要仔细考虑。

传记性信息和背景调查有相似之处，也有不同之处（具体参见 8.3.4 节）。传记性信息和背景调查都关注申请者的过去经历。不过，这两种选拔方法的总体目标和测量又有不同之处。首先，传记性信息通常被用来预测未来绩效，而背景调查则经常被用来挖掘在申请者的背景中可能被隐藏的任何东西。其次，传记性信息是通过调查得到的，而背景调查则是通过记录核查以及与推荐人进行交谈获得的。因此，传记性信息和背景调查是两种不同的选拔方法，要区别考虑。

所收集的传记性信息的类型在问卷内容上有明显的区别，并且经常随着工作变化而不同。例如，调查经理岗位申请者的传记性信息可能会关注职业抱负、成就和失败的经历。关于蓝领工人的调查可能关注培训和工作经验。关于联邦政府官员的调查则关注学校教育经历、工作经历、技能和人际关系。从这些例子中可以看出，大多数传记性调查会考虑个人的成就、团队绩效、失败的经历和应对压力的情境。[25]随着工作性质不同，考察传记性信息的时间范围通常也不同，包括童年经历、教育历程、早期工作经验、现在的爱好或者家庭关系。

■ 测量

传记性信息通常通过申请者填写一份问卷来收集。表 8—3 就是传记性信息条目的一个例子。我们可以看到要测量的条目相当多样化。一般认为可以根据以下 10 个标准将传记性信息条目分类：

- 历史（条目描述的是一个发生在过去、未来还是假设情境中的事件？）
- 外部事件（条目呈现的是一个可观察的事件，还是类似于价值观和判断这样的内部事件？）
- 客观性（条目关注报告真实信息还是主观解释？）
- 第一手资料（条目收集的信息是由申请者本人提供的，还是他人对申请者行为的评估？）
- 离散性（条目是单一、独特的行为活动或者事件，还是简单计数或者说是总结性的回应?)

- 可验证性（申请者回答的真实性能否验证?）
- 可控性（问题描述的事项是否在申请人控制范围内?）
- 同等的可达性（所有申请者都有可能发生条目所含的事件或者经历吗?）
- 工作相关性（条目信息是与工作紧密相关的吗?）
- 侵犯性（条目中有涉及申请者隐私权的敏感问题吗?）[26]

表 8—3 传记性信息的条目举例

1. 在大学里，我的 GPA 是：
   a. 我没上过大学或者我上大学的时间少于两年
   b. 低于 2.50
   c. 2.50~3.00
   d. 3.00~3.50
   e. 3.50~4.00

2. 在过去的 5 年中，我做过的工作数量是：
   a. 多于 5 个
   b. 3~5 个
   c. 2 个
   d. 1 个
   e. 没有

3. 我最喜欢的监督类型是：
   a. 非常细致的监督
   b. 比较细致的监督
   c. 中等程度的监督
   d. 低程度的监督
   e. 不受监督

4. 当你生气的时候，以下哪个行为最能描述你的反应：
   a. 稍微反思一下情况
   b. 和朋友或者配偶交谈
   c. 锻炼或者走路
   d. 对着某个东西发泄
   e. 忘了这件事

5. 在过去的 3 年里，你在以下的事情中得到了多大的乐趣（使用右下方的量表）：
   a. 读书   1＝非常多
   b. 看电视   2＝有一些
   c. 家居装饰   3＝很少
   d. 音乐   4＝一点也不
   e. 户外娱乐活动

6. 你的生活有很多方面接近理想情况吗?
   a. 是
   b. 不是
   c. 不确定或者中立

大多数选拔测试只是把事先列出的条目得分相加得到一个总分，然后这些总分就作为做出申请者选拔决策的基础信息。对于大多数的传记性信息清单而言，基于对条目的回答而做出决策的过程显得相当复杂。传记性信息清单的开发过程本质上有点像试探性工作，首先要由现有的雇员根据要求回答一些条目，未来在做雇佣决策时所使用的条目就是基于这些条目——对这些条目或者问题的具体回答成为辨别高绩效员工和低绩效员工的手段。

在谷歌，首先向员工询问 300 个问题，然后将这些员工的回答与他们的工作绩效关联，最后开发出公司的传记性信息清单。为了预测当前员工工作绩效，谷歌必须提炼出独立的条目，它们问申请者一小组问题，从申请者最早对电脑感兴趣的年龄一直问到申请者是否曾经在做过的商业活动中盈利。[27]

■ 传记性信息的评估

关于传记性信息的信度和效度的研究结果都比较乐观。[28]结论往往证明，其是可靠的（重测信度从 0.60 到 0.90 不等）。更重要的是，已经有研究表明传记性信息清单是预测工作绩效的有效工具。大量元分析结果显示平均效度在 0.32~0.37 之间。[29]

除工作绩效以外，传记性信息的分数可能预测营业额（个人关于工作变化的历史很可能被翻阅）和学生的学习成绩（大学一年级所获得的传记性信息的分数可以预测他们之后的大学平均分数）。[30]

尽管传记性信息有很多准确的依据，但它仍然有一些重要的限制。第一，传记性问卷要基于某个特定的工作和人员样本进行开发并统计分数，因此一些研究者坚持认为由某个组织的给定工作得到的传记性信息的效度不适用于其他组织。尽管最终这个问题在研究中还没有被解决，但建议组织定期确认其传记性问卷。[31]

第二，要关注伪造问题。申请者不仅会伪造传记性问题的回答，而且许多回答是无法证实的。（例如，"你在小时候收集过硬币或者邮票吗？"）研究建议可以通过以下几种方式来减少欺骗：使用更加客观的、可分辨的条目，事先警告申请者不要造假。[32]

第三，申请者和决策者对于传记性信息不明确的反应。传记性问卷通常包含超过 100 个条目，而且大多数调查表明申请者看不到和工作相关的问题。显然，人力资源经理也是如此。一项对 255 位人力资源专业人士的调查显示，在各种选拔方法中，传记性信息依据它本身感知的准确性仅仅能战胜"个人预感"。[33]

尽管有这些限制，但重要的是记住，当认真地证实或者上述限制被消除时，传记性信息有深刻的准确性并且它的使用是有效的。

8.3.4 推荐信和背景调查

申请者的背景信息不仅可以从申请者那里获得，还可以从与申请者比较熟悉的人那里获得（例如雇主、债权人、邻居）。组织通常会自己获取这些信息或者利用专门从事调查申请者背景的机构提供的服务。以他人为渠道获得背景信息的方式有推荐信、履历调查和背景调查。

■ 推荐信

在某些环境下（如学术机构），背景调查的常用方法是要求申请者出示一封他人专为其所写的推荐信。使用这一方法主要存在两个问题。第一，推荐信可能在帮助组织识别哪些申请者更合格或不太合格方面没有什么用处。原因是只有当申请者资质非常差的时候，才拿不到关于其工作业绩的推荐信。第二，大多数推荐信不是结构化的或者标准化的。这意味着组织从推荐信中获得的数据不具备跨组织使用的一致性。例如，申请者A的推荐信可能主要说明他的教育水平，而申请者B的推荐信则关注他的工作经验。在这种情况下比较申请者A和B的资格就好像比较苹果和橘子一样。

一项研究鲜明地阐述了使用推荐信存在的问题。该研究表明同一个人为两个不同申请者所写的推荐信的相关性高于不同的人为同一个申请者所写的推荐信的相关性。[34] 这个发现表明，推荐信的内容与写信人的相关性要高于与被推荐人的相关性。事实上有研究表明，心态积极的人所写的推荐信要比有批判或者消极倾向的人所写的推荐信更加受欢迎。[35]

这些问题表明组织应该淡化推荐信的重要性，除非推荐者的评语可信性强并且能够充分证实。同时，组织应该提供标准化的推荐信模板，确保每个推荐者能够给申请者提供关于相同内容的信息。

如表8—4所示，另一种提高推荐信质量的方法是使用标准的打分表。使用这种方法，我们能建立起KSAO的分类，并且形成打分表（实例如下）。然后，在推荐信中给形容词加下划线并且将它们分到合适的类别中。每个类别中包含的形容词数量就构成了申请者的得分。

表 8—4　　　　　　　　　　　　　为推荐信打分

亲爱的人事主管：

约翰·安德森先生请我写这封推荐信，支持他申请副经理的职位，我很愿意效劳。约翰是我过去在会计部的助理，我和他已经认识6年了。

约翰总是能准确、迅速地完成他的工作。他在这工作的几年里，工作从来没有超过最后时间期限。他很注重细节，能够敏锐地找出错误，善于有技巧地解决问题。在人际关系方面，他待人友好、乐于助人。

我对约翰的能力很有信心。如果你需要更多信息，请与我联系。

MA __0__　　CC __2__　　　DR __6__　　　U __0__　　　V __0__

亲爱的人事主管：

约翰·安德森先生请我写这封推荐信，支持他申请副经理的职位，我很乐意为他效劳。约翰是我过去在会计部的助理，我和他已经认识6年了。

约翰是我们办事处最受欢迎的员工之一，因为他为人友善、性格外向、喜欢交际。他很幽默，遇事镇定，而且非常乐于助人。他在工作中能独立完成任务，精力充沛，勤勤恳恳。

我对约翰的能力很有信心。如果你需要更多的信息，请与我联系。

MA __0__　　　CC __2__　　　DR __0__　　　U __5__　　　V __3__

注：MA＝智力

　　CC＝考虑周全和合作

　　DR＝独立性和可靠性

　　U＝有礼貌

　　V＝活力

资料来源：M. G. Aumodt, D. A. Bryan, and A. J. Whitcomb, "Predicting Performance With Letters of Recommendation," *Public Personnel Management*, 1993, 22, pp. 81-90. Reprinted with permission of *Public Personnel Management*, published by the International Personnel Management Association.

■ 履历调查

在履历调查中，会做关于申请者背景的抽查。通常被联系的人是申请者现在或者之前的组织中的直接主管或者人力资源部员工，这些人与申请者都有过接触。调查发现，96％的组织采用履历调查。大概有一半的调查由内部（人力资源部）完成，有 1/3 是由外部服务提供商完成的。最常搜寻的信息是犯罪记录、雇佣资格的确认、前任雇主的确认、之前工作经历的时间的确认以及之前工作头衔的确认。[36]表 8—5 提供了一个履历询问的样本。虽然这个履历询问样本是通过电子邮件的方式来调查履历的，但是在其中包含的问题能够很容易地被改编成通过电话的方式来调查履历。

表 8—5 履历询问样本

由申请者完成

姓名： 社会保障号：

我已经申请了这个公司的职位。我要求并且授权你们发布下面的有关我雇佣记录、离开你们公司的原因或者我的教育水平的信息。我免除发布我的推荐人、我的前任雇主和学校，还有与此有关的人提供这些信息的所有责任。

签名 日期

学校背景
入学的时间
从： 到： 毕业与否？ 是□ 否□
授予学位：

工作背景
职位： 雇用时间：

直接上级的名字

离开的原因 卸任 □ 辞职 □ 解雇 □

之前的雇主或者学校——请填写以下内容。谢谢！

以上信息是真实的吗？ 是□ 否□
如果不是，请给出正确的信息：

请核对

	优秀	好	一般	差	评价：
态度					
工作质量					
合作					
出勤率					

你愿意为雇佣做推荐吗？ 是□ 否□

其他评价

推荐信所存在的两个问题同样会存在于履历调查。然而，一个更加严重的顾虑是，组织不愿意提供被询问的信息，因为它们担心这样做的话，会因为侵犯隐私和诽谤他人而被诉至法庭。回顾以上报告的结果表明，96％的雇主经常会做履历调查。同一项调查显示，93％的雇主由于担心控告而拒绝提供履历调查的信息。正如一个经理所说的，"雇主们有对于更好的履历的迫切要求，但是由于害怕诉讼，雇主们提供的信息不会超出姓名、等级和序号。"[37] 由于雇主不愿意提供核查信息，履历的调查者有一半时间都在抱怨自己得到的信息不充分。在很大程度上，甚至对提供基本的履历信息的担忧也是多余的，少于3％的雇主在履历调查上遇到过法律纠纷（详见本章最后的"法律问题"）。我们必须记住，如果每个组织都拒绝提供有用的履历信息，一个潜在的申请者信息的重要来源就可能会失去其潜在价值。

在很多情况下履历调查仍然是通过电话来实施的。但是有证据表明，这种情况在发生改变。越来越多的雇主在挖掘例如 Facebook，MySpace 和 LinkedIn 这样的网站来获取更多关于申请者的信息，同时也确定可以联系的证明人。例如，T-Mobile 公司，据其一位招聘经理说，经常从申请者的主页挖掘"公共"信息来做履历调查。[38] 无论用哪种方法或者来源来获取信息，问题必须与工作相关，并且对于所有的申请者来说询问的信息应该一样。当履历调查是结构化的并且与工作相关的时候，它就能有中等水平的效度。[39]

■ 背景调查

如果你发现你想加入的组织在调查你的交通记录和品德，你会怎么想？如果组织没有调查一个即将被派往位于你家附近的美国军事基地枪支库房工作的人员的背景，你会怎么想？即使安全性不是很特别的问题，有些组织也会彻底详尽地调查申请者的背景资料。虽然背景调查似乎是很具有侵犯性的过程，但类似的调查在过去十年中还是飞速地增加。最近的一项调查显示接近 3/4 的组织都会进行背景调查，这个比例还在持续地增加。[40] 对于此现象有以下几个原因。第一，在经历了 2001 年9 月 11 日恐怖分子袭击之后，更多的组织开始关心安全问题。第二，通过背景调查可能会避免一些道德丧失和工作场所暴力的情况。来看一个发生在沃尔玛的具体案例。在南加州两起无关的事件中，沃尔玛的员工被指控对年轻女子实施了性侵犯。这两位雇员过去都有类似性侵犯的犯罪记录。对此，沃尔玛的回应是在内部对所有员工进行犯罪记录的调查。[41] 应用背景调查越来越多的第三个原因是有法律的保护来战胜违法行为和疏忽雇用（详见本章末尾的"法律问题"）。

第四，也许是最重要的，就是有技术性。而且，因为公共记录更加容易获得，背景调查更具有法律性（所谓的公开性保障法）和实践性（许多当地政府在网上公布犯罪记录），而且因为信用度调查逐渐增加，对于开展背景调查就更加容易了。很多公司提供全面的背景调查服务，根据需要调查的数据库收取费用。例如，Bed Bath & Beyond 使用 Sterling 来完成它们的背景调查；联邦快递（FedEx）使用 Infomart；Jackson Hewitt 使用 IdentityPi.com。另外，还有一些大型背景调查服务机构，如 USIS，ChoicePoint，ADP 以及 First Advantage。每次雇佣实施背景调查的花费从 5 美元到 1 000 美元不等，这取决于申请的职位和搜寻信息的类型。大多数背景调查的花费在 25 美元左右。

背景调查能识别出比人们可能想到的更多的问题。此外，未能进行背景调查的结果是相当严重的。在许多情况下，之后的违法行为本可以通过背景调查被制止。例如，尼克·里森，一个"流氓交易商"要为巴林银行的倒闭负责。英国的期货局发现里森在民事法庭审判的未偿债务申请表中说了谎。当雇用里森时，巴林银行新加坡分部没有调查他的信用史，而且也没有被新加坡证券交易所发现。在巴林银行新加坡的办公室，里森进行非法的投机交易并且隐瞒亏损增加的事情。亏损最终累计达到 13 亿美元，使得伦敦最古老的银行破产。[42]

在许多产业中，被鉴定出有许多问题（在过去的职业或者教育中的犯罪记录或者差别）的申请者的百分比出奇得高。根据资料显示，在非营利机构中超过一半（51.7%）的申请者在他们自己汇报的和真实的职业历史之间有很大的差异。在建筑行业接近一半（48.9%）的申请者都有一次重大的机动车违法行为（包括吊销驾照）。[43]

背景调查确实有局限性。第一，可能有错误或者被曲解的记录。例如，有时会将人们的身份混淆。除非一个人的名字与众不同，否则很有可能会有很多人的名字和他一样。同样，有时记录中包含着一些误导性的信息。乔尼·尤尔里格申请蒙大拿州密苏拉市的一份工作被拒绝了，因为他的背景调查中有一项违反假释罪。但事实上很多州都将没有及时交交通罚款作为违反假释罪的表现。他花了 2 年时间才消除他的记录。第二，因为背景调查越来越常见，这似乎给改过自新的罪犯再就业设置了永久的障碍。彼得·戴美恩因为藏有 21 磅大麻而被判 6 年有期徒刑。服刑期间，他在监狱厨房里表现出娴熟的技巧，很快升任为首席面包师。然而出狱之后，戴美恩在咖啡屋、杂货店和面包店里都找不到工作。无论他在多久之前犯罪，无论他所犯罪的性质是什么，他都被禁止再就业，这对改过自新的罪犯公平吗？[44]这类问题很难回答。

最后，很多工会抵制实施背景调查。在 2007 年，棒球职业大联盟因背景调查与裁判员工会发生了冲突。[45]相反，在 2010 年，美国安全运输管理局对所有机场工作人员进行了背景调查，飞行员工会对此变化表示非常欢迎。[46]

改善这些问题的方法之一就是将背景调查限制在与工作相关的范围内（对于需要大量体力劳动的工作，将信用记录不佳作为重要的考察点可能比较困难），还有就是使用多种途径来核查背景数据的准确性（如果申请者因为背景调查而被排斥，那么独立地核实信息要谨慎）。

■ 推荐信、履历调查和背景调查的评价

有关履历调查效度的实证数据表明，它的效度低于中等水平。大量研究的元分析揭示，履历数据的效度系数范围为 0.16～0.26。另一项研究表明，结构化的履历报告（即向每位申请者询问同样的问题）效度为 0.25。效度在某种程度上取决于提供信息的个体。如果对方是行政人员、同事或者亲属，那么得到的信息效度就差。另外，从上级和熟人那里获得的履历报告就显得更有效一些。行政人员提供的证明材料之所以效度较低，原因是他们对申请者（他们过去的雇员）的情况不太熟悉；

而同事和亲戚提供的证明材料效度较低的原因则是这些人倾向于对申请者做出积极评价。

虽然履历调查的效度不高，但是我们仍有必要分析其成本收益。总体上说履历信息的质量可能较低，但是在少数情况下这些履历信息可能会改变一个决定，由此获得的回报很可观。美国邮政服务的一位官员曾经告诉本书的一位作者：如果对邮政服务人员做过详尽的背景调查，那么实际上很多暴力行为是可以避免的。由于履历是一种相对廉价的收集有关申请者信息的方法，因此，通过履历调查辨别出状态偶然不稳定的员工或者在某些情况下发现申请者的新的和重要的信息，这使得履历调查成为一项好的投资选择。然而，和未加权的申请表一样，使用履历调查需要雇主从其他地方获取申请者的有关信息，从而做出最终决策。

最后，因为量化很困难，因此我们没有有效的证据来证明推荐信和背景调查。然而，这并不代表它们（特别是背景调查）缺乏实用性。

8.3.5 初步面试

初步面试在初始评估过程的前期阶段进行，并且通常是申请者第一次与组织及其人员配置体系接触。在此阶段，从组织的角度来说，申请者的 KSAO 是相对没有区别的。初步面试是必要筛选过程的开端，相当于一种精简的过程。

初步面试的目的应当是剔除那些明显和职位要求不匹配的人员。为了实现这一目标，面试应该重点评估申请者是否具备履行职位必需的 KSAO。例如，任职资格的最低程度要求包括证书和执照要求，还有必要的（而不是选择性的）培训和经验要求。

最初评估大体是基于书面形式（申请表或者简历）和面试过程获得的信息得出的。注意要确保面试官以这类信息为基础做出选拔决策。应当避免对申请者个人特征的评价（比如种族、性别）和对于申请者人格的评价（例如她似乎很外向，因此很"适合"这个工作）。事实上，为了避免发生这类情形，有些组织（比如公众服务机构）大体上已经取消了初步面试，而是只在申请者提供的书面信息基础上做出评估。

使用初步面试的局限性是它可能是初始性评估方法中最为昂贵的一种。减少成本的方法之一就是接下来我们要说的视频和网络面试。

■ 视频和网络面试

随着视频会议软件的发展，通过网络进行跨地区的初步筛选面试是比较容易和廉价的。只要双方将电脑连接网络，通话就是免费的。拥有超过 5 亿注册账户的 Skype 已经成为一个普遍的初次面试平台。

当匹兹堡大学医疗中心筛选各种管理职位的候选人时，就使用了网络电话进行初步的面试。医疗中心的主管马特·里默说："我们看到了网络电话的重要价值，我个人最近在这里也进行了多次网络电话面试。我发现它们是和候选者之间的一种有效互动。"

较大型公司经常使用定制平台进行初步的面试。HireVue 是盐湖城一家视频面试公司，Dish Network，CDW 以及甲骨文公司均在其顾客名单之列。HireVue 或其竞争者 GreenJobInterview.com 的优势在于，它们能够保证视频面试被安全存储、与企业客户共享，并且提供面试点评与评分。[47]

基于视频的面试方法的优势之一就是它能够极大地降低初步面试的成本。对于想要在一个固定的地方只面试少数申请者的雇主来说尤其如此。另一个优势是这类面试可以临时安排和通知（不需要出差和日程表的重新安排）。当然，这些面试的一个缺点就是它们不允许面对面的交流，而且视频联系的质量有时不好。这个局限性对效度和申请者的反应的影响是未知的。

视频面试的另一种形式将评估推进了一步。这种面试利用计算机软件询问申请者问题（例如，你是否曾经因为偷窃而被解雇?），或者当记录申请者的反应时营造真实场景（例如屏幕中是发怒的顾客）。随后将所做记录转发给选拔评估的决策者，他们根据此信息做初步的筛选。软件还能用来告知申请者有关工作的职责和任职要求。它甚至能够追踪申请者在回答每个问题上所花的时间。零售商正准备使用在线的电脑化面试，申请者走进一家商店，来到一个工作台，然后提交有关他们工作兴趣和经验的信息。如上面提到的，这些高科技的面试方法与过去备选的面试方法（比如面对面的面试这类）相比，准确度如何尚不清楚。另外，申请者会对这种相对客观的方法作何反应也未知。

■ 初步面试的评估

无论是采用高科技还是传统形式，面试都有它的优点和局限性。几乎所有评价选拔面试的研究都认为，这是一种有实质性内容的方法（见第 9 章）。所以，很少有关于初步面试有效性的证据。然而，如果组织遵循以下几点原则，那么它们会发现初步面试在选拔过程中作用更大。

1. 根据工作分析的结果，询问有关工作最基本的 KSAO 的问题。这需要区分哪些是必需的，哪些是选择性的。

2. 保证问题是基本的、素质相关的，适用于初步的筛选过程（例如，你达到了该工作所需要的几项最低证书要求吗?），而不是那类更适合做实质性决定的细微的、主观的问题（例如，这份工作如何帮助你实现你整个职业生涯的目标?）。记住初步面试的目的更像是使用锯子而不是使用外科手术刀。这个阶段只询问最基本的问题。详细的问题留待以后再问。

3. 尽可能使面试简洁。很多面试官能够快速做出决策；另外，考虑到收集到的信息的类型和有限的价值，时间较长的面试（比如 45～60 分钟）不一定就比时间较短的面试（比如 15～30 分钟）获得更多的信息。

4. 与所有面试方法相同，每位求职者都应该被问到同样的问题，同时必须履行平等就业机会的承诺。

8.3.6 初始性评估方法的选择

正如本章所述，对组织来说选择众多初始性评估方法能够帮助组织减少申请者的数量从而选出理想的候选人。同时也有多种评估方法可以选择。幸运的是，组织面对如此多的选择，研究结论能够指导组织选择正确的方法。这项研究经过多次检验，我们将其总结为表8—6。在表8—6中，根据若干标准为每种初始性评估方法打分，下面我们将依次讨论各个标准。

表 8—6　　　　　　　　　　　　　初始性评估方法的评价

预测工具	使用频率	成本	信度	效度	效用	申请者反应	负面影响
教育水平	高	低	中	低	低	？	中
GPA	中	低	中	中	？	？	？
学校质量	？	低	中	低	？	？	中
专业研究领域	？	低	中	中	？	？	？
课外活动	？	低	中	中	？	？	？
培训与经验	高	低	高	中	中	？	中
执照和证书	中	低	？	？	？	？	？
加权申请表	低	中	中	中	中	？	？
传记性数据	低	高	高	高	高	消极	中
推荐信	中	低	？	低	？	？	？
履历调查	高	中	低	低	中	混合	低
背景调查	中	高	？	？	？	混合	中
简历和求职信	中	低	中	？	？	中	？
初步面试	高	中	低	低	？	积极	中

■ 使用频率

使用频率指的是被调查的组织运用每种预测工具的频率。使用频率的标准在决定采用哪种方法的过程中被过度使用。标杆管理——借鉴其他公司的做法制定本组织人力资源决策，在人力资源管理领域（包括人员配置）中是一种主要的决策方法。然而，标杆管理的思路能否符合选拔决策的目的？虽然借鉴其他组织的做法是比较稳妥的，但是依赖于从其他组织获得的信息可能造成组织清楚自己正在做什么的假象。仅仅是很多组织在用一种选拔方法，并不一定能证明这种方法也适用于某个特定的组织。不同组织生存的环境也不同。更重要的原因可能是，很多组织的决策者（和人力资源顾问）也缺乏有关人力资源领域最新研究成果的知识，或者认为这些研究成果对他们的组织不适用。同样，很难判断一个成功的组织使用一种特殊的选拔方法是否也会成功，因为它可能是因为使用了这种方法而成功，也可能是由于其他原因。因此，从研究的角度来看，借助"有效的"标准（例如效度、效用和负面作用）也许更能获得战略优势，而不是过多考虑其他组织的实践方法。

对使用频率标准有疑虑的另一方面原因是目前缺乏关于选拔实践及时的、大范围的调查（例如覆盖美国大多数产业和地区的调查）。美国国家事务出版公司开展了一项有关选拔实践的大规模调查，但是最近一次的调查是在1988年。虽然有其他有关选拔实践的调查，但是它们通常只包含一类选拔实践（比如药检），或者缺乏足够的深度和广度。我们不得不辨别这些调查，然后根据某一项调查得出多种不同的选拔方法的使用频率的结论。就某些选拔工具（比如申请表）而言，如美国国家事务出版公司的使用频率数据几乎没有变化。其他预测工具的使用频率数据表明每年有一定程度的变动。因此，在区分各种评估方法的使用频率时，我们倾向于最近一次有一定广度的调查。为了达到给预测工具分类的目的，高使用频率是指有 2/3 以上的组织使用，中等程度的使用频率是指有 1/3～2/3 的组织使用，低使用频率是指少于 1/3 的组织使用。

至此我们已经说明了使用频率标准的注意事项，表 8—6 呈现了多种初始性评估方法在使用频率上的差异。最常用的初始性评估方法是教育水平、培训与经验、履历调查和初步面试。这些方法一定程度上会在大多数职位的选拔决策中使用。GPA、执照和证书要求、推荐信、背景调查、简历和求职信有中等程度的使用频率。上述这些方法广泛应用于填补某些职位，但是在其他类型的职位上使用并不是很频繁。使用频率最低的初始性评估方法是加权申请表和传记性信息。组织很少使用这两种方法来做初步筛选决策。尚无可靠数据表明学校质量、专业研究领域和课外活动在初步选拔决策中的使用情况，因此，无法评估它们的使用频率。

■ 成本

成本是指使用某种预测工具所产生的费用。虽然大多数初始性评估方法似乎是免费的，因为是申请者自己准备信息，但这并不完全正确。对大多数初始性评估方法来说，每次选拔测试的相关费用主要在于行政工作。以申请表的评价方法为例。虽然申请表是由申请者本人填写，但是现场必须有工作人员将表格递给申请者，亲自或者通过电话回答申请者有关空缺职位的问题，还要将申请信息收集、分类，再转交给相关负责人。然后选拔决策者必须审阅每份申请表，可能还要做一些笔记，同时剔除部分明显不合格的申请者并选出候选者。因此，即使是最省钱的初始性评估方法，因使用而产生的成本也是重要的。

另一方面，有关效用的研究表明，在评估使用某种选拔方法的经济效益时，成本并不是主要影响因素。考虑到雇用一位低绩效的员工所花费的成本，这一结论显得更加明显。例如，一位绩效低于平均水平一个标准差（如果绩效服从正态分布，相当于在第 16 百分位上）的秘书可能每年给组织造成的生产率损失达 8 000 美元。他可能会在这个职位上待一年以上，这样成本就要累加。鉴于此，多花费几百美元去挑选一位合格的秘书算是一项很值得的投资。因此，虽然在评估方法中要考虑成本问题，但是我们更应该清楚这个事实，即有效的评估方法带来的回报超出它们本身的成本好几倍。

正如在表 8—6 中看到的，成本最低的初始性评估方法包括从申请表中获取信息（教育水平、GPA、学校质量、专业领域、课外活动、培训与经验、执照和证书）和其他由申请者提供的信息（推荐信、简历和求职信）。成本适中的初始性评估方法包括加权申请表、履历调查、初步面试。传记性信息、背景调查是相对昂贵的评估方法。

■ 信度

信度是指测量的一致性。正如在第 7 章中所说，信度是效度的必要条件，因此低信度的预测工具很难有高效度。同样，高效度的预测工具也不太可能有很低的信度。很遗憾，许多初始性评估方法缺少信度资料。有些学者调查了申请者自我报告的信息（申请表和简历）的失真情况。一项研究发现，几乎有一半申请表包含 20% 的失真信息。其他研究表明，有 1/3 的申请表包含不准确的信息。[48]因此，我们可以合理推断申请者在申请表和简历中提供的信息有中等程度的信度。履历调查的信度看起来很低。就培训与经验评估而言，虽然由申请者提供培训和经验信息会有失真，但是这些信息的评分一致性相当高。[49]传记性信息通常也有很高的信度。像大多数非结构化面试一样，初步面试的信度相对较低。

■ 效度

效度是指预测工具和工作绩效之间关系的强度。低效度是指效度在 0~0.15 之间，中等效度是指效度在 0.16~0.30 之间，高效度是指效度在 0.31 以上。正如我们所期望的，大多数初始性评估方法的效度在低到中等之间，因为它们只是被用来在申请者里做出初步的筛选而不是最终的决策。最有效的两种初始性评估方法可能是传记性信息和培训与经验要求；它们的效度介于中等到高。

■ 效用

效用是指相对于它的成本而言，使用一种预测工具所带来的货币回报。根据研究者和决策者的说法，在比较选拔方法的效用时，效度是最重要的考虑因素。[50]简而言之，对于一个有效的选拔工具而言，效用不太可能会很低。因此，正如在表8—6 中可以看到的一样，高、中、低效度往往分别直接对应高、中、低效用。在表8—6 中这一栏有大量问号，因为很少有研究直接调查这些方法的效用。然而，基于效度与效用直接相关的观点，使用效度高的方法能够给组织带来巨大的经济收益。研究发现培训与经验要求有中等程度（甚至更高）的效用，履历调查有中等程度的效用。

■ 申请者反应

申请者反应是指申请者对预测工具做出的积极反应。申请者反应是一个重要的评估标准，因为研究发现对选拔方法及其过程持积极看法的人，对组织的满意度也会更高，更有可能接受组织提供的工作，并且更有可能向其他人推荐该组织。然而，一些人认为申请者反应是缺乏证明的。一项评论总结道："申请者的认知和实际行动之间联系的证明是微不足道且让人失望的。"[51]

研究发现，那些与工作相联系、为申请者提供发挥能力的机会、始终如一地被贯彻、对申请者的表现给予反馈的选拔方法更容易得到申请者的积极反应。而且，一项来源于 26 份调查研究的元分析显示，关于选拔方法的说明能够使申请者感知到选拔程序的公平性和组织情感反应。[52]虽然申请者对于某种具体的选拔方法的反应仍然缺乏调查，但是有证据显示申请者对某些初始性评估方法（比如面试、简历和履历调查）反应更加积极，而对像传记性信息和背景调查这样的方法的反应则不是那么积极。[53]

■ 负面影响

负面影响是指存在超比例的受保护人群不能通过某些预测工具的可能性。好几种初始性评估方法，包括教育水平、学校质量、培训与经验、传记性信息和初步面试等，对女性或者少数族裔有一定程度的负面影响。履历和背景调查似乎也存在一定程度的负面影响。

8.4　法律问题

初始性评估方法受到许多法律、规章和其他法律因素的影响。五个主要考虑的问题是使用免责申明、实施履历调查、实施背景（信用和犯罪）调查、实施雇佣前调查和实际职业资格声明。

8.4.1　免责声明

在组织与工作申请者刚开始接触的阶段，对于组织来说，通过阐明自己想要维护的权利来合法地保护自己是很重要的。这就要使用到免责声明。免责声明是提供或者授予雇主明确权利的声明（通常是书面形式）。免责声明是雇佣合同的一个组成部分，并且要出示给申请者。组织需要确定（或者再评估）它需要保留哪些权利以及如何向工作申请者传达这些信息。

以下三方面通常被建议纳入免责声明中：（1）雇佣自主权（在任何时候以任何理由都有终止雇佣的权利）；（2）允许调查权（通过申请者提供的信息进行调查的权利）；（3）虚假声明警告（一旦未来的雇员提供了虚假信息，有不雇用、终止合同和惩罚该雇员的权利）。关于这三个方面的免责声明的示例参见表 8—2 中申请表的底部。免责声明的语言必须清晰、易懂。[54]

8.4.2　履历调查

履历调查为组织造成了一个法律困境。工作申请者的前任或者现任雇主可能不愿意提供履历（尤其是包括申请者负面信息的材料），因为它们担心申请者可能会起诉它们诽谤。另一方面，组织无法实施履历调查可能会造成组织饱受疏忽雇佣的诉讼风险。为了解决这样的问题并且获得全面、准确的信息，可以遵循以下建议。

第一，在允许调查的前提下，直接向申请者收集尽可能多的信息。这样能够减少对履历提供者和信息的需求。

第二，确保获得申请者对履历调查的书面授权。为此，申请者应当签署一份同意书。组织也可以准备一张请求履历调查的表格，提供给履历调查的证明人（见表 8—5）。

第三，详细说明要询问的信息类型，并以书面形式获取信息。信息必须是具体的、真实的、与工作相关的；不允许收集健康或者残疾信息。

第四，当心（甚至是阻止）他人从社交网络上提供的申请者履历信息。怀疑其准确性、工作相关性和其他类似这样的大量信息。而且要确定一个准则，你的员工是否可以为其现在或者以前的同事做推荐。

第五，只有相关决策者有权使用履历信息。

第六，核查相关州级法律确定是否允许使用履历调查方法。还需核查所在组织是否包括在享有州级法律规定的履历调查豁免权的范围内——在一定程度上豁免个人或组织出于善意提供有关前任或者现任雇员的工作绩效和职业操守信息的法律责任。这些州（目前是39个）的组织可能更愿意要求和提供履历。[55]

8.4.3 背景调查：信用和犯罪调查

■ 信用调查

对组织而言，首要的法律要求就是遵守《公平信用报告法》（参见第2章）。《公平信用报告法》负责规范申请者和雇员的背景信息的收集和使用（www. ftc. gov）。它的要求既适用于"消费者报告"，也适用于"调查性消费者报告"。消费者报告是从可利用的消费者报告机构的数据库中获得数据，与个人的信贷信誉、身份、品行、声誉、个人信息和生活方式有关。调查性消费者报告是消费者报告中的一类，它通过与申请者或者雇员的朋友、邻居、商业伙伴的交谈收集关于申请者或者雇员的声誉、品行、个人特点或者生活方式的信息。

在获取消费者报告之前，组织必须：(1) 以书面形式明确地告知申请者，在雇佣或者晋升过程中需要获取一份报告；(2) 取得申请者关于获取报告的书面授权。如果组织聘请第三方机构调查怀疑有不良行为的员工，没有必要进行上述通知。消费者报告机构可能不会为组织提供消费者调查报告，除非组织向该机构证实它已经通知员工或者申请者并且获得对方授权。组织在完全根据完整的或者部分报告内容而决定采取任何"反面行动"例如拒绝工作申请之前，必须等待一段时间，然后向申请者出示一份报告和一份由联邦贸易委员会提供的关于他的消费者权利的书面说明。在采取反面行动之后，组织必须：(1) 通知申请者这一不利的行为（通过书面、口头或者电子邮件的方法）；(2) 为申请者提供消费者报告机构的名字、地址和电话；(3) 告知申请者他有权从这个机构获取这份报告，并就报告的准确性与完整性与该机构讨论。不要求组织告知申请者究竟是报告中的哪些信息导致了不利的结果，但是组织必须向申请者说明该报告机构没有参与雇佣决策过程。

另一项针对组织的法律要求是组织要遵守州和地方法律中对背景调查的规定。这些区域应当包括被调查雇员的居住地、报告机构从事商业活动的地区、申请调查的组织成立和开展业务的地区。[56]

信用调查必须在严格的法律监视和监管下进行的。原因包括：(1) 信用能反映过失；(2) 不分工作类型和岗位要求，地毯式地开展信用调查是存在风险的；(3) 作为一种工作绩效和盗窃或挪用公款的预测工具，信用调查缺乏有力证据；(4) 可能有负面影响。

以下是关于这些法律难题的指导性建议。只对有财务和法律责任的职业进行信用调查，例如出纳员、审计员、高级主管和执法机关。能够为上述每一个职业正确地解释为什么信用调查是必要的，允许申请者解释任何不利的信用信息。确保开发新的信用调查法律和规章。例如，除了特定的职位以外，《伊利诺伊州雇主信用隐私法》禁止雇主询问或者使用信用历史。[57]最后，记住遵守《公平信用报告法》的条款。

■ 犯罪调查

犯罪背景调查通常是一种阻止类似工作场所暴力、盗窃和诈骗等潜在问题的方法。这类调查受到《公平信用报告法》和大量州、地方法规的管制。当其他组织有更多特殊雇佣政策时，一些组织通常有"无重犯罪"雇佣政策。通常是允许收集申请者的逮捕和定罪信息的，只有定罪信息可能在某些职位的雇佣决定中用到，比如关于公众安全和与孩子接触的职业。

值得注意的是，一项缺乏实证的研究表明，犯罪调查实际上是对暴力、盗窃和欺诈行为的猜测。基于此，平等就业机会委员会指出，仅仅由于黑人群体的高犯罪率，便针对其开展犯罪调查，是会产生负面影响的。所以平等就业机会委员会建议，在具有负面影响的情况下，如果没有一个确切的商业理由，在做雇佣决定时不应该使用犯罪调查。在声明这个必要性理由的时候，组织必须考虑：（1）罪行的性质和严重性；（2）定罪或者服刑结束后到现在的时间；（3）工作任务的性质。

一些州也对犯罪调查的使用作出了限制。宾夕法尼亚州只允许在工作与犯罪有关联时才能拒绝雇用。在纽约，拒绝雇用要考虑职业的责任和时间、申请者犯罪的年龄和犯罪的严重性。这些可能会免除逮捕和定罪信息。例如，华盛顿免除了法律执行机构、国家机关、学区和组织对孩子、精神病人和其他受打击的成年人的监督、关心义务。[58]

由于以上因素，建议组织应该依次分析每项工作，再决定是否要做犯罪背景调查。组织需要与背景核查的公司认真交流，确认自己需要哪些信息，并且在复杂的管制犯罪背景调查的法律环境下，组织要事先明确它如何使用这些信息，以达到组织利益的最大化。

8.4.4 雇佣前调查

这里使用的术语"雇佣前调查"（PI），包括评估的内容和评估的方法。关于内容，雇佣前调查指的是申请者的个人和背景数据。这些数据包括以下几方面：人口统计学特征（种族、肤色、宗教信仰、性别、原国籍和年龄）、生理特征（残疾、身高、体重）、家庭和同事、居住地、经济地位和教育。这些信息可以用任何方式来收集；通常会用初始性评估方法来收集这些信息，尤其是申请表、传记性问卷或者初步面试。有时，还将雇佣前调查作为非结构化面试的一部分。

由于雇佣前调查得到联邦和州级法律的关注（平等就业机会和平权法案），因此我们对它单独讨论。受到法律重视是因为在早期的选拔过程中雇佣前调查很有可能以一种歧视的方式被使用。此外，研究不断发现组织使用不恰当的和不合法的雇佣前调查。例如一项针对消费者服务类别的工作申请的研究表明，在申请表的 48 个条目中，平均有 5.4 个不可取的项目被雇主用来做雇佣决策。[59]因此，十分有必要熟悉有关雇佣前调查的法律和规章制度。

■ 联邦法律和规定

法律及其相关解释指出，使用对受保护的特征（比如种族、肤色）有差别性影响的雇佣前调查信息是非法的，除非组织能证明这种差别性对待与工作相关，并且与业务需要一致。这里强调的是可能存在非法使用信息，而不是信息收集本身。

■ 平等就业机会委员会对于雇佣前调查的指导方针

该指导方针提供了上述原则，并给出了雇佣前调查的具体指导（该做的和不该做的），包括种族、肤色、宗教信仰、性别、原国籍、年龄、身高、体重、婚姻状态、孩子的数量、为孩子提供的看护、英语技能、教育要求、在公司中工作的朋友或者亲戚、被逮捕的记录、被定罪的记录、从部队中退伍、公民身份、经济地位、在节假日工作的可能性（www. eeoc. gov/employers/index. cfm）。

■《美国残疾人法案》的规定

《美国残疾人法案》清楚地界定，哪些可能收集到的信息是被允许收集的，哪些不被允许收集，哪些收集信息的方法合理，哪些不合理。为了帮助雇主，平等就业机会委员会对这些问题给出了具体的执行方针（www. eeoc. gov/employers/index. cfm）。

总的指导方针是没有向个体提供有条件的工作机会之前，组织不要询问有关残疾的问题，不要开展健康检查。一旦提供了工作机会，组织就可以询问与残疾相关的问题，并且进行健康检查，前提是所有入职员工都要体检。当通过询问这类问题或者检查筛选出有残疾的人，必须以与工作相关的、与业务需要一致的理由拒绝他的工作申请。如果某人会直接对个人或者他人形成严重威胁，那么能够以安全理由拒绝他。我们将在下一章详细讨论有关健康检查的合法性。

针对提供工作机会前的阶段，我们提供以下更多具体的指导方针。不能询问与残疾相关的问题，其含义是：（1）有关申请者是不是残疾人的问题；（2）有可能会引出残疾信息的问题；（3）与残疾紧密相关的问题都不能询问。除了这些基本的禁令，询问申请者是否需要在完成工作方面做出适当调整，能否生活自理（比如提东西和走路），是否合法使用药物，以及他们过去的薪酬，或者有关第三方的问题（比如前任雇主、个人材料证明人）都是不被允许的。

相反，录用前可以询问以下问题：

- 在有/没有适当的工作调整的情况下，申请者能否完成工作；
- 让申请者描述或解释他将如何完成这项工作（包括任何合理的调整）；
- 申请者是否要求雇佣过程做出适当的调整（除非有很明显的残疾或者申请者表现出残疾的表征）；
- 如果申请者要求适当地调整雇佣过程，他需要出示有关残疾的证明文件；
- 申请者是否能够满足组织的出勤要求；
- 要求申请者出示证书和执照；
- 询问申请者目前的非法用药情况（不包括过去惯用的药物）；
- 询问申请者的喝酒习惯（不是指酗酒）。

■ 州级法律和规定

存在大量关于雇佣前调查的州级法律和规定。[60] 不同州对此的规定有很大的差异。它们通常比联邦法律和规定更加严格，内容更加广泛。因此，组织必须熟悉并且遵守所在地区的法律。

表 8—7 列举的是俄亥俄州有关雇佣前调查的规定。注意这个例子指明了在收集雇佣前调查信息时的合法和违法方式。

表 8—7 俄亥俄州雇佣前调查指导方针

雇佣前调查	合法的	非法的*
1. 姓名	姓名。	询问任何关于种族、肤色、宗教信仰、性别、原国籍、残疾、年龄或者血统的问题。
2. 地址	询问当前居住地址及居住时间。	询问任何有可能推测出原国籍的国外地址。
3. 年龄	任何询问仅限于已经确认申请者是否满足法律规定的最低年龄要求。	A. 在雇用前要求申请者出示出生证明或者洗礼记录。 B. 询问任何可能推测出高中毕业时间的问题。 C. 询问任何能够推测出申请者年龄是否介于 40~70 岁的问题。
4. 出生地、原国籍、血统		A. 任何有关出生地的询问。 B. 任何有关父母、祖父母和配偶的出生地的问题。 C. 其他有关原国籍或者血统的问题。
5. 种族或肤色		任何可能推测出种族或者肤色的问题。
6. 性别		A. 任何有关性别的问题。 B. 任何仅针对一种性别成员的问题。
7. 身高和体重	询问关系到从事实际工作所需能力的问题。	身高或者体重不能作为工作要求之一，除非雇主能够证明身高和体重不达标的员工无法从事这项工作。
8. 宗教信仰		A. 任何能够推测出宗教信仰或者习俗的问题。 B. 不能告诉申请者任何有关雇主的宗教信仰和偏好的信息。 C. 要求牧师的推荐或者履历。
9. 残疾	确定申请者的能力在实际从事某项具体工作时不会造成明显危害所必需的询问。	A. 询问与申请职位无关的过去或者现在的身体状况。 B. 任何与申请者薪酬或者类似权利的问题。
10. 公民身份	A. 是不是美国公民。 B. 如果不是，申请者是否打算成为美国公民。 C. 在美国的居住权是否合法。 D. 配偶是不是美国公民。 E. 在雇用之后要求提供有关公民身份的证据。 F. 1986 年修订的《移民改革和控制法案》强制要求的询问。	A. 是本土人还是移民。 B. 在雇用前要求提供有关公民身份的证据。 C. 父母或者配偶是本土人还是移民。

续前表

雇佣前调查	合法的	非法的 *
11. 照片	在雇用后为了身份确认可以要求。	在雇用前要求出示照片。
12. 逮捕和定罪	询问与申请的工作任职资格有关的具体定罪。	任何能够揭示未被定罪的逮捕信息。
13. 教育	A. 询问学业、职业或者在职培训的性质和深度。 B. 询问与工作相关的外国语言的读写能力。	A. 任何能够揭示国籍或者学校的宗教背景的问题。 B. 询问母语是什么或者如何获得外语能力。
14. 亲戚	询问在紧急情况下需要通知的人的姓名、地址和与申请者的关系。	询问申请者的亲戚。
15. 组织	询问申请者在专业组织和办公机关中的会员身份，不包括任何能反映申请者的种族、肤色、宗教信仰、性别、原国籍、残疾、年龄或血统的组织、名称或者性质。	询问申请者在俱乐部或组织的所有会员身份。
16. 兵役	A. 询问在美国武装力量中的服役经历，只要它对胜任工作是必要的。 B. 在雇用后要求出示退伍证。	A. 询问申请者在美国之外的其他国家的服役经历。 B. 要求服役记录。 C. 询问退伍的原因。
17. 工作时间表	询问按照工作时间表工作的意愿和能力。	询问在某个特殊的宗教节日里工作的意愿和能力。
18. 其他条款	任何能反映关于申请工作的任职资格的问题。	任何与工作无关并且能揭示出有关申请者种族、肤色、宗教信仰、性别、原国籍、残疾、年龄、血统的信息。
19. 履历	不能揭示出申请者种族、肤色、宗教信仰、性别、原国籍、残疾、年龄、血统的普通的个人和工作履历。	特别要求牧师或者其他能够反映申请者种族、肤色、宗教信仰、性别、原国籍、残疾、年龄或者血统的人的履历。

Ⅰ. 如果雇主受联邦、州及当地政府的平等就业法律执行机构下达指令的法律约束，但只要上述问题是政府指令所要求的，就可以询问上面表格中列举的禁止提问的问题。

Ⅱ. 享有联邦保护合同的雇主可以出于安全目的，询问联邦法律禁止提出的问题。

Ⅲ. 虽然没有在上面具体列出，但是任何与工作无关但是能引出关于种族、肤色、宗教信仰、性别、原国籍、残疾、年龄和血统歧视的问题都禁止被询问。

* 实际职业资格通过俄亥俄公民权利委员会提前认证的除外。

资料来源：Ohio Civil Rights Commission，1989。

8.4.5 实际职业资格

《民权法案》第七章明确规定，当雇主能够证明对性别、宗教信仰或者原国籍（但不能是种族或者肤色）的歧视是"工作正常进行所合理需要的"实际职业资格，那么区别性对待是允许的。在《雇员年龄歧视法》中列出了有关年龄的类似规定。只要能证明拒绝行为符合"合理需要"的标准，这些规定允许雇主因为申请者的性别、宗教信仰、原国籍或者年龄而拒绝申请者。雇主的实际职业资格声明到底进展如何呢？实际职业资格在什么情况合法并得到支持呢？在理解实际职业资格的问题上有以下几个关键点。

雇主有责任举证证实所有实际职业资格声明的合理性，显然需要细致分析真实职业资格的例外情况。它不适用于以下几种情况[61]：

● 由于假定在人力资源产出上存在差异而拒绝雇用女性（例如，女性是低绩效者，有很高的离职率）；

● 由于个人的刻板印象而拒绝雇用女性（例如，女性与男性相比进取心差）；

● 由于其他人的偏好而拒绝雇用女性（例如，顾客或者同事的偏好）。

为了进一步详述以上几点，对包含性别在内的实际职业资格声明的分析揭示出雇主常用的四种类型的声明，包括：（1）无法完成工作；（2）需要和同性别的人进行肢体接触；（3）顾客喜欢和某种性别的人做交易；（4）怀孕和生育的保护问题。[62]

■ 无法完成工作

一般雇主声称由于工作的要求，例如提重物、最低身高或者长时间工作，某种性别的人（尤其是女性）无法从事这项工作。雇主必须能够证明大多数（如果不是全部）这种性别的成员确实没有能力完成该工作。此外，如果有可能测试每个人是否具备要求的能力，就要实际进行测试，而不是在工作中将某种性别的人一概排除。

■ 同性别的肢体接触

由于工作需要和他人有很亲密的肢体接触，雇主声明雇员必须与他们所要接触的人是同一性别的。这类声明经常对监狱看守的工作提出，但并非总是能得到成功的辩护。更多的是要基于对工作环境有多么敌意和危险的分析（例如，低度设防监狱对高度设防监狱）。同性别声明已经成功地在个人卫生、健康保健等情境下使用。简而言之，是否允许使用此类声明取决于对工作要求的具体分析（包括工作环境部分）。

■ 客户偏好

组织可能认为顾客喜欢和同样性别的雇员打交道，因此要重视顾客的偏好，以服务于顾客并且保持顾客的持续购买。这个声明可能会在像卖女性运动服的销售人员工作上出现。另一个例子与宗教信仰有关，是拒绝雇用穿某种民族服装的人，因为害怕顾客不愿意和他们交流。通常，雇主不能成功地为其顾客偏好进行声明辩解。

■ 怀孕和生育

对怀孕申请者的排斥可能是一项有效的实际职业资格声明，尤其是在由于怀孕对突然的危险无法抵抗从而给公众安全造成威胁（比如一架飞机上的空姐）的情况下。对某种性别的人的生育能力存在威胁通常不能作为支持实际职业资格声明的基础。例如，在一项雇员胎儿保护政策中，以员工可能接触到铅为理由，而将女性排除在制造电池的工作之外，这类职业资格不受法律支持。[63]

通过上述说明和实例，很明显实际职业资格声明涉及复杂的状况和因素。组织应该记住自己具有为实际职业资格辩护的举证责任。有关实际职业资格的法律正在细致地予以规定，这项工作在将来也会持续。因此雇主必须为自己形成压倒性的强势论点和证据，并且成功地为实际职业资格做辩护。

小　结

本章回顾了外部选拔的流程，并且聚焦于初始性评估方法。在评估候选人之前，很重要的一点是将评估方法建立在预测的逻辑基础上并且制定选拔计划。预测的逻辑关注申请者过去的工作经验和与成功申请岗位职业紧密相关的 KSAO 之间必须保持一致性。选拔计划包括详述岗位所需要的 KSAO 并指出哪种方法将用来评估每种特征。选拔流程是指选拔过程中逐步缩小选择范围的过程，从最初的申请者到候选人，然后到入围者，最后到工作机会获得者。

在选拔流程的开始阶段，初始性评估方法被用来缩小未来评估中的候选人范围。本章细致地回顾了初始性评估方法。这些方法包括简历和求职信、申请表、传记性数据、推荐信、履历和背景调查和初步面试。初始性评估方法在使用中有很大区别。为了找到理想的评估方法，可以利用使用频率、成本、信度、效度、效用、申请者反应和负面影响来评价各种初始性评估方法。

在对申请者做初始性评估时需要考虑法律问题。运用免责声明作为保护机制十分必要。在初始性评估方法中，需要特别关注的三种是履历和背景调查、雇佣前调查和实际职业资格。

讨论题

1. 选拔计划描述了将会被用来评估完成工作所需要的 KSAO 的预测工具。在建立选拔计划时要遵循的三个步骤是什么？

2. 以下三种初始性评估方法在哪些方面相似，在哪些方面不同：申请表、传记性信息、履历和背景调查？

3. 请描述一种评价初始性评估方法的标准。

其中哪些标准相比而言是更重要的？

4. 某些初始性评估方法看起来比其他评估方法更有效。如果你要开展一项自己的事业，你会选择使用哪种初始性评估方法？为什么？

5. 在初步选拔决策中使用雇佣前调查时，组织怎样才能避免陷入法律困境？

伦理议题

1. 某人的简历"谎报"夸大的信息，但又不是彻头彻尾的虚假信息，这种做法对吗？例如，事实上一个人的工作仅仅是清理垃圾桶，但是把这个工作描述成"维护协调员"，这样错了吗？

2. 你认为雇主有权调查申请者的背景吗？即使是在没有怀疑存在不正当行为时？即使是在这个工作不会造成安全或者其他敏感性危险的时候？即使这个背景调查包括酒后驾车还有信用历史？

应　用

一家创业公司的履历报告和初始评估

斯坦利·乔纳森拥有一家小型的高科技创业公司，名为 BioServerSystems（BSS）。该公司的

主营业务是向客户出售网络服务器空间。斯坦利销售的服务器空间是通过个人计算机网络运作的。这种网络化的配置使得 BSS 能够更加有效地管理它的服务器空间，并且更加灵活地为客户提供服

务，因为客户总是希望每周甚至每天都能够更新其网站。斯坦利为 BSS 引入的另一项创新是特殊的安全加密软件协议，这使得 BSS 的空间服务器基本不会被黑客袭击。这一灵活性对需要管理一个有多个入口、保密性的大规模数据库的组织而言尤其具有吸引力。甚至有政府机构联系斯坦利，它们对使用 BSS 系统管理机密情报很有兴趣。

由于把握市场先机，BSS 经历了迅猛的发展过程。在过去的几年里，BSS 雇用了 12 名程序设计员、2 名市场营销员、1 名总经理、1 名人力资源经理和其他辅助性员工。在建立 BSS 之前，斯坦利是一家大型制药厂的经理。基于他的行业关系网络，BSS 大多数的业务与医药和化工公司有关。

昨天，斯坦利接到了一通来自李·罗杰斯的电话。李是 Mercelle-Poulet——BSS 的最大客户之一的生物技术部门的负责人。李是斯坦利的老朋友，也是 BSS 的第一个客户。李打电话过来表达了对于 BSS 安全的担忧。Mercelle-Poulet 生物技术部的一个业务领域就是为多种生化恐怖武器（例如炭疽和鼠疫）研发疫苗。由于研发这些疫苗要求公司自己要制造出生化武器，李使用 BSS 来存储这些领域的信息。大量的敏感信息都被存储在 BSS 的服务器上，包括在某些情况下用来制造生化武器的化学方程式。

且不说 BSS 服务器中信息的敏感性，考虑到 BSS 先进的软件，斯坦利对于李担忧安全问题感到很吃惊。"我并不是担心你的软件，"李说，"而是担忧运行这些软件的员工。"李解释说上周一位 Mercelle-Poulet 的研究员由于企图将某种生化武器卖给一个海外客户而被逮捕。这个人由于不道德的行为而被过去工作的制药公司解雇，但是在雇用时这一信息却没有在背景调查中出现。这个事故不但引起李重新审查 Mercelle-Poulet 的背景调查，也让他想到了 BSS，因为有一些 BSS 的员工能够接触到 Mercelle-Poulet 的信息。

在听了李的担忧之后，斯坦利马上意识到了潜在的问题。像很多小公司的雇主一样，BSS 并没有对其员工进行彻底的背景调查。它假设申请表上提供的所有信息都是准确的，并且通常只会联系申请者的前任雇主（也经常会得到无效的结果）。斯坦利意识到他需要做更多的事，不仅仅是为了留住李的生意，更是为了保护他的公司和顾客。

1. BSS 应该对工作申请者实施哪种类型的背景调查？

2. 由于法律或者平等就业机会的原因，BSS 需要避免获得哪些信息？

3. BSS 怎样才能知道自己的背景调查项目是有效的？

4. 过去 BSS 使用了以下几种初始性评估方法：申请表，由斯坦利和 BSS 的其他经理参加的面试，对申请者前任雇主的访问。除了对背景调查项目进行改变之外，对于 BSS 的初始评估过程，你还有其他什么建议？

开发一张合法的申请表

综合货运有限公司（CTCI）是一家在哥伦比亚和俄亥俄地区迅速发展的短途运输（本土）公司，它主要是靠收购大量小型、汽车运输家族企业发展起来的。目前它拥有 150 辆卡车和 250 个全职司机。大多数的司机最初是从 CTCI 收购的公司雇用的，他们接受了 CTCI 公司的慷慨聘请，成为 CTCI 的一员。CTCI 的扩张计划野心勃勃，但是这次扩张主要是通过内部发展而不是外部收购完成的。因此，CTCI 现在需要发展出一套外部人员配置系统，以帮助公司在未来的两年中雇用 75 个新的汽车司机。

特里·泰格特是 CTCI 以前的司机，后来被提拔为汽车维修主管，他在这个职位上已经干了 5 年。当 CTCI 的内部扩张计划确定之后，公司的人力资源主管（人力资源部的核心成员）哈罗德·霍恩决定他需要一位新人来处理人事和员工法律责任。特里被哈罗德提拔为人事经理。特里的一个主要任务就是为汽车司机这个职位开发一个新的人员配置系统。

特里负责的第一个项目就是为汽车司机这个职位开发一份新的、标准化的申请表。为了完成这项工作，特里翻阅了大量在职司机在之前的公司填写的申请表（这些记录是 CTCI 收购其他公司时获得的）。申请表包含大量人员信息，并且获取的具体信息随着申请表形式的变化而变化。特里浏览了很多申请表，并且将表中包含的问题列了一个清单。然后，他决定检查每个问题在联邦法律和俄亥俄州法律的规定下是否合法。特里分辨问题的合法性，并且在他新开发的申请表中只使用合法的问题。

特里开发的一系列问题如下所示，还有标记为"合法"和"非法"的两栏。假设你是特里，你正在判断每个问题的合法性。在合适的栏目下为每个问题打钩，并且思考如何证明每个问题是"合法"或者"非法"。

特里准备列在申请表中的问题

问题内容	合法	非法
出生地	_____	_____
逮捕记录	_____	_____
定罪记录	_____	_____
工作地和居住地的距离	_____	_____
婚姻/子女状况	_____	_____
身高	_____	_____
体重	_____	_____
工作经验	_____	_____
教育水平	_____	_____
高中最喜欢的课程	_____	_____
GPA	_____	_____
过去的收入水平	_____	_____
目前获得的薪酬	_____	_____
照顾孩子的安排	_____	_____
之前任职的时间	_____	_____
离开之前工作的原因	_____	_____
年龄	_____	_____
性别	_____	_____
房屋产权	_____	_____
是否有健康问题	_____	_____
精神疾病史	_____	_____
能向前任雇主获取履历吗？	_____	_____
你提供的信息是完整、真实的吗？	_____	_____
母语	_____	_____
能否在复活节和圣诞节工作	_____	_____
能否获得牧师的推荐信	_____	_____

注　释

1. G. J. Myszkowski and S. Sloan, "Hiring by Blueprint," *HR Magazine*, May 1991, pp. 55–58.
2. J. W. Smither, R. R. Reilly, R. E. Millsap, K. Pearlman, and R. Stoffey, "Applicant Reactions to Selection Procedures," *Personnel Psychology*, 1993, 46, pp. 49–76.
3. P. F. Wernimont and J. P. Campbell, "Signs, Samples, and Criteria," *Journal of Applied Psychology*, 1968, 52, pp. 372–376.
4. State of Wisconsin, Chapter 134, *Evaluating Job Content for Selection*, Undated.
5. State of Wisconsin, *Evaluating Job Content for Selection*.
6. A. Ellin, "Lights! Camera! It's Time to Make a Résumé," *New York Times*, Apr. 21, 2007, pp. B1, B6; K. Gurchiek, "Video Résumé Use Rises, but So Do Big Questions," *SHRM Online*, Apr. 12, 2007, pp. 1–2; M. J. de la Merced, "Student's Video Résumé Gets Attention (Some of It Unwanted)," *New York Times*, Oct. 21, 2006, pp. B1, B6.

7. R. Strauss, "When the Résumé Is Not to Be Believed," *New York Times*, Sept. 12, 2006, p. 2; K. J. Winstein and D. Golden, "MIT Admissions Dean Lies on Résumé in 1979, Quits," *New York Times*, Apr. 27, 2007, pp. B1, B2; M. Villano, "Served as King of England, Said the Résumé," *New York Times*, Mar. 19, 2006, p. BU9.

8. "Editor's Note," *New York Times*, Mar. 21, 2004, p. ST13.

9. "Resume Fraud," *Gainesville Sun*, Mar. 5, 2006, pp. 5G, 6G.

10. "Getting Jail Time for This Resume Lie?" *Netscape Careers & Jobs*, Mar. 18, 2004 (*www.channels.netscape.com/ns/careers*); "Lying on Your Resume," *Netscape Careers & Jobs*, Mar. 18, 2004 (*www.channels.netscape.com/ns/careers*); K. Maher, "The Jungle," *Wall Street Journal*, May 6, 2003, p. B5; E. Stanton, "If a Résumé Lies, Truth Can Loom Large," *Wall Street Journal*, Dec. 29, 2002, p. B48; T. Weir, "Colleges Give Coaches' Résumés Closer Look," *USA Today*, May 28, 2002, p. C1.

11. "Survey Finds a Single Resume Typo Can Ruin Job Prospects," *IPMA-HR Bulletin*, Sept. 15, 2006, p. 1; C. Soltis, "Eagle-Eyed Employers Scour Résumés for Little White Lies," *Wall Street Journal*, Mar. 21, 2006, p. B7; D. Mattioli, "Standing Out in a Sea of CVs," *Wall Street Journal*, Jan. 16, 2007, p. B8; D. Mattioli, "Hard Sell on 'Soft' Skills Can Primp a Resume," *Wall Street Journal*, May 15, 2007, p. B6.

12. N. R. Kuncel, M. Credé, and L. L. Thomas, "The Validity of Self-Reported Grade Point Averages, Class Ranks, and Test Scores: A Meta-Analysis and Review of the Literature," *Review of Educational Research*, 2005, 75, pp. 63–82.

13. A. Howard, "College Experiences and Managerial Performance," *Journal of Applied Psychology*, 1986, 71, pp. 530–552; R. Merritt-Halston and K. Wexley, "Educational Requirements: Legality and Validity," *Personnel Psychology*, 1983, 36, pp. 743–753.

14. C. Murray, *Real Education: Four Simple Truths for Bringing America's Schools Back to Reality* (New York: Crown Forum, 2008); T. H. Ng and D. C. Feldman, "How Broadly Does Education Contribute to Job Performance?" *Personnel Psychology*, 2009, 62, pp. 89–134.

15. A. E. McKinney, K. D. Carlson, R. L. Meachum, N. C. D'Angelo, and M. L. Connerley, "Recruiters' Use of GPA in Initial Screening Decisions: Higher GPAs Don't Always Make the Cut," *Personnel Psychology*, 2003, 56, pp. 823–845; P. L. Roth, C. A. BeVier, F. S. Switzer, and J. S. Schippman, "Meta-Analyzing the Relationship Between Grades and Job Performance," *Journal of Applied Psychology*, 1996, 81, pp. 548–556; P. L. Roth and P. Bobko, "College Grade Point Average as a Personnel Selection Device: Ethnic Group Differences and Potential Adverse Impact," *Journal of Applied Psychology*, 2000, 85, pp. 399–406.

16. F. P. Morgeson and J. D. Nahrgang, "Same as It Ever Was: Recognizing Stability in the *BusinessWeek* Rankings," *Academy of Management Learning & Education*, 2008, 7, pp. 26–41.

17. S. Jaschik, "The B-School Hierarchy," *New York Times*, Apr. 25, 2004, pp. 36–40; J. Merritt, "What's an MBA Really Worth?" *BusinessWeek*, Sept. 22, 2003, pp. 90–102; J. Pfeffer and C. T. Fong, "The End of Business Schools? Less Success Than Meets the Eye," *Academy of Management Learning and Education*, 2002, 1(1), pp. 78–95.

18. R. S. Robin, W. H. Bommer, and T. T. Baldwin, "Using Extracurricular Activity as an Indicator of Interpersonal Skill: Prudent Evaluation or Recruiting Malpractice?" *Human Resource Management*, 2002, 41(4), pp. 441–454.

19. R. A. Ash, "A Comparative Study of Behavioral Consistency and Holistic Judgment Methods of Job Applicant Training and Work Experience Evaluation," *Public Personnel Management*, 1984, 13, pp. 157–172; M. A. McDaniel, F. L. Schmidt, and J. E. Hunter, "A Meta-Analysis of the Validity of Methods for Rating Training and Experience in Personnel Selection," *Personnel Psychology*, 1988, 41, pp. 283–314; R. Tomsho, "Busy Surgeons Are Good for Patients," *Wall Street Journal*, Nov. 28, 2003, p. B3.

20. M. R. Raymond, S. Neustel, and D. Anderson, "Retest Effects on Identical and Parallel Forms in Certification and Licensure Testing," *Personnel Psychology*, 2007, 60, pp. 367–396; J. D. Opdyke, "'Wait, Let Me Call My ChFC,' " *Wall Street Journal*, Jan. 28, 2006, pp. B1, B3; J. McKillip and J. Owens, "Voluntary Professional Certifications: Requirements and Validation Activities," *The Industrial-Organizational Psychologist*, July 2000, pp. 50–57.

21. G. W. England, *Development and Use of Weighted Application Blanks* (Dubuque, IA: W.M.C. Brown, 1961).

22. J. E. Hunter and R. F. Hunter, "Validity and Utility of Alternative Predictors of Job Performance," *Psychological Bulletin*, 1984, 96, pp. 72–98.

23. I. L. Goldstein, "The Application Blank: How Honest Are the Responses?" *Journal of Applied Psychology*, 1974, 59, pp. 491–494.

24. G. W. England, *Development and Use of Weighted Application Blanks*, revised ed. (Minneapolis: University of Minnesota Industrial Relations Center, 1971).

25. C. J. Russell, J. Mattson, S. E. Devlin, and D. Atwater, "Predictive Validity of Biodata Items Generated From Retrospective Life Experience Essays," *Journal of Applied Psychology*, 1990, 75, pp. 569–580.

26. F. A. Mael, "A Conceptual Rationale for the Domain and Attributes of Biodata Items," *Personnel Psychology*, 1991, 44, pp. 763–792.

27. S. Hansell, "Google Answer to Filling Jobs Is an Algorithm," *New York Times*, Jan. 3, 2007, pp. A1, C9.

28. J. S. Breaugh, "The Use of Biodata for Employee Selection: Past Research and Future Directions," *Human Resource Management Review*, 2009, 19, pp. 219–231; C. M. Harold, L. A. McFarland, and J. A. Weekley, "The Validity of Verifiable and Non-verifiable Biodata Items: An Examination Across Applicants and Incumbents," *International Journal of Selection and Assessment*, 2006, 14, pp. 336–346.

29. J. E. Hunter and R. F. Hunter, "Validity and Utility of Alternative Predictors of Job Performance"; R. R. Reilly and G. T. Chao, "Validity and Fairness of Some Alternative Selection Procedures," *Personnel Psychology*, 1982, 35, pp. 1–62.

30. B. J. Becton, M. C. Matthews, D. L. Hartley, and D. H. Whitaker, "Using Biodata to Predict Turnover, Organizational Commitment, and Job Performance in Healthcare," *International Journal of Selection and Assessment*, 2009, 17, pp. 189–202; N. Schmitt, J. Keeney, F. L. Oswald, T. J. Pleskac, A. Q. Billington, R. Sinha, and M. Zorzie, "Prediction of 4-year College Student Performance Using Cognitive and Noncognitive Predictors and the Impact on Demographic Status of Admitted Students," *Journal of Applied Psychology*, 2009, 94, pp. 1479–1497.

31. K. D. Carlson, S. Sculten, F. L. Schmidt, H. Rothstein, and F. Erwin, "Generalizable Biographical Data Validity Can Be Achieved Without Multi-Organizational Development and Keying," *Personnel Psychology*, 1999, 52, pp. 731–755; J. S. Breaugh, "The Use of Biodata for Employee Selection: Past Research and Future Directions."

32. N. Schmitt, F. L. Oswald, B. H. Kim, M. A. Gillespie, L. J. Ramsay, and T. Yoo, "Impact of Elaboration on Socially Desirable Responding and the Validity of Biodata Measures," *Journal of Applied Psychology*, 2003, 88, pp. 979–988.

33. N. Anderson, J. F. Salgado, and U. R. Hülsheger, "Applicant Reactions in Selection: Comprehensive Meta-Analysis into Reaction Generalization versus Situational Specificity," *International Journal of Selection and Assessment*, 2010, 18, pp. 291–304; A. Furnham, "HR Professionals' Beliefs About, and Knowledge of, Assessment Techniques and Psychometric Tests," *International Journal of Selection and Assessment*, 2008, 16, pp. 300–305.

34. J. C. Baxter, B. Brock, P. C. Hill, and R. M. Rozelle, "Letters of Recommendation: A Question of Value," *Journal of Applied Psychology*, 1981, 66, pp. 296–301.

35. T. A. Judge and C. A. Higgins, "Affective Disposition and the Letter of Reference," *Organizational Behavior and Human Decision Processes*, 1998, 75, pp. 207–221.

36. M. E. Burke, "2004 Reference Check and Background Testing," *Society for Human Resource Management*, 2005; P. J. Taylor, K. Pajo, G. W. Cheung, and P. Stringfield, "Dimensionality and Validity of a Structured Telephone Reference Check Procedure," *Personnel Psychology*, 2004, 57, pp. 745–772.

37. J. Click, "SJRM Survey Highlights Dilemmas of Reference Checks," *HR News*, July 1995, p. 13.

38. A. Athavaley, "Job References You Can't Control," *Wall Street Journal*, Sept. 27, 2007, pp. D1, D2.

39. Taylor et al., "Dimensionality and Validity of a Structured Telephone Reference Check Procedure."

40. S. Hananel, "Some Job-Screening Tactics Challenged as Illegal," MSNBC, Oct. 12, 2010 (*www.msnbc.msn.com/id/38664839*), accessed 1/28/11.

41. A. Zimmerman, "Wal-Mart to Probe Job Applicants," *Wall Street Journal*, Aug. 12, 2004, pp. A3, B6.

42. H. Drummond, *The Dynamics of Organizational Collapse: The Case of Barings Bank* (London: Routledge, 2007).

43. "Employers Increase Use of Background Checks," *USA Today*, Apr. 26, 2007, p. 1B; T. Minton-Eversole, "More Background Screening Yields More 'Red Tape,'" *SHRM News*, July 2007, pp. 1–5.

44. K. Maher, "The Jungle," *Wall Street Journal*, Jan. 20, 2004, p. B8; A. Zimmerman and K. Stringer, "As Background Checks Proliferate, Ex-Cons Face Jobs Lock," *Wall Street Journal*, Aug. 26, 2004, pp. B1, B3.

45. L. Schwarz, "Baseball and Umpires Clash Over Background Checks," *New York Times*, Aug. 7, 2007, p. C15.

46. A. Levin, "Unions: Safety Bar Set Lower for Cargo Planes," *USA Today*, Nov. 5, 2010, p. 1A.

47. M. Harding, "Companies Turning to Web Conferencing for Employment Interviews," *Pittsburgh Tribune Review*, Apr. 20, 2010, p. 1.

48. Goldstein, "The Application Blank: How Honest Are the Responses?"; W. Keichel, "Lies on the Resume," *Fortune*, Aug. 23, 1982, pp. 221–222, 224; J. N. Mosel and L. W. Cozan, "The Accuracy of Application Blank Work Histories," *Journal of Applied Psychology*, 1952, 36, pp. 365–369.

49. R. A. Ash and E. L. Levine, "Job Applicant Training and Work Experience Evaluation: An Empirical Comparison of Four Methods," *Journal of Applied Psychology*, 1985, 70, pp. 572–576.

50. G. P. Latham and G. Whyte, "The Futility of Utility Analysis," *Personnel Psychology*, 1994, 47, pp. 31–46.

51. P. R. Sackett and F. Lievens, "Personnel Selection," *Annual Review of Psychology*, 2008, 59, pp. 419–450; U. R. Hülsheger and N. Anderson, "Applicant Perspectives in Selection: Going Beyond Preference Reactions," *International Journal of Selection and Assessment*, 2009, 17, pp. 335–345; F. P. Morgeson and A. M. Ryan, "Reacting to Applicant Perspectives Research: What's Next?" *International Journal of Selection and Assessment*, 2009, 17, pp. 431–437.

52. J. P. Hausknecht, D. V. Day, and S. C. Thomas, "Applicant Reactions to Selection Procedures: An Updated Model and Meta-Analysis," *Personnel Psychology*, 2004, 57, pp. 639–683; D. M. Truxillo, T. E. Bodner, M. Bertolino, T. N. Bauer, and C. A. Yonce, "Effects of Explanations on Applicant Reactions: A Meta-Analytic Review," *International Journal of Selection and Assessment*, 2009, 17, pp. 346–361.

53. Anderson, Salgado, and Hülsheger, "Applicant Reactions in Selection: Comprehensive Meta-Analysis Into Reaction Generalization Versus Situational Specificity."

54. G. P. Panaro, *Employment Law Manual*, second ed. (Boston: Warren Gorham Lamont, 1993),

pp. 1-29 to 1-42; M. G. Danaher, "Handbook Disclaimer Dissected," *HR Magazine*, Feb. 2007, p. 116; D. J. Walsh, *Employment Law for Human Resource Practice* (Mason, OH: Thompson Higher Education, 2007).

55. J. E. Bahls, "Available Upon Request," *HR Magazine Focus*, Jan. 1999, p. 206; Panaro, *Employment Law Manual*, pp. 2-101 to 2-106; M. E. Burke and L. A. Weatherly, *Getting to Know the Candidate: Providing Reference Checks* (Alexandria, VA: Society for Human Resource Management, 2005); S. Z. Hable, "The Trouble With Online References," *Workforce Management Online*, Feb. 2010, accessed 6/22/10.

56. T. B. Stivarius, J. Skonberg, R. Fliegel, R. Blumberg, R. Jones, and K. Mones, "Background Checks: Four Steps to Basic Compliance in a Multistate Environment," *Legal Report*, Society for Human Resource Management, Mar.–Apr. 2003.

57. K. McNamera, "Bad Credit Derails Job Search," *Wall Street Journal*, Mar. 16, 2010, p. D6; R. Mauer, "Federal Lawmakers, Enforcers Set Sights on Background Screening," Society for Human Resource Management, Legal Issues, accessed 3/9/10; Employment Screening Resources, *ESR Newsletter and Legal Update*, Oct. 2009, pp. 1–2; *ESR Newsletter and Legal Update*, Aug. 2010, pp. 1–2.

58. F. Hanson, "Burden of Proof," *Workforce Management*, Feb. 2010, pp. 27–33; F. Hanson, "Blaming Clients in Background Check Lawsuits," *Workforce Management*, July 2010, pp. 8–9; J. Greenwald, "Ex-Convicts in Workforce Pose Liability Problems," *Workforce Management Online*, Sept. 15, 2009, accessed 3/12/10.

59. J. C. Wallace and S. J. Vadanovich, "Personal Application Blanks: Persistence and Knowledge of Legally Inadvisable Application Blank Items," *Public Personnel Management*, 2004, 33, pp. 331–349.

60. Bureau of National Affairs, *Fair Employment Practices* (Washington, DC: author, periodically updated), 454: whole section.

61. Bureau of National Affairs, *Fair Employment Practices*, pp. 421:352–356.

62. N. J. Sedmak and M. D. Levin-Epstein, *Primer on Equal Employment Opportunity* (Washington, DC: Bureau of National Affairs, 1991), pp. 36–40.

63. Bureau of National Affairs, *Fair Employment Practices,* pp. 405:6941–6943.

第9章

外部选拔 II

9.1 学习目标和导言

9.1.1 学习目标

- 能够区分初始性、实质性和权变性选拔评估方法的不同
- 学习人格测验和能力测试的优缺点
- 对比工作样本和情境判断测试
- 了解结构化面试的优点并学习在面试中运用结构化面试
- 学习权变性评估方法的逻辑以及如何使用权变性评估方法
- 了解实质性评估方法和权变性评估方法的法律约束

9.1.2 导言

上一章回顾了组织外部选拔决策的初步问题，包括初始性评估方法的运用。在这一章中，我们将继续深入讨论外部选拔问题，详细讨论实质性评估方法，同时还将介绍选择性和权变性评估的方法、评价数据的收集和法律问题。实际上，实质性评估和权变性评估是人员配置决策的核心，是"真金火炼"的较量。这是因为实质性选拔和权变性选拔是最终雇用决策的最重要的依据。做好这些便为有效的组织人员配置奠定了基础，否则就很难成功选拔人员。

初始性评估方法主要用于从申请者中选出候选人，而实质性评估主要用于从职位候选人中选出最终的入围者。所以，实质性评估方法常常比初始性评估方法更加复杂。本章将深入讨论许多实质性评估，包括多种不同的测试（比如人格测验、能力测试、情绪智力测试、绩效测试和工作样本、情境判断测试、诚信测试）；兴趣、价值观和偏好量表；结构化面试以及团队背景下的评估。每种方法的平均效度（如 r）和选择方法的标准将会得到检验和回顾。

选择性评估方法主要用于从职位的最后入围者中选出最终获得职位的人。在某些情况下，用选择性评估方法测评申请者的性格特点会很主观。本章将回顾一些经

常用选择性评估方法测试的性格特点。

权变性评估方法主要用于确认可能会得到职位机会的申请者能否达到工作要求。虽然任何一种评估的方法都可以用作权变性评估（比如对于执照、证书的要求，背景调查），但是最常用的两种方法应当是药品测试和健康检查，具体的测试程序将会在下面提到。

任何做决策的测试形式都需要收集评价数据。本章将回顾如何确保过程有效的步骤。特别是，本章将会讨论关于支持性服务、使用多种预测工具的培训要求、维护安全性和保密性以及标准化程序的重要性等问题。

最后将讨论有关实质性评估、选择性评估和权变性评估的法律问题，尤其是其中最关键的部分。本章将重点关注雇员选拔程序统一指南（UGESP）以及《美国残疾人法案》（ADA）对人员配置的要求。

9.2　实质性评估方法

组织利用初始性评估方法对候选人进行粗略的选拔，淘汰那些明显不合格的求职者。相反，实质性评估将会得出更精确的结论——哪些人达到任职资格的最低要求，哪些人能够在真正上岗之后取得高绩效。因为实质性评估用来精确地辨别应聘者，其使用自然会比初始性评估更加复杂。与初始性评估方法一样，实质性评估的方法也是按照图8—1所示的预测逻辑以及表8—1所示的选拔计划进行开发的。主要运用包括人格测验，能力测试，情绪智力测试，绩效测试和工作样本，情境判断测试，诚信测试，兴趣、价值观和偏好量表，结构化面试，团队背景下的评估等方法，从候选人中挑选出职位的最后入选者。下面将逐一清晰地阐述每种预测方法。

9.2.1　人格测验

曾经，人格测验并不被认为是有效的选拔方法。[1]然而，现在研究得出更多关于人格测验能够有效预测工作绩效的积极结论。[2]这主要归因于对一种主要的人格分类方式——"大五人格"的普遍认可。大五人格主要用来描述行为特质（而不是情感或者认知特质），它可以囊括多达75%的个体人格。

大五人格的因子有外向性（倾向于社会化的、决断的、有活力的、上进的、健谈的），宜人性（倾向于利他的、信任他人的、富有同情心的，以及合作的），责任心（倾向于目标性的、决断性的、可信赖的，以及关注细节的），情绪稳定性（性格是冷静的、乐观的、适应性良好的），经验开放性（倾向于有想象力的、对于内心感觉的关注、好奇以及独立的）。大五人格趋于稳定，有证据表明在大五人格特征中大约50%的变异可能是来自遗传。[3]

■ 人格测验

虽然在人员选拔中测量人格的方法很多，最常用的还是自评调查。用于选拔的大五人格有多种评估方法。国际人格项目池（IPIP）包含了大五人格中的几个特征。表9—1展示了国际人格项目池中的样题。国际人格项目池的优点是具有非专属性，因此可以免费使用。其中个人特征量表（PCI）是一项自我测试的量表，它要求应聘者针对 150 个句子回答同意或者不同意（量表设置从"非常同意"到"非常不同意"）。[4]完成整个测试大概需要 30 分钟，具备 5 年级到 6 年级水平的阅读能力。另一项使用广泛的大五人格测验工具叫做 NEO 人格调查，它已经被翻译成许多不同语言的版本。[5]第三种大五人格类型的测试是 Hogan 人格调查（HPI）。从员工 HPI 的回答得分可以了解他们的可信赖度和服务意识。[6]这三类测试在预测多种职业的工作绩效方面都比较有效。

表 9—1   **大五人格特征测量维度**

请从 1＝"根本不"到 5＝"非常"来描述每条陈述与自己的符合度。

外向性
在陌生人面前很安静。
主持。
精通社交。

宜人性
有一颗柔软的心。
侮辱他人（计负分）。
对每个人都很友好。

责任心
时刻准备状态。
注重细节。
在工作中很严格。

情绪稳定性
大多数时候都很轻松。
几乎不会感到郁闷。
经常有情绪波动（计负分）。

经验开放性
有丰富的想象力。
喜欢尝试新鲜、不同的东西。
试着远离复杂的人群（计负分）。

资料来源：International Personality Item Pool（ipip. ori. org）.

人格测验在过去由申请者现场填答纸笔调查表。如今，越来越多的人格测验使用在线填答的方式，既降低了招聘成本也方便了应聘者。然而，许多在线测试填答不受监控，所以存在三方面潜在问题：（1）测试的安全性可能会降低（比如测试的条目放在博客上）；（2）应聘者认为在线填答更容易作弊或者更有作弊的动机；（3）应聘者可能不会忍受长时间的在线填答。对于这些问题没有解决之道。因为它们在纸笔测验中相对并不严重，因此如果组织有条件实施纸笔测验，最好还是使用纸笔测验。

在传统的纸笔人格测验不可行的情况下，下列措施能够改善在线测试的问题。第一，专家建议尽可能使在线人格测验简洁。如果测试超过 20 分钟，应聘者就会感到不耐烦。第二，测试要为应聘者分配标识码，收集基本背景信息，将测试拆分为不同的板块。这些措施能够提高测试的可靠程度（减少造假的可能性），同时如果应聘者在填答的过程中网络中断，可确保应聘者完成的部分不会遗失。第三，遵循下面简要概括的一些步骤能够减少造假的可能。这些步骤对于在线测试非常重要。第四，很多专家建议使用"条目银行"（item banking）（测量每一特质的具体条目有差异）来加强测验的安全性；为了进一步减少作假，通知被测试者如果他们进入下一轮选拔，他们在线测试的分数将会用纸笔测试进行验证。[7]

■ 人格测验的评价

目前已经出版了很多关于人格测验有效性的综合评述。近期的评述几乎都关注大五人格的有效性。[8]表 9—2 将这些评述予以总结，当然评述中也有些不一致的地方。如表所示，每一类大五人格的特征都有优点和缺点。然而，不同特质好坏参半的程度也不相同。宜人性和经验开放性的缺陷似乎能够抵消它们的优势，而责任心和情绪稳定性的缺陷很少，外向性在一定程度上也是这样。责任心、情绪稳定性和外向性这三个特征与整体工作绩效有最强的联系。特别是责任心和情绪稳定性，它们在绝大多数工作中都是适用的。因此，一般来说，外向性、情绪稳定性和责任心在人员选拔中效度依次递增。当然，在特定的情况下，比如可能极其看重适应性和创造力，以及重视合作关系的情况下，经验开放性和宜人性的测量可能也很重要。

表 9—2　　　　　　　　　　　　　大五人格特征在工作中的应用

大五人格	优点	缺点
责任心	● 总体工作绩效较高 ● 工作满意度较高 ● 成长为领导的可能性大 ● 工作越权行为较少 ● 保留率高（离职率低）	● 适应性较低
情绪稳定性	● 整体绩效较高 ● 员工满意度高 ● 管理有效的领导者 ● 保留率高（离职率低）	● 辨别威胁的能力差 ● 更有可能从事高危险度的工作
外向性	● 销售业绩好 ● 成长为领导的可能性大 ● 工作满意度较高	● 缺勤率较高 ● 更多意外事件
宜人性	● 更有价值的团队成员 ● 助人行为较多 ● 工作越权行为较少	● 职业发展成功性低 ● 冲突应对能力较差 ● 绩效评分较宽松
经验开放性	● 更有创造力 ● 更有效的领导 ● 更强的适应力	● 对雇主的忠诚度有限 ● 工作越轨行为较多 ● 更多意外事件

如今，人们已经广泛认可人格测验在人员选拔中的效度和有用性。但这并不意味着没有相关批评的声音。一些研究者仍然认为人格特征不是有效的选拔工具。[9]这里我们指出对在人员选拔中使用人格测验的三个最重要的质疑：效度不高，造假削弱了人格测验的效用，以及申请者对于人格测验的消极反应。

效度不高。一种批评是人格特征的效度太低，这使得它们在作为选拔工具的时候作用有限。这些研究者认为："为什么在现在人格特征的效度依然很低，甚至接近于零的情况下，我们还认为人格特征是预测工作绩效的有效工具呢?"[10]这个看法很偏激，没有考虑到一个事实：效度远不是完美的。比如，我们测量出责任心预测整体工作绩效的最高效度是 $\bar{r}=0.23$。这不能称为一个高效度（不过，实事求是地说，我们并不知道是哪位研究人格的学者测量出最高效度）。这是不是意味着人格测验的效度低到可以忽略不计呢? 我们认为不可以，有如下五点理由。

第一，因为在大多数选拔过程中应聘者都是在 30 分钟之内完成大五人格问卷，使用的是大五人格的整个框架，或者不止一类单独的人格特征，所以考察大五人格和其他指标比如工作绩效的多元相关性显得更加重要。例如，大五人格和整体工作绩效和领导指标的多元相关性大约是 $\bar{r}=0.50$。这显然是不能忽略的。[11]

第二，在任何选拔测量过程中，人们总会发现人格特质在某些情境下不能够预测工作绩效。即使人格测验广泛适用于各种工作类型，也并不意味着人格测验在每次测试中都是有效的。人格测验什么时候有效、什么时候失效，有时与直觉相反。比如，有证据显示责任心和积极自我概念能够较好地预测美国橄榄球联盟（NFL）球员的成功，但是二者在预测警官的绩效时并不那么有效。[12]组织需要在内部开展自己的人格效度研究，从而确保实施人格测验能达到预期的效果。总体来说，人格测验能够更好地预测有实质自主权的人员的工作绩效，这类工作中个人决定如何以及如何更好地开展工作。[13]

第三，大五人格没有列出所有可能与工作相关的人格特征。例如研究者认为，前瞻性人格特征（人们采取行动的水平）能够预测绩效和职业成功度，甚至控制了大五人格的影响。[14]另一种称为"核心自我评价"的人格特征（反映个体的自信程度和自我价值认知）也和工作绩效相关。表 9—3 是核心自我评价的量表。研究者指出核心自我评价能够预测工作绩效，而且核心自我评价量表的预测有效性堪比责任心。核心自我评价还有一个优势——它是非专利的（免费的）。[15]

表 9—3　　　　　　　　　　　　**核心自我评价量表**

指导语：您可能对于以下的条目同意或者不同意。在下面的回答量表中，将表示您对每个条目同意程度的数字填写在对应条目前的横线上。

1	2	3	4	5
非常不同意	不同意	中立	同意	非常同意

1. ____我相信我能取得我该得的成功。
2. ____有些时候我感到沮丧。（反向计分）
3. ____只要努力，我总会获得成功。
4. ____有时我失败了，我感到自己毫无用处。（反向计分）
5. ____我能够成功地完成任务。
6. ____有时我感到我不能掌控我的工作。（反向计分）
7. ____总的来说，我对自己很满意。
8. ____我对我的能力充满怀疑。（反向计分）
9. ____我能够决定我的生活中将发生什么。
10. ____我感到我不能够控制我职业中的成功。（反向计分）
11. ____我有能力应付大多数问题。
12. ____有些时候我会感到无助和希望渺茫。（反向计分）

反向计分：对于反向计分的条目，5 计为 1，4 计为 2，2 计为 4，1 计为 5。

资料来源：T. A. Judge, A. Erez, J. E. Bono, and C. J. Thoresen, "The Core Self-Evaluations Scale：Development of a Measure," *Personnel Psychology*, 2003, 56, pp. 303-331.

第四，人格特征不是一项单独使用的选拔工具。几乎在所有选拔实践中，它都和其他测试工具一起使用。如果人们认为应聘者是根据人格测验中的分数被录用的，这显然不合理。同样的原因，人格测验也会增加其他选拔测试的效度。[16]

第五，近期调查表明，人格有效性可能是非线性的。一项调查发现，在两个样本中，在预测工作绩效中责任心和情绪稳定性的有效性是非线性的，以至于这些特征水平增加反而表现出递减现象（极其负责的员工绩效表现未必好于高度负责的员工）。因此，相关系数（假线性相关）可能会低估人格测验的真实有效性。实际上，当在两个申请者之间选择时，考虑他们在每个特性上的分布是非常必要的。[17]

造假。人格测验也经常被批评是"可以造假的"。应聘者可能会谎报他们的答案，从而提高被雇用的机会。考虑到人格特征（参见表 9—1 和表 9—3）以及人格特征的本质，以上的担心是很显然的。几乎没有人愿意把自己描述成难以取悦、神经质、缺乏责任心或者不自信的。而且由于这些问题的答案往往难以核实（例如，怎样能证实申请者喜欢看书还是看电视），因此编造理想答案的可能性很大。这样导致的异常结果是，那些造假程度最高的应聘者更容易获得职位。

关于造假的文献很多，它们的研究结论总结如下。首先，造假和强化某些方面的行为毫无疑问确实存在。研究显示，应聘者在社会认可的特质（如责任心、情绪稳定性和宜人性）上的得分普遍高于任职者（在很多情况下，认为应聘者在人格测验中的分数比任职者的分数更高是不合理的，而应该是任职者比应聘者的分数更高）。另外，如果申请者被告知测验分数有影响（可能成为制定选拔决策的依据），人格测验的得分也会提高。[18]

强化答案会带来哪些后果呢？一些应聘者在填答上作假会降低人员选拔中人格测验的效度吗？有趣的是，答案明显是否定的。总之，虽然应聘者确实通过强化他们在人格测验中的填答来获得好印象，但这种强化不会使测验的效度显著降低。这是为什么呢？证据显示人们并不是一旦得到工作机会，就不再做出社会赞许的行为或者好的表现。因此，在人格测验中造假的人可能在获得工作后有更好的表现。[19]

因为造假不一定会降低测量的效度，所以建议解决造假的方法可能没有必要，反而可能造成更多别的问题。例如，一些研究者提议修正造假的应聘者分数。但是，文献明确地指出修正得分并不会提高人格测验的效度。[20]另一个解决措施是使用强制选择的人格测验方法，比如人们必须从责任心和情绪稳定性中挑选一个，这种方法同样存在很多问题。[21]第三种可行的方法是告知应聘者将会核实他们的分数，这似乎能够在不降低效度的情况下减少作假（最多减少 30%）。[22]

最后一种可能是使用其他人格报告。有一些人的工作是观察并报告申请者的人格。观察者人格报告的好处是很值得注意的，观察者的人格报告质量胜过申请者自己的工作绩效预测报告。[23]然而，使用观察者人格报告需要特别注意信息安全。我们应该确保观察者能够完成评估并且在评估中持客观态度。同时也要尽量使用多个观察者评价，因为这样可以大大增加人格报告的信度和效度。

申请者的消极反应。最后，在评估人格测验中不仅要考虑效度，而且应聘者对于测验的感知也同样重要。从应聘者的角度来看，测试中被问到主观性与个人性的问题，可能造成效度和有个人侵犯性嫌疑的问题。事实上，关于应聘者对于人格测验态度的有效证据指出，与其他测试相比，人们关于人格测验的观点更加消极。在一定程度上，反应最消极的应聘者是那些认为自己填答分数最低的应聘者。[24]但是一般来说，应聘者并没有感知到人格测验和其他测试工具有一样的表面效度。所以，如果使用规范的话，人格测验确实是有效的，但这种有效性似乎没有转化为应聘者的积极认知。因此需要更多地研究怎样的人格测验方法更容易被应聘者接受。

9.2.2　能力测试

能力测试是用来测量应聘者在某个方面能力情况的工具。主要有两类能力测试：资质和成就。资质测试主要考察一个人与生俱来的某方面的能力，成就测试主要考察后天形成的能力。在实践中这两种能力很难区分。因此不能判别这样的区分在实际选拔过程中有没有用。

研究指出，在选拔中 15％～20％的组织都会使用某种能力测试。[25]使用能力测试的组织这样做，是因为它们假设通过测试能够评估影响员工绩效的决定性因素。如果没有一定的天生或者后天的能力，那么不管动机如何，绩效也不会好。有些人可能会很努力地学习一门非常难的课程（如微积分），但如果他们没有这方面的能力（如数学天赋）是不太可能会成功的。

能力测试主要有四种类型：认知能力测试、心理运动能力测试、体能测试、感觉/知觉能力测试。[26]由于这些测试有很大区别，所以下面会对每种测评方法分别讨论。因为大多数研究的关注点和公众的争论点都集中在认知能力测试，所以接下来对认知能力测试进行详细讨论。

■ 认知能力测试

认知能力测试测量思维能力，包括感知、记忆、推理、语言和数学能力以及表达观点的能力。认知能力到底是一个笼统的构念，还是包含许多具体方面呢？研究表明，具体认知能力的测试，例如语言能力、计算能力、推理能力等，几乎能反映出一个人的智力水平（有时称作一般心理能力（GMA）、IQ 或者"g"）。[27]在智力具体方面的测试得分之间的高度相关最能解释这一发现。一个人在某一方面得分高，更有可能在智力的其他方面得分高。换句话说，总体的智力水平使得个体在不同的具体能力上都得到近似的测试得分。

认知能力的测量。许多认知能力测试既测量具体的认知能力，也测量综合心理能力。许多测验的出版者提供了一系列的测试。例如，心理学公司出售的"雇员能力调查"，检测了 10 项具体的认知能力（比如，词汇理解能力、数字能力、语言推理和词汇流畅性）。每项具体能力的测试都单独出售，而且填答时间不会超过 5 分钟。每项测验都包含 25 个题目，以 44 美元的价格打包出售。同样在心理学公司出售的"温德利人事测验"可能是在选拔中运用最广泛的综合心理能力的测试。它包含 50 道题目，需要 12 分钟时间完成。题目类型有空间关系、数学问题和类比等。表 9—4 提供了一种形式的温德利人事测验的样题。除了是一种速度（时间）测验外，温德利人事测验还是一项能力测验（题目会随着测试的进行而越来越难，很少有人能够全部完成所有的 50 道题目。）它在超过 250 万名应聘者中施测过，超过 45 万个体组成的数据库能够提供常模数据。温德利人事测验的成本为每位应聘者 1.50～3.50 美元，具体的数额取决于组织是否亲自评定测试分数。其他认知能力测试的成本也差不多，虽然认知能力测试不是完全免费，但在实质性评估方法中认知能力测试的成本最低。

表 9—4　　　　　　　　　　　　　　认知能力测试样题

请看下面一排数字，接着应该是哪个数字？

8　　　4　　　2　　　1　　　　1/2　　　　1/4　　　　　?

假设前两个论断是正确的，那么第三个论断：（1）正确，（2）错误，（3）不确定？

这个男孩打棒球。所有的棒球员都戴帽子。这个男孩戴帽子。

在下面标了数字的图形中有一个是与其他几个最不同的？它上面的数字是什么？

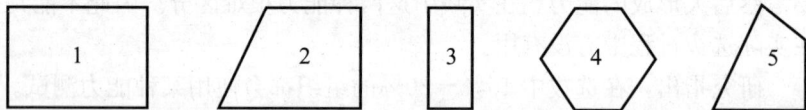

火车能在 1/5 秒行驶 20 英尺。如果依然以这个速度行驶的话，它在 3 分钟内能够行驶多远？

下面列出的 6 个数值中有哪些是完全相同的？

3421	1243
21212	21212
558956	558956
10120210	10120210
612986896	612986896
356471201	356571201

9 月白天和黑夜的小时数与下面哪个月份白天和黑夜的小时数最接近？

（1）6 月　　　　　（2）3 月　　　　　（3）5 月　　　　　（4）11 月

资料来源：Reprinted with permission from C. F. Wonderlic Personnel Test, Inc., *1992 Catalog：Employment Tests*, *Forms*, *and Procedures* (Libertyville, IL：author, 1992).

除了上面提到的测验和测验出版者外，还有其他许多测验以及测验出版者。在决定运用哪个测验之前，组织应该找一家知名度高的测验公司。为了确保上述过程的实施，测验出版者组织已经合法成立。[28] 同样，研究者和测试专家的建议也很有帮助，这些人往往来自美国心理学协会和美国心理科学学会。

认知能力测试的评估。关于综合智力测验的研究成果对人员选拔有深远影响。关于认知能力的效度已经有一些多元分析研究。虽然在这些研究中得到的效度在一定程度上有波动，但最全面的综述估计"真正的"效度可能大约为 $\bar{r} = 0.50$。[29] 这些元分析的结论引人注目：

1. 即使认知能力测试不是效度最高的方法，它在人员选拔测试中也属于最有效度的测试之一。

2. 认知能力测试似乎适用于所有组织、所有工作类型以及所有应聘者，因此，认知能力测试可能在任何实际的选拔情境下都有效。

3. 在选拔中使用认知能力测试的组织要比没有使用的组织获得更大的经济回报。

4. 认知能力测试在不同文化背景中都是可行的，它在欧洲测试的效度和在美国测试的效度同样高。

5. 除了工作绩效、认知能力，还能预测其他重要的条件，包括重视健康的行为（比如锻炼）、职业的威望、收入、艰难的事业成功轨迹和较低的营业额。[30]

这些结论并不只是学者们在象牙塔里自娱自乐得出的猜想。它们是基于对成百上千的组织中几十万名雇员的大量研究调查得到的结果。因此，无论组织是在挑选工程师、顾客服务代表还是切肉工，综合能力测试似乎都是选拔雇员效度最高的测试之一。一篇大型的量化研究综述表明，综合能力测试对于许多职业群体都有较高的效度[31]：

管理者，$\bar{r}=0.53$

职员，$\bar{r}=0.54$

推销员，$\bar{r}=0.61$

安保人员，$\bar{r}=0.42$

服务人员，$\bar{r}=0.48$

商业和手工业，$\bar{r}=0.46$

基础行业的工人，$\bar{r}=0.37$

司机，$\bar{r}=0.28$

售货员，$\bar{r}=0.27$

这些结果显示了认知能力测试几乎在所有类型的工作中都具有一定的效度。对于复杂工作（比如，经理、工程师）来说效度尤其高，对于简单工作也有一定效度。这篇综述还指出认知能力测试预测培训效果的效度也很高：司机 $\bar{r}=0.37$，安保人员 $\bar{r}=0.87$。这是因为培训有实质性学习的部分，并且很明显越聪明的人学到的也越多，并且更容易适应改变工作条件。[32]

尽管认知能力测试对于复杂性适中（比如，警官、销售员）和复杂性高（比如，计算机程序员、宇航员）的工作效度更高，但它们对于一些复杂性低的工作（比如，汽车司机、工厂工人）也是有效的。为什么认知能力测试对于那些智力要求不高的工作同样有效呢？事实上是无论做哪种工作，都需要具备一定程度的智力。认知能力测试的效度甚至可以扩展到预测运动员的团队绩效（见表 9—5）。此外，一项研究指出认知能力高的大学棒球队比认知能力低的大学棒球队成绩更好。[33]因此，虽然认知能力测试可能对一些工作的绩效不重要，但如果事实如此，我们也要找到这些工作是什么。

表 9—5 　　　　　　　　　　　　　　　**NFL 的认知能力测试**

热衷的球迷应该都知道，每年 NFL 都会在大学运动员里进行选秀。作为选秀的一部分，参与者需要通过一个综合测试来检测他们的技能，包括举重、跑、跳过重重关卡（字面含义），然后完成智力测试（温德利人事测试）。虽然对这种测试有批评声，但是 NFL 选拔队员时一直使用这样的测评方法。

虽然所有位置的球员都要完成温德利人事测试，但是 NFL 球队对四分卫球员的分数很看重，因为在那个位置上的球员的决策能力和记忆力很重要（一本 NFL 指南内容很多）。

以下挑选了一些 NFL 四分卫的温德利人事测试分数样本（一些四分卫球员的分数没有拿到）。

高于等于 30 分（非常聪明）

Ryan Fitzpatrick：48，Alex Smith：40，Eli Manning：39，Matthew Stafford：38，Tony Romo：37，Sam Bradford：36，Aaron Rodgers：35，Tom Brady：33，Matt Ryan：32，Brian Brohm：32，Matt Schaub：30，Philip Rivers：30

25～29分（聪明）

Matt Hasselbeck：29，Marc Bulger：29，Peyton Manning：28，Drew Brees：28，Mark Sanchez：28，Joe Flacco：27，Jason Campbell：27，Josh Freeman：27，Jay Cutler：26，Carson Palmer：26，Kyle Orton：26，Colt McCoy：25，Shaun Hill：25，Ben Roethlisberger：25

20～24分（略高于平均值）

Jimmy Clausen：23，Chad Henne：22，Brett Favre：22，Tim Tebow：22，Michael Vick：20

低于20分（平均水平以及以下）

Derek Anderson：19，Bruce Gradkowski：19，Vince Young：16，Donovan McNabb：16，David Garrard：14，Seneca Wallace：12

可以明显看出 NFL 四分卫球员都很聪明，他们的分数大大地超出了美国的总体的平均水平（总体平均值是19分）。四分卫之间的差异能够预测绩效吗？观察最近的赛季，还没有明确的结论。在过去的几个赛季中，在温德利人事测试分数和四分卫球员等级（一个评定四分卫球员绩效的复合指数）之间关联并不大。另一方面，计算过去7次超级碗大赛冠军温德利人事测试的平均分，得分高达30分。当然，与所有选拔手段一样，认知能力测试有自身的局限。纽约巨人队的总经理乔治·扬（George Young）就是说服 NFL 使用温德利人事测试的人。他回想起一场低分数的防守球员对抗高分数的进攻球员的比赛。他说："防守球员对进攻球员说，'别担心，等我撞你几下之后，你就会变得和我一样沉默了。'"

资料来源：M. Mirabile，"NFL Quarterback Wonderlic Scores"（www.macmirabile.com/Wonderlic.htm）；E. Thompson，"Wonderlic Scores of 2010 NFL Starting Quarterbacks and NFL Draft QB Prospects," *Palm Beach Post*，Mar.10，2010，（www.palmbeachpost.com/sports）；J. Saraceno，"Who Knows if This Longhorn Is Short on IQ," *USA Today*，Mar.1，2006，p.2C；B. Plaschke and E. Almond，"Has the NFL Become a Thinking Man's Game?" *Los Angeles Times*，Apr.21，1995.

为什么认知能力测试能够有效地预测工作绩效呢？研究指出认知能力测试的预测能力源于聪明的员工在工作上学得更多，拥有更多的工作知识。正如我们很早提到的，相关证据表明聪明的员工能够更好地适应工作环境，这是在许多工作中所需要的一个重要技能。[34]

理解认知能力测试的另一个重要方面在于特殊能力和综合能力的性质。以往的观点中，有证据显示，特殊能力在预测工作绩效方面远不及综合能力。然而，最近这个结论受到了挑战。在一项研究中调查者们争论特殊能力有时比综合能力测试更重要，另一份研究调查显示特殊的认知能力可能对某一狭窄的标准（例如感知的精确性可能预知一个编辑发现错误的程度）很重要。[35]因此，当综合认知能力测试在大部分情况下是工作绩效的重要预测工具时，特殊能力在一些情况下可能也是很重要的。

潜在的局限性。如果认知能力测试如此便宜又有效，为什么没有更多的组织使用它呢？其中主要的原因是这项测试的负面影响和测试的公平性。在负面影响方面，不论用什么类型的测量工具测试认知能力，都会对少数群体产生负面影响。特别地，黑人的认知能力测试平均分数比白人低一个标准差，西班牙裔比白人低0.75个标准差。这意味着只有10%的黑人得分高于白人的平均分。[36]在历史上，这曾经导致法官仔细审视认知能力测试，有时拒绝采用该测试。关于认知能力测试的公平性问题被热烈地讨论并且广泛地研究。一种思考公平性的方式是从测验预测的准确性角度分析。如果一项测验对预测两个团队的绩效同样准确，比如黑人或者白人，那么人们就会说这项测验是公平的。问题在于即使测验对于两个团队都是同样准确的，两个团队测验的平均分也可能是不同的。一旦这种情况发生，就会在一定程度上造成负面影响。它引起的困境是：组织是应该看重测验的准确性和预测的无偏性而使用测验，还是应该因为测验会造成负面影响而不使用它？

研究指出，认知能力测试在预测不同的种族和不同的民族的工作绩效上都有效。[37]但是研究同样显示，在这种测试中黑人和西班牙裔的分数比白人的分数要低。因此，组织确实会碰到前面所指出的困境。组织必须从以下的情况中做出抉择：（1）使用认知能力测试并且获得认知能力测试作为准确预测工具的收益；（2）不使用认知能力测试，避免负面影响，使用另一种负面影响更少的测试工具；（3）将认知测验和其他的工具一起使用，这样能够从总体上减少负面影响。遗憾的是，已有的研究并没有明确地指出哪个方法最好。研究指出当组织将其他选拔方法和认知能力测试结合使用时，就能减少认知能力测试的负面影响，但是不会完全消除。[38]

尽管有效性和多样性不能兼得的情况在短时间内不会消失，但是在认知能力测试领域有三个积极进步。第一，一项研究指出，与传统的给出多个选项的测验相比，开放性问题（被试自己写答案）的测验在产生同样水平的效度时，会减少黑人与白人之间分数上 39％ 的差距。有证据显示，开放性的测试能够减少群际差异，这是因为参与测试的少数族裔对测试持积极反应（他们认为开放性问题的测试更加公平，也更有动力做好测试）。第二，一些调查显示，认知能力测试对多样性的负面影响可以通过招募来降低，不仅要把多样性作为招聘目标，同时还要考虑认知能力和品格（例如宣布招聘条件，是要寻找一个聪明的、多样的、有责任心的申请者）。[39]第三，一些证据指出黑人和白人之间的分数差异在逐渐减少（可能最多达到 10％ 的幅度）。虽然关于这个问题存在争议，但如果事实确实如此的话，这意味着将来雇主依然要面对有效性和多样性权衡的问题，不过这个问题的严重程度可能会大大降低。[40]

在选拔中使用认知能力测试的另一个问题是应聘者的反应。关于应聘者对认知能力测试反应的研究不足且混乱。一项研究表明，管理岗位 88％ 的应聘者知道温德利人事测试和职业相关。[41]然而，另一项研究指出，应聘者认为在认知能力测试中收集到的信息对于公司来说没有什么用处。[42]也许认知能力测试的性质才能够合理地解释这些相互矛盾的研究发现。有研究将 8 个认知能力测试分成具体的（词汇，数字问题）或者抽象的（字母组合，数值比较）两类，发现具体的认知能力测试题目被看成是与工作相关的，而抽象的条目则相反。[43]因此，虽然应聘者对于认知能力测试的反应褒贬不一，但是具体条目的测试受到的反对小一些。普遍说来，应聘者认为认知能力测试比人格测验更有效，但是其效度又不如访谈和工作样本测试。[44]

结论。总的来说，认知能力测试是最有效的跨职业选拔手段之一；它也可以预测学习和培训的效果，预测员工保留率。[45]但是，认知能力测试也有一些负面作用，特别是应聘者对认知能力测试并不欢迎，而且测验可能会对少数群体造成负面影响。

最近的一项研究得出了有趣的发现，该研究对主要职业协会的 703 位成员进行认知能力测试。专家们在以下几个领域达成了共识[46]：

1. 标准测验很合理地测试了认知能力。
2. 随着职业复杂度的提高，认知能力测试在选拔方面的应用会越来越普遍。
3. 认知能力测试对工作绩效的预测效度取决于绩效是如何定义以及测量的。

4. 工作绩效的复杂性使得认知能力测试需要与其他选拔手段结合使用。

5. 标准的认知能力测试只测量了智力的一部分。

在这些突出的优点和缺点并存的情况下，认知能力测试仍然在使用。但是，对于它们的使用争议很多。

■ 其他类型的能力测试

按照一开始对于能力的分类：认知、心理运动、体能、感官/知觉能力，我们已经讨论了认知能力，接下来将讨论其他能力类型的测试。

心理运动能力测试。心理运动能力测试测量了思维和身体运动的联系，包括反应时间、手臂—手的稳定程度、控制精密度、手和指尖的灵活程度。心理运动能力测试的一个例子是俄亥俄州哥伦比亚市用它挑选消防员的过程。测试模拟将软管连接到灭火器上的情境，具有一定心理运动能力的人才能达到测试的分数要求。一些手工操作能力的测试也是心理运动能力测试。比如麦氏机械能力测验（MacQuarrie Test For Mechanical Ability）是一个长达 30 分钟测量手的灵活性的测试，测验包括描摹、打字、打点、复制等项目。

体能测试。体能测试测量肌肉的力量、心肺耐力和运动素质。[47]威斯康星州密尔沃基市在选拔消防人员的过程中测试了上述三种能力。它测试了上肢力量（卧推力测试、拉力测试和握力测试），下肢力量（仰卧起坐），有氧耐力（5 分钟台阶测试），躯体移动性（放置云梯）。[48]

体能测试在筛查容易受重复性压力劳损的个体上使用越来越普遍，比如腕管综合征。Devilbiss Air Power 公司发现用这种方法选拔员工之后，受到重复性劳损申诉的次数由 23 次减少到了 3 次。[49]体能测试在平等就业机会方面也是必需的。[50]即使女性应聘者比男性应聘者在体能测试上低了 1.5 个标准差，男性和女性的分数分布在很大程度上也是重叠的。因此，所有的应聘者都必须有机会通过测试而不应被分层分级。对于适宜的工作使用体能测试的另一个理由是避免工伤。设计精细的测试能够淘汰那些不能满足体能要求的应聘者。因此，工伤将会大大减少。事实上，一项以铁路工人为样本的同时效度研究发现，所有工伤成本中有 57％是由 26％没有通过体能测试的在岗员工造成的。[51]

当认真运用于合适的岗位时，体能测试能达到很高的效度。一份综合性的研究报告显示，仓库工人体能测试的平均效度是 $r = 0.39$，现役军人的平均效度是 $r = 0.87$。[52]应聘者对于这些测试的反应不得而知。

感觉/知觉能力测试。感觉/知觉能力测试是检测察觉和感知外界环境刺激的能力。一个感觉/知觉能力测试的例子是在选拔宇航员的过程中使用飞行模拟器进行测试。还有一些手工操作能力和文书能力的测试，虽然采用了认知能力测试的形式，但也可以被看做感觉/知觉能力测试。比如应用最广泛的手工操作能力的测试是本纳特机械理解测验（Bennet Mechanical Comprehension Test），包括 68 道测试体力和机械对象关系的知识的题目（比如，滑轮如何工作，齿轮如何工作）。关于文书能力最有名的测试是明尼苏达文书能力测试。这个限时的测试包括 200 道题目，应聘者被要求比较名字或者数字以找出匹配的成分。比如一个应聘者也许会被要求（在有限的时间内）找出下列多对数字中相同的几对：

109485	_____	104985
456836	_____	456836
356823	_____	536823
890940	_____	890940
205837	_____	205834

相关的信度和效度数据表明，这些手工操作能力测试和文书能力测试以及其他类似的测试在特定领域是有效的绩效预测工具。[53]但这些测试能否增加整体智力测试的效度仍不得而知。

业务知识测试。业务知识测试的目的是直接评估一位应聘者对于工作要求的理解程度。尽管业务知识能力不作为认知能力被测试，但是它通常被认为与认知能力存在紧密的联系。

业务知识测试有以下两种形式。一种形式是通过询问问题来直接评估一项特定工作所需的知识。比如，肿瘤科护士的业务知识测试的一道题目可能是这样的，"描述 5 种癌症患者可能遇到的肿瘤紧急情况"。另一种业务知识测试着眼于经验水平、相应的知识、核心工作任务和完成工作时工具及过程的必要性。比如，威斯康星州使用客观工作问卷（Objective Inventory Questionnaire）来评估与特定工作相关的任务、职责、工具、技术和使用器械等的经验。[54]

与其他选拔手段相比，对于业务知识测试效度的研究少得多。然而，一项研究提供了对业务知识测试效度比较强的支持。基于 502 项研究的元分析指出，业务知识测试预测工作业绩的"真正"效度是 0.45。当工作复杂程度更高，或者工作和测试的内容相似的时候，业务知识测试的效度更高。[55]

9.2.3　情绪智力测试

有人认为，传统的认知能力测试不能很好地测量工作所需要的智力。这些批评者还断言，测量社交和情绪类型的智力会更好。越来越多的组织在做选拔决策时使用情绪智力（EI）测试。我们通过回答以下四个问题来讨论情绪智力（EI）：（1）什么是情绪智力？（2）如何测量情绪智力？（3）情绪智力有多么有效？（4）对情绪智力有哪些批评？

■ 什么是情绪智力

一位杰出的情绪智力研究者将情绪智力定义为"调节自己和他人情绪、识别情绪以及运用这些信息来指导个体的思维和行动的能力"。[56]因此，情绪智力包含以下几个部分：

- 自我意识：善于辨识自己的情绪；
- 他人意识：善于辨识别人的情绪；
- 情绪管理：善于利用或者管理这种情感。

不难理解这个概念是重要的，如果每位员工都能意识到自己的情绪（以及原因），意识到他人的情绪，并且能够影响自己和别人的情感，这样几乎所有员工都能更有效地工作。

■ 如何测量情绪智力

尽管有许多测量方式，但测量情绪智力主要用两种方法。首先，一些情绪智力测量方法和人格测试中的几个项目非常相似。而且，一项研究甚至发现这样的情绪智力项目和人格，特别是情绪稳定性和责任心，有很大的联系。其次，另一种情绪智力测量方法是能力本位。例如，一些测试包括描述对某一声音和想象的情感品质。当这些测试和人格测试没有相同点时，它们会因为低信度和内容效度而受到批评（一项测试要求测试对象识别颜色的情感）。令人烦恼的是，两种类型的测量似乎没有评估相同的构念。一条评论显示，类似人格和能力测试的相关系数仅仅为 0.14。[57]

在情绪智力测量的两种类型中，前者——类似人格类型，更加普遍。表 9—6 包括非专属（或者说免费）的类似人格的情绪智力测量项目。

表 9—6 测量情绪智力的例题

自我情绪觉察

一般而言，我很难确切地知道我的情绪。

我一般情况下能够觉察到自己的情绪。

他人情绪觉察

我通常很难从他人的视角看问题。

我通常能够设身处地考虑问题并体会到他人的情绪。

情绪调控

我通常很难调控自己的情绪。

通常，我能够影响其他人的情绪。

资料来源：A. Cooper and K. V. Petrides, "A Psychometric Analysis of the Trait Emotional Intelligence Questionnaire—Short Form (TEIQue-SF) Using Item Response Theory," *Journal of Personality Assessment*, 2010, 92 (5), pp. 449-457.

■ 情绪智力有多么有效

一些证据指出，情绪智力与工作绩效相关。最近的一项元分析表明在情绪智力的多个方面中，情绪管理与工作绩效相关系数最高，为 0.18。同样的调查发现，一旦与情绪智力（认知能力、责任心和情绪稳定性）相关的个体差异被控制，情绪管理和工作绩效之间的关系就会下降到 0.08。[58]因此，可以总结尽管用其他情绪智力测量方法或者在某个情景中（比如，有情感需求的工作）影响可能会高一些，但情绪智力测试会对工作绩效产生相当小并且独特的影响。

■ 对情绪智力有哪些批评

情绪智力测试被证实是一种有争议的测试，现在有很多对于情绪智力测试的批评。[59]首先，很多调查者注重测试情绪智力，或者看到情绪智力测试绩效有多好，而没有十分注意情绪智力测试可能会预测到什么特别的东西。为了解这点，必须从标准的背后入手。难道对一名社会服务工作者的情绪智力测试比一名银行出纳的现金流是否平衡更有意义吗?[60]其次,对于很多研究者来说,情绪智力到底是什么并不清楚。它真的是一种智商吗?我们很可能认为自我意识强以及对于他人情绪敏感与智力没什么关系。除了定义模糊之外,不同的情绪智力研究者所研究的情绪智力概念令人眼花缭乱,包括情绪认知、自我意识、执着、自我监控、人际交往能力、压力管理、幸福和自律。有批评者指出:"情绪智力的概念变得如此之广,包含的成分如此丰富,以至于它已经不是一个智力的概念。"[61]最后,一些批评者指出因为情绪智力和智力以及人格强相关,一旦测量了智力和人格,那么情绪智力就不会提供更多的信息。我们注意到更早的证据显示,控制人格和认知能力确实会降低情绪智力的效度。[62]

情绪智力测试仍然在咨询公司和一些主流媒体上广泛使用。比如,某公司晋升材料对情绪智力测试的评价是:"情绪智力能够预测85%以上的高层领导的卓越绩效。"[63]但是退一步说,这个论断并不能在学术上证实。

■ 总结

尽管不能否认情感认知和情绪管理对于许多工作来说都很重要,但情绪智力很难用一种有效的方式测量。权衡支持与反对的论证,断定其有用与否还为时尚早。尽管如此,仍然有越来越多的组织在选拔决策中运用情绪智力测试。如果组织想要在选拔决策中使用情绪智力测试,需要非常谨慎。至少,应该将其局限于对情绪管理有特殊需求的工作。在实际选拔决策中使用之前,应该对使用的情绪智力测试的架构和实证效度进行调查。

9.2.4 绩效测试和工作样本

绩效测试测量实际绩效,而不是潜在的能力和知识积累。因此,它们更看重样本,而不是工作绩效的预测指标。比如,克莱斯勒公司要求流水线工作的应聘者试着组装汽车零部件,申请管理职位的应聘者被要求在一个工厂经理的情境下模拟完成一天的工作,现代和三菱也实施了这种方法。[64]表9—7提供了不同工作的绩效测试和工作样本的样题。从表中可以看出,这些选拔手段在工作内容和技术水平上有很多区别。

表9—7   绩效测试和工作样本的样题

教授
   在校园面试时上一堂课
   阅读应聘者研究的样本
工程师
   修理汽车上的某个故障
   阅读设计图
办事员
   打字测验
   校对
收银员
   操作收银机
   数钱以及汇总资产负债表

管理者
　完成一个群体的问题解决练习
　处理备忘录和信件
航空公司飞行员
　飞行模拟
　飞机方向舵控制测试
出租车司机
　驾驶测试
　街道知识测试
电视机修理工
　修理一台坏电视机
　手指和镊子使用灵活度测试
警官
　检查报告中的错误
　射击测试
电脑工程师
　编程和调试测试
　硬件更换测试

■ 不同类型的测试

绩效测试与工作样本。绩效测试测量的是员工在工作中到底做了什么。绩效测试最好的例子是实习、工作体验、试用期。虽然在不能够确定应聘者能否胜任工作时，在试用期组织绩效测试是有用的，但是它们并不能替代有效的雇用前选拔过程。在试用期解雇以及找到别人顶替的成本巨大，而且会涉及很多法律问题。[65]工作样本被设计来代表工作片段，比如，机器操作员的钻床测试以及电脑程序员的程序设计测试。[66]开发绩效测试要比开发工作样本成本高，但是通常绩效测试能更好地预测工作绩效。

动作与语言工作样本。动作工作样本测试包括通过身体操纵事物，例如驾驶测试和制衣比赛。语言工作样本测试设计了一个需要用语言能力和人际交往解决问题的情境。比如，在角色扮演中模拟跟顾客打交道，以及外语助教的英语测试。

高真实性工作样本测试与低真实性工作样本测试。高真实性工作样本测试使用非常真实的仪器和情境来模拟工作中的实际任务，因此，它激发起被试实际执行任务的真实反应。[67]高真实性工作样本的一个比较好的例子是在石油行业筛选卡车司机的测验。这项测试在电脑上完成，它模拟了在服务站内将燃料从燃料运输车到储存站装卸的每个步骤。[68]因为不是在真正地进行燃料装卸，这项测试并不具有完美的真实性。但这项测试会相对安全，因为是在模仿而不是实际操作危险的装卸过程。另一个使用高真实性测试的组织是 Casino 加油站。因为大多数 Casino 加油站的应聘者（每周的数量超过 800 人）也是那里的顾客，所以 Casino 开始利用简短的高真实性测试（在一个类似银行柜台后面进行的 5 分钟的测试）。应聘者接下来将会进行一系列的模拟测试，比如用来评估团队合作技能的团队拼图游戏。[69]

低真实性测试用纸笔或者口头语言的具体描述来模拟任务，应聘者通过纸笔或者口头语言而不是实际的应对行为来回答问题。一个例子是向应聘者描述一个真实的情境，然后询问他们在这个具体的情境下如何应对。一项研究发现，7 家通信公司用这种测试来挑选管理者。[70]低真实性工作样本测试和一些类型的结构化面试有很多相似之处，在一些情况下，它们是难以区分的（参见"结构化面试"部分）。

工作样本测试变得更加具有创新性，在服务行业的选拔中越来越普遍。比如，Aon 咨询公司开发了一个叫做 REPe Valuator 的在线模拟测试，在这个测试中应聘者扮演消费者服务专家的角色。在模拟测试中，应聘者模拟打电话，参与网上对话，回复电子邮件。测试平均需时 30 分钟，花费 20 美元/人。该测试给出了情感融洽性、问题解决、交流、共鸣和倾听能力的分数。[71]另一个有趣的工作样本测试类似于工作体验，除了应聘者不是正式的雇员，也不会被雇用或者被补偿。比如，让一位有潜力的应聘者拨一通销售电话。在这个情境中，虽然这位应聘者在纸笔测试上表现很好，但真实的销售电话暴露了她行为上的一些问题以致她没有被录用。[72]最后，一些技术公司在大学举办"编程竞赛"，提供丰厚的奖励（一等奖奖金可高达 50 000 美元）和工作机会，参赛的学生尝试开发软件或者解决程序问题。企业借此扩展品牌名声，而且有机会雇用通过竞赛充分证明自己能力的应聘者。[73]

人机互动绩效测试与纸笔测试。对于能力测试来说，计算机能够测量一些关于工作的纸笔测试无法测量的方面。计算机可以捕捉到工作多样性和复杂性的本质，对于要求认知和动作绩效的工作尤其如此。

关于计算机捕捉工作多样性和复杂性的一个例子来自太阳信托银行（Suntrust Bank）。太阳信托银行要求应聘者执行一些与银行柜员相同的任务，比如查看账户信息和输入客户数据。然后测量应聘者对于这些情境的反应，包括心理反应（比如理解、编码、计算）和行为反应（比如打字速度和准确程度）。[74]

计算机可以被用来捕捉管理工作中的多样性和复杂性。Accu Vision 公司利用录像带向应聘者展示将会面对的真实的工作情境。候选者依次选择一个行为选项来回答每个情境。被试的回答被输入计算机，然后根据被试成为管理者所需要的工作技能进行打分。[75]

■ 评估

研究指出，绩效测试或者工作样本测试在预测工作绩效上具有较高的效度。一项针对大量研究的元分析指出，其在预测工作绩效上的平均效度为 $\bar{r}=0.54$。[76]因为绩效测试测量的是整个工作，而工作样本测试测试的是工作的一部分，它们也具有很高的内容效度。因此，当考虑到经验上和内容上的高效度时，工作样本也许对于很多类型的工作来说是最有效的一种测试方式。

绩效测试和工作样本测试还有其他优势。研究指出，测试因为与工作直接相关受到了应聘者的广泛认可。一项研究指出，有 10%～20% 的参与者抱怨其他选拔程序，并没有人抱怨绩效测试。[77]另一项关于日本汽车工厂的美国员工的调查指出，工作样本测试有很好的跨文化适用性，因此对于跨国公司的人员选拔很有用。另一个绩效测试和工作样本测试的优势是负面影响比较小，虽然最近一些研究指出绩效测试和工作样本测试的负面影响可能会比人们通常想象的大。[78]

工作样本测试确实有一些局限。将现实因素嵌入工作样本的成本很高，测量工具越是能真实地模拟实际工作，它使用起来的费用越昂贵。事实上，要求实习生完成工作，都需要付薪。使用录像带和计算机也会增加成本。因此，绩效测试和工作样本测试在选拔手段中费用最高。考虑到工作样本测试和绩效测试缺乏普遍的标准，它们的成本也会被放大。与其他选拔手段相比，绩效测试和工作样本测试可能更加依附于具体的工作。这意味着，每个工作都需要基于全面的工作分析来开发不同的测试。虽然工作样本测试的高效度值得花费高额的成本，但是在一些情况下成本实在太高。一种减少实施成本的方法是使用两阶段的选拔程序，这样一来能减少应聘者的人数，并且使用相对比较便宜的测试。一旦做出了最初的筛选，组织只需要针对在第一轮测试中达到最低素质要求的应聘者进行工作样本测试和绩效测试。[79]

最后，大多数绩效测试和工作样本测试假设应聘者已经拥有工作中必需的KSAO。如果加入大量的培训，即使应聘者接受适当的培训后能取得高绩效，他也不能有效地通过工作样本测试。因此，如果加入大量的在岗培训而且部分或者大量应聘者都要求参加培训，那么单单使用工作样本测试就不可行了。

9.2.5 情境判断测试

同时具有能力测试，尤其是业务知识测试和工作样本测试的某些特点的混合选拔程序就是情境判断测试。这种测试使应聘者处在假设的、与工作相关的情境中，接着要求应聘者从若干选项中选择一系列行动。例如，911 操作员职位的应聘者可能会接听一系列电话，并被要求从一系列选项中选出最合适的答复。或者，一个项目团队的应聘者将会碰到团队产生冲突的情境，应聘者被要求选择一种方法来解决冲突。表 9—8 提供了情境测试的两道样题。

表 9—8	情境测试的样题

零售行业的管理者

假设你是一家大型百货商店的副经理，有一个周末当你在负责商店时，遇到一位顾客想要退一双网球鞋。负责售后服务的人员拒绝退货。顾客要求见管理者，因此雇员找到了你。当你与那个很明显被激怒的顾客见面时，你发现她没有收据，而且鞋子很明显穿旧了。当你问她为什么要退鞋时，顾客说她在你的店里买了很多双鞋，但是其他的鞋都"比这双更耐穿"。你发现这双鞋在店里有存货，所以当顾客说她是在你的店里买的鞋时，你没有理由认为她在说谎。然而，这双鞋很明显穿过很长时间了。

你应该：

a. 退款给顾客

b. 与老板确认——星期一商场经理在的时候与他商量

c. 拒绝退款，向顾客解释鞋子太旧，不能再退货了

d. 告知顾客一个可比较的网球鞋的当前价格

公园管理员

假设你是一个公园管理员，隶属于黄石国家公园。你目前的一项职责是巡查公园里一些非常难走的小径，以寻找失踪登山者的踪迹、检测违法行为以及小路的状况。现在是 9 月中旬，你在沃什伯恩山的边缘小道上巡查，以确定是否由于季节原因关闭小路。当你准备开始出发时，天气预报说下雪的可能性很小，但在登山途中，一场初秋的暴风雪开始袭来。你坚持了一段时间，后来你躲在一棵松树下。虽然现在暴风雪有减弱的趋势，但天快要黑了。你将选择以下哪种举动：

a. 待在松树下直到救援

b. 沿路返回到出发的管理局

c. 一旦云散了，通过北极星定位，找到最近的管理局

d. 用火柴生火，早上再返回

　　我们可以看出，情境判断测试、业务知识测试与工作样本测试之间有很大的相似性，进而不同类型的情境判断测试反映出或者是评估业务知识（与业务知识测试更相似），或是评估行为倾向（与工作样本测试更相似）。情境判断测试、业务知识测试与工作样本测试之间仍然有差别。业务知识测试与工作内容（应聘者一旦被录用被期望立即掌握的知识）的联系更加明确，而情境判断测验更多的是应对未来可能会面对的工作情境。另外，业务知识测试没有情境判断测试那么全面，情境判断测试有可能还会提供视频片段和其他一些更加真实的材料。情境判断测试与工作样本测试的区别在于：前者需要应聘者在不同情境下进行多项选择，而后者是让应聘者在他人的观察下切实执行任务。

　　赞成使用情境判断测试的主要观点是，情境判断测试具有工作样本测试和认知能力测试的效度，同时在一定程度上比工作样本测试费用更低，而且比认知能力测试有更少的负面影响。以上这些目标能够如何达到呢？最近一项针对情境判断测试效度的元分析指出，情境判断测试与工作绩效有一定的相关关系（效度为 $\bar{r} = 0.26$）。[80]研究还指出，情境判断测试对于少数群体具有更少的（但不是没有）负向影响。[81]进一步，基于视频录像的情境判断测试看起来更能够使应聘者积极配合。[82]

　　情境判断测试的一个可能的局限是，虽然情境判断测试比工作样本测试更易操作，比认知能力测试具有更少的负面影响和更积极的参与者反应，但情境判断测试可能没有工作样本测试或业务知识测试那样有效。另外，由于情境判断测试一般与认知能力（$\bar{r} = 0.32$）和人格（尤其是责任心，$\bar{r} = 0.27$）显著相关，因此人们怀疑除去认知能力测试与人格测验之外，情境判断测试是否增加了效度。一些研究表明确实增加了效度。[83]然而，其他研究没有显示认知能力测试与人格测验之外的额外效度的增加。[84]在上述提到的元分析中，除去认知能力测试与人格测验之外，情境判断测试增加的效度只有 0.02。文章指出，这并不是关于增加的额外效度的定锤之音。然而，考虑到现在对于情境判断测试的关注热度，有人可能会有疑问："重点是什么？"

　　如果使用情境判断测试，需要作出三个重要决定。第一，形式问题。情境判断测试的两种主要形式是书面材料和录像带。在录像带测试中，应聘者首先观看一段关于角色扮演的录像剪辑（比如，一个由应聘者负责指导的下属寻求人事问题的建议），然后被要求从一系列的备选答复中作出选择。一些证据表明，基于录像带的情境判断测试比纸笔测试有更少的负面影响和更高的附加效度。[85]

　　第二，打分问题。尽管为了快速记录和计算得分会开发一些评分方案，但需要注意的是，评分方案需要持续改进。一般来说，关于工作详细需求的知识得分越多，情境判断测试的分数越有效。[86]

　　第三，一个必须考虑的问题是应该测量哪些要素。当然，在这里工作分析可以作为指导：应该评估工作分析得出的对完成工作很重要的要素。调查显示，某些要素通过情境判断测试测量似乎比用其他测试方法更有效，尤其是关于领导能力、个人主动性和团队合作的情境判断测试对工作绩效具有较好的预测。这可能是由于这些要素通过其他方法不能被很好地测量。[87]

9.2.6 诚信测试

每当要求雇主们指明理想的应聘者需要具备哪些素质时，雇主们往往将诚实和正直排在最前面。在最近的一项研究中，大学的招聘人员被要求对应聘者不同的技能/素质的重要性评分，得分量表从 1（不重要）到 5（非常重要）。以下是 6 个得分最高的技能/素质[88]：

1. 诚实/正直　　　　　　　　4.7
2. 沟通技巧（口头或者书面）　4.7
3. 人际技能（与他人关系很好）4.5
4. 积极性/主动性　　　　　　4.5
5. 强烈的职业道德　　　　　　4.5
6. 团队合作技能　　　　　　　4.5

显然，正直对于应聘者是一项重要素质；诚信测试的目的就是测量这个重要的素质。

诚信测试是通过纸笔或者是基于计算机的形式进行，旨在评价应聘者的诚信和道德品质。它是其他旨在衡量应聘者诚信和道德的测试手段（比如测谎仪、面试者评估等）的备择方法。对于大多数雇主来说，使用测谎仪是非法的。即使合法，使用测谎仪也太具有侵犯性，以至于在很多情况下应聘者的消极反应可能会抵消测谎仪的效度。当然，面试者测评应聘者诚信的方法是合法的，但却不是检测是否诚实的可靠方法。即使像联邦调查局（FBI）探员、法官和心理学家这些专家，也很难准确地察觉到谎言。最近一篇关于 108 项研究的综述指出，人们检测谎言的概率只比靠运气察觉谎言的概率高 4.2 个百分点。[89]由于这些原因，诚信测试看起来比测谎仪和面试者评价更好，而且最近十年来诚信测试的使用迅速风靡。这些测试在对偷盗行为、安全性和非法行为需要着重考虑的职业上尤其使用广泛。比如，零售业组织每年会因为员工盗窃大约损失 190 亿美元，而且令人吃惊的是，在所有缺失的存货中可能有将近一半是员工盗窃（46.8%），比入店抢劫的比例（31.6%）高出很多。[90]诚信测试的用处在于能够淘汰掉有此类反生产性行为倾向的应聘者。[91]

■ 方法

诚信测试有两个版本：明确的目的（有时又称公然的）和一般性目的（有时称为隐藏性目的或者人格指向的）。表 9—9 提供了这两个版本测试的样题。明确目的的测试直接检测了员工对盗窃的态度。这些测试一般由两部分组成：(1) 反盗窃态度的问题（参见表 9—9 中第 1 和 2 题）；(2) 关于参与盗窃和其他反生产性行为的发生频率和程度的问题（参见表 9—9 中第 3 和 4 题）。[92]一般性目的或者隐藏性目的的测试的观点是人格能够影响不诚实的行为（参见表 9—9 中第 5～8 题）。最常用的明确目的的测试是人事筛选量表（PSI）、里德报告（Reid Report）以及斯坦顿调查（Stanton Survey）。最常用的隐藏性目的的测试是人员反馈量表（Personnel Reaction Blank）、PDI 员工调查以及霍根员工可信赖度量表（Reliability of the Hogan Employment Inventory）。[93]

表 9—9	诚信测试样题

明确目的的测试问题

    1. 你认为如果作弊不会被抓，大部分人都会作弊吗？

    2. 你认为如果一个员工没有受到公平对待，他就有理由从雇主处盗窃吗？

    3. 你在知道银行账户余额不足的情况下开过支票吗？

    4. 你曾经盗窃过吗？

一般性目的的测试问题

    5. 你更愿意参加晚会还是读报纸？

    6. 你经常会感到羞愧吗？

    7. 你总是自己整理床铺吗？

    8. 你喜欢制造刺激吗？

有些研究者指出，正直显示了与大五人格特征不一样的第六种人格特征。[94]然而，许多研究者认为，诚信测试的分数反映的是综合了几个大五人格特征的更广泛的人格特质。诚信测试看起来尤其能反映出责任心、宜人性以及情绪稳定性。[95]无论诚信测试测量了人格的哪一方面，诚信测试似乎对于工作场所越轨行为或者反生产性行为的预测，比大五人格特征都要有效。

■ 诚信测试的效度

对 500 000 多个体和 650 多项个体研究的一项大型元分析表明，诚信测试的效度水平令人惊讶。[96]以下是这项研究的主要发现：

1. 无论是明确目的的还是一般性目的的诚信测试，都是反生产性行为（实际的或者承认的盗窃行为，因盗窃的解雇，非法行为，旷工，拖延以及工作场所暴力）的有效预测工具。明确目的的测试的平均效度（$\bar{r}=0.55$）比一般性目的的测试（$\bar{r}=0.32$）要高。

2. 一般性目的的测试和明确目的的测试都是工作绩效的有效预测工具（分别是 $\bar{r}=0.33$，$\bar{r}=0.35$）

3. 使用预测效度设计，以真实盗窃行为作为效标，效度降低到 $\bar{r}=0.13$。

4. 诚信测试对于女性和少数族裔没有负面影响，也和智力没有相关关系。因此诚信测试增加了认知能力测试的效度，减少了认知能力测试的负面影响。

这项综合研究的结果表明，如果将诚信测试广泛地应用于不同职种职类，组织将会从中受益。然而，由于在元分析里的大多数个体研究是由测试出版者开展的（它们偏好于找到一个好结果），因此组织使用诚信测试时需要研究对于本单位员工的测试效度。

■ 批评和关注点

造假。使用诚信测试的一个主要的问题在于应聘者很容易造假。想想表 9—9中的那些样题，而且设想你现在是在申请工作的背景下完成这些题目。这样似乎很容易理解应聘者会在填答的时候作假（特别是在如果大多数答案都无法证实的情况下）。当人们想到最可能造假的应聘者（人们表现得不诚实）恰好是组织想要筛选出淘汰的人时，造假行为确实是一个很值得关注的问题。

　　造假问题主要包括三方面的疑问：（1）在诚信测试中能造假吗？（2）应聘者在诚信测试中会编造或者强化填答吗？（3）造假行为会损害测试的效度吗？比如当那些最不正直的人（最倾向于造假）在诚信测试上得分很高的话，会产生不合理的倒置现象吗？

　　首先，应聘者在受到暗示或者被充分激励的情况下很容易造假，这就像在人格测验中一样。有研究比较了那些被要求诚实填答的个体和那些被告知造假会更好的个体的分数，发现在造假的情况下诚信测试的分数会更高。

　　其次，应聘者有能力造假并不代表他们一定造假。毕竟，应聘者在参加测试时并没有被告知"造假更好"，而且出于道德（应聘者认为造假是错误的）或实际原因（应聘者相信造假会被检测出来），很多应聘者可能并不会故意造假。遗憾的是，对于这个问题的证据很少。就像一篇综述中指出的，一个普遍的未解之题是工作应聘者是不是真的在诚信测试上造假。[97]

　　最后，对于造假是否有影响的问题，如果造假很普遍，诚信测试的分数可能不会预测应聘者绩效，也可能有负向效度（诚实的应聘者的分数比不诚实的应聘者低）。但是应聘者样本的测试效度为正的事实也表明，造假可能存在，但它对于诚信测试的效度也不会造成很大的不良影响。有证据表明不诚实的应聘者的造假现象不比诚实的应聘者严重，这是因为人们认为所有人都是不诚实的，因此他们只回答别人已经认可的答案。无论是什么原因，造假如果是个问题，它也并没有足够的影响去降低测试的效度。

　　错误分类与污名化。一些反对诚信测试的人认为应聘者会被错误归为不诚实者。[98]某种程度上这是一种奇怪的反对意见，因为所有的选拔手段都是不完善的（效度小于 1），几乎所有的选拔程序都会有将个体错误分类的问题。我们认为，更大的问题在于可能会根据测试得分污蔑应聘者是不诚实的。这些问题可以通过适当的流程以确保测试分数的安全性和保密性来避免（当然它在任何情况下都应该达成）。

　　应聘者的消极反应。一项元分析比较了十个选拔程序的应聘者反应，包括面试、工作样本、认知能力测试和诚信测试。结果显示，应聘者对于诚信测试有消极反应——他们对诚信测试的支持率要低于笔迹分析之外的所有测评方法。[99]应聘者对于不同类型的诚信测试题的反应可能会有很大不同，而应聘者的消极反应可以通过解释和行政命令得以缓解。遗憾的是，已发表的研究中很少是关于这些问题的。

9.2.7　兴趣、价值观和偏好量表

　　兴趣、价值观和偏好量表的目的是评估应聘者在岗和离岗时偏爱的活动。它和那些检测应聘者能否做这份工作的预测工具不同。然而，一个人能做这份工作并不能保证他会在工作上获得成功。如果一个人并不想做这份工作，那么不管能力怎样，他都不会成功。虽然兴趣很重要，但是它们在人员选拔中使用并不普遍。

　　兴趣、价值观和偏好的标准化测试是可行的。许多测试是测量职业兴趣（比如可能使人受到激励和感到满足的职业类型）而不是组织兴趣（比如可能使人受到激励和感到满足的工作与组织类型）。使用最广泛的两种兴趣量表是斯特朗职业兴趣

量表（Strong Vocational Interest Blank，SVIB）和梅耶斯-布里格斯类型测试（Myers-Briggs Type Inventory，MBTI）。两种量表都是基于个体的填答将个体分成差别很大的几个类别，而不是在一个连续的维度中（例如，一个人或多或少地比其他人更有责任心）。MBTI 将个体分为 16 个类型，而且这 16 个类型被发现与我们先前讨论的大五人格特征相关。[100] 兴趣量表的样题参见表 9—10。SVIB 将个体分为与工作相匹配的六种类型（实际的、研究性的、艺术性的、社交性的、企业家和常规性的）。这两种量表在中学、大学和职业学校的职业咨询中广泛使用。

表 9—10	兴趣量表的题目示例

1. 你通常：
   (a) 是一个喜欢聚会的人
   (b) 是一个喜欢沉浸在一本好书中的人
2. 你更喜欢：
   (a) 参与总统竞选
   (b) 修汽车
3. 以下哪种人更值得赞美：
   (a) 富有同情心的人
   (b) 有责任感的人
4. 你更喜欢被称作：
   (a) 直觉很强的人
   (b) 很有逻辑和理性的人
5. 你更经常：
   (a) 冲动行事
   (b) 事先制定详细的行动计划
6. 你通常与哪种人更处得来：
   (a) 艺术性的人
   (b) 实用主义的人
7. 你更赞同以下哪个说法：
   (a) 了解自己，并且做自己
   (b) 一个人能够达到的高度应该超越他的能力，要不然天堂有什么用
8. 在聚会或者社交的集会中，你更愿意：
   (a) 介绍别人
   (b) 被别人介绍

过去的研究指出，兴趣量表并不是工作绩效的有效预测工具。兴趣量表预测工作绩效的平均效度看起来只有 $\bar{r}=0.10$。然而，最近一份对超过 400 项研究的报告得出了更加积极的结论。[101] 特别地，由霍兰德的 6 种职业类型（实际的、研究性的、艺术性的、社交性的、企业家和常规性的）形成的职业兴趣预测各种标准（调查分与任务绩效呈积极关系，艺术分则与任务绩效呈消极关系），尽管效度不是很明显（就一切情况而言，效度小于 0.20）。

即使兴趣量表是绩效的适度的预测工具，这也不意味着兴趣量表对于所有目的来说都是无效的。研究很清楚地指出，当个体的兴趣与他们的工作要求匹配时，个体会对工作更加满意，也更加倾向于维持目前选择的工作。[102] 因此，尽管兴趣量表无法有效地预测绩效，但它们能够有效地预测职业选择和工作满意度。毫无疑问，职业兴趣与工作绩效联系不大的一个原因是，测量的兴趣是与职业有关，而不是与

工作和组织有关。

研究指出，虽然职业兴趣测试在职业选择上作用很大，但它们在组织选择上作用甚微。然而，如果从人岗匹配的角度出发，兴趣量表的作用会更明显。[103]就像我们在第 1 章所讨论的，人岗匹配并不是影响工作绩效的应聘者特征，而是影响应聘者特征和组织特征的相互作用。比如，如果一个人对工作中的人际关系很感兴趣，那么他就可能会在一个强调合作和团队协作的组织中表现出色，而在一个强调独立与个人主义的组织中表现不佳。因此，当考虑到应聘者价值观和组织价值观匹配（人岗匹配）时，兴趣和价值观量表可能会更加有效。[104]

9.2.8 结构化面试

结构化面试是一个非常标准、与工作相关的测评手段。它要求像在接下来的章节中讨论的那样仔细和全面地构建。将结构化面试与非结构化或者心理面试进行对比是有指导意义的。这样的对比有助于强调两者之间的差异。

典型的非结构化面试具有以下特征：

● 它通常没有计划、非正式、快速，并且面试官不需要花时间准备。

● 为了在心理上检验应聘者是否合适，面试官的问题常常是"预想"或者"随兴提问"，而不是基于工作的要求。

● 它包括一些随意的、开放性答案的或者主观的问题（比如，"简要介绍一下你自己"）。

● 它包括一些不敏感的问题（比如，"你最想成为什么动物，为什么？"）。

● 它包括一些猜测性强的问题（比如，"你十年后会怎样？"）。

● 面试官会快速地对应聘者做出最后评价（经常在最开始的几分钟就能作出评价）。

尽管非结构化面试一直很普遍——它是最常用的实质性的选拔程序，但是调查表明组织明显会因为使用非结构化面试而付出代价，换句话说，它的信度和效度低。[105]面试官在使用非结构化面试时不能在评估应聘者上达成一致意见，也不能持续准确地预测应聘者的工作业绩。

多年来，研究者试图解释非结构化面试效果不佳的原因，找到需要改进的因素以提升信度和效度。以下是非结构化面试的错误或偏差的来源[106]：

● 非结构化面试的信度相对来说比较低。面试官基于不同的因素评价，拥有不同的招聘原则，并且不同的面试官实际使用的选拔标准与预期标准的匹配程度不同。

● 应聘者外形的吸引力被持续地证明能够预测面试官的评估。

● 在面试中消极信息可能比积极信息影响更大。研究表明，要改变面试官对于应聘者的最初印象，需要的正面信息量是负面信息量的 2 倍。因此，非结构化面试被人们称作"收集消极的证据"。

● 面试官倾向于做出武断的结论，面试开始后 0.1 秒就形成了对应聘者的第一印象，大多数面试官在面试的前几分钟就得出了结论。

● 面试官会看重一些表面的背景信息，比如姓名和口音。一项研究指出，当回复波士顿和芝加哥真实的招聘广告时，虚构的名字是艾里森和布拉特的应聘者比名字是肯亚和哈金姆的应聘者收到面试通知的可能性要大一倍，即使他们的简历十分类似。

● 非结构化面试的评价特别受申请者的印象管理和言语行为的影响。

● 相似性效应。当应聘者与面试官在种族、性别以及其他方面相似时，会得到更高的分数。

● 在非结构化面试中，经常会出现面试官无法回忆起面试过程的问题。一项研究通过经理记忆事实信息的测试证实了这一结论。研究中要求经理先观看 20 分钟的面试录像。一些经理将 20 个问题全部正确记住了，但是经理们平均只记住了一半问题。

因此，非结构化面试不是很有效，而且已经有研究找到了其中的原因。结构化面试通过将过程标准化，减少非结构化面试自身具有的偏见。

■ 结构化面试的特点

结构化面试具有很多特点。其中一些突出的特点是：（1）问题以工作分析为基础；（2）对所有面试者询问同样的问题；（3）对每个问题的回答都要量化评估；（4）利用评分表给每个回答打分；（5）记录细节，尤其关注面试者的行为表现。[107]

结构化面试主要有两种类型：情景化面试和基于经验的面试。情景化面试通过评价应聘者的能力来反映其在未来假设的情景中的行为表现。[108]使用情景化面试的前提假设是个人为自己设定的目标或者意向能够很好地预测他在未来工作中的表现。

基于经验或者与工作相关的面试评价过去与求职工作相关的表现。使用这种面试的前提假设与使用传记性信息相同，即过去的经历是预测未来绩效的有效工具。其观点是当应聘者过去的经历与未来要面对的情景相似时，他就有可能在工作上取得成功。基于经验的面试的一个例子是模式化行为描述面试，需要在面试过程中收集四类经验信息：（1）证件信息（证明过去经验和成就的客观信息）；（2）经历的描述（对申请者正常工作职责、能力和责任心的描述）；（3）个人观点（应聘者对自己的优势、缺陷和自我认知的想法）；（4）行为描述（关于应聘者工作和生活经历中的真实事件的描述）。[109]

情景化面试和基于经验的面试有相似的地方。总的来说，两者都是以工作分析中的关键事件为基础，涉及对工作绩效有重要影响（或者有代表性地描述绩效）的工作行为。另外，两种面试方法都是评价应聘者的行为表现，而不是情绪、动机、价值观或者其他心理状态。最后，两种方法的效度和信度都十分显著，并有支持性的证据。

另一方面，情景化面试和基于经验的面试也有重要的不同点。最明显的区别在于情景化面试是未来导向的（"如果……你会怎么做？"），而基于经验的面试是以过去的经历为基础（"当时你是怎么做的？"）。另外，由于在情景化面试中应聘者回答同样的问题，因此它更加标准化；很多基于经验的面试更强调根据特定问题的回答自主分析。在两类结构化面试中应该选用哪种，目前还没有决策的依据。然而，需要考虑的一个因素是基于经验的面试可能只与有重要工作经验的应聘者相关性强。如果应聘者没有经历过某种情况，那么问他如何应对这种情况就没有太大意义。另一个相关因素是工作的复杂性。对于复杂的工作，使用情景化面试的效果不如基于经验的面试。这可能是因为很难模拟复杂工作的本质。

■ 评价

传统意义上认为工作面试的效度很低。然而，最近有证据显示结构化面试（甚至非结构化面试）的效度是显著的。元分析得出以下结论[110]：

1. 面试的平均效度是 $\bar{r}=0.37$。
2. 结构化面试（$\bar{r}=0.31$）的效度比非结构化面试（$\bar{r}=0.23$）高。
3. 文献中对于情景化或基于经验的面试是否效度更高的观点不一致。最全面的元分析认为情景化面试（$\bar{r}=0.35$）比基于经验的面试（$\bar{r}=0.28$）更加有效。而最近一些元分析得出的结论相反。
4. 小组面试的效度（$\bar{r}=0.22$）比单独面试的效度（$\bar{r}=0.31$）低。

考虑到结构化面试的优点，其使用率不高的现象让人费解——99％的组织表示它们在选拔过程中使用面试，但是只有略多于 55％的组织声称会使用结构化面试。正如一篇综述中所总结的，"结构化面试在实践中不经常用到"。与大多数人一样，选拔的决策者出于明显的惯性依然使用非结构化面试，因为他们总是使用非结构化面试，认为方便比质量更重要。因此，过去实践中持续使用非结构化面试的习惯需要打破。最好的方法就是对人力资源政策制定者进行培训，告诉他们结构化面试的优点。[111]

不管是不是结构化面试，应聘者都倾向于在面试中展现自身积极的方面。研究表明大多数应聘者认为面试是选拔过程中必不可少的环节，而且多数人觉得面试是测量相关能力的最合适的测评手段。因此，应聘者认为与其他任何选拔程序相比，面试是工作相关性最强的。[112]

面试能够缓解对应聘者中少数群体的负面影响——其负面影响高于人格测验，但是大大低于认知能力测试。[113]

构建面试的过程需要组织按照系统的标准流程进行。为了进一步说明，我们概括了情景化面试的构建过程。

■ 构建结构化面试

从面试的设计和执行方面，结构化面试都要标准化，同时要控制影响面试流程和面试官的因素。它的目标是改善面试的信度和效度，使之超过非结构化面试。研究表明这个目标可以实现；为此要求按照以下步骤进行：参考工作需求矩阵，制定选拔计划，开发结构化面试方案，挑选并培训面试官，以及评估有效性。下面将详细地依次说明每个步骤。

■ 工作要求矩阵和选拔计划

结构化面试的起点是工作要求矩阵。它通过指明工作任务和 KSAO 确定工作要求，结构化面试围绕工作要求建立和执行。

因为从工作要求矩阵识别 KSAO 是选拔计划过程的开端，所以工作要求矩阵有助于确定选拔中应评价的应聘者的素质要求，以及确认结构化面试是不是理想的评估方法。

KSAO 是必需的吗？ KSAO 中有些是要求工作候选人带到工作中的，其他可以从工作中习得（通过培训和/或工作经验）。对每项 KSAO 都要做出带来/习得的决定。由工作要求矩阵中 KSAO 的重要指标指导决策的制定。

结构化面试是优先选择的方法吗？ 组织必须决定结构化面试是不是选拔中评价每项 KSAO 的理想方法。在做决策时要全面考虑各个因素。结构化面试可能只是很适合评价人与人之间或者面对面的技巧和能力，比如沟通技巧和人际交往。

表 9—11 是一家服装零售店招聘售货员的选拔计划。虽然在工作要求矩阵中有 5 个工作任务维度（顾客服务、机器操作、使用客服设备、销售和店面流程、清洁和维护），但是表中只有为"客户服务"维度制定的选拔计划。

表 9—11　　零售店售货员的选拔计划（部分）

任务维度：顾客服务		
KSAO	是选拔中必需的？	评估方法
1. 使顾客感到受欢迎的能力	是	面试
2. 出售商品的知识	是	笔试
3. 商品存放位置的知识	不是	无
4. 真诚待客的技巧	是	面试
5. 形成观点并传达给顾客的能力	是	面试

注意表中的客户服务维度有几项必需的 KSAO 要求。但是在进行选拔的时候，它们中只有一些会被测评，而且其中仅有几项是通过结构化面试测评。因此，评估方法细致地指向需要考察的 KSAO。

■ 结构化面试方案

制定结构化面试方案要依次按照三个步骤：设计面试问题，明确每个问题的回答基准，以及确定每个问题的权重。售货员工作的面试方案如表 9—12 所示，在后面的讨论中将有所涉及。

表 9—12　　结构化面试的问题、回答基准、评分标准和问题权重

职位：售货员							
任务维度：顾客服务							
	评分标准				分数	×	权重＝得分
	1	2	3	4	5		
问题 1（KSAO 1）							
一位顾客走进商店。没有售货员接待他，你正忙着摆放商品。在这种情况下，你会怎么做？		继续摆放商品	继续工作，但是会和顾客打招呼	停下工作，欢迎顾客，然后提供帮助	5	1	5

问题 2 （KSAO 4）						
顾客在试衣间里，让你给她拿一些衬衫试穿。你照做，但是拿错了尺寸。顾客很生气并且向你大喊。你会怎么做？	告诉顾客"请冷静"	去拿正确的尺寸	道歉，去换正确的尺寸	3	1	3
问题 3 （KSAO 5）						
顾客想为她 17 岁的外孙女买一件合适的衬衫。她让你拿几件你认为合适的。你照做，不过没有她喜欢的。你会怎么做？	让顾客去别的地方看看	解释为什么你选择的衣服合适	解释你的选择，说明还可以选择礼品券作为代替	5	2	10
						18

设计问题。针对每项需要测评的 KSAO 都要设计一个甚至更多的问题。注意确保问题能够反映候选人的行为表现，或者揭示他们过去的经历（行为描述），或者让候选人回答会在未来情景中怎么做（情景化）。询问本质问题："在当时的情境中，你做了什么？""如果当时你在，你会怎么做？"

设计这两类问题的关键是营造一种与 KSAO 有关的情境，然后让候选人以回答问题的方式作出回应。如果决策者考虑只有有限经验的应聘者，那么未来导向或者情景化的问题比行为描述的问题更有效果，因为并非所有应聘者都有这样的经验。

表 9—12 显示的是在零售店为售货员工作制定的选拔计划中，针对面试需要评价的 KSAO 的问题。我们可以看到，三个问题都给出了售货员可能遇到的特定情景。这些问题的内容明显与工作相关，源于工作要求矩阵。

回答基准和评分标准。面试官必须评价或者判断候选人对面试问题回答的水准。提前确定回答基准和相应的评分标准为面试官完成选拔提供了固定的准则。回答基准表示候选人回答的若干种类型，是面试官可能会遇到的回答。回答基准事先给定分数等级（通常是 1～5 或者 1～7 个等级），以表示候选人回答的"水平"或者"优秀程度"。

表 9—12 包括了三个面试问题的回答基准，每个问题的回答都排列在 1～5 的等级量表中。注意这些回答都十分明确，而且它们清晰地反映了一些答案比其他答案更好。回答基准代表了从组织的角度对员工工作行为的客观要求。

问题加权。每位候选人都会有结构化面试的分数。所以，组织需要根据每个问题的重要程度确定它在总分中的比重。这样，候选人的面试总分就是每个评分的简单加总。如果一些问题对于评价候选人更重要，那么这些问题所占的比重就更大。问题越重要，它所占的比重相较于其他问题越大。

表 9—12 显示了三个面试问题的权重。我们可以看到，前两个问题的权重是 1，第三个问题的权重是 2。候选人在每个任务维度上的总分是每个问题的评分与权重的乘积的加总。在表 9—12 中，候选人的顾客服务得分是 18 分（5＋3＋10）。候选人总的面试成绩是所有维度得分的加总。

■ 挑选和培训面试官

一些面试官的判断会比其他面试官更准确。事实上，有几项研究发现面试官的效度有显著差异，甚至在结构化面试中有些面试官产生持续的早期印象。[114]因此，与其问"这个面试的效度是多少"，更合适的问法是"哪位面试官的效度高"。回答这个问题需要面试官能准确判断候选人的能力特点。很少有研究探讨哪些因素能指导面试官的挑选。认知能力与评价他人的准确性有关系，这点很容易理解。如果可能的话可以进行模拟面试，要求潜在的面试官通过工作分析明确候选人的 KSAO，预览候选人，实施虚拟面试，以及评价候选人。

因为面试官可能没有经历或运用过结构化面试，所以在面试流程中可能要对面试官培训。这是帮助他们了解面试流程的一种途径，也是提高结构化面试效度的另一方法。培训包含的逻辑流程内容如下：

- 非结构化面试存在的问题；
- 结构化面试的优点；
- 结构化面试的开发流程；
- 使用笔记和减少评分错误；
- 结构化面试的实际操作。

关于面试官培训是否有用的研究结论并不一致。一篇综述总结道，有证据表明针对减少评分错误的能力培训项目"效果充其量好坏参半"。[115]然而，最近的一项研究揭示面试官的培训项目是有效的，尽管效果不明显，但是也提高了面试的结构化程度。[116]考虑到面试官不倾向于使用结构化面试，这就变成培训项目的关键优势。

■ 评价有效性

使用任何测评工具，我们都需要了解结构化面试的信度、效度和效用。鉴于面试过程的复杂性，这点尤其重要。因此，要将结构化面试的有效性评价直接融入面试流程中。

■ 团队背景下的人员选拔

十几年前，通用食品等公司就采用工作团队的形式，成为当时的新闻。毋庸置疑，团队在当前很盛行。组织致力于团队建设的主要原因是，它们认为团队对于环境变化更加灵活和敏感。它们还认为团队运作比个人单独工作的效率更高。或者，它们希望将团队工作变成组织文化的一部分，从而加强组织的民主建设、激发员工的工作动机。[117]

如同个体外形各异，团队也有很多不同的类型。不过，团队可以概括为四种类型[118]：（1）问题解决型团队，即团队成员彼此分享观点或者提供如何改善工作过程的建议（尽管他们没有权力单方面实施任意建议的行动）；（2）自我管理的工作团队，典型特点是由 10～15 名员工组成的集体，他们从事高度相关或者彼此独立的工作，同时要担负起之前负责人的责任；（3）跨职能的团队，由职位等级基本相同、不同工作范围或者不同职能的员工组成；（4）虚拟团队，分散的成员通过计算机保持联系，目的是实现共同的目标或者完成同一项目。

无论团队存在的原因和类型是什么，团队工作都意味着在组织中重构工作方法，这必然会对人员配置产生影响。

在团队背景下人员选拔的合理过程中，首先要理解工作的要求。其中包括确定团队工作所需要的知识、技能和能力（KSA）。例如，为了有效地完成团队工作任务，成员必须具备人际交往的 KSA（由冲突解决、合作解决问题和沟通技巧的 KSA 组成）和自我管理的 KSA（由目标设定、绩效管理、计划和任务协调的 KSA 构成）。

人们已经开发出将基于团队的 KSA 融入到当前选拔流程中的方法。[119] 表 9—13 是从 35 道题的测试中选取的一些样题。两项研究用三个标准（团队工作绩效、技能绩效和整体表现水平）对该测试进行了验证。[120] 一项研究表明，团队工作测试对预测团队工作和整体绩效有很高的效度；而另一项研究表明它无法预测任何一项。（为什么团队工作在一项研究中表现良好但是在另一研究中正相反，我们尚未知晓。）需要注意的是，测试不是衡量团队工作 KSA 的唯一方法。一些领先的公司在选拔团队成员的时候还使用其他评价工具，包括结构化面试、评价中心技术、人格测验和传记性调查。[121] 例如，一项调查研究开发和验证情境判断测试来评定团队角色定位。下面是情境判断测试中的一个情节：

> 评定书店的销售团队成员的角色。书店的销售正在快速下滑，这个团队的任务就是找出问题的解决方法。开会期间，当一个成员将问题归咎于两个新来的销售代表时，讨论开始变得激烈起来。其中新来的销售代表对于这种谴责十分生气，并且提出控告。另一个新来的销售代表仅仅注视着地面。你将如何回应？

表 9—13　　　　　　　　　　　　　　　　测评团队工作 KSA 的样题

1. 假设你和几位团队伙伴在应当由谁完成一项非常令人不悦但很常规的任务的问题上产生异议。这样的情况下，你认为下面哪种是最有效的解决方法？
   A. 让你们的负责人决定，因为这样能避免个人偏见。
   B. 制定轮班日程表，这样每个人都能分担这一工作。
   C. 让最先到的人去做，认为"谁早到，谁来做"。
   D. 随机指派一个人去做并且固定为此人。

2. 如果你的团队想要提高成员谈话的质量和流程。团队应该：
   A. 根据他人所说的话，做出相应的评论。
   B. 为成员制定具体的发言顺序，然后依次发言。
   C. 让发言多的团队成员决定谈话的方向和主题。
   D. 以上都要做到。

3. 假设给你下述几种目标类型，要求你为你所在的团队选择一项来完成。你会选择哪一个？
   A. 容易实现的目标，确保团队能够实现目标，并且获得成就感。
   B. 中等难度的目标，团队会遇到一定的挑战，但不需要太多付出就能取得成功。
   C. 困难的、有挑战性的目标，激发团队成员达到新的高度，但目标是可以实现的，因此成员的努力不会徒劳无功。
   D. 难度大甚至难以实现的目标，因此即使团队没有达成目标，也至少是向着更高的目标在努力。

资料来源：M. J. Stevens and M. A. Campion, "The Knowledge, Skill, and Ability Requirements for Teamwork: Implications for Human Resource Management," *Journal of Management*, 1994, 20, pp. 503-530. With permission from Elsevier Science.

申请者选择了四个回应中的一个，最好的是：提醒两位销售代表个人攻击是不恰当的，团队应该重视未来的解决方案。调查显示在 82 个生产和维修团队的样本中，测试的团队角色绩效效度是 $r=0.30$。[122]

　　另一个关于团队成员选拔的重要决策是由谁来做雇佣决策。在很多情况下,在决定谁能成为团队成员时,团队评价是由自我管理团队的成员作出的。组织遵循该流程的例子是印第安纳州南本德市的 I/N Tek 公司,这是由美国内陆钢铁公司和日本新日铁公司合资建立的一家资产达十亿美元的钢铁精加工工厂。在选拔过程的最后环节,自主管理团队的成员与经理和人力资源专员一起面试候选人。人们认为这种方法得到的选拔结果更让人满意,因为员工在选择谁成为团队成员的问题上有发言权。[123]

　　因此,团队背景下的人员配置的过程和方法需要对传统选拔方法加以调整。然而,组织在尚未遇到调整选拔流程引起的困扰和费用问题前,最好先考察团队已作出的举措是否有成功的可能。很多团队在选拔成员上遭受失败,原因在于孤立地进行选拔过程。[124]因此,组织在为了努力建设团队而彻底检查选拔行为之前,首先必须确保已经具备合适的实施环境。

9.2.9　实质性评估方法的选择

　　和初始性评估方法的选择类似,已经有大量研究探讨实质性评估方法的选择,进而指导组织选用适合自身的方法。我们回顾其中一项研究,它运用了和初始性评估方法评价相同的标准,如表 9—14 所示。具体而言,这些标准是使用频率、成本、信度、效度、效用、应聘者反应和负面影响。

表 9—14　　　　　　　　　　　　　实质性评估方法的评价

预测工具	使用频率	成本	信度	效度	效用	应聘者反应	负面影响
人格测验	低	低	高	中等	?	消极	低
能力测试	低	低	高	高	高	消极	高
情绪智力测试	中等	低	高	低	?	?	低
绩效测评和工作样本	中等	高	高	高	高	积极	低
情境判断测试	低	高	中等	中等	?	积极	中等
诚信测试	低	低	高	高	高	消极	低
兴趣、价值观和偏好量表	低	低	高	低	?	?	低
结构化面试	中等	高	中等	高	?	积极	混合
团队测评	低	中等	?	?	?	积极	?

■ 使用频率

　　如表 9—14 所示,实质性评估方法的使用并不广泛(“广泛”是指至少包括全部组织中的 2/3)。结构化面试、情绪智力测试与绩效测评和工作样本有中等的使用频率。其他实质性评估方法只是偶尔或者很少在组织中使用。

■ 成本

　　不同实质性评估工具的成本变化很大。有些评估工具可以从供应商那里以很低的费用购买(人格测验,能力测试,情绪智力测试,兴趣、价值和偏好量表,诚信测试)——通常每位应聘者耗费不到 2 美元(当然,必须考虑测试执行和评价的费用）。一些测评工具，如团队测评，其价格取决于组织是自主开发还是从商家购买而不同。其他工具，如结构化面试、绩效评价和工作样本，以及情境判断测试，需要大量时间，耗费大量资源，因此它们是费用最高的实质性评估方法。

■ 信度

所有实质性评估方法的信度都是中等或较高。通常事实如此，这是因为很多方法是由供应商经过长期努力开发出的。可是，不管组织是从供应商那里购买还是独立制定，都必须调查评估的信度。因为曾经有供应商声称，一种方法有效并不一定意味着在某个具体的组织也有效。

■ 效度

与成本一样，实质性评估方法的效度变化很大。过去的研究证实了一些方法，如兴趣、价值观和偏好量表的效度。在评价这些方法时需要注意，可以采取措施提高效度。尽管有理由相信测试的效度在提高，但情绪智力测试也有相当低的效度。人格测验和结构化面试等方法至少有中等程度的效度。有时结构化面试的效度很高，但是剔除认知能力测试之后，结构化面试增加了多少效度仍有待解答。最后，能力测试、绩效测试和工作样本，以及诚信测试的效度较高。诚信测试对绩效表现的预测能力为中等到高；它预测其他重要的工作行为（反生产性行为）的效度似乎很高。

■ 效用

类似于初始性评估方法，大多数实质性评估方法的效用尚不清楚。大量研究表明，能力测试（尤其是认知能力测试）的效用相当高。绩效测试和工作样本以及诚信测试也表现出较高的效用。

■ 应聘者反应

对于应聘者对实质性评估方法的反应，相关研究才刚刚起步。从已有的有限研究来看，我们发现应聘者对实质性评估方法的反应取决于具体使用的方法。应聘者似乎对比较抽象的方法反应消极，这类方法要求应聘者回答与工作没有直接关系的问题（比如，人格测验的问题，大多数能力测试和诚信测试）。由此，研究表明人格、能力和诚信测试被应聘者认为是不利的。与应聘者所申请的职位有明显联系的评估方法能够引起积极的反馈。因此，研究认为，应聘者认为绩效测评和工作样本与结构化面试的方法是积极的。应聘者对情绪智力测试的反应如何几乎很少知道。

■ 负面影响

部分实质性评估方法的负面影响得到了较多研究。研究特别指出人格测验、情绪智力测试、绩效测评和工作样本，以及诚信测试对女性和少数族裔没有负面影响。过去，兴趣、价值观和偏好量表对于女性有很大的负面影响，但是该问题已经解决了。相反，能力测试有很强的负面影响。特别是认知能力测试对少数族裔的负面影响大，而身体能力测试对女性的负面影响大。结构化面试的负面影响比较复杂。而且，由于结构化面试也有主观的成分，因而选拔过程中出现面试者偏见的可能性总是存在的。对比表 8—6 和表 9—14 会得到有益的发现。总体上，实质性评估方法的效度和成本都要高于初始性评估方法。实质性评估方法的经济影响和社会影响与初始性评估方法类似，也未研究透彻。很多初始性评估方法被广泛应用，而实质性评估方法的使用频率中等或者较低。因此，很多组织凭借初始性评估方法做出实质性评估的决策。这是不幸的，因为除了背景资料以外，实质性评估方法的效度更高。初步面试与结构化面试相比尤其如此。组织实施初步面试后，至少需要进行结构化面试。更理想的情况是，除了面试，组织还应当慎重考虑利用能力、绩效、人格和工作样本测试。

9.3　选择性评估方法

选择性评估方法是从入选名单中选出接受工作机会的应聘者。有时最终入选的人都能得到工作机会，因此不使用选择性评估方法。当使用时，选择性评估方法典型地表现为主观性强和高度依赖决策者的直觉判断。因而，除了 KSAO 之外还要考虑一些因素。以维持强文化力为目的的组织可能要在选拔过程的这一阶段考虑评估个人与组织的匹配程度。

另一种有趣的选择性评估方法侧重于个人与组织匹配性，是根据组织公民行为倾向选拔人员。[125]使用这种方法时，最终入选的应聘者不仅要达到所有工作素质要求，还被期望能满足除工作要求外的一些角色，被称为"组织公民行为"。它具体包括完成额外的工作，在工作中帮助他人，代替生病的同事，对人有礼貌，等等。

选择性评估方法需要包括平等就业机会和平权行动保证相关的雇佣政策的使用。因此这可能会增加公司中少数族裔和女性的代表性，可以是自愿的，也可以是作为组织平权行动计划的一部分。在这个决策阶段，入围者的人口统计学变量可能会成为考虑因素。但是无论组织是否使用选择性评估方法，这种方法必须在初始性评估和实质性评估之后使用。

9.4　权变性评估方法

参照图 8—2，权变性评估方法并不是经常使用，这要取决于工作性质和法律要求。实际上，任何选拔方法都可以用作权变性评估方法。例如，一家医疗机构为应聘者提供过实习机会，然后就能证实这位应聘者是否具备护士岗位的从业资格。与此类似，一旦使用了初始性评估方法、实质性评估方法和选择性评估方法，保护性合同就能发挥对应聘者进行安全检查的作用。根据组织的偏好可以选择某些评估方法作为初始性评估或者权变性评估的工具，而为了遵从法律，药品测试和健康检查应当专门用作权变性评估方法。当使用药品测试和健康检查时，在执行和评估过程中必须多加注意。

9.4.1 药品测试

超过 70％的药品滥用者拥有工作，并且滥用药物被看做工作场所中暴力、事故、旷工和医疗成本增加的重要原因。有关工作场所的研究表明，药品使用者发生事故的概率平均是普通人的 3.6 倍，享受病假福利的程度是普遍人的 3 倍，申请员工补偿理赔的概率是普通人的 5 倍，而且旷工的天数是普通人的 10 倍之多。[126] 一项综合性研究发现在过去 11 年里，大约有 50 起火车事故是由于工人受到药物或者酒精的影响酿成的。这些事故共导致 37 人死亡，80 人受伤，财产损失价值 3 400 万美元。国家交通安全局通过研究发现，有 31％的重大汽车事故都是由于酒精或药物造成的。[127]

因为使用药物会引起错综复杂的问题，所以很多雇主利用药品测试项目剔除滥用药品的人。药品测试在 20 世纪八九十年代明显增加，尽管有理由认为这种增加已经到达顶峰。美国管理协会的一项研究表明，工作场所的药品测试在 1996 年达到高峰，当时有 81％的雇主筛查工人和应聘者，然后持续下降，在 2004 年降至 62％（之后又缓慢上升，2006 年升至 66％）。[128]

图 9—1 显示了药品测试使用率下降的原因之一：药品测试并没有"逮到"很多人。[129] 可以明显看到，大麻的阳性检验率是最高的，但也只有 2.54％，这意味着只有 2.54％的应聘者大麻检验呈阳性。总之，只有 3.8％的应聘者检验呈阳性（由于一些应聘者被检测不止一种药品，因此图中的阳性检验率加总起来达 3.8％）。阳性检验率 3.8％意味着如果一个组织对 100 个人进行药品测试，大约只有 4 个人不能通过检验（例如，结果为阳性）。阳性检验率不断下降——事实上，为雇主提供药品检测的最大的供应商表示，阳性检验率达到 17 年的最低点。比率下降是多种因素综合作用的结果，包括使用药品的人口减少以及药品检测自身的阻碍作用（如果一个人最近使用了药品，并且清楚组织要进行药品测试，那么他可能就不会申请该工作）。这也能反映出应聘者"捉弄"测试（如稀释、掺假、替换样品）；不过，我们不久前注意到如果操作得当，药品测试是很难造假的。

■ 测试类型

有很多方法进行药品滥用测试。下面列出一些主要的分类。[130]

1. 体液。可以使用尿液和血液测试。尿液测试是至今为止检测药品滥用的使用最频繁的方法。每种测试都有不同类型的检验工具。例如，尿液测试可以通过酶放大免疫测定技术或者气相色谱/质谱仪技术检测。药品测试的最新发明使公司能够对应聘者现场检测并得到结果。它是用一个长片蘸取尿液样本，类似于在家验孕的方法。

2. 头发分析。分析头发样本使用与检测尿液同样的技术。当头发生长时，化学物质仍旧在头发中，因此它能提供使用药物的更长久的记录。然而，头发分析比尿液测试的成本更高。

3. 瞳孔反应测试。检测瞳孔对光的反应。应聘者在受药物影响或者未使用药品时，瞳孔对光的反应是不同的。

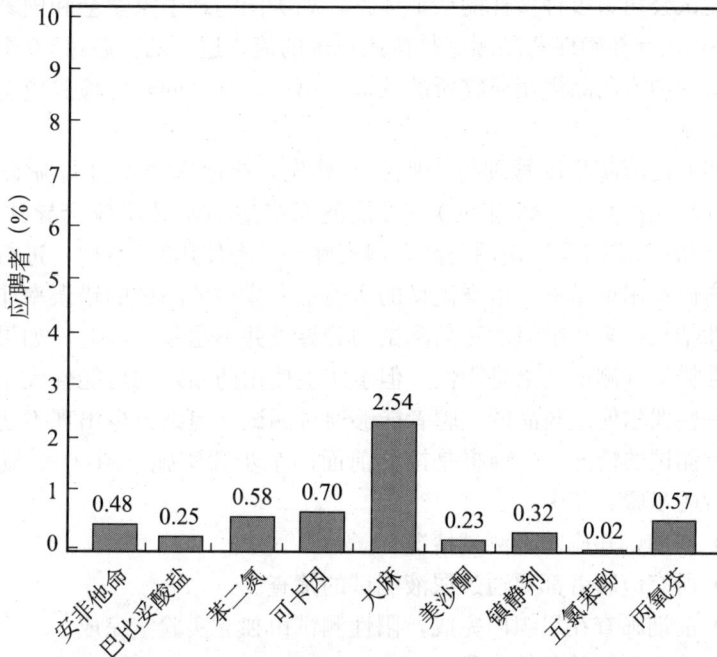

图 9—1 应聘者阳性测试率结果（按药品分类）

资料来源：*Amphetamines Use Declined Significantly Among U. S. Workers in 2005*，*According to Quest Diagnostics' Drug Testing Index*，Quest Diagnostics Incorporated，2006.

4. 机能测试。测评手眼一致性并与未使用药品的反应比较发现存在的损伤。在人员选拔中，机能测试的限制之一是无法建立评价机能的基准线。因此，机能测试通常更适合测试雇员而不是应聘者。

5. 诚信测试。关于药品滥用的诚信测试通常包括大约 20 个回答过去和现在药品使用情况（例如，"当事情进展不顺利时，我就会在工作中喝酒"）以及对药品使用的态度（比如，"你认为一般雇员在工作中吸食大麻的频率是多少?"）的问题。当然，类似的测试容易受到节制或者刻意造假的影响。

■ **实施**

为了得到准确的药品检测结果，必须在实施过程中采取预防措施。在收集检测样本时，注意确保样本真实并且不会被污染。为此，美国健康和公众服务局制定了具体的指导准则，要求联邦机构必须遵守（对私人组织也是值得遵守的指导准则）。[131]

必须认真执行测试过程。大型实验室每天要处理成千上万的样本。因此，在检测过程中会出现人工错误。由于交叉反应，也可能导致假阳性的错误结果。这意味着一种常见的成分（如罂粟籽）可能会与抗体相互作用，并且误将某人确定为滥用药品的人。处方药也会影响药品检测结果。评估药品测试结果的一个复杂因素是通过造假掩盖系统中某种药物的探测。尽管大多数造假现象能被检测出，但是并非所有都能轻易检测出来，而且很多公司尚未了解到可以让药品测试公司检测是否造假。

为使测试能认真执行，需要采取以下两个步骤。第一，注意选择一家声誉好的药品测试公司。多种多样的认证体系，如美国病理学家学会和国家药品滥用研究所（NIDA），旨在确保药品测试是按照正确的流程进行的。超过50个药品测试实验室已经得到国家药品滥用研究所的认证。第二，药品的阳性检验应有二次检验确认来保证信度。

如何使药品测试管理得当呢？[132]首先，要递交样本进行筛查，这项费用不高（每位应聘者为25～45美元），但是前面描述的交叉反应会导致很多假阳性结果（即测试表明应聘者在使用药品，但实际并没有使用）。然后，进行验证测试，准确度极高但费用也昂贵。信誉优良的实验室完成验证测试的错误率非常低。为了避免假阳性结果，多数组织的药品测试的分界点并不是零。因此，如果出现错误，它是假阴性错误（测试结果是阴性，但事实上使用药品）的可能性大于假阳性错误。这样，一些偶尔使用药品的应聘者能够通过测试，但是很少出现不使用药品的个体不能通过测试的情况——前提是按照前面两个步骤实施。图9—2概括了药品测试有效执行的步骤。其中：

- 提前告知应聘者测试情况。
- 所有应聘者都要通过尿液测试的筛查。
- 前期筛查在组织内完成，阳性测试由独立实验室完成。
- 按照严格的监管流程。
- 取消被证实是阳性的应聘者的应聘资格。
- 被取消资格的应聘者两年内不得重新申请工作。

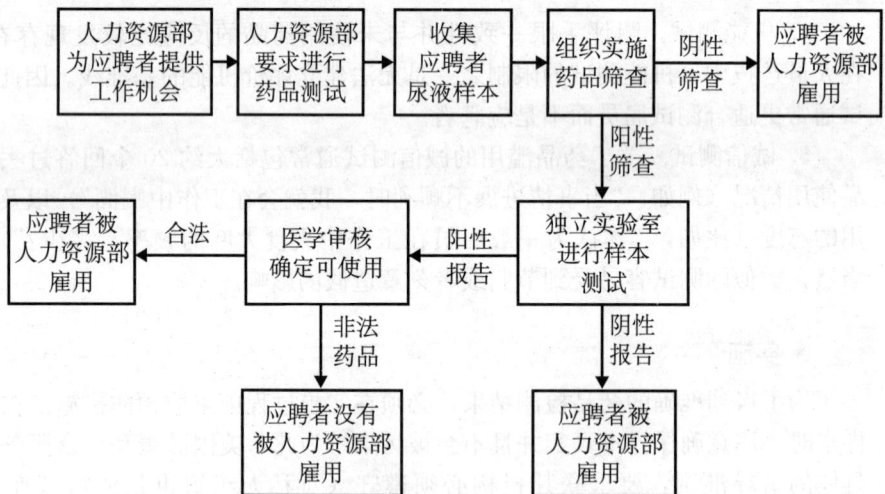

图9—2 组织药品测试计划的案例

■ 其他药物：烟和酒精

越来越多的雇主在雇用时开始拒绝吸烟者。例如，世界知名的克利夫兰诊所现在拒绝雇用吸烟者。（美国大约一半的州禁止拒绝吸烟的申请者。）联合太平洋——在23个州经营的一家铁路公司，淘汰吸烟的工作候选人不是通过尼古丁测试，而是通过另一种方法。联合太平洋公司的一位经理凯瑟琳·布莱克威尔说："我们不会选择说自己是吸烟者的申请者。"因为吸烟和高医疗费、意外赔偿及正当理由的旷工有关联，这样的政策是正当的。另一方面，雇主需要有证据来支持这样的政策：专家指出，你必须"做一个商业案例"。因此，不管如何筛查出吸烟者，雇主都需要确保其政策遵守联邦、州和当地的条例。[133]对于酒精，雇主很少会由于以下两个原因检验应聘者是否使用酒精。第一，因为酒精使用是合法的，而且与其他调节情绪的药物相比，酒精更加被大众接受，所以多数雇主不会测试应聘者的酒精使用情况；如果进行检测的话，大量应聘者都会被淘汰。酒精测试很少使用的第二个原因是酒精只会在体内存留一天。但是最近研发出一种名为 EtG 的测评方法。该测试的优点是它不检查是否含有酒精，而检查酒精新陈代谢的副产品——葡萄氨酸，后者经过 80 小时后还会停留在机体中。时至今日，使用 EtG 测试的公司是因为某些岗位需要防止或者限制酒精使用（比如，一些医疗保健岗位、运输工作），以及应聘者过去有酒精依赖问题，但是现在声明要戒酒。[134]

■ 评价

人们通常认为药品测试得出大量假的阳性结果。但是如果按照适当的流程（见图 9—2），药品测试的结果会很准确，错误率也非常低。然而，测试的准确度不等同于它预测重要职位工作标准的效度。如果组织不能确定滥用药品与事故、旷工、迟到、工作绩效降低等员工行为相关，那么开发世界上最准确的药品测试将是一项失败的投资。

尽管需要进行更多关于药品测试效度的研究，但是一些组织致力于研究药品滥用的害处。美国邮政服务对其药品测试进行了评估，该测试用 6 个多月时间对申请 21 个站点的应聘者进行测试。[135]一项质量控制流程揭示了药品测试项目的正确度达到 100%（没有假阳性和假阴性结果）。10% 的申请者在药品测试中测试为阳性（研究表明，申请者没有依据测试的分数而被雇用）。在阳性测试中，65% 是检测大麻，24% 检测可卡因，11% 检测其他药品。结果发现，药品使用者有更高的旷工率，可卡因使用者被解雇的比例更高。药品测试与事故和受伤没有关系。一项成本利益分析表明，充分实施测试计划能保证低旷工率和低离职率，从而每年为邮政服务节省几百万美元。

绩效和精神药品测试的效度尚不明确。诚信测试方面，组织主要顾虑存在造假，但是精神药品测试的一大优势是它们被认为不容易受应聘者的干扰。这些组织的药品测试很少依赖于身体或者心理测试。

对于药品测试效度，人们不应假定其效标是工作绩效。工作绩效的确是评估多种选拔方法的效标，然而药品测试还没被验证能预测工作绩效。因此，尚不清楚药品测试能否有效地辨别出高绩效和低绩效的应聘者。然而，药品测试确实能预测其他工作行为，包括旷工、事故和其他反生产性行为。在药品测试适用的情况下，可以确定它有较高的效度。

最后，与其他测评方法一样，应当用另外两个标准评价药品测试，即负面影响和应聘者反应。药品测试的负面影响没有得到普遍认同，但是邮政服务的研究表明药品测试项目的确对黑人和西班牙裔申请者有中度到高度的负面影响。关于药品测试的应聘者反应表明，如果应聘者认为药品测试有必要，他们更有可能接受测试项目。[136]因此，如果组织向应聘者很好地解释了测试原因，那么它们能得到应聘者更多支持。

■ 有效实施药品测试项目的建议

虽然药品测试的发展也许已经达到顶峰，但是它仍可能是最经常使用的选拔方法，尤其对于组织的雇员。为了努力使组织的药品测试尽可能准确和有效，我们总结了以下六条建议。

1. 重视对安全敏感的工作进行药品测试，以及有证据证明药品滥用和负面结果有联系的职位（比如，上面介绍的邮政服务的案例）。

2. 只利用有知名度的测试实验室，并且保证对实验室始终保持严格监督。

3. 取得应聘者的同意，告知应聘者测试结果；为被拒的应聘者提供申诉的机会。

4. 对于初步筛选测试的阳性样本再次检测以验证。

5. 确保遵守适当的流程，以维护应聘者的隐私权。

6. 回顾项目并以相关标准（事故、旷工、离职、工作绩效）验证测试结果；进行项目的成本效益分析，因为只有极少数的检测结果会造成项目效用降低。

9.4.2　健康检查

健康检查常常被用作发现工作应聘者潜在的健康风险。注意要确保只有出于强制的原因时才使用健康检查，这是为了保证个体有残疾但是这种残疾与工作绩效无关的情况下应聘者不会被淘汰。由于可能存在类似的滥用，因此健康检查的使用受到《美国残疾人法案》（下面将会讨论）的严格管制。

尽管很多组织使用健康检查，但是它们不一定有效，因为医生执行健康检查的流程因人而异。[137]健康检查也并非总是与工作有关。[138]最终，健康检查通常关注短期的健康状况，而不是长期的状况。使健康检查更加有效的方法是确保基于工作有关的健康标准（比如，提供了妨碍充分完成指定工作或者任务的具体疾病和健康条件的信息）。这样的流程不仅会提高内容效度（因为它是与工作相关的），而且通过使医生诊断标准化，能够提高信度。

9.5　法律问题

这部分讨论三个主要的法律问题。第一，雇员选拔程序统一指南（UGESP），它要求确定选拔流程是否造成负面影响；如果造成负面影响，要求选拔流程具有怎样的效度。第二，选拔要遵守《美国残疾人法案》的规定。第三，工作应聘者的药品测试。

9.5.1　雇员选拔程序统一指南

UGESP 是一个全面的专门规范《民权法案》和 E. O. 11246 中覆盖的组织的选

拔机制的联邦规章的集合（请查阅 www. eeoc. gov/policy/regs 中的 UGESP 全文）。UGESP 主要包括四部分，即基本原则、技术标准、关于影响和效度证据的文档以及定义。以下将对每部分进行概括说明。组织应当参考一篇从法庭案件、可接受与不能接受的实际案例的角度撰写的关于 UGESP 的综述。组织还应参考关于 UGESP 的解释、批判和应用情况的研究文献。[139]

■ 基本原则

1. 概要。组织必须将帮助它判断选拔程序在雇佣决策中是否引起了负面影响的部分记录下来。如果没有发现负面影响，UGESP 的其他规定一般都不适用。如果有负面影响，组织必须验证引起负面影响的选拔程序，或者采取措施降低这样的负面影响（例如停止选拔过程或者利用负面影响较小的备选方法）。

2. 范围。由于总原则适用于所有作为雇佣决策基础的选拔程序，因而 UGESP 应用广泛。雇佣决策包括雇用、提升、降职和保留。选拔程序的定义是"作为雇佣决策基础的任何测评工具、综合测评或者程序"。它包含全部测评技术类型，从传统的纸笔测试、绩效评价、培训项目或者试用期，以及身体状况、教育背景、工作经历要求，到正式或者非正式的面试和不计分的申请表。

3. 歧视性的定义。一般而言，任何有负面影响的选拔程序都是歧视性的，除非能够证明它是有效的。有单独的章节阐述未被证明有效的程序。

4. 适当的备选选拔程序。如果选拔程序有负面影响，应当考虑使用负面影响较少的备选选拔程序。

5. 关于负面影响的资料。组织必须保存负面影响的记录和信息，包括 EEO-1 表格（见第 13 章）中列出的所有工作类型的种族、性别和族群信息。

6. 选拔率的评价。对于每个工作或工作类别，组织应当评估选拔结果，也称为整个选拔过程的"最终结果"。评估目的是明确具有负面影响的选拔程序，其选拔率是否存在差异。如果没有发现负面影响，组织通常不需要采取其他措施，比如证明选拔中每一步的效度。如果发现总体上有负面影响，应该对组织选拔过程的每一步的负面影响都进行评估。

7. 负面影响和四五规则。为了确定是否有负面影响，组织要计算各个种族、性别和族群的选拔率并进行比较。如果选拔率低于最高比率的 4/5（也就是 80%），通常被认为有负面影响。这个一般原则也有例外情况，需要结合样本数量（小样本）以及组织招聘活动在多大程度上由于种族、性别或族群原因淘汰了应聘者。

8. 效度研究的一般标准。组织普遍接受的三种类型的效度研究是：效标关联、内容和结构。很多规定涉及管理这些效度研究的标准，以及适合应用的选拔程序。

9. 未被证实的程序。这部分介绍能够减少负面影响的备选选拔程序。其中还有不能或者不需要进行效度研究的例子。

10. 平权行动。组织使用有效的选拔程序并不能解除它们履行平权行动的义务。鼓励雇主采用和实施自愿的平权行动计划。

■ 技术标准

这部分包括效度研究必须达到的最低标准的具体说明。针对三种效度类型（效标关联、内容和结构），分别给出技术标准。

■ 关于影响和效度证据的文档

要求雇主对每种工作或工作类型都详细记录其负面影响、在哪里发现和效度有关证据。要提供详细的记录文档。

上述一般要求也有两种重要的例外情况。第一，小型企业雇主（员工少于 100 人）可以不为每类工作分别做记录，但必须记录包括所有工作的全面选拔过程。第二，如果在劳动力市场地域范围内族群人数不到劳动力总数的 2%，就不需要记录族群的种族和国籍信息。

■ 定义

这部分为 UGESP 中用到的条目（共 25 条）给出定义。

■ 总结

总体上，UGESP 对组织及其人员配置体系作出大量要求。这些要求是为了保证组织能意识到雇佣决策中可能存在的负面影响。当负面影响被发现时，UGESP 提供了应对负面影响的机制（要求）。因此在 EEO/AA 政策和行动覆盖的组织中，UGESP 占据一席之地。

9.5.2 《美国残疾人法案》背景下的人员选拔

正如平等就业机会委员会说明的，《美国残疾人法案》对外部选拔提出大量要求和建议。[140]下面是关于其本质的说明和评价。

■ 基本原则

关于人员选拔有两个首要原则。第一个原则是筛查残疾个体是非法的，除非选拔程序与工作相关，并且与业务需要一致。第二个原则是选拔程序必须能准确反映待测的 KSAO，并且不能是感官、手部受损，或者表达技能，除非这些受损的技能是选拔程序中测量的要素。

第一个原则显然类似于联邦法律和规定中规范选拔程序的原则。第二个原则很重要，因为它警示组织要确保选拔程序没有在无意中或者不必要的情况下检查有残疾的应聘者。

■ 参与工作申请过程

组织的工作申请过程必须对残疾人开放。组织要对工作申请做出合理的调整，确保所有人能够参与其中，同时为应聘者提供帮助（如果必要的话）以完成申请过程。需要告知应聘者选拔过程的性质和内容，从而使他们能提前提出调整测试的合理要求。

■ 合理调整测试

一般来说，组织在评价工作应聘者时可以使用任意测试。对申请某一工作的所有应聘者要采用同样的评估方法。

关于测试的重要规定之一是，如果一位应聘者要求的话，要合理地调整测试，让他参加测试。这个要求的目的是保证测试能准确反映出组织测试的 KSAO，而不是应聘者的受损情况。然而，如果所测的技能恰好是某人受损的技能，那么没必要进行适当的调整。例如，如果测试的目的是衡量手部灵活度，那么组织就没有必要对手指和手掌有关节炎的应聘者调整其手部灵活度的测试。

适当做出的调整有多种类型，而且在这方面已经有组织经验和相关研究。[141]关于组织做出调整的例子包括将口试替换为笔试（或相反的情况），提供额外的时间以完成测试，在测试中安排休息时间，在测试中使用大号字体、盲文或者由专人朗读，使用辅助技术来调整电脑，如特别的鼠标或者屏幕放大装置。

■ 残疾调查

事实上所有测量工具和问题都受到《美国残疾人法案》的影响。表 9—15 总结了允许的做法和不允许的做法。注意是否允许取决于测量工具，即测量工具是用于外部应聘者还是员工，以及这种工具是用于申请工作前（如大多数的选拔程序）还是提供工作机会之后。还要注意很多规定测量工具使用的条款。另一种有用的信息来源是《工作申请者和美国残疾人法案》（www.eeoc.gov/facts/jobapplicant.html）。

表 9—15　　　　残疾调查

关于残疾能够询问哪些问题			
类型	外部应聘者（雇用前）	外部应聘者（雇用后）	员工
AA 数据（自我鉴定和要求）	能	能	能
身体检查	不能	能（C，D）	能（B，E）
心理检查	不能	能（C，D）	能（B，E）
健康问卷	不能	能（C，D）	能（B，E）
工作资质历史	不能	能（C，D）	能（B，E）
身体灵活度测试	能（A，C）	能（A，C）	能（A，C）
药品检测	能	能	能
酒精测试	不能	能（B，D）	能（B，E）
特定问题（口头或者书面）：			
是否有残疾及其性质	能	能（A，C）	能（B，E）
完成工作相关职能（必需和非必需）的能力	能	能	能
抽烟（但不过敏）	能	能	能
非法药物使用的历史信息	不能	能（B，D）	能（B，E）
特定要求：			
描述你将如何完成工作有关职能（必需和非必需）	能（D，F）	能（C，D）	能（B，E）
提供现在不使用药品的证据	能	能	能

A. 询问全部有类似情况的应聘者/员工
B. 与工作相关并且与业务要求一致
C. 如果雇佣后使用工作相关和与业务要求一致的标准去筛查/淘汰应聘者，必须考虑在一定程度上做出合理调整
D. 针对同一工作类型的所有入职员工，并且使用统一的任职要求标准

E. 只能用于以下目的：
  a. 判断对工作职责的适合程度（有资格或者能够完成必须的职能）
  b. 决定合理的调整
  c. 满足联邦、州或者当地法律（DOT，OSHA，EPA 等）的强制要求
  d. 判断直接威胁
F. 如果已知某人的残疾情况，而且可能干扰或者阻碍相关工作任务的执行，则可以对他询问。

    资料来源：S. K. Willman, "Tips for Minimizing Abuses Under the Americans With Disabilities Act," *Legal Report*, Society for Human Resource Management, Jan. -Feb. 2003，p. 8. Used with permission.

■ 健康检查：工作申请者

    大量法规是关于雇用前后的健康检查。在雇用前，组织可能不会做健康调查或者要求应聘者进行健康检查。不过，职位机会有时是根据健康检查的结果决定的。

    雇用后，组织也可能会进行健康检查。必须对申请某一工作的所有应聘者进行检查，而不是只对已知或怀疑有某种残疾的应聘者。检查的项目不限制在工作相关的范围内，但是拒绝应聘者的理由必须与工作相关。如果检查结果表明存在对应聘者、雇员和顾客等其他人的健康和安全的直接危险，那么这个人可以被拒绝。拒绝应聘者必须根据可靠的医学诊断，而不是应聘者可能造成伤害的简单判断。需要对每个应聘者进行个体检查，目的是决定应聘者的损伤是否会造成严重伤害，并且通过适当的调整也不能改善。健康检查的结果要秘密保管，分别为每个人建立人事档案，并且只有在非常特殊的情况下才予以公布。

    很难辨别哪些项目属于健康检查，所以它的使用受以上的要求管制。平等就业机会委员会将健康检查定义为"一种收集个体身体或心理健康、损伤信息的过程或者测试"。[142] 下面是对视为健康检查的选拔程序有建设性的因素。

- 由医疗护理的专业人士和/或经过专业培训的人执行；
- 目的是揭示出身体或者心理的损伤；
- 非侵犯性（比如，要求抽取血液、尿液或呼气）；
- 测量的是应聘者对完成任务的生理反应；
- 通常在医学环境下，利用医疗仪器完成；
- 测试酒精的消耗量。

    尽管与健康检查紧密结合，但是有几种测试类型超出健康检查的范围，而在雇用前使用。它们包括身体灵活度测试，身体协调性测试，视力检查，目前控制使用的非法药品测试，以及检查诚实、品味和习惯的测试。

    在心理测试的使用中存在一个灰色地带，比如人格测验。如果通过心理测试检测出个体有可鉴定的心理疾病或者损伤，这时心理测试被看成是健康检查，例如美国心理学会的《心理疾病的诊断和统计手册》中包括的心理疾病。未来的法规和法庭判例可能有助于清楚解释哪些心理测试是健康检查。

■ 健康检查：在职员工

    这一执行准则不只适用于有残疾的员工，对一般员工也适用。[143] 员工申请所在

组织中的新（不同）工作，应当被视为申请新的工作，因此上述针对应聘者的条例对他们也同样适用。如果个体被指派到当前组织中的另一岗位上，或者是在临时指派到另一职位之后返回到常规的岗位上，那么他就不是应聘者（例如，由于工龄原因或者他在现在的职位上取得满意的绩效表现）。这些个体被认为是组织的在职雇员。

只有健康检查与工作相关，并且与业务需要一致，雇主才能对员工进行与残疾有关的询问，并要求健康检查。任何获取到的信息或者员工自愿提供的信息，都是秘密的健康状况记录。该记录只能在限制的情境中与经理、主管、急救和安全人员，以及调查《美国残疾人法案》遵守情况的政府官员沟通。健康检查通常与工作相关，并且与业务需要一致，雇主对此要有清晰的理念，基于客观的证据，即（1）员工的身体状况会损害执行工作所需的能力；（2）员工的身体状况可能造成直接威胁。

员工健康检查的定义与工作申请者的健康检查相同。涉及残疾的调查包括以下方面：

- 询问员工是否残疾（或者有过残疾），或者残疾是如何造成的，了解其残疾的性质或者严重性；
- 要求员工提供有关残疾的医学文档；
- 向员工的同事、家人、医生或者其他人询问其残疾的情况；
- 询问员工的基因信息；
- 询问员工过去工作的赔偿历史信息；
- 询问员工是否在过去或者现在接受任何治疗或者服用药物；
- 询问员工更多可能透露出残疾情况的信息。

■ 药品测试

允许组织通过药品测试检查非法药品的使用。不过，法律对使用药品测试持中立态度。

■ UGESP

UGESP 不适用于《美国残疾人法案》及其规定。这意味着在《民权法案》下，员工选拔体系的准则和要求可能与遵守《美国残疾人法案》时提出的要求不同。

9.5.3　药品测试

在联邦和州层面，有大量与药品测试有关的法律和法规。交通部的专门法律要求对从事安全敏感性工作的运输工人进行酒精和药品测试。[144]组织应当寻求法律和医学意见来判断是否应该执行药品测试，如果确定进行测试，就要搞清楚药品测试项目的性质应该是什么。此外，组织应该要求并且进行预防性（雇用后）的药品测试，从而避免非法获得或者使用身体状况的信息。例如，由于应聘者使用合法的药物而在药品测试中得到阳性结果，然后组织依据这些结果拒绝其应聘，这是违反《美国残疾人法案》的行为。

小　结

本章继续讨论了外部选拔中使用的适当的方法和流程。具体而言，涉及实质性评估方法、选择性评估方法、权变性评估方法，以及测评数据和有关法律问题。

本章用较大篇幅讨论用于从候选者中选择最终入选者的不同种类的实质性评估方法。与使用初始性评估方法一样，在使用实质性评估方法时应当遵循预测逻辑，并运用选拔计划。涉及的实质性评估方法包括人格测验，能力测试，情绪智力测试，绩效测评和工作样本，情境判断测试，诚信测试，兴趣、偏好和价值观量表，结构化面试和团队背景中的测评。与初始性评估方法类似，评价实质性评估方法的效果所用的标准是使用频率、成本、信度、效度、效用、应聘者反应和负面影响。总的来说，实质性评估方法与初始性评估方法相比，效度和信度有明显的提高。这可能是由于应聘者过去经历的样本信息与取得目标工作成功的要求有更强的联系。

选择性评估方法的正式程度相对较低，而且比其他评价方法更加主观。在只用选择性评估方法时，需要作出两个很重要的判断：应聘者会是优秀的组织“公民”吗？应聘者的价值观和目标与组织匹配吗？

不同于选择性评估方法的主观性，权变性评估方法的特点是需要判断应聘者是否符合工作的客观要求。两种最常用的权变性评估方法是药品测试和健康检查。尤其在药品测试的案例中，使用权变性评估方法在执行上和法律问题上相对复杂。

除了预测工具的类型，必须注意预测信息的收集和使用。特别是要提供支持性的服务，雇用有适当资格的操作人员，保管好隐私和机密信息，确保执行流程的标准化。

考虑管理问题的同时，也需要考虑法律问题。一定要对政府允许的活动的条例给予特别的重视，包括雇员选拔程序统一指南和《美国残疾人法案》。

讨论题

1. 描述人格测验和诚信测试的相同之处和不同之处。在选拔过程中，它们分别在什么阶段使用？

2. 如果组织在人员选拔中采用认知能力测试，你会有什么建议？

3. 描述结构化面试。结构化面试具有哪些特点，从而改善了非结构化面试的缺点？

4. 最常用的选择性评估方法和权变性评估方法是什么？它们在使用上有什么相同之处和不同之处？

5. 在选拔决策中收集和使用药品测试数据的最好方法是什么？

6. 组织应该如何在实际的选拔决策中运用 UGESP 的基本原则？

伦理议题

1. 测评量表中包括“不喜欢嘈杂的音乐”和“想象力很丰富”等类似的问题，并且用来预测工作绩效，你认为根据这些问题来甄别应聘者符合伦理道德吗？说明理由。

2. 尽管认知能力测试对少数族裔有明显的负面影响，但它是预测工作绩效的最佳方法之一。你认为使用这样的方法公平吗？支持或反对的理由是什么？

应 用

人力资源总监职位的评估方法

Nairduwel，Inoalot，and Imslo（NII）是一家专长于商业法的法律公司。它解决员工平等就业、公司诉讼、工作场所侵权行为以及其他领域的问题。公司有 50 多位合伙人，约 120 名员工。其经营范围包括三个州，在两个大型都市地区有办事处。这家公司没有联邦合约。

NII 计划将业务扩展到另外两个州。伴随雄心勃勃的扩张计划而来的一个主要挑战是，如何为填补新办事处的人员进行配置、培训和定薪。于是，公司希望聘请人力资源总监来统筹管理业务扩张带来的招募、选拔、培训、绩效评价和支付薪酬等工作，同时监管 NII 现有办事处的人力资源工作。为人力资源总监新制定的工作描述如下所示。

人力资源总监的工作描述

工作概况

进行适当的员工管理事务的工作。工作职责涉及人力资源管理项目的计划和执行，包括招募、选拔、评价、任命、提升、薪酬、改变员工身份的建议，以及在员工中传播信息的沟通机制。在上级的监管下完成工作，在完成指定任务的过程中发挥主观能动性、独立做出判断。

任务

1. 参与宏观规划和政策的制定，提供有效、一致的人员服务。
2. 采用公告、会议和个人交往的形式，通过各组织层级传达政策。
3. 监督工作应聘者的招募和选拔，填充空缺岗位。监督应聘者的面试、资质测评和分类过程。
4. 监督应聘者的测试过程。
5. 与上级协商人员问题，包括人员配置、试用员工的留任或者解除、调任、降职和解雇无固定期限的员工。
6. 积极实施人员的培训工作，配合工作专员和负责人完成培训活动。
7. 建立有效的服务评价系统，训练负责人如何评价员工。
8. 监督员工人事文档的保管工作。
9. 直接或者间接管理下级员工。
10. 执行指派的有关工作。

任职资格

1. 经验和培训
   应当具备人力资源管理领域的大量工作经验。至少在相关领域工作过 6 年时间。
2. 教育
   毕业于四年制的学院或综合大学，学习专业为人力资源、工商管理或者工业心理学。相关专业的硕士学历优先考虑。
3. 知识、技能和能力
   拥有大量人力资源管理的理论和实践知识，包括人员配置、薪酬、培训和绩效评估。
4. 职责
   监管 6 位办公室经理、1 位员工和 1 位助理的人力资源工作。

公司想要设计并且使用测评应聘者的选拔体系，以实现两个目标：（1）建立有效、实用的体系，使其很好地将应聘者的 KSAO 与工作要求相匹配；（2）遵守所有有关的联邦和州法律。

公司要考虑多种可能用到的选拔技术。对于以下列出的每种方法，决定你在选拔过程中是否使用，并说明原因。

1. 专门针对人力资源专员的工作知识测试，侧重于应聘者的人力资源管理的总体知识。
2. 在选拔过程初期进行健康检查和药品测试，目的是判断应聘者是否能够应对高压力和工作要求的频繁出差，以及是否服用药物。
3. 纸笔的诚信测试。
4. 专门为这一职位设计的结构化面试。

5. 一般性的认知能力测试。

6. 个人性格特点问卷。

7. 专为这一职位使用的一组面试问题：

(a) 描述你在之前工作中解决的一个问题。

(b) 你有任何不利于因公出差的身体损伤吗？

(c) 你曾经检测过艾滋病吗？

(d) 你目前是失业状态吗？如果是，原因是什么？

(e) 职位要求新颖的观点和活力。你认为你具备这些吗？

(f) 你对成功的定义是什么？

(g) 你喜欢哪种运动？

(h) 你如何应对工作压力？举几个例子。

从职位候选者中选择人力资源总监

假设 Nairduwel, Inoalot, and Imslo（NII）在衡量了备选方案后，决定运用以下选拔方法评价人力资源总监职位的应聘者：简历、认知能力测试、业务知识测试、结构化面试，以及根据常规面试问题编制的问卷（f）和问卷（g）。

NII 广泛宣传该职位，然后初步选出 23 位应聘者，通过进一步筛选得出 3 位候选人的名单。使用这些评价方法对 3 位应聘者评价的结果如下所示。此外，还能考虑利用早前核查简历时的信息。对于每位入选者，你要决定是否予以雇用，原因是什么。

人力资源总监职位的入选者评估结果

	入选者 1 Lola Vega	入选者 2 Sam Fein	入选者 3 Shawanda Jackson
简历	GPA 3.9/康奈尔大学	GPA 2.8/纽约州立宾汉姆顿大学	GPA 3.2/奥本大学
	人力资源管理，学士	金融，工商管理学士	商业和英语，工商管理学士
	5 年人力资源管理工作经验	20 年人力资源管理工作经验	8 年人力资源管理工作经验
	● 4 年招聘经验	● 大量人力资源职能 ● 认证的人力资源专家	● 3 年人力资源专员 ● 4 年薪酬分析员
	没有监管经验	15 年监管经验	5 年监管经验
认知能力测试	90％正确	78％正确	84％正确
业务知识测试	94％正确	98％正确	91％正确
结构化面试（总分为100）	85	68	75
问卷（f）	能够影响他人	完成上级分配的任务	晋升和收入
问卷（g）	高尔夫、冰壶	观赏性体育运动	篮球、网球

唐格尔伍德商店案例

在本章，你学习了如何开发结构化面试。不过，接下来的步骤要比你想的更加复杂。通过运用书中描述的流程，你将会更好地理解开发有效的结构化面试所提出的挑战。你还能够了解到使用结构化面试的优势。

背景

唐格尔伍德商店想要纠正选拔商店经理的方法。目前，它用申请表和非结构化面试来评价外部应聘者。这些方法都无法满足组织的要求。组织希望发挥你的结构化面试的知识，帮助设计更加可靠、有效的选拔流程。

你的任务

首先，你应该仔细阅读附录 A 中职位的工作描述，接着制定出如表 9—11 所示的选拔计划。然后，你要像表 9—12 那样列出基于情景和经验的面试问题，旨在评价应聘者担当商店经理职位的知识、技能和能力。在制定出初步面试问题和行为评价量表后，你要找你的朋友尝试着询问问题，以了解他作为应聘者或者面试者将如何回应这些问题。根据你对"测试实验"的评价，你将修改问题的内容，并且在执行面试的过程中提出建议。想了解该案例的背景信息和具体任务，请查阅 www.mhhe.com/heneman7e。

注　释

1. L. M. Hough, "The 'Big Five' Personality Variables—Construct Confusion: Description Versus Prediction," *Human Performance*, 1992, 5, pp. 139–155.
2. R. M. Guion and R. F. Gottier, "Validity of Personality Measures in Personnel Selection," *Personnel Psychology*, 1965, 18, pp. 135–164.
3. P. T. Costa, Jr., and R. R. McCrae, "Four Ways Five Factors Are Basic," *Personality and Individual Differences*, 1992, 13, pp. 653–665.
4. M. K. Mount and M. R. Barrick, *Manual for the Personal Characteristics Inventory* (Iowa City, IA: authors, 1995).
5. P. T. Costa, Jr., and R. R. McCrae, *Revised NEO Personality Inventory (NEO-PI-R) and NEO Five-Factor (NEO-FFI) Inventory Professional Manual* (Odessa, FL: Psychological Assessment Resources, 1992).
6. J. Hogan and R. Hogan, "How to Measure Employee Reliability," *Journal of Applied Psychology*, 1989, 74, pp. 273–279.
7. N. T. Tippins, J. Beaty, F. Drasgow, W. M. Gibson, K. Pearlman, D. O. Segall, and W. Shepherd, "Unproctored Internet Testing in Employment Settings," *Personnel Psychology*, 2006, 59, pp. 189–225; S. Overman, "Online Screening Saves Time and Money," *Staffing Management*, July–Sept. 2005, pp. 18–22.
8. Exhibit 9.2 and the review here are based on C. M. Berry, D. S. Ones, and P. R. Sackett, "Interpersonal Deviance, Organizational Deviance, and Their Common Correlates: A Review and Meta-Analysis," *Journal of Applied Psychology*, 2007, 92, pp. 410–424; C. Viswesvaran, J. Deller, and D. S. Ones, "Personality Measures in Personnel Selection: Some New Contributions," *International Journal of Selection and Assessment*, 2007, 15, pp. 354–358; N. M. Dudley, K. A. Orvis, J. E. Lebiecki, and J. M. Cortina, "A Meta-Analytic Investigation of Conscientiousness in the Prediction of Job Performance: Examining the Intercorrelations and the Incremental Validity of Narrow Traits," *Journal of Applied Psychology*, 2006, 91, pp. 40–57; D. S. Ones, C. Viswesvaran, and S. Dilchert, "Personality at Work: Raising Awareness and Correcting Misconceptions," *Human Performance*, 2005, 18, pp. 389–404; M. G. Rothstein and R. D. Goffin, "The Use of Personality Measures in Personnel Selection: What Does Current Research Support?" *Human Resource Management Review*, 2006, 16, pp. 155–180.
9. For a review of these criticisms and responses to them, see F. P. Morgeson, M. A. Campion, R. L. Dipboye, J. R. Hollenbeck, K. Murphy, and N. Schmitt, "Reconsidering the Use of Personality Tests in Personnel Selection Contexts," *Personnel Psychology*, 2007, 60, pp. 683–729; D. S. Ones, S. Dilchert, C. Viswesvaran, and T. A. Judge, "In Support of Personality Assessment in Organizational Settings," *Personnel Psychology*, 2007, 60, pp. 995–1027; R. P. Tett and N. D. Christiansen, "Personality Tests at the Crossroads: A Response to Morgeson, Campion, Dipboye, Hollenbeck, Murphy, and Schmitt (2007)," *Personnel Psychology*, 2007, 60, pp. 967–993.
10. Morgeson et al., "Reconsidering the Use of Personality Tests in Personnel Selection Contexts," p. 694.
11. Ones, Dilchert, Viswesvaran, and Judge, "In Support of Personality Assessment in Organizational Settings"; M. R. Barrick, M. K. Mount, and T. A. Judge, "Personality and Performance at the Beginning of the New Millennium: What Do We Know and Where Do We Go Next?" *International Journal of Selection & Assessment*, 2001, 9, pp. 9–30.
12. G. V. Barrett, R. F. Miguel, J. M. Hurd, S. B. Lueke, and J. A. Tan, "Practical Issues in the Use of Personality Tests in Police Selection," *Public Personnel Management*, 2003, 32, pp. 497–517;

V. M. Mallozzi, "This Expert in Scouting Athletes Doesn't Need to See Them Play," *New York Times*, Apr. 25, 2004, pp. SP3, SP7.

13. M. R. Barrick and M. K. Mount, "Autonomy as a Moderator of the Relationships Between the Big Five Personality Dimensions and Job Performance," *Journal of Applied Psychology*, 1993, 78, pp. 111–118.

14. D. Chan, "Interactive Effects of Situational Judgment Effectiveness and Proactive Personality on Work Perceptions and Work Outcomes," *Journal of Applied Psychology*, 2006, 91, pp. 475–481; J. A. Thompson, "Proactive Personality and Job Performance: A Social Capital Perspective," *Journal of Applied Psychology*, 2005, 90, pp. 1011–1017; S. E. Seibert, M. L. Kraimer, and J. M. Crant, "What Do Proactive People Do? A Longitudinal Model Linking Proactive Personality and Career Success," *Personnel Psychology*, 2001, 54, pp. 845–874.

15. T. A. Judge and J. E. Bono, "Relationship of Core Self-Evaluations Traits—Self-Esteem, Generalized Self-Efficacy, Locus of Control, and Emotional Stability—With Job Satisfaction and Job Performance: A Meta-Analysis," *Journal of Applied Psychology*, 2001, 86, pp. 80–92; T. A. Judge, A. Erez, J. E. Bono, and C. J. Thoresen, "The Core Self-Evaluations Scale: Development of a Measure," *Personnel Psychology*, 2003, 56, pp. 303–331.

16. S. A. Birkeland, T. M. Manson, J. L. Kisamore, M. T. Brannick, and M. A. Smith, "A Meta-Analytic Investigation of Job Applicant Faking on Personality Measures," *International Journal of Selection and Assessment*, 2006, 14, pp. 317–335; S. Stark, O. S. Chernyshenko, and F. Drasgow, "Examining Assumptions About Item Responding in Personality Assessment: Should Ideal Point Methods Be Considered for Scale Development and Scoring?" *Journal of Applied Psychology*, 2006, 91, pp. 25–39.

17. H. Le, I. Oh, S. B. Robbins, R. Ilies, E. Holland, and P. Westrick, "Too Much of a Good Thing: Curvilinear Relationships Between Personality Traits and Job Performance," *Journal of Applied Psychology*, 2011, 96, pp. 113–133; D. L. Whetzel, M. A. McDaniel, A. P. Yost, and N. Kim, "Linearity of Personality-Performance Relationships: A Large-Scale Examination," *International Journal of Selection and Assessment*, 2010, 18(3), pp. 310–320.

18. Rothstein and Goffin, "The Use of Personality Measures in Personnel Selection: What Does Current Research Support?"

19. J. E. Ellingson, D. B. Smith, and P. R. Sackett, "Investigating the Influence of Social Desirability on Personality Factor Structure," *Journal of Applied Psychology*, 2001, 86, pp. 122–133; D. B. Smith and J. E. Ellingson, "Substance Versus Style: A New Look at Social Desirability in Motivating Contexts," *Journal of Applied Psychology*, 2002, 87, pp. 211–219.

20. N. Schmitt and F. L. Oswald, "The Impact of Corrections for Faking on the Validity of Noncognitive Measures in Selection Settings," *Journal of Applied Psychology*, 2006, 91, pp. 613–621.

21. E. D. Heggestad, M. Morrison, C. L. Reeve, and R. A. McCloy, "Forced-Choice Assessments of Personality for Selection: Evaluating Issues of Normative Assessment and Faking Resistance," *Journal of Applied Psychology*, 2006, 91, pp. 9–24; S. Dilchert, D. S. Ones, C. Viswesvaran, and J. Deller, "Response Distortion in Personality Measurement: Born to Deceive, yet Capable of Providing Valid Self-Assessments?" *Psychology Science*, 2006, 48, pp. 209–225.

22. S. A. Dwight and J. J. Donovan, "Do Warnings Not to Fake Reduce Faking?" *Human Performance*, 2003, 16, pp. 1–23; J. Hogan, P. Barrett, and R. Hogan, "Personality Measurement, Faking, and Employment Selection," *Journal of Applied Psychology*, 2007, 92, pp. 1270–1285; J. E. Ellingson, P. R. Sackett, and B. S. Connelly, "Personality Assessment Across Selection and Development Contexts: Insights Into Response Distortion," *Journal of Applied Psychology*, 2007, 92, pp. 386–395.

23. R. D. Zimmerman, M. Triana, and M. R. Barrick, "Predictive Criterion-Related Validity of Observer Ratings of Personality and Job-Related Competencies Using Multiple Raters and

Multiple Performance Criteria," *Human Performance*, 2010, 23(4), pp. 361–378; C. M. Berry, P. R. Sackett, and V. Tobares, "A Meta-Analysis of Conditional Reasoning Tests of Aggression," *Personnel Psychology*, 2010, 63(2), pp. 361–384; R. E. Johnson, A. L. Tolentino, O. B. Rodopman, and E. Cho, "We (Sometimes) Know Not How We Feel: Predicting Job Performance With an Implicit Measure of Trait Affectivity," *Personnel Psychology*, 2010, 63(1), pp. 197–219; I. Oh and C. M. Berry, "The Five-Factor Model of Personality and Managerial Performance: Validity Gains Through the Use of 360 Degree Performance Ratings," *Journal of Applied Psychology*, 2009, 94(6), pp. 1498–1513.

24. J. P. Hausknecht, D. V. Day, and S. C. Thomas, "Applicant Reactions to Selection Procedures: An Updated Model and Meta-Analysis," *Personnel Psychology*, 2004, 57, pp. 639–683; "Workers Question Validity of Personality Tests," *Staffing Management*, Jan.–Mar. 2007, p. 11.

25. A. Wolf and A. Jenkins, "Explaining Greater Test Use for Selection: The Role of HR Professionals in a World of Expanding Regulation," *Human Resource Management Journal*, 2006, 16(2), pp. 193–213.

26. E. A. Fleishman and M. E. Reilly, *Handbook of Human Abilities* (Palo Alto, CA: Consulting Psychologists Press, 1992).

27. C. L. Reeve and N. Blacksmith, "Identifying g: A Review of Current Factor Analytic Practices in the Science of Mental Abilities," *Intelligence*, 2009, 37(5), pp. 487–494.

28. C. F. Wonderlic, Jr., "Test Publishers Form Association," *Human Resource Measurements* (Supplement to the Jan. 1993 *Personnel Journal*), p. 3.

29. L. S. Gottfredson, "Societal Consequences of the g Factor in Employment," *Journal of Vocational Behavior*, 1986, 29, pp. 379–410; J. F. Salgado, N. Anderson, S. Moscoso, C. Bertua, F. de Fruyt, and J. P. Rolland, "A Meta-Analytic Study of General Mental Ability Validity for Different Occupations in the European Community," *Journal of Applied Psychology*, 2003, 88, pp. 1068–1081.

30. T. A. Judge, R. Ilies, and N. Dimotakis, "Are Health and Happiness the Product of Wisdom? The Relationship of General Mental Ability to Educational and Occupational Attainment, Health, and Well-Being," *Journal of Applied Psychology*, 2010, 95(3), pp. 454–468; M. A. Maltarich, A. J. Nyberg, and G. A. Reilly, "A Conceptual and Empirical Analysis of the Cognitive Ability–Voluntary Turnover Relationship," *Journal of Applied Psychology*, 2010, 95(6), pp. 1058–1070.

31. J. E. Hunter, "Cognitive Ability, Cognitive Aptitudes, Job Knowledge, and Job Performance," *Journal of Vocational Behavior*, 1986, 29, pp. 340–362.

32. J.W.B. Lang and P. D. Bliese, "General Mental Ability and Two Types of Adaptation to Unforeseen Change: Applying Discontinuous Growth Models to the Task-Change Paradigm," *Journal of Applied Psychology*, 2009, 94(2), pp. 411–428; M. J. Ree and J. A. Earles, "Predicting Training Success: Not Much More Than g," *Personnel Psychology*, 1991, 44, pp. 321–332.

33. P. M. Wright, G. McMahan, and D. Smart, "Team Cognitive Ability as a Predictor of Performance: An Examination of the Role of SAT Scores in Determining NCAA Basketball Team Performance," Working paper, Department of Management, Texas A&M University.

34. Hunter, "Cognitive Ability, Cognitive Aptitudes, Job Knowledge, and Job Performance"; F. L. Schmidt and J. E. Hunter, "Development of a Causal Model of Processes Determining Job Performance," *Current Directions in Psychological Science*, 1992, 1, pp. 89–92.

35. J.W.B. Lang, M. Kersting, U. R. Hülsheger, and J. Lang, "General Mental Ability, Narrower Cognitive Abilities, and Job Performance: The Perspective of the Nested-Factors Model of Cognitive Abilities," *Personnel Psychology*, 2010, 63(3), pp. 595–640; M. K. Mount, I. Oh, and M. Burns, "Incremental Validity of Perceptual Speed and Accuracy Over General Mental Ability," *Personnel Psychology*, 2008, 61(1), pp. 113–139.

36. P. L. Roth, C. A. BeVier, P. Bobko, F. S. Switzer, and P. Tyler, "Ethnic Group Differences in Cognitive Ability in Employment and Educational Settings: A Meta-Analysis," *Personnel Psychology*, 2001, 54, pp. 297–330.

37. See P. R. Sackett and W. Shen, "Subgroup Differences on Cognitive Tests in Contexts Other Than Personnel Selection," in J. L. Outtz (ed.), *Adverse Impact: Implications for Organizational Staffing and High Stakes Selection* (New York: Routledge/Taylor & Francis, 2010), pp. 323–346; C. L. Reeve and J. E. Charles, "Survey of Opinions on the Primacy of g and Social Consequences of Ability Testing: A Comparison of Expert and Non-Expert Views," *Intelligence*, 2008, 36(6), pp. 681–688.

38. W. F. Cascio, R. Jacobs, and J. Silva, "Validity, Utility, and Adverse Impact: Practical Implications from 30 Years of Data," in Outtz (ed.), *Adverse Impact: Implications for Organizational Staffing and High Stakes Selection*, pp. 271–288; P. Bobko, P. L. Roth, and D. Potosky, "Derivation and Implications of a Meta-Analytic Matrix Incorporating Cognitive Ability, Alternative Predictors, and Job Performance," *Personnel Psychology*, 1999, 52, pp. 561–589; A. M. Ryan, R. E. Ployhart, and L. A. Friedel, "Using Personality to Reduce Adverse Impact: A Cautionary Note," *Journal of Applied Psychology*, 1998, 83, pp. 298–307.

39. B. D. Edwards and W. Arthur, Jr., "An Examination of Factors Contributing to a Reduction in Subgroup Differences on a Constructed-Response Paper-and-Pencil Test of Scholastic Achievement," *Journal of Applied Psychology*, 2007, 92, pp. 794–801; D. A. Newman and J. S. Lyon, "Recruitment Efforts to Reduce Adverse Impact: Targeted Recruiting for Personality, Cognitive Ability, and Diversity," *Journal of Applied Psychology*, 2009, 94(2), pp. 298–317.

40. W. T. Dickens and J. R. Flynn, "Black Americans Reduce the IQ Gap," *Psychological Science*, 2006, 17, pp. 913–920; J. P. Rushton and A. R. Jensen, "The Totality of Available Evidence Shows the Race IQ Gap Still Remains," *Psychological Science*, 2006, 17, pp. 921–922. See also E. Hunt and J. Carlson, "Considerations Relating to the Study of Group Differences in Intelligence," *Perspectives on Psychological Science*, 2007, 2, pp. 194–213.

41. T. A. Judge, D. Blancero, D. M. Cable, and D. E. Johnson, "Effects of Selection Systems on Job Search Decisions," Paper presented at the Tenth Annual Conference of the Society for Industrial and Organizational Psychology, Orlando, FL, 1995.

42. S. L. Rynes and M. L. Connerley, "Applicant Reactions to Alternative Selection Procedures," *Journal of Business and Psychology*, 1993, 7, pp. 261–277.

43. J. P. Hausknecht, D. V. Day, and S. C. Thomas, "Applicant Reactions to Selection Procedures: An Updated Model and Meta-Analysis," *Personnel Psychology*, 2004, 57(3), pp. 639–683; J. W. Smither, R. R. Reilly, R. E. Millsap, K. Pearlman, and R. W. Stoffey, "Applicant Reactions to Selection Procedures," *Personnel Psychology*, 46, pp. 49–76.

44. Hausknecht, Day, and Thomas, "Applicant Reactions to Selection Procedures: An Updated Model and Meta-Analysis."

45. S. M. Gully, S. C. Payne, and K.L.K. Koles, "The Impact of Error Training and Individual Differences on Training Outcomes: An Attribute-Treatment Interaction Perspective," *Journal of Applied Psychology*, 2002, 87, pp. 143–155; J. P. Hausknecht, C. O. Trevor, and J. L. Farr, "Retaking Ability Tests in a Selection Setting: Implications for Practice Effects, Training Performance, and Turnover," *Journal of Applied Psychology*, 2002, 87, pp. 243–254; J. F. Salgado, N. Anderson, and S. Moscoso, "International Validity Generalization of GMA and Cognitive Abilities: A European Community Meta-Analysis," *Personnel Psychology*, 2003, 56, pp. 573–605.

46. K. R. Murphy, B. E. Cronin, and A. P. Tam, "Controversy and Consensus Regarding Use of Cognitive Ability Testing in Organizations," *Journal of Applied Psychology*, 2003, 88, pp. 660–671.

47. J. Hogan, "Physical Abilities," in M. D. Dunnette and L. M. Hough (eds.), *Handbook of Industrial and Organizational Psychology*, Vol. 2 (Palo Alto, CA: Consulting Psychologists Press, 1991), pp. 753–831.

48. N. Henderson, M. W. Berry, and T. Malic, "Field Measures of Strength and Fitness Predict Firefighter Performance on Physically Demanding Tasks," *Personnel Psychology*, 2007, 60, pp. 431–473.

49. R. Britt, "Hands and Wrists Are Thrust Into the Hiring Process," *New York Times*, Sept. 21, 1997, p. 11.

50. M. A. Campion, "Personnel Selection for Physically Demanding Jobs: Review and Recommendations," *Personnel Psychology*, 1987, 36, pp. 527–550.

51. T. A. Baker, "The Utility of a Physical Test in Reducing Injury Costs," Paper presented at the Ninth Annual Meeting of the Society for Industrial and Organizational Psychology, Nashville, TN, 1995.

52. B. R. Blakley, M. A. Quinones, M. S. Crawford, and I. A. Jago, "The Validity of Isometric Strength Tests," *Personnel Psychology*, 1994, 47, pp. 247–274.

53. E. E. Ghiselli, "The Validity of Aptitude Tests in Personnel Selection," *Personnel Psychology*, 1973, 61, pp. 461–467.

54. Wisconsin Department of Employment Relations, *Developing Wisconsin State Civil Service Examinations and Assessment Procedures* (Madison, WI: author, 1994).

55. D. M. Dye, M. Reck, and M. A. McDaniel, "The Validity of Job Knowledge Measures," *International Journal of Selection and Assessment*, 1993, 1, pp. 153–157.

56. P. Salovey and D. Grewal, "The Science of Emotional Intelligence," *Current Directions in Psychological Science*, 2005, 14, p. 281; J. D. Mayer, P. Salovey, and D. R. Caruso, "Emotional Intelligence: New Ability or Eclectic Traits?" *American Psychologist*, 2008, 63(6), pp. 503–517.

57. D. L. Van Rooy, D. S. Whitman, and C. Viswesvaran, "Emotional Intelligence: Additional Questions Still Unanswered," *Industrial and Organizational Psychology*, 2010, 3(2), pp. 149–153.

58. D. L. Joseph and D. A. Newman, "Emotional Intelligence: An Integrative Meta-Analysis and Cascading Model," *Journal of Applied Psychology*, 2010, 95(1), pp. 54–78.

59. M. Zeidner, G. Matthews, and R. D. Roberts, "Emotional Intelligence in the Workplace: A Critical Review," *Applied Psychology: An International Review*, 2004, 53, pp. 371–399.

60. S. Kaplan, J. Cortina, and G. A. Ruark, "Oops . . . We Did It Again: Industrial-Organizational's Focus on Emotional Intelligence Instead of on Its Relationships to Work Outcomes," *Industrial and Organizational Psychology*, 2010, 3(2), pp. 171–177.

61. E. A. Locke, "Why Emotional Intelligence Is an Invalid Concept," *Journal of Organizational Behavior*, 2005, 26, p. 426; C. Cherniss, "Emotional Intelligence: Toward Clarification of a Concept," *Industrial and Organizational Psychology*, 2010, 3(2), pp. 110–126; S. Côté, "Taking the 'Intelligence' in Emotional Intelligence Seriously," *Industrial and Organizational Psychology*, 2010, 3(2), pp. 127–130.

62. Joseph and Newman, "Emotional Intelligence: An Integrative Meta-Analysis and Cascading Model."

63. F. J. Landy, "Some Historical and Scientific Issues Related to Research on Emotional Intelligence," *Journal of Organizational Behavior*, 2005, 26, p. 421.

64. E. White, "Walking a Mile in Another's Shoes," *Wall Street Journal*, Jan. 16, 2006, p. B3.

65. R. Miller, "The Legal Minefield of Employment Probation," *Benefits and Compensation Solutions*, 1998, 21, pp. 40–43.

66. J. J. Asher and J. A. Sciarrino, "Realistic Work Sample Tests: A Review," *Personnel Psychology*, 1974, 27, pp. 519–533.

67. S. J. Motowidlo, M. D. Dunnette, and G. Carter, "An Alternative Selection Procedure: A Low-Fidelity Simulation," *Journal of Applied Psychology*, 1990, 75, pp. 640–647.

68. W. Arthur, Jr., G. V. Barrett, and D. Doverspike, "Validation of an Information Processing-Based Test Battery Among Petroleum-Product Transport Drivers," *Journal of Applied Psychology*, 1990, 75, pp. 621–628.

69. J. Cook, "Sure Bet," *Human Resource Executive*, Jan. 1997, pp. 32–34.

70. Motowidlo, Dunnette, and Carter, "An Alternative Selection Procedure: A Low-Fidelity Simulation."

71. "Making a Difference in Customer Service," *IPMA News*, May 2002, pp. 8–9.

72. P. Thomas, "Not Sure of a New Hire? Put Her to a Road Test," *Wall Street Journal*, Jan. 2003, p. B7.

73. S. Greengard, "Cracking the Hiring Code," *Workforce Management*, June 2004 (*www.workforce. com/archive/article/23/74/45.php*).

74. C. Winkler, "Job Tryouts Go Virtual," *HR Magazine*, Sept. 2006, pp. 131–134.

75. Electronic Selection Systems Corporation, *Accu Vision: Assessment Technology for Today, Tomorrow, and Beyond* (Maitland, FL: author, 1992).

76. J. E. Hunter and R. F. Hunter, "Validity and Utility of Alternative Predictors of Job Performance," *Psychological Bulletin*, 1984, 96, pp. 72–98.

77. W. Cascio and W. Phillips, "Performance Testing: A Rose Among Thorns?" *Personnel Psychology*, 1979, 32, pp. 751–766.

78. P. Bobko, P. L. Roth, and M. A. Buster, "Work Sample Tests and Expected Reduction in Adverse Impact: A Cautionary Note," *International Journal of Selection and Assessment*, 2005, 13, pp. 1–24.

79. K. A. Hanisch and C. L. Hulin, "Two-Stage Sequential Selection Procedures Using Ability and Training Performance: Incremental Validity of Behavioral Consistency Measures," *Personnel Psychology*, 1994, 47, pp. 767–785.

80. M. A. McDaniel, N. S. Hartman, D. L. Whetzel, and W. L. Grubb, "Situational Judgment Tests, Response Instructions, and Validity: A Meta-Analysis," *Personnel Psychology*, 2007, 60, pp. 63–91.

81. D. L. Whetzel, M. A. McDaniel, and N. T. Nguyen, "Subgroup Differences in Situational Judgment Test Performance: A Meta-Analysis," *Human Performance*, 2008, 21, pp. 291–309.

82. F. Lievens and P. R. Sackett, "Video-Based Versus Written Situational Judgment Tests: A Comparison in Terms of Predictive Validity," *Journal of Applied Psychology*, 2006, 91, pp. 1181–1188.

83. McDaniel et al., "Situational Judgment Tests, Response Instructions, and Validity: A Meta-Analysis"; D. Chan and N. Schmitt, "Situational Judgment and Job Performance," *Human Performance*, 2002, 15, pp. 233–254; J. A. Weekley and C. Jones, "Further Studies of Situational Tests," *Personnel Psychology*, 1999, 52, pp. 679–700; J. Clevenger, G. M. Pereira, D. Wiechmann, N. Schmitt, and V. S. Harvey, "Incremental Validity of Situational Judgment Tests," *Journal of Applied Psychology*, 2001, 86, pp. 410–417.

84. M. S. O'Connell, N. S. Hartman, M. A. McDaniel, W. L. Grubb, and A. Lawrence, "Incremental Validity of Situational Judgment Tests for Task and Contextual Job Performance," *International Journal of Selection and Assessment*, 2007, 15, pp. 19–29.

85. Lievens and Sackett, "Video-Based Versus Written Situational Judgment Tests: A Comparison in Terms of Predictive Validity."

86. S. J. Motowidlo and M. E. Beier, "Differentiating Specific Job Knowledge from Implicit Trait Policies in Procedural Knowledge Measured by a Situational Judgment Test," *Journal of Applied Psychology*, 2010, 95(2), pp. 321–333.

87. M. S. Christian, B. D. Edwards, and J. C. Bradley, "Situational Judgment Tests: Constructs Assessed and a Meta-Analysis of Their Criterion-Related Validities," *Personnel Psychology*, 2010, 63(1), pp. 83–117; R. Bledow and M. Frese, "A Situational Judgment Test of Personal Initiative and Its Relationship to Performance," *Personnel Psychology*, 2009, 62(2), pp. 229–258.

88. "Employers Cite Communication Skills, Honesty/Integrity as Key for Job Candidates," *IPMA-HR Bulletin*, Mar. 23, 2007, p. 1.

89. M. G. Aamodt and H. Custer, "Who Can Best Catch a Liar? A Meta-Analysis of Individual Differences in Detecting Deception," *The Forensic Examiner*, Spring 2006, pp. 6–11.

90. R. C. Hollinger, "2006 National Retail Security Survey Final Report," Survey Research Project, University of Florida (downloaded January 8, 2008, from *http://web.crim.ufl.edu/research/srp/srp.html*).

91. C. M. Berry, D. S. Ones, and P. R. Sackett, "Interpersonal Deviance, Organizational Deviance, and Their Common Correlates: A Review and Meta-Analysis," *Journal of Applied Psychology*, 2007, 92, pp. 410–424.

92. P. R. Sackett and J. E. Wanek, "New Developments in the Use of Measures of Honesty, Integrity, Conscientiousness, Dependability, Trustworthiness, and Reliability for Personnel Selection," *Personnel Psychology*, 1996, 49, pp. 787–829.

93. C. M. Berry, P. R. Sackett, and S. Wiemann, "A Review of Recent Developments in Integrity Test Research," *Personnel Psychology*, 2007, 60, pp. 271–301.

94. B. Marcus, K. Lee, and M. C. Ashton, "Personality Dimensions Explaining Relations Between Integrity Tests and Counterproductive Behavior: Big Five, or One in Addition?" *Personnel Psychology*, 2007, 60, pp. 1–34.

95. D. S. Ones, C. Viswesvaran, and S. Dilchert, "Personality at Work: Raising Awareness and Correcting Misconceptions," *Human Performance*, 2005, 18, pp. 389–404.

96. D. S. Ones, C. Viswesvaran, and F. L. Schmidt, "Comprehensive Meta-Analysis of Integrity Test Validities: Findings and Implications for Personnel Selection and Theories of Job Performance," *Journal of Applied Psychology* (monograph), 1993, 78, pp. 531–537.

97. Berry, Sackett, and Wiemann, "A Review of Recent Developments in Integrity Test Research."

98. R. J. Karren and L. Zacharias, "Integrity Tests: Critical Issues," *Human Resource Management Review*, 2007, 17, pp. 221–234.

99. Hausknecht, Day, and Thomas, "Applicant Reactions to Selection Procedures: An Updated Model and Meta-Analysis."

100. R. R. McCrae and P. T. Costa, Jr., "Reinterpreting the Myers-Briggs Type Indicator From the Perspective of the Five-Factor Model of Personality," *Journal of Personality*, 1989, 57, pp. 17–40.

101. C. H. Van Iddekinge, D. J. Putka, and J. P. Campbell, "Reconsidering Vocational Interests for Personnel Selection: The Validity of an Interest-Based Selection Test in Relation to Job Knowledge, Job Performance, and Continuance Intentions," *Journal of Applied Psychology*, 2011, 96(1), pp. 13–33.

102. M. Assouline and E. I. Meir, "Meta-Analysis of the Relationship Between Congruence and Well-Being Measures," *Journal of Vocational Behavior*, 1987, 31, pp. 319–332.

103. See B. Schneider, H. W. Goldstein, and D. B. Smith, "The ASA Framework: An Update," *Personnel Psychology*, 1995, 48, pp. 747–773.

104. D. M. Cable, "The Role of Person-Organization Fit in Organizational Entry," Unpublished doctoral dissertation, Cornell University, Ithaca, NY, 1995.

105. R. W. Eder and M. Harris (eds.), *The Employment Interview Handbook* (Thousand Oaks, CA: Sage, 1999).

106. M. Hosoda, E. F. Stone-Romero, and G. Coats, "The Effects of Physical Attractiveness on Job-Related Outcomes: A Meta-Analysis of Experimental Studies," *Personnel Psychology*, 2003,

56, pp. 431–462; M. R. Barrick, J. A. Shaffer, and S. W. DeGrassi, "What You See May Not Be What You Get: Relationships Among Self-Presentation Tactics and Ratings of Interview and Job Performance," *Journal of Applied Psychology*, 2009, 94, pp. 1394–1411; "Survey Finds Employers Form Opinions of Job Interviewees Within 10 Minutes," *IPMA-HR Bulletin*, Apr. 21, 2007, p. 1; M. Bertrand and S. Mullainathan, "Are Emily and Greg More Employable Than Lakisha and Jamal? A Field Experiment on Labor Market Discrimination," *American Economic Review*, 2004, 94, pp. 991–1013; S. L. Purkiss, P. L. Perrewé, T. L. Gillespie, B. T. Mayes, and G. R. Ferris, "Implicit Sources of Bias in Employment Interview Judgments and Decisions," *Organizational Behavior and Human Decision Processes*, 2006, 101, pp. 152–167.

107. M. A. Campion, D. K. Palmer, and J. E. Campion, "A Review of Structure in the Selection Interview," *Personnel Psychology*, 1997, 50, pp. 655–702.

108. G. P. Latham, L. M. Saari, E. D. Pursell, and M. A. Campion, "The Situational Interview," *Journal of Applied Psychology*, 1980, 65, pp. 422–427; S. D. Maurer, "The Potential of the Situational Interview: Existing Research and Unresolved Issues," *Human Resource Management Review*, 1997, 7, pp. 185–201.

109. A. I. Huffcutt, J. N. Conurey, P. L. Roth, and U. Klehe, "The Impact of Job Complexity and Study Design on Situational and Behavior Description Interview Validity," *International Journal of Selection and Assessment*, 2004, 12, pp. 262–273.

110. M. A. McDaniel, D. L. Whetzel, F. L. Schmidt, and S. D. Maurer, "The Validity of Employment Interviews: A Comprehensive Review and Meta-Analysis," *Journal of Applied Psychology*, 1994, 79, pp. 599–616; Huffcutt et al., "The Impact of Job Complexity and Study Design on Situational and Behavior Description Interview Validity."

111. K. I. van der Zee, A. B. Bakker, and P. Bakker, "Why Are Structured Interviews So Rarely Used in Personnel Selection?" *Journal of Applied Psychology*, 2002, 87, pp. 176–184; F. Lievens and A. De Paepe, "An Empirical Investigation of Interviewer-Related Factors That Discourage the Use of High Structure Interviews," *Journal of Organizational Behavior*, 2004, 25, pp. 29–46; N. Smith, "Using Structured Interviews to Increase Your Organization's Hiring Investments," *HR Weekly*, Oct. 2006, pp. 1–3.

112. Hausknecht, Day, and Thomas, "Applicant Reactions to Selection Procedures: An Updated Model and Meta-Analysis."

113. A. I. Huffcutt and P. L. Roth, "Racial Group Differences in Interview Evaluations," *Journal of Applied Psychology*, 1998, 83, pp. 179–189.

114. C. H. Van Iddekinge, C. E. Sager, J. L. Burnfield, and T. S. Heffner, "The Variability of Criterion-Related Validity Estimates Among Interviewers and Interview Panels," *International Journal of Selection and Assessment*, 2006, 14, pp. 193–205; M. R. Barrick, B. W. Swider, and G. L. Stewart, "Initial Evaluations in the Interview: Relationships With Subsequent Interviewer Evaluations and Employment Offers," *Journal of Applied Psychology*, 2010, 95, pp. 1163–1172.

115. M. Harris, "Reconsidering the Employment Interview: A Review of Recent Literature and Suggestions for Future Research," *Personnel Psychology*, 1989, 42, pp. 691–726.

116. D. S. Chapman and D. I. Zweig, "Developing a Nomological Network for Interview Structure: Antecedents and Consequences of the Structured Selection Interview," *Personnel Psychology*, 2005, 58, pp. 673–702.

117. S. P. Robbins and T. A. Judge, *Organizational Behavior*, thirteenth ed. (Upper Saddle River, NJ: Prentice-Hall, 2008).

118. Robbins and Judge, *Organizational Behavior*.

119. M. J. Stevens and M. A. Campion, "The Knowledge, Skill, and Ability Requirements for Teamwork: Implications for Human Resource Management," *Journal of Management*, 1994, 20, pp. 503–530.

120. M. J. Stevens, "Staffing Work Teams: Testing for Individual-Level Knowledge, Skill, and Ability Requirements for Teamwork," Unpublished doctoral dissertation, Purdue University, West Lafayette, IN, 1993.

121. R. S. Wellens, W. C. Byham, and G. R. Dixon, *Inside Teams* (San Francisco: Jossey-Bass, 1995).

122. T. V. Mumford, C. H. Van Iddekinge, F. P. Morgeson, and M. A. Campion, "The Team Role Test: Development and Validation of a Team Role Knowledge Situational Judgment Test," *Journal of Applied Psychology*, 2008, 93(2), pp. 250–267.

123. S. M. Colarelli and A. L. Boos, "Sociometric and Ability-Based Assignment to Work Groups: Some Implications for Personnel Selection," *Journal of Organizational Behavior Management*, 1992, 13, pp. 187–196; M. Levinson, "When Workers Do the Hiring," *Newsweek*, June 21, 1993, p. 48.

124. B. Dumaine, "The Trouble With Teams," *Fortune*, Sept. 5, 1994, pp. 86–92.

125. W. C. Borman and S. J. Motowidlo, "Expanding the Criterion Domain to Include Elements of Contextual Performance," in N. Schmitt, W. Borman, and Associates (eds.), *Personnel Selection in Organizations* (San Francisco: Jossey-Bass, 1993), pp. 71–98.

126. "Why Worry About Drugs and Alcohol in the Workplace?" Facts for Employers, American Council for Drug Education, 2007 (*www.acde.org/employer/DAwork.htm*).

127. Smithers Institute, "Drug Testing: Cost and Effect," *Cornell/Smithers Report*, Vol. 1 (Ithaca, NY: Cornell University, 1992), pp. 1–5.

128. "U.S. Corporations Reduce Levels of Medical, Drug and Psychological Testing of Employees," American Management Association, 2007 (*www.amanet.org/press/archives/reduce.htm*).

129. *Amphetamines Use Declined Significantly Among U.S. Workers in 2005, According to Quest Diagnostics' Drug Testing Index,* Quest Diagnostics Incorporated, 2006.

130. L. Paik, "Organizational Interpretations of Drug Test Results," *Law & Society Review*, Dec. 2006, pp. 1–28.

131. *Mandatory Guidelines and Proposed Revisions to Mandatory Guidelines for Federal Workplace Drug Testing Programs*, Department of Health and Human Services, Substance Abuse and Mental Health Services Administration, 2004.

132. S. Overman, "Debating Drug Test ROI," *Staffing Management*, Oct.–Dec. 2005, pp. 19–22.

133. S. Overman, "Refusing to Hire Candidates Who Test Positive for Nicotine May Help Reduce Health Care Costs. But Is It Worth It? *Staffing Management*, Jan. 1, 2008 (*www.shrm.org/Publications/StaffingManagementMagazine*), accessed 1/28/2011.

134. K. Helliker, "A Test for Alcohol—and Its Flaws," *Wall Street Journal*, Aug. 12, 2006, pp. A1, A6.

135. J. Normand, S. D. Salyards, and J. J. Mahoney, "An Evaluation of Preemployment Drug Testing," *Journal of Applied Psychology*, 1990, 75, pp. 629–639.

136. J. M. Crant and T. S. Bateman, "An Experimental Test of the Impact of Drug-Testing Programs on Potential Job Applicants' Attitudes and Intentions," *Journal of Applied Psychology*, 1990, 75, pp. 127–131; K. R. Murphy, G. C. Thornton III, and D. H. Reynolds, "College Students' Attitudes Toward Employee Drug Testing Programs," *Personnel Psychology*, 1990, 43, pp. 615–631.

137. E. A. Fleishman, "Some New Frontiers in Personnel Selection Research," *Personnel Psychology*, 1988, 41, pp. 679–701.

138. M. A. Campion, "Personnel Selection for Physically Demanding Jobs: Review and Recommendations," *Personnel Psychology*, 1983, 36, pp. 527–550.

139. W. F. Cascio and H. Aquinis, "The Federal Uniform Guidelines on Employee Selection Procedures: An Update on Selected Issues," *Review of Public Personnel Administration*, 2001, 21, pp. 200–218; C. Daniel, "Separating Law and Professional Practice From Politics: The Uniform

Guidelines Then and Now," *Review of Public Personnel Administration*, 2001, 21, pp. 175–184; A.I.E. Ewoh and J. S. Guseh, "The Status of the Uniform Guidelines on Employee Selection Procedures: Legal Developments and Future Prospects," *Review of Public Personnel Administration*, 2001, 21, pp. 185–199; G. P. Panaro, *Employment Law Manual*, second ed. (Boston: Warren Gorham Lamont, 1993), pp. 3-28 to 3-82.

140. Equal Employment Opportunity Commission, *Technical Assistance Manual of the Employment Provisions (Title 1) of the Americans With Disabilities Act* (Washington, DC: author, 1992), pp. 51–88; J. G. Frierson, *Employer's Guide to the Americans With Disabilities Act* (Washington, DC: Bureau of National Affairs, 1992); D. L. Stone and K. L. Williams, "The Impact of the ADA on the Selection Process: Applicant and Organizational Issues," *Human Resource Management Review*, 1997, 7, pp. 203–231.

141. L. Daley, M. Dolland, J. Kraft, M. A. Nester, and R. Schneider, *Employment Testing of Persons With Disabling Conditions* (Alexandria, VA: International Personnel Management Association, 1988); L. D. Eyde, M. A. Nester, S. M. Heaton, and A. V. Nelson, *Guide for Administering Written Employment Examinations to Persons With Disabilities* (Washington, DC: US Office of Personnel Management, 1994).

142. Equal Employment Opportunity Commission, *ADA Enforcement Guidance: Preemployment Disability Related Questions and Medical Examinations* (Washington, DC: author, 1995).

143. Equal Employment Opportunity Commission, *Enforcement Guidance on Disability-Related Inquiries and Medical Examinations of Employees Under the Americans With Disabilities Act* (Washington, DC: author, 2001).

144. J. E. Balls, "Dealing With Drugs: Keep It Legal," *HR Magazine*, Mar. 1998, pp. 104–116; A. G. Feliu, *Primer on Employee Rights* (Washington, DC: Bureau of National Affairs, 1998), pp. 137–166.

第 **10** 章

内部选拔

10.1 学习目标和导言

10.1.1 学习目标

- 比较预测的逻辑如何适用于内部与外部选拔决策
- 评价内部选拔中五种初始性评估方法的优缺点
- 评价内部选拔中运用资历和工作经验的优点与不足
- 描述评价中心的主要特点
- 了解内部选拔中评价中心的优缺点
- 评价内部选拔中运用的七种实质性评估方法的优缺点

10.1.2 导言

内部选拔指的是组织内部的员工通过人员调动和晋升系统从一个工作岗位转移到另一个工作岗位的选拔和评估过程。内部选拔对于一个组织而言具有相当大的实际价值，因为相比外部申请者，组织更了解自己内部的员工，而且对于任何组织，有效的内部选拔都能够对员工起到激励作用。

我们即将讨论的首要问题包括预测的逻辑、预测的性质以及内部选拔计划的开发历程。初始性评估方法用于从组织内部的申请人中选拔出候选人。我们将从人才管理、继任系统、同事评估和自我评估、管理支持，以及非正式的讨论和推荐几个方面进行介绍。我们还将介绍这些方法的适用条件。

实质性评估方法用于从组织内部的候选人中选拔出最终入选人。我们将介绍包括资历和工作经验、工作知识测验、绩效评估、晋升评级、评价中心、模拟面试、晋升小组和评价委员会在内的多种评估方式。我们也会介绍不同的实质性评估方法的适用条件。

选择性评估方法用于从最终入选人中选出被录用的人选。本章将讨论做出录用决定需考虑的一些因素，如平等就业机会、平权行动（EEO/AA）、该候选人是否曾经成功入选、组织中的其他人对入选者的印象等。

以上所有的评估方法都需要收集大量的数据。相应地，我们必须注意支持服务、实施和解释预测因素所需要的专家意见，以及程序的安全性、隐私性和标准性。此外，在使用内部选拔方式时，需要对法律有一个清晰的了解。

10.2 基础性问题

10.2.1 预测的逻辑

第8章提到的"预测的逻辑"在内部选拔中同样适用。尤其需要指出的是，内部候选人在过去的工作环境中的成功程度可以很好地预测他们在新的工作环境中的工作成果。过去的工作环境包括在组织中的现有工作以及在进入本组织之前的工作。新的工作环境指候选人通过组织人员调动或者晋升系统寻求的内部职位空缺。

此外，在选拔方式的有效性上，内部选拔和外部选拔也有相似之处。回顾第8章、第9章可以看到，三种最有效的外部选拔方式为：传记性资料、认知能力测试和工作样本。这些方式在内部选拔的决策中仍然有效。经证实，人格测验在公司高管的选拔中是一种有效的预测。研究表明，认知能力测试可以很有效地预测长期工作绩效和晋升。最后，工作样本是晋升的有效预测。[1]在这一章，我们关注针对晋升或人员调动决策的选拔过程和方式，同时需时刻牢记，许多外部选拔的方法和技术在内部选拔中同样适用。

尽管内部选拔和外部选拔的预测逻辑和有效性是相似的，但在实践中，相比外部选拔，内部选拔仍然有一些潜在的优势。特别地，对内部应聘者过去工作信息的收集要比对外部应聘者信息的收集更有深度，更有相关性和可证实性。这是因为组织通常对内部候选人之前的工作经验有着更加细致、深入的了解。

除了深度和相关性之外，预测的性质中另一个有效方面是可证实性。相比仅仅依靠一个人的观点就决定应聘者是否适合这个工作，通过内部选拔，我们可以征求多元化的评估意见，如来自其他主管或同事的对该应聘者的看法。通过分享各种观点，我们可以对候选人的情况有更加全面准确的了解。

虽然相比外部选拔，内部选拔具有以上巨大的优势，但仍有两方面的因素可能破坏预测的逻辑。首先，在组织中，印象管理和组织政策对决定谁能够得到晋升起到了重要的作用。虽然印象管理在外部选拔（尤其是面试）中也起作用，但是由于组织内部的"马屁精"运作的时间更长，目标更广，有更多的机会去发挥自己的才能，因此他们要比组织外部的候选人更有可能利用这一点。因此，内部选拔的决策者需要明确自己没有被内部的候选人"玩弄"。另一个能够毁坏内部选拔预测逻辑的因素是头衔泛滥。最近一项研究表明，在更新他们的头衔后，将近一半（46%）的新晋升的高管的工作职责基本没有变化。虽然头衔泛滥可能没有很大的危害，但是在工资和职责上都没有发生相应变化的新晋升人员应该了解所谓"晋升"到底是什么。被授予一个"流程变革经理"的头衔可能没有太大意义。[2]

10.2.2 预测的类型

外部选拔中各类预测类型的区别也适用于内部选拔的预测类型。内部和外部选拔中，"内容"这一因素存在不同。组织可以通过查阅组织内部的文件、采访组织内部的管理者来了解应聘者过去的经历，因此内部候选人可用的数据通常更加有深度和相关性。

10.2.3 选拔计划

通常内部选拔是在"你是谁"的基础上进行，而不是基于相关的知识、技能、能力和其他特征（KSAO）。管理者倾向于依赖内部候选人的前任经理的主观意见。当被问及为什么他们依赖于这些主观评价时，答案常常是，"因为这些候选人已经在这里工作了很长时间，所以我相信他的主管经理对他的看法及感觉"。

当依赖主管感觉进行内部选拔决策时，决策错误常常发生。例如，在选拔组织中监管工程和科学方面的管理人员时，有时人们认为那些具有最高技术水平的候选人会成为最好的管理者。然而，事实并非总是如此。有些技术人才是很差的管理者，反之亦然。为了防止这样的错误，需要遵循有效且健全的内部选拔程序。有效的工作分析将表明技术和管理技能都需要通过使用设计完善的预测方法进行评估。

感觉、预感、天性、直觉、喜好都不能代替设计完善的预测方法。仅仅依靠其他人对应聘者的"感觉"可能导致会降低对某些员工的雇佣标准、对受保护群体雇员的歧视以及低有效性的决策。因此，和外部选拔一样，在内部选拔中迫切需要制定选拔计划。如第 8 章所述，选拔计划包括列举出用来评估每一项 KSAO 的预测方法。

10.3 初始性评估方法

在内部招募过程中，可能会吸引大量应聘者，尤其当使用的是一个开放的而不是封闭的招募系统——列出职位供员工申请时。考虑到严格的选拔程序花费的时间和成本，组织应运用初始性评估方法剔除不符合候选人最低资格条件的申请者。典型的内部招聘的初始性评估方法包括以下预测方法：人才管理/继任制度、同事评估、自我评估、管理支持，以及非正式的讨论和推荐。下面将依次讨论每种预测方法，然后是对所有预测方法的一般评价。

10.3.1 人才管理/继任系统

出于信息交互和激励等因素，大多数组织都希望在内部选拔，或者内部推举人才。原因分别是，组织了解内部员工比外部应聘者优秀，且基于对未来晋升的期望，能够激励、保留员工。然而，内部选拔中的一个主要问题，尤其是对中型和大型组织来说，就是找出哪些员工具有这些期望的技能。这便是人才管理/继任制度发挥作用之处。

人才管理/继任系统有时也称为人力资源管理，持续记录员工的技能、天赋和能力，并形成人力资源决策。人才管理/继任制度可以用来实现许多目标，包括绩效管理、招募需求分析、员工开发，以及薪酬与职业生涯管理。然而，像这样的一个体系中存在的主要问题就是要有组织地及时更新员工的技能、天赋、能力，为内部选拔决策提供参考。

随着人才管理/继任制度顺理成章地运用，近期针对大型跨国公司的一项调查显示，有不到一半的公司拥有这样的系统。组织未使用人才管理系统的原因有两个。首先，它被认为过于昂贵。然而，考虑一个人才管理/继任制度的成本应与不使用系统的成本相比而言，基于现有雇员的能力以及不完全的技能知识而做出的选拔决策所要付出的是什么样的代价？其次，不具备开发系统的专业能力。但是，这个问题可以通过和专业从事人才管理软件的供应商合作来解决。人才管理/继任系统通常集成于供应商的人力资源信息系统（HRIS）内。例如，两个最大的 HRIS 供应商——SAP 和 Oracle/Peoplesoft 都有面向组织的人力资源包。

无论是在内部开发还是从供应商购买，好的人才管理/继任系统应当包含组织中的每一位雇员所拥有的 KSAO，这些 KSAO 是由技能类别（如教育/经验）和无形的才能（如领导力、潜力和管理能力）构成的。一个有效的人才管理系统还包括员工的现任职位，以及员工未来有能力晋升到的任何职位。此外，一个好的人才管理系统也要总结数据以方便技术统计，从而确定部门或总体的人才短缺。制药巨头礼来公司就是按季度来统计这些数据。

人才管理/继任系统存在的一个问题是，它们往往很快就落伍了。为了使之得到充分的应用（而不是简单地以另一种官僚形式来完成），随着员工技能的发展，管理者必须系统地输入员工掌握的最新的技能。另一个限制就是 KSAO 是很一般、普遍的。一个人才管理/继任系统要想获得成功，它必须是独特的，要做到积极维护和更新，与组织的战略相一致（以便于预测未来人才的需求），并在内部选拔决策时使用。[3]

10.3.2 同事评估

同事评估可以用来评价内部申请人的可晋升性。可以使用同事评价、同事提名和同事排序三种方式[4]。这三种方法如表 10—1 所示。

表 10—1　　同事评估方法

同事评价
请考虑下列每位员工，并用量表对他们是否能够晋升到工作要求矩阵中描述的经理职位进行评定。

	不可晋升		一年后晋升		现在晋升
	1	2	3	4	5
珍妮	1	2	3	4	5
约翰	1	2	3	4	5
安迪	1	2	3	4	5
赫伯	1	2	3	4	5

同事提名

请考虑下列每位员工，并对最适合晋升到工作要求矩阵中描述的经理职位的人选标记√。

乔　　　　　____

尼森特　　　____

卡洛斯　　　____

苏洛芬　　　____

瑞妮　　　　____

同事排序

请考虑以下员工晋升到工作要求矩阵中描述的经理职位的可晋升性，从最适合晋升（1）到最不适合晋升（5）进行排序。

艾拉　　　　____

凯伦　　　　____

菲利普　　　____

陈怡　　　　____

金朗　　　　____

在表 10—1 中我们可以看到，尽管这三种同事评估方法都使用同事进行晋升决策，但每种方法的格式是不同的。在同事评价方法中，采用评价量表对每个人的晋升可能性进行评估，评价最高的人被认为是最适合晋升的。另一方面，同事提名依赖于对最有可能晋升的候选者进行投票，得到最高票数的人是最可晋升的。最后，同事排序依靠同事的等级顺序，最高等级的同事最有可能晋升。

多年来，同事评估法已经在军事上广泛应用，然而在工业上应用较少。同事评估的一个优点是，由于评估者与被评估者之间日常的接触，他们对申请者的 KSAO 有着清楚的了解。然而，同事评估的一个可能的缺点在于这可能会破坏同事之间的感情。此外，这可能通过构建竞争环境的方式降低工作团队的士气。

同事评估的另一个问题是评估方式制定的标准并不总是清晰的。如果想要同事评估有效进行，应提前仔细建立职位的成功绩效所需要的 KSAO。为了达到这一点，应该使用工作要求矩阵。

同事评估的一个可能的优点是同事更有可能认为决策的制定是公平的，因为他们参与了决策。这样的决策被认为不是管理者的背后操纵。因此，同事评估更经常在开放的而不是封闭的内部招募系统中使用。

10.3.3　自我评估

在职人员可以评估自己的技能，以作为晋升决策的基础。这种方式有时在开放的招募系统中使用。表 10—2 中呈现了自我评估方法的一个举例。使用这种方法进行选拔时一定要格外注意，因为这可能会提升那些评估自己的人认为自己将会被选中的期望。正如一个人力资源总监所说，"一些人会高估自己的技能和才华"。员工的主管应该鼓励员工的上进心（而不是"囤积"才华），但是他们也需要确保员工的自我评估符合实际。[5]

表 10—2	用于职位公告系统的自我评估表

补充问卷

这份补充问卷将成为判断你对该职位是否非常称职的主要基础。你可以增加一些在你的 SF-171 中未明确的信息，或者扩展已经明确的信息。你应该为下面的每个项目考虑合适的工作经验、外部活动、奖励、培训和教育。

1. 与印度事务署的使命、组织、结构、政策和职能的相关知识，因为它们与房地产有关。
2. 在技术管理领域提供技术指导所需的知识，如人事规定、旅游规定、时间和出勤要求、预算文件、隐私权法案和自由信息法案等。
3. 与项目指导者和管理人员一起工作的能力、解决问题和管理概念的能力、分析事实和问题并开发备择方案的能力。
4. 操作多种计算机程序和方法进行分析，设计自动化方法以满足部门对信息和报告的要求。
5. 能影响房地产服务项目的各领域的预算过程和统计概要。

在单独的一页纸上，以描述的形式说明上述条目。在最上面标出没有回答的题目编号。签名并注明完成问卷的日期。

资料来源：Department of the Interior，Bureau of Indian Affairs. Form BIA-4450（4/22/92）.

10.3.4 管理支持

渐渐地，组织依赖上级去鉴定和开发下属的 KSAO。过去，上级是员工的直接主管，然而现在，上级可能仅仅是组织中更高层级的人，而不对被评估者负有直接责任。上级被称作教练、支持者或指导者，上级的角色如表 10—3 所示。在一些组织中，有正式的指导计划，其中员工被任命为教练、支持者或指导者。在其他的组织中，这些人员的配对可以自然地发生，随着关系的成熟，从教练发展到支持者再到指导者的身份。不论关系正式与否，这些个体在晋升决策中常常具有相当大的影响力。

表 10—3	雇员支持者

教练
- 提供日常反馈
- 诊断并解决绩效问题
- 利用现有的培训方案和职业开发方案为员工创造机会

支持者
- 积极地提升员工以把握发展机会
- 指导员工的职业生涯而不是简单地为他们提供机会
- 在发展决策制定能力上为员工创造机会，以看到员工的技能（如领导一个任务小组）

指导者
- 对员工的成功负有个人责任
- 在工作内外都与员工联系
- 让员工获取"圈内人"的信息
- 激发并珍视员工的投入

资料来源：Reprinted with permission from Dr. Janina Latack，PhD，Nelson O'Connor& Associates/Outplacement International，Phoenix/Tucson.

同样重要的是，这也是这些关系的发展本质。支持者不仅选拔其所支持的内部候选人，而且帮助这些候选人积累有价值的发展经验，使其在未来成为合适的候选人。调查显示，与能够提供具有挑战性发展经验的支持者共同工作，更容易获得晋升机会。同样，导师也可以通过回音墙、人际支持、成为知己等方式给员工很多"心理"支持，事实上，这种形式的支持可能是最清晰的指导。[6]

10.3.5　非正式的讨论和推荐

并不是所有的晋升决策都基于正式的人力资源管理政策和程序。对于许多晋升来说，很多或全部的决策都发生在正常的渠道之外，通过非正式的讨论和推荐。例如，好时光娱乐中心（一个纽约的家庭录像和直销公司）的人力资源总监拉塞尔邀请员工外出去喝咖啡。"这就像一个销售电话一样，"她说。虽然像这样的非正式的讨论是公司尤其是小公司内部选拔的一种常见方式，但是因为这种做法相当主观，它的有效性是有限的。虽然拉塞尔以知道员工的宠物的名字和其他个人信息为骄傲，但是似乎在谈话中个人的主观性会危害到根据诸如技能、完成工作的能力等制定内部选拔决策的能力。许多甚至大多数非正式选拔的方式都是如此。[7]

10.3.6　初始性评估方法的选择

正如上面讨论所提到的，有几种正式和非正式的初始性评估方法都可以从申请人中挑选以产生候选人的名单。有研究验证了每种方法的有效性，可以帮助我们决定应该使用哪种初始性评估方法。表 10—4 总结了这项研究的结果。

表 10—4　　　　　　　　　　　　初始性评估方法的评价

预测因素	使用频率	成本	信度	效度	效用	申请者反应	负面影响
自我评估	低	低	中等	中等	？	混合	？
人才管理/继任系统	高	高	中等	中等	？	？	？
同事评估	低	低	高	高	？	消极	？
管理支持	低	中等	？	？	？	积极	？
非正式方法	高	低	？	？	？	混合	？

在表 10—4 中，那些用于评估外部选拔有效性的标准在内部选拔中同样适用。成本指的是使用预测方法所产生的花费。信度指的是测量的一致性。效度指的是预测与工作绩效之间关系的强度。低效度指的是效度值在 0.00～0.15 的范围内，中等效度的值在 0.16～0.30 的范围内，高效度的值在 0.31 以上。效用指的是货币报酬减去成本。负面影响指的是使用预测方法导致女性和少数族裔不成比例地被拒绝的可能性。最后，申请者反应指的是可能对申请者造成的影响。

关于初始性内部选拔方式的有效性，有两点需要说明。首先，人才管理/继任系统和非正式的方法被广泛使用。这表明许多组织仍然依赖于封闭的而不是开放的内部招募系统。当然，当管理方便性非常重要时，这是很好的程序。然而，必须指出的是，这些程序可能会导致对有才能的申请者的忽视。此外，可能会对女性和少数族裔有歧视性影响。

其次需要说明的是，同事评估方法有很高的效度和信度。这种方法并不经常使用，但是作为一种选拔方式，组织应给予更多关注。随着组织不断分散决策、在过去只由主管作出的商业决策中增强员工授权，这可能会成为现实。

10.4 实质性评估方法

通过使用初始性评估方法可以使内部申请者的数量减少。通常，通过以下几种实质性评估方法来决定哪些内部候选人将成为最终的入围者：资历和经验、工作知识测验、绩效评估、晋升评级、评价中心、模拟面试和评价委员会。接下来我们将讨论以上每种评估方法，然后对其进行评估。

10.4.1 资历和经验

资历和经验乍看起来是两个相同的概念。实际上，它们可能差别很大。典型的资历指的是在组织、部门或工作中服务或任职时间的长度。例如，在公司中的资历可用在组织中被持续雇用的时间长度来测量，即当前就业时间与初始雇用时间的差。因此，资历是纯量化的测量，与工作经验的类型和质量无关。

相反，经验通常含义更宽泛。尽管资历可能成为经验的一个方面，但经验还能够反映工作经验的类型。两个都在同一家公司工作了 20 年的员工可能有着同样水平的资历，但是，如果一个员工执行过许多不同的工作、在组织中不同的部门工作过，或是参与过多样化的培训项目等，他们两个人就具有不同水平的工作经验。因此，经验不仅包括在组织中或不同职位上服务的时间长度，还包括在那些职位上参加的行为活动的种类。因此，虽然资历和经验常常被认为是同义词，但是它们相当不同，而且，正如我们在下面的讨论中看到的，这些不同对内部选拔决策会产生真实的影响。

■ 使用和评价

资历和经验是内部选拔最普遍使用的方式之一。在大多数有工会的组织中，在提升时，资历要比其他 KSAO 受到更多的重视。2/3～4/5 的工会合同中提出，资历是晋升决策时的考虑因素，约 1/2 的合同规定它是决定性的因素。在政策上，非工会组织声称在制定晋升决策时，相比其他因素，不那么重视资历。然而在实践中，至少有一项研究表明，不管政策面如何宣传，非工会组织仍然很重视资历。研究表明，资历更有可能在小的、工会化的、资本密集的公司中被用来制定晋升决策。[8]

在内部选拔决策中广泛使用资历和经验有很多原因。首先，组织相信，工作内容的直接经验积累了完成任务所需的 KSAO。简而言之，经验具备内容效度，因为它反映了任职经历。其次，获得个体资历和经验的信息简便、成本低。此外，工会认为依靠诸如资历和经验之类的客观衡量可以保护员工不受多变的待遇和偏袒的影响。最后，提升有经验的、有资历的个体更能够被社会接受，因为这看上去是在奖赏忠诚。

由于这些原因，摆脱一个以资历为基础的系统是很难的，尤其是在工会化的环境中。当前华盛顿特区市长阿德里安·芬提和前教育主管米歇尔·瑞试图减少在教师聘用、晋升、薪酬中以论资排辈为重心的选拔决策时，却遇到了来自教师和教师工会的强烈抗议。[9]

在评估作为内部选拔方式的资历和经验时，回到我们对这两个概念的区分上是很重要的。对 350 项实证研究的元分析揭示，资历（组织任职）和工作绩效不相关。事实上，一项对非工会化的公司的研究表明，97％的晋升机会都给了最有资历的员工，但是这些人中将近一半并不是绩效最高的人。因此，资历在内部选拔中似乎不是一种特别有效的方式。事实上，"三大"汽车制造商曾指出，放弃根据资历的晋升是它们在 20 世纪 90 年代中期绩效改善的原因。[10]

和资历相比，有关经验的效度证据更加积极。大量的文献综述表明，工作经验与工作绩效中度相关。[11]研究表明，工作经验在短期内对工作绩效有预测作用，但是接下来会有一个停滞期，在这段时间内工作经验失去了对工作绩效的预测能力。看起来大部分的工作经验对绩效的影响取决于有经验的员工具有更丰富的工作知识。然而，虽然经验可能会导致丰富的工作经历而使绩效提升，但它不能补救低能力造成的绩效困难；能力低的人最初的绩效不足并不随着时间延长和经验增加而弥补。[12]因此，虽然经验要比资历与工作绩效更相关，但是资历和经验都不是内部选拔决策中最有效的预测因素。

基于研究的证据，可以得出关于在内部选拔决策中使用资历和经验的几点结论：

1. 和资历相比，经验是更加有效的内部选拔方法（尽管工会化的组织除了使用资历外别无选择）。

2. 经验更适合预测短期潜力而非长期潜力。

3. 如果过去或当前的工作和将来的工作相似，经验更可能具有内容效度。

4. 员工预期得到晋升的将会是最有资历或经验的员工。所以，在晋升时使用资历和经验会使员工产生积极的反应。

5. 经验不能弥补低能力员工初期的绩效困难。

10.4.2　工作知识测验

工作知识测量的是员工对完成特定工作所需概念的掌握情况。工作知识是一个复杂的概念，包括能力（学习的能力）和资历（学习的机会）两个元素。它通常用纸笔测验测量。为了开发纸笔测验来评估工作知识，必须明确问题设计的内容范畴。例如，一套用于在销售人员中选拔销售经理的工作知识测验，必须能够鉴别出成功的销售经理所必须具备的专业知识。

联邦快递开发了一项创新的基于视频的工作知识测验。[13]它开发这项互动的视频测验是为了评估员工与顾客打交道的能力。这项测验基于工作分析中的关键事件。这项被命名为 QUEST（使用电子培训系统的资格）测验给员工在光盘上呈现出一系列的任务（如递送包裹、保护性的驾驶等）。这项测验设立了 90％的胜任力标准，以此作为最低的绩效和晋升的依据。当雇员晋升到与客户密切相关的职位时，这类测评可以有效地用于内部选拔决策。员工具有的客户服务能力越强，他们越能帮助联邦快递实现客户服务目标。

虽然工作知识测验对于内部选拔和外部选拔来说并不是一种经过仔细研究的方

法，但是它作为对工作绩效的预测方法有着很好的前景。这是因为它反映了对申请人之前工作经验的评估和一项重要的 KSAO（认知能力）的测评。[14]

10.4.3 绩效评估

对于未来工作绩效的一个可能的预测是过去的工作绩效。这当然是建立在未来的工作内容和过去的工作内容相似的基础之上。作为绩效评估过程的一部分，员工过去绩效的数据被周期性地收集，因此可作为内部选拔的数据。

相比其他内部选拔评估手段，绩效评估的一个优点是，在许多组织中数据易于得到。绩效评估的另一个令人满意的优点是，它极有可能同时关注到了能力和动机两个方面。因此，绩效评估提供了对员工任职资格的一个全面的了解。在使用绩效评估时需要注意，现任职位和申请职位的工作要求并不总是有着直接的相关性。只有在工作分析表明现任职位和申请职位之间有密切关系的情况下，绩效评估才能被用作预测方法。

例如，一个有很高技术要求的职位（如科学家、工程师）的绩效可能要求初级和中级的职位都需要具备类似技能（如数量技能）。因此，使用初级职位的绩效评估结果去预测中级职位的绩效是合适的。然而，初级水平的技术岗位的绩效结果并不适合去预测如管理者等需要一系列不同技能（如计划、组织、人员配置）的岗位的绩效。

尽管在内部选拔中使用绩效评估具有一些优点，但这远远不是完美的预测。它包括的许多影响与未来工作的成功并无关系。[15]

著名的"彼得原则"——个体总是晋升到他们不能胜任的最低水平的岗位——解释了使用绩效评估进行人员配置决策的另一个局限性。[16]在彼得原则背后的争论是，如果组织在过去绩效的基础上提升个体，那么只有当员工在上次被提升到的职位上绩效很差时，员工才会停止升职。因此，随着时间的推移，组织内部职位将由不能胜任的个体所填补。事实上，作者从《财富》100 强公司得到的数据表明，不到 1/5 的员工现有绩效的方差能被之前三年的绩效评级解释。因此，虽然过去的绩效可能在预测未来绩效中有一些效度，但是关系的强度可能并不足够大。

这并不意味着组织应该放弃在内部人员配置的决策中使用绩效评级作为预测，而是使用绩效考核作为一种内部选拔的方法取决于许多因素。表 10—5 提供了在内部选拔决策中，使用绩效评价作为依据需要考虑的一些问题。对这些问题的肯定回答表明，过去的绩效也许可以作为有效的内部选拔决策方法。

表 10—5   使用绩效评价作为内部人员配置方法需要考虑的问题

- 绩效评价过程是否可靠和公平？
- 现在工作内容对于未来工作内容是否有代表性？
- 未来工作需要的 KSAO 在现在工作中是否也需要？
- 组织或工作环境是否比较稳定，这样过去工作的成功能引致未来工作的成功？

在应用绩效评级之前，要更加全面回顾员工过去的绩效记录，包括与工作绩效相关的绩效的不同维度的评估（维度是基于工作分析的结果）。例如，一项关于警官晋升的研究用 6 个上级领导在 4 个与警官绩效相关的打分维度进行评价（相关的教育和工作经验、行为准则、命令行为以及依赖性），以预测未来的绩效。研究结果表明，使用过去绩效评级对于警官的晋升是一种有效的方式。[17]这种方式可能也适合其他职位，而且提供了一种把过去绩效数据变成对未来绩效的更有效预测的有用方法。

10.4.4　晋升评级

在许多组织中，晋升可能性评估（对晋升到一个更高等级工作岗位的潜力的评估）与绩效评估同时进行。组织中的代替或接班计划频繁地应用这两种类型的评估方式（见第 3 章）。

晋升评级不仅应用于选拔，也能应用于招募。通过讨论晋升需要的条件，可以促进员工开发和组织为开发提供支持。继而，员工新技能开发会增加内部招募的人数。

使用晋升评级也要多加注意。如果员工分别因绩效评估、晋升可能性和薪酬得到各自的评价，员工就可能得到混合的信息，而这会很难解释。例如，很难理解为什么某人得到优秀的绩效评价和固定的薪酬增长，但同时却被评价为不可晋升。应该谨慎地呈现给员工每一测评所做的相关判断。在现在的例子中，必须清楚地表明晋升不是建立在过去的绩效之上，还要看技能的获取和晋升的机会。

10.4.5　评价中心

评价中心是一种精细的、主要用于内部选拔和高级别职位选拔的评价方式。评价中心收集能预测工作成功的预测因素。实施评价中心花费很高，因此主要用于高层人员选拔。评价中心也可以用来选拔低层级的岗位人员，但是很少这样做。

评价中心的原理相当直接，它关心的是对承担关键角色（通常是管理角色）的个体行为和效能的预测。因为这些角色需要复杂的行为，因此用多重的 KSAO 来预测这些行为。所以，仔细确定和评估这些 KSAO 很有必要。这需要采用多种方式、多元化的评估者来评估 KSAO。这种方法要比仅仅使用单一的评估方式或评估者得到的结果更有效。

正如任何一个合理的选拔程序，评价中心通过工作分析来识别岗位的 KSAO，并构建内容有效的方法评估这些 KSAO。因此，在使用评价中心时必须开发选拔计划。像这样的选拔计划的例子如表 10—6 所示。

表 10—6　　　　　　　　　　　　评价中心选拔计划

KSAO	写作练习	演讲练习	分析问题	公文筐		领导力团队讨论	
				初始	最终	管理问题	城市委员会
口头沟通					√	√	√
口头展示		√				√	
书面沟通	√		√	√	√		
压力承受				√	√	√	√
领导				√	√		

续前表

KSAO	写作练习	演讲练习	分析问题	公文筐		领导力团队讨论	
				初始	最终	管理问题	城市委员会
敏感性			√	√	√	√	√
坚韧性				√	√	√	
冒险			√	√	√	√	√
主动精神			√	√	√	√	√
规划和组织			√	√	√	√	√
管理控制						√	
授权						√	
问题分析			√	√	√	√	√
决策制定			√	√	√	√	√
决断性			√	√	√	√	
反应性			√	√	√	√	√

资料来源：Department of Employment Relations，State of Wisconsin.

■ 评价中心的特征

尽管评价中心在不同情境中的具体特征不同，但它们普遍有一些共同的特征。工作候选人通常要参与评价中心几天而不是几小时。大部分评价中心持续 2～3 天，有些可能要长达 5 天。简短地说，大部分评价中心是模拟的，员工在其中参与练习，经过训练的测评者会评估他们的绩效。测评者通常是直线经理，但有时也是心理学家。测评者和被测评者的平均比率在 1∶1～1∶4 之间。

评价中心的被测评者常常是要晋升到更高管理职位的经理。正常情况下，他们由其他组织成员例如他们的直接主管选出来去参加评价中心。通常选拔是基于员工现有的工作绩效水平。

在评价中心，测评者要对被测评者进行评估。一般来说，测评者要考察收集到的关于每位被测评者的信息。此后，信息将被转换成管理工作的几个维度的一系列评级。典型的测评维度包括沟通（书面的和口头的）、领导力和人际关系、计划、问题解决和决策制定。在评估这些维度时，受过培训的测评者在被测评者所处的情境中寻找代表高度有效和无效反应的关键行为。也许还会有一个总体评估来代表每位被测评者的基准评价。尽管有证据表明各维度在总体评定之外增加了绩效的额外预测因素，但评价中心的各维度彼此之间高度相关。[18] 表 10—7 呈现了一个评定表格的例子。

表 10—7 评价中心评定表格样例

参与者姓名：_____

个人素质：

 1. 精力   _____

 2. 冒险   _____

 3. 对不确定性的容忍度   _____

 4. 客观性   _____

 5. 可靠性   _____

沟通技能

6. 口头 _____

7. 书面 _____

8. 劝说 _____

人际关系

9. 团队 _____

10. 灵活性 _____

11. 对社会环境的知觉 _____

领导技能

12. 影响 _____

13. 自主性 _____

决策技能

14. 决断性 _____

15. 组织 _____

16. 规划 _____

问题解决技能

17. 发现事实 _____

18. 整合信息 _____

整体测量评定

在上一层级高绩效工作的潜力：

优秀 _____

良好 _____

中等 _____

低等 _____

评价中心有多种不同的练习。专家认为，模拟是评价中心的关键方式，尽管确切地说，不同的评价中心对未来工作的模拟并不相同。[19]

尽管许多评价中心包括笔试和面试——从而包括我们在第 8 章、第 9 章讨论过的一些外部选拔技术——模拟的练习是评价中心的核心。最经常使用的练习是公文筐练习、小组讨论以及案例分析。下面将对这些练习逐一简要介绍。

公文筐练习。评价中心最常用的练习是公文筐（一项研究表明，82％的评价中心使用公文筐练习）。公文筐练习通常包括需要处理的备忘录、报告、电话和要求答复的信件。当这些公文筐中的材料呈现给一个候选人时，他被要求确定处理这些项目的优先顺序、起草备忘录、安排会议等。这是一个限时的练习，通常候选人有2～3小时去对材料做出回应。即使是单独使用，公文筐练习似乎也能够预测优秀绩效，而这是评价中心的一项关键标准。[20]

小组讨论。在小组讨论中，让一组候选人去解决一个问题。这个问题在他们申请的高层职位工作中可能会遇到。在他们解决问题的过程中，测评者坐在小组的周围评价每位候选人在非结构化情境中的行为。他们评估领导和沟通等技能。大约

60％的评价中心使用无领导小组讨论。一些小组讨论会指派候选人扮演特定的角色；而另一些是"无领导"的小组讨论，在其中没有人被指派为一个特定的角色。前者的一个例子是，参与者在其中是项目组的一个部分，每一个参与者假定为一个角色（IT，HR，市场等）。后者的一个例子是"荒野中的迷失"练习，在其中的小组成员假设遇到一个场景——他们迷路了，并拥有一系列可以逃生并找到路的资源。指定角色的小组讨论和无领导小组讨论都能够评估领导力、判断力、说服性的口头交流能力、团队合作以及人际敏感性。

案例分析。实际商业情境中的案例也能够呈现给候选人。每个候选人需要提供一份案例分析报告，描述问题性质、可能原因以及建议的解决方式。不仅书面报告结果要被评估，而且候选人的口头报告也要被计入分数。可能会要求候选人向一组管理人员进行一次口头汇报，并回应他们的问题、评论和关注点。案例分析在大约50％的评价中心被使用。

■ 效度和有效的实践

27项效度研究的元分析表明，评价中心的全面评价和工作绩效之间呈正相关关系（$r_{xy} = 0.28$）。[21]评价中心的另一个优点是它几乎没有对女性和少数族裔的负面影响。实际上，一项近期对2 000名管理者的研究发现，女性候选人通常要比男性候选人表现得更优秀。[22]最后，元分析数据表明，评价中心提高了个性和认知能力的增量效度。

另一方面，研究已经发现了评价中心的一些问题。首先，评价中心评估的效度问题是经常被提到的。有研究表明，评价中心的测评方法和评价者效应强于其维度效应，也就是说同一测评方法和评价者比同一维度的影响更趋于一致。简单来说，评价中心技术缺乏足够的结构效度，其测评的内容备受质疑。正如一份文献评论所述："评价中心技术，总是被设计与被实施，而可能永远不会如其所希望的那样工作。"维度效应趋于微弱的原因主要有两个方面：（1）评价者的光环效应（如果一位评价者认为被评价者是合适的候选人，那么他会将这一影响套用在其他测量维度上）；（2）被评估者的行为往往跨情境一致（同时跨越了测评方法和维度）。这些证据并不意味着评价中心技术完全缺乏结构效度，但是确实有证据表明，需要有更多的研究探索评价中心技术独特的结构到底是什么。[23]

评价中心的一个最大的局限性是它的成本。个性化的评价方法以及对多重评估者的需求使它的成本较高，抑制了许多组织对它的使用。一些组织通过其他的相关的评估来减少评价中心的成本。一些组织将被评估者的表现进行录像，这样评估者就可以在方便的时候去评估被评估者的表现。这节约了协调和交通的成本。一个能节约更多成本的实践是使用情境判断测试，在测试中给被评估者提供书面、录像以及电脑形式的一系列的练习。对45项研究的元分析表明，情境判断测试的效度（平均效度为0.28）差不多和评价中心的效度一样高。[24]

降低评价中心成本的另一种方式是使用计算机仿真评估。一份关于计算机仿真评估的研究报告显示其模拟测量结果良好。该模拟评估要求被评估者按事件轻重缓急对文件排序、模拟答复电子邮件、为模拟情境提供决策、参与制定战略规划等。[25]降低成本的另一种方法是使用由供应商提供的已下架的评估。例如，评价中心练习（AC-ESX）是一个出售 150 种以上评价中心练习（包括如何培训评估者、管理评价中心练习以及分数回应的指导）的测试销售商。这些练习中包括以上三种最常用的练习，也包括日程安排练习、模拟面试和搜寻事实练习。虽然使用下架产品能够节约成本，但是评估者接受合适的培训是很关键的。如果没有接受正确的培训，评估的结果和分数可能会缺乏目的性，从而失去作用。

尽管专业指导建议将参与者的反馈纳入评价中心的使用过程中，但目前关于参与者对评价中心技术反应的调查研究却甚少。然而，人们通常注意到，评价中心技术对参与者施加了压力，尤其是来自参与者的不利反馈对被评估者压力更大。这确实意味着，评价中心技术总是在评估中产生负面影响。的确，评价中心存在压力且经常给被评估者发人深省的反馈。不过，也有证据表明，被评估者会很快从参与评价中心产生的积极或消极的初始反应中恢复过来。也许，关注评估后发生了什么（被评估者是否晋升，评估反馈是否有用）比关注评估过程更为重要。[26]

■ 全球化工作情境的评估

评价中心在发展的过程中几乎没有考虑到使用评估数据去预测外国环境中的工作成功。然而，随着全球化的发展，组织越来越多地将员工提拔到海外的工作职位上。一项调查表明，80％的中型或大型公司会派遣员工出国，同时很多组织计划提高外派比例。因为海外工作对员工除了在本国完成工作所需的典型技能和动机之外，还有其他的一些要求，所以海外职位的人员配置给雇主提出了特殊的挑战。实际上，一项研究认为，在海外工作的指派中，文化因素比技术技能因素重要很多。尽管对于获得外派成功来说，许多胜任特征很重要，如家庭稳定性/支持和语言能力，但最重要的胜任特征是文化适应性和灵活性。

对海外工作绩效成功的一种预测方式是个性测验。例如，对如下项目"我很容易和不认识的人进行对话"或者"我发现站在别人的立场上是很容易的"做出积极反应的员工可能会更好地应对海外工作的挑战。国际人事决策公司开发了一个个性测验，来评估员工是否能在海外工作中获得成功。该公司报告，测试分数和海外任务的成功之间有着正相关关系。另一种工具是模拟或面试，即模拟海外工作情境或它带来的典型挑战。[27]由此可见，将以上方法组合在一起可以使全球化工作任务的人员配置过程与评价中心非常相似。

10.4.6　模拟面试

模拟面试模拟工作中需要的口头沟通。它有时被用在评价中心中，但是比公文筐、无领导小组讨论和案例分析的频率要低。它也在评价中心之外作为一种预测方法被使用。模拟面试有几种不同的形式。[28]

■ 角色扮演

在角色扮演中，职位候选人处于一个模拟的环境中，必须与工作中的一个人互动，如老板、下属或顾客。面试官或其他人扮演一个角色，而候选人扮演他所申请的职位上的角色。举个例子，在选拔某人提升到主管的级别时，职位候选人可能被要求扮演主管的角色去与难缠员工打交道。

■ 搜寻事实

在搜寻事实的面试中，呈现给职位候选人的是不完全信息的案例或问题。候选人的任务是，从面试官或是一个有资源的人那里找到解决案例或问题所需的附加信息。如果要雇用某人成为EEO管理者，公司可以给他呈现一个存在负面影响的案例，之后对他为证实或否认负面影响搜寻数据的过程进行评估。

■ 口头展示

在许多工作中，都需要向客户、当事人甚至董事会进行展示。为了选拔某人去完成这个角色，就需要进行口头展示练习。举例来说，这种方法在发现顾问具有怎样的推销技能或者高层管理者能否有效地向董事会呈现他开发的战略规划方面是很有用的。

尽管人际技能在许多工作中都很重要，但遗憾是，并没有太多组织使用模拟面试的方法。在内部选拔中尤其如此。在内部选拔中，组织已经了解员工是否具备适当的资格（如公司经验、教育和培训），但是可能并不知道他是否具备适合特定工作团队的人际特征。模拟面试能够对这种特质做出系统性的评估，而不是仅仅依靠面试官的直觉。为了使模拟面试更加有效，需要使面试结构化，并对通过工作分析得到的对成功绩效必要的行为进行评价。

10.4.7　晋升小组和评价委员会

在公共部门，采用小组或委员会来评定候选人的资格是一种很普遍的方式。通常情况下，要同时对内部候选人和外部候选人进行评估。一般，小组或委员会中包括工作专家、人力资源专业人员以及社区的选民代表。采用委员会的方式去雇用公务员如学校、消防或警务官员有两个优点。首先，类似于评价中心，有着多重的评估者可以保证对候选人的资格有一个全面准确的评估。其次，通过参与到选拔过程中，选民对决策结果会有更高的承诺。这种做法对将来要与候选人打交道的社区代表尤为重要。希望通过让他们参与选拔过程，在候选人被雇用后，社区代表提出反对意见的可能性会减少。

10.4.8　实质性评估方法的选择

和对初始性评估方法的研究一样，对实质性评估方法也有一些研究。表10—8总结了这些研究的一些结论。那些用于初始性评估方法的标准同样也用来评估实质性评估方法的有效性。

表10—8			实质性评估方法的评估				
预测因素	使用频率	成本	信度	效度	效用	应聘者反应	负面影响
资历	高	低	高	低	？	？	高
经验	高	低	高	中等	高	积极	混合

续前表

预测因素	使用频率	成本	信度	效度	效用	应聘者反应	负面影响
工作知识测验	低	中等	高	高	?	?	?
绩效评估	中等	中等	?	中等	?	?	?
晋升评级	低	低	高	高	?	?	?
评价中心	低	高	高	高	高	?	?
公文筐练习	低	中等	中等	中等	高	混合	混合
无领导小组讨论	低	低	中等	中等	?	?	?
案例分析	低	低	?	中等	?	?	?
全球工作任务	高	中等	?	?	?	?	?
模拟面试	低	低	?	?	?	?	?
评价委员会	低	?	?	?	?	?	?

仔细观察表10—8，我们可以发现并没有一种最好的方法来从候选人中选拔出最终入选者。然而，我们的建议是，一些预测方法可能比另一些更有效。特别地，工作知识测验、晋升评级和评价中心在选拔候选人的可靠性和有效性上有很高的效度和信度。内部选拔的一种非常好的方法是工作知识测验。这些测验的效度非常高，但是可惜几乎没有组织在内部选拔中使用它。

有几种内部选拔的预测方法（案例分析、模拟面试、小组和评价委员会）的有效性在现阶段还不清楚。模拟面试对要求公共关系技能的职位来说是一种非常有前途的技术。所有这些都需要进一步的研究。此外，所有这些正式评估方法的效用、应聘者反应和负面影响都需要进一步的研究。

10.5 选择性评估方法

选择性评估方法用来缩减最终入围者的数量，选拔出最终得到工作的人。有时所有的入围者都会得到工作，但是其他情况下，可能没有足够的职位提供给每一位候选者。与外部选拔相同，选择性评估有时是根据组织公民行为和 EEO/AA 有关的人员配置政策进行的。

内部选拔的选择性评估和外部选拔有所不同，在决定工作的录用时需要考虑两个方面。首先，没有被录用的最终入围者不能就这样消失了，他们可以在组织中等待下一次职位空缺的机会。从边际上说，这是决策制定中需要考虑的一个因素，因为再次失去工作机会会使员工非常不快。因此，在其他条件相同的情况下，先前的入围者应优先录用。

其次，在内部选拔中，通常使用多重评估者。也就是说，不仅根据未来管理者的意见去选拔录用者，还要考虑那些了解工作候选人的情况以及他当前工作要求的其他人的意见（如之前的管理者、高层管理人员）。所以，在确定是否给予候选人工作机会的决策过程中，对除了招聘经理之外的其他人的评估结果也要赋予很高的权重。

10.6 法律问题

从法律的角度看，对待内部选拔方法与外部选拔是相同的。法律法规没有对它们做出重大的区分。对内部选拔有影响的法律问题在第 8 章和第 9 章都已经讨论了。然而，这里还是要对内部选拔的法律影响做出简要的说明。这些影响就是雇员选拔程序统一指南（UGESP）和玻璃天花板。

10.6.1　雇员选拔程序统一指南

应该记住 UGESP 是这样界定选拔程序的：实际上任何选拔方法，不论是用于内部选拔还是外部选拔，都要受到 UGESP 的制约。还应该记住 UGESP 可用于任何"雇佣决策"，其中显然包括晋升决策。

只要在晋升中出现负面影响，组织就要通过效度研究合理地说明，这主要包括效标关联效度或内容效度的研究。理想的情况是，采用预测效度研究设计进行效标关联研究，如评价中心的一些做法。但是这对组织提出了很高的实施和研究要求，而且在大多数情况下难以实现。结果，内容效度验证似乎是一种实现效度验证的更好办法。

在内部选拔中使用的许多评估方法都试图度量与当前职位有关的 KSAO 和行为，并认为它们能预测更高职位的成功。具体的例子有资历、绩效评估和晋升评级。它们建立在当前和过去工作内容的基础上。对这些方法的效度验证，如果法律要求的话，可能主要是关于内容效度的。组织应该高度重视 UGESP 所要求的内容效度验证和相应的文档说明。

10.6.2　玻璃天花板

在第 6 章中，我们讨论了玻璃天花板效应的性质，以及从组织晋升系统中予以消除的步骤。那些讨论主要集中于内部招募和应该从事的支持性活动。令人惊讶的是，用于晋升测评的选拔方法却很少在有关玻璃天花板效应的文献中被提到。

这是一个很大的疏忽。尽管所推荐的内部招募实践可以提升晋升中对女性和少数族裔的认可和吸引，但是他们和新工作的有效匹配需要内部选拔过程和方式。平等就业机会委员会（EEOC）关于非歧视性晋升的政策是：（1）所评估的 KSAO 必须与工作相关，并具有业务必要性；（2）对所有的晋升候选人必须有统一的规定和一贯的标准。[29]组织应该如何运行它的内部选拔系统以符合 EEOC 的政策规定？

第一种可能性是更多地使用选拔计划。正如我们在第 8 章中讨论的，这些计划列举了工作所需的 KSAO，哪些 KSAO 是工作之前必须具备的（与在工作中获得的不同），以及相应的最合适的评估方法。这种计划强迫组织实行工作分析，构建职业生涯阶梯或 KSAO 方格，并考虑采取晋升系统常用的传统评估方法的替代性方法。

第二项建议是组织尽可能地不再使用传统的评估方法，以便与选拔计划相一致。这意味着要摒弃随意的、主观的方式，如监察建议、典型的晋升评级、简单地浏览人事档案和非正式的推荐。代替它们的是更加正式、标准、与工作相关的评估方式。例如，评价中心、晋升评价委员会或小组，以及模拟面试。

最后一项建议是组织密切关注晋升所需的 KSAO 的类型，并实施计划将这些 KSAO 告知员工以起到激励作用。这些开发行为可能包括关键岗位和委员会职位，参与会议和其他的联络机会，指导和教练项目，以及在正式培训项目中的技能获取。内部选拔方式将根据选拔计划来评估这些新习得的 KSAO 的熟练程度。

小　结

内部候选人的选拔与外部候选人的选拔具有极其类似的过程。要运用预测的逻辑，开发和实施选拔计划。

内部选拔方式和外部选拔方式的一个重要的区别是预测的性质。用于内部选拔的预测倾向于更加深入，更具有相关性，更适合证实。因此，内部选拔决策中有着不同于外部选拔中的预测。

初始性评估方法用来缩减申请人的数量直至得到有资格的候选人。使用的方法有人才管理/继任系统、同事评估、自我评估、管理支持、非正式的讨论和推荐。在以上方法中，没有一种方法在预测未来绩效方面特别强。因此，应该考虑使用多重预测方法以便证实任意一种方法的准确性。这些结果也指出，在制定内部选拔决策时，不仅要使用初始性评估方法，还要使用实质性评估方法。

实质性评估方法用来从候选人的名单中选出最终入围者。用来做这些决策的预测方法包括资历和经验、工作知识测验、绩效评估、晋升评级、评价中心、模拟面试以及晋升小组和评价委员会。在这些预测方法中，效果较好的有工作知识测验、晋升评级和评价中心。组织需要更多地考虑这三种预测方法以补充传统依靠资历和经验的方法。

尽管成本很高，但评价中心似乎非常有效。之所以这么有效，是因为它以行为科学理论和预测的逻辑为基础。特别地，它要求分析行为样本、使用多重评估者和预测方法，而且预测方法是在工作分析的基础上开发的。

内部工作申请人因为物理环境的接近性，更易接触到选拔的结果数据。因此，必须实施某种程序来确保带有敏感数据的书面和计算机文件的隐私和保密性。

内部选拔决策关注的两方面的法律的问题是 UGESP 和玻璃天花板效应。对于 UGESP，如果发生了负面影响，要特别注意，以保证内部选拔方法的有效性。为了减少玻璃天花板效应，组织应该更多地使用选拔计划和更客观的内部选拔方式，还要告知晋升所必需的 KSAO。

讨论题

1. 解释内部选拔决策和外部选拔决策的不同。

2. 同事评估、同事提名和同事评级的区别是什么？

3. 解释评价中心背后的理论。

4. 描述三种不同类型的模拟面试。

5. 评估以下几种实质性内部选拔方式的有效性：资历、评价中心、工作知识测验。

6. 组织应该采取怎样的步骤避免玻璃天花板效应？

伦理议题

1. 既然资历不是工作绩效特别有效的一个预测，你是否认为公司使用资历作为晋升的基础是不符合伦理的？原因是什么？

2. 文森特和彼得是准备晋升为销售经理的销售员。在过去的 5 年中，在一个 5 点绩效评级量表中（1＝最差，5＝最优），文森特的平均得分是 4.7，而彼得的平均得分是 4.2。在模拟销售经理工作的评价中心中，在一个 10 点量表中（1＝最差，10＝最优），文森特的平均得分是 8.2，彼得的平均得分是 9.2。在其他条件相同的情况下，谁应该得到晋升？原因是什么？

应　用

改变晋升系统

　　Bioglass 公司专业销售各种玻璃制品。该公司的商业销售部（CSD）负责出售高技术镜面显微镜和照相机镜头。CSD 的销售助理负责把玻璃产品卖给公司的顾客。在 CSD 中，有四种不同层次的销售助理，每年的薪酬为 2.8 万～7.6 万美元。在 CSD 也有四种不同的管理职位，每年的薪酬为 7.6 万～11 万美元（这是由部门经理制定的）。

　　汤姆是一位非常优秀的销售助理。他在 Bioglass 任职的 17 年间，一直表现出很好的销售技能，并且拥有大量忠诚的客户。在过去的几年里，汤姆已经从最低层的销售助理晋升到最高层。在每一阶段都证明了他是成功的。去年公司公开了在 CSD 的一个初级管理职位，汤姆自然是候选人。尽管组织也考虑了其他几位候选人，但是只有汤姆是该职位的最佳人选。

　　然而，汤姆自上任经理职位，遇到了很多困难。他不习惯指派别人做事，很少给他所管理的人员以反馈和指导。尽管他为自己设立了目标，但是他从来不给员工设立目标。汤姆小组的士气很低，小组绩效明显受损。公司认为若将汤姆降回原职，会对他造成很大的伤害，而且会给其他员工造成错误的印象。解雇这样一位忠诚的员工是不能被接受的。因此，公司决定保留汤姆的当前职位，但准备再也不提拔他。他们还想让汤姆参加一些收费高昂的培训项目来提高他的管理技能。

　　同时，尽管在三种较低水平的销售助理职位表现良好，汤姆在职位晋升后，在处理必须有高水平销售服务的大公司合约方面出现了很多困难。汤姆的两个最大的客户最近离开 Bioglass 公司，到了竞争对手那里。CSD 不知道为什么会出现这种不幸的局面，毕竟看起来所有的决策都是正确的。

　　根据上述内容以及你对本章的体会，回答下列问题：

　　1. CSD 出现问题的原因可能是什么？

　　2. 具体来说，CSD 乃至 Bioglass 公司如何在未来制定更好的晋升决策？

　　3. 一般而言，绩效评估在内部选拔决策中扮演何种角色？在什么情况下绩效评估和晋升的关系密切或不密切？请解释。

Citrus Glen 公司的内部晋升

　　曼蒂是 Citrus Glen 公司的人力资源部副经理。Citrus Glen 位于南佛罗里达州，是全美国百货店、便利店、饭店以及食品加工厂橙汁和柚子汁的供应商。Citrus Glen 一直快速成长。过去几年中，曼蒂的工作内容主要是如何为公司不断增多的职位去雇用和晋升足够数量的合格员工。

　　曼蒂对内部职位进行人员配置的一种重要方式是与人员配置系统国际组织（SSI）签订协议。SSI 是一家管理咨询公司，总部位于北卡罗来纳州夏洛特市。当 Citrus Glen 一些适用于内部配置的职位开始招聘时，曼蒂就会把一组职位候选人派送到 SSI 参加那里的评价中心，三天以后这些候选人返回。此后的几天，SSI 会把测评结果和推荐建议发送给曼蒂。尽管曼蒂从来没有正式地对这种晋升方式的准确性做过评价，但是她觉得这种过程应该非常准确。要为每位候选人支付 5 500 美元的花费，曼蒂当然认为这种方法是准确的。

　　几天前，曼蒂在感恩节设宴招待亲人，她的妹夫温·波米也过来参加聚会。温是俄亥俄国际大学工业心理学的博士生。在感恩节的宴会后，曼蒂、温以及他们的家人一起在阳台上休息，享受佛罗里达温暖的阳光。曼蒂这时对温谈起了她在内部晋升中遇到的困难，还有 SSI 测评过程的费用。温很快认识到 SSI 使用的是评价中心方法。他也知道，研究表明，如果考虑到申请人的个性和认知能力，评价中心的分数只有很少的附加效度。由于评价中心的高昂的成本，他推想人们一定想知道这种"增量"效度（除个性和认知能力测验提供的效度之外，评价中心所贡献的效度）证明是值得那么高昂的费用的。在温把这些想法传递给曼蒂之后，她认为过完假期她要去重新审查 Citrus Glen 的内部选拔过程。

　　问题：

　　1. 根据第 7 章（测量）中的概念，曼蒂如何对 SSI 的测评过程以及温给她提供的替代方案进行更加正式的评价？

　　2. 构建一种情景，在其中你认为曼蒂应该继续她与 SSI 的业务关系。另外，如果曼蒂决定采用其他测评过程，这种过程是怎样的？她应该如何评价这种过程的有效性？

3. Citrus Glen 已经考虑将其业务拓展到加勒比海地区和拉丁美洲。曼蒂所关心的是如何为这些职位进行人员配置。如果 Citrus Glen 确实将业务拓展到不同的文化背景中，曼蒂应该如何着手为这些职位配置人员？请具体说明。

注 释

1. A. Howard and D. W. Bray, "Predictions of Managerial Success Over Long Periods of Time: Lessons From the Management Progress Study," in K. E. Clark and M. B. Clark (eds.), *Measures of Leadership* (West Orange, NJ: Leadership Library of America, 1990), pp. 113–130; C. J. Russell, "Selecting Top Corporate Leaders: An Example of Biographical Information," *Journal of Management*, 1990, 16, pp. 73–86; J. S. Schippman and E. P. Prien, "An Assessment of the Contributions of General Mental Ability and Personality Characteristics to Management Success," *Journal of Business and Psychology*, 1989, 3, pp. 423–437.

2. "Nearly Half of Newly-Promoted Executives Say Their Responsibilities Are Same," *IPMA-HR Bulletin*, Dec. 22, 2006, p. 1.

3. E. E. Lawler, "Make Human Capital a Source of Competitive Advantage," *Organizational Dynamics*, 2009, 38(1), pp. 1–7; R. Burbach and T. Royle, "Talent on Demand? Talent Management in the German and Irish Subsidiaries of a US Multinational Corporation," *Personnel Review*, 2010, 39(4), pp. 414–431; A. McDonnell, R. Lamare, and P. Gunnigle, "Developing Tomorrow's Leaders—Evidence of Global Talent Management in Multinational Enterprises," *Journal of World Business*, 2010, 45(2), pp. 150–160.

4. J. J. Kane and E. E. Lawler, "Methods of Peer Assessment," *Psychological Bulletin*, 1978, 85, pp. 555–586.

5. L. Grensing-Pophal, "Internal Selections," *HR Magazine*, Dec. 2006, p. 75.

6. I. E. De Pater, A.E.M. Van Vianen, M. N. Bechtoldt, and U. Klehe, "Employees' Challenging Job Experiences and Supervisors' Evaluations of Promotability," *Personnel Psychology*, 2009, 62(2), pp. 297–325; J. D. Kammeyer-Mueller and T. A. Judge, "A Quantitative Review of Mentoring Research: Test of a Model," *Journal of Vocational Behavior*, 2008, 72, pp. 269–283.

7. C. Patton, "Standout Performers: HR Professionals Are Testing Unconventional Strategies for Finding Employees With Leadership Potential," *Human Resource Executive*, Aug. 1, 2005, pp. 46–49.

8. N. Williams, "Seniority, Experience, and Wages in the UK," *Labour Economics*, 2009, 16, pp. 272–283.

9. B. Turque, "Top Teachers Have Uneven Reach in District," *Washington Post*, November 14, 2010, pp. M1–M2.

10. T.W.H. Ng and D. C. Feldman, "Organizational Tenure and Job Performance," *Journal of Management*, 2010, 36(5), pp. 1220–1250.

11. M. A. Quinones, J. K. Ford, and M. S. Teachout, "The Relationship Between Work Experience and Job Performance: A Conceptual and Meta-Analytic Review," *Personnel Psychology*, 1995, 48, pp. 887–910; P. E. Tesluk and R. R. Jacobs, "Toward an Integrated Model of Work Experience," *Personnel Psychology*, 1998, 51, pp. 321–355.

12. F. L. Schmidt, J. E. Hunter, and A. N. Outerbridge, "Joint Relation of Experience and Ability With Job Performance: Test of Three Hypotheses," *Journal of Applied Psychology*, 1988, 73, pp. 46–57.

13. W. Wilson, "Video Training and Testing Supports Customer Service Goals," *Personnel Journal*, 1994, 73, pp. 47–51.

14. F. L. Schmidt and J. E. Hunter, "Development of a Causal Model of Processes Determining Job

Performance," *Current Directions in Psychological Science*, 1992, 1, pp. 89–92.

15. K. R. Murphy and J. M. Cleveland, *Performance Appraisal: An Organizational Perspective* (Boston: Allyn and Bacon, 1991).

16. L. J. Peter and R. Hull, *The Peter Principle* (New York: William Morrow, 1969).

17. G. C. Thornton III and D. M. Morris, "The Application of Assessment Center Technology to the Evaluation of Personnel Records," *Public Personnel Management*, 2001, 30, pp. 55–66.

18. W. Arthur, Jr., E. A. Day, T. L. McNelly, and P. S. Edens, "A Meta-Analysis of the Criterion-Related Validity of Assessment Center Dimensions," *Personnel Psychology*, 2003, 56, pp. 125–154.

19. D. A. Joiner, "Assessment Center: What's New?" *Public Personnel Management*, 2003, 31, pp. 179–185.

20. B. B. Gaugler, D. B. Rosenthal, G. C. Thornton III, and C. Bentson, "Meta-Analysis of Assessment Center Validity," *Journal of Applied Psychology*, 1987, 72, pp. 493–511.

21. E. Hermelin, F. Lievens, and I. T. Robertson, "The Validity of Assessment Centres for the Prediction of Supervisory Performance Ratings: A Meta-Analysis," *International Journal of Selection and Assessment*, 2007, 15, pp. 405–411.

22. J. P. Meriac, B. J. Hoffman, D. J. Woehr, and M. S. Fleisher, "Meta-Analysis of the Incremental Criterion-Related Validity of Dimension Ratings," *Journal of Applied Psychology*, 2008, 93(5), pp. 1042–1052; S. Dilchert and D. S. Ones, "Assessment Center Dimensions: Individual Differences Correlates and Meta-Analytic Incremental Validity," *International Journal of Selection and Assessment*, 2009, 17(3), pp. 254–270.

23. A. M. Gibbons and D. E. Rupp, "Dimension Consistency as an Individual Difference: A New (Old) Perspective on the Assessment Center Construct Validity Debate," *Journal of Management*, 2009, 35(5), pp. 1154–1180; C. E. Lance, "Why Assessment Centers Do Not Work the Way They Are Supposed To," *Industrial and Organizational Psychology*, 2008, 1, pp. 84–97; B. S. Connelly, D. S. Ones, A. Ramesh, and M. Goff, "A Pragmatic View of Assessment Center Exercises and Dimensions," *Industrial and Organizational Psychology*, 2008, 1, pp. 121–124.

24. M. S. Christian, B. D. Edwards, and J. C. Bradley, "Situational Judgment Tests: Constructs Assessed and a Meta-Analysis of Their Criterion-Related Validities," *Personnel Psychology*, 2010, 63(1), pp. 83–117.

25. F. Lievens, E. Van Keer, and E. Volckaert, "Gathering Behavioral Samples Through a Computerized and Standardized Assessment Center Exercise: Yes, It Is Possible," *Journal of Personnel Psychology*, 2010, 9(2), pp. 94–98.

26. D. E. Krause and G. C. Thornton III, "A Cross-Cultural Look at Assessment Center Practices: Survey Results From Western Europe and North America," *Applied Psychology: An International Review*, 2009, 58(4), pp. 557–585; I. J. van Emmerik, A. B. Bakker, and M. C. Euwema, "What Happens After the Developmental Assessment Center? Employees' Reactions to Unfavorable Performance Feedback," *Journal of Management Development*, 2008, 27(5), pp. 513–527; N. Anderson and V. Goltsi, "Negative Psychological Effects of Selection Methods: Construct Formulation and an Empirical Investigation Into an Assessment Center," *International Journal of Selection and Assessment*, 2006, 14(3), pp. 236–255.

27. J. E. Abueva, "Return of the Native Executive," *New York Times*, May 17, 2000, pp. B1, B8; P. Caligiuri and W. F. Cascio, "Sending Women on Global Assignments," *WorldatWork*, Second Quarter 2001, pp. 34–41; J. A. Hauser, "Filling the Candidate Pool: Developing Qualities in Potential International Assignees," *WorldatWork*, Second Quarter 2000, pp. 26–33; M. Mukuda, "Global Leaders Wanted . . . Apply Within," *Workspan*, Apr. 2001, pp. 36–41; C. Patton, "Match Game," *Human Resource Executive*, June 2000, pp. 36–41.

28. G. C. Thornton III, *Assessment Centers in Human Resource Management* (Reading, MA: Addison-Wesley, 1992).

29. EEOC Compliance Manual—Section 15 (*www.eeoc.gov/policy/docs/race-color.html*); J. A. Segal, "Land Executives, Not Lawsuits," *HR Magazine*, Oct. 2006, pp. 123–130.

第 V 篇　人员配置活动：雇用

第**11**章

决策制定

11.1 学习目标和导言

11.1.1 学习目标

- 理解效度系数
- 评估选拔系统的负面影响和实用性
- 学习多重预测指标
- 建立录用标准和分数线
- 比较分析各类最终决策方法
- 了解员工配置过程中各类决策者的角色
- 认识员工配置过程中存在的多样性

11.1.2 导言

前几章介绍了一系列组织评价求职者的方法。然而，从求职者中收集数据并不能最终得到谁应该被录用的简单结论。面试是否应该优先于标准化能力测试？工作经验是否应是选拔决定的主要关注点？或者如果用性格数据来补充经历等级，组织是否会做出更好选择？经历和教育应该在选拔中起什么作用？本章将讨论这些信息如何用于做出谁将最终被录用的决定。正如我们所看到的，决策过程往往含有主观因素。提前采取方法来解决在评价求职者过程中出现的纠纷，可以极大促进高效率的决策制定并减少招聘委员会成员之间的冲突。

当到了对求职者做最终决策的时候，有必要了解组织的性质和招聘人员的工作。对于拥有牢固文化和强大客户服务需求的组织，可能会更强调求职者的个性和价值。而对于更强调技术的工作，根据所展示的知识和技能来评估求职者则会更有意义。在本章中，你将要考虑决策目标会如何影响组织配置决策的制定。

将预测指标分数转换成评估分数的过程，是将其拆分为一系列子命题。首先，将对使用单一预测指标和多重预测指标的方法进行讨论。接着，讨论确定最低标准

（也称为"分数线"）的过程以及分数线的结果和分数线的确定方法。必须考虑制定最终决策的方法，以确定入围者中谁将获得工作机会。对所有上述决定，必须考虑谁应该参与决策过程。最后，法律问题也应该指导决策制定。对于雇员选拔程序统一指南（UGESP）以及招聘决策中的多样性考虑，我们都应给予相当的重视。

11.2　测评方法的选取

在讨论外部与内部选拔方法时，我们给出了多重标准（比如效度、效用等）去选取测评方法。一些标准需要着重强调，特别是效度、预测指标间的相关性、负面影响和效用。

11.2.1　效度系数

效度指的是预测指标与标准分数（效标）间的关系，我们通常用相关性来表示这种关系（见第 7 章）。我们将预测指标与标准分数（效标）的相关性称为效度系数。一个预测指标是否有效取决于效度系数的实际显著性与统计显著性。第 7 章指出信度是效度的必要条件，信度存在问题的选拔方法在效度上也必定存在问题。

■ 实际显著性

实际显著性指的是预测指标增加工作成功预测价值的程度，通过检验效度系数的符号和大小可以得到实际显著性。

符号。效度系数的符号指的是预测指标与效标间关系的方向性。一个有效的预测指标通常与效标存在正向或负向相关关系，同时该关系在逻辑和理论上均与预测指标代表的意义相一致。

量级。效度系数的量级指的是大小。其变化范围通常在 0～1.00 之间，当系数为 0 时效度系数最劣，而系数为 1.00 时效度系数最优。效度系数越接近 1.00，预测指标就越有效。考虑到预测人类行为本身存在一定的难度，效度系数为 1.00 的预测指标几乎很难得到。相反，正如第 8 章和第 9 章所述，现行测评方法的效度系数通常在 0～0.60 之间。任何效度系数高于 0 的预测指标都优于随机选择，并有一定的有效性。效度高于 0.15 的预测指标有效性中等，而效度高于 0.30 的预测指标有效性很高。

■ 统计显著性

统计显著性由概率或 p 值表示（见第 7 章），它是用于解释效度系数的另一要素。如果一个效度系数的 p 值较为合理，那么当该预测指标用于其他工作申请者时，会产生相似的效度系数。也就是说，一个合理的 p 值意味着所观测的效度系数并非偶然产生的，而是产生于预测方法本身。一般而言，合理的显著性水平通常是 $p<0.05$，这意味着 100 次实验中，少于 5 次的测试结果认为与工作申请者群体存在关联，而实际上并不存在。

应当指出的是，使用统计显著性作为衡量预测指标有效性的方法时，我们应当十分谨慎。研究表明，效度系数不显著很可能是由于计算效度系数的员工样本量较小。仅仅是由于样本量较小而拒绝使用一个预测指标是不恰当的，因为该预测指标很可能在员工样本量较大的条件下施测时得到较好的效度。[1]由于显著性检验存在上述问题，一些研究者推荐使用"置信区间"，比如我们可以有 90％的信心，真实效度在 0.30～0.40 之间。[2]

11.2.2　表面效度

表面效度指的是选拔测量是否对申请者有效。表面效度对于做出选拔决策普遍具有潜在的重要性，特别是在选取选拔方法时，因为一些方法会影响到申请者今后的行为（继续参与选拔过程的意愿、绩效以及雇用后的离职可能）。对表面效度的评价与申请者的反应息息相关。[3]

11.2.3　预测指标间的相关性

一个有效的预测指标必定对预测工作成功十分有价值。想增加这种价值，该指标必须超过其他现有的指标对未来工作成功的预测效果。也就是说，如果一个预测指标与其他预测指标相关性较小，而与效标相关性较大，那么它通常更为有效。

为了评价一个预测指标是否能在预测过程中增加新的价值，必须生成矩阵来反映不同预测指标间、预测指标与效标间的相关性。如果新指标与现有指标的相关性高于新指标与效标的相关性，那么新的预测指标贡献不大。还有一些较为直接的技术（比如多重回归）能够很好地反映预测指标间的相关性。[4]

当不同预测指标所涉及的内容领域相似时，指标间通常高度相关。例如，简历和申请表均用于测试申请者过去所接受的培训经历，那么同时使用简历和申请表这两个预测指标就是多余的，在预测未来工作成功的可能上，二者水平相当。

11.2.4　负面影响

预测指标是根据人们取得工作成功的可能性将人们区别开的，同时，预测指标还会排除一定比例的少数族裔和女性申请者。类似事件发生时，指标就具有负面影响，并且很可能引起法律问题。因此，当两个指标具有相同的效度时，我们需要排除负面影响较大的指标，选择负面影响较小的指标。

但是，在一个高效度、高负面影响的指标和一个低效度、低负面影响的指标间做出选择就非常困难。从准确预测未来工作绩效的角度来看，我们应当选择前者。从 EEO/AA 的角度来看，后者更优。平衡取舍是很困难的，需要考虑组织有关 EEO/AA 的招聘政策进行权衡。在本章的后面，我们会针对这类重要问题讨论一些可行的解决方法。

11.2.5　效用

效用指的是使用一个预测指标所能产生的期望收益。期望收益可以分为两种：成功录用和经济效益。

■ 成功录用收益

成功录用指的是一定比例的新员工在未来工作中取得成功。成功录用收益指的是在选拔系统中增加一个新的预测指标所能带来的成功录用比例的增加。如果现行人员配置系统在招聘新员工时的成功率是75%，那么在该体系中增加一个新的预测指标能在成功率上增加多大的收益呢？期望收益越大，新预测指标的效用就越大。该收益不仅受到新预测指标效度的影响（正如前面所讨论的），还会受到录用比率和基础比率的影响。

录用比率。录用比率可以通过录用人数除以申请者人数得到（录用比率＝录用人数/申请者人数）。录用比率越低，预测指标越有效。因为当录用比率较低时，组织挑选出合适员工的可能性也就越高。

录用比率较低无非有两种可能性：分母（申请者人数）较大或是分子（录用人数）较小。这两种情况都对组织招聘十分有利。分母较大意味着该组织要从大量工作申请者中选择。在这种情形下，相比录取第一位较合适的申请者或是在少量申请者中进行选取，组织挑选到成功候选人的可能性更大。分子较小意味着组织的录用条件非常苛刻，也就是说，组织更愿意录用能在未来工作中取得成功的申请者，而不是仅能满足最基本工作要求的人，即组织设定高录用标准以确保录取者是最适合的。

基础比率。基础比率的定义是能够成功符合某些标准或人力资源产出较高的现有员工的比例（基础比率＝优秀员工数/全体员工数）。期待得到高基础比率的原因很明显。高基础比率可能来自组织良好的人员配置系统或辅以其他人力资源实践，比如培训或薪酬管理。

在考虑是否增加一个新预测指标时，应注意在人员配置系统中增加该指标是否能增加组织优秀员工的比例（比如基础比率），这事关录用成功收益。另外，我们还应同时考虑组织现有的基础比率、录用比率以及新预测指标的效度。

在处理上述问题时，Taylor-Russell 表可以给予我们帮助。表 11—1 展示了 Taylor-Russell 表的摘录。

表 11—1   **Taylor-Russell 表摘录**

A.

效度	基础比率＝0.30 录用比率	
	0.10	**0.70**
0.20	43%	33%
0.60	77%	40%

B.

效度	基础比率＝0.80 录用比率	
	0.10	**0.70**
0.20	89%	83%
0.60	99%	90%

资料来源：H. C. Taylor and J. T. Russell, "The Relationship of Validity Coefficients to the Practical Effectiveness of Tests in Selection," *Journal of Applied Psychology*, 1939, 23, pp. 565-578.

通过整合新预测指标的效度系数、录用比率和基础比率，Taylor-Russell 表的各个方格中可以显示出有多少比例的新员工能在未来成为优秀员工。上部的矩阵（A 矩阵）显示了当基础比率较低（0.30），效度系数较低（0.20）或较高（0.60），录用比率较低（0.10）或较高（0.70）时，优秀新员工占全体新员工的百分比。下部的矩阵（B 矩阵）显示了当基础比率较高（0.80），效度系数较低（0.20）或较高（0.60），录用比率较低（0.10）或较高（0.70）时，优秀新员工占全体新员工的百分比。它们阐明了 Taylor-Russell 表的使用方法。

我们首先用该表来分析是否应该用一套新的测试来选拔电脑程序员。试想若现行的用于选拔程序员的测试的效度系数是 0.20，同时咨询公司为组织提供一套效度系数为 0.60 的新测试，那么该组织是否应购买并使用这套新测试呢？

乍一看，答案似乎很明显，因为新测试的效度系数显著高于原测试。然而，第一步应当是衡量录用比率和当前基础比率。如果当前基础比率为 0.80，录用比率为 0.70，那么正如表 11—1（B）所示，新的选拔程序仅能将成功录用率从 83％提高到 90％。如果组织的人力资源管理水平本身较高（比如培训和薪酬管理较为先进），那么组织本身的基础比率很可能较高。因此，即使选拔测试的效度仅为 0.20，当前预测指标的基础比率也可达到 0.80。

另一方面，如果当前组织的基础比率为 0.30，录用比率为 0.10，那我们非常建议该组织采用新的测试。正如表 11—1（A）所示，新测试的使用将使组织的成功录用比率从 43％提高到 77％。

Taylor-Russell 表的第二种使用方法是将招募与选拔程序联系起来。假设组织当前拥有一项认知能力测试，其效度为 0.60，并且该组织正在进行一个竞争性较强的校园招募项目。那么，由于申请者人数的激增，组织的录用比率从 0.70 迅速降低到 0.10。组织不得不面临是否要继续该校园招募项目的选择。

看到这里，我们的第一反应是，申请者数量这么大，当然应该继续这个项目。如表 11—1（A）所示，当现行基础比率为 0.30 时确实应该继续该项目，因为录用比率从 0.70 降低到 0.10，成功录用率将从 40％上升到 77％；相反，当基础比率为 0.80 时，正确的选择很可能是中止该项目，因为成功录用率从 90％上升到 99％所带来的收益可能不足以弥补竞争性的校园招募所带来的巨大成本。

以上观点表明，当面临是否该使用新预测指标的选择时，我们需要综合考虑效度系数、基础比率和录用比率，而不能将它们分开来看。人力资源专业人员应当细致地记录并监测组织的基础比率与录用比率，进而在面临是否应该使用新预测指标时能做出合理的选择。Taylor-Russell 表汇总效度系数、基础比率和录用比率等值帮助进行判断。表 11—1 中的数值仅用于阐明 Taylor-Russell 表的使用方法，当需要使用其他数值进行判断时，需要重新查阅原始表格进而得出合理的答案。

■ 经济收益

经济收益指的是预测指标为组织带来的货币收益。一个预测指标带来的经济收益越大，它的有效性就越强。近年来，在评估预测指标的经济收益方面，许多学者做了大量研究工作。表 11—2 展示了用于评估预测指标经济收益的基础效用方程。

表 11—2	经济收益方程

$\Delta U\ (T \times N_n \times r_{xy} \times SD_y \times \bar{Z}_s) - (N_a \times C_y)$

式中

ΔU＝相比随机选取，使用预测指标给组织带来的期望货币收益

T＝岗位上员工的平均任期

N_n＝雇用人数

r_{xy}＝预测指标与工作绩效的相关系数

SD_y＝工作绩效的货币价值

$\bar{Z}_s$＝选定组中标准测评分数的平均值

N_a＝申请者人数

C_y＝申请者人均成本

资料来源：C. Handler and S. Hunt, "Estimating the Financial Value of Staffing Assessment Tools," *Workforce Management*, Mar. 2003（www. workforce. com）.

　　一般来说，这一效用方程的使用方法如下。相比随机选取（见方程左侧），使用一个有效度的预测指标所带来的经济收益主要取决于两个要素（见方程右侧）。第一个要素（减号前面的部分）指的是新的预测指标使组织雇用到有效率的员工进而获得的相关收入。第二个要素（减号后面的部分）指的是使用新预测指标所带来的相关成本。当收入最大化、成本最小化时，我们能够得到正的经济收益。想达到收入最大化，可以通过使用最有效度的选拔流程实现。想达到成本最小化，则需要使用花费最小的预测指标。将等式中各变量赋值后，我们就能得到实际经济收益。为了得到这些数值，需要人力资源专业人员和有经验的直线经理通力合作，作出判断。

　　表 11—2 展示的经济收益（效用）方程目前出现了一些变化。通常，这些变化源于对附加因素的考虑，比如税率或申请者流动率。在所有模型中，最难评估的要素就是工作绩效带来的货币价值，它显示了有效率员工和无效率员工在创造货币价值上存在的差异。为了解决这一难题，我们提出多种方法，比如可由经理对员工价值进行评估，或是采用薪酬比例（通常是基本工资的 40%）。[5]除此难题外，经济收益方程为我们评估新的（有效度的）预测指标的经济收益提供了非常重要的方法。

■ 效用分析的局限性

　　虽然效用分析不失为评估使用有效度的选拔测试的好方法，但它本身也存在一些局限性。其中，令研究者和实践者最为困扰的问题就是效用评估有些脱离现实。

　　1. 事实上，每个组织在选拔员工时都会使用多重测量方法，而现行的效用模型假设组织只使用单一选拔测量方法或是仅随机选取申请者。[6]

　　2. 模型中遗漏了一些较为重要的变量，比如 EEO/AA 以及申请者反应。[7]

　　3. 效用方程的许多前提假设都过于简化，比如效度不会随时间变化[8]，非绩效指标（如出勤、培训、申请者反应和匹配等）间不具有相关性[9]，申请者的录用采用自上而下的方法且没有录用者不接受录用。[10]

　　由于以上这些局限性，多个因素表明效用分析对于部门经理选择选拔测试的指导性是有限的。例如，一项关于部门经理停止使用效用分析原因的调查显示，40%

的被调查者认为效用分析过于复杂而停止使用，32％的被调查者停止使用效用分析是因为他们认为效用分析结果可信度较低。[11]其他一些研究显示部门经理对效用分析的接受程度较低；一项调查发现相比报告效用分析结果，仅报告效度系数更可能促使人力资源决策者采用某一选拔方法。[12]

但是，这些批判不应成为组织在评估选拔方法时忽视效用分析的理由，相反，了解效用分析的局限性可以帮助决策者更好地了解和使用这一方法。研究者有责任在人员配置决策的战略背景中实施效用分析，同时，人力资源决策者则有责任运用最可能严谨的方法对其决策进行评估。[13]通过对效用分析作用的客观理解，我们做出富有成效的人员配置决策的可能性也会增加。

11.3　测评成绩的确定

11.3.1　单一预测指标

在选拔决策中使用单一预测指标使得测评成绩的确定非常容易。事实上，被测评者在单一预测指标上的得分就是其最终的测评成绩。因此，使用单一预测指标的选拔决策不涉及整合测评分数的问题。虽然使用单一预测指标简便易行，但是它本身存在非常明显的缺陷。首先，仅根据单一预测指标测试就雇用申请者让大多数雇主感到很不保险。事实上，在进行选拔决策时，几乎所有的雇主都会使用多重预测指标。其次，伴随选拔决策中有效度的预测指标数量的增加，测试的效用也相应增加。在多数情况下，使用两种有效度的选拔方法比使用单一预测指标更能得到有效的选拔决策。基于以上原因，虽然使用单一预测指标进行决策简便易行，但它并不是最好的方法。

11.3.2　多重预测指标

由于预测指标的效度水平不够理想，大多数组织在进行选拔决策时通常采用多重预测指标。在使用多重预测指标时，我们需要将各指标的得分进行整合，继而用于决策。解决这一问题，我们需要用到补偿性模型、多重障碍模型和整合模型。

■ 补偿性模型

在补偿性模型中，通过将各预测指标的得分简单相加得出总分数。这就意味着被测评者在某项指标上所得的高分会和他在另一项指标上所得的低分相互抵消。例如，如果雇主使用面试和平均学分绩（GPA）作为挑选员工的指标，那么一个平均学分绩较低但在面试过程中表现良好的申请者就仍然可能得到这份工作。

补偿性模型的优点是它考虑到人们拥有多方面的才能，并且不同才能的组合都可能为人们带来工作的成功。补偿性模型的缺点是，至少在某些工作中，人们某一方面的优秀才能并不能弥补其在另一方面的不足。比如，消防员需要健壮的身体，这是聪明才智所不能弥补的。

在使用补偿性模型进行决策时，有四种不同的方法供我们选择：诊断预测、单位加权、理性加权和多重回归。这四种方法的不同之处在于在进行分数加总前，赋予各指标得分（原始分数或标准分数）以不同的权重。

表 11—3 可以帮助我们理解这些方法。以上四种方法中，我们可直接使用各指标原始分数进行加总。但在特殊情况下，比如不同指标变量的测量方法不同或是测量条件不同时，我们就需要使用标准化后的分数（见第 7 章）而不是原始分数进行加总。表 11—3 展示了赋予各指标得分不同权重的方法，同时还展示了一个综合面试、申请表和推荐信的选拔体系。简化后，我们假设各指标的得分可以为 1～5，三名申请者分别在三个指标上的得分如表 11—3 所示。

表 11—3 申请者三个预测指标的原始分数

申请者	预测指标		
	面试	申请表	推荐信
A	3	5	2
B	4	3	4
C	5	4	3

诊断预测

P_1, P_2, $P_3 \rightarrow$ 资格的主观评价

例如：根据对总体资格水平的"直觉"选择申请者 A

单位加权

$P_1 + P_2 + P_3 =$ 总分

例如：把所有预测指标分数相加

申请者 A＝3＋5＋2＝10

申请者 B＝4＋3＋4＝11

申请者 C＝5＋4＋3＝12

理性加权

$w_1 P_1 + w_2 P_2 + w_3 P_3 =$ 总分

例如：管理者确定各指标权重 $w_1 = 0.5$，$w_2 = 0.3$，$w_3 = 0.2$

申请者 A＝（0.5×3）＋（0.3×5）＋（0.2×2）＝3.4

申请者 B＝（0.5×4）＋（0.3×3）＋（0.2×4）＝3.7

申请者 C＝（0.5×5）＋（0.3×4）＋（0.2×3）＝4.3

多重回归

$a + b_1 P_1 + b_2 P_2 + b_3 P_3 =$ 总分

例如：根据统计分析确定各指标权重 $b_1 = 0.09$，$b_2 = 0.6$，$b_3 = 0.2$

申请者 A＝0.09＋（0.9×3）＋（0.6×5）＋（0.2×2）＝6.19

申请者 B＝0.09＋（0.9×4）＋（0.6×3）＋（0.2×4）＝6.29

申请者 C＝0.09＋（0.9×5）＋（0.6×4）＋（0.2×3）＝7.59

诊断预测。返回表 11—3 我们发现，在诊断预测中，部门经理通过专业化的评判为每个申请者打出总分。这个最终得分不一定是表 11—3 所示的三个指标得分的简单加总。因此，虽然各指标得分的简单加总显示申请者 A（3＋5＋2＝10）比申请者 B（4＋3＋4＝11）低 1 分，申请者 A 的最终得分可能高于申请者 B。

诊断预测通常由初试面试官或招聘经理进行。这些决策者不一定会给申请者打出具体的分数，但是他们掌握了每位申请者的多方面信息，同时综合考虑这些信息

进而做出决策。在初步筛选中，这种综合决策要考虑的是申请者是否能通过最初障碍并进入下一阶段测试。比如，一名快餐店经理在对申请者进行初步筛选时，会综合考虑申请者申请表中的各种信息并产生主观印象。招聘经理在进行某一专业职位招聘时，会关注最终入围者的简历以及他们在面试时回答问题的表现，进而做出是否录用的决策。

诊断预测的优点是它利用了经理的专业经验对各预测指标分配权重，反之，如果使用客观评分规则（例如计点法），部门经理可能就不那么容易接受录用决策了。许多经理认为依据自己的经验，而不是客观评分规则，能使他们更好地判断哪位申请者以后会成功。[14]这一方法存在的问题是，只有经理知道各预测指标权重的原因。此外，通常情况下，诊断预测并没有客观评分决策准确。虽然有时我们有必要，甚至不得不凭直觉进行决策，但最好能够遵循通用电气公司前 CEO 杰克·韦尔奇有关雇佣决策制定的建议："和自己的直觉对抗，不要太相信直觉！"[15]

单位加权。在单位加权中，每个预测指标的权重都是 1.00。正如表 11—3 所示，各预测指标得分简单加总后形成最终得分。因此，在表 11—3 中，申请者 A，B 和 C 的最终得分分别是 10，11 和 12 分。单位加权的优点是简便直接，使决策者对每个预测指标的重要性一目了然。该方法存在的问题是，它假设每个指标对于预测未来成功的作用相同，但这通常不符合实际情况。

理性加权。在理性加权中，各预测指标的权重各不相同。经理和其他一些领域专家会根据各指标对预测工作成功效果的不同，为它们分配权重。各指标的原始得分乘以其权重并加总后将得到最后得分，如表 11—3 所示。

例如，表 11—3 中三个预测指标面试、申请表和推荐信的权重分别是 0.5，0.3 和 0.2。这表明经理认为，面试是最重要的预测指标，其次是申请表，最后是推荐信。各指标原始得分乘以它们各自的权重相加后将得到最终得分。以申请者 A 为例，$0.5 \times 3 + 0.3 \times 5 + 0.2 \times 2 = 3.4$。

这一方法的优势在于它考虑到了各指标的相对重要性，使得测评过程更为明晰。其劣势在于该过程过于复杂，尤其是经理和专家需在各指标所分配的权重上达成一致。

为了使理性加权更简单，一些组织开始采用电脑辅助决策工具。Williams 保险服务公司使用称为 ChoiceAnalyst 的程序，使雇佣经理更容易将候选人的多种特质信息整合为一个简单数值。[16]招聘者选择预测指标对申请者进行评价，并提供决策权重以说明每个预测指标在总分中的重要性。各种预测方法所得分数会进入网络中，并产生候选者的排序。对于这些依据网络的方法，其中一个优势是可以明确地考虑各种管理偏好，并评估对预测指标重要性看法的差异会如何导致最终雇佣决策的不同。

多重回归。多重回归和理性加权的相似之处在于各指标所分配的权重各不相同。但在多重回归中，各指标权重的确定不是凭借经理或专家的主观判断，而是依据统计分析。确定统计权重需要考虑：（1）各指标与效标间的相关性；（2）各指标间的相关性。因此，通过回归得到的权重是最理想的，因为这些权重能够带来总效度的最大化。

多重回归公式及其计算结果如表 11—3 所示。各指标得分（P）乘以其统计权重（*b*）加总后，加上截距值（*a*）即可得到申请者总成绩。比如，假设面试、申请表和推荐信的统计权重分别是 0.9，0.6 和 0.2，截距 $a=0.09$，则申请者 A 的最终成绩是 $0.09+0.9×3+0.6×5+0.2×2=6.19$。

相比其他权重分配方法，多重回归对效标分数预测的准确性较强。然而，只有在特定条件下才能实现其准确性。具体来说，想要使多重回归比单位加权更准确有效，预测指标的数量不能过多，指标变量间相关系数不能过高，并且必须是大样本。[17]但是大多数选拔都很难达到这些标准，因此通常情况下，我们不得不使用单位加权或理性加权，或是在回归权重基础上发展出来的一般支配权重或相对重要性权重。[18]不过，当条件都能满足时，相比其他权重分配法，多重回归权重的效度和效用都更高。

权重分配法的选取。权重分配法的选取非常重要，因为预测指标加权整合的方法决定了选择过程的有效性。尽管回归加权法有上述局限性，一个有关选拔测试的实际案例显示：认知能力和诚信测试结合使用，且以同等权重加权后，测试总效度水平将提高到 0.65，比单独使用认知能力测试所得效度水平高出 27.6%。[19]当分数以多重回归法加权后，效度水平可增加 28.2%。事实上，该研究显示将认知能力测试与其他选拔手段结合使用，并用多重回归法确定最终成绩，其效度总是高于使用单位加权法。不过，这些结论并不能证明在所有情况下多重回归法都显著优于其他方法，为了选择最佳的权重分配方法，我们必须事先回答以下几个重要问题，它们分别对应诊断预测、单位加权、理性加权和多重回归四种方法：

● 决策者进行选拔决策的经验是否足够丰富，判断力是否足够强，对选拔过程是否足够重视？

● 能否确定各预测指标对未来工作成功的预测具有同等影响？

● 使用理性加权和多重回归法的条件是否足够充分？

● 是否具有使用最优权重分配法——多重回归法的条件，即预测指标相对较少，预测指标间的相关性较低，并且是大样本？

只有回答了以上这些问题以及考虑了问题本身的重要性，我们才有可能选取出最合适的权重分配法。我们还需了解，虽然统计权重与诊断加权相比效度较高，但如果将两种方法结合使用会产生更高的效度。研究显示，回归加权后的预测指标比诊断判断更有效度，但是诊断判断对回归加权指标的绩效控制有独特的影响。事实上，不同的权重分配法并非相互独立，有时我们可以将它们结合使用以达到最好的效果。

■ 多重障碍模型

在多重障碍模型中，申请者需要通过每一个预测指标才能进入下一阶段选拔流程。当每个预测指标均是实现成功工作的必要条件时，我们需要使用多重障碍法。可以通过确定分数线的方法（下一节将会介绍）来确定某一指标的及格成绩。不同于补偿性模型，在多重障碍模型中，申请者在一个指标上得到的高分无法弥补其在另一指标上得到的低分。

许多组织采用多重障碍模型来减少选拔申请者的成本并使终选阶段的决策制定过程更好处理。一些候选人会在选拔过程中早早地被排除掉，因为对组织而言，对从大量候选人中收集的所有信息进行处理将会使效率降低。典型选拔过程的第一阶段会从申请者中选出满足最低教育水平或经验年限要求的人。对组织而言，以这些要求来收集信息是相当低廉的，并且很容易量化。在此阶段之后，对通过最初筛选的申请者进行相对低廉的标准化测试，将进一步减少候选者的数量，使组织能够投入更多资源去面试最终入围者，并安排他们与组织总部的经理会面。以上是选拔阶段。多重障碍模型在实施时有多种变形，并且"筛选"与"选拔"方法的确切性质也因工作要求的不同而变化。[20]

■ 整合模型

对于部分要求是工作成功所必需的职业而言，我们可以将补偿性模型与多重障碍模型结合使用。在选拔过程开始时使用多重障碍模型，结束时使用补偿性模型。

图 11—1 展示了在招募经理岗位上结合使用两种方法进行人员选拔的例子。选拔过程开始时使用多重障碍模型，应聘招募经理的申请者需要连续通过两项测试，分别是申请表和工作知识测试。不能成功通过任意一项测试的申请者均会被拒绝，两项测试均通过的申请者可以进入下一阶段的面试和推荐信审查。面试和推荐信的所得信息将会用补偿性模型综合考量，通过者可被录用，未通过者将被拒绝。

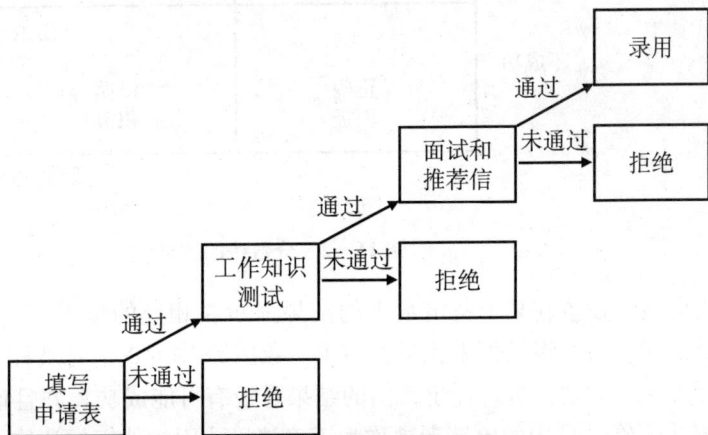

图 11—1　招募经理的整合模型

11.4　录用标准和分数线

录用标准或分数线解决了及格分数的构成这一问题，及格分数可能是来自单一预测指标的单一分数，也可能是来自多项预测指标的总分。为了解决这一问题，我们将描述这一过程以及分数线的结果。然后，我们将描述确定实际分数线的方法。这些方法包括最低标准、自上而下雇用和分段法。

11.4.1　过程

一旦选定了要使用的一个或多个预测指标，就必须对谁在选拔过程中表现出色做出决策。而这一决策要求建立一个或多个分数线。分数线指的是将那些在过程中表现出色的人（如成为候选人的申请者）与那些被拒绝的人区分开的分数。例如，假设一项测验的分数在 0~100 之间，分数线为 70 分意味着那些获得 70 分或更高分数的申请者将会晋级，而其他的人则会被拒绝。

11.4.2 分数线的结果

设置分数线是非常重要的过程，因为它会给组织和申请者带来一定的结果。图 11—2 展示了分数线的一系列结果，该图是对预测指标和标准分数的散点图的概括。横坐标表示的是组织用来确认一名雇员是否成功的标准分数——例如，在 1 表示低绩效、5 表示高绩效的 5 点绩效评价表中，3 是标准分数。纵坐标是预测指标的分数线——例如，在 1 表示不可能成功、5 表示很可能成功的 5 点面试评分表中，3 是分数线。

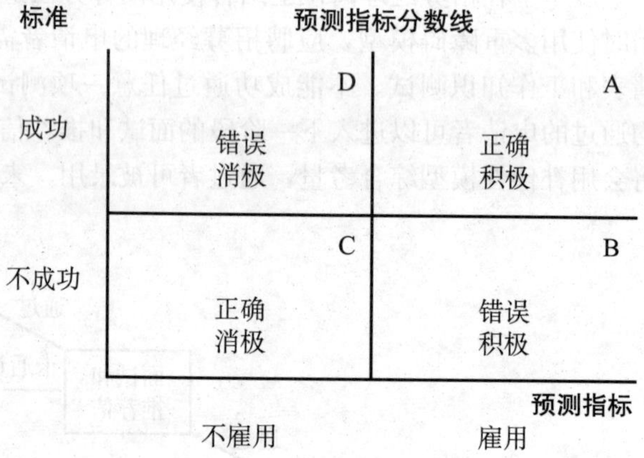

标准	预测指标分数线	
	D	A
成功	错误 消极	正确 积极
	C	B
不成功	正确 消极	错误 积极
	不雇用	雇用 预测指标

图 11—2 分数线的结果

将分数线设置在某个特定水平的结果显示在相应的象限中。象限 A 和 C 表示正确的决策，会给组织带来积极的结果。象限 A 中的申请者被称为正确积极，因为使用预测指标对他们进行评价得出的结果是极有可能成功，并且他们如果被雇用的话会成功。象限 C 中的申请者被称为正确消极，因为他们的评价结果是几乎不可能成功，而且事实上，如果被雇用的话也不会成功。

象限 D 和 B 代表错误的决策，会对组织和申请者产生消极的结果。象限 D 中的申请者被称为错误消极，因为他们的评价结果是几乎不可能成功，但是如果他们被雇用，则会取得成功。这种情况下不仅做出了错误的决策，而且组织失去了一名非常优秀的员工。象限 B 中的申请者被称为错误积极。他们的评价结果是极有可能成功，但事实上却是非常不成功的雇员。最后，这些人不得不接受补救培训、调换到新的岗位甚至被解雇。

分数线的高低会对图 11—2 中显示的结果产生很大的影响，因此总是存在着权衡。与图 11—2 中中等的分数线相比，更高的分数线会带来更少的错误积极以及大量的错误消极。对于组织来说，这是一个好的、坏的还是无足轻重的后果呢？答案取决于岗位的工作性质以及涉及的成本。如果是美国国家航空航天局的宇航员职位，那么就必须没有错误积极，错误积极的代价可能是失去生命。

现在，让我们来考虑与图 11—2 所示的结果相比低分数线的结果。此时将会有更少的错误消极以及更多的正确积极，但也会有更多的错误积极。对于那些通过雇用最好的员工以在所属行业中取得竞争优势的组织来说，这种结果是不能接受的。然而，对于平等就业机会目的来说，为使错误消极的少数族裔和女性的数量最小化，设置相对较低的分数线是可取的。

简而言之，在设置分数线时必须考虑到结果。正如上面指出的那样，这些结果可能是非常严重的。因此，设置分数线的不同方法已经被开发出来，以指导决策制定者。下面我们来对这些方法进行回顾。[21]

11.4.3 分数线的确定方法

决定分数线的方法有三种：最低任职资格、自上而下和分段。下面将详细介绍每一种方法，以及使用每种方法设置分数线的专业指导。

■ 最低任职资格

在最低任职资格方法中，分数线的设定是基于完成工作所需具备的最低资格。通常由专家来确定最低任职资格分数。当招聘过程首先需要说明最低技能要求时，通常会使用这种方法。表11—4提供了在选拔中使用分数线的例证。表中列出了25

表 11—4   分数线在选拔决策中的使用

排序	测试分数	最低任职资格	自上而下		分段*
1	100	100	100	第1选择	100
2	98	98	98	第2选择	98
3	97	97	97	第3选择	97
4	96	96	96	第4选择	96
T5	93	93	95	第5选择	93
T5	93	93	95	第5选择	93
7	91	91	91		91
T8	90	90	90		90
T8	90	90	90		90
10	88	88 合格	88		88
11	87	87	87		87
T12	85	85	85		85
T12	85	85	85		85
14	83	83	83	⋮	83
15	81	81	81		81
16	79	79	79		79
T17	77	77	77		77
T17	77	77	77		77
19	76	76	76		76
20	75	75	75		75
21	74	74 最低任职资格	74	第21选择	74
22	71	71	71	第22选择	71
23	70	70 不合格	70	第23选择	70
24	69	69	69	第24选择	69
25	65	65	65	第25选择	65

*括号内所有的分数被平等对待；也可以基于其他因素，如EEO/AA等，对括号内的申请者做出选择（如果必要的话）。

名申请者在一项特定测试上的得分。通过最低任职资格方法确定分数线，则得分低于分数线的申请者被认为不能够胜任工作。在这个例子中，75 分被认定为必要的最低任职资格水平。因此，所有得分在 75 分以下的申请者被认为不能胜任工作而被拒绝，所有得分在 75 分及以上的申请者被认为至少能在最低限度上胜任工作。然后基于其他标准，从这些有资格的申请者中选出最终入围者和最终录用的人员。

最低任职资格方法的一种变体是雇用第一个可接受的候选人。当候选人陆续且每次一人进行面试，而不是很多候选人同时面试时，会使用这种方法。当组织迫切需要一些人手并且愿意雇用任何满足门槛条件的人时，也会使用这种方法。尽管有时急于雇用是可以理解的，但是结果通常会很不好。例如，由于找到电话销售员非常困难，所以住房抵押呼叫中心有雇用第一个可接受的候选人的政策。这家呼叫中心的招聘经理偶然听到一名新雇员告诉顾客："如果我拥有你这么高的等级，我会切开我的手腕，然后爬到最高楼的顶层跳下去。"[22] 所以，尽管雇用第一个可接受的雇员有时似乎是必须的，但这远不是理想的雇佣策略，并且只有在问题出现后才能知道代价有多大。

最低任职资格的另一种变体是对"过度胜任"的员工强加一种最高任职资格。这里的假设是：工作不会被充分奖励，这些过度胜任的员工将会很快离职。证据表明，自认为是过度胜任的员工会表现出较低的工作满意度和较高的离职欲。[23] 这可能是因为他们认为自己值得拥有一份更好的工作，并且目前的工作挑战性不够。雇主可以采用一些策略如增加雇员的授权，缓解过度胜任员工的这种感觉，从而使组织可以留住那些水平很高的员工。[24] 经理在不假思索地拒绝一些似乎过度胜任的申请者时要非常谨慎。有时，人们对工作有兴趣的原因是招聘经理所不知道的。由于一些明显过度胜任的申请者年龄超过 40 岁，因此也存在一些法律风险。正如一名经理所说的，"我认为不花时间考虑那些过度胜任的申请者是非常大的错误。当然，拒绝一些候选人有很多有效的理由，但不应该是空白的回复。"[25]

■ 自上而下

另一种确定分数线应设置在何种水平的方法是考察申请者预测指标分数的分布，然后将分数线设置在能够最好地满足组织需求的水平。组织的需求可能包括需要填充的职位空缺数和 EEO/AA 要求。表 11—4 展示了这种自上而下设置分数线的方法。如表 11—4 所示，在自上而下雇用中，分数线的设置由需要雇用的人数决定。一旦人数确定，组织将基于申请者的分数自上而下进行挑选，直至达到需要的人数。这种方法的优势在于这个系统非常容易实施。同时，由于分数线是基于对劳动者的需求而决定的，也使得我们需要作出的判断最少。这种方法最大的缺点是在使用预测指标之前没有确立效度。此外，还可能存在对于单个预测指标和分数线的过度依赖，而其他潜在的有用预测指标则会被忽视。

自上而下方法的一个著名例子是安戈夫方法（Angoff method）。[26] 这种方法由专家来确定在招聘过程中继续下去所需的最低及格分数。这些专家浏览了预测指标的内容（如测试条目）并决定胜任能力最低的申请者必须通过的条目。通常会有 7～10 名专家（如在职员工、经理）参与，并且他们要在那些必须通过的条目上达成共识，而分数线就是那些必须正确回答的条目数的总和。

这种方法有一些问题，也有一些随后的改进措施。首先，这个过程非常耗时。第二，结果依赖于主题专家。让组织成员就谁是主题专家达成共识是非常困难的，而专家的选择可能会对实际确定的分数线产生影响。最后，在主题专家评估测试条目时应达到多大程度的共识也不明确，在如何设置分数线上也可能存在判断错误和偏见。如果使用安戈夫法，非常重要的一点就是要向主题专家提供胜任力最低的测试参加者的通用定义，并且鼓励他们讨论他们的判断。这些方法都被证明能够提高主题专家的信度。[27]

■ 分段法及自上而下选拔法的其他替代选择

传统上确定分数线的方法是自上而下法。对于外部雇用和内部提升来说，自上而下法能达到最高的效度和效用。然而，这种方法一直以来饱受质疑是因为忽视了这样一种可能性，即分数之间的细小差异是因为测量误差。对自上而下法的另一种批评是它可能产生负面影响，尤其是使用认知能力测试时。正如我们在第9章提到的，在选拔过程中最大的自相矛盾之处在于单一的、最有效的选拔测试（认知能力测试）也是有着最大负面影响的测试。负面影响的程度在于，在标准的认知能力测试中，如果有一半的白人申请者被雇用，则只有16％的黑人申请者可能被雇用。[28]

对少数和多数群体使用不同的标准是降低自上而下招聘的负面影响的一种建议，因此，雇佣决策是基于规范确定的分数，而不是绝对的分数。例如，在一项测试中，所有黑人申请者的平均分是50分，所有白人申请者的平均分是60分，那么在这项测试中得到75分的黑人申请者被认为拥有与得90分的白人申请者相同的标准分数。然而，在政府机构以及一些私人雇主中常见的实践——测试分数的"种族平等"，在1991年《民权法案》中被明确禁止。结果导致另一种称为"分段法"的方法的流行。

分段法指的是这样一种程序，在这种程序中得分在特定分数范围或分数段中的申请者被认为得分是相等的。表11—4展示了一个简单的使用分段法的程序。在这个例子中使用了满分100分的测试，所有得分在某个分数段内的申请者都被认为得分是相等的。例如，所有得分为91或以上的申请者被赋予9分，得分在81~90之间的人被赋予8分，等等。（其实，基于考试分数赋予学生字母等级也是这么做的。）在分数段内招聘可以是非常随意的，或者更典型地，可以与其他因素相结合（如资历、经验）并基于种族或性别。分段法也许能够降低选拔测试的负面影响，因为这一程序倾向于降低高分群体与低分群体之间的差异（正如白人和少数族裔在认知能力测试上的表现这一例子）。在实践中，段宽通常是基于测量的标准误差计算出来的。

研究表明，分段程序能够在相当程度上降低认知能力测试的负面影响，而在特定情境下，效用的损失则相对来说非常小。学者们已经提出了不同的分段法，但它们之间的区别相对而言并不重要。[29]

分段法主要的局限性可能是它牺牲了效度，尤其是当选拔测量工具非常可信时。因为测试分数之间差别的标准误差部分来源于测试的信度，与测试的信度很高时相比，当测试的信度很低时，段宽要更大。例如，如果一项测试的信度为 0.80，那么在一个合理的置信水平上，测试中几乎一半的分数都能被看做相等的。[30] 显然，使用百分制的测试获得分数，将申请者分成 2 组浪费了申请者大量的重要信息（在一项有效的测试中得 51 分的人与得 99 分的人不太可能有相同的工作绩效）。因此，如果测试正好有中等程度的信度，那么分段法所带来的效度和效用的损失将会非常严重。有证据表明，通常分段法会高估段宽，这当然也会使问题恶化。[31]

关于测试分段法的科学价值的讨论很热烈。[32] 我们似乎不太可能解决隐藏在它的使用之下的无数道德和技术问题。那些考虑在人员选拔决策中使用分段法的组织必须仔细权衡优点和缺点，包括法律问题（回顾那些涉及分段法的案例，我们可以发现分段法通常得到了法庭的支持）。[33] 然而，最后可能需要做出一个价值选择：使效度最优化（损害多样性）还是使多样性最优化（在效度上有所牺牲）。正如一条评论所说的，虽然"有充分的证据支持认知能力测试的效度"，但是只要人们在选拔过程中评价认知能力，"它的负面影响就不会消除"。[34]

为了解决这个有点悲观的权衡，最近一些研究者开发了非线性模型，这一模型致力于找到使效度和多样性最大化的最优解决措施。他们提出了统计运算法则，这一法则致力于通过对选拔测试方法赋予不同的权重，在效度和负面影响之间达到一种最优的取舍。虽然这种运算法则可能会降低在各种价值上（在最优化效度和多样性之间）所付出的代价，但是这种新的解决方法仍然难以实现。[35]

11.4.4　专业指导

我们还需要对能够有效设置最优分数线的系统程序进行更多的研究。一套合理的设置分数线的专业指导准则如表 11—5 所示。

表 11—5　　　　　　　　　　设置分数线的专业指导

1. 期待有一种单一的、在任何情况下都最优的方法来确定分数线是不现实的。
2. 设置分数线（或及格分数）的程序应该始于工作分析，即确定在知识、技能、能力和其他特征方面的相对熟练水平。
3. 效度以及测试程序的职位相关度是要考虑的核心内容。
4. 测试的实施影响分数线的选择和代表的意义。
5. 如果可能，应该认真考虑测试分数和工作绩效真正的相关性。
6. 分数线或及格分数应该设置到足以保证满足工作需要的最低标准的水平。
7. 分数线应该和人们对该工作任职资格的期望相一致。

资料来源：W. F. Cascio, R. A. Alexander, and G. V. Barrett, "Setting Cutoff Scores: Legal, Psychometric, and Professional Issues and Guidelines," *Personnel Psychology*, 1988, 41, pp. 21-22. Used with permission.

11.5　制定最终决策的方法

目前所进行的讨论关注的是决策准则，这些决策准则帮助我们将人员名单缩减到更少，即在选拔程序中从申请者到候选人再到入围者。那么现在组织如何在这些入围者中进行选择，以决定谁将获得工作录用呢？对这些入围者的谨慎的评估都应转化为最终选择的决定。最终选择的方法即将谨慎评估转化为工作录用决定的机制。

进行最终选择的方法包括随机选取、排序选取和分组选取。图 11—3 展示了这些方法的例子，下面我们将对这些方法进行讨论。

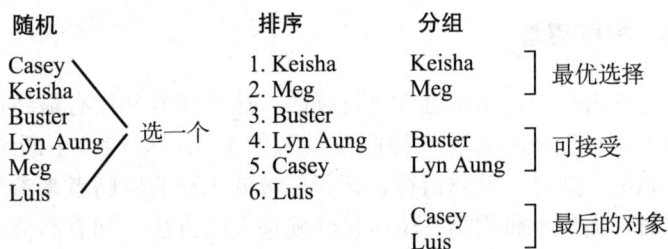

随机	排序	分组	
Casey	1. Keisha	Keisha	} 最优选择
Keisha	2. Meg	Meg	
Buster	3. Buster		
Lyn Aung	选一个	4. Lyn Aung	Buster
Meg	5. Casey	Lyn Aung	} 可接受
Luis	6. Luis		
		Casey	} 最后的对象
		Luis	

图 11—3　做出最终选择的方法

11.5.1　随机选取

使用随机选择的方法时，每位入围者都有相同的机会被选择。选择一个人的唯一原理就是"抽签的运气"。例如，图 11—3 中的 6 个人名被放入一顶帽子里，最后胜出者将被抽出，并获得工作录用。这种方法的优势是非常迅速，同时，在随机选择中，任何人都不能起诉组织有偏袒行为，因为每个人都有相同的可能性被抽中。这种方法的劣势在于完全忽视了评估的谨慎性。

11.5.2　排序选取

使用排序的方法时，根据谨慎评估的结果，入围者按照从最优到最劣的顺序排列。如图 11—3 所示，排名第一的人（Keisha）是组织最想录用的人，而排名第六的人（Luis）是组织最不想录用的人。但是有一点非常重要并且需要注意，那就是应该在整个选拔过程中考察人员的优劣程度。当这些都做到的时候，那些值得拥有程度较低的人（如排名第 3～5 的人）就不应该被视为失败者。工作录用是基于这些入围者的排名顺序发出的，排名第一的人得到第一份录用通知书。如果这个人拒绝了这份工作或是突然从选拔程序中退出，排名第二的人将得到录用通知书，依次类推。

排序的好处在于它为组织提供了每个入围者对于工作的相对价值。同时，当一名或多名候选者退出程序时，它提供了一系列的后备选择。

我们需要记住的是备选人员可能决定退出选拔程序而接受别的组织的职位。尽管当最优选择退出时，排序为组织提供了保护和缓冲，但这并不意味着可以以缓慢的节奏发出录用通知书。当最优选择决定退出时，应立即采取措施，并找到后备人选。在劳动密集型市场尤其如此，这种市场对于名单上的人能够提供的服务有着强烈的需求。

11.5.3　分组选取

使用分组方法时，参加最终面试的人员被聚集起来归入按排名排列的类别中。例如，在图 11—3 中，按照最优的、可接受的或最后的对象的顺序，对他们进行分组。这种方法的优势在于它允许候选人之间旗鼓相当，从而避免了对每个人分配不同等级的需要。其劣势在于仍然需要在处于最优选择一组中的候选人之间进行选择，这种选择的做出可能基于每个人接受工作录用的可能性等因素。

11.5.4 持续招聘

在一些组织中，招聘过程是持续的，这意味着并没有最终用于选拔的候选人名单。相反，对于不断需要各种职位员工的组织，可能会不断地收集有意向者的简历。当职位空缺时，就邀请符合该职位最低资格的应聘者来参加面试。这种方法在很多方面都类似于雇用第一位可接受候选人的方法。拥有高流动率的工作，如入门级零售和餐饮服务职位，一般都采用这种方式招聘。持续招聘方法的优势是可以在短期内产生大量的候选人，这对于频繁更换员工的组织来说非常重要。该方法的缺点是，很少允许从一组符合条件的申请者中仔细选择可能最优秀的候选者。

11.6 决策制定者

在选拔决策制定中最后需要考虑的问题是谁应该参与决策，也就是说，谁应该决定选拔程序（如设定分数线）以及谁应该决定结果（如谁得到录用通知书）。答案是人力资源专业人员和直线经理都应该发挥作用，虽然他们的角色不同，但对于组织来说都是至关重要的。同时，员工也会发挥一定的作用。

11.6.1 人力资源专业人员

人力资源专业人员在设计和管理选拔系统的过程中应该有较高的参与度，这是一个通用准则。在诸如应该使用哪些预测指标和怎样最好地使用这些预测指标等问题上，应该咨询他们。特别地，他们需要精心策划招聘领域政策和程序的开发。这些人拥有开发适宜的招聘决策所必需的技术，或者，他们知道在哪里能找到拥有这种技术的专家。此外，他们拥有确保遵守相关法律和规章的知识。最后，他们也能代表员工对参与管理的兴趣和关注。

尽管人力资源专业人员应该发挥的主要作用是针对选拔过程的，但是他们也应该参与决定谁将获得录用通知书。显然，在招聘这一人力资源职能上这一点是正确的。另一个不那么明显的人力资源专业人员发挥重要间接作用的地方就是向部门经理做出的雇佣决策提供参考意见。

人力资源专业人员能够提供关于申请者的一些深刻见解，而部门经理并不总能察觉这些方面。例如，他们能够对申请者的个人技能（如沟通、团队合作等）有深刻的认识。由于训练和经验，人力资源专业人员对这些问题非常敏感。他们的筛选面试、关于如何解释纸笔工具（如性格测验）的知识以及与内部候选者的互动（如与候选者在特定工作小组中任职），使他们在这些问题上有一些数据可供分享。

人力资源专业人员能够对结果做出贡献的另一个方面是初始性评估方法。很多时候，人力资源专业人员是并且应该被授权做出最初的选拔决定，如谁将进入组织进行下一轮的筛选。这样做能够节省经理们的时间，使他们完成其他职责。此外，人力资源专业人员能够确保少数族裔和女性申请者也得到了同样的机会，而没有由于错误的原因被排除在候选人才库之外。

11.6.2 部门经理

部门经理对雇佣的参与主要体现在决定谁将被雇佣，这是通常的准则。经理们是业务领域的专家，因此，他们对被雇用人员的成功负有责任。他们在组织招聘人员过程中的参与程度往往较低，因为他们没有时间或是没有相关专业知识。普通经理也可能没有任何关于招聘方面的知识，尽管这并不意味着他没有兴趣学习。[36]

尽管他们可能在构建雇佣流程方面没有发挥直接的作用，但在流程问题上，人力资源专业人员仍然能够并且应该向部门经理进行咨询，因为部门经理是人力资源服务的消费者。因此，他们应该被允许参与到招聘过程中，以确保在最大限度上满足人岗匹配的要求。

在流程问题上允许部门经理发挥作用还有另一个好处，即由于他们的参与，部门经理能更好地理解为什么人力资源专业人员要规定这些特定的招聘环节。当他们缺席制定雇佣政策和程序的过程时，直线经理可能会将人力资源专业人员看成是为职位雇用合适人选的障碍。

还需要提到的一点是，经理的参与程度通常取决于评估决策的类型。正如刚刚讨论的，使用初始性评价方法做出决定时，决定权通常会授予人力资源专业人员。使用实质性评估方法决策时，通常会在一定程度上包含部门经理的参与。通过选择性方法做出决定时，通常会是经理的直接责任。通常的准则是，在决定结果上，经理们的参与程度应该与他们对于空缺职位的了解相当。如果经理们参与他们不熟悉的工作的雇佣决策，那么很可能会产生法律、评估方法和伦理等方面的问题。

11.6.3 员工

在传统观点中，人们认为员工并不是雇佣决策制定过程的一部分，但这个传统正慢慢发生变化。例如，在团队评估方法（请见第 8 章）中，员工可以对过程和结果都产生影响。也就是说，他们可以对如何建立选拔程序有自己的想法，对谁被雇用做出决策或提供意见。员工参与的团队评估方法得到了鼓励，因为这能使员工产生对工作程序的自主权，帮助员工更好地识别组织目标。此外，这也使得那些能更好地与工作小组目标相协调的人被雇用。谷歌公司的招聘过程中就包括直线经理和员工。这种以匹配度为基础的雇佣过程被视为一种有效的方法，以获得各种申请者和组织之间契合的观点。[37] 为了使员工参与更加有效，员工应该参加与经理相同的雇佣相关知识培训（见第 9 章）。

11.7 法律问题

在制定决策时，最重要的法律问题是分数线或雇佣标准。这些分数或标准控制了人们从申请者到候选人再到入围者的流程。在这个流程中，会产生一些负面影响。当负面影响产生时，雇员选拔程序统一指南（UGESP）开始发挥作用。此外，组织可以对日益增加的组织多样性形成多方面的策略。

11.7.1 雇员选拔程序统一指南

如果在决策制定中没有负面影响，那么 UGESP 在分数线的问题上没有作用。组织在做出选拔决策时践行的谨慎原则在法律上是不受约束的。然而，一旦产生了负面影响，UGESP 将会立即对决策制定适用。

在有负面影响的情况下，UGESP 会要求组织要么消除负面影响，要么通过效度研究和分数线的仔细设定来予以证明。

> 当使用分数线时，分数线的设置必须是合理的，并且与完成工作的可接受的熟练程度的正常期望相一致。当基于有效的选拔程序对申请者进行排序，并且如果申请者的得分低于一个比这种期待下合适的分数更高的及格分数，则他们几乎或完全没有可能被雇用，那么，更高的及格分数可能是合适的，但是应该考虑到负面影响的程度。

该条款表明，一般而言，当组织为使受雇者达到可接受的熟练程度而设置高于必要分数的分数线时，应该非常小心谨慎。换句话说，即使使用有效的预测指标，组织也应该非常谨慎以确保雇佣标准没有过高以致产生不必要的负面影响。当使用排序方法时要尤其注意这一点。使用随机或者是较小程度上分组的方法，能够帮助克服排序选取的这一障碍。

不管使用何种分数线程序，UGESP 都要求组织记录程序的建立和运行。特别地，UGESP 提到："如果选拔程序中使用了分数线，那么使用者必须描述工作场所中对于熟练程度的正常期望值是如何确定的，以及分数线是如何确定的。"

UGESP 也提出了其他两种建议，它们都试图消除负面影响而不是证明效度和分数线的合理性。一种选择是"可替代程序"，即组织必须考虑使用效度相同但产生更小负面影响的选拔程序替代原来的方法（例如，用工作样本代替笔试）。

最后一种选择是平权行动。UGESP 不会减轻组织应该承担的平权行动义务，同时，UGESP 还提倡那些没有平权行动义务的组织采用和补充自愿的平权行动项目。

11.7.2 多样性与录用决策

关于是否允许某些法律保护的特质（如种族或性别）影响招聘决策，以及如果允许，何种情况下能够适用这个问题，争论非常激烈。问题的关键在于雇佣决策应该仅仅基于个人资格还是基于个人资格以及受保护的特质。有人认为允许在决策中分配一定的权重给受保护的特质会增加工作场所的多样性，许多公共和私人组织声称这是它们非常感兴趣的事情，同时也是它们的责任所在（参考第 3 章以及关于平权行为的讨论）。

可以得到的结论是，除非组织有非常正式的平权行动计划，否则受保护的特质（如种族、性别、宗教等）不能纳入选拔决策制定的考虑中。这个结论与平等就业机会委员会的政策一致，组织必须使用与工作相关的雇佣标准，并且对所有人都应使用相同的选拔技术和权重。[38]

组织接下来应该怎么做，尤其是如果它既希望遵守法律也希望增加工作场所多样性？以下是可以做的几件事情。第一，认真建立真正与工作相关的 KSAO；另外，作为程序的一部分，试着建立一些与工作相关同时也与受保护特质相联系的 KSAO，如经验多样性以及客户关系等。例如，市场经理的一项 KSAO 可以是"在多样的种族和民族社区中足够的接触"，白人和非白人申请者都可能满足这项要求，增加了为职位招募和选拔到一名有色雇员的机会。第二，采用招募（外部和内部）的方式建立一个更符合标准的、多样化的申请者库。第三，使用从正式选拔计划中获取的有效的 KSAO 评估方法。第四，在进行评估以及得出关于候选人的总的评价或分数时，避免使用不带感情的或过度主观的预测指标，相反，在最终评价时对所有人建立和使用相同的预测指标和权重。第五，为招聘经理和部门经理提供选拔决策制定方面的培训，培训的内容聚焦于克服刻板印象的影响，学习对所有候选人一致地收集和衡量预测指标信息，以及寻找一个标杆，以借助这个标杆通过模糊匹配确定候选人是否匹配。第六，对于收集和评估 KSAO 信息的招聘经理和部门经理，要提高他们组成的多样性，包括使用一个多样化的团队实施面试。第七，监督选拔决策的制定，对那些拒绝能够增强多样性的候选人的决策制定者，要提出质疑，并让其证明拒绝的原因是与工作相关的。

当组织具有平权行动计划时，不管是自愿的还是法庭强加的，上面的建议总是正确的。在没有仔细检查以及核实法律是否允许的前提下，不应该采取任何进一步措施和为受保护的特质提供更多偏向的努力。

小 结

人员配置系统中的选拔部分要求在几个方面做出决策，主要的问题是决定使用哪些预测指标（测评方法），确定测评成绩以及设置分数线，做出关于申请者的最终决定，考虑组织中谁应该参与做出选拔决定，以及应遵守的法律准则。

在决定使用什么测评方法上，应该考虑效度系数、与其他预测指标的表面效度、负面影响、效用以及申请者的反应。理想情况下，一个预测指标具有非常大的重要性和显著性的效度系数、高表面效度、与其他预测指标低相关、很少的负面影响以及高效用。在实践中，这种理想的情况很难实现，所以权衡取舍是非常必要的。

测评成绩的确定取决于使用的是单一预测指标还是多重预测指标。在使用单一预测指标的情况下，测评成绩仅仅是这项预测指标的分数。在多重预测指标的情况下，必须使用补偿性模型、多重障碍模型或者是整合模型。补偿性模型允许申请者用一项预测指标上的高分来弥补另一项预

测指标上的低分。多重障碍模型要求申请者在每项预测指标上都达到通过分数。整合模型同时使用了补偿性模型和多重障碍模型的要素。

在决定谁在一项或整合预测指标上取得通过分数时，必须设置分数线。当设置分数线时，必须考虑设置不同水平及格分数的后果，尤其是评价那些错误积极或错误消极的申请者时的后果。决定分数线的方法包括：最低任职资格法、自上而下法和分段法。同时，也回顾了怎样最好地设置分数线的专业指导原则。

做出最终选择的方法包括从那些通过了最初考验的人中决定谁将获得录用通知书。我们回顾了几种做出决策的方法，包括随机选取、排序选取和分组选取，每种方法都有其优点和缺点。

很多人可以参与选拔决策的制定过程。人力资源专业人员的主要作用是决定使用的选拔程序以及基于最初的评估结果做出选拔决定。部门经理发挥的主要作用是在最终选择阶段决定选择谁。

员工正在成为决策制定程序的一部分，尤其是在团队评价方法中。

一个基本的法律问题是遵守 UGESP，它就设置分数线的方法提出了建议，这种方法能够最小化负面影响，帮助组织实现遵守 EEO/AA 的责任。在没有平权行动计划时，受保护的特质不应被纳入选拔决策制定中。尽管有这条禁令，组织仍可以采取很多措施来增加工作场所的多样性。

讨论题

1. 你的老板在考虑使用一个新的预测指标。基准比率非常高，录取比率非常低，而现有预测指标的效度系数非常高。你会向你的老板提出怎样的建议，为什么？

2. 较高的预测指标分数线会带来什么积极结果？有什么消极结果？

3. 补偿性模型应在怎样的情境下使用？多重障碍模型应在什么时候使用？

4. 做出最后选择时，排序方法与随机选择方法相比的优势是什么？

5. 人力资源专业人员应在雇佣决策中发挥什么样的作用？为什么？

6. 就设置分数线而言，UGESP 为组织提供了什么指导原则？

伦理议题

1. 你认为企业应该在选拔决策中使用分段法吗？说明你的理由。

2. 诊断预测是将工作申请者的评价信息联系起来的最公平的方法吗？或者是其他方法（单位权重、理性权重或多重回归）更为公平？为什么？

应　用

选择评价方法时的效用问题

兰迪·梅今年 32 岁，是马萨诸塞州楠塔基特岛一家小型航空公司的飞机技工。最近，他在新英格兰彩票中赢得了 200 万美元奖金。由于比较年轻，所以他打算把奖金投资到生意中，为未来挣得更大收入流。在权衡了众多投资决策之后，他决定在鳕鱼角开冰淇淋连锁店（鳕鱼角与周围的岛上冰淇淋店都非常少）。根据预算，他指出他有足够的现金在两个岛（楠塔基特岛和马撒葡萄园岛）上开店，并且能在海角上的小镇（法尔茅斯和布扎兹海湾）开两家店。他与当地的建筑师联系，4 家店已经开始修建。

现在兰迪关心的是怎样为这些门店雇店员。两星期前，他在 3 个地区的报纸上发布了广告。目前为止，他收到了 100 份申请。他做了一些非正式的人力资源规划，计算出他需要雇用 50 人来经营这 4 家店。作为一名初学者，他不确定如何选择这 50 个他需要雇用的人。他咨询了他的好朋友玛丽，玛丽在机场拥有快餐店。玛丽告诉兰迪她通过面试来获得"可能的最精明的员工"，并且将这种方法推荐给兰迪，因为她的员工都工作得非常好。尽管兰迪非常重视玛丽的建议，但是再三考虑后他想到了几个问题。玛丽对面试的使用是否意味着面试能够满足兰迪的要求？兰迪怎样能够确定他选择的选拔雇员的方法是有效的还是无效的？

兰迪十分困惑，于是向雷·希金斯教授寻求建议，兰迪在希金斯教授那里学习了人力资源管理的课程，并获得了商学院学位。在了解具体情况并提供咨询服务后，希金斯教授建议从两种选拔方法中选择一种（在向教授支付咨询费后，他支付不起同时使用两种方法的费用）。希金斯教授推荐的两种方法是面试（正如玛丽建议的）以及工作样本测试，测试包括制作冰淇淋并将冰淇淋送给客人。兰迪估计面试一位申请者将花费 100 美元，而对一个申请者实施工作样本测试将花费 150 美元。希金斯教授也告诉兰迪面试的效度是 $r=0.30$，工作样本测试的效度是 $r=0.50$，被雇用的申请者在选拔工具上的平均分是 $z=0.80$（大于平均分的 0.80 标准差）。兰迪打算给雇员提供每小时 6 美元的工资（相当于 12 000 美元的年薪）。

基于上述信息，如果你能帮助他回答下面的问题，兰迪将十分感激：

1. 兰迪使用每种选拔方法将会节省多少钱？

2. 如果兰迪只能使用一种方法，他应该使用哪一种？

3. 如果申请者的数目上升到 200 人（每天会来更多的申请者），你对于第 1 和第 2 题的答案会怎样变化？

4. 你的估计中有什么固有的局限？

选择管理培训程序的参加者

Come As You Are 是一家连锁便利店，它的总部位于阿肯色州费耶特维尔，它开发了一套评估程序以促进非豁免类雇员参与到它的管理培训程序中。进入该程序的最低要求是 5 年的公司经验、正式大学的大学文凭和最低可接受的工作绩效等级（在 1~5 的等级表中 3 或以上）。任何对申请管理程序感兴趣的人可以参加一个半天的评估项目，包括以下的评定：

1. 认知能力测试；

2. 诚信测试；

3. 签字授权的背景调查；

4. 管理团队不同成员的面试（30 分钟）；

5. 药品检查。

在温泉商店，11 名申请者申请了管理培训程序的空缺。下表展示了候选人的选拔信息。（计分方式在表的最下面。）据估计，程序中有 3 个位置可以提供给合格候选人。考虑到这个信息以及你对内外部选拔和人员配置决策制定的了解，回答下面的问题：

1. 你将怎样确定空缺职位人选？换句话说，在不将你的决定告知候选人的情况下，你将如何对不同的选拔信息赋予权重并作出决定？

2. 使用前一个问题的决策制定过程，你将选择哪位申请者进入培训程序？解释你的决定。

3. 尽管表中的数据表明，对所有 11 名候选人都进行了所有的选拔测量，但你还会建议 Come As You Are 继续在半天的评价程序中一次执行所有的预测方法吗？或者，这些预测方法应该顺次实施，这样就能够使用多重障碍模型或整合模型？解释你的建议。

管理培训程序 11 名申请者的预测指标得分

姓名	公司经验	大学学历	绩效等级	认知能力测试	诚信测试	背景调查	面试等级	药品检查
Radhu	4	是	4	9	6	OK	6	通过
Merv	12	是	3	3	6	OK	8	通过
Marianne	9	是	4	8	5	1995 年被拘留	4	通过
Helmut	5	是	4	4	5	OK	4	通过
Siobhan	14	是	5	5	4	OK	8	通过
Galina	7	否	3	4	8	OK	6	通过
Raul	6	是	4	8	8	OK	2	通过
Frank	9	是	5	2	5	OK	7	通过
Osvaldo	10	是	4	10	9	OK	3	通过
Byron	18	是	3	3	7	OK	6	通过
Aletha	11	是	4	7	6	OK	5	通过
评分	年数	是—否	1~5	1~10	1~10	OK—其他	1~10	通过与否

唐格尔伍德商店案例

到现在为止你考虑的案例包括对大量的申请者做出决策。在收集了相关信息之后，还有重要的任务，那就是决定怎样将这一信息与候选人联系起来。这个案例将有关选拔和决策制定的几章中的概念结合起来。

背景

唐格尔伍德商店面临一种状况，11 名有资格的申请者进入到了申请商店经理这一职位的候选人阶段。他们提交了简历，完成了几项标准化的测验，并且参与了最初的面试。负责选拔商店经理的地区管理人员就谁有资格进入最后阶段这一问题展开了激烈的讨论，他们向你寻求帮助以作出更加明智的决定。

你的任务

你将通过使用预测指标的各种不同组合，挑选出最优的候选人。组合预测指标的方法包括诊断预测、单位权重、理性权重，以及多重障碍模型。在你的答案中，应该包含关于你如何做出决策的详尽的描述，并且评估你对结果的满意度。你也将会对每个预测指标的合适的分数线进行描述。关于这个案例的背景信息，以及你的具体任务，详见 www.mhhe.com/heneman7e。

注　释

1. F. L. Schmidt and J. E. Hunter, "Moderator Research and the Law of Small Numbers," *Personnel Psychology*, 1978, 31, pp. 215–232.

2. J. Cohen, "The Earth Is Round (p <.05)," *American Psychologist*, 1994, 49, pp. 997–1003; F. L. Schmidt, "Statistical Significance Testing and Cumulative Knowledge in Psychology: Implications for Training of Researchers," in A. E. Kazdin, *Methodological Issues and Strategies in Clinical Research*, third ed. (Washington, DC: American Psychological Association, 2003), pp. 437–460.

3. J. P. Hausknecht, D. V. Day, and S. C. Thomas, "Applicant Reactions to Selection Procedures: An Updated Model and Meta-Analysis," *Personnel Psychology*, 2004, 57, pp. 639–683.

4. L. G. Grimm and P. R. Yarnold, *Reading and Understanding Multivariate Statistics* (Washington, DC: American Psychological Association, 1995).

5. C. Handler and S. Hunt, "Estimating the Financial Value of Staffing-Assessment Tools," *Workforce Management*, Mar. 2003 (*www.workforce.com*); J. Sullivan, "The True Value of Hiring and Retaining Top Performers," *Workforce Management*, Aug. 2002 (*www.workforce.com*).

6. M. C. Sturman and T. A. Judge, "Utility Analysis for Multiple Selection Devices and Multiple Outcomes," Working paper, Cornell University, 1994.

7. J. Hersch, "Equal Employment Opportunity Law and Firm Profitability," *Journal of Human Resources*, 1991, 26, pp. 139–153.

8. G. V. Barrett, R. A. Alexander, and D. Doverspike, "The Implications for Personnel Selection of Apparent Declines in Predictive Validities Over Time: A Critique of Hulin, Henry, and Noon," *Personnel Psychology*, 1992, 45, pp. 601–617; C. L. Hulin, R. A. Henry, and S. L. Noon, "Adding a Dimension: Time as a Factor in Predictive Relationships," *Psychological Bulletin*, 1990, 107, pp. 328–340; C. T. Keil and J. M. Cortina, "Degradation of Validity Over Time: A Test and Extension of Ackerman's Model," *Psychological Bulletin*, 2001, 127, pp. 673–697.

9. J. W. Boudreau, M. C. Sturman, and T. A. Judge, "Utility Analysis: What Are the Black Boxes, and Do They Affect Decisions?" in N. Anderson and P. Herriot (eds.), *Assessment and Selection in Organizations* (Chichester, England: Wiley, 1994), pp. 77–96.

10. K. M. Murphy, "When Your Top Choice Turns You Down," *Psychological Bulletin*, 1986, 99,

pp. 133–138; F. L. Schmidt, M. J. Mack, and J. E. Hunter, "Selection Utility in the Occupation of US Park Ranger for Three Modes of Test Use," *Journal of Applied Psychology*, 1984, 69, pp. 490–497.

11. T. H. Macan and S. Highhouse, "Communicating the Utility of Human Resource Activities: A Survey of I/O and HR Professionals," *Journal of Business and Psychology*, 1994, 8, pp. 425–436.

12. K. C. Carson, J. S. Becker, and J. A. Henderson, "Is Utility Really Futile? A Failure to Replicate and an Extension," *Journal of Applied Psychology*, 1998, 83, pp. 84–96; J. T. Hazer and S. Highhouse, "Factors Influencing Managers' Reactions to Utility Analysis: Effects of SDy Method, Information Frame, and Focal Intervention," *Journal of Applied Psychology*, 1997, 82, pp. 104–112; G. P. Latham and G. Whyte, "The Futility of Utility Analysis," *Personnel Psychology*, 1994, 47, pp. 31–46; G. Whyte and G. Latham, "The Futility of Utility Analysis Revisited: When Even an Expert Fails," *Personnel Psychology*, 1997, 50, pp. 601–610.

13. C. J. Russell, A. Colella, and P. Bobko, "Expanding the Context of Utility: The Strategic Impact of Personnel Selection," *Personnel Psychology*, 1993, 46, pp. 781–801.

14. S. Highhouse, "Stubborn Reliance on Intuition and Subjectivity in Employee Selection," *Industrial and Organizational Psychology*, 2008, 1, pp. 333–342.

15. J. Sawyer, "Measurement and Predictions, Clinical and Statistical," *Psychological Bulletin*, 1966, 66, pp. 178–200; D. Westen and J. Weinberger, "When Clinical Description Becomes Statistical Prediction," *American Psychologist*, 2004, 59, pp. 595–613; J. Welch and S. Welch, "Hiring Wrong—and Right," *Business Week*, Jan. 29, 2007, p. 102.

16. "ChoiceAnalyst Software Makes Hiring Decisions Easier on the Brain," *Recruiter*, Mar. 3, 2010, p. 12.

17. R. E. McGrath, "Predictor Combination in Binary Decision Making Scenarios," *Psychological Assessment*, 2008, 20, pp. 195–205.

18. J. M. LeBreton, M. B. Hargis, B. Griepentrog, F. L. Oswald, and R. E. Ployhart, "A Multidimensional Approach for Evaluating Variables in Organizational Research and Practice," *Personnel Psychology*, 2007, 60, pp. 475–498.

19. D. S. Ones, F. L. Schmidt, and K. Yoon, "Validity of an Equally-Weighted Composite of General Mental Ability and a Second Predictor," and "Predictive Validity of General Mental Ability Combined With a Second Predictor Based on Standardized Multiple Regression," Working papers, University of Iowa, Iowa City, 1996.

20. Y. Ganzach, A. N. Kluger, and N. Klayman, "Making Decisions From an Interview: Expert Measurement and Mechanical Combination," *Personnel Psychology*, 2000, 53, pp. 1–20.

21. W. F. Cascio, R. A. Alexander, and G. V. Barrett, "Setting Cutoff Scores: Legal, Psychometric, and Professional Issues and Guidelines," *Personnel Psychology*, 1988, 41, pp. 1–24.

22. J. Bennett, "Scientific Hiring Strategies Are Raising Productivity While Reducing Turnover," *Wall Street Journal*, Feb. 10, 2004, p. B7.

23. W. R. Johnson, P. C. Morrow, and G. J. Johnson, "An Evaluation of Perceived Overqualification Scales Across Work Settings," *Journal of Psychology*, 2002, 136, pp. 425–441; D. C. Maynard, T. A. Joseph, and A. M. Maynard, "Underemployment, Job Attitudes, and Turnover Intentions," *Journal of Organizational Behavior*, 2006, 27, pp. 509–536.

24. B. Erdogan and T. N. Bauer, "Perceived Overqualification and Its Outcomes: The Moderating Role of Empowerment," *Journal of Applied Psychology*, 2009, 94, pp. 557–565.

25. S. J. Wells, "Too Good to Hire?" *HR Magazine*, Oct. 2004, pp. 48–54.

26. W. H. Angoff, "Scales, Norms, and Equivalent Scores," in R. L. Thorndike (ed.), *Educational Measurement* (Washington, DC: American Council on Education, 1971), pp. 508–600; R. E. Biddle, "How to Set Cutoff Scores for Knowledge Tests Used in Promotion, Training, Certification, and Licensing," *Public Personnel Management*, 1993, 22, pp. 63–79.

27. J. P. Hudson, Jr., and J. E. Campion, "Hindsight Bias in an Application of the Angoff Method

for Setting Cutoff Scores," *Journal of Applied Psychology*, 1994, 79, pp. 860–865; G. M. Hurtz and M. A. Auerbach, "A Meta-Analysis of the Effects of Modifications to the Angoff Method on Cutoff and Judgment Consensus," *Educational and Psychological Measurement*, 2003, 63, pp. 584–601.

28. P. R. Sackett and S. L. Wilk, "Within-Group Norming and Other Forms of Score Adjustment in Preemployment Testing," *American Psychologist*, 1994, 49, pp. 929–954.

29. K. R. Murphy, K. Osten, and B. Myors, "Modeling the Effects of Banding in Personnel Selection," *Personnel Psychology*, 1995, 48, pp. 61–84.

30. K. R. Murphy," Potential Effects of Banding as a Function of Test Reliability," *Personnel Psychology*, 1994, 47, pp. 477–495.

31. P. Bobko, P. L. Roth, and A. Nicewander, "Banding Selection Scores in Human Resource Management Decisions: Current Inaccuracies and the Effect of Conditional Standard Errors," *Organizational Research Methods*, 2005, 8, pp. 259–273.

32. W. F. Cascio, I. L. Goldstein, and J. Outtz, "Social and Technical Issues in Staffing Decisions," in H. Aguinis (ed.), *Test-Score Banding in Human Resource Selection: Technical, Legal, and Societal Issues* (Westport, CT: Praeger, 2004), pp. 7–28; K. R. Murphy, "Conflicting Values and Interests in Banding Research and Practice," in Aguinis (ed.), *Test-Score Banding in Human Resource Selection: Technical, Legal, and Societal Issues*, pp. 175–192; F. Schmidt and J. E. Hunter, "SED Banding as a Test of Scientific Values in I/O Psychology," in Aguinis (ed.), *Test-Score Banding in Human Resource Selection: Technical, Legal, and Societal Issues*, pp. 151–173.

33. C. A. Henle, "Case Review of the Legal Status of Banding," *Human Performance*, 2004, 17, pp. 415–432.

34. P. R. Sackett, N. Schmitt, J. E. Ellingson, and M. B. Kabin, "High-Stakes Testing in Employment, Credentialing, and Higher Education," *American Psychologist*, 2001, 56, pp. 302–318.

35. W. De Corte, F. Lievens, and P. R. Sackett, "Combining Predictors to Achieve Optimal Trade-Offs Between Selection Quality and Adverse Impact," *Journal of Applied Psychology*, 2007, 92, pp. 1380–1393; H. Aguinis and M. A. Smith, "Understanding the Impact of Test Validity and Bias on Selection Errors and Adverse Impact in Human Resource Selection," *Personnel Psychology*, 2007, 60, pp. 165–190.

36. M. D. Nowicki and J. G. Rosse, "Managers' Views of How to Hire: Building Bridges Between Science and Practice," *Journal of Business and Psychology*, 2002, 17, pp. 157–170.

37. "Google Goes for Consensus in Hiring," *Recruiter*, Apr. 28, 2010, p. 5.

38. D. D. Bennett-Alexander and L. P. Hartman, *Employment Law for Business*, sixth ed. (New York: McGraw-Hill-Irwin, 2009), pp. 207–243; R. K. Robinson, G. M. Franklin, and R. E. Wayland, *Employment Regulation in the Workplace* (Aramonk, NY: M. E. Sharpe, 2010), pp. 182–212; US Equal Employment Opportunity Commission, "EEOC Compliance Manual," 2006 (*www.eeoc.gov/policy/docs/race-color.html*), accessed 7/27/10.

第**12**章

最终匹配

12.1 学习目标和导言

12.1.1 学习目标

- 学习可强制执行合同的要求
- 认识劳动合同执行过程中可能出现的问题
- 理解如何从战略角度制作工作录用函
- 规划工作录用函的制定和呈现步骤
- 了解如何建立正式的雇佣关系
- 开发有效的新员工培训和社会化引导计划
- 认识最终匹配中包含的潜在的法律问题

12.1.2 导言

在上一章，我们描述了如何将最初数量庞大的申请者减少到一小组候选人，以及从这一小组候选人中确定一个或者更多最终录用者。本章中，我们将进入下一阶段——雇用最终被选择者的过程。当录用函接收方和组织就申请者 KSAO 方面达成一致时，即发生了最终匹配。一旦做出进入雇佣关系的决定，组织和候选者将受到双方关于雇佣条款和雇佣条件协定的约束。

本章的主题是建立合法健全的雇佣关系。当组织没有理解各种雇佣关系的合约性质时，常常会遇到法律问题。正如我们所说的，当组织在后期需要对雇佣关系进行变动时，经常会为工作录用函中制定的粗心承诺或保证所困扰。本章也讨论了说服有前途的入围者接受工作录用函的程序，以及发展建立雇佣关系基础的过程。

了解雇佣合同的概念和原则是理解最终匹配的核心。本章便以此作为概述开始，重点强调订立具有法律约束力的雇佣合同的基本要求。接下来主要阐述工作录用函的战略思考，然后是关于工作录用函的主要组成部分和拟定要点的讨论。在拟定工作录用函的过程中，需要双方就其中的条款进行假设、讨论、谈判、修改以及最终达成一致。这个过程是非常复杂的，要求各负责人做出详细的计划。当双方就雇佣的各项条款达成一致时，最终匹配就完成了，也就意味着双方建立起了正式的雇佣关系。为了使新员工逐渐适应工作，有必要开发一些适当的方法，引导新员工社会化。本章以一个特殊的法律问题讨论作结，这个法律问题不仅与雇佣合同的订立有关，而且涉及订立合同时必须考虑到的潜在的长期结果。

12.2　雇佣合同

雇佣合同的订立和执行是非常复杂并且不断变化的。下面介绍一些非常基本但敏感的相关问题。理解具有法律强制力的合同的构成要素是非常重要的，同时能够确认合同当事人（雇员或者是独立合同人、第三方代表），合同形式（书面还是口头），免责声明，其他情况的承诺，违约情况，以及整个雇佣合同的其他组成部分的来源（例如员工手册），也是非常重要的。

12.2.1　可强制执行合同的要求

具有法律强制力的合同有三个基本要素：录用函、接受函和对价。[1]缺失了三者中的任何一个，合同就不再有法律约束力。

■ 录用函

录用函通常是由雇主制定的，由雇主期望和提出的雇佣条款和条件所组成。条款的描述必须清晰并且有一定的特定性，保证可以作用于录用函接收者。含糊不清的陈述和条件是不能被接受的（例如，"立刻来为我工作；我们之后确定细节问题"）。报纸上的招聘广告和普通的书面雇主材料，如组织宣传册，都太含糊不清而不能用作录用函。雇主和录用函接收方都应该对录用函中所提出的详细条款有一个清晰明确的认识。

■ 接受函

只有当事人接受录用函上的条款，合同才能确立。因此，如果雇主提供每年50 000美元的薪酬，录用函接收方需要确认是否接受这个条款。在不确定的条件下对录用函的接受并不能算是真正的接受。比如，录用函接收方回复雇主说，"给我52 500美元，我就答应过去工作"，这种情况就不是接受，而是一种讨价还价，雇主必须立刻确定是要正式接受还是拒绝这个条件。

录用函接收方必须按照录用函中规定的形式接受录用，例如，如果录用函上要求书面接受函，那么接收者必须以书面形式接受。或者，录用函上要求在某一确定的日期之前接受，接收者就必须在那天之前做出决定。

■ 对价

对价需要对合约双方的某些价值进行交换，它通常包括一个承诺的交换。雇主提供或者承诺提供薪酬给录用函接收者来交换他们的劳动，而录用函接收者则承诺提供劳动以换取薪酬。这种承诺的交换必须稳定并且有价值，而且通常直截了当。偶尔，交换条件也会成为一个问题。例如，如果雇主向一个人发出了录用函并要求在某天之前给出明确答复，可是没有收到这个人的回复，这也就意味着双方没有订立合同，即使雇主认为双方"达成了协议"。

12.2.2 合同当事人

关于合同当事人，主要是两个问题：雇主是与雇员还是与独立合同人签订合同，以及局外人或者第三方当事人是否可以执行雇佣合同或者在其中起到重要作用。[2]

■ 雇员还是独立合同人

组织要求个体以雇员或者独立合同人的身份与其签订合同。在达成合同关系之前，对所有具有明确法律含义的条款都应该仔细审查（见第 2 章）。不管合同关系是雇主和雇员之间的，还是雇主与独立合同人之间的，雇主都应该对自己发出的录用函有清晰的了解。雇主需要细心谨慎以防弄错录用函接收者的性质，将雇员（例如直接服从并受控于雇主）错误为独立合同人。这种弄错类别的情况会导致组织面临大笔税金和其他法律责任问题。雇佣专家期待那些希望增强灵活性的组织能扩大与其合作的独立合同人的数量。因此，了解如何保持雇员与独立合同人之间的区别将是非常重要的。

■ 第三方当事人

通常情况下，雇主和录用函接收者以外的第三方也会在雇佣合同订立或修改时提出自己的主张，这些人通常作为雇主和录用函接收者的代理人。对于雇主来说，这可能意味着利用一些外部力量，例如职业介绍所、猎头公司或者咨询机构等，可能同样意味着利用一个或者更多雇员，例如人力资源部门的代表、招聘经理、高级经理以及组织内部的其他经理。对于录用函接收者来说，这可能意味着利用特殊代理，例如运动员或者总经理的专业代理。这些可能性为雇主提出了三个重要问题。

第一，谁来做录用函接收者的发言人？这个问题通常需要与录用函接收者进行沟通，确认他们是否真正授权其他人作为他们的发言人，以及当发言人与雇主就条约进行讨论并约定时，对发言人有何限制。

第二，谁来做雇主的发言人？对于自己的雇员，雇主必须承认，站在法律的角度上讲，任何一个雇员都可以被理解为雇主的发言人。因此事实上，任何人都可以对合同条款提出赞同，不管此人是否知情。这也就意味着对于谁应该被授权为雇主代言的问题，雇主需要制定并执行明确的政策。

第三，发言人实际上被授权说什么？这里，表面代理权的法律概念是非常重要的。如果录用函接收者相信雇主已经授权给自己的发言人，并且没有其他特别指明的事项，那么这个人明显就拥有了为雇主发言的代理权。反过来，雇主也可能被这位发言人的发言和主张约束，即使雇主并没有明确表示授权给这位发言人这么做。因此，对于组织来说，向录用函接收者和指定发言人阐明无须征求组织其他成员同意的情况下该发言人被授权的讨论和协定范围是非常重要的。

12.2.3 合同形式

雇佣合同的形式可能是书面的、口头的，或者是二者的结合。[3]这些形式都具有法律约束力和强制执行力。然而，在这个广义形式下，存在许多说明和注意事项。

■ 书面合同

作为通则，与口头合同相比，法律上更倾向于书面合同。这就导致组织在可能的情况下只使用书面合同。

书面合同有很多形式，都有法律强制力。例如，一份作为合同的书面文件包括一封工作录用函和接受函（通常情况下），一份工作申请表声明（例如对申请者提供的信息真实性的保证书），组织内工作岗位通知，邮件讯息，以及员工手册或者其他人事信息的声明。文件中的信息和说明越详细，这份文件也就越称得上是一份雇佣合同。

这些文件也可能产生预料外的问题。这些文件也可能会被解读为具有强制执行力的合同，即使并没有这一目的（可能本意仅仅是为了信息化）。另外，可能在不同的文件中，对某种雇佣条款或雇佣条件的说明存在矛盾。

对以上这些问题的最佳例证就是无固定期限雇佣的问题。作为明确规定，假定雇主期待成为完全无固定期限的雇主，这个愿望可能会被并不暗含随意雇佣关系的书面文件无意识地削弱。例如，与申请者的通信中可能谈到"你通过实习期之后我们会继续雇用你"。这种说明就可能被法律解释为其他东西，而不是完全无固定期限的雇佣关系。为了进一步混淆视听，员工手册上可能会包含明确的关于随意雇佣的陈述，从而否定申请者在通信中被暗示的政策。

因此，必须细心谨慎以确保所有的书面文件正确传达了雇佣条款和条件的明确含义。为了达到这个目的，以下这些意见值得注意[4]：

- 在将任何条件付诸书面之前，记住询问公司是否打算坚持这些条件。
- 仔细谨慎地选择词汇，选择那些适当的措辞，并且要尽量避免使用暗含捆绑承诺的词语。
- 确保所有相关文件中的说明保持一致。
- 找局外人，最好是律师，进行审查。
- 养成关注整个招聘过程以及在语境中认真理解书面材料的好习惯。

■ 口头合同

尽管口头合同与书面合同同样具有法律约束力，但是以下两种例外情况中书面合同将起到更大的作用。

第一种例外情况是欺诈条例中的一年规则。[5]在这个规则下，除非付诸书面，否则在一年中未完成或执行的合约不具有法律强制力。因此，任何时间超过一年的口头合同都不具有强制力。也正因为这个规则，组织不应该订立持续期超过一年的口头合同。

第二种例外情况涉及口头证据的概念，也就是关于雇佣关系所做出的口头承诺。[6]在法律上，如果口头证据（例如，录用函接收方声明"我被允许不用在周末工作"）与书面协议条款出现了矛盾，口头证据是不能用来强制合同生效的。因此，如果录用函接收方的任命书上明确表示需要其周末工作，那么关于不在周末工作的口头承诺便没有强制力。

然而，值得注意的是，当没有书面声明时，口头说明确实是有强制力的。就前例来说，如果任命书上并没有关于周末工作的说明，那么周末不工作的口头承诺便是有强制力的。

通常，在以下情况下，口头声明更有可能与雇佣合同上的条款一样具有强制力[7]：

● 受质疑的条款并没有明确的书面说明（例如，周末工作）。

● 口头声明的条款非常清晰明确（例如"你不用周末工作"与"我们这里偶尔需要周末工作"截然不同）。

● 口头声明是由一位身居权力要职的人做出的（例如招聘经理与普通同事的承诺效力不同）。

● 在正式的地点做出口头声明（在经理办公室做出的口头承诺比在招聘之行的餐桌、酒桌上做出的更可能有强制力）。

● 口头声明的内容详细（例如"你需要在每隔一周的周六从 8 点工作到 5 点"比"你可能需要周末从 8 点工作到下午三四点，但是我们会尽量缩短工作时间"更有效力）。

通过以上讨论我们可以清楚地发现，在法律层面上，口头声明是订立雇佣合同的一个潜在雷区。当然，口头声明是无法避免的（毕竟雇主和申请者是需要对话的），也会得到一些合法的预期结果，例如为申请者提供一些真实的招聘信息。尽管如此，组织仍应该十分小心谨慎地使用口头承诺，并且要向所有政策相关成员说明情况。作为进一步的保护措施，应该通过要求员工提供书面的接受函，确保组织没有做出其他超出书面合同范围的承诺。

12.2.4　免责声明

免责声明是一份对员工权利进行明确限制，并且将此权利保留给雇主的声明（书面或者口头）。[8]免责声明通常用于任命书、职位申请表和员工手册中。

免责声明所限制的员工"权利"越来越普遍地指向就业保障，这也是越来越常见并有重要意义的问题。此时，由于无固定期限的雇佣政策，雇主并没有对就业保障问题做出任何明确的承诺，而是保留了自身随意终止雇佣关系的权利。以下便是一个逃避法律责任的免责声明的例子：

> 考虑到我的工作，我决定遵守美国西尔斯·罗巴克公司的管理规定，同意只要是基于公司或者我自身任何一方的选择，雇佣关系和薪酬支付都可以在任何时候终止，无须任何条件和事先通知。我知道美国西尔斯·罗巴克公司的董事长和副董事长比任何一位门店经理或代表都更有权在特殊时期商讨我们的雇佣关系，甚至达成和以前不一致的协议。[9]

无固定期限雇佣关系的免责声明通常出现在工作录用函中，也会与其他两份免责声明一起出现在工作申请表中（见第 8 章）。首先，免责声明应该包含一份申请者同意组织审查自己提交的材料的同意书，还应包含一份放弃申辩权利的弃权书。其次，免责声明还应该包含一份所谓的虚假信息警告，说明一旦发现任何虚假信息、误导信息或者材料疏忽，组织都有充足的理由将其解雇。

免责声明通常是有强制力的，因此，免责声明是雇佣合同中非常重要的一部分。在使用免责声明的时候，有以下意见可供参考[10]：

1. 免责声明必须表述清楚明确，并且放在适当文件的明显位置。

2. 员工应该确认已经收到并且查看了相关文件和免责声明。

3. 免责声明中应该明确规定可以由谁修改，并且免责声明只能书面修改。

4. 雇佣合同的条款，包括免责声明和执行限制，都应该由录用函接收者和员工审查。

找一位法律顾问帮忙起草免责声明是非常明智的做法。

12.2.5　或有事项

通常情况下，雇主更愿意拟定包含或有事项的工作录用函，这样可以使录用函接收者在确定条款外仍能满足雇主要求。[11]或有事项的例子包括：（1）关于特殊测试的说明，比如执业考试（例如注册会计师考试（CPA）和司法考试）；（2）关于药物测试的说明，比如酒精/药物/筛选测试；（3）考察申请者背景资料和推荐信；（4）根据《移民政策改革与控制法案》（IRCA）了解可雇性。

虽然通常情况下合同中的或有事项是具有强制力的，但是雇佣合同（特别是那些含有先例的）中的或有事项也是非常复杂并有明确限制的。因此，没有前期的法律咨询，或有事项不能用于雇佣合同中。

12.2.6　其他雇佣合同来源

正如之前提到的，雇佣合同条款可以通过多种来源确立，并不仅仅是工作录用函和接受函，这种确立通常是雇主有意或者无意行为的结果。此外，这些条款可能是刚确立雇佣关系时订立的，也可能是雇佣关系持续的过程中订立的。[12]

因此，雇主要时常警惕一个事实，即雇佣条款和条件可通过多种雇佣合同来源形成并修改。这些来源中值得反复重申的是员工手册（和其他书面文件）和雇主代表做出的口头说明。招聘广告和工作描述通常不作为雇佣合同。

关于员工手册，雇主必须仔细考虑其中的说明是具有法律强制力的还是仅仅传达了信息。尽管对此问题的两方面都具有法律意见，但是员工手册正在逐渐成为雇佣合同中具有法律强制力的一部分。为了避免这种情况的发生，雇主倾向于在员工手册中加入一份明确的免责声明，表明员工手册只是为了向员工传达信息，雇主方不受手册中任何说明的约束。

此外，口头说明的运用需要雇主分外小心谨慎。必须谨记，不管是订立雇佣合同初期的口头说明还是雇佣关系持续过程中的口头说明，都可能带来法律问题和责任。这里需要特别注意的是，雇主向雇员做出的关于未来事项的口头承诺，例如就业保障（"不用担心，我们总会给你安排一个岗位的"）或者工作分配（"培训结束后，我们将指派你为经理助理在我们的新店工作"）。有了这种口头承诺，雇主就需要时刻注意向雇员传达的信息，同时也要注意传达这些信息的人。

12.2.7　未履行的承诺

通常在人员配置过程中，特别是人员录用过程中，会涉及就雇佣条款向录用函接收方做出承诺，组织要重视并注意：（1）不要做出不打算持续履行的承诺；（2）一旦做出承诺就要持续履行。未履行的承诺可能会刺激失望的雇员采取法律行动与组织对抗，雇员可能会提出以下这三种索赔类型。[13]

第一种索赔是违背书面承诺和口头承诺的索赔。雇员需要证明承诺对当事人双方都有法律约束力，并且该承诺具体到足以订立确实的口头协定。第二种索赔是承诺后反悔。此时，即使没有具有法律强制力的口头合同，当实际或者假定的工作录用函被撤销的时候（这种取消行为被视为违约），针对自己的后续损失，雇员也可以要求组织履行之前的承诺。这种取消录用的行为造成的不利影响很多，例如从之前的工作辞职，放弃其他工作机会，搬家到其他地方以及其他与此次录用相关的损失。当录用函接收者受到了这种不利影响，他就可能向雇主提出要求补偿损失，而很少会寻求被雇用。第三种索赔关于欺诈。在这种索赔中雇员会指证组织对其做出承诺却无意履行，可能会依法追究欺诈索赔，并寻求补偿性赔偿和惩罚性赔偿。

12.3　工作录用函

工作录用函就是组织引导录用函接收方与其确立雇佣关系的一种尝试。假定工作录用函被接受并且对价被满足，组织和录用函接收者就将以具有法律约束力的雇佣合同的形式建立雇佣关系。双方签订雇佣合同是人员配置过程中重要的一步，也意味着人职匹配过程的终结和人职匹配的最终达成。反过来说，人职匹配的最终达成也是随后的许多人力资源管理活动有效完成的开始和基础。由于这些原因，工作录用函的内容和其他相关扩展部分也就成为整个人员配置过程中极其重要的环节。

本节将讨论工作录用函的战略思考，以及决定工作录用函的内容时应该考虑的因素。之后我们主要讨论工作录用函的具体内容和一些相关的复杂情况。

12.3.1　工作录用函的战略考虑

组织在拟定展示给最终候选人的工作录用函的内容时，拥有相当大的自主权。与其在最忙碌的招聘期为了赶紧填补职位空缺而草草拟定工作录用函，组织不如在工作录用函内容的拟定上多下一些功夫，多做一些战略思考。这样的战略思考有助于维护组织和最终候选人双方的利益，也能有效地防止双方受困于任意一方将会后悔的合同。这种战略思考的另外一点好处是可以帮助组织决定，是为所有最终候选人提供一样的标准录用函，还是为某些最终候选人提供特殊的录用函，并且决定在什么情况下提供这些特殊的录用函。

图 12—1 中展示的便是工作录用函或员工价值主张的战略方针。回顾第 4 章，员工价值主张就是组织在最终候选人接受了工作录用函后，为其工作提供的外部报酬和内部报酬。学术上讲，工作录用函与员工价值主张是有区别的，因为工作录用函中除了工作报酬，还包含其他工作信息（例如起始时间、失效时间和免责声明），并且工作录用函中不会只说明内部报酬。尽管如此，工作录用函的主要目的还是向最终候选人传达关于工作报酬的信息。最重要的是，工作录用函必须有引人注目、激发最终候选人的兴趣并使其难以拒绝的员工价值主张。因此，工作录用函必须安排好工作报酬的种类、等级和搭配，引起接收者的兴趣。

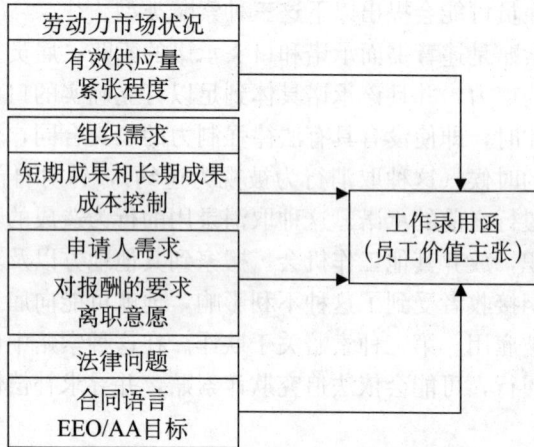

图 12—1　工作录用函的战略思考

图 12—1 展示了通常情况下，劳动力市场状况、组织需求、申请人需求和法律问题是拟定工作录用函时需要考虑的因素。就劳动力市场方面来说，组织需要考虑到潜在的录用函接收者数量，如果发现数量不足，组织则需要为候选人提供更多的好处吸引他们就职，填补职位空缺。同时，组织还要考虑劳动力市场总体情况是"紧张"还是"宽松"。紧张的劳动力市场状况会更严重地限制有效劳动力供应量，对于申请者来说他们就有更多的选择工作的机会。相反，如果劳动力市场状况宽松，劳动力供应量充足，组织则可以提供低成本的工作录用函。

组织有多种需求，这些需求必须在形成雇佣关系时得到确定和满足。这些需求中有一些是短期结果，例如无论如何尽快或不惜任何代价填补职位空缺。组织会在多大程度上采取措施满足这种需求？这个问题的答案便决定了工作录用函的内容。组织也需要考虑一些长期结果，例如新员工的绩效水平、新员工适应组织和工作的程度、促进员工成功、员工的工作满意度和留住员工等都需要被满足。组织在何种程度上会倾向于起草有可能提高这些长期结果的工作录用函？最后，控制成本也有很重要的作用。所有的工作录用函一旦被接受，都会使组织付出成本，那么组织将会愿意付出多少呢？以及组织是否愿意对可能给组织带来短期成果和/或长期成果的最终入围者花费更多？

在申请人需求方面，组织必须清楚申请人可能期待的报酬。此时，组织可以考虑所有可能的报酬范围并从申请人的报酬偏好中收集信息（见第 4 章）。在战略上，确定一些非常具有吸引力的独特报酬将会很有用。例如，在长途卡车司机的案例中，司机普遍抱怨路程太长无法回家，长时间的驾驶造成肌肉酸痛，工作环境非常不舒服（有一位司机表示"待在驾驶舱里就像在狗窝里一样"），这些也是离职的原因。这种情况促使卡车公司开始在员工价值主张上做出改变，例如改变驾驶路线以缩短司机离家的时间，在驾驶舱里安装电视、微波炉和衣柜来改善司机的工作环境。另外，一些外部报酬的数量也在增加。例如，里程运价率在上升（司机是根据驾驶里程数获取报酬的），公司开始提供或提高健康保险和养老金。[14]诸如此类的工作录用函的改进，需要组织收集和分析战略信息，并且需要时间逐步实现。

除了评估申请人的需求以外，组织还应该对最终候选人辞掉目前工作的意愿进行评估。如果最终候选人相当愿意辞职，甚至渴望辞职，工作录用函可能就不用在种类、等级和搭配上十分独特并具有吸引力。相反，如果最终候选人对目前的工作和地理位置非常满意，组织则需要起草一份相当具有吸引力的工作录用函来引起最终候选人的兴趣。基本上，这种工作录用函必须给最终候选人提供一份员工价值主张，指出其换工作的好处并且使其换工作的成本最小化，让他们不满于目前的工作，增加他们换工作的意愿。

最后，组织也必须考虑相关的法律问题。组织需要仔细检查关于工作报酬和录用函其他条款的合同语言是否清晰完整，使其与组织雇佣政策保持一致，尤其是那些具有法律依据的政策。另外，组织在制定录用函的时候，需要针对平等就业机会和平权行动（EEO/AA）以及雇佣和晋升目标的进展实施检查。在这些目标的指引下，组织可能需要拟定更加具有吸引力的工作录用函。

12.3.2　工作录用函的内容

在拟定其能提供的雇佣条款和条件的问题上，组织拥有相当大的自主权。当然，这种自主权必须在组织特定的申请人吸引策略以及在工作报酬矩阵展示的报酬下执行。

因为在某种程度上组织可以自主确定几乎各种工作的相关条款，因此组织需要认真拟定工作录用函。工作录用函中需要清楚地说明工作报酬，这一部分也是工作录用函的重点。此外，组织也需要仔细考虑呈现给最终候选人的录用函的详细条款。之后是关于各种报酬类型及其细微区别和复杂之处的讨论。

■ 起始日期

组织通常倾向于雇佣关系一开始便控制员工。为了达到这个目的，工作录用函中就必须包括明确的起始日期。如果不这样做，直到新员工真正开始工作时，工作录用函的接受和对价才发生。通常情况下，录用函上的起始时间条款规定要给录用函接收方至少两周时间向目前的雇主递交辞呈。

■ 合同的存续

雇佣合同可能是有固定期限的（即具有确定的终止日期），也可能是无固定期限的（即没有明确的终止日期）。关于合同的存续问题与无固定期限的劳动合同有着密切的关系。

有固定期限的劳动合同明确规定了新雇员和组织的劳动关系持续时间。当事人双方都被合同的相关条款约束。依照法律，组织只要有"合法理由"就可以在终止日期之前解除合约。因此，寻求解雇员工的合法理由也成了组织面临的一个复杂的法律问题。

大部分组织并不愿意为员工提供这样的雇佣保障。它们更倾向于建立无固定期限的雇佣关系，这样当事人双方都可以随时终止雇佣关系，而不必提供合法理由。[15]因此，如果决定采用无固定期限雇佣合同，组织就应该在书面录用函中声明，雇佣期限是不确定的并且双方都可以随时无条件终止。鉴于这个问题非常重要，合同中的所有相关措辞都必须经过组织最高层的批准。

组织在固定期限合同和无固定期限合同之间的折中选择是在合同中增加一条规定，说明合同是无固定期限的，只要有正当理由，雇主可以随时解除雇佣合同，而雇主和雇员双方都可以提前30天（或其他时间）提交书面通知解除合同。这种规定既保护了雇员的利益，使其免于被随意地突然解雇，同时也保护了雇主的利益，使其免于突然意外地失去一名员工。[16]

■ 薪酬

薪酬是组织在吸引策略中必须提供的最重要报酬。这是一种多方面的奖励，可以不同形式提供给录用函接收方。有时薪酬可能由基本工资和福利待遇组成，雇员只要选择接受或拒绝；而有时组织可能事先与雇员商谈，为其提供量身定做的薪酬形式。

求职者一般都有自身的薪酬偏好和预期薪酬，这也决定了他们是否会接受录用函上提供的薪酬。例如，在一项关于工程和酒店管理的应届生求职者的研究中，研究者发现这些求职者更倾向于选择这样的薪酬形式：（1）不管组织经营状况如何，有较高的固定工资；（2）按岗位付酬，而不按个人技能；（3）基于个人工作表现加薪，而不是基于小组表现；（4）提供弹性福利项目。[17]

因此，组织必须事先仔细考虑和计划工作录用函中的薪酬部分，其中包括起始工资、浮动工资和福利。

起始工资：统一价格。在统一价格的工作录用函中，组织为所有人提供一样的薪酬，没有浮动的空间，接收者只需要选择接受或者拒绝这样的薪酬。

统一价格的薪酬适用于许多情况，举例如下：

- 有充足申请人的工作；
- 申请人的 KSAO 水平相近；
- 组织为了避免在新雇员的起始工资中产生潜在的不公平现象。

还有一些情况要求组织强制提供统一的工资。例如，通过集体协议制定的工资和许多行政法律法规涉及的工作。

起始工资：不同价格。虽然同一水平的薪酬操作简单，但是组织经常放弃使用统一价格而选择提供不同水平的起始工资。这通常发生在以下三种情况中。

第一，当组织认为最终候选人在 KSAO 方面有明显的差异时。因此，一些最终候选人被认为比另一些人更有价值，这时组织就会提供不同的起始工资。大学应届毕业生就是很好的例子，有研究清楚地表明应届毕业生所学专业和前期工作经验的差异直接导致了毕业生起始工资的差异。[18]另一个例子则是 MBA 毕业生，他们起始工资的差异直接反映了他们之前所学课程的含金量。由于认为那些从精英课程（全球排名前 25 位的学校）毕业的学生比从其他学校毕业的学生更有"商业才能"，因此这些精英毕业生得到的起始工资大约是其他毕业生的 2 倍（12 万美元与 6 万美元）。最后一个例子是有些组织会为那些掌握两门语言的人提供额外奖金，洛杉矶市就为掌握两门语言的人提供奖金以确保非英语使用者也能享受市政服务。除英语外，那些会说、写或者口译另一种语言的新员工（和现有员工）能得到 5.5％的额外奖金。[19]

第二种情况发生在组织不关注申请者 KSAO 方面的差异，而主要关注吸引新雇员的成果时。组织总是面临很大的招聘压力，需要尽快填补职位空缺。为了达成这些目标，组织会提供弹性的起始工资以满足最终候选人的需要，使录用函更有诱惑力，并想方设法向他们展示自身的企业家精神。因此，组织积极地寻求与录用函接收方达成协议，这种不同水平的起始工资自然是吸引员工的一种手段。

第三种情况涉及地理薪酬差异。对于那些在不同地点有工作岗位的组织来说，由于不同地域的平均工资水平不同，组织也需要为那些特殊的工作提供变动的起始工资。例如，对于人力资源经理来说，美国的平均工资是 88 500 美元，各地的平均水平在从蒙大拿州的 57 300 美元到特拉华州的 103 500 美元之间变动。[20]因此，很明显起始工资需要考虑到地理薪酬差异。

组织采用不同的起始工资需要注意一些潜在的问题。[21]其中一个问题就是录用函接收方尽管能力相似，但可能对不同的薪酬类型有不同的偏好。有的录用函接收方认为与股权或福利相比，工资更有价值（或者更没有价值），这就会导致他们要求更高（或更低）的工资。所以组织必须在工资和其他形式的薪酬中做出权衡。第二个问题是由第一个问题引发的，即当员工对起始薪酬有太大的自主选择权时，会在员工中产生公平和内部公平问题。当一些同样合格的员工的起始工资存在较大差异时，他们很自然会感知到薪酬不公平，以及如果支付给这些新员工的起始工资超过处于"激烈竞争"中的现有员工，同样会导致员工感觉不公平。最后，研究表明女性申请者的预期起始工资通常要低于男性申请者。例如，在一项对 1 600 名本科生和研究生的调查中，研究者发现其中男性的预期起始工资是55 950 美元，而女性的则是 49 190 美元。如果这些预期直接决定与组织协商薪酬的结果和录用，那么女性的平均起始工资则会低于男性，而女性的工资想要追赶上男性也就很困难，因为加薪通常是按照个人的工资百分比。这表明组织面临潜在的薪酬歧视问题。

因为以上这些原因，组织如果想要提供不同的起始工资，就需要慎重考虑这个界限。有时，组织倾向于为制定录用函的经理提供最低限度的指导。但是通常情况下，组织需要对经理进行一定的限制。这些限制将规定什么时候可以制定不同起始工资的录用函，以及起始工资的浮动范围。表 12—1 中列举了一些起始工资政策的案例。

表 12—1	关于起始工资政策的案例

莱特公司

制定起始工资时必须遵守以下政策：

1. 任何人的起始工资不得低于组织最低水平，也不得高于该工作工资区间的中间水平。
2. 通常，满足一般任职要求的员工的起始工资应该处于工资区间的前25%。
3. 当劳动力市场状况紧张时，或者员工素质非常优秀时，起始工资可以高于工资区间的前25%，但是不得超过50%。
4. 考虑到公司制定的其他录用函和现有员工的工资水平，起始工资的制定要保证公平。
5. 提供的起始工资低于工资区间的前25%，不需要得到批准；一旦提供的起始工资超过工资区间的前25%，则需要主管薪酬的经理的批准。
6. 除非得到薪酬经理的批准，否则不接受任何讨价还价行为。

浮动工资：短期。在一些工作中，组织可以提供短期的浮动工资，如有需要，组织则应在工作录用函中加以说明。

在制定工作录用函之前，组织应首先慎重考虑是否运用浮动工资。这个重要问题已经超出了人员配置本身的范畴，但它确实会对招聘活动的有效性有重要影响。

一个有销售工作的组织，就是可能采用奖励或提成的薪酬制度的典型例子。仅仅只是这样一个薪酬计划的有无就可能影响匹配过程中的动机和工作报酬。拥有激励计划的工作比那些没有激励的工作更能吸引到优秀的求职者。

一般来说，研究表明运用短期激励薪酬是非常普遍的，差不多90%的私营组织、76%的合伙企业以及44%的国有企业都提供了多种多样的薪酬激励计划。在这些组织中，95%的组织根据财务状况、顾客服务、产品、目标完成情况、效率和成本降低措施来确定个人激励工资和奖金。组织提供这种短期激励工资的两个主要原因是争夺优秀员工以及留住员工。[22]目前，组织对激励工资的运用越来越普遍。[23]

如果组织打算采用短期激励薪酬计划，需要在录用函中加以说明。此外，组织还要慎重考虑计划的详细程度，包括支出的规定和数目，这些细节都要在工作录用函中说明。信息越详细，组织在执行或修改方案时的灵活性就越少。

浮动工资：长期。长期的浮动工资计划会给员工提供所有权机会，使他们有机会随着组织价值的提升增加自身收入。在私营组织中，最常用的长期浮动工资计划是股票期权，包括激励股权或者非限购股权（仅适用于私营企业）。[24]股票期权是指员工将来可以以事先约定的价格购买公司股份，在员工拥有购买权利（例如一年之后）和实际购买（例如十年之后）之间会有一个时间跨度。激励股权计划为员工提供特殊的税务处理方式，征税主要考虑员工出售所购股票时的资金积累（希望是净收益），但是这些计划为雇主增加了许多法律限制。非限购股权则不像激励股权那样有诸多法律限制，因此为组织授予期权提供了很大的灵活性。但是非限购股权则不为员工提供特殊的税务处理方式，相反股票期权作为公司经营费用可以帮助组织减税。

虽然股票期权会为录用函接收者带来潜在的激励价值，但是有些人还是更倾向于增加基本工资或者一些短期浮动工资的激励。另外，员工只有在企业中工作了一段特定时间后才有权享受股票期权的激励，也只有当股价上涨时员工才能获得真正的收益。

对股票期权的使用正在逐渐减少，替代它的是各种长期浮动工资计划——绩效期权、股票增值权、股票授予、限制性股票、推迟发行奖励、员工股份持有权和员工股份购买权。这些计划都有各自的优缺点，在使用以及向工作录用函接收者展示之前，组织都需要仔细分析其计划目标（例如留住员工）。[25] 和短期浮动工资计划一样，组织应该在工作录用函中对参与这些计划的资格和要求加以说明，但是不要过于详细。

在工作录用函中使用股票期权或其他种类的长期浮动工资，都要求组织慎重思考并征求专家意见。可以让专家来起草录用函上的说明，组织则需要采取措施确保录用函接收方确实理解了组织提供的待遇。

福利。通常情况下，组织会为一个工作的所有录用函接收者提供固定的福利待遇，例如可能包括健康保险、退休金和工作生活平衡计划等。当组织提供固定的或者标准的福利待遇时，工作录用函上就不用写出所有详细的福利规定条款。当然，录用函上应该说明员工有权享受组织提供的福利，并且组织应该提供这些福利计划的书面说明。这样组织就不会因为一时疏忽而在工作录用函上做出与实际福利计划不一致或者超出实际计划的声明或承诺。

有时，工作录用函可能不只提供标准的福利待遇，也会提供一些为员工量身准备的福利待遇或者其他一些特权，也就是"特殊福利"。这些福利待遇可能向一种工作类型的所有潜在新员工提供，或是根据录用函接收者的个人偏好量身定做。在其他实例中，组织可能会直接满足录用函接收者的福利要求。根据成功吸引新雇员的难度的不同，组织提供（或者个人要求）的特殊福利的数量和价值也不同。最高执行官、高级经理和专业人才最有可能得到特殊福利。组织使用的特殊福利种类多样，表 12—2 中列举了一些常用的特殊福利。为了吸引一些高级管理人员加入，组织还会提供更多独特的特殊福利，例如提供家庭服装津贴、为管家提供医疗保险、支付孩子们就读私立学校的学费、补贴员工财务咨询服务和税收筹划的费用。

表 12—2	关于特殊福利的例子
● 航空旅行时享受头等舱	● 提供特殊配置的电脑
● 提供餐饮	● 在家里配备传真机
● 成为俱乐部成员	● 安排助手
● 配备汽车	● 享受公司专机
● 配备手机	● 住房补助
● 报销培训费用	● 无息贷款
● 偿还学费贷款	● 帮助出售住房

是否提供特殊福利以及向谁提供什么样的特殊福利，是组织面临的复杂问题。特殊福利尽管对吸引员工有很明显的作用，但是增加了招聘成本，可能会引发一系列的税务问题，也可能会使其他员工感到不公平，产生嫉妒情绪。

工作时间。关于工作时间的说明需要组织认真思考，谨慎措辞。对于组织来说，这种说明可能会影响人员配置活动的灵活性和成本。在灵活性方面，例如"工作时间遵循组织需要和日程安排"这样的说明具有最大的灵活性。与全职员工相比，兼职员工更可能会影响组织的成本，因为组织可能会为他们提供受限制的福利待遇。

除了单纯的工作小时数以外，还有其他因素也需要在工作录用函中加以说明。如果有什么特殊的工作时间安排，则需要详细说明。例如，"你不用在周末工作"和"你的工作时间是从上午 7：30 到 11：30，下午 1：30 到 5：30"。如果合适，也需要对加班时间的要求和加班费用加以说明。

签约奖金。签约奖金或者叫做"预付"奖金，就是候选人接受录用函时一次性付清的奖金。通常，这种奖金全部以现金直接支付，但也可能是以预付未来预期收益的形式。最高执行官一般倾向于接受现金奖励以及限制性股票和/或股票期权。

对于现在的大学毕业生来说，签约奖金从 1 000 美元到 10 000 美元不等，平均水平是 3 568 美元。大概有一半（46.4%）的校园招募人员表示使用签约奖金来招募大学毕业生。[26]

通常，随着劳动力市场紧张和劳动者短缺情况的加剧，签约奖金越来越普遍，数额也越来越大。例如，在 IT 行业，签约奖金已经成为一种行规，65% 的雇主都会提供签约奖金。然而，签约奖金在各种级别的工作招聘中都有所应用，包括那些不需要学位的工作，例如快餐店店员、屠夫、酒保、发型师和厨师等。[27] 相反，随着劳动力市场的宽松和劳动力剩余，签约奖金也会逐渐减少甚至没有。

签约奖金除了可以吸引那些对此有偏好的人（偏好金钱报酬），也会为那些录用函接收者提供一些补偿，用奖金补偿他们可能因为换工作而失去的工资增长或者晋升机会。此外，签约奖金也可以帮助吸引员工到乡村地区工作，或者补偿他们重新安置的费用，或者给他们更高的生活费用提供补助。最后，运用签约奖金可以避免基本工资的不断提高，从而帮助组织降低劳动力成本。

组织要明智而审慎地运用签约奖金，否则员工可能会失去他们价值主张中的独特性，也会引发其他问题。例如，虽然组织希望在签约奖金的使用和数额上保持灵活性，但是仍有必要认真管理以防失控。另外，组织也要避免陷入与其他雇主过于激烈的签约奖金价格战中，因此除了签约奖金，组织也要强调其他工作报酬。签约奖金可能带来的另一个问题是造成员工的不公平感和嫉妒情绪，如果现有员工得知新员工得到了签约奖金，组织可能会被迫支付其他奖金来留住现有员工。为了避免这种可能性，应对签约奖金保密。[28] 另一个潜在问题是新员工可能会"拿到奖金就跑"，因为签约奖金不与工作表现挂钩，所以削弱了他们的工作积极性。美国加利福尼亚州帕萨迪纳市亨廷顿医院的人力资源副总裁黛布拉·奥尔特加由于这个原因停止使用签约奖金。她说："虽然在我们这个劳动力短缺的行业中使用签约奖金是非常普遍的，但是我们发现这种惯例造成了员工不断跳槽。"

为了避免这些问题，组织可以在奖金待遇上增加限制，先支付一半，另一半在特定时间之后支付，比如 6 个月或者 1 年后。另一种方式是要求员工在特定时间内达到某个确定的绩效目标，之后再支付部分或全部奖金。这种支付方式会让员工意识到签约奖金并不是不劳而获的，并鼓励那些认真工作的候选人接受工作录用函。尽管以上这些"补救措施"很尴尬，而且有些雇主在执行协定时也有困难，但是这些措施通常是有必要的，因为最可能采用奖金的劳动力市场（劳动力紧缺市场）也正是跳槽最容易的市场。[29]

搬迁协助。录用函接收者一旦接受了录用函，就可能会面临搬迁问题，也需要承担搬迁费用。组织可能倾向于提供搬迁协助，也会承担全部或者部分搬迁费用。因此，组织可能提供一整套的搬迁福利项目，包括帮助新员工找房子、出售申请者的旧房屋、提供按揭还款补助金、提供实际搬迁费用补助，以及如果员工搬迁到一个生活成本更高的地区，组织也会提供生活津贴。为了简化这些项目，组织通常会提供一次总付的搬迁津贴，减少记账和其他文书工作。[30]

最近，在双职工环境中搬迁越来越困难。[31]因为家庭中两个人都工作，因此搬迁就会涉及录用函接收者及其伴侣。这种搬迁可能要求组织对两人都予以雇用，或者为其伴侣提供寻找新工作的协助。此类问题的数量很可能会增加。

热门技能奖金。热门技能奖金是加在员工常规基本工资之上的临时奖金，以奖励劳动力市场上临时极度短缺的特定技能。签约奖金也常用于吸引急需人才。工作录用函上应该明确说明包含额外奖金的基本数额、额外奖金有效的时间长度，以及在何种情况下额外奖金会被逐渐终止。提供这种额外奖金之前，组织需要清楚地认识到可能会受到要求维持奖金而不是终止支付的压力，因此需要组织就奖金的临时性与录用函接收者有效沟通。[32]

解雇补偿条款。组织的相关条款规定，员工在被企业解雇时有权享受解雇补偿。解雇补偿条款的内容通常包括每工作一年补偿一或两周的工资，假日津贴，扩展健康保险覆盖范围，额外津贴，以及协助寻找新工作。[33]那么，组织愿意提供哪种补偿呢？

在这个问题上，有一些要点需要牢记。通常组织会承担最高执行官的解雇补偿，相关条款也非常复杂。对于那些基层经理或者非经理人员，解雇补偿也越来越受重视。换句话说，解雇补偿被工作申请者看做自身价值主张的一部分。对解雇补偿的预期可能是基于员工对自身 KSAO 的认识，这也反映了他们对就业保障越来越关注，以保护自身避免失业。未被满足的解雇补偿期望可能会使工作申请者要求把解雇补偿条款纳入工作录用函中，他们甚至可能因为工作录用函中没有提供一些形式的解雇补偿而拒绝这份工作。[34]

关于解雇补偿还有其他麻烦的问题。雇员在什么时候有权享受这种补偿？这种补偿适用于雇员自愿终止合同还是被迫终止合同，抑或是都适用？如果是雇员被迫终止合同，那么是否有例外呢？例如，雇员工作表现太差或者行为不端。这些问题都要求组织在起草相关条款时十分谨慎，因为这些条款对赔偿进行控制并规定其内容。

■ 对雇员的限制

在某些情况下，组织期望对雇员进行一些限制来保护自身的利益，这些限制应该在招聘时便对新员工进行说明，并且征求对方同意。因此，这些限制应该写在工作录用函和最终的劳动合同中。由于这些限制条件受国家合同法的约束并且具有潜在复杂性，所以组织在起草合同时应寻求法律顾问的指导。对雇员的限制可能有以下几种类型。[35]

一种限制是所谓的保密协议，这种限制要求当前的员工或是已经离开组织的员工不得在雇佣期或雇佣期结束后非法使用或者泄露机密信息。机密信息也就是组织不对外公布的、可以帮助组织领先于竞争对手的信息，例如交易机密、客户名单、秘密配方、制造过程、市场定价计划和商业预测。在某种程度上，组织有必要明确规定哪些信息是组织的机密信息，以及保密协议在员工离职后多长时间之内有效。

另一种限制是所谓的竞业限制协议，这种限制要求离职的员工不得就职于有竞争关系的企业。例如，微软公司前副总裁李开复在加入微软的时候签了竞业限制协议，当他离开微软加入谷歌中国公司时，微软便控告谷歌和李开复违反了竞业限制协议。谷歌和微软最终达成了庭外和解，但是这个例子表明不是所有竞业限制协议都可以强制执行。例如，美国有一些州（包括亚拉巴马州、加利福尼亚州、佐治亚州、蒙大拿州、内布拉斯加州、北达科他州、俄克拉荷马州和得克萨斯州）并不支持竞业限制协议。如果一名员工在一个允许竞业限制的州与组织签订了竞业限制协议，离职后到一个不允许竞业限制的州就业，那么雇主也无法追究责任。在肯沃基公司就有过这样的例子，一名员工与俄亥俄州的肯沃基公司签订了竞业限制协议，离职后到佐治亚州的一家竞争企业就职，由于佐治亚州禁止竞业限制，公司也毫无办法。[36]

通常情况下，竞业限制并不能完全无限期地阻止离职的员工再就业，因为这种协议实质上是限制员工在某一特定领域就职。因此，为了保证竞业限制的强制力，起草时需要仔细斟酌。竞业限制协议不应该是适用于所有人的一个大体说明，而应该针对那些确实有可能到竞争对手那里就业的员工，例如高级经理、科研人员、技术人员。另外，竞业限制协议应该规定时间和地理范围。时间应该是短期内（少于两年），区域应该限制在组织的竞争市场地理范围内。例如，一家分布在两个州的保险代理公司的一名销售副总裁，组织应该与其签订竞业限制协议，禁止其一年内在这两个州的其他保险代理机构工作。

最后一种限制是所谓的"金手铐"，也就是偿还协议。这种限制的意图是在一段时间内留住员工，在财务上阻止员工离开企业，尤其是刚刚加入便离职的情况。一种类型的金手铐是一旦员工在雇佣期的第一年内离职，便要求员工向组织支付在招聘时规定的偿还金（全额或者按比例）。偿还金可能包括签约奖金、搬迁费用、培训费用和其他招聘费用。为了在一段时间内留住组织的高管人员，他们的薪酬方案可能会有更多限制。为了确保高管人员在此期间不离职，他们的年终奖可能会推迟两三年发放，而一旦在某一固定日期之前离职，那么他们累计增长的退休金也会被取消。

■ 其他条款

工作录用函并不限于以上所讨论的条款和情况。事实上，只要具有法律效力，任何条款和情况都可能被写进工作录用函。因此，组织应该发散思维，认真考虑工作录用函上的条款。只有组织确实愿意承担的条件才能写进工作录用函，并且这些条件应具有法律约束力。

组织应该认真思考或有事项的应用，正如之前提到的，或有事项是申请者在合约生效前需要履行的条款（例如要通过药品检测）。正如我们注意到的，组织在制定或有事项之前需要掌握相关知识，并且充分了解或有事项潜在的法律衍生事务（例如，在药品检测时，需要考虑《美国残疾人法案》带来的潜在影响）。

■ **接受条件**

工作录用函上应该说明要求录用函接收者的接受条款。考虑到之前提到的口头合同的相关问题，组织只承认正式的书面工作接受函。组织应该要求录用函接收者接受或拒绝这份录用函，没有修改的余地。其他任何形式的接受函都不能被视作正式接受，而只是候选人的还价行为。最后，录用函需要明确截止日期，超过截止日期将会失效。截止日期给录用过程带来了确定性和终止性。

■ **工作录用函的例子**

表 12—3 就是一封工作录用函，这个例子也是对之前讨论的工作录用函各项要求的一个总结和说明。通过阅读分析这封工作录用函，可以更加熟悉工作录用函及增加对录用函起草时的各项要点的理解。必须记住的是，不管工作录用函中包含什么条款，录用函接收方一旦接受了这封录用函，它就变成了具有法律强制力的合同。涉及更复杂工作的录用函，或者一些关于高管的录用函，组织应该寻求专业咨询。

表 12—3　　　　　　　　　　　　　**工作录用函的例子**

莱特公司

费恩·马可夫斯基先生
军团巷 152 号
明尼苏达州克利尔沃特市

尊敬的马可夫斯基先生：

我们很高兴通知您，您已经被我们录用为人力资源专员，任职期从 2011 年 3 月 1 日起。您的工作地点将在我们位于明尼苏达州银溪的总部。

这封录用函要求您全职工作，每周工作时间不得少于 40 个小时。我们也需要您周末工作，特别是当企业处于生产高峰期时。

我们将支付给您 2 500 美元的签约奖金，2011 年 3 月 1 日支付一半，如果到 2011 年 8 月 1 日您还是我们公司的一员，我们将支付另外一半。您的起始工资是每月 3 100 美元。您在我们公司工作满一年后，将会参与进我们的管理绩效考核和贡献工资系统。您将有权参加我们的福利计划，届时我们将为您提供相关计划的书面说明。

您可以选择搬迁到银溪地区，我们将为您提供最高 1 000 美元的住房补贴。我们会补偿合理的正常搬迁费用，最高补偿金额为 5 700 美元。

必须强调的是，我们的雇佣关系是无固定期限的。这意味着不管是我们还是您，都可以随时无条件终止劳动关系。关于这份协议，只有莱特公司的总裁有权修改。

我们要求您在 2011 年 3 月 1 日之前获得美国人力资源认证协会的人力资源管理师资格（PHR），并且于 2011 年 3 月 1 日之前通过公司付费并认可的药品检测，这两个要求必须都得到满足，这份录用函才能生效。

此外，我们要求您在 2011 年 2 月 1 日之前给我们答复，超过这个时间这份录用函将失效。如果您愿意按照录用函中的规定接受这份录用函，请在这封信的下方签上您的姓名和日期，并寄回给我们（我们已经为您准备一份复印件）。如果您希望在 2011 年 2 月 1 日之前就这些条款或者其他条款与我们进行讨论，请联系我们。

您真诚的，

玛丽·凯瑟
人力资源高级副总裁

我接受这份录用函及其全部条款。除了其中约定的事项，我没有得到其他任何承诺。

_____　　　_____
签名　　　　　　　　　　　　　　　　　　　　　　　　　日期

12.4 工作录用过程

除了解工作录用函中的内容以外，组织同样应该对整个工作录用过程有所了解。所有特定的工作录用函内容的制定都需要全面考虑整体环境。一旦这些因素被纳入考虑范围内，就要对特定的工作录用函进行调整，呈现给最终候选人。之后根据候选人接受或者拒绝录用函的情况，处理后续问题。最后，可能需要偶尔处理违约事件，不管是组织方违约还是录用函接收方违约。

12.4.1 工作录用函的制定

组织在制定一封特定的工作录用函时，需要仔细考虑一些因素，其中包括竞争对手，申请人 KSAO 及所提供的工作报酬信息的真实性，录用函接收者对录用函的可能反应，以及与录用函接收者就录用函内容的谈判政策。

■ 了解竞争对手

在劳动力市场上，组织为吸引劳动力而互相竞争。因此，工作录用函必须紧随劳动力供需情况变化而变化，劳动力市场的情况会影响工作录用函的整体参数。

组织作为需求方，要了解竞争对手提供给劳动者的条件和待遇。此时，组织必须弄清两个问题：到底谁是自己的竞争者，以及它们在这个工作上到底给申请人提供什么样的待遇和条件？

假设正在招聘的组织是一个国内连锁折扣零售商，它正在招聘已经（或者即将）毕业的大学生做管理培训生。这个组织可能将其他国内连锁零售商（例如西尔斯公司），或者其他国内折扣零售商（例如塔吉特百货公司、沃尔玛公司或者凯马特公司）看做竞争对手。在其他行业（例如银行业和保险业）中也可能有其他一些非常直接的竞争对手，它们可能也正在吸引大学应届生加入它们的培训项目。

一旦明确了自己的竞争对手，组织就需要弄清它们给申请者提供什么样的条件和待遇。这些可以通过常规方法来完成，例如进行薪酬调查、研究竞争者的招聘广告和网站或者咨询行业协会。组织也可能通过非正式的渠道获取信息，例如通过电话与竞争对手联系获取信息，或者向最了解对方条件的工作申请者咨询。

通过使用那些在线薪酬网站，组织可以很快地获取薪酬信息，这些网站可能是免费的（例如 salary. com 和 wageweb. com 或 salaryexpert. com），也可能是需要付费的（例如 towers. com 和 haygroup. com）。网站列表及其优缺点的讨论可以参阅其他文献。[37]通常情况下，组织要慎重使用这些数据，仔细评估薪酬调查的各个项目，例如样本性质和规模、货币的数据、条款的定义、工作描述和数据陈述。另外，组织要清楚，求职者也会评估对比这些数据，使自己成为有知识的"顾客"和谈判者。

通过以上这些方法，组织可以了解自己的竞争对手，并在市场中占据优势。然而，组织也一定会发现对方提供的任何条件和待遇都在一个区间内变动。例如，起始工资可能介于每年 30 000～40 500 美元之间，培训项目的周期也处于 3 个月到两年之间。因此，组织就需要确定在这个区间内自己通常倾向的定位，也要了解那些录用函接收者的定位偏好。

从劳动力供给的方面来说，组织需要根据劳动力的数量和质量（劳动力的 KSAO 和动机）来考虑自身的需求。通常，组织需要提供足够有吸引力的工作录用函，才能保证招聘到需求的人数。此外，组织还需要考虑每个候选者所拥有的 KSAO，根据这些信息提供相应的条件和待遇。表 12—1 便是一个组织给予不同录用者不同起始工资的例子，体现了这种计算的结果。这种不同的待遇及其所带来的争议和问题，也几乎适用于其他任何条款。

■ 申请者信息的真实性

在整个招募和选拔的过程中，关于申请者 KSAO 以及其他因素（例如目前薪酬）的信息都是由申请者本人提供的。最初，组织收集这些信息来评估这些申请者，确定哪些人更符合工作要求和报酬。之后，组织会向这些评估合格的申请者发出工作录用函，并运用这些信息来确定工作录用函上的特定条款和要求。那么这些信息的真实性如何呢？组织对这个问题的回答决定了工作录用函的内容和成本。

组织很难找到确凿的证据说明申请者信息的真实程度。然而，许多事例表明申请者真实性的缺乏可能是一个问题，尤其是对目前薪酬、薪资历史、职称、职责和取得的成就来说。

以起始工资为例，通常组织倾向于根据录用函接收者的目前薪酬来支付起始工资。而这位录用函接收者是否提供了真实的目前薪酬信息呢？在实际情况中，信息不真实是非常普遍的。人们不仅会夸大或提高他们的目前薪酬，也可能会夸大他们的 KSAO，为组织在准备工作录用函时提供一个虚高的基础或起点。一位目前薪酬是 55 000 美元的产品分析师，通过这种夸大手段找到了一份薪酬为 150 000 美元的新工作，新工作还提供专车和俱乐部的会员资格。[38]

为了避免来自申请者的虚假信息，组织越来越倾向于对申请者的所有信息进行验证，甚至包括工资信息，并可能会采用极端手段。例如，在行政层面上，一些组织现在要求申请者提供工资收入表的复印件。组织不应该依据最终候选人提供的信息准备工作录用函，除非组织愿意认定信息准确，或者这些信息已经被核实。

■ 录用函接收者的可能反应

通常，工作录用函条款的制定应该基于对接收者可能出现的反应的评估。接收者是会欣然接受这些条款，还是不以为然，或者是出现其他在这两者之间的反应？

判断接收者对录用函可能出现的反应的一种方法就是，在招募和选拔的过程中了解他们的偏好。诸如此类的初步讨论交流会帮助组织拟定出可能会被接受的录用函，甚至可能接收者会在收到录用函的时候立刻接受。另外一种判断他们的可能反应的方法是针对报酬对员工和申请者的重要性进行调查（见第 4 章）。

■ 谈判政策与最初录用函

在拟定工作录用函之前，组织需要决定是否接受谈判。实质上，组织必须决定这份最初的录用函是否就是最终版。如果有谈判的空间，则应该确定谈判的类型。

为了有助于做决定，组织可以考虑薪酬和福利的哪些项目可以接受谈判。图 12—2 是此类数据的一个例子，这些数据来自一项针对 418 位各种规模组织中人力资源专员的调查。从这些数据中我们可以看到，几乎所有的组织都表示接受关于工资的谈判。大部分组织也接受以下部分的谈判：搬迁补偿费、弹性的工作日程和早期加薪可能。组织对其他薪酬部分谈判的接受程度则逐渐下降。

■ 人力资源专员（样本数=418）

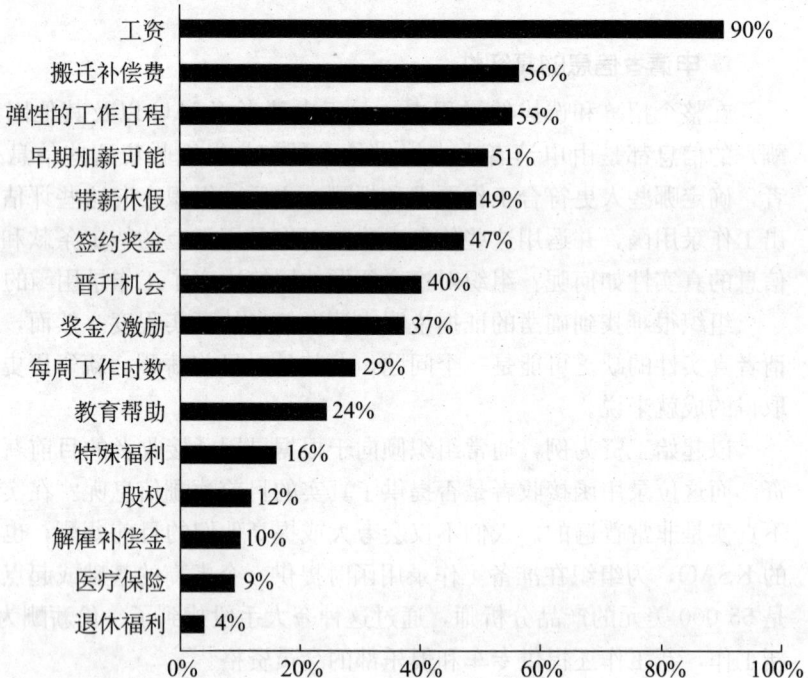

项目	百分比
工资	90%
搬迁补偿费	56%
弹性的工作日程	55%
早期加薪可能	51%
带薪休假	49%
签约奖金	47%
晋升机会	40%
奖金/激励	37%
每周工作时数	29%
教育帮助	24%
特殊福利	16%
股权	12%
解雇补偿金	10%
医疗保险	9%
退休福利	4%

图 12—2　对人力资源专员关于可接受谈判的薪酬和福利部分的调查

资料来源：E. Esen，*Job Negotiation Survey Findings*：*A Study by SHRM and CareerJournal.com*（Alexandria，VA：Society for Human Resource Management，2004），p. 9. Used with permission.

组织在制定工作录用函的战略和政策时，还应该考虑一些方面。第一，工作录用函在内部人员配置和外部人员配置中都有应用。对于外部的人员配置来说，工作录用函的作用是将工作录用函接收者变为新雇员。对于内部的人员配置来说，工作录用函用来吸引员工接受新的工作分配，或者通过向员工从其他组织收到的工作录用函做出反要约来试图留住现有员工。这些不同种类的工作录用函（招聘新员工、分配新工作、留住员工）需要不同的战略和政策。

第二，组织应该仔细考虑录用函接收者没有接受工作录用函时自身的损失。是否还有其他符合要求的候选人作为替补？组织可以在多长时间内承受一个职位的空缺？组织现有的员工会如何看待工作录用函被拒绝——他们也会感觉被拒绝，还是会觉得组织内部有哪些他们自己没有发现的缺点？下一个接收工作录用函的人是否会感觉像二等公民或是找不到其他工作的无奈选择？为了得到这些答案，组织通常需要和录用函接收者进行一定程度上的交涉。

第三，许多组织期望录用的人可能正在寻求当前雇主的反要约。尽管反要约在经济不景气时很少发生，但是许多组织为了设法留住员工，即使在停工期也会使用反要约。[39]因此，组织应当意识到其所制定的任何录用函，都将导致一场与其他组织的价格战。

第四，员工要离开现有组织也会遭受一些损失，因此会期望组织能提供"完善"的录用函。通常这些损失可以达到录用函接收者现有基本工资的 20%～30%。除了搬迁费用或更高的交通费，录用函接收者可能会因为离职失去退休保障、假期和许多特殊福利等。此外，录用函接收者在可以享受新公司各项福利的资格之前，还要等待一段时间，这就会导致他们付出失去保险的机会成本，并且要自己支付这些费用（如医疗保险的保费）直到保险开始生效。

第五，求职者在向组织阐述并提出要求时通常很有经验。他们很了解离开现有的工作会蒙受什么样的损失，会根据这些损失提出他们的要求。他们也很清楚自己具备的 KSAO，会向组织展示这些方面从而要求更高的薪酬。他们要求（委婉地说是"期望"）的条件不只有工资，还包括其他许多方面，例如休假，弹性工作制以平衡工作和家庭生活，培训发展经费和 401（k）退休计划等。总而言之，除了那些不合法的事项，剩下的都可以商谈，因此组织必须做好准备处理求职者在几乎每一条雇佣条款上的要求。

因此，工作录用函上的每一个条款都可以看做一个独立的个体。对于每一个条款，组织都需要就以下事项做出决定：

- 这个条款是否接受谈判；
- 如果接受谈判，这个条款的底限和（尤其是）上限分别是什么。

一旦回答了这些问题，组织便可以拟定发给接收者的最初录用函。以下有三种战略可供组织选择：虚报低价、竞争策略和最优条件。

虚报低价。虚报低价战略就是给接收方提供较低的条件和待遇。这个战略的优点是可以吸引那些极度渴望或者不知情的候选人接受，可以使最初的雇佣成本最小化，并且留下很大的谈判空间。虚报低价战略的缺点在于可能导致没人接受录用函，可能使申请者半途离开导致缺乏最终候选人，也可能会给未来潜在的申请者留下不好的名声，那些勉强进入组织的员工可能会产生不公平的反感情绪，进而持续影响到招聘后的工作阶段，例如可能留不住这些员工。[40]

竞争策略。竞争策略是指组织准备的录用函是"市场水平的"，条件既不高也不低。竞争策略是使许多候选人接受录用函，虽然其中并不都是高质量（KSAO）的申请者。如果需要，这种战略为后续谈判留下了空间。这种采取竞争策略的工作录用函通常不会冒犯到接收者，也不会引起他们很大的兴趣，一般也不会对招聘后的结果产生负面影响。

最优条件。最优条件战略就是组织"全力以赴"，提供待遇很好、接近各项条款上限的录用函。在这类录用函中通常要向接收方说明，这确实是组织能提供的"最优条件"，基本上没有谈判的余地了。这种录用函既可以提高招聘前期成果（例如，很快填补职位空缺），也可以提高招聘后的成果（例如，工作满意度）。显然，最优条件的录用函增加了雇佣成本，也几乎没有谈判或使其更吸引人的余地。最后，最优条件的录用函可能会引起现有员工的不公平或者嫉妒情绪。

这些最初录用函的战略都不是绝对优越的，但是组织需要选择常用的战略，组织也可以选择根据最终候选人的需求和其他环境因素制定战略。例如，在以下情况下可以选择最优条件战略：（1）吸引那些高质量的最终候选人；（2）存在来自竞争者的强大招聘压力；（3）组织需要尽快填补职位空缺；（4）作为追求 EEO/AA 招募项目的一部分。

有关谈判如何进行的策略也应提前讨论。最初的录用函制定好以后，工作录用函制定者必须知道哪种类型的谈判是合适的。研究表明，相比强硬地"接受或者放弃"，人们对可以互换意见的谈判更满意。[41]也就是说，如果感到自己可以有机会对最初录用函进行改动，录用函接收者会对自己的录用函更加满意。非对抗性的语气也会产生更加积极的结果。研究也发现，人们对自己工作谈判的过程和结果越满意，对随后的报酬和工作整体也就越满意，一年以后的离职欲也更低。[42]

12.4.2 工作录用函的呈现

工作录用函的呈现可以通过许多不同的途径。具体选择什么途径主要取决于录用函的内容和拟定录用函时要考虑的因素。为了直观地说明，以下具体介绍两种呈现工作录用函的极端方法——机械方法和销售方法。

■ 机械方法

机械方法就是一种简单的方法，仅仅依靠组织对录用函接收者的单向沟通。组织就是将一封标准化或正式的书面录用函发给候选人，然后等待对方的回复。关于录用函的内容基本上不征求候选人的意见，录用函一旦制定好就不再与候选人进行进一步的沟通。如果候选人拒绝接受录用函，组织在收到拒信后再发一封格式化的通知表示已经收到了消息。同时，对另一个接收者，这个录用过程继续重复，没有变动。这种方法尽管有明显的缺点，但是相当有效和便宜。

■ 销售方法

销售方法就是将工作录用函看做一个商品，需要开发并将其推销给消费者（也就是录用函接收方）。就录用函中包含的各项条款，组织和接收者会有积极的互动。组织和接收者之间会达成一些非正式的协议，将这些协议写进正式的工作录用函中只是一个程序问题。正式的工作录用函发出之后，组织仍会与接收者积极沟通。这样，组织就能及时发现录用过程中出现的小问题，并继续向接收者推销这份工作。销售方法更昂贵耗时，但是利用此方法时录用函被接受的机会更高。

以上介绍了机械方法和销售方法两种呈现工作录用函的方法，组织可以自由选择发送工作录用函的方法。当组织进入发送录用函的过程时，需要思考整个录用过程的战略（见图12—1），要注意劳动力市场的状况、组织和申请者的需求、法律问题以及所有影响吸引申请者的结果的因素。

12.4.3 录用函的时机

在呈现录用函过程中另一个需要考虑的问题就是录用函的时机。通常组织希望最终决定达成以后就尽快将录用函发出。面试以后与候选人在沟通方面的延迟会造成对组织的负面看法。[43]研究也表明，组织制定录用函的速率越快，录用函被接受的概率越高。[44]同一项研究还发现接受更快工作录用函的人与接受较晚接收函的人，在绩效和营业额方面水平相当。总之，如果组织以较快的方式制定录用函，将会提高接受率，减少职位空缺时间。

12.4.4　工作录用函的接受和拒绝

当然，工作录用函会被接受或拒绝。接受或拒绝的结果是如何发生的，组织应该如何处理，这些问题与结果本身一样重要。

下面是一些处理接受和拒绝情况的建议，可以在工作录用过程的实践中遇到问题时作为参考。

■ 接受

当录用函接收者接受一份工作录用函时，组织需要做两件重要的事情。第一，组织应该核实接收者是否确实接受，以确保如录用函所要求的那样被接受。这样，接收函不会作为应聘者讨价还价的筹码或者发生其他意外事件。同时，接受函应该以要求的形式（通常是书面形式）产生，而且必须在指定的日期或之前发送给组织。

第二，组织必须和新员工保持联系。首先，这意味着确认收到录用函。额外的沟通交流有助于巩固长远协议并对新工作和组织建立承诺。这样继续沟通的例子包括电话问候新同事，恭喜新员工，向新员工发送工作材料和报告来帮助他们熟悉新工作，以及在新员工入职之前邀请他们参加组织的会议和其他活动。

■ 拒绝

组织可能拒绝最终候选人，最终候选人也可能会拒绝组织。

组织拒绝。根据做出决定的程序，一个人接受一份工作录用函就意味着组织不得不拒绝其他人。组织应该及时、有礼貌地拒绝他人，而且，组织应该保存这些被拒者的记录。这对于法律目的（例如应聘者流动数据）和建立并维持人才库是很有必要的。人才库里的潜在应聘者是组织在将来有职位空缺时希望联系到的人。

拒信（通常是信件）的内容取决于组织的态度，是谨慎对待还是随意处理。大部分的组织选择简短含糊的内容，基本上就提到应聘者的 KASO 不符合工作要求。提供更多详细的拒绝原因时需要谨慎，提供的原因应该是真实可信的，而且与在组织其他文件上记录和保持的原因相一致。

录用函接收者拒绝。当接收者拒绝工作录用函时，组织必须首先决定是接受拒信，还是向他发出新的工作录用函。如果组织提供的职位有关协商事项是确定的，正如理想中的那样，组织只需要决定是发出新的录用函还是寻求下一位候选人。

组织应该及时、有礼貌地接受拒信。而且，组织应该记录下这些拒信，原因与组织拒绝他人时保存被拒者的信息是同样的。

12.4.5 违约

遗憾的是，有时违约情况会发生。违约有两种情况，一种是组织取消工作录用，另一种是接收者取消已接受的录用。目前缺乏可靠的证据准确说明违约发生的原因。有时违约是不可避免的。组织在经营状况上可能突然出现一段低迷期，从而导致计划好的工作被取消。或者，录用函接收者可能突然发生一些事情要求毁约，例如身体状况有变。

福特汽车公司就是一个违约的例子。该公司为其在加拿大安大略奥克维尔的工厂招聘了数百位员工。[45]汽车需求的突降使得福特公司在工作录用函制定好以后立即将其撤回。结果，失去工作录用函的申请者提起了法律诉讼，声称此次雇佣协议的否认使他们面临巨大的经济困难。这些经济损失包括员工因期待福特公司的职位而终止另一位雇主工作的报酬损失。伴随违约而来的除了法律问题以外，还有信誉问题。随着有关奥克维尔工厂问题这一消息的传播，福特公司可以料想在未来职位招聘时会面临问题，因为申请者会担心公司能否信守诺言。

虽然有些时候违约是需要的，但我们认为组织能够且应该采取措施减少违约情况的发生。如果缺乏这些措施，组织就应该采取其他措施去解决违约。表 12—4 展示了具体的措施。这些措施提出了既代表组织利益又对录用函接收者公平的一些尝试。

表 12—4　　　　　　　　　　　　　组织处理违约的措施

A. 减少违约的发生

仅提供已知并有空缺的职位的录用

要求高层管理人员同意所有的违约

在录用之前对候选人进行全面评估

采用优秀的工作录用函，而不制定新的录用函

不主动鼓励录用函接收者接受录用函

延迟入职日期并且在过渡期间提供部分报酬

保持录用函的灵活性但是重新谈判或者减少薪酬和其他经济性条款除外

错开新员工入职时间以理顺工资总额的增加

B. 处理违约

与录用函接收者诚实并迅速地沟通交流

提供安慰或者道歉包（例如，雇佣奖金、3 个月的薪酬）

支付任何中断成本（例如搬迁）

以顾问的身份（独立合同人）雇用，之后转化为雇员

当将来有职位空缺时，相比其他应聘者，保证其优先权

对于录用函接收者来说，也需要公平对待。录用函接收者不应该有轻率的态度，仅仅"为了经验"而参加应聘过程。此外，接收者也不应该将接受工作录用函当作获得与其老板的反要约的手段。事实上，组织应该意识到它们给予工作录用函的一些人也会接受这样的反要约，在录用函最初制定和提出的时候，组织就应该考虑上面的情况。最后，录用函接收者在接受录用函之前，应该详细地评估人职匹配的可能性。

12.5　新员工培训和社会化

通过最终匹配活动建立雇佣关系并没有结束人职匹配。更确切地说，应该一直维持雇佣关系，确保目标匹配发挥并保持有效性。新的雇佣者成为新员工，刚开始需要通过入职培训和社会化活动引导他们进入工作和组织。为新员工采取入职培训和社会化活动可能是同时发生、相互重叠的。入职培训通常是即时的，而与之相比，社会化活动更长期。

尽管高质量的入职培训很重要，但是许多组织并没有投入大量资源来帮助新员工步入正轨。[46]哈里斯互动公司进行的一项调查发现，只有29%的雇主对经理进行技术培训以促进新员工入职，有15%的雇主将引导新员工入职的程序完全交给招聘经理。专家认为这种目光短浅的做法是要付出巨大代价的，因为新员工的营业额会比已有员工的高很多。持续挑战和开发员工是新员工入职培训和社会化过程中一个极其重要的因素。

作为一个全面"管理"计划的例子，太阳微系统公司的新员工已经放弃了典型的员工入职培训，如填写堆积如山的文案[47]，而是通过互动的电脑游戏对公司进行了解。当他们来到自己座位时，新员工会收到欢迎便条和其他以公司为主题的随身用具。他们也有机会加入在线社交网络与已有员工建立关系。当然，申请表格在员工入职培训中必须完成，但是整个过程已经与公司的人力资源信息系统整合。招聘经理可以引导员工相对快速和有效地浏览要求清单。这种关注和引导当然并非典型，许多公司依然使用低成本的方法来促进新员工入职，但是太阳微系统公司认为该系统的回报使成本支出变得很值得。

需要注意的是新员工很可能进入不确定和不了解的情境中，研究指出组织减少以上情况的发生对于新员工如何适应工作和留在组织具有重要的影响。有几大因素被认为能够影响入职培训和社会化的可能有效性[48]：

- 提供关于工作要求和报酬实际可行的雇佣信息（入职培训在工作开始前进行）；
- 向新员工阐明工作要求和需要获得的知识与技能；
- 使新员工社会化，让其了解组织的影响源和建立友谊；
- 将新员工纳入到工作单位和团队中；
- 向新员工提供更多关于工作奖励的信息；
- 对新员工进行积极的指导。

下面将对这些观点进行详细阐述并提供例证。

12.5.1　入职培训

培训需要有大量的前期计划，这些计划包括确定培训主题的范围、新员工的培训材料、有利于程序有效进行的大量活动的时间安排。通常，人力资源部负责设计和管理入职培训，而且人力资源部将会在实际的培训活动和安排上与新员工的主管寻求紧密配合。这也是组织的第一次机会来欢迎新员工，并强调自己可以提供的机遇。

表 12—5 包含了很多关于培训课程的建议主题的信息，通过书面材料、网络服务、培训课程、不同人员参加的会议以及视觉视察进行传递。需要注意的是这些活动是间隔开的，而不是仅仅集中在新员工的第一天工作里。有效的培训课程将会促进新员工对组织文化和价值观的理解，帮助新员工理解其角色和应该如何融入整个组织，并且帮助新员工实现目标、缩短学习曲线。

表 12—5	新员工培训指导

在员工报到前
- 通知你单位的每位员工有一位新人将要进入并且告诉大家此人的工作信息，请其他员工欢迎新员工并鼓励他们支持新员工
- 为新员工的第一天工作准备有趣的任务
- 给新员工提供一份职位说明、工作业绩标准、组织结构图和所在部门的结构图
- 让员工参加任何必要的培训课程
- 确保员工的工作位置可用、干净并且有序
- 确保员工可以拿到一份合适的人事政策手册或合同
- 提供福利信息
- 如果可能，确认一名员工在第一个星期作为其伙伴
- 将员工需要会见和面谈的关键人物整合列出，使他们更好地了解自己的角色
- 准备好通行证和停车证，如果必要，也准备好工作牌
- 为新员工入职的前几个月制定培训课程

工作第一天
- 表示热烈的欢迎并讨论第一天的工作计划
- 带领员工参观分配的办公室
- 说明公用卫生间、自助餐厅和休息区的位置
- 提供需要的钥匙
- 安排和新员工共进午餐
- 参观大厦和邻近区域，向其他员工介绍新员工
- 将新员工介绍给你认定的指导者（如果合适的话）
- 查看职位说明
- 查看部门（或者办公室）的组织结构图
- 查看办公室政策和程序，包括工作时间，电话、电子邮件和网络使用，资源和道德。

第一个星期
- 检查员工的工作区域，确保需要的设备齐全
- 安排新员工和指定的伙伴进行一个简短的会面，了解第一个星期的活动（如果合适）
- 安排与人力资源部的会议，完成要求的文书，查看人事政策和程序，让其了解福利，获得组织信任，解释其他政策和程序

雇佣的第一个月内
- 与员工会面回顾
  - □ 职位说明书
  - □ 绩效标准
  - □ 工作规则
  - □ 组织架构
  - □ 健康和安全
  - □ 福利概况

入职六个月内
- 重温业绩标准和工作规则
- 安排绩效考核会议

资料来源：Based on "Guide to Managing Human Resources: New Employee Orientation," Human Resources, University of California, Berkeley (http://hrweb.berkeley.edu/guide/orient.htm).

有些组织把员工培训项目看做其文化形成过程的重要组成部分。[49]例如，埃森哲咨询公司将新员工放在总部进行两周情况介绍，之后是额外两周的"新员工入职培训"项目。在此期间，新员工将会通过模拟客户参与会议，向客户做展示，采取措施解决客户问题，学习公司与顾客互动的方式。之后每一个新员工将有一位职业咨询师，该咨询师将在工作场所强调员工培训材料，并在新员工的职业生涯中对其提供帮助。尽管这种广泛的培训项目成本较高，但组织的代表认为这帮助了他们在全球各地的员工中建立统一的文化。有些专家认为，除了保证前几周的成功以外，组织应在新员工工作的第一年与其进行常规的后续会议，以提高新员工的承诺和在公司的停留。这样一个长期的过程弥补了员工培训与社会化之间的差距。

12.5.2　社会化

新员工的社会化是培训活动的自然延伸。类似于入职培训，社会化的目标是实现有效的人员/职位匹配、人员/组织匹配。然而，入职培训集中于新员工适应的最初和直接的方面，社会化则强调帮助新员工随着时间推移逐渐融入工作和组织。这个重点是长期地寻求新员工适应的方法，这些方法将使他们想成为组织成功的长期贡献者。[50]有研究显示当社会化课程有效时，将会通过不同渠道促进新员工适应工作和组织，这些渠道包括增加员工的角色清晰（阐明工作职责和期望业绩），提高他们的自我效能（他们可以胜任工作的信念），促进他们的社会认可（使员工相信他们是团队里有价值的成员）。[51]

为了提升新员工的角色清晰、自我效能和社会认可，在发展和执行一个有效的社会化流程中有两个问题需要处理。第一，应该发生的社会化的主要元素和内容是什么？第二，组织如何能够最好地向新员工传达这些元素？

■ 内容

尽管社会化过程的内容应该很明显有工作和组织特定性，但是很可能包含几个部分。从新员工的角度看，主要有以下几个[52]：

1. 人员——见面和了解同事、主要联系人、非正规的组织和群体聚会和交际网络；被其他员工接受和尊重，被认为是他们"群体中的一员"。

2. 熟练业务——熟知工作要求；掌握任务；对经营业绩做出贡献；获得需要的 KSAO 以精通工作的各个方面。

3. 组织目标和组织价值——了解组织目标；接受这些目标并且将其纳入到自己精通业务的范围内；了解价值和合适的行为规范（例如，周末工作很晚，提出改进的建议）。

4. 政治——理解事情是如何真正运作的；熟悉核心员工和他们的偏好；走可接受的捷径；闲聊和交际网。

5. 语言——学习特殊术语、流行语和缩略词；知道不该说什么；了解本行业或职业中的行话。

6. 历史——了解组织的起源和发展；熟悉风俗、仪式和特殊事件；理解所在工作部门的起源和部门同事的背景。

由于以上许多主题与入职培训课程的可能内容有所重叠，故建议入职培训课程和社会化课程一前一后进行，这样当新员工从入职培训转向社会化时，它们是同步和持续的。

■ 传递

帮助新员工社会化是一些特定员工的职责。首先，新员工的主管应亲自负责新员工社会化，特别是在熟悉业务和组织目标与价值方面。主管特别熟悉社会化的关键元素并且是这些关键元素的"执行者"。新员工和主管之间能够直接、诚实、正式地对这些元素进行沟通交流是很重要的。

在新员工工作单元或团队里的同级员工也是帮助新员工社会化的有效人选。他们将自己在人际关系处理、语言和历史方面积累的经验与新员工分享，以提供最有效的帮助。他们也可以让新员工了解到当他在非正式的时候想要咨询或提出问题时，他们可以提供帮助。

为了向新员工提供一个更正式的信息和支持体系，还需要给新员工指派指导者或者支持者（抑或是由新员工自己选择）。指导者的功能就是作为新员工一个可辨认的接触点，积极地与新员工接触，提供内部知识、常识和人际关系，这些将帮助新员工适应现在的工作和为将来的工作任务做准备。指导者在帮助新员工打破组织的"玻璃天花板"上具有重要作用。

考虑到计算机技术的先进性和组织雇佣员工的地理区域的扩大，组织可能尝试在网上进行他们的入职培训课程。以网络为基础的招聘工具使追踪和监控新员工变得很容易，可以通过流媒体给新员工提供在线展示、强制培训和一些自动化程序如签订保险、电子邮箱地址和安全徽章。[53]虽然根据工作的种类不同，有些网上运作是必需的，但是有研究显示在员工和他们的主管眼中，网上社会化课程成效更低。正如所预料的，与现场的社会化课程相比，网上社会化课程在员工个人对工作和组织的社会化上成效很低，例如熟悉组织目标和价值、政治，以及如何与其他人合作。[54]

最后，人力资源部门在社会化过程中具有重要作用。它的员工能够帮助建立正式的、全组织的社会化活动，例如指导课程、特别活动和信息简报。另外，部门员工也会着手为主管或指导者开发关于社会化主题的培训课程。他们也可能与主管紧密但非正式地一起工作，指导他们如何成功地帮助自己的新员工社会化。

12.5.3　课程案例

Sonesta 连锁宾馆制定了一个正式的项目来帮助新员工在第一个 100 天期间适应他们的工作。30 天的时候，宾馆的人力资源总监约见新员工，了解其期望是否得到满足，是否拥有工作所需的资源。在 60 天的时候，新员工参加了一门叫做"加速器"的课程，这门课程集中开发顾客服务和沟通技能。然后在 90 天的时候，新员工向主管当面汇报自己对今年余下时间的工作计划。另外，在第一个月鼓励经理带着新员工和其他的部门员工出去吃午饭。[55]

马萨诸塞州福尔里弗市 Southcoast 医院集团的总裁兼 CEO 决定制定一份关于他自己的"用户指南"，将其送给他正在招募的负责改进业绩的新副总裁。这本一页的手册在新副总裁如何为总裁工作方面给出了建议。它是基于自我评价、同事反馈和直接报告建立起来的，这些员工在与总裁接触时立即使用了这份已完成的指南。在工作录用函真正发出的前两天，这份指南会给副总裁工作的最终候选人。这位候选人接受了这份工作，并认为这本指南在帮他节省时间来弄清楚总裁对事情的看法上有很大帮助。[56]

克利夫兰市的国家城市公司是一家从事银行和金融服务的组织，该公司在新员工入职的前 90 天里，离职率很高。人力资源部门将这些短期存在的员工叫做"快速退出者"。为了解决这个问题，该公司设计了一个叫做"早期成功"的项目，其对象为入门级无须纳税的新员工。新员工参加了一系列为其制定的培训课程，这些课程提供了他们需要的知识和技能。这些课程的例子是组织优势（总结组织目标、员工福利和品牌商标）；人员、政策和业务（更新员工手册、增强组织的吸引力）；顶级的客户服务（集中于顾客服务和如何成为团队一员）等。该课程的另一个部分是伙伴系统，这是指将新员工和一位同事匹配在一起，然后共同参加讲习班学习指导技巧。最后，新员工的招聘经理也会参加一些培训班，这些培训班的主题可能是：如何为新员工选择一位伙伴，如何创造一个支持性的工作环境，如何帮助新员工承担更多的工作职责和实现事业目标。该课程使离职率降低了 50%，出勤率提高了 25%，为公司每年节省超过 1 600 万美元。[57]

12.6　法律问题

雇佣合同确定了事实雇佣关系和管理雇佣关系的协议与条款。在确定雇佣关系的过程中，组织必须履行确定的义务和职责，包括：（1）只雇佣满足《移民政策改革与控制法案》（IRCA）要求的人员；（2）避免雇佣过失；（3）维持组织对无固定期限雇佣的态度。下面将会依次讨论。

12.6.1　工作资格认证

根据《移民政策改革与控制方案》（见第 2 章），组织必须确定每一位新员工的身份和雇佣资格（授权）。但只有在工作录用函被接受以后，确认工作才能进行。具体的联邦法规详细说明了要求和遵守方法（www.uscis.gov）。

对于每一位新雇员，雇主必须完成 I-9 表格。第一部分——寻找雇佣信息——其完成不能晚于雇佣的第一天。第二部分——要求雇主对新员工身份和就业资格的证明进行核实——必须在雇佣开始后的三个工作日内完成。I-9 表格展示了可能用于确认的唯一证件。有些证件（例如美国护照）证实身份和就业资格；其他证件只证实身份（例如国家发放的驾驶证或者身份证）或者就业资格（例如社会保障卡或者出生证明）。

E-审查是一个以网络为基础的系统，该系统以 I-9 表格的信息为基础，可以帮助雇主确定雇佣资格和社会保障号码的有效性，这些信息通过联邦数据进行核查，通常几分钟内就能产生结果。E-审查只能确认雇佣资格，而不能确定移民状态。联邦承包商和分包商，以及一些州的雇主被要求使用 E-审查。其他雇主可以自愿参与

E-审查。用户必须先完成 E-审查指导并通过熟练测试。雇主可以不利用 E-审查来对申请者进行预筛，或者只对部分新雇员进行有选择的确认。

I-9 记录应该在雇佣日之后保存三年，或离职后保存一年，不管哪个更晚。记录可以采用纸质或电子版或两者的结合，电子签名也同样。如果雇员有要求，则必须给他们一份记录复印件。

最后，由于 IRCA 禁止种族、血统或者国籍歧视，在制作工作录用函之前，最好不要求应聘者提供就业资格的证明，因为许多身份和资格证件包含涉及种族、血统和国籍的个人信息，而且这些个人信息可能在歧视行为中被使用。进一步谨慎考虑，组织不应该根据个人的外国口音或者外貌而拒绝录用。

12.6.2　雇佣过失

雇佣过失是受伤害一方（同事、消费者、客户或大众）向雇主的索赔。雇主被控告由于雇用了那些知道或应该知道不合格的员工，构成威胁。简而言之，雇佣过失就是在员工选拔和雇佣时没有做到"尽职调查"。[58]伤害可能包括暴力、物理损伤、肉体或精神伤害、死亡以及经济损失。例如，在长期护理机构，老年患者可能遭受来自健康护理人员的伤害，如用药过度或没有提供足够的食物和水。或者，会计师可能会将客户账户中的资产转移到自己的个人账户中。

组织应该如何做从而减少雇佣过失事件的发生？有以下几条直接的建议。[59]第一，雇用任何员工都应该有详尽的分析指导，以确定所有的 KSAO 满足工作要求。没有进行确认或者在最终匹配之前才考虑 KSAO，是不太可能在雇佣过失诉讼中胜诉的。

第二，应该特别关注 KSAO 中的其他个人特征（O）部分，例如执照要求、犯罪记录、推荐信、在就业史中无法解释的空白和酒精及非法药物的使用。当然，这些要求应该依据具体工作而定，而不是对所有的工作相同地应用。

第三，必须使用有效合法的 KSAO 分析方法。因为对一些预测指标的合法性的认知缺乏或者相对的低水平合法性，因此这在实践中很难操作。而且，由于在使用雇佣前调查、信用检查和背景检查时的法律限制，也会使困难增加（见第 8 章）。

第四，要求所有应聘者签订允许雇主检查推荐信和进行背景调查的免责声明。此外，让应聘者签订一份声明，保证其所提供的信息是真实的且不能拒绝提供要求的信息。

第五，应用效用分析决定，采取上述建议避免发生雇佣过失诉讼（通常机会很小）是不是值得的。从组织希望投入多少资源来防止雇佣过失方面来说，这样的分析无疑会显示出不同工作的差异性。

第六，当不能肯定是否要录用一位最终候选人时，在解决这些疑问前，不要给他工作录用函。从最终候选人获得更多的信息，更彻底地核实现有信息，询问其他人关于是否要给工作录用函的意见。

12.6.3　无固定期限的雇佣

正如在本章和第 2 章所讨论的，无固定期限雇佣涉及雇主或者雇员以任何合法的理由在任何时刻单方面终止雇佣关系的权利。一般来说，雇佣关系是随意的，并且通常雇主希望保持这种方式。因为在最终匹配期间（甚至在其之前）雇主需要采取一定的措施来确保工作录用函清楚地建立了随意的雇佣关系。这些措施仅仅是已提出的关于雇佣合同和无固定期限雇佣的观点的汇集。

　　第一件要做的事情是确保工作录用是一段不确定的时期，意味着它们没有固定期限或者特定的终止日期。第二，在工作录用函中加入一个特定的免责声明，说明雇佣关系将是严格随意的。第三，检查所有的书面文件（如员工手册、申请表），以确保其不含有任何除了暗含严格随意雇佣关系以外其他内容的文字。第四，采取措施以确保组织成员没有做出任何可能有助于创造其他关系而不是严格随意关系的声明或者承诺。[60]

小　结

　　在最终匹配期间，录用函接收者和组织通过工作录用/接受过程而互相熟悉，他们寻求建立雇佣关系并且通过雇佣合同在法律层面联系起来。

　　了解雇佣合同的原则是理解最终匹配的核心。最重要的原则是关于具有法律强制力的雇佣合同的要求（录用函、接受函和交换条件）。其他重要的原则集中于合同当事人的身份、合同形式（书面或者口头）、雇主的免责声明、或有事项、组织或者录用函接收者违约、其他可能说明雇用条款和条件的资料（例如员工手册）和没有实现的承诺。

　　制定的工作录用函要吸引录用函接收者加入组织。组织需要从战略上检查和使用录用函。在这样的策略下，劳动力市场状况、组织和应聘者的需求和法律都结合起来，形成工作录用函和员工价值主张。

　　工作录用函实际上可能包含任何雇佣条款和条件。通常录用函提出的条款涉及入职日期、合同的有效期限、赔偿金、工作时间、特殊的雇佣奖励（若有的话）、其他条款（如或有事项）和录用函接受。

　　制定工作录用函的过程是很复杂的，在制定正式的录用函之前，需要彻底全面地考虑多种问题。制定录用函时需要考虑竞争对手录用函的内容、应聘者真实性的潜在问题、录用函接收者的可能反应和组织洽谈录用的政策。录用函的呈现可在完全机械的到主要销售方法的范围内变动。最终，录用函被接受或者被拒绝，所有的录用函接收者在这些事件中应该受到迅速、礼貌的对待。应该采取措施减少无论是组织还是录用函接收者的违约。

　　接受工作录用函标志着雇佣关系的开始。为了确认最初的入职匹配开始并继续有效，组织应该着手为新员工提供入职培训和社会化活动。

　　从法律的视角出发，组织必须根据《移民政策改革与控制法案》确定录用函接收者是有就业资格的，被雇佣者的身份和就业资格都必须证实。潜在的随意雇佣曾经在工作岗位上伤害他人（员工或者顾客）的个人也是法律关注的问题。这些受伤害的人可能控告组织。组织可以采取某些措施，尝试将雇佣过失控诉事件降到最低。然而这些措施是有限制的，例如收集应聘者的背景信息就受到相关法律的限制。最后，组织应该有自己关于无固定期限雇佣的姿态、政策和实践。有许多措施可以实现这些目标。

讨论题

　　1. 如果你是一个组织人力资源部门的招聘经理，关于组织成员与新员工的口头和书面沟通交流，你会给出怎样的建议？

　　2. 如果同一工作的所有录用函接收者收到的

录用函内容是一样的，是否需要使用工作录用的战略方针？请解释原因。

3. 呈现工作录用函时，销售方法有什么优势和劣势？

4. 根据你作为新员工时的入职培训经历，列举关于入职培训经历特别有效（或者无效）地实现人职匹配的例子。

5. 雇主应该采取怎样的措施去制定和实施关于无固定期限雇佣的政策？

伦理议题

1. 某大型金融服务组织正在考虑将一项新的人事策略应用到它的管理培训计划中。该计划将会给所有受训人员提供他们的最初工作任务所需要的全部知识和技能。因此，组织决定在招聘季的后期进行校园招聘。它将雇用这些还没有收到任何工作录用函的大学生，支付给他们低于市场水平10%的薪酬，而且没有其他任何福利，例如雇用奖金或者搬迁补助。该组织计算出这项策略和员工价值主张将会产生高录用函接受率、每次录用的低成本，以及由低于市场水平的薪酬带来的可观的劳动力成本节省。从伦理的角度评估此项策略。

2. 某组织采取了一项新的人员配置策略，在任何工作类型中都雇用超过实际人员需求数量10%的员工，以确保满足雇佣需求。这说明一些新员工将违约，同时组织如果需要的话也可以违约，以合适数量的新员工结束招聘。从伦理的角度评估此项策略。

应 用

制作工作录用函

Clean Car Care（3Cs）位于一个西部的城市，拥有175 000名员工。在这座城市，该企业拥有和经营4家提供全方位服务的洗车场。3Cs的所有者阿兰·奥托颇具策略地垄断了洗车市场，他的唯一竞争者在这座城市的郊区拥有两家投币式洗车场。该城市和周围地区的失业率是3.8%，而且预计它将会稍微再低些。

阿兰通过雇用当地劳动力、支付溢价工资（高于市场工资），来进行员工招聘，以吸引人们接受工作并留在3Cs。该企业为洗车工作仅雇用初级水平的员工。如果他们留在3Cs，洗车工有机会通过员工等级向上晋升，从洗车工到轮班经理到助理经理到4家洗车场中某一家的经理。直到最近，这个招聘体系都运行良好。阿兰能够雇用高质量的人员，而且持续的溢价工资和晋升机会的结合意味着该公司的离职率相对较低（年离职率低于30%）。3Cs的每位经理，无论是过去的还是现在的，都是通过等级晋升获得该职位的。但是现在这种情况正在改变，失业率持续降低，

随之自然地有更多离职倾向的新员工。内部晋升渠道逐渐不畅通，因为很少有新员工在3Cs待到足够长的时间开始向上晋升。

阿兰在北部的洗车场有一个经理职位空缺。遗憾的是，他认为任何一个助理经理都不能够胜任该工作，他很不情愿地承认他需要外部招聘。

阿兰从一次有力的三县招聘中获得了5位应聘者。首先通过初步评估从中选出4位候选人，而后从4位候选人中选出2位进入最终面试。简·罗伯茨是第一位最终入选者，也是阿兰决定录用的人。简对这份工作很感兴趣，而且她告诉阿兰如果条件合适的话她会接受这份工作。阿兰很确信简将会获得一个来自她现在公司的反要约。简在速食商店和灯泡制造工厂有丰富的管理经验。她愿意重新安置，转移到45英里外的新地方。但她无法在45天内开始工作，因为她需要事先告诉现任老板，并准备离职各项事宜。作为一个单亲家长，简希望在每周的星期六或者星期日能够休息一天。第二位最终入选者是贝茨·库克。虽然她缺乏简所拥有的丰富管理经验，但在顾客服务技能上，她比简优秀。贝茨告诉阿兰，如果她有

幸得到这份工作，她需要立刻知道。因为她在现在的公司即将得到晋升，她希望在被给予晋升机会和接受晋升前，能够到 3Cs 开始工作。

阿兰正在仔细考虑给简怎样的录用条件。他的三个经理的薪酬在 28 000～35 000 美元之间，其中包括根据阿兰自己进行的绩效评估给予每年的加薪。经理在第一年有一周的休假，而后的四年可以享受两周的假期，再之后可以有三周的假期。他们同时也有健康保险（雇员需要支付 20%的保险费）。经理每周工作 5 天，但在高峰时期经常周六和周日也要工作。简现在的薪酬为 31 500 美元，有不用员工付费的健康保险和一周的休假（当她在公司工作两年后，很快就能享受两周的假期）。她每周工作 5 天，周末偶尔会工作。贝茨现在的薪水为 34 500 美元，有健康保险（完全由雇主支付费用）和一周的休假（在下一年她有两周的假期）。周末加班如果不是很频繁的话，她可以接受。

关于下面该如何进行，阿兰想要向你寻求帮助。特别地，他希望你：

1. 给出建议，简是否会接受一份最优条件、具有竞争力，或者虚低报价的工作，并解释原因。

2. 除工作录用函中可能强调的薪酬、健康保险、假期和工作安排外，还有哪些吸引因素，并解释原因。

3. 起草一份给简的工作录用函，包含你在上面提出的建议，以及工作录用函的其他必备内容。

评估一项雇佣可变薪酬计划

Effective Management Solutions（EMS）是一家很小但快速成长的管理咨询公司。EMS 将其业务分为四个方面：管理体系、商业程序改善、人力资源和质量提升。从战略的角度，EMS 制定了一个有挑战性的收入增长计划，追求在接下来的每一个 5 年里，每项业务的收入增加 25%。该计划中的关键部分包括人员增长，因为 EMS 现在的大部分初级顾问（助理）已承担了最大的顾客量，不能再为其他的顾客提供服务。助理们也承担了最大的工作量，每年平均工作 2 500 个计费小时。

人员配置战略和计划导致了接下来的信息和预测。每个业务领域现在有 25 个助理——初级职位。平均每年每个业务领域都有 5 位助理晋升到本领域的高级助理（由于不同的 KASO 要求，在不同的领域里没有晋升或者轮换）。而且，5 位离开 EMS 的助理几乎全部去了其他咨询公司。这样每年在每项业务中另外会有 10 位新助理代替原来的员工，总计就是 40 人。为了实现收入增长目标，每个业务领域需要每年雇用 15 位新助理，或者总计雇用 60 位。如此每年总共需要 100 位新助理（40 位替代原来的助理，增加 60 位新助理）。

目前，EMS 给每位新员工提供一份很大方的福利包，而且这被认为是很有竞争力，但不接受薪酬谈判。这样的工作录用函大概有 50%会被接受。那些拒绝工作录用函的人中，大部分都是高水平的应聘者，他们接受更大型的咨询公司提供的工作，虽然这些公司提供低于市场水平的薪酬，但是可以通过不同的短期可变薪酬提供更高薪酬的潜能，并且提供了快速的晋升。

鉴于这些事实和推测，EMS 认识到需要修改目前的工作录用措施。因此，它要求公司处理人力资源事务的马纽尔·罗德里格斯制定一份工作录用函建议书，由 EMS 合伙人在他们下一次会议上进行讨论。合伙人告诉罗德里格斯他们想要一份将提高工作录用函接受率，减少助理流失到其他公司，并且不会造成现有合作者不满的计划。

作为对公司要求的反应，罗德里格斯制定了一个雇佣可变薪酬（HVP）计划。通过将基本工资和短期可变工资（奖金）计划结合，该计划有作为其基石的多种货币风险/奖励包。HVP 计划的详细说明如下：

● 录用函接收者必须在接受正式的工作录用函之前，从以下的三个计划中选出一个。这些计划是高风险计划、标准计划和低风险计划。

● 高风险计划提供一个低于市场水平 10%～30%的起薪，并可以参与年度奖金计划，奖金范围是现有薪酬的 0～60%。

● 标准计划提供低于市场水平 10%的起薪，并可以参与年度奖金计划，奖金范围是现有薪酬的 0～20%。

● 低风险计划提供高于市场水平 5%的起薪，没有年度奖励计划。

● 平均市场工资率将由人力资源部门获得的薪酬调查数据得出。

● 个人的奖金数额将由个人在三项指标上的业绩决定，这三项指标是计费小时数、产生的新顾客的数量和顾客满意度调查结果。

● 招聘经理将根据人员/职位匹配和人员/组织匹配的可能性以及填补职位的需要，与在高风险和标准计划中的新员工洽谈起薪。

● 招聘经理也可以提供高达起薪10%的"热门技能"奖金，在三项计划中都可行。该奖金将持续两年。

● 三个计划之间的转换允许每两年一次。

● 目前的助理可以根据他们现在的薪酬选择一项新计划。

评估以上提出的 HVP 计划，回答下列问题：

1. 如果你是一位应聘者，HVP 计划对你有吸引力吗？为什么？如果你是一个录用函接收者，你将会选择三项计划中的哪一项？为什么？

2. HVP 计划可能提高工作录用函接受率吗？为什么？

3. HVP 计划可能降低离职率吗？为什么？

4. 对于 HVP 计划，现在的助理将做出怎样的反应？为什么？

5. HVP 计划将会给人力资源部门带来怎样的问题？给招聘经理带来怎样的问题？

6. 对于 HVP 计划，你会做出什么改动？为什么？

注　释

1. M. W. Bennett, D. J. Polden, and H. J. Rubin, *Employment Relationships: Law and Practice* (New York: Aspen, 2004), pp. 3-3 to 3-4; A. G. Feliu, *Primer on Individual Employee Rights*, second ed. (Washington, DC: Bureau of National Affairs, 1996), pp. 7–29; G. P. Panaro, *Employment Law Manual* (Boston, MA: Warren, Gorham and Lamont, 1993), pp. 4-2 to 4-4; Society for Human Resource Management, "How to Create an Offer Letter Without Contractual Implications," Sept. 15, 2010 (*www.shrm.org/templatestools/howtoguides/pages/howtocreateanofferletter.aspx*).

2. Panaro, *Employment Law Manual*, pp. 4-61 to 4-63; D. Cadrain, "Coming to Terms," *Staffing Management Magazine*, Oct. 2009 (*www.shrm.org/publications/staffingmanagementmagazine/EditorialContent/Pages/1009cadrain.aspx*).

3. Bennett, Polden, and Rubin, *Employment Relationships: Law and Practice*, pp. 3-22 to 3-23; Panaro, *Employment Law Manual*, pp. 4-5 to 4-60.

4. Panaro, *Employment Law Manual*, pp. 4-18 to 4-19; Society for Human Resource Management, "How to Create an Offer Letter Without Contractual Implications."

5. Feliu, *Primer on Individual Employee Rights*, pp. 23–25; Panaro, *Employment Law Manual*, pp. 4-30 to 4-31.

6. Feliu, *Primer on Individual Employee Rights*, pp. 26–28.

7. Feliu, *Primer on Individual Employee Rights*, pp. 48–51.

8. Bennett, Polden, and Rubin, *Employment Relationships: Law and Practice*, pp. 3-30 to 3-32; Feliu, *Primer on Individual Employee Rights*, pp. 22–25.

9. Feliu, *Primer on Individual Employee Rights*, p. 24.

10. Feliu, *Primer on Individual Employee Rights*, p. 26.

11. Panaro, *Employment Law Manual*, pp. 4-66 to 4-136.

12. Bennett, Polden, and Rubin, *Employment Relationships: Law and Practice*, pp. 3-24 to 3-34; Feliu, *Primer on Individual Employee Rights*, pp. 39–50; Society for Human Resource Management, "How to Create an Offer Letter Without Contractual Implications."

13. J. A. Segal, "An Offer They Couldn't Refuse," *HR Magazine*, Apr. 2001, pp. 131–144.

14. A. W. Matthews, "Wanted: 400,000 Long Distance Truck Drivers," *Wall Street Journal*, Sept. 11, 1997, p. B1; R. Romell, "Truckers in the Driver's Seat," *Milwaukee Journal Sentinel*, Nov. 30, 1997, p. 1D.

15. Bennett, Polden, and Rubin, *Employment Relationships: Law and Practice*, pp. 2-11 to 2-49.

16. D. S. Fortney and B. Nuterangelo, "Written Employment Contracts: When? How? Why?" *Legal*

部门的经理接受了大量新政策和新流程的培训,从通才逐渐转变为专才。职位描述、任职资格以及招聘战略都被标准化,胜任力模型也逐步建立,用于识别理想员工的性格特质、兴趣和技能。此外,标准化的指导方针、检查表和候选人评估指标都已形成。太阳信托银行仍然为个别分行和人员配置经理留有一定的自由度,如自行决定本区域的招聘时间和方式。看起来集中化似乎很好地发挥了作用。新任人力资源部主管说:"我们致力于平衡银行愿景和现实状况之间的推力—拉力。我们并不想由一方或者另一方掌握整个局势……银行经理一致认为他们现在获取的候选人更好,新的、更精确的招聘系统使我们减少了广告和采购支出,同时增加了对每个候选人的评估。所以,最后的结果是花费少而成效大。"此外,全职出纳的离职率下降,填补职位空缺的平均时间缩短,非豁免岗位的平均招聘成本降低。

图 13—1 更为详细地展示了一个针对综合业务、多车间制造企业的集中化组织制度安排。在公司层面,人力资源部由人力资源副总裁(VP)领导。招聘及平等就业机会/平权行动(EEO/AA)、薪酬福利、培训与开发、员工关系、人力资源信息系统的主管向人力资源副总裁汇报。副总裁和这些业务主管共同制定和协调人力资源战略、政策,并管理其职能单元。

招聘及 EEO/AA 主管有三个下属:豁免(exempt)、非豁免(nonexempt)以及 EEO/AA 招聘领域的经理。每个经理都相应地负责对专员和助理的监管。比如,豁免雇佣经理掌管着内外部管理和专业岗位的人员配置。在这一部门有两个专员——校园招募专员和内部人员配置专员,以及一个行政助理。非豁免雇佣经理负责内外部小时工资制人员的配置。有四个专员(招聘专员、面试专员、测试专员以及顾问)和两名行政助理向非豁免雇佣经理汇报。EEO/AA 经理的直接下属包括一个顾问和一个行政助理。顾问在招聘中主要承担联络组织中各部门直线经理的角色。作为这些直线经理的内部客服代表,顾问帮助他们理解公司的雇佣政策和流程,决定具体的人员配置需求,处理特殊的人员配置问题和需要,并回答相关疑问。

在工厂层面,由一个人力资源经理和一个行政助理负责所有的人力资源活动,包括人员配置。这个人力资源经理是一个真正的通才,在所有问题(包括人员方面)上都要与工厂经理进行紧密的合作。从人员配置来看,虚线表示 HR 经理与招聘及 EEO/AA 主管(也包括其他公司层面的人力资源主管,图中没有显示)之间有非直接的汇报关系。非常重要的是,这些主管会和人力资源经理一起推动制定政策和项目(包括人员配置),这些政策、项目与整个公司的战略保持一致,同时也根据工厂的员工及其特殊需求而量身定制。

上述案例说明人员配置是人力资源部门当中的一个重要领域,研究也证实了其重要性。例如,人员配置职能在人力资源部门的总体预算中所占的比例比其他职能要大,平均为总预算的 20% 左右。一项调查显示,在过去几年中,大型组织的人力资源部门对招募与选拔活动的重视大大提升,远远高于其他人力资源活动。[6]人员配置模块的员工薪酬与其他人力资源职能模块的薪酬水平具有可比性。所有人力资源领域的员工都逐渐有资格获得短期激励和奖金。[7]

从事人员配置的员工必须与其他人力资源职能领域的成员紧密合作。例如,人员配置的员工在制定岗位报价(如起点工资、雇佣奖金和特殊收入)的政策时,必

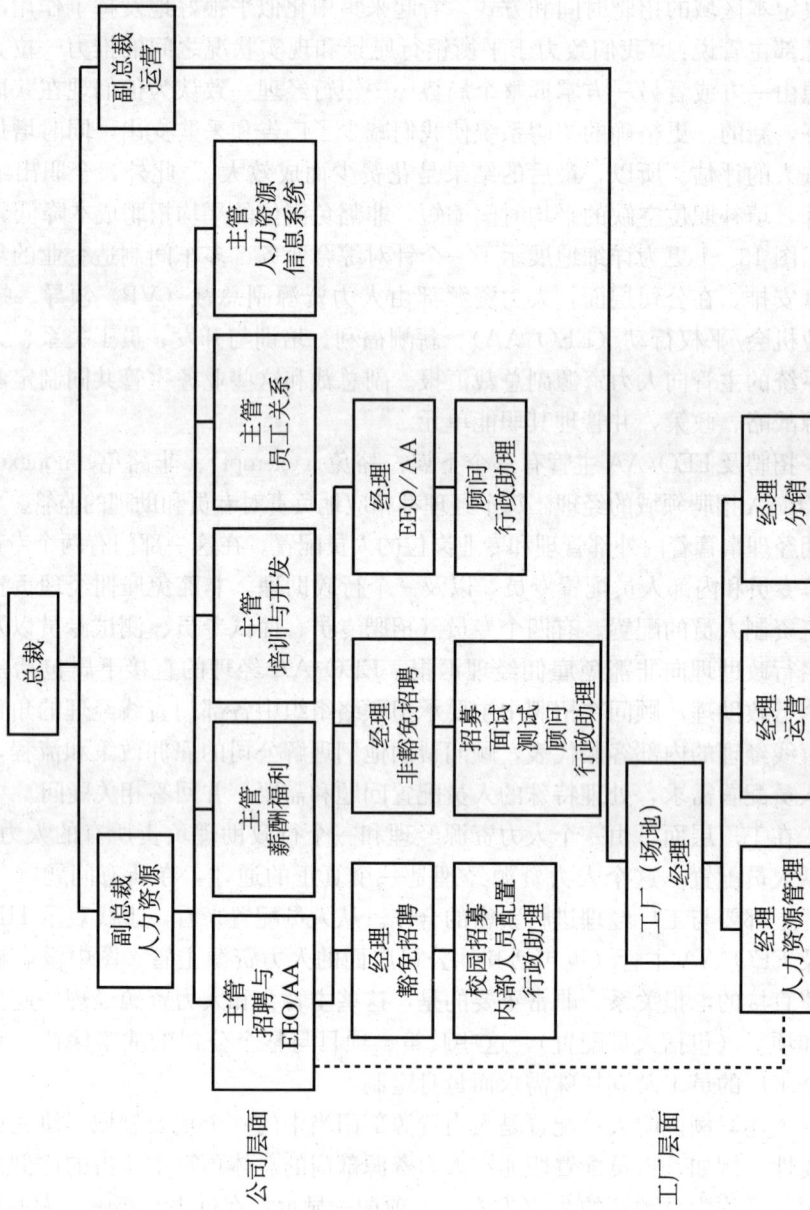

图13—1 人力资源部与招聘（人员配置）职能的例子

须与薪酬福利的员工进行协调。另外，人员配置活动必须和培训与开发职能进行协调，以识别组织外部入门水平的新员工以及计划转岗或需要加强培训经验的在职员工的培训需求。员工关系主管也会与人员配置模块一起决定人员配置有关（如晋升和转岗）的合同，帮助解决员工对人员配置流程和决议的抱怨。通过与人力资源信息系统主管的协作，可以得到日常记录、人员配置软件以及 EEO/AA 数据。

需要注意的是，尽管人员配置活动集中在人力资源部门，但当任何具体的组织单元进行人员配置工作时，其成员都将（并且应该）在整个人员配置流程中发挥一定的作用。部门经理会提交招聘授权申请，与 HR 一起决定空缺岗位要求/偏好的 KSAO，同时积极参与评估以及工作机会的提供。这个部门的其他成员可以在搜寻 KSAO 上向部门经理提供支持，正式会见候选人并与其在招聘和吸引动机上进行互动，并向部门经理推荐他们更加偏好的岗位候选人。在以团队工作为基础的部门，团队成员在人员配置的各个阶段都可能扮演更为积极的角色。每个组织都需要为自己制定恰当的人员配置制度安排，以最好地与组织的人员配置战略及组织成员的偏好相匹配。

13.2.2　人员配置岗位

人员配置岗位多种多样。在私营部门，大部分都由人力资源部自己（公司和工厂或网点层面）安排。在公共部门，它们更多见于中央人事或人力资源办事处，还有各种指定的代理机构，如交通或人力服务。

人员配置岗位的任务、职责的类型和范围也有很大的差异。一些岗位是专业型的，包括面试、招募以及校园关系等职能专长，通常也有一些初级的岗位。其他岗位可能更偏向于通才型，尤其是在一个大型组织下的小型公司或小型单位（工厂或办事处）中。在这些组织中，一个人可能需要处理所有与人员配置相关的活动。在较高的组织层次中，专业型和通才型岗位是并存的。专业型的岗位包括测试开发与验证、实施评估、平权行动的岗位。通才型岗位具有更多超越专业型岗位的管理职责，人员配置经理就是一个例子。

表 13—1 提供了国际科学应用公司（SAIC）两个人员配置岗位的职位描述，数据来源于该公司网站（www.saic.com）。前一个岗位是初级的人员配置岗，后一个是通才型岗位，属于公司层的人员配置岗位。国际科学应用公司是《财富》500强企业，同时也是一个雇员所有的研究和工程组织，在全球 150 个城市中拥有自己的办事处。

表 13—1　　　　　　　　　　　　国际科学应用公司的人员配置岗位

A. 初级招募者/人力资源通才

岗位描述：
为太平洋项目分公司招募技术与管理人员，包括环太平洋地区的不同国家和地区。职责包括岗位需求跟踪、岗位发布、职业介绍、预筛候选人、与招聘经理协调面试日程和安排、开展面试、开展背景调查等。其他协助性工作职能包括执行人力资源通用的工作职责，如福利、薪酬和员工关系。

学历：
本科优先。

必要的技能：

1～3 年的招募经验。能够与同事、职位申请者以及招聘经理建立高效的工作关系。必须能够通过书面或口头沟通形成一个积极、专业的形象，在有限的监督下独立工作。能够熟练应用 Office 办公软件（Word，Excel，Power Point）。可能需要出差。

所需技能：

为技术岗位招募合适员工，包括系统工程师、软件工程师和系统管理员。有应用 Resumix 软件或其他自动化招募和人员配置工具的经验。

工作分类： 人力资源　　**编号：**

工作地点： 美国夏威夷州檀香山

联系方式：

兼职/临时： 全职

必须达到的权限等级： 保密

国际科学应用公司是一家 EO/AA 雇主。

B. 企业人员配置经理——西区（圣迭戈）

岗位描述：

任职者要向国际科学应用公司西区人力资源经理、招募人员等提供战略人员配置支持。在符合法律和公司合规要求的同时，对能够解决西区各部门和集团业务需要的招聘程序进行分析、开发、执行和评估。在本地区内协调与高校的关系，开展校园招聘活动，包括广告战略。开发和协调区域内的平面和网络广告战略、多样化和专业化的招聘流程、雇员推荐项目、学生实习以及各种人员测评方法的收集。通过最优招聘战略，构建并利用工具和流程以提升投资回报率（ROI）。需要出差来满足业务需求，需要支持人才获取、并购、外购和其他重要的招聘需要。任职者既要向公司人员配置主管汇报，也要向西区人力资源主管汇报。直接监管区域服务中心招聘和管理员工的情况。此外，还要负责确保所有招聘者定时接受培训，重温候选人信息系统（如 Resumix 系统）的进修课程。建立并领导一个超级用户团队，提供用户支持、开发、更新，满足用户需求，处理好与供应商的关系。

学历：

相关领域的文学士或理学士，至少 10 年的工作经验，并且在要求的监管能力方面有 3 年以上的工作经验。人力资源管理或相关领域的硕士学历优先。

必要的技能：

必须有在紧缺的劳动力市场上领导一个成功的大规模团队的监管经历。有电子化的候选人追踪系统的经验，Resumix 系统为佳。必须具备出色的人际交往能力，有团队精神，拥有出色的说服、谈判和激励技能。在没有直接管理者的帮助下，必须拥有管理团队和通过影响实现结果的能力。在领导会议上，能够应用各种技能促进信息的交流，可以组织并宣传有效的培训和信息管理课程。必须了解 EEO、劳动法规以及移民法规。

所需技能：

有在 IT 行业管理大规模招聘项目的经验者优先。

工作分类： 人力资源　　**编号：**

工作地点： 美国加利福尼亚州圣迭戈

联系方式：

兼职/临时： 全职

国际科学应用公司是一家 EO/AA 雇主。

资料来源：Science Applications International Corporation. Used with permission.

无论是在私营企业还是在公共组织，通常参与人员配置工作是招募与面试的专属范围。这类岗位的人员一般来自组织的新雇员，也有可能来自组织内部培训管理项目的转岗，或者直线管理岗，还有可能来自其他人力资源职能模块。简而言之，没有一条进入人员配置岗位的固定途径。

在人员配置岗位之间的流动性包括传统和非传统两种职业路径。在传统路径中，通常的发展方式是在公司和业务部门层面，从入门级别的专员晋升为人员配置经理。非传统路径包括担任人员配置专员，一年之后平行转岗到另一个人力资源职能模块，从该岗位转到一个初级管理岗，在管理层级内晋升，最后达到人员配置经理的位置。总之，没有一条设定好的流动路线，个人必须考虑可能出现的意外情况。

如果一个员工晋升到了人员配置模块外，这就有助于他晋升到人力资源的最高层级（主管或副总裁）。在这类层级中，岗位上的员工要处理各种任务安排，包括人力资源之外的管理和专业能力。人力资源之外的工作涉及多个领域，包括顾客服务、运营、财务、销售/市场以及人力资源咨询。[8]

事实上，需要注意的是人员配置岗位（以及人力资源的其他领域）在本质上越来越以顾客为中心，并重视对顾客的便利性。由于人员配置活动开始分散化并在直线管理的控制之下，人员配置岗位的员工存在的意义在于提供需要的服务，扮演服务需求者的顾问角色。由于人员配置岗位的一部分新负责人（直线经理和团队领导）在人员配置活动上缺乏培训和经验，这样的顾问角色对于他们来说将是一个挑战。

在人力资源公司内部，有越来越多的人员配置岗位。Staffmark 公司就是其中一家，它是一家大型的多元化的人力资源公司，在全国拥有多个办事处（www.staffmark.com）。Staffmark 公司提供的服务包括人员补充（短期或长期）、对直接招聘的补充、直接雇佣、管理搜寻、实地管理项目、国内多地区劳动力管理以及培训项目。表13—2是 Staffmark 公司初级人员配置专员岗位的工作描述。其他高级职位包括资深人员配置专员、直接招聘者、实地招聘主管以及人员配置经理。从事实地人员配置工作的员工需要直接与客户的人力资源部门合作，参与到人员配置的各个阶段。当客户缺乏人员配置专长或者需要快速招到大批量的新员工时，这类专才就派上了用场。[9]

表13—2   **Staffmark 公司的人员配置岗位**

岗位名称：人员配置专员

工作概要：

这个岗位要制定全面而精确的工作通知单，识别并将临时员工配置到临时的工作任务上，或者根据具体的工作通知单和要求为客户公司直接提供人员配置，通过对已有账目的洞察来发掘业务成长机会。

核心职责：

1. 履行如下职能：识别合格的应聘者，为面试进行初筛，管理测试，背景调查，评估应聘者的资质。

2. 聘任合格的临时员工，根据其技能、能力和资历为之确定合适的薪酬水平。

3. 为员工提供工作机会，同时进行全面的工作描述，解释任务周期、付费标准和福利水平。

4. 从客户提供的工作通知单当中获取全面而精确的信息，并提供最佳的临时员工。可能需要向客户解释基本工资水平。

5. 为客户提供最具资质的员工（可能通过技能营销的方式），为其做基本的员工引导。

6. 监督员工在客户公司的工作表现，如跟踪出勤情况和绩效表现等。

7. 用电脑及时、准确地记录好客户活动及相关库存的数据。

8. 定期向派遣员工的客户拨打服务电话（零售账户＜500 000 美元），以保证服务质量，识别可能出现的问题，并获得反馈。

9. 完成质量控制程序，包括已完成工作通知的登记电话、跟进电话。

10. 准确地为临时员工处理工资单。

11. 遵守并宣传公司为员工制定的所有安全条例和法规。

12. 确保工人的索赔要求都记录在案。

13. 在管理层的监督下，为员工提供咨询，并进行争议处理。

14. 在分公司经理的领导下，记录药品测试结果，并遵守药品测试政策。

15. 实行电话营销和电话招聘，为当前和潜在的客户发掘更多合适的临时员工。

16. 按照要求，以专业的方式代表公司参加各种专业的、学术的或公共的活动。

其他职责：

1. 偶尔会负责管理员工薪酬或参加失业补偿听证会。

2. 在下班后和周末能够随叫随到。

3. 可能需要轮换工作。

注意：有时也会接到没有在此处列出的其他任务。

监督职责：

监督临时员工，包括监控任务的进展和完成情况，解决临时员工的问题和担忧，提供辅导和建议，纠正他们的不当行为。在合适的时候结束临时员工的工作。对公司内部的员工没有监督职责。

必要的胜任力：

能够独立判断，表现出良好的推理能力。充分了解 Staffmark 公司的失业补偿和员工补偿的归档过程。

必要的任职资格：

要成功地做好这个岗位的工作，个体必须能够圆满地完成每一项基本职责。下面列出的要求代表需要的知识、技能和能力。有障碍的员工将得到合理的通融来完成这些核心职能（为使残疾人完成基本的职能可能需要提供合理的食宿）。

学历和（或）资历要求：

高中学历或普通教育程度（GED），或者有 1～3 个月的相关经验，或者相关培训；同等学力和资历的结合亦可。

语言技能：

能够阅读并理解诸如安全条例、操作和维护说明书、流程手册等文件。能够写作日常报告和通讯。能够在顾客或组织员工面前有效地演讲。

数学技能：

能够使用整数、分数和小数在所有测量单元当中应用加、减、乘、除。能够计算比率、比例、百分比，画出并理解条形图。

推理能力：

能够根据常识来实施详细而未过多涉及的书面或口头命令。能够在标准情境下处理一些含有现实变量的问题。

计算机技能：

微软办公软件 word，outlook，Caldwell，Excel，Powerpoint 等，以及应用网络。

证书、执照以及注册资格：

必须具备有效的驾驶证。该职位需要往返于客户和公司之间。

身体素质要求：

此处所指的身体素质要求指的是一个员工胜任这个岗位的核心职能所必须具备的基本要求。针对那些身体有缺陷而无法很好地完成这些基本职能的人，公司应提供合理的食宿。

在履行岗位职责的时候，员工需要不时地坐下，用手来触摸、操作或触碰，同时要倾听或交谈。员工经常需要走动，同时要用手和胳膊去够东西。有时，员工还需要站立、攀爬或保持平衡，还可能弯腰、跪下、蹲伏或爬行。该岗位的员工很有可能经常举起或搬动 10 磅左右的物体，有时会达到 25 磅。这个岗位还需要一定的视力水平，包括近视、远视、色觉、周边视力、深度感知以及焦距调整等。

工作环境：

这里所讨论的工作环境特征是员工在履行核心职能时可能遇到的典型情况。我们提供合理的食宿以帮助残疾员工履行主要职能。在工作中，员工偶尔会暴露在潮湿的环境当中，移动机械的部分，适应外部的天气，可能遭遇极度严寒或极度酷热。但工作环境中的噪声处于中等水平。在使用特定设备的情况下，员工需要穿上恰当的安全防护装备。在下班和周末时间，员工要能够随叫随到。还有可能需要工作轮换。

资料来源：Staffmark. Used with permission.

另一个新型的人员配置岗位是首席人才官或人才招聘副总裁。在那些非常依赖人才的组织中（如科技、娱乐公司），以及需要在主流招聘流程之外进行专业人才搜寻的公司中，都会设置这样的岗位。美国在线（America Online）这家公司更为先进，专门成立了一个 35 人的招聘部门，负责公司内外部的人才搜寻工作。这些员工要有招聘方面的背景，能够理解公司的管理职责，具有一定的营销经验来帮助推销公司并建立关系，能够利用创造性思维来建立招聘的战略愿景和他们在组织内的角色。[10]

13.2.3 政策和流程

对于人员配置系统的管理来说，书面的政策和流程的指导是非常可取的。只有对政策和流程进行定义之后，才能真正理解它们的重要性。

政策就是一个经过筛选的过程或指导原则。它是一个可通过合理的行动来达到的目标。比如，某组织可能有如下的内部晋升政策："×××组织的初衷是让所有初级水平以上的职位空缺都从组织内部来补充，除了那些内部不能满足的重要而且紧急的高素质人员。"这个政策让我们清楚地看到内部晋升是它想要实现的目标，唯一的例外就是当内部缺乏能够迅速上岗的高素质员工之时。

流程指的是规定的程序或者在类似情形下采取行动的方式，它提供了管理特定行动过程的规范。例如，为了执行内部晋升的政策，组织在发布和沟通职位空缺、识别有资格的应聘者、评价应聘者的任职资格时，都要遵循特定的流程。

政策和流程可以增强人员配置领域的战略重心。当具备了清晰的政策和流程时，就可以在战略层面上考虑整个系统的意义和功能。另一方面，未加成熟思考、没有一致性的政策和流程意味着人力资源经理将会耗费大量时间来扮演处罚者或救火员的角色，因为在整个组织单元当中，不一致的行为将不可避免地引起员工的抱怨。如果没有清晰的人员配置政策，经理们在最后一刻仍然艰难地寻找着招募或选拔需求的解决方案。花过多时间去处理这些日常的流程故障，意味着没有充足的时间来商议组织的目标或思考其他替代方案。最终的结果是毫无效率且浪费时间。

政策和流程的存在也极大地加强了人们对人事活动公平性的感知。对不同组织的调查显示，当决策是基于事实而非社会影响或个人偏见的时候，当对决策制定的标准进行了细致沟通的时候，当所有相关个体都遵守统一的流程的时候，员工会认为组织的决策制定过程最为公平。[11] 如果政策和流程能够满足所有感知公平的要求，对它们的应用就可以极大地提高员工对公平的感知。当然，感知公平也是有底线的。员工对组织公平的感知与招募情境下积极找工作的意向相关，与选拔情境下接受工作的积极意向相关，对工作安排的满意度和忠诚度的提升有积极作用，还能减少裁员情境下员工对前任雇主的控告。[12]

13.2.4　人力资源信息系统

人员配置活动需要收集并使用大量信息。岗位描述、申请材料、简历、回复、应聘者档案、申请者的跟进和追踪、报告等都是人员配置系统运行当中不可或缺的信息类型。一般来说，要收集哪些信息，如何进行信息归档、获得信息以及使用信息等问题，都会在管理人员配置系统时出现。处理并解决这些问题对减轻文书工作的负荷、节约管理过程的成本、加快职位空缺填补的速度等都有重要意义。因此，人员配置系统的管理包含对信息系统的管理。

大部分组织都会雇用大量员工来确保人力资源部门的专注性，这样的组织一般将人力资源职能与人力资源信息系统（HRIS）整合在一起。很多供应商开发了专业的 HRIS，使其能够追踪包括人员配置在内的重要的流程和结果，如表 13—3 所示。表 13—3 中列举的特征是说明性的，而非详细列举；新的功能可以逐渐被增加到 HRIS 当中。为人员配置系统的结果提供切实的数据，能够提升组织人员配置服务的信誉。随着 HRIS 的使用，人员配置过程中数据可用性的增加，也意味着组织能够精确地追踪政策和流程的效力。不能反映投资回报率的人员配置政策将被取消，反之，可以反映积极结果的政策将被扩展。将人员配置职能模块外包出去的组织也应该了解 HRIS 提供的信息，同时确保它们从供应商的 HRIS 数据库当中获得了准确、全面的报告。考虑业务外包的组织需要先了解其他组织中能够反映人员配置系统有效性的历史数据，之后才能将业务外包给某个特定的供应商。如果一个外包服务的提供商不能提供这些数据，这可能说明它不能有效沟通或者不会严格地评估其服务的质量。

表 13—3　　　　　人员配置活动中的人力资源信息系统

人员配置任务	人力资源信息系统功能
合法性	EEO 数据分析和报告 政策和流程的书面指导 证明工作关联性的数据分析
计划	跟踪人员需求的历史数据 预测劳动力供给 替代和继任计划

续前表

人员配置任务	人力资源信息系统功能
工作分析	工作头衔和职能的数据库 职位胜任力的数据库 将职位说明与 O* Net 相比较
外部招募与选拔	职位发布报告 周期性招募需求 应聘者日志、状态及追踪报告 招募来源的有效性 电子简历发送 以关键词搜索申请材料 新的招募报告（人数、素质、安排） 选拔系统的确认
内部招募与选拔	员工继任计划 在内网上发布职位信息 技能数据库 通过评价中心来跟踪流程 工作绩效报告 个人发展计划
最终匹配	追踪工作录取率 合同开发 跟踪员工社会化过程
人员配置系统管理	系统成本报告 投资回报率 记录保存功能
员工保留	工作满意度数据的收集和分析 追踪不同时间和地区的员工流动率 绩效管理和/或渐进性惩处

　　基于网络的人员配置管理系统也可以通过应用服务提供商（ASP）或软件服务供应商（SaaS）来实现。有了这样的系统，供应商可以提供硬件（如服务器和扫描仪）和软件，还有对系统的日常管理。招聘者和雇佣经理可以通过网络浏览器登录这个系统。Brass Ring 公司（www. brassring. com）的企业系统就是一个例子。这个系统可在职位公告栏和其他网站上发布新的职位空缺。它能够接收各种形式的简历（纸质、传真、邮件、网络版本），扫描并对其编码，然后将它们保存在安全服务器的关联数据库中。除了简历信息之外，人才记录还包括与工作样本、背景调查、测试分数、培训、证书、绩效回顾和参考资料相关的信息。之后，招聘经理或招聘者可以登录数据库提交岗位需求，基于具体的 KSAO 来进行文字和概念的检索，安排面试，与申请者进行沟通，将简历转寄给其他人，跟踪现有申请者的搜寻情况，跟踪当前员工的 KSAO，完成各种招募报告，如每次招募花在招募来源和遵从 EEO 上的平均成本。

　　多个趋势持续改变着人力资源信息系统状况。[13]一个增长的趋势就是，让一线经理和员工访问他们的人力资源记录并直接参与系统，而不是通过一个集中的人力资源系统工作。这些进程已得以实施，从而促进人员配置功能。员工自助服务页面可用于帮助员工在组织中通过继任管理计划不断更新技能，寻找能帮助他们为更高级别职位做好准备的培训，并在职位公开时提交申请。基于互联网解决方案可用性的增加，也将使它更容易为资源有限的小企业的人员配置提供一套完整的自动化解决方案。

信息共享的社交网络应用，如 Facebook，Twitter，已成为人力资源信息系统中更常见的元素。社交网络应用已经成为员工引导或入职计划的流行元素，因为它们可以让新手快速与员工建立互动。

■ 效果

对组织使用新人员配置技术的情况的调查和对组织采纳、执行及运营情况的案例分析，都为全面了解新技术的使用状况提供条件。[14] 从数据当中可以得到复杂的信息，包括大量的正面和负面的经验。

以人员配置任务评估人力资源信息系统时，人力资源经理需要为整个人力资源系统的现在和将来认真考虑他们的需求和目标。[15] 一些区分人力资源信息系统的关键因素包括，系统是通过现场还是通过提供远程软件服务的供应商实现，人力资源信息系统提供的自定义报告的程度和性质，集成各种人力资源功能的能力，以及招募、选择、记录、定位、福利、薪酬等系统彼此融合的程度。其他要考虑的因素包括：供应商入行多久，它的系统升级的频率，供应商有多少其他客户，当然还包括这些客户是谁，以及成本。决定使用哪个人力资源信息系统的复杂性意味着使用决策很少由一人单独完成，而是由管理人员、人力资源工作人员、信息技术专业人员组成的联合委员会所共同完成的。

人员配置技术可能有很多积极和消极的影响。这些影响大多超出了流程改进（如人员配置的速度）和成本控制的范畴。由于这两种潜在的优势都是非常重要的，我们应当在其他潜在优势的背景下对它们进行思考，尤其是在五花八门的潜在劣势的背景下。基于这样的现实，组织需要谨慎前行，要费心决定是否使用新的人员配置技术，评估产品和供应商，与供应商签订服务协议，还要在采用人员配置技术之前进行认真的规划。显而易见的是，即使已经实施了人员配置技术，也要定期检测和改良系统。

13.2.5 外包

外包指的是将工作以合同的形式承包给供应商或者第三方管理者。在第 3 章，我们已经讨论过组织中非核心流程的外包问题。在这一章，我们要考虑的是将一些人员配置职能进行外包的案例。特定人员配置活动外包的例子比较多，包括搜寻临时员工、执行官搜寻、药品测试、技能测试、背景调查、主持人才交流会、人员再配置、评价中心以及平权行动计划等。还有其他外包的情况陆续出现。例如，即时招募服务为执行官搜寻提供短期协助，但对这种服务的支付却是基于固定的费用或时点，而非基于新入职者的薪酬比例。[16] 表 13—4 给出了影响外包决定的各种因素。外包决策需要考虑组织的战略、规模和所需的技能。正如你所了解的，外包决策不是一个全有或全无的命题，对一些人员配置职能更容易外包，所以大多数组织都只会外包一部分任务。

表 13—4   外包与内部人员配置的比较

	外包	内部
战略	人员配置职能与组织核心竞争力无关	人员配置职能与组织核心竞争力相关联
规模	小型组织，组织当中没有一个集权化的人力资源职能，或者组织有着持续的招聘需求	大型组织，能够产生选拔任务的经济规模，组织知识非常重要
所需技能	一般人力资本，如能够通过学历来轻易识别的人力资本	公司特有的人力资本，例如对组织政策有所了解以及特殊的人格特征
举例	● 为小型仓库招聘包装人员 ● 为长期护理设备招聘注册管理员 ● 建网站来自动筛选初级员工 ● 为一家周期性的制造企业提供临时员工	● 为广告公司招聘具有创造力的人才 ● 为组织的管理团队筛选成员 ● 提供员工引导 ● 为大型零售企业招募和选拔员工 ● 为互助工作团队招募和选拔员工

外包的一个好处就是将公司内部的人力资源部门从日常行政事务当中解放出来，而这些事务可以由外部组织更有效地进行管理。一项针对人力资源代表的调查显示，外包的主要优点在于能从专家那里得到更为专业的信息，能够获得内部难以实现的技术和服务，能够实现总体成本的减少。[17]通过减少维持人员配置系统的日常工作，人力资源部门可以投入更多精力去分析和提高整个人员配置系统的效率。由于专业的人员配置公司总是在做同样的工作，它们能够建立专业、高效的系统，从而比组织内部的人员配置系统更快速、经济。与此同时，外部人员配置公司有更多的资源来与这个领域的发展保持同步。例如，一个专注于遵从 EEO 的公司通常都有有关最新的法庭裁决和流程改变的信息。

我们还应该在外包的优点以及过度或过快地外包人员配置职能所带来的缺点之间进行权衡。这一领域的专家警告，如果外包不是伴随着一种完整的人力资源转型的方式，预期的效益将不能实现。[18]进行外包的公司要以跟踪人员配置指标的形式来提高外部供应商的责任感，因为专业化的人员配置公司能够利用更好的系统来管理和报告人事数据。在组织内部，也要有人来对外包服务负最后的、最基本的责任。很多组织内部都会抵制外包，如果关于就业的问题和忧虑都被转移到外部供应商那里，员工会认为公司在以冷漠的态度对待他们。因此，如果员工对人员配置服务有所抱怨或担忧，他们可以和组织内部回应他们的人讨论。

值得注意的是，大多数组织并不会将人员配置活动作为外包的第一项活动。早前的调查发现，薪酬和退休金计划是组织最常外包的人力资源服务。招募通常比选拔更有可能外包出去。当人们开始考虑内部服务与外包服务之间的相对优势的时候，这种做法就能说得通了：大部分组织没有过多的途径接触外部劳动力市场，因此专业的人员配置公司可以提供更为优质的招募服务。但是，雇佣决策的制定是基于是否与岗位和工作团队相匹配的复杂评价来做出的，因此内部人力资源代表往往能做出更加准确的决定。

一种新型的供应商类型叫做专业雇主机构（PEO），以前指的是劳动力租赁公司。它有点类似于人员配置公司，但是又有所不同，因为它提供更为广泛的人力资源服务，与客户有长期的契约关系。在典型的情况下，客户组织与一个专业雇主机构建立合同关系，来执行某些或者所有的人力资源活动和职能。客户和专业雇主机构被视为联合雇主。专业雇主机构对小型雇主来说尤其具有吸引力，因为它能提供特殊的人力资源专长和技术支持，指导行政活动，促使人力资源部门的转化，提供更多可以负担的雇员福利，遵守法律要求（工资单、扣缴税款、员工薪酬、失业保险），管理合法性问题。在很多国家，专业雇主机构是得到认可的。[19]

也有公司将所有人员配置职能外包出去。凯洛格公司（Kellogg）就是其中之一，它将所有的人员配置流程都外包给了一家供应商。凯洛格一开始就与供应商一起建立了人员配置战略，并使其与供应商的人员配置技术相配合，实现整体的人员配置解决方案，当出现问题需要调整的时候，再对人员配置系统进行调整。但是，最终人员的测评和雇用仍然掌握在招聘经理手中。在3年当中，凯洛格95％以上的空缺职位都由这个供应商来填补。[20]

再来看夏蒙公司（Charmant）的例子，这是一家中等规模的组织（130个员工），正致力于更新其过时的人力资源信息系统。[21]就像大多数同等规模的组织一样，夏蒙有一个相对较小的人力资源部门，部门内部只有两个员工。它过去的系统没有实现有效整合，要从不同系统中获取不同信息需要大量繁复的劳动（如招聘、绩效管理、福利和工资都是完全分离的应用模块），并且它的用户界面也难以理解。通过与一个专业的软件供应商建立联系，它实现了所有人力资源系统的无缝连接，这在减少日常人力资源流程所耗时间的同时，也提高了决策所需信息的可获取性。新的系统使得员工在入离职时更新工资和福利记录成为可能，这让人数管理及相关人力资源职能变得更为明确。有了Monster这样的外部供应商，还可以加快内部岗位发布的速度，同时让背景调查更加容易。总之，这种中等规模组织的人力资源代表不能轻易完成的尤其是像信息系统整合这样的任务，都由外部供应商来完成，如此一来，组织内部的人力资源人员能够将时间集中在核心的业务运营上。从这个例子可以看出，在那些缺少资源来运营一个大型人力资源部门的公司中，某些人力资源服务的外包可以促进内部人员配置的有效性。

在一开始，要记住与供应商之间的协议（通常称为服务水平协议（SLA））是可以协商的，谈判阶段的缺陷要对后续合作关系中可能出现的问题负责。使用某种法律形式或法律顾问援助是有必要的，尤其是那些只有很少或没有人员配置外包经验的组织。

就外包而言，有很多问题需要讨论和协商。了解这些因素并提前做好与组织偏好和需求相关的准备，对于成功实现与准供应商的谈判是至关重要的。这些因素包括实际寻求和提供的人员配置服务，客户控制权（如对供应商人员和使用的软件的监控），费用和其他成本，在提升服务水平和成本节约方面的保证，标杆度量标准，绩效考核，雇用组织内部员工提供专门技术和协调的意愿。这些因素中最关键的是，在选择供应商时还要考虑供应商过去的记录以及对组织所在行业的熟悉程度。[22]

13.3　人员配置系统的评估

人员配置系统的评估指向的是整个系统的效果。评估应集中于人员配置流程的运行、流程的结果和成本、人员配置系统使用者的满意度。

13.3.1　人员配置流程

人员配置流程支配着员工进入、停留和离开组织。流程评估本身就需要对预设流程的筹划，识别任何偏离预设流程的情况，计划纠正行动来减少和消除这样的偏离。这种评估的目的是确保人员配置流程的标准化，消除运行中的瓶颈，提高运营的速度。

标准化指的是组织人员配置系统运行的一致性。运用标准化的人员配置系统是必要的，原因如下。首先，标准化确保收集了来自所有的职位应聘者的相同 KSAO 信息，这也是有效和可靠地测量这些 KSAO 的关键要求。其次，标准化确保所有应聘者都得到了关于职位需求和回报的相同信息。因此，所有应聘者都可以平等地对企业做出评价。再次，标准化加强了应聘者对人员配置系统的过程公平以及组织雇佣决策公平的感知。让应聘者感觉他们受到了一视同仁的公平对待，这会让组织受益匪浅。应聘者将来会用一种赞赏的语气向他人说起这个组织和这段经历，他们可能会在组织中寻求雇佣（即使被拒绝），并更有可能接受组织提供的职位，当他们开始新的工作时会成为组织当中积极向上的新生力量。最后，标准化的人员配置系统不太可能受到职位应聘者带来的法律挑战，它们更有可能成功抵挡这样的挑战。

筹划人员配置流程包括建立人员配置流程图。图 13—2 就是一个人员配置流程图的例子。它展示了一个中等规模（580 个员工）的高科技印刷和光刻公司的人员配置系统。图中显示了人员配置活动的实际流动，既包括组织也包括应聘者的决策点，时间跨度是从岗位空缺出现到新聘人员的填补。

对这个流程图进行仔细审查，可以发现关于组织人员配置系统的以下信息：

1. 它是既可以用于初级岗位也可以用于高级岗位的通用系统。

2. 就高级岗位而言，职位空缺最先是在组织内部发布（这样表明组织的招聘政策是重视内部晋升承诺）。而初级岗位的空缺是由外部来填补。

3. 只有当现有的简历储备中没有合适的应聘者时，组织才会利用外部招聘途径（校园、报刊广告、就业机构等方式）进行招聘。

4. 最初的测评通常利用传记性信息（申请表、简历）来进行，这些测评的结果决定了哪些人会进入到面试环节。

5. 大量评估要通过人力资源经理和招聘主管开展的面试来实现，这些评估的结果决定了哪些人会得到工作机会。

6. 应聘者可能还价，应聘者最后的录取还要取决于其是否通过药品/酒精和健康检查。

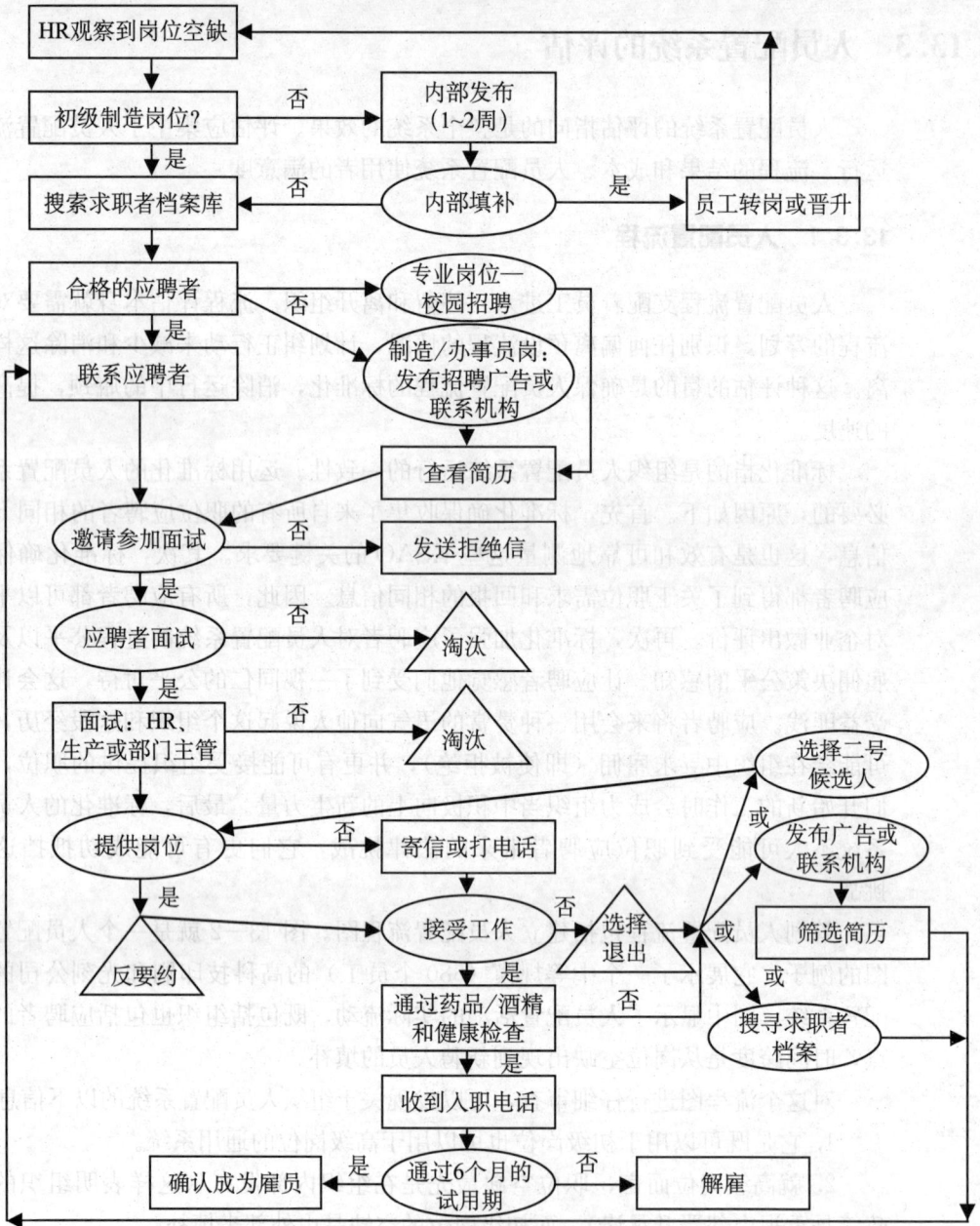

图13—2 中等规模印刷公司的人员配置流程

7. 新录用的员工需要经过6个月的试用期才能成为一个长期员工。

在此之后，组织会通过更为精密的分析来预测在人员配置流程中还要采取哪些具体的步骤和措施。例如，在图13—2中，非初级制造岗位在内部发布，之后更精密的分析描述岗位发布流程——发布的内容、发布的时间、传播和展示发布内容的机制、负责信息发布的人选。再举一个例子，人员配置流程包括联系有资格参加面试的应聘者，邀请他们过来参加面试，与他们面谈。更为精密的分析可以确认从初次接触到完成面试的时间，决定谁来主持面试，面试的性质/内容（诸如结构化面试、情景面试）。完成精细化分析之后，还需要对人员配置流程中的项目进行详细的说明，此外还要详细介绍具体的事件、行动以及时机。

筹划出人员配置流程之后，下一个步骤就是检查已经出现的偏离情况。这需要对过去的与岗位申请者有关的人员配置事务进行分析，弄清哪些已经完成，应聘者进入公司之后采取了哪些举措，并理顺人员配置系统。所有被辨识出来的偏离情况都应该予以记录。例如，岗位发布的内容有可能与所列任务的具体要求以及必要的 KSAO 不太相符，或者，面试可能不是在初次联系候选人之后的一周内就完成，又或者，面试官采用的是非结构化面试，而不是所要求的结构化面试和情景面试。

接下来是分析发现的所有偏离，并弄清它们出现的原因。最后一个步骤是确定人员配置系统并对它进行修正，以减少偏离，加强标准化，减少瓶颈。

13.3.2　人员配置流程的结果

过去，人们通常认为人员配置中的大部分流程都是主观的或难以量化的。因此，人员配置经理不能提供财务和会计上精确的成本收益数据。幸运的是，近年来数据库软件在可及性和功能性上都得到了极大的提升，这就意味着人员配置系统的效果可以得到更好的评估。人力资源信息系统可以录入并迅速显示招募、雇用、留任和工作绩效信息。人力资源学者在这些信息渠道的基础上创建了标准化的评估指标，这有利于人员配置经理跨组织交流人员配置服务的商业案例。[23]

图 13—3 是一个用评估指标来评估和更新人员配置系统的流程图。流程的第一步是从岗位、工作部门和组织的角度评估公司的需求和战略目标。这一阶段包含在组织计划之中。在组织的优先事项确定之后，一系列用于实现这一事项的政策和流程也随之建立起来。下一步是衡量人员配置系统的结果。咨询型的人员配置系统评估指标是评价未来组织需求、重点和目标的基础，也可以用来矫正人员配置系统的政策和流程。获取评估指标之后，需要将它们与标杆数据进行比较。这些标杆可能来自不同的抽样技术、纵向技术以及我们将很快涉及的外部标杆。战略规划和评估过程是人员配置系统管理的必要组成部分。如果不试着监控和检查人员配置系统的结果，那么这个在过去曾有效运行的系统可能会原地踏步，因为它们达不到预期的结果。当然，我们也不能保证测试完人力资源项目之后它们就一定能提高效率，有经验的经理通常会发现新的人员配置系统可能并不会带来显著的改善。

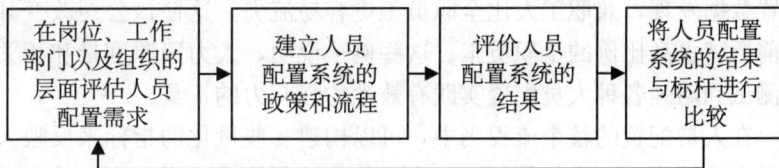

图 13—3　人员配置结果的评估流程图

评估人员配置系统效率的一种方法是应用科学的分割样本技术。[24] 举例来说，分割样本分析一开始要假设一个新的招募项目会以吸引更多有资质的员工、提高组织快速应对人员配置需求的能力、减少长期离职率等方式来影响运行结果。在这个假设的项目当中，具体的评估指标包括人员素质的评估、从组织人力资源信息系统获得的岗位填补时间安排以及部门离职率。在分割样本分析中，目标员工群体被分成两半，而新的人力资源项目就只在其中一半人群当中进行。在这种情况下，国内连锁当中的某个区域会被当做新招募项目的实验组，它们的结果会与组织的其余部分进行比较，而这些其余部分并没有采用新的招募项目。如果这个新系统有可能起作用，那么人力资源代表就会将实验组的评估指标与公司尚未实施新系统的区域进行比较。分割样本技术不仅仅是在评价新项目中起作用。要评价已有项目的效果，也可以选择在某个地区或业务单元停止实行该项目，而在另一个地区继续实施。如果暂时停止花费很大的项目并不能有效地改变业务结果，那么永久停止该项目就是一个明智的选择。

如果因为劳动力没有人口统计学或操作上的不同单元而不能使用分割样本技术，仍然可以使用评估指标来评价系统转变的有效性。人员配置经理可以比较某一业务单元使用新项目之前和之后的长期效益数据。这种方法称为纵向设计，或者称为变革测量。为了作出有效的推断，标杆数据必须来源于长期数据，这样人员配置评估中的变革才能归因于项目的实施而非组织绩效的日常波动。

最后一个评估人力资源项目效果的方式是将组织的结果与外部标杆进行比较。人力资源管理协会（SHRM）开发了很多构建和解释人员配置测评标准的指导方针。它的网站每年都会发布很多标杆研究，包括概述不同实践的使用以及感知到的效能的研究，如员工留任的积极性、电子化招聘、多样性管理。人力资源管理协会的人力资本标杆还提供了更多详细的测评工具。知道组织正在做什么可能并不能为判断组织政策和流程的效率提供充分的信息。很多在一种情境下起作用的实践换到另一个情境中并不一定能发挥作用，对人力资源职能的研究表明，政策需要在一个全面的系统当中实施，而不是仅仅孤立地进行单一的实践。因此，尽管一些标杆信息很有用，但使用任何新的政策都需要考察它在本组织中的适应性。

对人力资源信息系统数据科学的使用可以帮助探讨有关人员配置的一般假设在组织中是否得到支持。[25] 例如，Thrivenet 财务经理都认为之前有大量行业经验的新员工在入职第一年不太可能离职，但人力资源计量分析表明，真相恰恰相反。大都市人寿保险公司的经理认为，最有可能在组织中取得成功的员工，都没有个人资料，但他们发现，他们可以通过员工在公司的各种工作经验，来识别未来的高绩效员工。虽然食品服务公司 Wawa 的经理怀疑小时工资率影响职员流失，但分析员工配置数据发现，兼职工人比全职员工更容易流失。这使该公司改变其人员配置：比以前招聘更高比例的全职员工。这些例子说明，人力资源度量和相关的分析可以作为测试和增强各种人员配置实践有效性的强有力的工具。

在人员配置的整个流程当中，可以构建一些量化的指标来反映人员配置系统在运行中的效率和效果。例如，一个职位空缺平均吸引多少个应聘者？候选人接受岗位的比例是多少？填补一个职位空缺平均需要多少天？接受雇佣后在公司工作的时

Report, Society for Human Resource Management, Spring 1998, pp. 5–8.

17. D. M. Cable and T. A. Judge, "Pay Preferences and Job Search Decisions: A Person–Organization Fit Perspective," *Personnel Psychology*, 1994, 47, pp. 317–348.

18. P. D. Gardner, *Recruiting Trends 2000–2001* (East Lansing, MI: Michigan State University Student Services, 2000).

19. S. Nasar, "A Top MBA Is a Hot Ticket as Pay Climbs," *New York Times*, Aug. 2, 1998, p. B1; E. Price, "Paying for Bilingual Skills: Job Requirement or Added Value?" *International Personnel Management Association News*, Feb. 1997, p. 10.

20. O*NET OnLine (*www.onetonline.org*).

21. Y. J. Dreazen, "When #$%+! Recruits Earn More," *Wall Street Journal*, July 25, 2000, p. B1; K. J. Dunham, "Back to Reality," *Wall Street Journal*, Apr. 12, 2001, p. R5; M. Gasser, N. Flint, and R. Tan, "Reward Expectations: The Influence of Race, Gender, and Type of Job," *Journal of Business and Psychology*, 2000, 15, pp. 321–329; E. R. Silverman, "Great Expectations," *Wall Street Journal*, July 25, 2000.

22. Society for Human Resource Management, *Strategic Compensation Survey* (Alexandria, VA: author, 2000), pp. 35–47.

23. E. E. Lawler III, "Pay Practices in Fortune 1000 Companies," *WorldatWork Journal*, 2003, Fourth Quarter, pp. 45–53.

24. M. A. Jacobs, "The Legal Option," *Wall Street Journal*, Apr. 12, 2001, p. R9; Society for Human Resource Management, *Strategic Compensation Survey*, pp. 48–57.

25. B. Jones, M. Staubus, and D. N. Janich, "If Not Stock Options, Then What?" *Workspan*, Fall 2003, pp. 26–32; R. Simon, "With Options on the Outs, Alternatives Get a Look," *Wall Street Journal*, Apr. 28, 2004, p. D2.

26. "Employers Say Increased Competition Not Likely to Translate Into Signing Bonuses for New College Graduates," *IPMA-HR Bulletin*, Dec. 1, 2006, p. 1.

27. F. Hansen, "Smarter About Hiring Bonuses," *Workforce Management*, Mar. 27, 2006, pp. 39–42.

28. Hansen, "Smarter About Hiring Bonuses"; J. R. Bratkovich and J. Ragusa, "The Perils of the Signing Bonus," *Employment Management Today*, Spring 1998, pp. 22–25.

29. L. Morsch, "Return of the Signing Bonus?" Sept. 24, 2007 (*www.careerbuilder.com*).

30. L. G. Klaff, "Tough Sell," *Workforce Management*, Nov. 2003, pp. 47–50; J. S. Lublin, "The Going Rate," *Wall Street Journal*, Jan. 11, 2000, p. B14.

31. J. S. Lublin, "As More Men Become 'Trailing Spouses,' Firms Help Them Cope," *Wall Street Journal*, Apr. 13, 1993, p. A1.

32. J. Barthiaume and L. Culpepper, "Hot Skills: Most Popular Compensation Strategies for Technical Expertise," Jan. 14, 2008 (*www.shrm.org/hrdisciplines/compensation/articles/pages/popular compensationstrategies.aspx*).

33. J. S. Lublin, "You Should Negotiate a Severance Package—Even Before the Job Starts," *Wall Street Journal*, May 1, 2001, p. B1.

34. C. Patton, "Parting Ways," *Human Resource Executive*, May 20, 2002, pp. 50–51.

35. T. D. Egler, "A Manager's Guide to Employment Contracts," *HR Magazine*, May 1996, pp. 28–33; J. J. Meyers, D. V. Radack, and P. M. Yenerall, "Making the Most of Employment Contracts," *HR Magazine*, Aug. 1998, pp. 106–109; D. R. Sandler, "Noncompete Agreements," *Employment Management Today*, Fall 1997, pp. 14–19; S. G. Willis, "Protect Your Firm Against Former Employees' Actions," *HR Magazine*, Aug. 1997, pp. 117–122.

36. A. Smith, "Noncompetes Can Be Tough to Enforce When Former Employees Move," *HR News*, Apr. 10, 2006 (*www.shrm.org/hrnews*).

37. M. Orgel, "Web Sites That Provide Salary Help," *Wall Street Journal*, Oct. 16, 2008, p. D5.

38. J. A. Lopez, "The Big Lie," *Wall Street Journal*, Apr. 21, 1993, pp. R6–R8.

39. M. Himmelberg, "Counteroffers Grow More Commonplace," *Knight-Ridder Tribune Business*

News, Feb. 6, 2007, p. 1.

40. J. S. Lublin, "How to Handle the Job Offer You Can't Afford," *Wall Street Journal*, Dec. 2, 2008, p. B9; J. Sammer, "Money Matters in the Hiring Process," *HR Magazine*, Sept. 2009, pp. 93–95.

41. S. Kwon and L. R. Weingart, "Unilateral Concessions From the Other Party: Concession Behavior, Attributions, and Negotiation Judgments," *Journal of Applied Psychology*, 2004, 89, 263–278.

42. J. R. Curhan, H. A. Elfenbein, and G. J. Kilduff, "Getting Off on the Right Foot: Subjective Value Versus Economic Value in Predicting Longitudinal Job Outcomes From Job Offer Negotiations," *Journal of Applied Psychology*, 2009, 94, pp. 524–534.

43. D. S. Chapman and J. Webster, "Toward an Integrated Model of Applicant Reactions and Job Choice," *International Journal of Human Resource Management*, 2006, 17, pp. 1032–1057.

44. W. J. Becker, T. Connolly, and J. E. Slaughter, "The Effect of Job Offer Timing on Offer Acceptance, Performance, and Turnover," *Personnel Psychology*, 2010, 63, pp. 223–241.

45. T. Stefanik, "Ford Hit With Class-Action Lawsuit After Backing out of 100s of Jobs," *Canadian HR Reporter*, Mar. 8, 2010, p. 5.

46. K. Gurchiek, "Many Employers Wing Support of New Hires," *HR News*, Sept. 18, 2007 (*www.shrm.org/publications/hrnews/Pages/CMS_023039.aspx*).

47. L. G. Klaff, "New Emphasis on First Impressions," *Workforce Management Online*, Mar. 2008 (*www.workforce.com/section/11/feature/25/41/58*).

48. J. Kammeyer-Mueller and C. Wanberg, "Unwrapping the Organizational Entry Process: Disentangling Multiple Antecedents and Their Pathways to Adjustment," *Journal of Applied Psychology*, 2003, 88, pp. 779–794; M. J. Lankau and T. A. Scanduva, "An Investigation of Personal Learning in Mentoring Relationships: Content, Antecedents, and Consequences," *Academy of Management Journal*, 2002, 45, pp. 779–790; E. W. Morrison, "Newcomer Relationships: The Role of Social Network Ties During Socialization," *Academy of Management Journal*, 2002, 45, pp. 1149–1160; T. N. Bauer, T. Bodner, B. Erdogan, D. M. Truxillo, and J. S. Tucker, "Newcomer Adjustment During Organizational Socialization: A Meta-Analytic Review of Antecedents, Outcomes, and Methods," *Journal of Applied Psychology*, 2007, 92, pp. 707–721.

49. J. Marquez, "Connecting a Virtual Workforce," *Workforce Management*, Sept. 22, 2008, pp. 23–25; F. Hansen, "Onboarding for Greater Engagement," *Workforce Management Online*, Oct. 2008 (*www.workforce.com*).

50. C. L. Adkins, "Previous Work Experience and Organizational Socialization: A Longitudinal Examination," *Academy of Management Journal*, 1995, 38, pp. 839–862.

51. Bauer et al., "Newcomer Adjustment During Organizational Socialization: A Meta-Analytic Review of Antecedents, Outcomes, and Methods."

52. G. T. Chao, A. M. O'Leary-Kelly, S. Wolf, H. J. Klein, and P. D. Gardner, "Organizational Socialization: Its Content and Consequences," *Journal of Applied Psychology*, 1994, 79, pp. 730–743.

53. A. D. Wright, "Experts: Web-Based Onboarding Can Aid Employee Retention," Society for Human Resource Management, July 14, 2008 (*www.shrm.org/hrdisciplines/technology/articles/pages/web-basedonboardingaidsretention.aspx*).

54. M. J. Wesson and C. I. Gogus, "Shaking Hands With a Computer: An Examination of Two Methods of Organizational Newcomer Orientation," *Journal of Applied Psychology*, 2005, 90, pp. 1018–1026.

55. J. Mullich, "They're Hired: Now the Real Recruiting Begins," *Workforce Management Online*, Feb. 9, 2004 (*www.workforce.com*).

56. J. S. Lublin, "Job Candidates Get Manual From Boss: How to Handle Me," *Wall Street Journal*, Jan. 7, 2003, p. B1.

57. M. Hammers, "Optimas Award Financial Impact: National City Corporation," *Workforce Management Online*, Feb. 9, 2004 (*www.workforce.com*).

58. USLegal, "Negligent Hiring Law and Legal Definition" (*definitions.uslegal.com/n/negligent-hiring*), accessed 9/13/10; S. Smith, "Negligent Hiring" (*sideroad.com/Human_Resources/negligent_hiring.html*), accessed 9/13/10; R. K. Robinson, G. M. Franklin, and R. F. Wayland, "Employment Regulation in the Workplace" (Armonk, NY: M. E. Sharpe, 2010), pp. 334–336.

59. Bureau of National Affairs, "Recruiting Exposure to Negligent Hiring Suits Requires Preventive Action, Practitioner Says," *Daily Labor Report*, June 18, 1998, p. C1; F. Hansen, "Taking 'Reasonable Action' to Avoid Negligent Hiring Claims," *Workforce Management*, Dec. 11, 2006, pp. 31–33.

60. Bennett, Polden, and Rubin, *Employment Relationships: Law and Practice*, pp. 2-1 to 2-65.

第Ⅵ篇　人员配置系统与员工保留管理

第**13**章

人员配置系统管理

13.1 学习目标和导言

13.1.1 学习目标

- 认识有效人员配置政策和程序的重要性
- 了解具体决策、政策和程序的重要性
- 了解外包人员配置的优缺点
- 理解如何评估人员配置过程的结果
- 制定人员配置系统的测量指标
- 认识在记录保存与应聘者或员工的隐私方面存在的法律问题
- 制定争议处理计划

13.1.2 导言

到目前为止，我们学习了如何有效制定人员配置计划，进行人员招募、候选人评估、选拔以及最终决定。在这些操作性问题之前，我们需要评估全面的人员配置系统是否有效。人员配置系统包括复杂的程序和决策，它们需要组织层面的引导、协调和评估。大部分组织都必须创建新的机制来管理它们的人员配置系统及其组成部分。人员配置系统管理既需要考虑实施和评估，也需要考虑法律问题。

对人员配置系统有效性的评估已经成为人力资源管理部门的中心议题。在人力资源管理各个领域逐渐增强的责任感始于 20 多年前，这种责任感已经成为组织议题的永久特性。人员配置经理要适应这样的环境，应专注于分析，以展示各种人员配置和组织绩效之间的关系。[1]

在这一章节，你将了解到人员配置职能在各组织人力资源部门如何运转，人员配置政策和程序在管理人员配置职能中的角色和性质，以及在加强人员配置中人力资源系统的运用。接下来，本章将讨论评估人员配置职能有效性的不同方法。通过对人员配置过程的不同结果进行考察，测量人员配置系统的有效性。对人员配置系统成本的分析同样可以作为一种评估手段。最后，评估客户（招聘经理、申请者）的满意度也是评估人员配置系统的重要方法。在人员配置系统的管理中通常也伴随着法律问题。其中包括各种记录和报告的归档事宜，以及人员配置活动的法律审查。经理和员工培训、争议处理的机制等也会在本章有所涉及。

13.2 人员配置系统的管理

13.2.1 组织制度安排

组织制度安排通常是指组织结构本身如何引导开展人力资源和人员配置活动。这些制度安排之间有很大的差异，组织规模和类型（集中化或者多元化业务）对制度安排的选择有重要影响。

以下是美国人口普查局关于组织规模的数据。绝大部分企业（590 万家）员工数少于 100 人，而这类企业雇用了大约全部从业人员的 36%。另一个极端是，只有 18 000 家企业的员工数量超过了 500 人，而它们雇用了全部从业人员的 50%。在这个极端之间约有 89 000 家企业，每家员工数在 100～499 人之间。[2]

调查发现，在少于 100 人的企业当中，不管出于何种目的，人员配置职能很有可能由企业主、董事长或者部门经理执行。其中，只有很小比例（13%）的企业有专门的人力资源部负责人员配置工作。从建立职位要求、招募来源、招募沟通、选拔方法、决策制定以及工作录用函等方面来看，人员配置活动在这些小企业当中存在很大的差异。人力资源部门的存在使得这些企业的人员配置措施区别于没有人力资源部的企业。[3]

随着规模的扩大，组织中存在人力资源部和负责人员配置工作的单元的可能性也越大。但是，人力资源管理部门和人员配置活动的结构取决于组织是由追求共同商业产品和服务的业务单元（业务集中化组织），还是致力于差异化的产品和服务组合（业务多元化组织）组成。[4]由于其差异性，多元化组织可能并不会尽力打造一个主要的、集中化的企业人力资源部。相反，它们会构建一个小型的企业人力资源部门，每个业务单元内部还会配备一个分散化的人力资源部门。在这种制度下，人员配置活动将会非常分散，从企业人力资源部得到一些引导和专业支持。

一个业务集中化的组织在组织层面可能有一个高度集中化的人力资源部门，而在设备或者工作场所层面有一个小型的人力资源部门。对于人员配置而言，这样的集中化会带来规模经济，以及在人员配置政策、流程、雇佣标准以及雇佣质量方面的一致性。

亚特兰大的太阳信托银行（Sun Trust Bank）为从分散化到集中化的人力资源职能转变提供了一个绝佳的案例，它创建了一个新的企业人事部门来管理 1 200 个分支的人员配置活动。[5]在此之前，太阳信托银行管理着 28 个区域分行，每一个区域都有自己的人力资源部和人员配置职能。这造成了技术、服务、专业技术以及岗位候选人质量的不一致。通过集中化，太阳信托银行形成了一个共同的愿景和战略焦点，提高了一致性，同时在一定程度上仍然保持着区域的灵活性。区域人力资源间超过一年的新员工比例有多大？对这些问题的回答需要通过跟踪和分析应聘者在整个人员配置通道中的流动来实现。

　　在表 13—5 中，我们提供了一些关于财务数据和流程数据种类的建议，这些数据有助于评估整个人员配置流程的效果。这些建议是建立在对领域内最佳实践的研究基础之上的。借鉴前人的做法，我们将结果分成了四个关键类别：成本、及时性、产出和反应。在每一个类别中，我们都呈现了一些可能非常实用的具有代表性的指标，尽管还有其他依赖于组织目标的测量结果。

表 13—5　　　　　　　　　　　　一般的人员配置评估指标

	成本	及时性	产出	反应
人员配置系统	人员配置预算 成功录取率 使用全职等效人数的成本	回复请求的时间	评估员工是否准备好为战略目标而努力	沟通 对所提供的服务的满意度
招募	广告费 平均每个申请人的成本	每周的招募量	招募的数量	应聘者的质量
选拔	每个应聘者的测试成本 面试费 每个应聘者的成本	招聘的时间 填补空缺的天数	能力 劳动力的多样性	候选人的质量 测试的满意度
最终匹配	每个员工的培训成本 每次员工的雇用成本	开始的时间 执行的时间	填补岗位的数量 工作绩效	新员工的满意度
员工的保留	离职面谈成本 替代成本	对外部机会的及时反应	自愿离职率 非自愿离职率	员工的工作满意度

　　表 13—6 展示了这种跟踪和分析的布局，还反映了一些容易计算的人员配置流程结果。在表 13—6（A）中，人员配置流程的步骤以职位空缺的发布为开端，经过一系列选拔、岗位提供、录用通知、开始新的录用以及保留的程序。及时性反映了完成每一个步骤平均要消耗的天数。需要解释的是，它假设有 25 个岗位需要填补，这些空缺吸引了 1 000 个应聘者，他们经历了整个人员配置流程。最后，这 25 个岗位都被填补上，然后要对这些新雇用者进行追踪，看 6 个月及 1 年后，还有多少人留在这个组织。

表 13—6　　　　　　　　　　人员配置流程和结果的评估：案例

A. 人员配置流程的例子

待填补的职位空缺数量＝25

流程的步骤	职位空缺 (1)	申请人 (2)	候选人 (3)	入围者 (4)	录用函接收者 (5)	录用函接受者 (6)	雇佣开始 (7)	在职期间 6 个月 (8)	在职期间 1 年 (9)
人员的数量	0	1 000	200	125	30	25	25	20	13
流程的时间平均的天数	0	14	21	28	35	42	44		

B. 人员配置流程的结果

应聘者的数量/职位空缺的数量＝1 000/25＝40

成功率：候选人的数量/应聘者的数量＝20％；新雇用者的数量/应聘者的数量＝2.5％；录用函接受者的数量/录用函接收者的数量＝83.3％

耗费的时间：提供机会的平均时间＝35；开始工作的平均时间＝44

（周期）

保留率：6 个月：$\dfrac{6\text{个月在职的人数}}{\text{新雇用的人数}}=80\%$；　1 年：$\dfrac{1\text{年在职的人数}}{\text{新雇用的人数}}=52\%$

在表 13—6（B）中是人员配置流程结果的指标，也可以和案例所得的数据一道被用作评估指标。第一个指标是每个空缺的应聘者数量，平均为 40 人。这是衡量招募活动能否有效地将人们吸引到组织当中的一个指标。第二个指标是成功率，指的是在人员配置流程中进入到下一个或更多环节的应聘者的比例。例如，应聘者成为候选人的比例是 20％，得到工作机会的比例是 83.3％。第三个指标，消耗的时间（或者周期），指的是人员配置流程中两个步骤之间所耗费的时间。从表中可以看出，填补一个空缺所需的平均时间是 44 天。最后一个指标是保留率，对于新雇用者而言，6 个月后的保留率是 80％，1 年后降到了 52％。

这些类型的评估指标是测量人员流动的晴雨表。它们有客观而基本的属性，这使得它们很容易被传达给经理和组织中的其他人。这些类型的数据若用于对比同样非常有效。比如，在同一个组织中的两个不同单元的人员配置系统，哪个更有效率和效果，这可以通过比较它们各自的成功率等指标来得出结论。另外，一个人员配置系统的指标还可以在不同时段作比较。这种基于时间的比较可用于跟踪趋势的效果和效率。这些比较还可以用来帮助组织判断人员配置活动的转变在多大程度上提高了人员配置流程的绩效。

组织越来越重视填补空缺的时间，并将其作为衡量人员配置效率的重要指标，因为职位空缺的时间越短，员工的贡献就越不会白费。例如，销售岗位的空缺通常意味着销售额和收入的减少，因此，缩短填补空缺的时间意味着减少收入的损失。缩短填补空缺的时间这一目标促使组织建立起"快速招聘"和持续招聘项目，这反过来让组织重新设计人员配置系统以减少流程中过分的拖延或瓶颈。[26]

最后，组织应该咨询人员配置评估指标的实践调查，了解其中的细微差别。[27]

13.3.3　计算人员配置的评估指标

我们已经简要介绍了评估人员配置政策和流程的成本收益的方法。接下来，我们将介绍更多计算这些指标的具体方法。[28]已填补的职位空缺数量是衡量一个财务年度内接受岗位机会的人数的直接指标。内部和外部候选人的这些数据都需要进行收集。填补职位空缺的时间可以通过评估候选人最终接受职位所耗费的天数来衡量。招聘成本是广告费、代理费、员工推荐费、应聘者和招聘人员的差旅费、安置费以及付给招聘者的报酬和福利等费用之和。招聘成本通常要除以已填补的空缺数量来进行指数化。正如我们前面所提到的，可以使用多种方法来细分这些成本，以更好地了解人员配置流程中的哪些部分相对而言更加消耗成本。离职率也经常用作人员配置的评估指标。每月的离职人数除以平均每月招聘的人数，再将各月的平均离职率汇总，就得到了年离职率。离职率会因自愿离职和非自愿离职而有所差异，这一点我们会在下一章谈到。其他的成本数据以及如何计算它们，都会在下一章有所涉及。[29]

另一个人员配置的测量指标是人员配置成本或者效率比。[30]考虑实施搜寻的费用、招聘广告费、安置费等费用，招聘高薪酬的岗位可能要花费更多。人员配置成本率的公式是：总的人员配置成本率＝总的人员配置成本/招聘岗位的总薪酬。尽管一种工作类型的单个招聘成本肯定比另一种高，但它们的人员配置成本率却可能相同。表 13—7 对此有所阐释。从表中可以看出，如果只考虑单个招聘的成本，修理工的招聘效率比销售经理的招聘效率更高。但是，如果再将人员配置成本率考虑进来的话，两种岗位的招聘效率是同一水平的，也就是说，每种招聘来源以相同的薪酬来引进新员工时，他们所耗费的相对成本是相同的。

表 13—7　　　　　　　　单个招聘成本和人员配置成本率的比较

职位簇	新招聘（人）	人员配置成本（美元）	单个招聘成本（美元）	每个新员工的薪酬（美元）	人员配置成本率
修理工	500	500 000	1 000	20 000	5％
销售经理	100	300 000	3 000	60 000	5％

13.3.4 顾客满意度

人员配置系统本身的性质可能影响到它的使用者，这些使用者可以被视为这个系统的顾客。两个关键的顾客是经理和岗位应聘者。经理通过人员配置系统来获取适当数量和类型的新员工，以满足他们自己的人员配置需求。岗位应聘者希望人员配置系统在招募、选拔以及作出录用决策的过程中，运用平等且合法的途径。因此，对于两种类型的顾客而言，了解他们在多大程度上满意于服务他们的人员配置系统显得非常重要。客户的满意度能够加强当前人员配置实践的应用。相反，发现不满意的情况可能为人员配置系统的变革提供契机，并有助于了解这些变革的内在属性。

顾客对人员配置系统的满意度是组织最近专注的源头。过去，经理和岗位应聘者很少被视为顾客，更不要说通过系统化的手段来测量他们的满意度并以之作为衡量人员配置系统效率的方法。但最近，情况开始转变了。接下来要描述的就是测量经理和岗位应聘者满意度的例子。

■ 经理

威斯康星州的雇佣关系部门下属择优招募和选拔部（DMRS），这是为州政府人员配置负责的中央代理机构。每年，它将通过招聘和晋升的手段帮助 40 个机构填补约 4 000 个岗位空缺。这些机构的经理就是 DMRS 及其人员配置系统的客户。

为了帮忙识别并指导必要的人员配置系统升级，DMRS 决定开展一项调查，以测量经理对人员配置服务的满意度。通过焦点访谈让经理们参与到调查当中。最后的调查有 53 个项目，分为 5 个部分：沟通、及时性、候选人的质量、测试的质量以及服务的焦点。表 13—8 显示了这些调查项目。

表 13—8 　　　　　　　　　　　　评价经理对人员配置服务满意度的样题

沟通：你对人员配置流程的了解程度如何？

你对以下方面的满意程度：

1. 你对人员配置流程的说明和解释的清晰程度

2. 你对职位空缺填补流程的全面认识

3. 为有效参与整个人员配置流程，你接受培训的数量

及时性：你认为招募、测评和选拔服务的速度如何？

你对以下活动花费的时间的满意程度：

1. 接到中央行政许可才开始招聘流程

2. 口试和笔试、过往成就问卷或其他需要一组评级人来判分的流程的得分

3. 聘用已经参加过面试或选拔的人

候选人的质量：你认为岗位候选人的质量（所需的知识和技能）怎么样？

你对下列项目的满意程度：

1. 你能从中面试和选拔的候选人数量

2. 新注册的候选人的质量

3. 你对面试过程的参与度

测试的质量：你认为内部服务考试（测试、工作样本、口头董事会面试）的质量如何？

你对下列项目的满意程度：

1. 你对设计测试的参与度

2. 测试能够测出所需的 KSAO 的程度

3. 测试能够测出工作中所要用到的新科技的程度

服务的焦点：你认为你的员工或人员配置代表能致力于提供高品质服务的程度如何？

你对下列项目的满意程度：

1. 人员配置任职者的可及性

2. 人员配置代表的专业度和能力

3. 对你这个特殊工作单元的需要的回应

资料来源：H. G. Heneman Ⅲ, D. L. Huett, R. J. Lavigna, and D. Ogsten, "Assessing Managers' Satisfaction With Staffing Services," *Personnel Psychology*, 1995, 48, pp. 170-173. © *Personnel Psychology*, 1995. Used with permission.

　　这项调查通过内部邮件发放给所有机构的 645 位直线经理和人力资源经理。数据分析提供了有利的心理测量证据来支持这项调查的应用。调查结果是实施升级人员配置传输服务的新举措的一个关键要素。这些新举措能够加快填补空缺的速度，减少文书工作，提高职位申请人的质量，增加应聘者对人员配置流程的积极反应。[31]

■ 岗位应聘者

　　与经理相同，我们最好为岗位应聘者开发一项量身定做的调查，这项调查应能反映所使用的人员配置系统的具体特征以及岗位应聘者与该系统接触和体验的类

型。在这一点上，参照人员配置流程图（见图 13—2）将会非常有用。如果可能的话，这项调查应针对三类不同的申请者群体：被拒绝的候选人、接受工作机会的候选人，以及拒绝工作机会的候选人。表 13—9 列出了可能包含在调查中的一些样题。每一组都应做单独的分析。在调查设计、调查管理以及结果分析时，可以从 SurveyMonkey（www. surveymonkey. com）以及 Zoomerang（www. zoomerang. com）这两个网站获得在线帮助。许多基于网络的招聘系统向岗位应聘者提供调查或是开放式的文本框，以方便他们分享自己对于招聘程序的感受。由于这些系统向组织提供了即时反馈，所以有可能对招聘程序进行实时改进。

表 13—9   **岗位应聘者的满意度调查问卷样题**

1. 什么因素促使你申请×公司的职位？
　　_____公司的网站主页　　_____广告　　_____员工推荐
　　_____招聘会　　_____校园招募　　_____其他（注明）
2. 你通过这种途径获得的信息有价值吗？
　　_____非常有价值　　_____有一些价值　　_____没有价值
3. 请用 1～5 注明你对以下说法的认同程度（1＝非常不认同，5＝非常认同）。

	非常不认同				非常认同
申请程序易于使用。	1	2	3	4	5
我的申请得到了迅速的反馈。	1	2	3	4	5
我的初次面试得到了快速安排。	1	2	3	4	5
我的初次面试涉及了我的所有资质。	1	2	3	4	5
我接受的测试与工作相关。	1	2	3	4	5
测试的过程是公平的。	1	2	3	4	5
我很快得到了有关测试分数的反馈。	1	2	3	4	5
我总是知道自己处在选拔流程的哪一步。	1	2	3	4	5
招聘经理给我做的面试很全面。	1	2	3	4	5
招聘经理能够很好地代表×公司。	1	2	3	4	5
我得到了真诚、坦率的对待。	1	2	3	4	5
总体而言，我对选拔的流程感到满意。	1	2	3	4	5
我会向他人推荐×公司。	1	2	3	4	5

4. 请描述你在申请×公司的岗位过程中最喜欢的经历。
5. 请描述你在申请×公司的岗位过程中最不喜欢的经历。

13.4　法律问题

13.4.1　记录保存和隐私

在人员配置系统中，要收集、使用、记录和披露大量信息。围绕人员配置信息，存在大量法律限制和要求。这些属于记录保存和隐私所要考虑的问题。

■ 记录保存

组织在人员配置和其他人力资源活动中会产生各种信息，包括个人信息（姓名、地址、出生日期、家属等）、KSAO 信息（申请表、推荐人、测试分数等）、药物信息、绩效评估和晋升评估以及就业状态的改变（晋升、调岗等）。为什么要记录这些信息呢？

总体而言，要建立并保存记录主要是出于以下两个人员配置的合法目的。第一，这是守法的要求。联邦、州以及地方法律都明确规定了哪些信息需要记录，这些记录要保存多久。第二，有了记录，组织能够提供文件来证明人员配置决策的合理性，或者否定那些可能违反法律的决定。例如，绩效评估和晋升评估可以用于向员工解释他们为什么晋升或为什么不能得到晋升。或者，这些记录可以在法律程序中作为证据，去说明晋升决策是基于工作的，是没有歧视的。

我们强烈建议建立两种记录的集合。这些记录可以用纸质或电子版的形式保存。第一套是单个员工的人事档案。它只包括那些与工作直接相关的文档以及员工在这些工作当中的绩效表现。要决定哪些文档应放到人事档案中，需考虑组织是否可以依靠这份文档来作出雇佣决策。如果答案是"否""可能不"或"不确定"，那么这份文档就不应该被放到员工的人事档案中。第二套应包括那些不能用于人员配置决策的文档。如属于药物方面的信息（既包括身体方面也包括精神方面），平等就业机会（如有关受到保护的特征的信息，如年龄、性别、宗教、种族、肤色、国籍和残疾），以及工作授权方面的信息（如 I-9 表格）。[32]

所有要放到员工人事档案中的文档在做记录之前都要复审一遍。检查文件中不齐全、不准确或具有误导性的信息，以及可能对员工有损的注释或评论。所有这些信息都应该保证完整、准确、得到解释，必要时还要进行删除。记住：人事档案中的任意一份文件都可能作为呈堂证供，用来支持或否定雇主面临的法律诉讼。[33]

联邦政府的 EEO/AA 法律规定了总的记录保存要求。尽管这些要求在不同法律之间有一定的差异，但可以从表 13—10 看到所需要记录的主要主题领域。联邦合同合规项目办公室（OFCCP）的要求更多，而且记录至少要保存两年。

表 13—10	联邦政府对记录保存的要求

需要保存的记录包括以下内容：

- 雇员的申请（雇佣、晋升、转岗）
- 拒绝雇佣、晋升或转岗的原因
- 测试及测试的结果，其他 KSAO 信息
- 提交给工会和就业机构的工作通知单
- 药物检查的结果
- 向公众或职员发布的关于岗位空缺和晋升机会方面的广告或通知
- 合理调整的要求
- 人员配置决策对受保护的群体的影响（负面影响的数据）
- 与歧视性收费有关的档案记录

所有的记录都需要保存至少一年。

不同的法律都对记录保存的时间有一些要求。总体的规定是大部分记录都要至少保存一年，起始日期是文档形成的日期或人员配置行动开始的日期，取二者中较晚的日期。那些不受一年要求限制的内容，则有更长的保留期限。如果档案中有歧视性指控的情况，那么记录必须保存到这个问题最终解决之时。

■ 隐私顾虑

组织必须遵守员工和其他人是否能够获取人事档案信息的法律要求，还要防止将信息透露给第三方需求者（如其他雇主）。信息的获取和泄露问题将引起宪法和法律中的隐私顾虑。[34]

一些（不是所有）州有法律保障员工有合理的途径访问他们的人事档案。这些法律总体上允许员工核实和复制相关的文件，像推荐信或个人晋升计划这类文档可能被排除在外。员工也有可能有权找到档案中的错误信息。在没有州法律允许获取信息的地方，员工通常可以在组织政策允许的情况下得到员工档案信息。将人事档案的信息透露给第三方部门也会受到管制，需要员工对信息透露的书面同意。

在联邦层面，很多法律法规限制获取和泄露员工的人事信息。《美国残疾人法案》就是一个例子，它的条文中涉及对医疗信息的保密。但还没有联邦隐私法来保护私有企业的员工。而公务员隐私权受到 1974 年颁布的隐私法的保护。

13.4.2 平等就业机会报告

在《民权法案》和平权行动项目的约束之下，拥有超过 100 个雇员（联邦合同工为 50 人）的私有企业需要向平等就业机会委员会（EEOC）提交年度报告。报告的基础是修改后的 EEO-1 表，尤其是表 13—11 呈现的需要就业数据的部分。[35]数据依据职种和种族/民族这两类的结合来进行报告。数据可能收集自组织的记录、视察或自我报告。在网上（www.eeoc.gov）可以查到详细的介绍、问题以及答案。它们涵盖的问题包括职种的定义和种族/民族分类，以及数据收集。这份报告会包括在联邦合同工的平权行动计划（AAP）当中，联邦合同合规项目办公室还没有说明如何将 EEO-1 修改后的表格数据囊括到实用性决策、人员配置目标的建立、问题领域的识别以及行动导向项目的建立（见第 3 章）当中。平等就业机会委员会利用一个网络系统来做报告工作，现在只有在网络途径不可用的情况下，雇主才能使用纸质版的表格。

13.4.3 审查

定期审查或复核组织遵守人员配置方面的法律法规的程度是很有必要的。审查迫使组织学习和明确他们的人员配置实践到底是什么，并将当前的实践与法律要求的实践相比较。比较结果可用于识别潜在的法律问题，描述人员配置措施的变化，这将最大限度地减少潜在的责任，减少对组织提起诉讼的风险。值得注意的是，平权行动计划和报告的发展包括大量的审查和复审要素。但是，它们不能覆盖人员配

表 13—11 　　　　　　　　　雇主信息报告 EEO-1 表

职种		员工的数量（只报告一个类别的人员）													
		种族/民族													
		西班牙裔或拉丁裔		非西班牙裔或拉丁裔												总计
				男性						女性						
		男性	女性	白人	黑人或非裔美国人	本土夏威夷人或其他太平洋岛屿居民	亚裔	美国印第安人或阿拉斯加居民	两种或更多种族	白人	黑人或非裔美国人	本土夏威夷人或其他太平洋岛屿居民	亚裔	美国印第安人或阿拉斯加居民	两种或更多种族	
		A	B	C	D	E	F	G	H	I	J	K	L	M	N	O
执行层/高级经理	1.1															
初级/中间层级经理	1.2															
专家	2															
技术人员	3															
销售人员	4															
行政支持人员	5															
工艺人员	6															
操作人员	7															
劳工/支持者	8															
服务人员	9															
合计	10															
上年合计	11															

置活动领域的所有法律范围，它们也不要求在某些人员配置活动领域进行深入充分的分析。鉴于这些因素的存在，平权行动计划和报告作为法律审查还不够充分，尽管它们对于法律审查而言是重要且有用的投入。

　　审查可以由公司法律顾问来进行，或者人力资源部门可以先做一个自我审查，然后与法律顾问一起复核结果。在涉入法律诉讼之后进行审查同样有必要。[36]

13.4.4　针对经理和员工的培训

　　对经理和员工进行雇佣法律法规要求方面的培训不仅是一个明智的实践，而且逐渐变成公司进行雇佣诉讼辩护的关键点。以下论断可以作为说明："近来，司法和代理机构的活动已经说明培训不再是一项随意的人力资源活动，它很关键。问题不在于公司是否要提供培训，而在于若忽视它将承受多大的损失后果。面向经理和员工提供的精心设计、有效执行、按一定方法评估、经常调整的就业培训项目，是战略人力资源开发计划的有力组成部分，而战略人力资源开发计划与日常活动一起凸显了公司核心价值。忽视培训的后果很严重。而它所带来的收益却非常可观，而且是组织长期成功的基础。充分、有效、按时安排的就业法律法规培训现在是一个规定而非一种例外。"[37] 不断变化的就业法律法规加强了培训的需求。新的法律法规、法院裁决都可以重新定义工作人员的做法是否被允许。[38]

尽管对雇佣法律培训的需求仍然在发展，但是似乎可以包括几个有效的组成部分：（1）培训应该面向组织所有的员工。（2）要向新入职的员工提供基本的骚扰和歧视培训，经理则要参加更多的培训。定期提供进修培训，出现一些特殊的情况如政策或实践的重大变革时，也要提供进修培训。（3）培训者应该在就业法律和实践方面具有专长。（4）培训内容要充足，能够在一些隶属于 EEO 法律法规的人员配置领域（如招募、雇用、接任计划、晋升）覆盖到 EEO 实践；在人力资源其他领域，如薪酬福利，同样要提供类似的培训。（5）培训材料也要充分，包括公司具体的骚扰和歧视政策，既要涉及信息的呈现，也要包括参与者的积极行动。[39] 受训人了解哪些 EEO 行动可以自主实施，而哪些行动应该由人力资源部门来指导。最后，培训应该与多样化的创意相匹配，避免过度法律化的视角。[40]

13.4.5 争议处理

雇佣方面的法律法规通常会招来求职者和员工对违规的控诉。如果控诉被外部机构（如平等就业机会委员会）立案，则可应用第 2 章所谈到的争端解决程序来处理。在平等就业机会委员会介入的情况下，可用调解来作为争议处理的备选程序（ADR）（www.eeoc.gov），它致力于快速解决争议而不涉及调查和诉讼。平等就业机会委员会将免费提供受过训练的调解员来帮助雇主和应聘者（或员工）排解争端，最后达成满意的解决方案。整个过程是保密的，达成一致意见之后，所有的记录和笔记都要销毁，任何公开的信息都不能用于接下来的调查或争议未解决所引起的诉讼。

对于内部提起的歧视申诉（或其他不满），组织可能会提供其他形式的备选争议处理方案来解决这一争议。表 13—12 展示了可以使用的多种备选争议处理方案。

表 13—12　　　　　　　　　　　　　　　　备选的争议处理方案

方法	描述
谈判	雇主和员工以解决投诉为目的进行讨论。
事实调查	由组织内或组织外的中立者来调查投诉事件，并找到有利于解决争议的基础。
同伴观察	由员工和经理组成的小组一起解决控诉。
调解	由组织内或组织外的中立者（调解人）来帮助双方协商达成一个彼此都能接受的协议。调解人接受过调解方法方面的培训。解决方法并不是强制的。
仲裁	由组织内或组织外的中立者（仲裁人）来主持正式的听证会，并结合与会双方意见得出结论。

有时新员工在签订合同时被要求放弃受法律保护的权利，即提出诉讼或参加反对组织的诉讼程序的权利，实际上他们只能使用某种特定的备用争议处理方案来解

决争端。平等就业机会委员会发布过说明，指出这种弃权声明是没有法律效力的，而且它们不会妨碍平等就业机会委员会执行法律。[41]因此，即使员工已经签署放弃备用争议处理方案的声明，平等就业机会委员会也可能提起歧视控诉。

■ 仲裁的特例

仲裁作为备用争议处理方案的一种，雇主和岗位申请人（或员工）提前达成一致并将他们的争议提交给第三方仲裁机构，这个第三方仲裁机构会发布一个最后的约束决议。这样的仲裁决议通常包括法律歧视控诉，即员工同意不以仲裁之外的任何形式（如诉讼）向雇主要求歧视补偿。法庭规定，这种仲裁协议一般来说在法律上是许可的且具有法律效力。但是，这种协议不能阻碍平等就业机会委员会在歧视控诉之外寻求受害人上诉。

如果组织要求与岗位申请人和员工达成强制仲裁决议，成功执行需要仲裁协议和程序必须达到一些特定的标准。[42]例如，协议必须"明确而且基于自愿"，也就是说它必须描述清楚，目标清晰，作为单独的文件向员工呈现并要求他们签字。其他建议标准包括以下这些：

- 仲裁人必须是中立的一方。
- 仲裁程序需要提供较多的发现（证据的呈现）。
- 法律允许的补救方法是可以使用的。
- 员工有权雇用律师，雇主需要支付一部分律师费。
- 员工不应承担过多的仲裁费。
- 提交仲裁的起诉类型（如性别歧视、报复）应该有所标注。
- 应该由仲裁者出示一份书面裁定。

以上几点比较复杂，这意味着应优先寻求法律顾问的帮助而非使用仲裁协议。

小　结

人员配置系统中复杂多样的活动需要在组织范围内协调和整合。这样的人员配置活动管理既需要细致的管理和评估，也需要遵守法律法规。

要管理人员配置系统，除了非常小型的组织之外，通常要建立具有识别能力的人员配置或招聘职能，并将其置于人力资源部门当中。之后，这项职能在公司/工厂和办事处层面管理着人员配置系统。很多职位类型（包括专才和通才）都包括在人员配置职能当中。进入到这些岗位当中，或者在这些岗位之间轮换是非常不确定的，不符合任何一条职业动态路径。

多样性的人员配置活动需要人员配置政策来建立起总的人员配置规则和程序，引导这些活动的执行。缺乏清晰的政策和流程可能导致人员配置活动的错误和不一致，还可能带来潜在的法律

问题。人员配置技术可以帮助实现一致性，并有助于提高人员配置系统的效率。电子系统越来越多地运用于大量的人员配置任务当中；它们的优势和劣势并存。对人员配置活动的外包也被视为改进人员配置系统运行和结果的方法。

对人员配置系统有效性的评估应遵循几个前提。首先是从一个流程的角度来评估人员配置系统。测量流程的标准化（一致性）程度是必要的，同时为了识别人员配置实践的偏差和瓶颈，也应当对人员配置流程图进行标准化程度测量。根据成功率、耗费的时间（周期）以及人员配置系统运行的成本等指标，可以估计出人员配置的结果。最后，公司应该评估人员配置系统使用者（如经理和岗位应聘者）的满意度。

很多法律都要求维持多样化的记录并保护隐

私。定期实施对组织所有的人员配置活动的法律审核是很有必要的。这可以帮助组织识别需要引起注意的法律盲点。对经理和员工进行雇佣法律法规方面的培训也显得越来越重要。解决劳动争议的方法（如备用争议处理方案）也需要予以开发。

讨论题

1. 建立集中化的人员配置职能部门而非让每个经理对其工作单元的所有人员配置活动负责有何好处？

2. 哪些人员配置任务和活动不能或不应该简单地委托给人员配置信息系统来处理？请举例说明。

3. 将整个人员配置系统外包给一个供应商的优势和劣势是什么？

4. 在编写一份关于初级岗位的人员配置流程的有效性报告时，你会提到哪些因素？为什么？

5. 你将如何让每个经理了解人员配置系统的法律要求并采取行动保证他们采取的是合法的人员配置活动？

伦理议题

1. 有人说，人员配置技术和软件的使用是错误的，因为它让人员配置活动失去人性化，变成一个纯粹的机械化流程，将每个应聘者视为数字产品。请评价这种论断。

2. 由于没有形成人员配置流程结果和成本的标准评估方法，是否需要在一定程度上监管这些数据在组织中是如何计算、汇报和应用的？请解释。

应　用

了解人员配置中的岗位

这一应用的目的是让你更详细地了解人员配置中目前正由某个个体担任的特定岗位的情形。个体可能是一个组织或公共机构（州或地方政府）、非营利机构、人力资源公司、就业机构、咨询公司、政府就业（工作）服务机构的人力资源部门人员配置岗位的任职者。个体可能是以全职的方式实现岗位职能，如作为一个招聘者、面试官、咨询师、就业代表或招聘经理。或者，个体可能只负责岗位的部分职责，如一个小公司的人力资源经理或者特定工厂或办事处的人力资源通才。

联系岗位任职者并为之安排面试。解释面试的目的是让你了解岗位的需求（任务和 KSAO）和岗位报酬（外在的和内在的）。在准备面试时，回顾表 13—1 和表 13—2 描述的人员配置岗位的工作描述，获取你能得到的关于组织的所有信息，然后准备好一系列你将询问岗位任职者的问题。在面试之前或之中，如果可能的话，要得到其岗位描述的复印件。在笔试和面试信息的基础之上，准备你的调查报告。报告应包含以下内容：

1. 组织的产品和服务、规模以及人员配置（招聘）的职能；

2. 任职者的工作头衔，为什么你选择研究这个任职者的岗位；

3. 总结这个任职者履行的职责以及这个岗位需要的 KSAO；

4. 总结这个岗位的任职者获得的内外部报酬；

5. 你开始没想到的这个岗位的其他独一无二的特点。

评估人员配置流程的结果

Keepon 货运公司（KTC）是一个卡车定制

商。它不制造任何专门的卡车产品线、风格或模型。相反，它根据顾客的描述来制造卡车；这些卡车用于特殊的目的，如铲雪、木材或者军事货物运输。一年之前，KTC 接到了一个新的大订单，需要花费 3 年的时间来完成，同时要从外部招聘 100 个新的组装人员。为了给这个特殊的岗位配置人员，人力资源部门的非豁免招聘经理很快就开发并完成了一个填补这些职位空缺的专门流程。申请人可从三个不同的渠道来招聘：报纸广告、内部员工推荐和当地的就业机构。所有来自这三种途径的应聘者都要接受同样的筛选和决策程序。所有得到岗位机会的人都收到同样格式、同样条件的录用函，并被告知没有谈判的余地。最后，所有的职位空缺都被填补。

在合同的第一年之后，非豁免招聘经理德克斯特·威廉决定将一些数据汇总到一起，看看装配岗位的人员配置流程运行的效果。由于他事先没有做任何评估计划，德克斯特只能获取一些后续的数据来帮助他进行评估：

填补装配岗位的人员配置数据

招募来源	应聘者	录用函接收者	开始入职	6 个月后的留任数
报纸广告				
申请人数	300	70	50	35
耗费的天数	30	30	10	
员工推荐				
申请人数	60	30	30	27
耗费的天数	20	10	10	
就业机构				
申请人数	400	20	20	8
耗费的天数	40	20	10	

1. 计算不同招募渠道的成功率（录用函接收者的人数/应聘人数、新入职的人数/应聘人数），耗费的时间或周期（给出工作机会的时间、开始入职的时间），留任率。

2. 在成功率、周期和留任率方面，每种渠道的相对有效性是什么？

3. 三种渠道在相对效果上存在差异的可能原因是什么？

4. 你认为德克斯特未来若想改善人员配置流程需要做些什么？

注　释

1. T. H. Davenport, J. Harris, and J. Shapiro, "Competing on Talent Analytics," *Harvard Business Review*, Oct. 2010, pp. 52–58.

2. US Census Bureau, "Statistics About Business Size (Including Small Business) From the US Census Bureau" (*www.census.gov/epcd/www/smallbus.html*), accessed 1/28/11.

3. H. G. Heneman III and R. A. Berkley, "Applicant Attraction Practices and Outcomes Among Small Businesses," *Journal of Small Business Management*, Jan. 1999, pp. 53–74.

4. E. E. Lawler III and A. A. Mohrman, *Creating a Strategic Human Resources Organization* (Stanford, CA: Stanford University Press, 2003), pp. 15–20.

5. M. Hammers, "Sun Trust Bank Combines 28 Recruiting and Screening Systems Into One," *Workforce Management*, Dec. 3, 2003 (*www.workforce.com*).

6. Lawler and Mohrman, *Creating a Strategic Human Resources Organization*, p. 33.

7. J. Vocino, "HR Compensation Continues to Rise," *HR Magazine*, Nov. 2004, pp. 72–88.

8. Mercer Human Resource Consulting, *Transforming HR for Business Results* (New York: author, 2004), p. 9.

9. A. Rosenthal, "Hiring Edge," *Human Resource Executive*, Apr. 2000, pp. 96–98.

10. J. S. Arthur, "Title Wave," *Human Resource Executive*, Oct. 2000, pp. 115–118; K. J. Dunham, "Tapping Talent," *Wall Street Journal*, Apr. 10, 2001, p. B14.

11. J. A. Colquitt, "On the Dimensionality of Organizational Justice: A Construct Validation of a Measure," *Journal of Applied Psychology*, 2001, 86, pp. 386–400; J. A. Colquitt, D. E. Conlon, M. J. Wesson, C. O. Porter, and N. K. Yee, "Justice at the Millennium: A Meta-Analytic Review of 25 Years of Organizational Justice Research," *Journal of Applied Psychology*, 2001, 86, pp. 425–445.

12. R. E. Ployhart and A. M. Ryan, "Toward an Explanation of Applicant Reactions: An Examination of Organizational Justice and Attribution Frameworks," *Organizational Behavior and Human Decision Processes*, 1997, 72, pp. 308–335; D. M. Truxillo, T. N. Bauer, M. A. Campion, and M. E. Paronto, "Selection Fairness Information and Applicant Reactions: A Longitudinal Field Study," *Journal of Applied Psychology*, 2002, 87, pp. 1020–1031; T. N. Bauer, D. M. Truxillo, R. J. Sanchez, J. Craig, P. Ferrara, and M. A. Campion, "Applicant Reactions to Selection: Development of the Selection Procedural Justice Scale (SPJS)," *Personnel Psychology*, 2001, 54, pp. 387–419; S. W. Gilliland, "Effects of Procedural and Distributive Justice on Reactions to a Selection System," *Journal of Applied Psychology*, 1994, 79, pp. 691–701; C. W. Wanberg, L. W. Bunce, and M. B. Gavin, "Perceived Fairness of Layoffs Among Individuals Who Have Been Laid Off: A Longitudinal Study," *Personnel Psychology*, 1999, 52, pp. 59–84; J. Brockner, S. L. Grover, and M. D. Blonder, "Predictors of Survivors' Job Investment Following Layoffs: A Field Study," *Journal of Applied Psychology*, 1988, 73, pp. 436–442.

13. H. Williams, "e-HR 2010: Key HR Software Developments Ahead," *Personnel Today*, Dec. 1, 2009, p. 10; Anonymous, "What Are the Latest Trends in HR Applications Adoption," *HR Focus*, Dec. 2009, pp. 10–11; E. Frauenheim, "Core HR Technology Takes Center Stage," *Workforce Management*, Oct. 2007 (*www.workforce.com*).

14. Brass Ring, Inc. "Measuring the Value of a Talent Management System," Jan. 7, 2005 (*www.brassring.com*); P. Buckley, K. Minette, D. Joy, and J. Michaels, "The Use of an Automated Employment Recruiting and Screening System for Temporary Professional Employees: A Case Study," *Human Resource Management*, 2004, 43, pp. 233–241; D. Chapman and J. Webster, "The Use of Technologies in the Recruiting, Screening, and Selection Processes for Job Candidates," *International Journal of Selection and Assessment*, 2003, 11, pp. 113–120; S. Greengard, "Seven Myths About Recruiting Technology," *Workforce Management*, Aug. 10, 2004 (*www.workforce.com*); J. W. Jones and K. D. Dages, "Technology Trends in Staffing and Assessment, A Practical Note," *International Journal of Selection and Assessment*, 2003, 11, pp. 247–252.

15. B. Roberts, "How to Get Satisfaction from SAAS," *HR Magazine*, Apr. 2010 (*www.shrm.org/publications/hrmagazine*); L. Grensing-Pophal, "Mission: Organized HR!" *Credit Union Management*, Oct. 2008, pp. 36–39; E. Frauenheim, "Talent Tools Still Essential," *Workforce Management*, Apr. 2009, pp. 20–26.

16. M. Frase-Blunt, "A Recruiting Spigot," *HR Magazine*, Apr. 2003, pp. 71–79.

17. WorldatWork, *The State of Human Resources Outsourcing: 2004–2005* (Scottsdale, AZ: author, 2005); E. Zimmerman, "B of A and Big-Time Outsourcing," *Workforce Management*, Apr. 2001, pp. 51–54; B. E. Rosenthal, "How to Outsource Everything in HR," *SHRM HR Outsourcing Library*, Aug. 2006 (*www.shrm.org*).

18. E. Van Slyke, "Laying the Groundwork for HR Outsourcing," *Workforce Management*, Jan. 2010 (*www.workforce.com*); P. Meskanik, "Critical Success Factors for Recruiting Process Outsourcing," *Oil and Gas Journal*, Jan. 1, 2009, pp. 8–11.

19. B. S. Klaas, J. McClendon, T. Gainey, and H. Yang, *HR Outsourcing in Small and Medium Enterprises: A Field Study of the Use and Impact of Professional Employer Organizations* (Alexandria, VA: Society for Human Resource Management Foundation, 2004).

20. B. Siegel, "Outsourced Recruiting," in N. C. Burkholder, P. J. Edwards, and L. Sartain (eds.), *On Staffing* (Hoboken, NJ: Wiley, 2004), pp. 116–132.

21. J. Harney, "Integrating Payroll With Benefits Administration Transforms HR for Charmant," *Outsourcing Journal*, Dec. 2007 (*www.outsourcing-journal.com/dec2007-hr.html*).

22. P. Babcock, "Slicing Off Pieces of HR," *HR Magazine*, July 2004, pp. 71–76; J. C. Berkshire, "Seeking Full Partnership," *HR Magazine*, July 2004, pp. 89–96; D. Dell, *HR Outsourcing* (New York: The Conference Board, 2004); E. Esen, *Human Resource Outsourcing* (Alexandria, VA: Society for Human Resource Management, 2004); S. Greengard, "Pulling the Plug," *Workforce Management*, July 2004, pp. 43–46; R. J. Grossman, "Sticker Shock," *HR Magazine*, July 2004, pp. 79–86; T. Starner, "Measuring Success," *Human Resource Executive*, Oct. 16, 2004, pp. 49–50.

23. S. Overman, "Staffing Management: Measure What Matters," *Staffing Management Magazine*, Oct. 1, 2008 (*www.shrm.org/publications/staffingmanagementmagazine*); B. Roberts, "Analyze This!" *HR Magazine*, Oct. 1, 2009 (*www.shrm.com/publications/hrmagazine*); J. Fitz-enz, *The ROI of Human Capital: Measuring the Economic Value of Employee Performance* (New York: AMACOM, 2000); J. E. Edwards, J. C. Scott, and N. S. Raju, *The Human Resources Program-Evaluation Handbook* (Thousand Oaks, CA: Sage Publications, 2003); M. A. Huselid, B. E. Becker, and R. W. Beatty, *The Workforce Scorecard: Managing Human Capital to Execute Strategy* (Boston: Harvard Business School Press, 2005); Society for Human Resource Management, *SHRM Human Capital Benchmarking Study* (Alexandria, VA: author, 2007).

24. J. Sullivan, "HR's Burden of Proof," *Workforce Management*, Jan. 2007, p. 26; I. L. Goldstein and Associates, *Training and Development in Organizations* (San Francisco: Jossey-Bass, 1991).

25. Roberts, "Analyze This!"; B. Roberts, "How to Put Analytics on Your Side," *HR Magazine*, Oct. 1, 2010 (*www.shrm.com/publications/hrmagazine*).

26. L. Micco, "Lockheed Wins the Best Catches," *Employment Management Association Today*, Spring 1997, pp. 18–20; E. R. Silverman, "The Fast Track," *Human Resource Executive*, Oct. 1998, pp. 30–34.

27. L. Klutz, *Time to Fill/Time to Start: 2002 Staffing Metrics Survey* (Alexandria, VA: Society for Human Resource Management, 2003).

28. Fitz-enz, *The ROI of Human Capital: Measuring the Economic Value of Employee Performance*; Society for Human Resource Management, *SHRM Human Capital Benchmarking Study*.

29. Society for Human Resource Management, *2002 SHRM/EMA Staffing Metrics Study* (Alexandria, VA: author, 2003); Staffing.Org, *2003 Recruiting Metrics and Performance Benchmark Report* (Willow Grove, PA: author, 2003).

30. K. Burns, "Metrics Are Everything: Why, What and How to Choose," in Burkholder, Edwards, and Sartain (eds.), *On Staffing*, pp. 364–371.

31. H. G. Heneman III, D. L. Huett, R. J. Lavigna, and D. Ogsten, "Assessing Managers' Satisfaction With Staffing Service," *Personnel Psychology*, 1995, 48, pp. 163–173.

32. H. P. Coxson, "The Double-Edged Sword of Personnel Files and Employee Records," *Legal Report*, Society for Human Resource Management, 1992; Warren Gorham Lamont, *How Long Do We Have to Keep These Records?* (Boston: author, 1993).

33. Coxson, "The Double-Edged Sword of Personnel Files and Employee Records."

34. M. W. Finkin, *Privacy in Employment Law*, third ed. (Washington, DC: BNA Books, 2009), pp. 650–657; International Personnel Management Association, "Employee Privacy and Record-keeping—I and II," *IPMA News*, Aug. and Sept. 1998, pp. 16–18.

35. V. J. Hoffman, "Equal Opportunity Reporting: New Requirements, New Best Practices," *Legal*

Report, Society for Human Resource Management, July–Aug. 2006 (*www.shrm.org/hrresources/ lrpt_published/CMS_018229.asp#P-10_0*); R. Zeidner, "EEO-1 Changes," *HR Magazine*, May 2006, pp. 61–64.

36. J. W. Janove, "It's Not Over, Even When It's Over," *HR Magazine*, Feb. 2004, pp. 123–131.

37. W. K. Turner and C. S. Thrutchley, "Employment Law and Practices Training: No Longer the Exception—It's the Rule," *Legal Report*, Society for Human Resource Management, July–Aug. 2002, p. 1.

38. A. Smith, "Managerial Training Needed as Hiring Resumes," (*www.shrm.org/legalissues/ federalresources/pages/managerialtraininghiring.aspx*), accessed 3/16/10; D. G. Bower, "Don't Cut Legal Compliance Training," *Workforce Management*, Feb. 2009 (*www.workforce.com*).

39. S. K. Williams, "The New Law of Training," *HR Magazine*, May 2004, pp. 115–118.

40. J. A. Segal, "Unlimited Check-Writing Authority for Supervisors?" *HR Magazine*, Feb. 2007, pp. 119–124; J. C. Ramirez, "A Different Bias," *Human Resource Executive*, May 16, 2006, pp. 37–40.

41. Equal Employment Opportunity Commission, *EEOC Enforcement Guidance on Non-Waivable Employee Rights Under EEOC Enforcement Statutes* (Washington, DC: author, 1997).

42. M. E. Bruno, "The Future of ADR in the Workplace," *Compensation and Benefits Review*, Nov.– Dec. 2001, pp. 46–59; C. Hirschman, "Order in the Hear," *HR Magazine*, July 2001, pp. 58–64; L. P. Postol, "To Arbitrate Employment Disputes or Not, That Is the Question," *Legal Report*, Society for Human Resource Management, Sept.–Oct. 2001, pp. 5–8.

第14章

员工保留管理

14.1 学习目标和导言

14.1.1 学习目标

- 能够区分员工流动的类型及原因
- 认识员工离职的不同原因
- 评估员工流动的成本和收益
- 了解公司各种保留员工的措施
- 理解绩效管理和渐进性惩处如何保留员工
- 理解公司如何开展组织精简
- 认识各种影响裁员政策和实践的法律问题

14.1.2 导言

如果新员工在聘用不久后被解雇，那么即使是世界上最好的招募选拔体系对组织而言也是毫无价值的。因此，建立一个有效的保留员工的系统是人员配置过程的重要组成部分。然而员工的流失是不可避免的也是必要的，组织通过保留管理确保留住足够的员工，而这些员工拥有的知识、技能、能力和其他特征（KSAO）能够给组织带来成功。

从战略视角来看，员工的流动实际上是好事。例如，当一个缺乏战略能力的员工离开时，就有机会找到一个更合适的替代者。另一方面，如果一个身怀绝技的高效员工离开，那么组织找到一个合适的替代者可能会很困难。在这种情况下，员工流动会严重限制组织实现战略目标的能力。因此，在本章中，我们将讨论人员流动是一个怎样既有正面又有负面影响的复杂现象。

本章以三种员工流动形式——自愿流动、解雇和组织精简开始。员工保留管理建立在对组织劳动力流动的全面分析基础之上。其中包括：流动测量、确定员工离开的原因及评价流动的成本和收益。接下来，我们还关注了员工保留策略。

正如我们将看到的，组织经常通过在工作外在方面下功夫来鼓励员工保留。这其中包括制定慷慨的薪酬计划，从竞争者中作出选择，开发独特的福利项目和对于长期服务提供奖励。组织也可以通过提供令人更加满意的工作条件，提高同事合作的社会性质和主管参与的有效的、激发性的领导行为，来提高工作的内在质量。其次，我们探讨了如何通过绩效管理和渐进性惩处等措施减少员工离职。尽管在大多数组织中裁员是应该尽量避免的，但有时组织精简也是必需的。因此，我们将讨论一些策略来有效合理地减少总人数。最后一个主题是关于员工离职的众多法律法规。

14.2　流动及其原因

14.2.1　问题的实质

目前为止，本书主要关注了如何通过获取和利用人力资源来提高组织的效率。这一章我们将注意力转向员工保留，作为员工管理的一部分，员工保留也能提高组织效率。虽然员工流动通常会损害组织的绩效，但员工流动有的时候也会带来一些积极的结果。因此，制定员工保留战略的关键环节就是分析员工保留的成本和收益，并制定出合理的员工保留方案，在合理的成本下为组织提供积极收益。此外，员工保留战略不仅要关注留下多少人，还要关注让谁留下。无论在工作层面还是组织层面，都有一些员工比另一些员工更值得组织去关注，因为他们为组织效率的提高做出了更多的贡献。因此，员工保留的另一个重要话题就是如何努力保留高价值员工。

然而，员工保留必然面临一个实际的问题，即员工的流动是不可避免的。[1]人们总是自愿离开某个组织，或是被组织解雇。例如，据美国劳动部估计，18～44岁的员工平均从事过 11 种工作。在 33～38 岁的员工中，58％的人工作持续不到两年。虽然随着年龄的增长，工作期望会下降，工作年限中值会上升，但对于一些人而言工作流动伴随着一个人职业生涯的始终。在一些行业，高自愿流动率是一个不争的事实，也是从事这个行业的成本之一。例如，餐厅经理的流动率每年都在 50％左右。但通过大幅提高薪酬或是将餐厅经理提升为特许经营人的高成本保留策略是否能降低流动率还不得而知。另一个例子是美国劳动部指出 2009 年发生了 28 000起大规模的裁员（裁员人数超过 50 人），产生了超过 300 万名失业人员。这个数字还是相对较高的，因为当年的经济发展状况不好。

人们会出于各种各样的原因自愿离开组织，只有一些原因是组织可以避免的（控制的）。因此，完善的保留管理必须收集和分析员工离职的原因，并根据不同的原因制定不同的保留方案，想办法用最有效率的方式消除可能的离职动因。在了解整体背景后，我们将进一步探讨不同类型的员工流动及其原因。

14.2.2　流动的类型

员工流动分为不同的类型，图 14—1 提供了这些类型的基本分类。[2]从图 14—1

中可以看出，流动可以分为自愿流动（员工自己引发的流动）和非自愿流动（组织引发的流动）。

A.自愿流动（员工引发的）

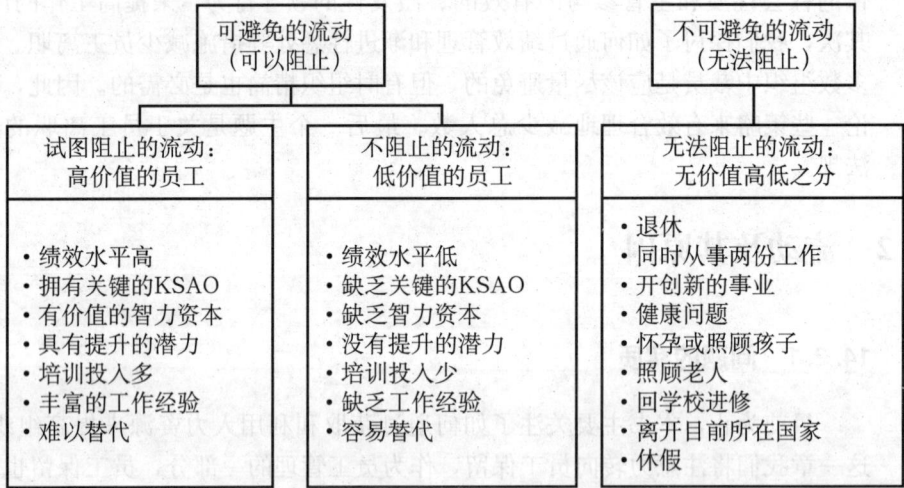

```
┌─────────────────────┐                    ┌─────────────────────┐
│  可避免的流动        │                    │  不可避免的流动      │
│  （可以阻止）        │                    │  （无法阻止）        │
└─────────────────────┘                    └─────────────────────┘
```

试图阻止的流动： 高价值的员工	不阻止的流动： 低价值的员工	无法阻止的流动： 无价值高低之分
·绩效水平高 ·拥有关键的KSAO ·有价值的智力资本 ·具有提升的潜力 ·培训投入多 ·丰富的工作经验 ·难以替代	·绩效水平低 ·缺乏关键的KSAO ·缺乏智力资本 ·没有提升的潜力 ·培训投入少 ·缺乏工作经验 ·容易替代	·退休 ·同时从事两份工作 ·开创新的事业 ·健康问题 ·怀孕或照顾孩子 ·照顾老人 ·回学校进修 ·离开目前所在国家 ·休假

B.非自愿流动（组织引发的）

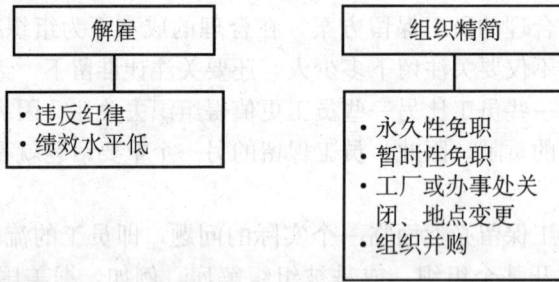

```
┌──────────┐              ┌──────────┐
│  解雇    │              │  组织精简 │
└──────────┘              └──────────┘
```

解雇	组织精简
·违反纪律 ·绩效水平低	·永久性免职 ·暂时性免职 ·工厂或办事处关 　闭、地点变更 ·组织并购

图 14—1　员工流动的类型

■ **自愿流动**

　　自愿流动可以分为可避免的流动和不可避免的流动。可避免的流动可以通过组织的干预来阻止其发生，如通过加薪或分配新的工作任务来避免员工流动。不可避免的流动指员工的自愿辞职，通常是组织难以阻止的，如人们由于退休或返回学校而不得不离开劳动力市场。不可避免的流动还包括人们由于不能同时从事两份工作导致的流动、追求新的或不同的事业导致的流动、健康问题导致的流动，以及为了照顾孩子和老人，或者离开原国家而导致的流动。可避免的流动和不可避免的流动之间的界限比较模糊，它取决于组织对自愿流动的看法，即组织认为它能够避免什么类型的自愿流动。

　　可避免的流动又可细分为组织试图阻止的流动和组织不阻止的流动。如图 14—1所示，组织会阻止高价值的员工离开组织，这些员工往往具有较高的绩效水平、很强的 KSAO、关键的智力资本、较高的提升潜力和培训开发成本、丰富的经验，以及难以替代的特点。而对低价值的员工，组织一般不可能去挽留。

■ 非自愿流动

非自愿流动可以分为解雇和组织精简两种。解雇是针对个别员工的，往往是因为该员工违反组织规范或未能达到绩效标准。组织精简也称裁员，是针对大量员工的。它通常发生在组织为了提高效率和股价而进行重组和采用成本节约策略的时候。裁员也可能是由整个组织进行暂时或永久性免职、一个工厂或办事处的关闭以及组织地点变更引起的。裁员还可能发生在组织并购之后，因为并购后一些职位的员工将变得多余。虽然组织通过组织精简和解雇来减少员工，但组织应采取很多步骤减少或彻底消除裁员和组织精简，从而对员工保留产生积极影响。

显然，员工流动有不同的类型，每一种类型又有不同的根源。因此，组织必须慎重地选择不同类型的员工保留方案。组织首先就要探索员工流动的潜在动因，因为这些动因是制定和实施员工保留方案的依据。

14.2.3　流动的原因

接下来我们将分别介绍自愿流动、解雇和组织精简三种人员流动类型的原因模型，而组织可能正试图通过其保留策略和手段来对这些流动产生影响。

■ 自愿流动

有关自愿流动的模型已经在大量的研究中得到开发和验证。[3] 图 14—2 是对以往相关研究的提炼。

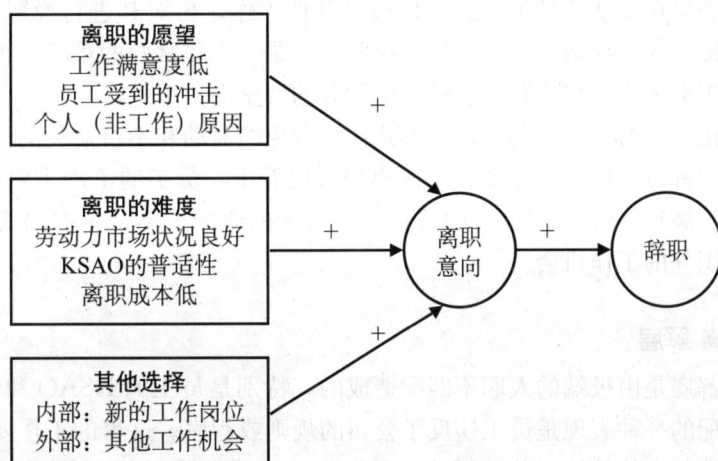

图 14—2　自愿流动的原因（驱动因素）

说明：在不同情境下，每种动机的重要性不同，对离职意向的影响也不同。

员工的离职意向主要取决于三个因素：离职的愿望、离职的难度以及其他选择。离职的愿望通常是由人员与工作不匹配或人员与组织不匹配造成的结果。其中的一种不匹配的表现形式就是组织实际提供的报酬和员工期望的报酬存在差距，导致员工对工作的不满意。除了不匹配，当员工受到某些冲击时，这种离职的愿望会愈发强烈，例如员工突然发现公司正在被收购而他的工作将被取消。又如，员工与领导或者同事之间的人际冲突也可能导致员工的流动。最后，我们发现员工的离职愿望往往取决于其个人的原因，即那些组织无法控制的非工作因素。

离职的难度是指员工对离开组织的障碍以及找到新工作的可能性的一种判断。劳动力市场的状况，即劳动力市场是宽松的还是紧缩的，是影响员工离职意愿的重要因素。紧缩的劳动力市场会激发员工离职的想法，而宽松的劳动力市场则会减少员工离职的想法。员工离职的想法也受其自身能力的制约，当员工意识到他们的 KSAO 只适用于当前组织时，他们离职的意愿会大大降低。同时，离职的难度也受到离开组织的成本的影响，例如员工不需要放弃有价值的好处（因为这些都不是组织提供的）。简而言之，当劳动力市场可以提供充足的工作，员工的能力适用于各种组织，并且离开组织不会带来巨大的损失时，离职的难度就下降了。而那些对工作、组织和群体有高度"嵌入性"的员工，则不太可能离开组织。一些增加员工的嵌入程度的因素可能被组织影响，例如员工和领导以及同事的人际关系，培训仅针对组织特定的人力资本，等等。其他一些因素超出了组织的控制范围，比如和本地社区的联系。[4]

最后，离职意向还取决于组织内外其他可能的工作机会。具体来说，内部机会包括组织内的晋升、调转或换岗，员工即使对现在的工作不满，也会因为这些机会而减少甚至打消辞职的念头。外部机会是指其他企业可能提供的工作机会或者已经提供的工作机会。

员工离职过程的最后一个阶段是形成离职的意向，这往往与搜寻其他可能的工作机会同时进行。实证研究表明，工作搜寻和员工流动有着紧密的联系。然而，组织不能简单地认为员工一旦开始搜寻其他工作，再对其进行挽留就太迟了。这时，直接提出为了保留员工需要作出哪些改变是一个非常好的策略。很多在找其他工作的员工会因为组织对其工作进行了充分的调整而留下来。

图 14—2 展示了两种流动形式：可避免的流动和不可避免的流动。保留方案的制定应针对可避免的流动。由该模型可以看出，员工的流动主要取决于以下几点：工作不满意、员工 KSAO 的普适性、较低的离职成本、组织内的其他工作机会以及组织外的工作机会。

■ 解雇

解雇是由极端的人职不匹配造成的，特别是员工的 KSAO 和职位要求不匹配。不匹配的一种表现是员工违反了公司的规则或程序。这里的工作要求不仅包括一些相关的基本礼貌（如着装规范、恶作剧），还包括一些比较严重的问题（如在工作场所携带手枪）。通常是各种各样的因素累加在一起才会导致公司解雇某个员工。

不匹配的另一种表现形式是员工的工作绩效难以达到标准。也就是员工的 KSAO 和任职资格非常不匹配。实际上，员工的绩效水平差到组织难以容忍的程度，这时组织只能选择解雇他。

■ 组织精简

组织精简反映了人员配置层面的不匹配，即组织已经出现或将要出现多余的员工。也就是说，目前组织拥有的员工总数超过了需要的员工总数。人员超标主要是由以下因素引起的：（1）缺乏预测和计划；（2）预测和计划不准确；（3）未预测到的劳动力供需变化；（4）经济衰退。例如，过于乐观地估计了产品和服务的需求量可能导致多余的人员配置，因为产品和服务需求如果突然降低就不再需要原来那么多的员工。还有一种可能就是劳动力市场逐渐紧缩，进而增加了员工流动的难度，使员工不愿离开原有组织，员工的自愿流动减少，如果组织没有预见到自愿流动的减少就会出现多余的人员配置。由此可见，劳动力供给和需求的不平衡给组织带来了较大的精简压力，而这是组织不得不面对的。

14.3　员工流动分析

员工流动分析要求我们对三种流动类型进行测量和基准测量，识别员工离职的具体原因，评估各种类型离职的成本和收益。

14.3.1　测量

■ 公式

员工的流动率是由离职员工和组织现有员工共同决定的，可以用某一时段离职员工所占的百分比来表示，即

$$流动率 = \frac{离职员工数}{平均现有员工数} \times 100\%$$

使用上述公式来计算员工的流动率需要知道以下数据和决定：（1）这种计算涉及的时间段（如月、年）；（2）哪些员工需要被计算在内（如全职员工、兼职员工、季度性员工）；（3）如何计算某一时段的平均员工数，是计算算术平均数还是加权平均数。

■ 突破点和参照标准

对员工流动数据的解释和分析还需要知道根据不同因素得出的数据突破点，这包括：（1）员工流动的类型：自愿流动——可避免的流动和不可避免的流动，非自愿流动——解雇和组织精简；（2）员工的类型（如豁免—非豁免，人口统计学信息，KSAO，绩效水平）；（3）工作类型；（4）地理位置。这些突破点帮助我们识别围绕总平均和最严重与最不严重的流动的变异，这些数据也是公司制定战略保留方案的根本依据。我们可以从人力资源信息系统中获取员工离职情况，包括员工什么时候流动、流动到哪里以及为什么流动。

同时，我们也必须知道流动率的参照标准是什么，以便解释有关组织流动的数据。一种是内部参照标准，即本公司历年的人员流动趋势。通过趋势分析，管理者可以判断人员流动在哪些部门有所增加，以及哪些保留方案是有效的。内部参照标准的确定需要长期、持续的数据收集过程才能实现。

另一种是外部参照标准，即组织将自身的流动率和其他组织的流动率或流动趋势进行比较。外部参照标准的一个主要来源就是美国劳动部（www.bls.gov/jlt）发布的职位空缺与劳动力流动调查（JOLTS）。该调查每个月在美国 16 000 个商业

组织进行一次，调查数据包括就业总量、职位空缺情况、雇佣情况、辞职情况、免职和解雇情况以及其他离开情况。表14—1给出了职位空缺与劳动力流动调查2002—2009年的数据。需要注意的是，在网站上将上述数据按照不同区域和不同行业进行了划分，但没有按照不同职位进行划分。

表14—1 职位空缺与劳动力流动调查数据（%）

年份	雇佣	辞职	解雇和免职	其他离开
2002	45.9	24.8	17.9	3.6
2003	44.5	22.6	18.4	3.5
2004	46.9	24.2	17.8	3.4
2005	48.2	26.2	17.0	3.3
2006	47.7	26.7	15.8	3.6
2007	46.1	25.5	16.4	3.2
2008	41.1	22.7	17.9	2.9
2009	37.2	16.8	21.2	3.0

说明：非农人员的百分比。

14.3.2 离开的原因

确认、追踪并记录员工离职的原因是非常重要的。这些数据对衡量和分析组织的人员流动至关重要。每个员工的退出至少都应按照自愿流动、解雇和组织精简进行分类，这样就可以计算这三种主要流动类型的流动率。然而，要想进一步了解潜在的退出决策背后的具体原因，就需要深度探索员工离职的动机。这一节我们将介绍三种深度探索的工具，分别是离职谈话、离职后调查和员工满意度调查。[5]上述三种工具可以帮助我们了解员工的离职决定是自愿的还是非自愿的，如果是自愿的，具体原因是什么——是可避免的流动还是不可避免的流动。

■ 离职谈话

离职谈话是对即将离职的员工进行的正式计划和实施的访谈。离职谈话不仅有助于了解员工离开的原因，还涉及再就业的权利、收益和保密协议等相关内容。因为潜在的不确定性影响，组织不应该根据某次谈话就大幅改变自己的保留方案，而是要综合多次谈话的内容再进行决策。

离职谈话必须认真仔细地展开。研究显示，员工在匿名调查中说明的离职原因与员工在离职谈话中说明的原因存在不一致的现象。[6]即将离职的员工通常不愿对之前的雇主抱怨过多，因为他们不想破坏关系或者危及未来的介绍信。结果，员工通常会说他们离职是因为想得到更高的报酬，而事实上他们是因为工作条件差、和上司以及同事的关系不好才离开的。

接下来，我们将介绍一些适当的离职访谈的策略，这些策略能够从离职者中发现真相：（1）访谈者（通常是来自人力资源部门的人员或外部顾问）应保持中立的态度，并经过相关训练；（2）训练应包括如何让员工放轻松并解释谈话的目的，如何根据拟定的访谈提纲进行访谈而避免多余的试探和追加问题，如何做访谈笔记，如何以积极的语气结束谈话；（3）访谈前需要拟定好访谈的问题提纲，问题应包含可避免的离职原因和不可避免的离职原因，针对可避免的离职原因，谈话内容应重点关注离职的愿望、离职的难度和其他工作选择（表 14—2 给出了结构化离职访谈提纲的例子，这些问题主要聚焦于离职意愿、离职难度和其他选择）；（4）访谈者在每次访谈前都应做好充分的准备，包括浏览访谈提纲以及被访谈者的个人资料；（5）离职谈话应安排在员工离开之前，找一个相对私密的地方；（6）在访谈过程中应告知被访谈者谈话内容是保密的，访谈的目的是让组织更好地理解员工为什么离职，以便组织制定相应的保留方案。组织还需要确定是对全部离职者进行离职谈话，还是仅对自愿离职的人员进行访谈。对全部离职者进行访谈的优势在于可以增加获取信息的样本量，因为非自愿离职的人员有时也可以提供有益的信息。在员工离职之前进行离职谈话可以将一些问题提出来，而如果这些问题得到了解决，被访谈者可能会选择继续留在组织。例如，如果某个员工因为想得到更高的薪酬而离职，那么公司了解情况后，则有机会在离职前以更高的薪酬留住员工。

表 14—2	离职谈话问题举例

1. 当前工作职位＿＿＿＿＿＿＿＿＿＿＿所在部门/工作单元＿＿＿＿＿＿＿
2. 在该岗位的工作时间＿＿＿＿＿＿＿＿＿＿在该组织的工作时间＿＿＿＿＿＿＿＿＿＿＿
3. 你是因为以下原因离职的吗？
　　退休＿＿＿＿＿＿同时从事两份工作＿＿＿＿＿＿谋求新的职业发展＿＿＿＿＿＿
　　健康问题＿＿＿＿＿＿怀孕或照顾孩子＿＿＿＿＿＿照顾老人＿＿＿＿＿＿
　　回学校进修＿＿＿＿＿＿前往其他国家＿＿＿＿＿＿短期休整＿＿＿＿＿＿
4. 你目前找到新工作了吗？＿＿＿＿＿＿＿新的工作单位＿＿＿＿＿＿＿＿＿＿
5. 与现在的工作相比，新工作有哪些优势？＿＿＿＿＿＿＿＿＿＿＿＿＿
6. 在决定离开之前，你仔细考察过以下可能性吗？
　　工作调换＿＿＿＿＿＿晋升＿＿＿＿＿＿改变工作场所＿＿＿＿＿＿
7. 再找一份工作容易吗？＿＿＿＿＿＿＿＿＿为什么？＿＿＿＿＿＿＿＿＿＿＿
8. 你目前的工作技能能够适应新工作吗？＿＿＿＿＿＿＿＿＿＿＿＿＿＿＿
9. 你对目前工作最满意的地方是什么？＿＿＿＿＿＿＿＿＿＿＿＿＿＿＿＿
　　最不满意的地方是什么？＿＿＿＿＿＿＿＿＿＿＿＿＿＿＿＿＿＿＿＿＿
10. 公司在哪方面进行改进才能令你满意？＿＿＿＿＿＿＿＿＿＿＿＿＿＿＿
11. 自最近一次绩效考核以来，你对自己的绩效是否满意？＿＿＿＿＿＿＿＿＿＿
12. 你认为公司和你的主管本可以在哪些方面帮助你提高绩效？＿＿＿＿＿＿＿＿＿＿
13. 如果给你换一个主管，你是否更愿意在本公司工作？＿＿＿＿＿＿＿＿＿＿＿
14. 你会向其他人推荐来公司工作吗？＿＿＿＿＿＿＿＿＿＿＿＿＿＿＿＿＿＿
15. 你愿意重新被公司雇用吗？＿＿＿＿＿＿＿＿＿＿＿＿＿＿＿＿＿＿＿＿＿
16. 对于你离开公司的决定，你还有哪些补充？＿＿＿＿＿＿＿＿＿＿＿＿＿＿＿

■ 离职后调查

离职后调查的目的是打消离职员工关于离职谈话保密性的疑虑，并避免员工的报复行为。调查需要与离职访谈的内容一致，并且在员工离职后不久进行。许多组织发现网上离职调查是一种方便、低廉的收集数据的方法。网上数据很容易做成统计报告并且与其他绩效方面的数据进行比较，以关注高生产力的员工离开的原因。

■ 员工满意度调查

众所周知，工作不满意（离职的愿望）是导致员工自愿流动的潜在预测指标。

因此，进行员工满意度调查可以帮助组织发现什么类型的工作回报让员工最不满意，进而成为员工离开的原因。满意度调查的优势之一就是可以了解全体员工的满意度情况（至少是那些参加调查的人），而不仅仅是即将离职的员工。同时，满意度调查的结果还可以为组织提供一些启示，使组织能够通过自身的改变提高员工工作满意度，从而阻止流动的发生。对满意度调查的设计、实施、分析和结果的解释不仅需要充足的组织资源，还需要经过专业培训、掌握满意度调查技术的人员指导实施。通常，企业会为此雇用一名顾问。网上调查可以让管理者快速方便地从跨地域员工中收集信息。

14.3.3 成本和收益

下面我们将分别分析三种流动类型的成本和收益。这里的成本既包括财务成本，也包括非财务成本。我们分析的大部分内容是实际产生的成本和收益，虽然有一些成本和收益是潜在的，会随着事件的发展而有所改变。一些成本和收益可能从财务角度评估。这种分析方法需要综合考虑其他类型的成本和收益，这样才能对流动的整体成本和收益进行正确的估计。从中可以看到，非财务成本和收益在制定员工保留策略方面比财务成本和收益更重要。

■ 自愿流动

自愿流动对组织而言代价高昂。调查显示，具有高流动率的组织有低股票价格、低投资回报率、低利润和其他低财务回报。[7] 表 14—3 列举了员工离开组织的主要成本和收益。[8] 当个别员工由于可避免的原因而离开组织时，可以对这些成本和收益进行评估；这种评估可以帮助组织决定是否要采取保留措施，以及如果需要，组织会付出多少努力来实施保留措施。从整体角度而言，成本收益分析可以是针对工作本身或业务单元的，也可以是针对部门或整个组织的。其结果可以与高层管理者进行交流，帮助他们了解员工流动的本质和严重性，并帮助改进员工保留方案。

表 14—3	自愿流动：成本收益分析

Ⅰ. 离职成本

  A. 财务成本
- 人力资源人员的时间成本（如离职谈话、工资、奖金）
- 主管的时间成本（如为保留员工进行的努力、离职谈话）
- 假期补偿（如假期、病假）
- 临时性费用（如雇用临时工，其他员工的加班）

  B. 其他成本
- 产品和客户服务的延误或者质量的下降
- 已有或潜在客户的流失
- 竞争加剧——去了竞争对手的公司或是自主创业形成竞争
- 传染效应——其他员工也决定离职
- 扰乱团队协作
- 影响劳动力多样性

Ⅱ. **替代成本**
- 雇用新员工的成本（如雇用成本）
- 招聘吸引（如奖励、工作安置、额外津贴）
- 招募经理和部门员工的时间成本
- 新员工培训的时间成本和材料成本
- 人力资源人员的入职引导成本（如工资、奖金）

Ⅲ. **培训成本**
- 正式培训（培训员工和教练的时间成本、材料和设备成本）
- 在职培训（主管和员工的时间成本）
- 职业指导（导师的时间成本）
- 社会化（其他员工的时间成本、旅行）
- 生产力损失（直到新员工能熟练掌握相关工作的生产力损失）

Ⅳ. **收益**
- 找到绩效更高、表现更好的员工替代离职员工
- 新的 KSAO 和动机融入组织
- 部门重组的机会
- 减少员工导致的劳动力成本下降
- 职位空缺制造了其他员工晋升和调岗的机会
- 找到工资低又有经验的员工替代离职员工

从表 14—3 中可以看出，员工自愿流动的成本既包括财务成本，也包括非财务成本，分别为离职成本、替代成本和培训成本。财务成本主要包括时间成本、材料和设备成本、现金支出成本和生产力的下降。还有一些潜在的难以估计的成本，这部分成本对组织效率会产生极大的负面影响，例如客户的流失。从收益角度，员工流动对组织也有积极的意义，例如可以再找一个素质更高、报酬更低的人代替离职的员工。

要想精确计算成本和收益就要勤奋和仔细，特别是涉及时间问题时。要计算时间成本，就要知道平均每个员工在某一活动上花费的时间以及员工的薪酬水平（工资＋奖金）。以离职谈话（离职成本）为例，假设：（1）人员配置经理用了 1 小时来进行访谈和写简短的总结，添加到自愿离职数据档案中；（2）人员配置经理的工资是 46 000 美元（每小时 23 美元），员工的工资是 50 000 美元（每小时 25 美元）；（3）奖金为工资的 30％（人员配置经理的奖金是每小时 6.9 美元，员工的奖金是每小时 7.5 美元）。那么，离职谈话的成本就是 62.4 美元。如果人员配置经理每年进行 100 次离职谈话，而每个离职谈话者的平均工资水平是每小时 20 美元，全年的离职谈话时间成本就是 5 590 美元（人员配置经理的工资＝2 300 美元，奖金＝690美元；员工的工资＝2 000 美元，奖金＝600 美元）。

材料和设备成本大多是替代成本和培训成本，其中部分会成为人员配置成本的一部分，例如，招募手册、测试材料、新员工培训材料、入职介绍材料如福利计划表格。正式培训中既包括材料的使用，也包括设备的使用，这些是必须花费的。现金的支出包括：（1）对离职员工未使用假期的补偿；（2）对离职员工的暂时保险；（3）雇用替代员工的费用。

在收益方面，最直接的收益就是员工的离开降低了整体的劳动力成本。这种收益一直会持续到找到下一个正式员工为止（如果能的话）。组织在招聘到正式员工前雇用低工资的临时工来替代离职员工，也可以节约劳动力成本。招聘正式员工时，组织也可以雇用比离职员工工资低的人员，这样一来又节约了一部分工资和奖金。表 14—3 还列出了一些潜在的对组织和部门的发展有长期影响的收益。

表 14—4 给出了单个员工自愿离职的成本估计，我们假设某个工业用品供应商有 40 名销售人员，平均每个人每小时工资为 20 美元，并会为组织带来大约 8 000 000 美元的年销售额。在这里我们计算了三种流动和替代过程（离职、替代和培训）的时间成本、材料和设备成本以及其他成本。

表 14—4　　　　　　　　　　　　　　单个员工自愿流动的成本估计举例

	时间		材料和设备	其他成本
	小时	成本（美元）	成本（美元）	（美元）
A. 离职成本				
人员配置经理	1	25		
人力资源人员	1	15		
员工的主管	3	120		
假期补偿	160	2 400		
各种程序费用				30
B. 替代成本				
暂时性替代				
薪酬变化	160	（800）		
人员配置经理	1	25		
员工的主管	1	40		
人力资源公司费用（提成）				800
永久性替代				
薪酬变化	960	（4 800）		
雇佣的成本				4 500
雇佣奖励				3 000
笔记本电脑				2 000
员工的主管	3	120		
新员工引导	8	160		
C. 培训成本				
培训活动			1 000	
接受培训的员工	80	1 200		
培训教师	100	1 600		
引导员	52	1 040		
导师				
产量/销售额的损失				
永久性替代				50 000
暂时性替代				2 000
D. 成本总计	1 145	1 030		62 300

离职成本包括离职人员的时间成本（25 美元＋15 美元）以及离职人员的主管的时间成本（120 美元），还包括即将离职人员累积的假期补偿（160 美元）。替代

成本既包括暂时性替代，也包括永久性替代。寻找一个正式的替代员工平均需要花费 4 周的时间。在这 4 周（160 小时）的时间里，公司会通过人力资源派遣公司雇用一名临时员工，这部分费用为每小时 15 美元加上 33.3％的提成。虽然临时员工的工资要比正式的销售人员低，但他们在这 4 周内的销售额也比正式员工少 2 000 美元。而一个新的正式员工在前 6 个月里每小时的平均工资也比其他正式销售人员少 15 美元，这个工资一直会保持到他们比较熟练以后（每小时节约 5 美元×960 小时＝4 800 美元）。然而，每一次新的雇佣都会花费 4 500 美元，还包括给新来员工的雇佣奖励 3 000 美元以及一台价值 2 000 美元的笔记本电脑。销售主管还要额外进行 3 小时的新员工引导以及 8 小时的新员工组织培训。

培训成本包括培训使用的材料和设备（1 000 美元），2 周（80 小时）在职培训的时间成本，以及培训讲师的工资（100 小时）。此外，有经验的销售人员会在新员工过渡阶段扮演导师的角色，平均每周 1 小时持续 1 年时间。要想使一名正式员工达到平均销售额 200 000 美元大概要花费 24 周的时间（24 周×40 小时＝960 小时），这意味着公司这段时期的销售额损失近 50 000 美元。综上，单个销售人员的离职会给公司带来大约 62 300 美元的成本。从表中的数据还可以看出时间成本和材料成本只占总成本很小的部分，产量的下降占离职总成本的 81％（例如，52 000/64 475＝81％）。当然，这组数据会随着工作岗位的不同而有所变化。

应该注意到，离职成本估计需要良好的判断和估计。然而，上述例子证明许多离职成本是不易察觉的，例如：（1）工作人员花费在处理离职、替代、培训上的时间成本；（2）销售额和产量的下降。但是，通过雇用缺乏经验的临时性或永久性员工可以暂时抵消部分上述时间成本。同时应该看到，当将单个人的离职所造成的年均损失加总时，数额是巨大的。在上述案例中，如果销售部门每年的自愿离职率为 20％，每年就会流失 8 个员工，相当于损失 519 000 美元或是 6.5％的年销售量。

■ **解雇**

解雇所造成的某些成本和收益与自愿离职相同。如表 14—5 所示，离职成本、替代成本和培训成本也包括在解雇成本当中。解雇成本可能还包括固定期限合同产生的合同买断保证金（工资、福利、额外津贴）成本。这种买断对于高层管理者和公共部门的领导（例如校长）来说是很常见的。这些担保金可以使雇用计划更具吸引力并降低雇佣失败的风险。这些担保金同时大大增加了解雇的成本，并促使组织建立严格的人员筛选和培养机制，确保雇用的人在合同期内圆满地完成任务。

表 14—5   **解雇：成本收益分析**

Ⅰ. **离职成本**
  A. 财务成本
    ● 与自愿流动相同，可能加上合同买断（工资、福利、额外津贴）保证金

  B. 其他成本
    ● 部门经理和人力资源部处理问题员工的时间
    ● 解决抱怨和争议
    ● 法律诉讼，诉讼失败，解决和补救成本
    ● 对和谐劳资关系的破坏

Ⅱ. 替代成本
● 与自愿流动相同

Ⅲ. 培训成本
● 与自愿流动相同

Ⅳ. 收益
● 低价值员工的离开
● 高价值员工替代解雇员工的机会
● 减少对部门经理和部门工作的干扰
● 改善绩效管理和纪律性

还有一些巨大的潜在成本。解雇通常需要经理以及其他人花费大量时间来实施，他们需要在解雇前通过循序渐进的方法和绩效管理活动等来改变员工的行为，使员工感到严厉、不愉快。同时，解雇还可能让公司吃官司，例如员工可能会以种族或性别歧视等理由起诉。花在处理这些事务上的时间，以及解决和处理官司的费用是巨大的。[9] 简而言之，与自愿流动相比，解雇的成本更高，也更令人不愉快。此外，在有工会组织的情况下，解雇还会对劳资关系造成威胁。

与这些成本相对的是解雇带来的好处。首先并且最突出的收益就是解雇能够淘汰低价值的员工，这些人往往会带来极大的破坏、无效率的绩效甚至组织效率的降低。其次，解雇还为组织提供了雇用新的更有价值员工的机会。解雇的另一个间接作用就是增强组织成员的纪律性和绩效管理技能，也使人力资源部门更加意识到更好的纪律和绩效管理系统的必要性，进而做出必要的改进。

■ 组织精简

组织精简的成本主要产生于暂时性裁员的离职成本，因为组织可能不会培训和雇用新的员工。表 14—6 给出了组织精简的成本和收益。[10] 经济成本主要包括时间成本，各种遣散和买断的现金支出，以及失业保险金的上升。其中时间成本包括人力资源人员和部门经理计划、实施和解决暂时性裁员花费的时间。

表 14—6　　　　　　　　　　　　　　**组织精简：成本收益分析**

Ⅰ. 离职成本
　A. 财务成本
　　● 人力资源部计划和实施离职方案的时间
　　● 部门经理处理离职的时间
　　● 休假补偿（例如，假期和病假）
　　● 提前退休计划
　　● 自愿遣散计划（例如支付一周的工资/工作年限，持续的健康保险，求职援助）
　　● 非自愿遣散计划
　　● 合同买断保证金
　　● 更高的失业保险津贴
　　● 在并购中为关键管理人员提供的管理权变更保证金

　B. 其他成本
　　● 股票价格不涨
　　● 关键员工和 KSAO 流失

- 无法迅速对产品和服务需求的激增做出回应；重新进行人员配置耽误的时间和成本
- 其他员工离开的传染效应
- 对和谐的劳资关系带来威胁
- 可能的法律诉讼，诉讼失败，处理和补救成本
- 员工士气下降，工作不安全感上升
- 吸引新员工能力下降

Ⅱ. 收益

- 工资和福利成本下降
- 产品和人员灵活性增强
- 重新安置设施的能力
- 保留员工可以获得更多的晋升和转岗机会
- 可以集中精力发展核心业务，排除其他业务的干扰
- 通过外包分散风险
- 组织扁平化——特别是在管理层
- 提高生产率

遣散成本有多种形式。一是员工的休假补偿；二是各种鼓励员工提前退休的退休方案；三是鼓励没资格提前退休的员工自愿遣散方案，以此鼓励他们在未被解雇时自愿离开。自愿遣散方案一般包括为每一年的工作支付一周的薪水，继续提供健康保险、其他保险费，以及求职援助。公司可能对关键的管理人员提供更丰厚的方案，例如为每一年的工作支付两周的薪水以及总退出津贴。提供提前退休方案和自愿遣散方案是有一定风险的，这些方案可能过于吸引人，导致在暂时性裁员中很多人只想着拿了钱就走，而没有想过重新回来。

如果提前退休计划和自愿遣散方案不足以吸引足够数量的员工主动离开，公司也可以通过提供遣散金进行非自愿裁员，这些遣散金往往没有自愿方案那么丰厚。通常而言，公司会同时向员工告知自愿和非自愿两种方案的内容，以便员工从中进行选择。一些员工可能觉得自己不会被裁掉并想碰碰运气，因此拒绝接受自愿离职方案（这就意味着，如果他们被裁掉，他们愿意接受非自愿遣散方案）。

一些员工还可以享有特殊的遣散方案。对于那些持有固定期合同的员工，必须进行合同买断。对于其他一些关键的管理人员来说，当组织存在并购时，他们必须履行可以在劳动合同上增加的"管理权变更"（change in control，CIC）条款。CIC 也叫"金色降落伞"。除了常规的遣散计划中的条目外，CIC 也可能包含即刻授予股权的选项、退休支出好处或买断、津贴、延长各种保险期限，还可以保留各种特权。

遣散成本可能是巨大的。美林公司为了进行重组，在两年内裁掉了 14% 的员工。大概有 15 000 名员工被辞退，遣散成本高达 12 亿美元（每位员工 8 万美元）。[11]

组织精简的其他成本也不容小视（见表 14—6）。股东价值（股票价格）没有提高说明股票市场上认为重组有效性很低。同时，还存在着关键人才的流失，组织无法及时对劳动力需求的激增作出回应。组织精简还会给求职者一种组织不稳定的感觉，而降低组织吸引人才的能力。被裁减的员工还会诉诸法律，例如起诉公司在裁员过程中存在年龄歧视。裁员还会降低保留员工的工作士气，由于担心公司还会裁员，他们会开始寻找更加稳定的工作，工作绩效也会大大降低。最后，和解雇一

样，组织精简还会威胁劳资关系的和谐。

除了高昂的成本外，组织精简也会给组织带来一些好处。例如，工资和福利成本下降，组织产量提高，人员配置灵活性增强，还可以将不重要的业务外包，并有机会重新设计和安置设备。重组时通过减少管理层级，还可以使组织更趋于扁平化，提高决策的速度和质量。最后，重组还为员工创造更多晋升和转岗的机会，从而带来组织有效性的恢复。

■ 总结

虽然自愿流动、解雇和组织精简会带来很多潜在好处，但它们从根本上讲都是成本高昂的举动。它们所造成的时间成本、材料成本、业绩和年收入的损失、遣散成本、法律成本等会给组织带来巨大的挑战和风险。更重要的是这些举动会造成一些潜在人力损失，例如员工关系紧张、关键人才流失、业绩下降、秩序被打乱等，其他员工还会受到离职人员的影响而离开。同时，这些举动也使组织吸引、安置和雇用高质量员工的能力大大下降。

因此，组织在实施这些流动计划时务必要权衡好利弊，认真分析不同流动人群、不同岗位、不同组织单元的人员流动情况。通过这些分析有利于组织作出清晰详细的人员流动成本收益分析，同时还可以帮助组织更好地了解其内部流动情况，确定组织中哪些部门和哪类人群最容易产生流动，学习如何制定出具有针对性的人员保留方案。

14.4 保留方案：自愿流动

对于大部分组织而言，在三种流动类型中，自愿流动是最常见，也是组织最重视的人员流动形式，它常常被视为企业人才竞争的关键。接下来我们将介绍一些关于保留人才的企业实践。这里列举了很多方法，但我们对企业如何决定对流动问题采取措施并且实施一种或更多的保留方案却知之甚少。为了填补这块空缺知识，我们在这里将介绍保留决策程序，以帮助组织更系统有效地选择正确的保留方案。根据流动原因模型（见图14—2），应从影响流动的三个动机（离职的意愿、离职的难度和其他选择）出发，提出自愿流动的保留方案。

14.4.1 目前的实践与行动决策

流动分析并不止于数据的收集和分析。这些分析只是为进一步的决策所做的准备工作。接下来还要确定是否需要解决流动问题，如果需要，采取什么措施解决这些流动问题，最后怎样评价这种干预的有效性。首先，我们通过列举一些保留措施的实例来说明保留措施一般都包括哪些内容。然后，我们将以系统决策过程为框架来帮助决定是否要进行员工保留。考虑到员工保留问题是非常复杂的，而且没有最优方案，因此对员工保留计划的决策指导是非常必要的。

■ 组织能做什么

下面列举了一些描述性调查，这些调查让我们简单了解到组织在决定解决保留问题时会采取哪些具体措施。这里大部分例子来自规模相对较大的公司，所以小组织的情况还不太确定。然而，这些有关保留方案的数据提供了关于组织韧性和创造性的有趣说明，同时可以看出为了实施保留计划，组织愿意投入多少资源。

人力资源管理协会调查。人力资源管理协会对全美国范围内的 432 个组织的人力资源专员进行流动原因的调查。[12]前十位的原因如下（按照人力资源专员引用的比例计算）：其他工作机会（51％），更高的薪酬水平（50％），对组织内的职业发展前景不满意（31％），对目前的工作产生倦怠（23％），管理水平低（16％），和领导有冲突（16％），难以实现工作生活平衡（14％），感到不被赏识（14％），想拥有新的工作体验（13％），更好的福利待遇（13％）。将人力资源经理的回答与普通员工的回答进行对比得到了非常有趣的结果。直线经理、普通员工的调查结果和人力资源经理的结果非常相似，但直线经理和普通员工认为寻求新的工作体验和对原有工作感到厌倦常常会导致流动，而人力资源经理认为上述两个原因都不是造成流动的主要驱动因素。虽然我们不知道为什么人力资源经理和其他员工的答案不一致，但应该注意到，这些数据大部分还是支持员工观点的，也说明了那些对工作安排不满意的员工更容易辞职。

面对员工保留问题和威胁，这些组织都做了什么？表 14—7 给出了它们认为最有效和最无效的保留方案。

表 14—7	最有效和最无效的保留方案

最有效的保留方案
- 具有竞争力的奖金增长/工资调整
- 职业生涯发展机会
- 职位晋升
- 具有竞争力的奖金增长
- 健康福利的增加
- 工作/生活平衡计划
- 额外津贴

最无效的保留方案
- 远程办公
- 儿童看护
- 较早获得享受福利的资格
- 股权
- 多样化的具有竞争力的福利

虽然人力资源管理协会在调查中很少提到内在奖励机制，但并不意味着这些奖励不能降低整体流动水平。事实上，研究发现工作的丰富程度与员工满意度高度相关。多项研究表明，如果员工的工作能给他们带来内在的满足感，他们的工作满意度会大大提高。[13]此外，研究还发现那些内在满足感高的员工一般很少会选择离开。[14]

世界薪酬协会调查。世界薪酬协会（WorldatWork）会定期针对保留措施的实施和成功对人力资源经理进行调查。2007 年，该组织对 649 名人力资源经理进行了调查，主要考察了福利和工作生活平衡两项内容。[15]带薪休假和医疗福利是最有效也是使用最广泛的两种提高保留水平的工具。延期补偿计划也是减少流动的有效措施之一，例如固定收益养老金。选择弹性工作时间制和远程办公的公司并不多，但这样做的公司都认为富有弹性的工作可以提高保留率。虽然很多组织为照顾孩子开设了弹性支出账户，但人力资源经理一致认为这并不是一种有效的保留工具。

最佳雇主100强调查。每年《财富》杂志都会发布"最佳雇主100强"的调查报告。[16]公司会申请加入名单，它们的分数将基于随机挑选公司的员工来参加"最佳工作场所信任指数"调查和"文化评估"调查的得分。最后会根据调查结果对公司进行排序，还会公布关于美国员工状况的简要报告，报告内容包括：美国员工的数量（包括女性员工的百分比和少数族裔的百分比），职位增长数量，年求职者数量和自愿离职率，接受培训的平均时间，制造工人和技术人员的起薪，年收入，以及令公司突出的主要因素。

遗憾的是这项调查并没有具体指出100强雇主使用了哪些保留方案，以及这些保留方案是否有效。然而，有关"哪些因素使这些企业脱颖而出"的内容为企业提供了提高保留率的可行性方案。斯堪的纳维亚航空公司（SAS）作为2010年排名第一的企业，为员工提供了一系列福利项目，包括咖啡厅、洗衣房、干洗设备、洗车服务和加油服务、按摩项目以及便宜的现场儿童看护服务。和22%的产业平均流动率相比，斯堪的纳维亚航空公司每年只有2%的流动率。《财富》杂志还特别提到了美国第一资本投资集团的"未来工作计划"。这个项目为所有员工配备了有无线功能的笔记本电脑、黑莓掌上电脑和iPod，旨在通过提供灵活的工作安排来提高员工的工作满意度，同时减轻员工的工作压力。这些设备为员工不在办公室办公提供了必要条件，同时，开放工作空间计划允许员工在不同的桌子、不同的房间和不同的沙发以及任何方便的地方办公。此外，利用这些技术，第一资本投资集团的员工还可以获得公司内部季度报告，并在线参加一流商学院的课程。雇主需要关注每年的最佳雇主100强调查，并学习上榜企业是如何使自己更具吸引力的，以提高保留员工的能力。

保留策略包。我们之前讨论的都是针对个人的保留策略，例如提供与工作年限挂钩的奖励机制或是提供与其他组织相匹敌的工资。但这并不意味着各项保留策略应该单独提供。有效的保留策略应该整合到一个全面的系统中，或是一些保留实践的集合。例如，研究表明当组织不仅为高绩效提供更高的工资，而且就薪酬实践进行广泛沟通时，高绩效员工离开组织的可能性最小。只关注高薪或者只关注薪酬沟通都不能达到上述效果，很显然综合各种措施是更有效的方案。[17]一项研究将钢铁厂分为实施承诺导向员工管理（包括建立社会关系的项目、员工参与和大规模培训）和实施控制导向员工管理（通过员工投资最小化来降低劳动力成本）两组，并进行了比较，发现控制导向一组的流动率是承诺导向一组的2倍。[18]另一项针对多家企业的研究对有效保留策略包进行了调查，这一策略包括大规模招聘、有效的人员选拔策略、态度调查、激励性薪酬、组织沟通和正式工作分析程序。在综合使用各种高绩效实践后，每一标准误差的增加导致企业的流动率与平均流动率相比下降了7%。[19]

从实践角度，部门经理需要对工作环境中引起流动的所有因素进行评估，并通过综合性方法解决这些问题。当组织对人员配置方法进行大量投资时，如果不对新员工进行充分的培训帮助他们适应新工作以支撑这一策略，那么这种投入是徒劳无益的。当企业提供了大量的福利但没有将它们很好地整合时，如果经理和员工认为这些项目没能解决他们的需求，这些努力也是没有效果的。

　　特殊的保留策略。为了进一步探索控制人员流动的策略，表 14—8 总结了不同公司的保留策略，这些策略都显著改善了人员保留的结果。[20]值得注意的是，这些策略都是将内部激励和外部激励相结合。

表 14—8　　　　　　　　　　　　　　　保留策略举例

组织	策略	结果
Cedant	根据员工调查的反馈，设计了灵活的工作安排和工作生活平衡计划	年流动率从接近 30% 下降到 10% 以下
德勤	推行"大规模职业个性化"，允许员工调整他们的工作量来满足他们的需求	表现出色的员工流动显著减少
美国旗舰银行	职业发展机会，员工能够和主管建立长期关系	正式员工的年流动率下降了 40%；临时员工的流动率下降了 25%
奥美客牛排店	在雇用前提供有关工作的充足信息，鼓励员工的建言行为	流动率不足行业平均流动率的一半
SAP 美国公司	对公司战略方向和目标的制定进行沟通，提供保留奖励，不断改善上级—下属关系	年均自愿流动率从 14.9% 下降到 6.1%
UPS	提供高于市场水平的工资、充足的假期时间、免费的医疗保险和养老保险	年流动率为 1.8%
Wegman's	提供高于行业水平的健康保险综合菜单	流动率为行业平均流动率的 60%

■ 决策过程

　　表 14—9 提供了制定保留方案的决策流程，它可以帮助决策者成功应对保留方案中的复杂权衡。

表 14—9　　　　　　　　　　　　　保留方案的决策过程

我们认为员工流动是一个问题吗？	我们应如何解决流动问题？	我们需要做出哪些决策？	我们是否要实施决策？	我们应如何评估方案？
● 相较于内外部标杆，流动率是否很高或正在上升 ● 部门经理对员工保留问题的抱怨 ● 高价值员工的离开 ● 离职员工存在地域差异 ● 流动成本超过流动收益	● 能否降低流动意愿？ 提高工作满意度——是 减少冲击——否 个人原因——否 提高组织公平——是 改善组织的社会环境 ——是 ● 能否增加离职的难度？ 改变劳动力市场——否 提供具有针对性的培训 ——是 增加离职成本——是 ● 能否改变员工的选择？ 晋升和调岗——是 对其他工作机会做出反 应——是	● 流动目标 ● 定位部门和团队 ● 高价值员工 ● 广泛的和针对性的保留方案 ● 市场领先战略、匹配战略还是跟随战略 ● 补充或替代 ● 人力资源人员和部门经理的角色	● 可行性 ● 成功的可能性 ● 时间 ● 成本	● 可避免的流动比例降低 ● 与标杆相比流动率较低或下降 ● 对保留问题的抱怨减少 ● 高价值员工离职现象减少 ● 区域差异缩小 ● 流动成本降低

　　问题 1——我们认为员工流动是一个问题吗？——需要考虑和分析各种类型的数据。首先必须判断与内外部标杆如行业和直接竞争者数据相比，员工的流动率是

否有所增长或者很高。如果流动率相对较高或者正在上升，那么就值得注意。其他需要获取的信息包括：部门经理对保留问题是否有抱怨，高价值员工是否离职，离职员工是否存在地区差异。如果这些指标都不乐观，企业很可能存在流动问题。最后，还需要考虑之前提到的成本收益分析。虽然流动率很高，但只有当成本超过收益时才能说企业存在流动问题。

问题2——我们应如何解决流动问题？——需要综合考虑离职的意愿、离职的难度和其他选择。同时还需要知道在这些方面，有哪些因素是能够改变的。如表14—9所示，就离职意愿来说组织可以提高员工满意度、加强组织公平和促进社会环境和谐，但无法改变个人原因所导致的离职。同样，通过提供针对性的培训和增加离职成本可以增加离职的难度。

问题3——我们需要做出哪些决策？——从计划到实施。首先要确定最优流动率，即具体的量化的流动目标。没有保留目标的保留计划注定会失败。然后必须确定这个目标和保留计划是适用于所有部门还是某个特定的部门或员工群体，或者两者皆可。目标群体包括流动率较高的特定职位类别、女性和少数族裔、新员工（一般来说新员工的流动率都较高）。接下来要考虑如何对待高价值员工。许多公司都会优先针对高价值员工制定特殊的保留方案，它们还要确定是否要对这些员工实施这些特殊方案。[21] 在界定了实施部门、目标群体和高价值员工（并且已经设定了流动率目标）后，就需要设计具体的保留措施了。这些措施可能适用于全体员工，也可能仅适用于部分员工。针对每项策略，公司必须明确它在整个劳动力市场的位置。公司是要采取领先策略、跟随策略还是滞后策略？例如，基本工资是要高于劳动力市场平均水平（领先策略），还是与劳动力市场平均水平持平（匹配策略），抑或是低于劳动力市场平均水平（跟随策略）？同样，新的浮动薪酬计划是要超出同等竞争力的公司（例如提供丰厚的股权计划），还是仅仅和其他公司持平？之后还要确定是将保留计划附加在原来的奖励机制之上，还是完全替代原来的奖励机制，这大大增加了决策的复杂性。如果选择后者，组织要做好充分的准备，员工可能会反对上述计划，因为这使他们感觉公司没收了他们现有的奖励，如果这样组织必须放弃该保留计划。最后，还要针对不同的策略参考人力资源人员和部门经理的意见。如果该策略与职位招聘有关，例如，直线经理会起主导作用甚至全面决定。而有些方案则需要人力资源人员主导，例如保留方案涉及工作时限和可变薪酬计划等。

问题4——我们是否要实施决策？这主要是由其可行性决定的，例如实施的难度。同时，我们还要判断实施成功的概率，这时流动（保留）目标就起了极大的作用。最后，还要考虑时间问题，即便调查发现实施可行性和成功率都很高，也不能马上实施方案。因为组织中其他人力资源问题和方案可能有更大的优先权。或者是在保留方案制定时期，宽松的劳动力市场减少了劳动力流动，使得流动问题不再那么严峻。同时，还要考虑到实施这些保留方案的成本。

问题5——我们应如何评估方案？——需要在实施前进行。评价干预措施有效性的因素包括方案设计如何以及方案的认可程度如何。在评估方案的有效性时最好采用和评价人员流动问题严重性（问题1）相同的标准来决策选用的解决方案是否真的能起作用（问题5）。

14.4.2　离开的意愿

员工离开的意愿取决于他们的工作满意度、经历的冲击以及个人原因（非工作原因）。这些原因当中，只有工作满意度是受组织影响最大的。所以，提高保留率的首要策略就是提高工作满意度。从前面保留方案的例子中可以看出，组织大多会采用各种奖励机制来提高员工的工作满意度。

应该注意到，仅仅向员工提供更多的或新的奖励并不是有效的保留方案。奖励什么和如何奖励是决定保留措施能否有效提高员工满意度的关键因素。因此，我们也给出了奖励什么和如何奖励的一些建议。表 14—10 总结了提高工作满意度和保留率的具体建议。

表 14—10　　　　　　　　　　提高工作满意度和员工保留率的建议

A. 外部激励
- 激励必须是有意义且独特的
- 激励必须符合员工个人偏好
- 将激励与保留行为相结合
- 将激励与员工绩效相结合

B. 内部激励
- 给员工安排能够满足他们工作特性需求的工作任务
- 清晰明确的沟通
- 设计公平的奖励分配机制
- 确保管理者提供积极的工作环境
- 帮助员工实现工作生活平衡

回顾一下第 4 章的内容，我们会发现各种各样的外部激励和内部激励都可以用于解决工作满意度问题。这里不再一一列举这些奖励措施，而是要结合一些最佳实践讨论组织应如何提供各种奖励。

无论是内部激励还是外部激励都需要明确一点，人职匹配模型强调的是工作满意度源于员工想要什么奖励和工作为员工提供什么奖励之间的匹配程度。员工的奖励偏好可以在员工管理的各个阶段进行评估，例如：（1）询问员工是什么吸引其加入组织；（2）询问现有员工让其工作满意的最重要原因是什么；（3）在离职访谈中对流动原因进行评估。另一个要点是提供足够丰厚的奖励。例如如果一个年收入为50 000 美元的员工工资增长了 4％（2 000 美元），那么他会发现，如果通货膨胀和税收加在一起占 30％，他的工资只增长了 2.8％，这样的净工资增长对他来说是毫无意义的。

■ 外部激励

为了吸引和留住员工，组织提供的外部激励必须是独一无二、竞争者不可能提供的。员工调查显示，不充足的报酬和利益是员工流动决策非常有力的驱动力。[22]这就需要公司以竞争企业为标杆，搞清楚竞争企业都有哪些外部激励。基本工资水平是外部激励中一个重要的组成部分。组织可以采取领先策略，提供高于市场平均水平的工资。这种领先策略可以帮助企业吸引高质量的员工，并且使员工对所得报酬非常满意，同时也降低其他选择对员工的吸引力，因为其他企业无法提供与之匹敌的工资。这种市场领先战略可以应用于任何一种激励机制，也可以根据个别员工和企业需求量身定制。例如季节性的娱乐和旅游企业可能不会提供领先的工资，但会提供具有竞争力的福利，例如提供免费的旅游设备（如游船、自行车）、衣物和免费使用设施的权利。对1 223名员工进行的调查也显示，员工福利是员工留任的关键动因。特别是40％的被调查者指出，401（k）匹配计划降低了他们流动的意愿，健康保险和具有竞争力的薪酬名列榜首。[23]调查也显示在经济下滑时，许多员工将诸如健康保险这样的利益视为个人安全网的重要部分。[24]

如果将工作年限纳入激励机制考虑，激励机制对员工保留的作用就更明显了。例如，在公司工作的年头越多就可以获得越长的休假时间、越多的职业晋升机会和越高的工作保障。还有一种更微妙的奖励员工留任的方式，即将奖励与员工的基本工资挂钩。基本工资一般是随着职位晋升和绩效奖金的增长而上涨的。例如，在既定福利退休计划中，退休工资＝某人三年最高工资的某个百分比（例如50％）×工作年限。保留津贴也是鼓励员工长期留任的重要法宝之一。

奖励也可以与员工的工作绩效挂钩。长期执行绩效管理的组织更倾向于采取高绩效期望与丰厚的奖励（如基本工资的增长、津贴、股票期权）相结合的方式来激励高绩效员工。这样一来低绩效的员工由于薪酬过低而离开企业，而高绩效的员工则会留下来。[25]如果企业发现关键员工很可能离职，企业还会向关键员工提供特殊的留任津贴、新的工作安排以及额外的津贴等。[26]

■ 内部激励

图4—3列举的内部激励措施也是不可忽视的。研究表明，员工对工作内部特征的不满意与员工流动率密切相关。[27]

要想改善工作环境，就要给员工指派符合他们内部激励偏好的工作。例如，对技术多样性要求较高的员工，就要给他们指派比较复杂的工作或项目；对于自主性需求较高的员工，应该分派采用充分授权方式进行领导的管理者的职务。工作设计也可以用来改善工作环境。通过提高技能的多样性，主管可以拓宽长期员工工作的广度和责任，使他们拥有更多的成长空间。工作轮换计划有助于减少工作岗位的独裁现象。一些组织通过开发以知识技能为基础的员工发展计划将内部激励和外部激励相结合。在这些计划中，特定知识技能被认为是十分关键的，员工对知识技能的掌握程度和精通程度直接决定了其基本工资的增长情况。例如，一些学校会提高获得硕士学位的教师的基本工资。此外，企业还可以通过制定正式的绩效目标来提高工作的自主性，并且只给予员工少量关于方向或达成目标的方法的指导。一项对700多名护士长的调查发现，较高水平的培训和发展机会通常与较低水平的机构层级人员流动有关联。[28]同时，增加工作任务的认同感、提高工作的重要性，以及及时给予工作反馈，也可以采用相同的方法。

员工的承诺与组织公平感和组织支持密切相关。组织公平包括两种。[29]分配公平指员工对获得的奖赏与实际工作贡献匹配程度的感知。程序公平是指员工对作出奖惩的过程是否有一致的管理、是否有明确的标准、是否存在偏见的感受。员工的不公平感会导致他们对工作的不满意，甚至是离职或是诉诸法律。

清晰顺畅的沟通是提高员工公平感的一个重要途径。沟通从人员配置的初期就开始了。首先就是要向员工提供有关工作的真实信息。研究表明，员工获得的有关工作的信息越丰富，他们对雇主诚信度的评价越高，并且越少离职。[30]如果企业的激励系统是以提高工作满意度为目的的，就有必要告知员工为什么要建立该激励系统，它的运作机制是什么，员工可以获得哪些奖励。这些常识和理解都需要持续的沟通才能实现。调查显示，员工对组织激励机制的不了解或误解是导致员工对激励系统不满意的重要原因。[31]由此可知，任何一种以提高员工满意度为目标的员工保留计划都需要进行充分的沟通。从更广泛的角度讲，有关组织战略方向的沟通也可以降低员工的流动。SAP 软件公司的调查结果显示，如果员工感到组织对未来有明确的目标并感受到上级的支持，他们对工作会更加投入。[32]

员工对公平的感知也受到激励系统设计的影响。分配公平要求在分配决策过程中必须有合理的、可衡量的标准。基于资历的奖励机制被广泛应用于企业，因为人们认为资历是一个区分员工的客观测量指标。还有一些衡量绩效的客观指标（如销售额）也可以用作企业分配的合理标准。但如果根据上级评价来进行奖励就会存在较大的问题，因为员工可能会质疑绩效测量系统的合理性，或者他们会认为这些奖励会在员工中造成不利于团结的比较。如果要将上级的意见纳入激励系统，就需要就管理者评价中的程序与员工进行充分的沟通。在不同环境下，员工对公平的感知异常重要。虽然大部分关于公平的研究来源于美国和加拿大，但来自中国、韩国、日本和巴基斯坦的数据也表明公平感可以提高工作满意度并降低离职意愿。[33]

俗话说："员工不是辞去了工作，而是辞掉了他们的老板。"因此，上级和下属的人际匹配及相互关系在员工决定去留时至关重要。员工与同事的匹配关系也是如此。对于那些认为自己与工作场所的社会环境相匹配的员工来说，他们的工作也是社会奖励的来源。员工与上级和同事的良好关系会让他们舍不得离开组织。调查证实如果他们的同事在寻找其他的工作，那么也将增加他们自己寻找新工作的可能。[34]

由于管理者是奖励和惩罚的直接来源，因此他们也被认为是公平感的重要来源。[35]在员工与组织薪酬和晋升系统之间，管理者扮演着媒介的作用。这是因为管理者决定了评价员工的过程，以及基于这些评价而向员工提供的奖励。管理者在激励系统中也会充当关键的沟通渠道。如果管理者与员工就这一系统的目的和机制进行了沟通，那么员工能够更好地理解奖励分配的过程，更加了解如果想要在将来获得奖励他们需要做些什么。那些以尊重和关心的态度对待下属的管理者也可以帮助降低人员流动。

在社会环境中，上级和同事的辱虐行为和骚扰行为会使员工感觉受到威胁和不舒服。研究表明，如果员工受到上级的辱虐，他们会更倾向于离职。[36]辱虐管理行为包括"告诉我我的想法和感受很愚蠢""在众人面前羞辱我""告诉我很无能"。还有一些极端的例子会对员工的离职意愿产生强烈的助推作用，例如性骚扰。由人际矛盾引起的离职通常非常迅速，很多遭遇人际冲突的员工会跳过搜索新工作的环节而直接辞职。此外，虽然工作场所的多样性被认为可以降低员工的流动意愿，但是那些在他们的种族、文化、性别群体中受到孤立的员工则更倾向于离职。

对很多员工而言，工作和生活难以平衡也是造成工作压力、工作满意度下降和离职的原因。[37]因此，很多组织也通过帮助员工平衡好工作和生活的手段来减少员工的流动。工作生活平衡计划包括为员工提供必要的休假、提供灵活的工作时间和提供远程办公的机会。许多组织都把家庭友好福利计划和宽松的工作安排作为员工保留战略的核心。调查也显示，帮助员工平衡好工作与生活有利于减少员工流动。例如，针对393名资深员工的调查显示，那些有远程办公条件的员工工作倦怠的水平和离职意愿都比较低。对3 504名员工进行的全国劳动力流动调查也显示，获得家庭友好型福利的员工相较于没有这项福利的员工而言，工作压力更小，离职意愿更低。对200多名专业的人力资源经理的调查发现，67％的应答者相信灵活的工作安排对员工保留有积极的影响。但也应该注意到，虽然应用这些工作生活平衡计划对企业而言是有利的，但这些计划并不是没有成本的。重建工作场所可能影响生产力的提高并需要一些资金投入，例如为了让员工能够在办公地点外工作，需要引进一些新的技术。同时，研究也表明那些不享有远程办公条件的员工会对享有这些特权的员工表示愤恨，并增加离职意愿。

■ 个人性格

虽然组织通常尝试通过提供内部和外部令人满意的工作条件来影响流动率，但越来越多的证据表明一些员工更可能因为他们个人的性格而离职。换句话说，一些人比其他人更容易离开。我们早已学习过诸如标准化测试和面试等工具可以用来识别求职者的性格特征。尤其是在意人员流动的组织可能会考虑评估应聘者对于自愿离职的偏好作为其选拔体系的一部分。

一种判断个人是否可能离开的方法是明确地询问求职者他们多久换一次工作，他们留在现在的工作岗位的目的是什么。尽管效果不是很明显，但这些私人问题和流动率有密切关系。[38]另一种判断员工高流动偏好的方法是评估他们的责任心、宜人性和情绪稳定性，因为一些调查显示这些特征比较明显的个人很少会主动离职。[39]

14.4.3 离开的难度

如表14—9所示，影响离职难度的因素主要有两种。一是提供具有针对性的培训；二是增加离职的成本。劳动力市场的改变作为第三个可能的因素，是无法影响的，而且将会对组织的自愿流动产生持续的影响。

■ 具有针对性的培训

培训与开发可以使员工获得他们入职时不具备的知识和技能。培训与开发通过提高员工的有效性来提高员工质量。就像我们之前提到的，如果员工离开组织，之前对员工的培训投入（成本）将会消失。

组织为员工提供培训而使员工具备的KSAO是多种多样的，有通用性的，也有针对特定组织的。KSAO的通用性越高，它们就越能适用于其他组织，从而增加员工的市场竞争力和离职意愿。相比而言，培训内容如果针对特定的组织，这些知识技能将很难转移到其他组织，接受培训的员工的市场竞争力并没有提高。因此，企业可以通过提供针对性的培训内容来增加员工离职的难度，因为这些内容只有在员工留在组织当中时才具有价值。

具有针对性的培训与开发需要与人员的选拔机制相结合。在人员选拔过程中，应对工作岗位需要的各种通用型技能进行评估，并按此要求进行选拔，这样选拔出来的人员就无须再进行基本素质的培训。例如，销售工作应选择那些具有基本销售能力的人，如写作能力、语言表达能力和人际关系能力。在雇用后，只需要对这些人提供具有针对性的销售知识技能培训即可，例如相关的产品知识、软件知识和区域特点等。当这些针对特定组织的 KSAO 占员工总体 KSAO 的大部分时，员工的流动性就受到了极大的限制。

这一策略存在着一些风险。它假设通用型 KSAO 是申请者能够获得并支付的。它也假设如果申请者参与了针对组织所进行的培训开发，那么这些申请者将不会被解雇。

■ 增加离职成本

增加离职的成本可以增加员工离开的难度。提供高于市场平均水平的工资和福利是增加离职成本的重要手段，因为员工会发现他们在其他地方无法获得更高的薪酬。延迟性薪酬（如延迟性津贴）也可以增加离职成本，因为员工如果提前离职就得不到这部分工资。

当然，公司也可以使用保留津贴。这种津贴通常是针对核心员工的，因为失去这部分员工将严重影响组织的运作。这种津贴尤其适用于公司并购过程中，因为关键经理的保留对于顺利的转型来说是非常重要的。例如当环球航空公司（TWA）被美国航空公司收购时，环球航空公司为 100 名核心经理提供了相当于年薪 15％～30％不等的保留津贴，津贴将在未来一年内分三次发放。此外，公司还拿出 500 000 美元的资金作为支付给其他员工的保留津贴。[40]

另一种增加离职成本的方式是将组织和一些辅助机构（住宅、医院、学校）设置在某一区域内。采用这种策略的公司一般会将公司设在郊区或是相对较小而偏远的地方。这样一来员工一旦在这里安家，离开的成本就会很高，因为这一区域内的其他工作机会很有限，为了获得新工作而在地理位置转移上花费的成本是非常高昂的。

14.4.4　其他选择

为了避免员工被其他外部工作机会吸引，公司就要为员工提供更好的内部工作机会。有两种方式可以帮助组织实现上述目标，一是内部人员配置；二是对外部工作机会作出反应。

■ 内部人员配置

以往研究已经探索了内部人员配置的本质和操作过程。需要注意的一点是开放性的系统有利于进行员工管理，它就像安全阀一样，鼓励员工在内部寻找工作机会，同时部门主管通过在内部选拔人才而不是在组织外寻找人才而获益。此外，组织必须跳出传统的内部人员配置系统，向员工提供更具吸引力的内部工作机会。

例如，美世管理咨询公司为它的部分咨询师提供外部轮岗计划，这些咨询师可以用6～24个月的时间在某客户公司作全职的咨询顾问，而不是同时为很多客户服务，这样有利于咨询师掌握整个项目完整的过程并获得宝贵的咨询经验。美世希望这些咨询师在项目结束后回来继续工作，就像掌中之鸟理论所描述的，如果你喜欢他，就让他去，如果他喜欢你，他自然会回来。另一个例子是全球品牌顾问集团旗下的宏盟媒体集团采用的暂时性内部转换系统。该集团的一些高绩效员工可以在全球26个办事处进行短期的借调，借调时间从3个月到1年不等。借调可以让员工在不辞去原工作的前提下获得新的工作体验。[41]对来自不同机构的205名员工的调查显示，如果员工认为他们在组织内部有流动的机会，即便他们对工作不满意也不会离职。从这一点上说，这些员工认为内部调转不仅可以让他们不再从事不喜欢的工作，而且不存在换新工作带来的成本。[42]

■ 对外部工作机会作出反应

当员工接受了其他的工作机会或正准备接受其他工作时，说明他们已经有了不错的选择。这时公司应如何作出反应以使自己更具吸引力呢？

针对上述问题，公司应提前通过政策以认真谨慎的想法来处理这种状况。当员工提出得到另一个工作机会并想将此作为杠杆时，这样可以避免员工采取一些本能性的可能会后悔的行动。

首先，公司必须明确是否愿意对工作机会作出反应。一些公司为了避免讨价还价而不愿作出反应；即便组织成功地保留了这名员工，这名员工的组织承诺也会较低，其他员工也会对这种特别的保留待遇产生反感。一些公司则不想主动失去一个机会而选择至少作出反应，也有可能能够保留员工。还有一些组织欢迎其他公司来挖人，这样可以帮助它们看清哪些员工是有价值的，也能让组织了解到为了吸引新成员，它们必须提供什么样的薪酬包。更有公司向拒绝其他工作机会的员工提供高达1 000美元的奖金，这样一来它们既可以了解其他公司的政策，同时还知道了如何对其他公司作出反应。[43]然而这样做也有风险，这种机制很可能鼓励员工主动去搜寻其他工作机会作为与公司讨价还价的筹码。

第二个主要的政策问题是公司对其他工作机会的反应是针对哪些群体的。是针对全体员工的还是个别员工的？如果是有选择性的，这部分员工应该是哪些人？显然，这部分人通常是那些高价值员工。

最后还要决定由谁来整合这些还价，以及需要哪些审批手续。一般而言部门经理对这些问题更倾向于有较大的回旋余地，而人力资源部门则主要扮演成本控制的角色，并确保程序公平和分配公平。

14.5 保留方案：解雇

14.5.1 绩效管理

绩效管理广泛应用于各类组织中，它可以帮助组织确保在人员配置阶段形成的人岗匹配能够培养更有效率的员工，帮助员工获得绩效和能力的提高，及时发现并修正工作中存在的问题。绩效管理系统主要包括计划、授权、考核和绩效奖励这几个部分。[44]通过绩效管理，公司可以及时发现并处理员工存在的问题，避免这些问题变得非常有害和难以处理以至于解雇是唯一的解决方法。绩效管理系统中的解雇可以被视为一种员工保留策略，在整个保留项目中使用。同时，完善的绩效管理系统还可以使公司在解雇员工时有据可依，避免法律纠纷。

图 14—3 给出了绩效管理的流程。组织战略决定工作单元计划，工作单元计划通过一个四阶段程序变得对员工来说可操作和可行。阶段一——绩效计划——设定每个员工的绩效目标，并制定考核的特定胜任力。阶段二——绩效管理实施——这里的关键是员工完成工作。组织可以或应该向员工提供资源形式的协助，从而帮助员工完成工作，此外还要提供指导和来自直接经理、同事及其他人的反馈等。为了更有效率，需要定期给予绩效反馈，并在反馈过程中给出改进的意见。在绩效管理实施阶段的最后，例如一个季度或一年，阶段三开始，组织通常由经理实施正式的绩效回顾。在这一阶段，会就员工成功达到既定目标、胜任力评分做出评价，同时做出书面评价以解释评分并为绩效改进提供建议，并且向员工提供评价反馈。总的来说，这些行动称为绩效评价。阶段四，组织会根据员工绩效回顾，做出对员工产生影响的决定。这些决定通常是关于加薪、培训与开发和职业生涯规划的。这些决定也可能是关于员工表现出的绩效问题的识别，或者指向不能接受的绩效表现。在实际操作过程中，这四个阶段是循环往复的，每一个决定都会带来绩效计划的新一轮循环。

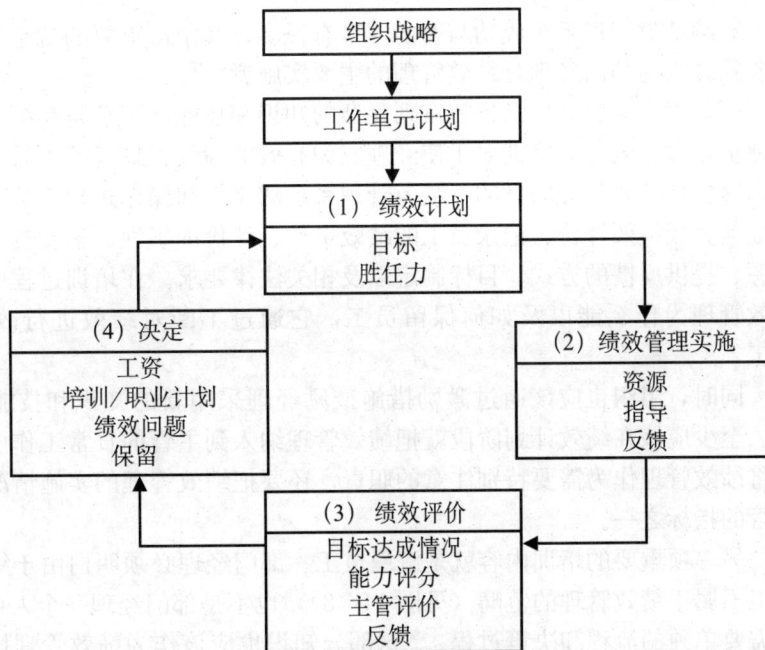

图 14—3　绩效管理流程

需要注意的是绩效管理的计划、实施和操作过程是复杂的，上述四个阶段在不同的组织中有不同的表现形式。[45]就我们的目的而言，如图 14—3 所示的绩效管理体系显示，绩效管理系统可以作为一种员工保留工具，尤其是针对那些绩效不佳的员工可以将其置于系统终端被裁减。

具体而言，绩效管理可以帮助组织发现问题员工（阶段四），并在下一轮的考核过程中重点关注他们的绩效改进。如图 14—4 所示，绩效咨询过程分为六个阶段。当制定绩效咨询和规范流程时，部门经理必须充分区分不同类型的绩效问题，因为不同类型的绩效问题需要不同的解决方案。如图 14—4 所示的模式图将工作绩效分成了三种类型。[46]任务绩效是指工作任务的完成情况，这些工作任务往往是工作说明书中的。公民行为反映了员工在工作场所创造的心理和社会环境，这些行为只能间接地反映在职位描述中，但对维持团队的顺利运行至关重要。反生产性行为是指直接违反工作规定或有损组织绩效的行为。部门经理首先要做的就是不断监督员工的绩效，并及时发现员工的绩效问题。接下来，部门经理还必须明确员工绩效不佳的原因。这个过程需要员工的参与和配合。如果是因为员工缺乏工作所需的知识和技能，可以通过培训和指导加以改进；如果员工因为动力不足或存在消极情绪导致绩效过低，则需要采用激励和惩罚机制来加以解决；如果是因为个性或能力不匹配等问题，则需要为员工重新安排工作。无论采用哪种纠正措施，主管都必须告知员工绩效连续不达标的后果，并记录整个咨询和规范过程。好的结果是员工在经过绩效咨询和规范后绩效得以改进，但如果员工的绩效依然没有改进则需要考虑解雇该员工。

■ 经理培训和奖励

影响绩效管理系统成功与否的因素有很多，其中最重要的就是部门经理的培训与奖励，因为部门经理是绩效管理的主要实施者。[47]

绩效管理需要经理具备一系列复杂的知识和技能，特别是在绩效管理实施和绩效评价阶段。因此，培训对于使经理成为有效的绩效管理者至关重要。对经理培训的内容包括绩效管理的目的、绩效管理系统的规定和操作过程、绩效评价的形式以及如何完成绩效评价、记录员工的绩效事件、评价准确性、辅导技巧、寻找并提供资源、提供反馈的方式、目标制定以及相关法律要求。在培训过程中还要特别强调绩效管理为什么能以及如何保留员工，它通过不断对绩效进行改进来避免解雇员工。

同时，组织也应该通过激励措施鼓励经理采用新的知识和技能来实施绩效管理。至少应该在绩效计划阶段就把绩效管理纳入到主管的日常工作中，这样经理就会将绩效管理作为需要特别注意的职责，还要把绩效管理的实施情况作为考核部门主管的指标之一。

另一项重要的培训内容就是解雇员工。部门经理必须明白由于绩效问题而解雇员工不属于绩效管理的范畴（见图 14—3），也不是部门经理一个人可以决定的。解雇需要单独的流程和决策过程。[48]这部分知识也应该作为绩效管理培训的内容，或者单独提供有关解雇的培训。

14.5.2　渐进性惩罚

员工惩罚往往是由于员工行为违反了工作规定、工作流程、法律法规以及专业

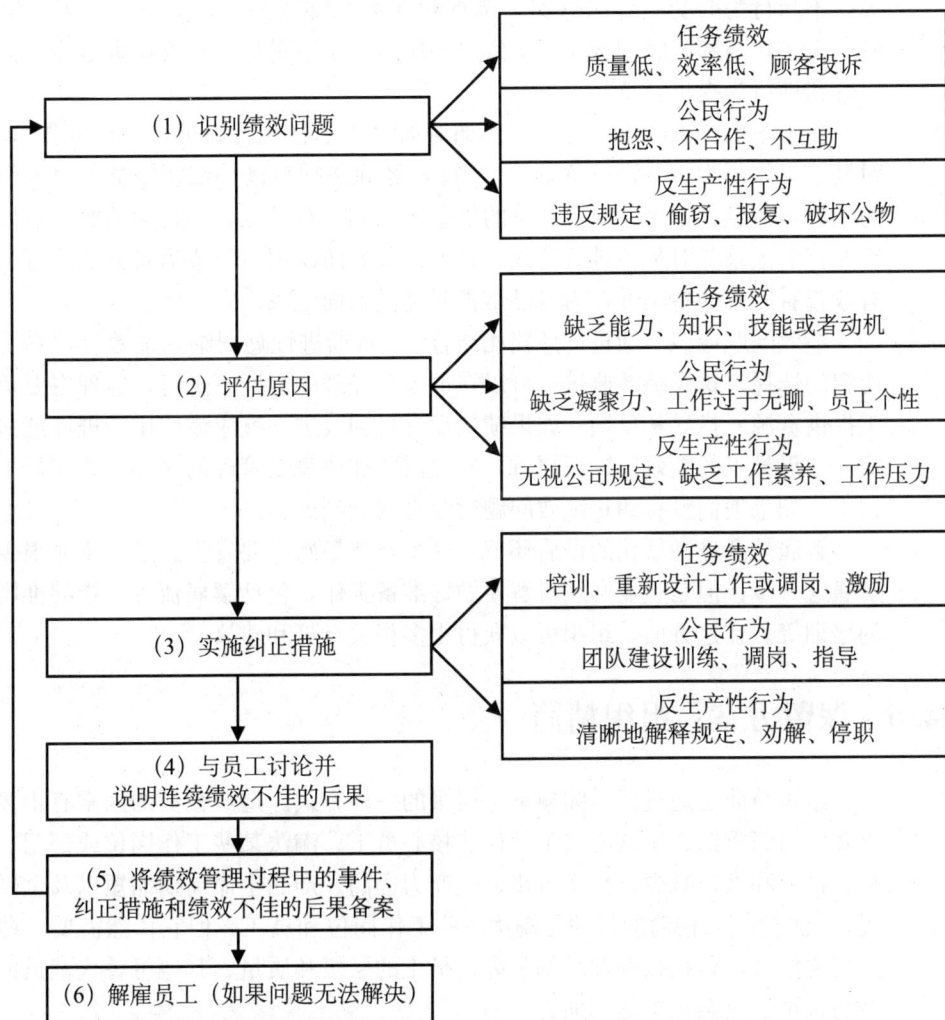

图 14—4　绩效咨询和规范流程

和道德准则而引起的。[49]存在绩效问题的员工也会受到惩罚。渐进性惩罚是指对员工的违规行为进行一系列循序渐进的惩罚，从最开始的非正式警告到最后的解雇。在实施渐进性惩罚的过程中，组织会告知员工存在哪些过失，并给员工改正的机会，解雇是最后的选择。

渐进性惩罚是建立在公平公正原则基础之上的，因此在实施过程中有以下五点要求：（1）明确告知员工哪些行为是正确的，哪些行为是错误的；（2）告知员工违反规定的后果；（3）平等地对待所有员工；（4）对员工的不当行为和员工的辩护进行全面的调查；（5）给予员工申诉的权利。[50]

■ **具体措施**

为了强调公平性，组织需要进行以下活动。首先，要定义哪些属于不当行为，以及不当行为的惩罚措施有哪些。惩罚是循序渐进的，从口头警告到书面警告、停职再到解雇。其次，要对主管和员工进行相应的培训，让他们知道什么是不当行为，不当行为会受到什么惩罚，调查和备案有哪些要求，并告知员工有申诉的权利。再次，与部门经理合作，一致对待所有员工。最后，建立申诉程序，便于员工对惩罚性行为提出异议。

除了不太严重的不当行为（例如对第一次不礼貌行为进行口头警告），经理需对其他工作行为一一进行备案。[51]因此，经理必须自己仔细调查员工报告的不当行为，收集信息，记录并保存获得的信息。例如，对员工迟到行为的职责需要核对员工的打卡记录并对员工进行访谈。打卡记录和访谈记录将成为备案的一部分。员工有权查看所有的备案并在为自己辩护时提供书面记录。

绩效问题应该与渐进性惩罚相结合。[52]将渐进性惩罚纳入绩效管理系统是非常明智的选择，这样绩效改进就可以在员工和经理的沟通下进行，经理主要负责为员工提供资源、指导和反馈。如果绩效没有得到改进，就应该使用渐进性惩罚以示警戒。如果员工的绩效问题很严重，经理需要加快绩效管理的循环，并向员工清楚地指出，如果他们没有纠正绩效问题就会直接受到惩罚。

解雇是渐进性惩罚的最后环节，这个环节最好不要发生。虽然企业很少会走到解雇这一步，但是企业必须对解雇做好准备工作，包括解雇流程、指导准则、经理的培训等。在这方面，组织可以获得很多相关意见和建议。[53]

14.6　保留方案：组织精简

组织精简是通过裁员缩减员工层级的一种方式。造成裁员的因素有很多：利润下降、组织重组、用核心员工替代非核心员工、淘汰某些工作岗位或部门、组织并购、订单和客户减少、技术进步、生产力提高、产品生命周期缩短以及金融市场状况。[54]虽然组织精简的目的是淘汰一些工作岗位和员工，但它依然需要一些保留方案与之配合，包括权衡裁员的利弊、员工的层级和质量、其他可替代裁员的选择以及与裁员后剩余员工的沟通。

14.6.1　权衡利弊

如表14—6所示，组织精简有很多优点，也有很多弊端。因此，组织需要慎重选择是否要进行组织精简。组织精简不单单是一种缓解组织财务问题的急救药。

此外，研究表明组织精简的作用并不像想象的那么大。[55]例如，一项长达14年针对537个组织的调查研究了雇佣水平对利润和股票回报率的影响，结果发现其利润并没有显著的增加，虽然它对股票回报率有一些积极的影响。那些将组织精简与资产重组相结合的企业要好一些。另一项研究对某一大型金融机构的区域销售部门进行了调查，调查发现该组织的裁员率在0～29%之间，平均裁员率为7%。研究还发现，裁员数量会对销售部门的利润、生产力和顾客满意度产生消极的影响。其他研究还指出，组织精简会导致员工士气低落，影响员工健康、团队创造力和沟通，降低劳动力的质量。[56]

总之，组织精简并不是解决财务问题的良药。它会对员工产生很多负面影响，并且需要缜密的重组计划与之相结合才会有效。这些结论表明，组织需要慎重考虑是否需要精简，一旦决定要进行精简还要进一步确定精简的幅度以及保留哪些员工。

14.6.2　员工的层级和质量

减少员工层级时应该考虑到至少两方面员工保留的问题。首先，急于解决财务问题而进行裁员的组织必须意识到一些员工一旦被裁减，在经济环境好转时可能也不愿意再回来。如此一来，企业就必须花费大量成本重新雇用新的员工。因此，组织应对组织精简进行计划并考虑到组织精简的其他选择。这样有利于减少裁员的规模，并且更好地保留员工。

减少员工层级还应该具有针对性。这主要是由人力资源计划决定的，在人力资源计划中预测劳动力的供给和需求状况会发现不同组织单元和工作类别有不同的人员数量需求。很可能一些部门和岗位会面临裁员，而另一些部门和岗位则需要雇用新员工。这种现象在组织内部是非常普遍的。[57]

一旦进行裁员，哪些员工应该保留呢？将员工的质量和员工接纳度结合起来会产生一些选择。第一种选择是在每个工作单元中保留那些资历最老的员工。这种方法是对老员工的一种激励，有利于通过向老员工表明职业安全承诺而增强企业长期保留的努力。从不利的方面来讲，资历最深的员工可能并不是绩效最好的员工，而且展望未来，这些资深员工可能不具备未来重组需要的知识和技能。

第二种方式是基于绩效的保留决策。[58]员工现在以及过去的绩效考核结果将被作为主要的参考依据。业绩最差的员工将被确定为裁员对象。这种方法试图留下那些质量最高的员工，他们通过绩效为组织效率做出贡献。由于绩效考核过程中存在公平与否的问题，这种方式的认可度可能没有前一种高。这种方法还忽视了工作需求的变化，它假设现在绩优的员工未来依然会如此。同时，这种方法还会引起一些法律问题，之后我们会讨论到。

第三种方式的目的是保留高价值员工，解雇低价值员工（见图 14—1）。与基于资历的保留策略和基于绩效的保留策略不同，这种方式需要综合考虑很多指标，资历和绩效可能是其中的两个指标。从多个方面考察员工能够更加全面地反映员工未来对组织效率的贡献，因此更容易被员工接受。然而，采用这种方法可能需要非常复杂和繁重的操作过程。这有点像内部选拔机制，组织需要对所有的评价指标进行定义、评价、打分、分配权重，最终获得每个员工的综合得分，作为员工保留决策的基础。如果员工表现不好，当然也存在减分的情况。

14.6.3　组织精简的其他选择

零解雇或雇佣保证政策最有可能替代组织精简战略。零解雇政策的实施需要缜密的组织和人力资源规划，以及成功实施一系列政策所需的承诺。该政策也存在一定的风险，如果失败会大大降低员工的忠诚度和信任。在 2007—2009 年经济衰退期间，许多从前实施零解雇的雇主都放弃了这些政策并且显著减少了用工人数。[59]

还有一些组织不愿意实施零解雇政策，而是通过不同项目采取了一种叫最小化裁员的政策。图 14—5 显示了基于 663 个组织的调查结果。从中可以看出，组织在裁员前采取了一系列步骤，包括磨合（不是马上找新员工替代离职人员）、雇佣冻结和终止合同用工。在最小化裁员过程中一系列直接和间接的工资调整（例如减薪、提前退休）发挥了重要的作用。其他措施还包括带薪的暂时性裁员（工资为之前工资和福利的一定比例），用津贴替换股权，将正式工变成合同工，减少工作时间（和工资）承诺的暂时性分工，通过远程办公减少工作时间（和工资）。[60]

裁员前的行动
(n=633)

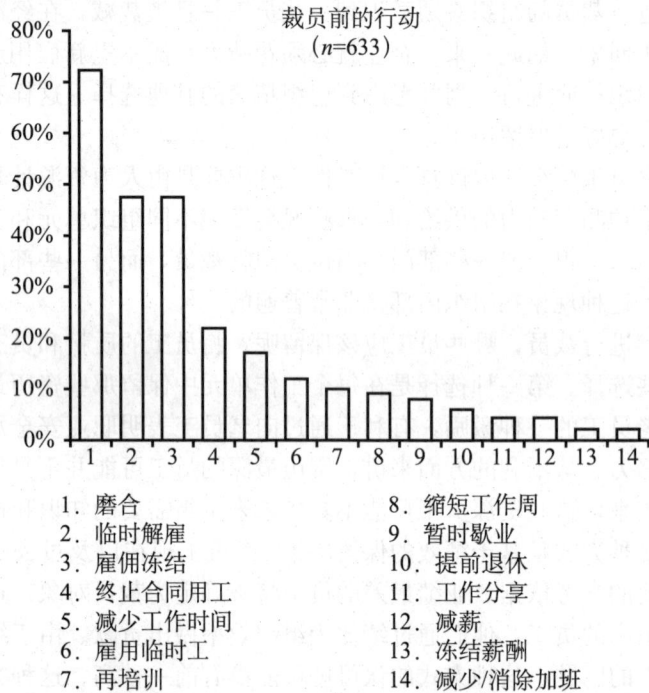

1. 磨合
2. 临时解雇
3. 雇佣冻结
4. 终止合同用工
5. 减少工作时间
6. 雇用临时工
7. 再培训
8. 缩短工作周
9. 暂时歇业
10. 提前退休
11. 工作分享
12. 减薪
13. 冻结薪酬
14. 减少/消除加班

图 14—5　最小化裁员举例

资料来源：Society for Human Resource Management，*The Impact of 2008 U. S. Economy on Businesses* (Alexandria，VA：Author，2008). Used by permission.

14.6.4　保留的员工

那些在组织精简后留在原来职位或者是新职位的员工也不容忽视，否则会带来新的保留问题——他们很可能会因为组织精简而感到压力和不满。一项对318家公司的在职员工的研究表明，81％的受访者客户服务水平下降，77％的受访者发生更多的错误和过失，64％的受访者说他们同事的生产率下降。调查者把这些消极的结果归咎于裁员幸存者的压力。[61]他们会因为失去同事和朋友，工作负担增加，新的工作安排和工作时间，新的或更多的工作责任以及对裁员的恐惧而倍感压力。

这些例子都告诉我们，必须在进行组织精简计划的时候就开始预测和解决所谓的"幸存后遗症"。专家建议组织采取一些积极的措施来减少幸存人员的压力。其中包括积极的沟通，对现有的工作人员重新设计工作以适应较低的人员配置水平，讨论与工作相关的问题，等等。[62]除非组织能够帮助员工对新的工作进行计划和调整，否则裁员后员工对工作的不满是不可避免的。同样，在这个阶段可能出现大量的自愿离职，进一步增加组织精简的成本。[63]

有许多组织采取措施去弱化裁员带来的打击。当美国电器零售商 Circuit City 宣布计划在 2009 年清算它旗下的所有实体商店时,该企业采取了充足的措施,确保能够帮助员工找到新的工作,他们的管理人员通过与其他组织建立联系,为前员工举办简历写作和面试讲习班,来帮助被精简裁员的员工找到新的工作。[64] HOK 公司在面临不得不裁减一部分劳动力的困境时,也提供了将劳动力转移到其他地点的方案,并为管理者举办了多个培训课程,以教会他们如何公开地与其员工沟通裁员的相关事宜。[65] 还有一个例子是,随着经济衰退期间产品需求急剧下降,Piper 航空公司将传统工作周改为 4 天,将员工的薪酬降低了 20%。[66]

14.7 法律问题

企业的保留方案与员工离职是紧密相连的,因为失败的保留方案会导致自愿和非自愿离职。因此,组织的保留方案必须在法律法规的指导下进行。在这一节,我们首先简单介绍有关离职的法律,然后具体讨论绩效考核在员工离职中的作用。

14.7.1 有关离职的法律法规

为了保护离职员工的利益,特别是在解雇和组织精简过程中的利益,国家出台了一系列的法律法规。[67] 包括:

- 对随意雇佣的公共政策限制
- 有关雇佣歧视的法律法规
- 平权行动要求
- 雇佣合同原则
- 劳动合同条款
- 公务员法律法规
- 管理疏忽和员工保留
- 提前公告倒闭信息
- 离职合同

有关员工离职的法律法规的基本准则是保证公平一致地对待员工。保证员工离职的程序公平以及基于合法的标准,例如价值、资历或绩效。企业在设计和实施员工保留方案时,应该熟知这些法律法规及其基本的准则。

14.7.2 绩效考核

企业一般比较推崇根据员工的绩效制定保留和离职决策。法律法规也支持甚至是鼓励企业这样做。然而,法律这样规定的前提是绩效考核以及绩效考核系统大体上是公平公正的。因此,在管理实践中处理绩效考核问题时,常常将围绕实践中绩效评价问题的法庭决议和政府法规相结合。

基于上述决议和规定,研究人员为组织设计和使用绩效考核系统提出了大量建议[68]:

- 考核标准应该与工作密切相关并且十分具体,提前与员工进行沟通。

- 部门经理在全部绩效评价程序中应该受到专业培训，并知道如何避免评价过程中的一般性错误。
- 部门经理应该熟知员工的职位描述和实际工作表现。
- 不同经理对同一员工应采用一致性的评价标准。
- 评估需要落实到书面文字。
- 员工在形成决议前有权查看所有的评价和记录，并作出评价。
- 应该为员工提供及时的反馈并解释决策结果（例如保留还是离开）。
- 需要对员工的考核进行上级审核。
- 应该为员工提供申诉通道。

采取上述建议有助于组织建立公平的绩效评价系统以及有理有据的评价决策。如果组织想建立绩效导向的保留系统，就必须确保绩效考核系统符合上述建议。

小　结

保留管理的目的就是控制组织内部员工离职和保留的数量和类型。员工流动通常是以解雇和组织精简的形式通过自愿流动和非自愿流动引起的。自愿流动是由离职的意愿、离职的难度和其他选择决定的。其中一些原因是可以避免的，而另一些原因是不可避免的。高价值员工和低价值员工都可能发生可避免的人员流动。解雇一般是由与绩效和工作规定相关的原因引起的。组织精简或者裁员是因为组织出现了人员数量过多的现象。

进行全面的人员流动分析对组织来说非常重要。通过简单的公式就可以计算出不同流动类型、不同员工、不同工作和不同区域的流动率。对组织流动率进行内外部标杆比较也是非常有用的。此外，还要分析员工离职的原因。这可以通过离职谈话、离职后调查和员工满意度调查来实现。三种流动类型的成本与利益也要进行分析。三种流动类型的成本主要来源于三个方面，包括离职成本、替代成本和培训成本。每一个成本类别中都包括财务和非财务成本。同样，每种流动都包括财务收益和非财务收益。因此，在决策前必须对收益和成本进行比较分析。全面的成本收益分析能够帮助组织决定哪些部门以及哪些员工的流动情况最为严重，以及如何改进员工保留的战略战术。

为了减少自愿流动，组织需要制定大量的保留方案，包括直接和可变薪酬计划、福利计划、工作时间的安排以及培训和开发。有关如何提高

内部激励的研究目前较少。接下来要决定应该采用哪种保留方案。这个过程需要回答五个问题：员工流动是一个问题吗？我们应如何解决员工流动问题？需要进行哪些决策？是否要实施决策？如何对员工保留方案进行评估？为了降低离职的意愿，组织必须通过内部激励和外部激励来提高员工的工作满意度。为了增加离职的难度，组织可以提供针对性的培训和增加离职成本。最后，为促进员工的保留，组织可以提供更多内部工作机会并对其他工作机会做出强有力的回应。

解雇可以通过正式的绩效管理和渐进性的惩罚加以控制。绩效管理系统包括四个阶段——绩效计划、绩效管理实施、绩效评价和作出决定。这个过程可以帮助避免绩效问题并纠正绩效问题。渐进性的惩罚系统主要是为了减少违反工作规定、程序、法律以及专业和职业道德的行为。它包括一系列循序渐进的惩罚措施，解雇是最无奈的选择。

虽然组织精简有一定的好处，但研究表明组织精简的成本也相当高昂，因此组织在进行精简前应充分考虑是否真的想要组织精简，如果必须实施组织精简，则必须明确企业要精简的数量和质量。减少员工层级应具有一定的针对性，不能针对所有的员工。从员工质量角度而言，精简应该以工作年限、工作绩效为依据，或者是充分考虑哪些员工是高价值员工，是企业想要保留的员工。当然，还应该注意到有其他许多方式可以替代组织精简。同时，企业必须关注剩余员工的情

况，因为他们可能会离职，给组织的员工保留带来新的麻烦。

从法律上说，员工离职尤其是非自愿离职是受到大量法律法规的限制的，而组织必须意识到这些法律法规，并将其融入自己的保留方案和技术。如果组织想要基于工作绩效做出保留决策，那么就必须保证绩效管理体系是公正公平的。基于法律法规和法庭裁决，本章也提出了绩效管理体系必须遵循的建议，从而使绩效管理体系能够经受住法律的质疑和审查。

讨论题

1. 自愿流动的三大根源（离职意愿、离职难度、其他选择）的相对重要性是由什么决定的？是员工的类型还是工作的类型？请解释说明。

2. 举例说明对于不同的工作类型，自愿流动的成本和收益将如何变化？

3. 如果有人对你说："减少员工流动很简单，只要支付更多的薪酬就可以了。"你将如何回应？

4. 组织为什么要保留那些绩效不佳或是违反规则的员工？为什么不直接解雇他们？

5. 讨论组织精简作为企业削减劳动力成本的首要方式，存在哪些潜在问题。

伦理议题

1. 假设你所在的组织正在进行离职访谈，并保证对谈话内容保密。你负责进行离职访谈。你的上级要求你给出被访谈者的姓名以便她和被访谈者的上级进行沟通。你作为离职访谈的负责人，在这种情况下该怎么做以保证信息保密？

2. 解雇员工会给组织带来很多负面的影响，包括提供解雇信息的上级的不满，离职员工的冲突和报复行为，以及潜在的法律问题。很多经理为了方便，会故意给绩效不佳的员工提供无趣的工作、减少他们的工作时间或是恶意地调整他们的工作，以期待这些问题员工能自愿离职。这种策略存在哪些道德问题？

应　用

管理层流动：是问题吗

HealthCareLaunderCare（HCLC）是一家专门为医疗服务供应商提供洗衣服务的公司，特别是针对医院、疗养院和一些医疗辅助设施的工作人员。这些医疗机构大部分都将清洁工作外包给了 HCLC。由于市场竞争异常激烈，这些机构一般只和 HCLC 签订两年的合约，之后会有 10% 的机构不和 HCLC 续约。大部分没有续约的机构主要是对 HCLC 的服务成本和质量不太满意（例如手术服没有彻底消毒）。

HCLC 在全国有 20 家分店，大部分分布在大城市。每个分支机构都有一名店长，下面分别设立取货、洗涤、烘干、检查和修复以及运送这几个部门，每个部门由一名主管负责。每家分店平均有 100 名非豁免员工。

分店的运作是完全技术化的，并且充分考虑了健康和安全问题。例如，在取货部门，员工都会穿防护服、戴手套和眼镜，避免沾上血渍、纱布和细菌。洗涤部门由位于 35 英尺高的不锈钢隧道内的大型洗衣设备组成，员工将需要洗涤的物品经过不同的环节进行清洗。这个部门的员工需要在高温下工作，并熟练掌握计算机操作技能。洗好的衣物会由机器人取出并转移到烘干区，并在这里经过烘干、熨烫和折叠，这些都由人工操作的机器进行。在检查和修复区会进行质量检验。员工会检查衣物上是否有细菌或针孔（在手术服上的针孔可能导致血液感染外科医生），其他员工则对破损的衣服和床单进行缝补。在运送区，洗好的衣物会被放入密封的袋子里并搬到运输车上运走。

HCLC的运营副总裁泰隆·威廉负责管理各门店，并用强硬的手段管理各部门的经理。威廉通过每周的门店报告对门店进行监管，报告内容包括成本、质量以及每个区域的安全指标。一旦发现问题或不良趋势，他会与店长和区域主管进行电话会议。通过一对一的谈话，将命令传递给下属，并期望得到执行。如果下周的报告中依然显示这些问题没有解决，威廉会再给店长和主管一周的时间进行改进。如果还是没有足够的改进，他们就会接受一系列的惩罚，包括扣工资、降级、重新安排工作和解除合同。威廉认为这种快速和严厉的公正是必需的，可以保持HCLC的竞争力并时刻提醒员工用数字说话的重要性。由于厌倦了这种管理方式，HCLC的许多店长都辞职了。

最近，门店和部门经理的员工保留问题引起了HCLC总裁罗曼·都布林斯基的重视。他看了一下工资发放单，发现在过去的一年里120个门店的30名部门经理离开了HCLC，但并没有给出具体的离开原因。此外，他还收到了一些写给威廉的辞职信的复印件，语气都非常生硬。由于从来没有考虑过员工保留问题，也不知道如何处理，他想请你（员工管理经理）准备一份简要的书面分析，以便和人力资源副总裁德布拉·安格尔进行讨论。在你的报告中应包括以下几点：

1. 一年内流失120名经理中的30名经理是值得关注的问题吗？

2. 为了进一步了解经理流动问题，我们还需要哪些数据？

3. 流动的成本是什么？是否有好处？

4. 是否会引起法律问题？

5. 如果保留问题在HCLC公司很严重，我们需要怎么做才能解决问题？

员工保留：行动决策

Wally's Wonder Wash（WWW）是瓦里·威尔斯创办的一家全方位服务、高科技、高技术化的洗车公司。WWW位于一个拥有200 000人的中西部城市（还有100 000人在郊区或更偏远的农村），目前有四个分店。瓦里计划在未来两年内增加四个分店，将店面向更偏远的郊区和农村延

伸，主要的竞争者包括另外两家全方位服务的洗车公司（不同的所有者）和三家在城市中的无接触全自动设备的洗车公司（相同的所有者）。

瓦里的宗旨是为顾客提供最优质的服务，让每一个来这里洗车的顾客都能获得积极的体验。为了做到这一点，WWW公司致力于提供高质量的洗车服务和细节设计并通过具有吸引力的价格拉拢回头客。为了方便顾客，WWW公司每周七天全部营业，每天从早上8：00开到晚上8：00。工作日的下午1：00以后以及周末的上午10：00到下午5：00是客流的高峰期。瓦里充分利用员工来实现自己的战略。虽然瓦里没有经过专业的人力资源管理培训，但他知道要想维持现有的成功并实现他的扩张计划，就必须雇用高质量的、稳定的员工。

WWW特别偏爱能够从上午7：30工作到下午4：00或从上午11：00工作到晚上8：00的全职员工。只有在高峰期或暑假的时候，才会使用兼职人员。WWW主要有两类工作——洗车工和顾客服务专员。WWW还采用内部提升的机制，所有专员都是从洗车工做起的。目前WWW共拥有70名洗车工和20名客户服务专员。此外，每个分店都有一名店长。过去瓦里采用内部提升的方式填补经理职位（不是从洗车工就是从顾客服务专员中选拔），现在他开始考虑如果继续扩张，这种方式是否仍然适用。

洗车工的工作要求很高。他们需要将汽车从前到后清洗一遍（如果客人要求还要清洗油箱），擦拭和烘干车窗和后视镜，用毛巾将车体擦干，用一些清洗材料清洗轮胎，清洗内饰和地毯。此外，洗车工还要清洗并整理毛巾，手提沉重的清洗剂和车蜡桶，还要懂得如何对汽车进行简单的保养和修理。最后，也是非常重要的，洗车工还必须向顾客询问特殊的需求并和顾客进行简短的聊天。WWW还有一项特殊的服务，那就是洗车工必须让顾客在离开前亲自对服务进行检查（他们还要对顾客提出的错误进行改进）。洗车工作是一个团队工作，所有的洗车工都必须能够单独完成上述所有任务。

洗车工最开始的基本工资是每小时8美元，每一年半自动增加0.5美元。在开始工作前他们会从经理那里接受简单的培训。顾客服务专员的工资是每小时9美元，每一年半增加0.5美元。

无论是洗车工还是顾客服务专员，都不需要进行绩效回顾。每个分店店长的工资是 27 000 美元，再加上每年不定的奖金，是否有奖金主要取决于瓦里对分店的随机绩效评价（他到这家分店的时候）。顾客的小费会平分给每个洗车工，而顾客服务专员的小费是独立的。福利计划包括：（1）基本的医疗健康保险（员工承担 20%的保险费用）；（2）带薪休假；（3）每个月两天的带薪病假（公司意识到员工极端的工作条件会导致很多健康问题）。

在流动率方面，瓦里只有零星的和整体的数据。WWW 去年一年洗车工的流动率为 65%，顾客服务专员的流动率为 20%，经理级别的员工没有一人离职。虽然缺乏以往的数据，但瓦里意识到洗车工的流动率和往年相比有所增长。WWW 的店长经常向瓦里抱怨洗车工的流动率过高及其带来的问题，尤其是导致 WWW 很难满足公司顾客服务至上的目标。虽然经理没有进行离职谈话，但

他们也从员工那里听到了一些抱怨，抱怨的内容包括：（1）和本区域内其他全职的洗车工或入门级别的工作相比他们的工资不具有竞争力；（2）培训缺乏体系；（3）晋升机会有限；（4）店长没有给予反馈和指导；（5）顾客的抱怨和不合理对待越来越多。

瓦里对洗车工流动问题非常头疼，担心会影响到他的服务质量和扩张战略。假设他找到你来帮助他解决问题。请你利用表 14—9 有关决策过程的内容，为 WWW 开发出一套员工保留方案。你需要回答以下问题：

1. 流动问题严重吗？
2. 我们应该如何解决这个问题？
3. 我们需要做出哪些决策？
4. 我们是否要实施决策？
5. 我们应该如何评估这些决策？

唐格尔伍德商店案例

人员配置的最后一步就是要确保组织能够留住那些精心挑选的员工。这一章我们介绍了一些影响员工流动的因素，包括组织奖励系统、工作环境、沟通和公平感，以及社会环境。

背景

虽然零售组织都对高流动率已经习以为常，但唐格尔伍德却非常重视人才流失和管理层员工的文化知识。唐格尔伍德的领导非常担心其他竞争企业已经意识到唐格尔伍德员工发展计划的质量，并用高薪吸引优秀的门店经理。人员配置代表已经收集了唐格尔伍德所有门店的员工流动数据和满意度调查结果。除了整体的流动率情况，该调查还提供了离职人员的相关信息，包括他们的绩效水平和离职访谈的内容。

你的任务

首先并且最重要的是，唐格尔伍德希望你能通过绩效和流动率的关系来考察流动情况是否严重。一旦你确定了流动问题的严重性，你需要了解员工为什么离开。你要对现有的解释离职原因的信息、唐格尔伍德今后可能收集到的新数据进行评价，从而帮助唐格尔伍德更好地了解员工离职原因。请你根据表 14—10，就唐格尔伍德如何通过内部激励和外部激励相结合的方式来保留员工提出一些建议。有关案例的背景信息和你的具体任务可以参照网站：www.mhhe.com/heneman7e。

注　释

1. US Department of Labor, "Employee Tenure Study," *News*, Aug. 29, 2000; US Department of Labor, "Mass Layoffs in October 2001," *News*, Nov. 30, 2001; US Department of Labor, "Number of Jobs Held, Labor Market Activity, and Earnings Growth Among the Youngest Baby Boomers," *News*, Sept. 10, 2010.

2. P. W. Hom and R. W. Griffeth, *Employee Turnover* (Cincinnati, OH: South-Western, 1995), pp. 1–12; Saratoga Institute, *Human Capital Benchmarking Report* (Santa Clara, CA: author, 2001).

3. R. W. Griffeth, P. W. Hom, and S. Gaertner, "A Meta-Analysis of Antecedents and Correlates of Employee Turnover," *Journal of Management*, 2000, 26, pp. 463–488; Hom and Griffeth, *Employee Turnover*, pp. 51–107; J. D. Kammeyer-Mueller, C. R. Wanberg, T. M. Glomb, and D. A. Ahlburg, "Turnover Processes in a Temporal Context: It's About Time," *Journal of Applied Psychology*, 2005, 90, pp. 644–658; R. P. Steel and J. W. Lounsbury, "Turnover Process Models: Review and Synthesis of a Conceptual Literature," *Human Resource Management Review*, 2009, 19, pp. 271–282; P. W. Hom, L. Roberson, and A. D. Ellis, "Challenging Conventional Wisdom about Who Quits: Revelations from Corporate America," *Journal of Applied Psychology*, 2008, 93, pp. 1–34; J. G. March and H. A. Simon, *Organizations* (New York: Wiley, 1958); C. O. Trevor, "Interactions Among Actual Ease of Movement Determinants and Job Satisfaction in the Prediction of Voluntary Turnover," *Academy of Management Journal*, 2001, 44, pp. 621–638.

4. C. D. Crossley, R. J. Bennett, S. M. Jex, and L. Burnfield, "Development of a Global Measure of Job Embeddedness and Integration Into a Traditional Model of Voluntary Turnover," *Journal of Applied Psychology*, 2007, 92, pp. 1031–1042; W. S. Harman, T. W. Lee, T. R. Mitchell, W. Felps, and B. P. Owens, "The Psychology of Voluntary Employee Turnover," *Current Directions in Psychological Science*, 2007, 16, pp. 51–54; F. Niederman, M. Sumner, and C. P. Maertz, Jr., "Testing and Extending the Unfolding Model of Voluntary Turnover to IT Professionals," *Human Resource Management*, 2007, 46, pp. 331–347; C. P. Maertz and M. A. Campion, "Profiles in Quitting: Integrating Content and Process Turnover Theory," *Academy of Management Journal*, 2004, 47, pp. 566–582.

5. R. W. Griffeth and P. W. Hom, *Retaining Valued Employees* (Cincinnati, OH: South-Western, 2001), pp. 203–222; K. Fernandez, "Tie Up Loose Ends," *Staffing Management*, Jan. 2007 (*www.shrm.org/publications/staffingmanagementmagazine*); E. Agnvall, "Exit Interviews with the Click of a Mouse: Exit Interviews Go High-Tech," SHRM Online HR Technology Focus Area, Oct. 2006 (*www.shrm.org/hrdisciplines/technology/articles/pages/CMS_018960.aspx*).

6. M. A. Campion, "Meaning and Measurement of Turnover: Comparison and Recommendations for Research," *Journal of Applied Psychology*, 1991, 76, pp. 199–212; H. R. Nalbantian and A. Szostak, "How Fleet Bank Fought Employee Flight," *Harvard Business Review*, Apr. 2004, pp. 116–125; S. Wescott, "Goodbye and Good Luck," *Inc.*, Apr. 2006, pp. 40–41.

7. Z. Ton and R. S. Huckman, "Managing the Impact of Employee Turnover on Performance: The Role of Process Conformance," *Organization Science*, 2008, 16, pp. 56–68; K. M. Kacmar, M. C. Andrews, D. L. Rooy, R. C. Steilberg, and S. Cerrone, "Sure, Everyone Can Be Replaced . . . But at What Cost? Turnover as a Predictor of Unit Level Performance," *Academy of Management Journal*, 2006, 49, pp. 133–144; J. Hausknecht, C. O. Trevor, and M. J. Howard, "Unit Level Voluntary Turnover Rates and Customer Service Quality Implications of Group Cohesiveness, Newcomer Concentration, and Size," *Journal of Applied Psychology*, 2009, 94, pp. 1068–1075.

8. W. F. Cascio, *Costing Human Resources*, fourth ed. (Cincinnati, OH: South-Western, 2000), pp. 23–57; Griffeth and Hom, *Retaining Valued Employees*, pp. 10–22; R. Williams and L. Arnett, "Retaining Employees by Sticking to the Basics," *Workforce Management*, Dec. 2008 (*www.workforce.com/tools/features/081215_apqc_stickingtobasics.pdf*).

9. Cascio, *Costing Human Resources*, pp. 83–105; P. C. Gibson and K. S. Piscitelli, *Basic Employment Law Manual for Managers and Supervisors* (Chicago: Commerce Clearing House, 1997); E. E. Schuttauf, *Performance Management Manual for Managers and Supervisors* (Chicago: Commerce Clearing House, 1997).

10. J. N. Barron and D. M. Kreps, *Strategic Human Resources* (New York: Wiley, 1999), pp. 421–445; Cascio, *Costing Human Resources*, pp. 23–57; J. A. Schmidt (ed.), *Making Mergers Work*

(New York: Towers, Perrin, Foster and Crosby, 2001), pp. 257–268.

11. S. Craig and J. Singer, "Merrill Confirms 9,000 Job Cuts, Earnings Charge of 2.2 Billion," *Wall Street Journal*, Jan. 10, 2002, p. C1.

12. E. Esen, *U.S. Job Recovery and Retention: Poll Findings* (Alexandria, VA: SHRM Research, 2005).

13. T. A. Judge, J. E. Bono, and E. A. Locke, "Personality and Job Satisfaction: The Mediating Role of Job Characteristics," *Journal of Applied Psychology*, 2000, 85, pp. 237–249; B. T. Loher, R. A. Noe, N. L. Moeller, and M. P. Fitzgerald, "A Meta-Analysis of the Relation of Job Characteristics to Job Satisfaction," *Journal of Applied Psychology*, 1985, 70, pp. 280–289.

14. M. A. Campion and M. M. Mitchell, "Management Turnover: Experiential Differences Between Former and Current Managers," *Personnel Psychology*, 1986, 39, pp. 57–69; Kammeyer-Mueller, Wanberg, Glomb, and Ahlburg, "Turnover Processes in a Temporal Context: It's About Time"; P. E. Spector and S. M. Jex, "Relations of Job Characteristics From Multiple Data Sources With Employee Affect, Absence, Turnover Intentions, and Health," *Journal of Applied Psychology*, 1991, 76, pp. 46–53.

15. WorldatWork, *Attraction and Retention: The Impact and Prevalence of Work-Life & Benefit Programs* (Scottsdale, AZ: author, 2007).

16. A. Fisher, "Playing for Keeps," *Fortune,* Jan. 22, 2007, pp. 85–93; D. A. Kaplan, "SAS the Best Company to Work For," *Fortune*, Feb. 8, 2010, pp. 56–64.

17. J. D. Shaw and N. Gupta, "Pay System Characteristics and Quit Patterns of Good, Average, and Poor Performers," *Personnel Psychology*, 2007, 60, pp. 903–928.

18. J. B. Arthur, "Effects of Human Resource Systems on Manufacturing Performance and Turnover," *Academy of Management Journal*, 1994, 37, pp. 670–687.

19. M. A. Huselid, "The Impact of Human Resource Management Practices on Turnover, Productivity, and Corporate Financial Performance," *Academy of Management Journal*, 1995, 38, pp. 635–672.

20. E. R. Demby, "The Insider: Benefits," *Workforce Management*, Feb. 2004, pp. 57–59; Nalbantian and Szostak, "How Fleet Bank Fought Employee Flight"; S. Overman, "Outback Steakhouse Grills Applicants, Caters to Employees to Keep Turnover Low," *SHRM News Online*, Oct. 2004 (*www.shrm.org/ema/news_published/CMS_008306.asp*); T. Rutigliano, "Tuning Up Your Talent Engine," *Gallup Management Journal*, Fall 2001, pp. 12–14; G. Strauss, "UPS' Pay, Perks Make It a Destination Job for Many," *Wall Street Journal*, Oct. 14, 2003, pp. B1–B2; E. Zimmerman, "The Joy of Flex," *The Workforce Management 2004 Optimas Awards*, pp. 4–5; J. T. Marquez, "Tailor-Made Careers," *Workforce Management*, Jan. 2010, pp. 16–21.

21. H. Axel, "Strategies for Retaining Critical Talent," *The Conference Board*, 1998, 6(2), pp. 4–18; P. Cappelli, "A Market-Driven Approach to Retaining Talent," *Harvard Business Review*, Jan.–Feb. 2000, pp. 103–111; T. Wilson, "Brand Imaging," *ACA News*, May 2000, pp. 44–48.

22. S. Miller, "What Do Employees Want? Not Always What Employers Think," Mar. 2007 (*www.shrm.org/hrdisciplines/compensation/articles/pages/cms_020601.aspx*); Williams and Arnett, "Retaining Employees by Sticking to the Basics."

23. Harris Interactive, *Working in America: The Key to Employee Satisfaction* (Rochester, NY: author, 2007).

24. M. Schoeff, "Retention Edges Cost Reduction as Benefits Objective," *Workforce Management Online*, Mar. 24, 2009 (*www.workforce.com/archive*).

25. C. O. Trevor, B. Gerhart, and J. W. Boudreau, "Voluntary Turnover and Job Performance: Curvilinearity and the Moderating Influences of Salary Growth and Promotions," *Journal of Applied Psychology*, 1997, 82, pp. 44–61; S. J. Peterson and F. Luthans, "The Impact of Financial and Nonfinancial Incentives on Business-Unit Outcomes Over Time," *Journal of Applied Psychology*, 2006, 91, pp. 156–165; Shaw and Gupta, "Pay System Characteristics and Quit Patterns of

Good, Average, and Poor Performers"; J. D. Shaw, N. Gupta, and J. E. Delery, "Pay Dispersion and Work Force Performance: Moderating Effects of Incentives and Interdependence," *Strategic Management Journal*, 2002, 23, pp. 491–512; J. D. Shaw, N. Gupta, and J. E. Delery, "Alternative Conceptualizations of the Relationship Between Voluntary Turnover and Organizational Performance," *Academy of Management Journal*, 2005, 48, pp. 50–68.

26. Cappelli, "A Market-Driven Approach to Retaining Talent"; L. Gomez-Mejia and D. Balkin, *Compensation, Organizational Strategy, and Firm Performance* (Cincinnati, OH: South-Western, 1992), pp. 290–307; B. Klaas and J. McClendon, "To Lead, Lag, or Match: Estimating the Financial Impact of Pay Level Policies," *Personnel Psychology*, 1996, 49, pp. 121–140.

27. S. L. Peterson, "Managerial Turnover in U.S. Retail Organizations," *Journal of Management Development*, 2007, 26, pp. 770–789; Griffeth and Hom, *Retaining Valued Employees*, pp. 31–45; Kammeyer-Mueller, Wanberg, Glomb, and Ahlburg, "Turnover Processes in a Temporal Context: It's About Time"; Harman, Lee, Mitchell, Felps, and Owens, "The Psychology of Voluntary Employee Turnover"; Niederman, Sumner, and Maertz, "Testing and Extending the Unfolding Model of Voluntary Turnover to IT Professionals"; Maertz and Campion, "Profiles in Quitting: Integrating Content and Process Turnover Theory."

28. K. V. Rondeau, E. S. Williams, and T. H. Wagar, "Developing Human Capital: What Is the Impact on Nurse Turnover?" *Journal of Nursing Management*, 2009, 17, pp. 739–748.

29. R. Folger and R. Cropanzano, *Organizational Justice and Human Resource Management* (Thousand Oaks, CA: Sage, 1998); R. A. Postuma, C. P. Maertz, Jr., and J. B. Dworkin, "Procedural Justice's Relationship With Turnover: Explaining Past Inconsistent Findings," *Journal of Organizational Behavior*, 2007, 28, pp. 381–398.

30. G. Paré and M. Tremblay, "The Influence of High-Involvement Human Resources Practices, Procedural Justice, Organizational Commitment, and Citizenship Behaviors on Information Technology Professionals' Turnover Intentions," *Group & Organization Management*, 2007, 32, pp. 326–357; N. P. Podsakoff, J. A. LePine, and M. A. LePine, "Differential Challenge Stressor-Hindrance Stressor Relationships With Job Attitudes, Turnover Intentions, Turnover, and Withdrawal Behavior: A Meta-Analysis," *Journal of Applied Psychology*, 2007, 92, pp. 438–454.

31. S. Fournier, "Keeping Line Managers in the Know," *ACA News*, 2000, 43(3), pp. 1–3; K. D. Scott, D. Morajda, and J. W. Bishop, "Increase Company Competitiveness," *WorldatWork Journal*, 2002, 11(1), pp. 35–42.

32. Rutigliano, "Tuning Up Your Talent Engine."

33. J. Choi and C. C. Chen, "The Relationships of Distributive Justice and Compensation System Fairness to Employee Attitudes in International Joint Ventures," *Journal of Organizational Behavior*, 2007, 28, pp. 687–703; A. A. Chughtai and S. Zafar, "Antecedents and Consequences of Organizational Commitment Among Pakistani University Teachers," *Applied H.R.M. Research*, 2006, 11, pp. 39–64; T. Kim and K. Leung, "Forming and Reacting to Overall Fairness: A Cross-Cultural Comparison," *Organizational Behavior and Human Decision Processes*, 2007, 104, pp. 83–95; D. G. Allen, R. W. Griffeth, J. M. Vardaman, K. Aquino, S. Gaertner, M. Lee, "Structural Validity and Generalizability of a Referent Cognitions Model of Turnover Decisions," *Applied Psychology: An International Review*, 2009, 58, pp. 709–728.

34. W. Felps, T. R. Mitchell, D. R. Hekman, T. W. Lee, B. C. Holtom, and W. S. Harman, "Turnover Contagion: How Coworkers, Job Embeddedness and Job Search Behaviors Influence Quitting," *Academy of Management Journal*, 2009, 52, pp. 545–561.

35. J. Mayfield and M. Mayfield, "The Effects of Leader Communication on a Worker's Intent to Stay: An Investigation Using Structural Equation Modeling," *Human Performance*, 2007, 20, pp. 85–102; C. Donoghue and N. G. Castle, "Leadership Styles of Nursing Home Administrators and Their Association with Staff Turnover," *The Gerontologist*, 2009, 49, pp. 166–174;

L. H. Nishii and D. M. Mayer, "Do Inclusive Leaders Help to Reduce Turnover in Diverse Groups?" *Journal of Applied Psychology*, 2009, 94, pp. 1412–1426.

36. B. J. Tepper, "Consequences of Abusive Supervision," *Academy of Management Journal*, 2000, 43, pp. 178–190; J. S. Leonard and D. I. Levine, "The Effect of Diversity on Turnover: A Large Case Study," *Industrial and Labor Relations Review*, 2006, 59, pp. 547–572; P. F. McKay, D. R. Avery, S. Toniandel, M. A. Morris, M. Hernandez, and M. R. Hebl, "Racial Differences in Employee Retention: Are Diversity Climate Perceptions the Key?" *Personnel Psychology*, 2007, 60, pp. 35–62.

37. C. A. Thompson and D. J. Prottas, "Relationships Among Organizational Family Support, Job Autonomy, Perceived Control, and Employee Well-Being," *Journal of Occupational Health Psychology*, 2006, 11, pp. 100–118; Podsakoff, LePine, and LePine, "Differential Challenge Stressor-Hindrance Stressor Relationships With Job Attitudes, Turnover Intentions, Turnover, and Withdrawal Behavior: A Meta-Analysis"; S. Aryee, V. Luk, and R. Stone, "Family-Responsive Variables and Retention-Relevant Outcomes Among Employed Parents," *Human Relations*, 1998, 51, pp. 73–87; T. D. Golden, "Avoiding Depletion in Virtual Work: Telework and the Intervening Impact of Work Exhaustion on Commitment and Turnover Intentions," *Journal of Vocational Behavior*, 2006, 69, pp. 176–187; T. Golden, "Co-workers Who Telework and the Impact on Those in the Office: Understanding the Implications of Virtual Work for Co-worker Satisfaction and Turnover Intentions," *Human Relations*, 2007, 60, pp. 1641–1667; Society for Human Resource Management, *Workplace Flexibility in the 21st Century* (Alexandria, VA: author, 2008).

38. M. R. Barrick and R. D. Zimmerman, "Reducing Voluntary, Avoidable Turnover Through Selection," *Journal of Applied Psychology*, 2005, 90, pp. 159–166; J. B. Becton, M. C. Matthews, D. L. Hartley, and D. H. Whitaker, "Using Biodata to Predict Turnover, Organizational Commitment, and Job Performance in Healthcare," *International Journal of Selection and Assessment*, 2009, 17, pp. 189–202.

39. R. D. Zimmerman, "Understanding the Impact of Personality Traits on Individuals' Turnover Decisions: A Meta-Analytic Path Model," *Personnel Psychology*, 2008, 61, pp. 309–348; M. R. Barrick and R. D. Zimmerman, "Hiring for Retention and Performance," *Human Resource Management*, 2009, 48, pp. 183–206; M. R. Barrick and M. K. Mount, "Effects of Impression Management and Self-Deception on the Validity of Personality Constructs," *Journal of Applied Psychology*, 1996, 81, pp. 261–272.

40. D. J. Hanford, "Stay. Please," *Wall Street Journal*, Apr. 12, 2001, p. R8.

41. E. R. Silverman, "Mercer Tries to Keep Its Employees Through Its 'Externship' Program," *Wall Street Journal*, Nov. 7, 2000, p. B18.

42. A. R. Wheeler, V. C. Gallagher, R. L. Brover, and C. J. Sablynski, "When Person-Organization (Mis)Fit and (Dis)Satisfaction Lead to Turnover: The Moderating Role of Perceived Job Mobility," *Journal of Managerial Psychology*, 2007, 22, pp. 203–219.

43. J. S. Lublin, "In Hot Demand, Retention Czars Face Tough Job," *Wall Street Journal*, Sept. 12, 2000, p. B1.

44. M. Armstrong, *Performance Management*, second ed. (London: Kogan-Page, 2000); D. Grote, *The Complete Guide to Performance Appraisal* (New York: AMACOM, 1996); G. P. Latham and K. N. Wexley, *Increasing Productivity Through Performance Appraisal*, second ed. (Reading, MA: Addison-Wesley, 1994); Schuttauf, *Performance Management Manual for Managers and Supervisors*.

45. Grote, *The Complete Guide to Performance Appraisal*; Society for Human Resource Management, *Performance Management Survey* (Alexandria, VA: author, 2000).

46. M. Rotundo and P. R. Sackett, "The Relative Importance of Task, Citizenship, and Counterproductive Performance to Global Ratings of Job Performance: A Policy Capturing Approach,"

Journal of Applied Psychology, 2002, 87, pp. 66–80; J. W. Johnson, "The Relative Importance of Task and Contextual Performance Dimensions to Supervisor Judgments of Overall Performance," *Journal of Applied Psychology*, 2001, 86, pp. 984–996; P. R. Sackett, C. M. Berry, S. A. Wiemann, and R. M. Laczo, "Citizenship and Counterproductive Behavior: Clarifying Relations Between the Two Domains," *Human Performance*, 2006, 19, pp. 441–464; F. Lievens, J. M. Conway, and W. De Corte, "The Relative Importance of Task, Citizenship, and Counterproductive Performance to Job Performance Ratings: Do Rater Source and Team-Based Culture Matter?" *Journal of Occupational and Organizational Psychology*, 2008, 81, pp. 11–27.

47. G. A. Stoskopf, "Taking Performance Management to the Next Level," *Workspan*, Feb. 2002, pp. 26–33.

48. F. T. Coleman, *Ending the Employment Relationship Without Ending Up in Court* (Alexandria, VA: Society for Human Resource Management, 2001); Gibson and Piscitelli, *Basic Employment Law Manual for Managers and Supervisors*.

49. Gibson and Piscitelli, *Basic Employment Law Manual for Managers and Supervisors*, pp. 51–53.

50. R. R. Hastings, "Designing a Progressive Discipline Policy," 2010 (*www.shrm.org/hrdisciplines/ employeerelations/articles/Pages/designingaprogressive.aspx*); R. R. Hastings, "Is Progressive Discipline a Thing of the Past?" 2010 (*www.shrm.org/hrdisciplines/employeerelations/articles/ Pages/IsProgressiveDisciplineaThing.aspx*).

51. Schuttauf, *Performance Management Manual for Managers and Supervisors*, pp. 43–45.

52. Gibson and Piscitelli, *Basic Employment Law Manual for Managers and Supervisors*, pp. 48–53; Hastings, "Is Progressive Discipline a Thing of the Past?"

53. Coleman, *Ending the Employment Relationship Without Ending Up in Court*, pp. 51–84.

54. D. K. Datta, J. P. Guthrie, D. Basuil, and A. Pandey, "Causes and Effects of Employee Downsizing: A Review and Synthesis," *Journal of Management*, 2010, 36, pp. 281–348.

55. J. P. Guthrie and D. K. Datta, "Dumb and Dumber: The Impact of Downsizing on Firm Performance as Moderated by Industry Conditions," *Organization Science*, 2008, 19, pp. 108–123.

56. Datta, Guthrie, Basuil, and Pandey, "Causes and Effects of Employee Downsizing: A Review and Synthesis."

57. P. Barta, "In This Expansion, As Business Booms, So Do the Layoffs," *Wall Street Journal*, Mar. 13, 2000, p. A1; L. Uchitelle, "Pink Slip? Now It's All in a Day's Work," *New York Times*, Aug. 5, 2001, p. BU1.

58. A. Fox, "Prune Employees Carefully," *HR Magazine*, Apr. 2008 (*www.shrm.org/publications/ hrmagazine*).

59. C. Tuna, "No Layoff Policies Crumble," *Wall Street Journal*, Dec. 29, 2008, p. B1.

60. B. Mirza, "Look at Alternatives to Layoffs," *HR News*, Dec. 29, 2008 (*www.shrm.org/ hrdisciplines/businessleadership/articles/Pages/AlternativestoLayoffs.aspx*).

61. K. Gurchiek, "Layoffs Pack Punch to 'Surviving' Employees," *HR News*, Dec. 22, 2008 (*www. shrm.org/publications/hrnews/Pages/PunchtoSurvivingEmployees.aspx*).

62. Gurchiek, "Layoffs Pack Punch to 'Surviving' Employees."

63. C. O. Trevor and A. J. Nyberg, "Keeping Your Headcount When All About You Are Losing Theirs: Downsizing, Voluntary Turnover Rates, and the Moderating Role of HR Practices," *Academy of Management Journal*, 2008, 51, pp. 259–276; A. K. Mishra, K. E. Misra, and G. M. Spreitzer, "Downsizing the Company Without Downsizing Morale," *MIT Sloan Management Review*, 2009, 50(3), pp. 39–44.

64. A. Fox, "Pulling the Plug on Circuit City," *HRMagazine*, June 1, 2009 (*www.shrm.org/publications/ hrmagazine/EditorialContent/Pages/0609fox.aspx*).

65. J. T. Marquez, "How HOK Builds Engagement Despite the Downturn," *Workforce Management Online*, Dec. 2009 (*www.workforce.com/section/hr-management/feature/how-hok-builds- engagement-despite-downturn*).

66. R. Zeidner, "Cutting Hours Without Increasing Risk," *HRMagazine*, Apr. 1, 2009 (*www.shrm. org/publications/hrmagazine/EditorialContent/Pages/0409zeidner.aspx*).

67. Coleman, *Ending the Employment Relationship Without Ending Up in Court*; J. G. Frierson, *Preventing Employment Lawsuits* (Washington, DC: Bureau of National Affairs, 1997); S. C. Kahn, B. B. Brown, and M. Lanzarone, *Legal Guide to Human Resources* (Boston: Warren, Gorham and Lamont, 2001), pp. 9-3 to 9-82; D. P. Twomey, *Labor and Employment Law*, eleventh ed. (Cincinnati, OH: South-Western, 2001); E. Lipsig, M. E. Dollarhide, and B. K. Seifert, *Reductions in Force in Employment Law*, second ed. (Washington, DC: BNA Books, 2010).

68. Kahn, Brown, and Lanzarone, *Legal Guide to Human Resources*, pp. 6-2 to 6-58; D. C. Martin, K. M. Bartol, and P. E. Kehoe, "The Legal Ramifications of Performance Appraisal," *Public Personnel Management*, 2000, 29, pp. 379–406; J. M. Werner and M. C. Bolino, "Explaining U.S. Courts of Appeals Decisions Involving Performance Appraisals: Accuracy, Fairness, and Validation," *Personnel Psychology*, 1997, 50, pp. 1–24; J. Marquez, "Is G.E.'s Ranking System Broken?" *Workforce Management*, June 25, 2007, pp. 1–3; M. Orey, "Fear of Firing," *Business Week*, Apr. 23, 2007, pp. 52–62.

教师反馈表

麦格劳-希尔教育集团（McGraw-Hill Education）是全球领先的教育资源与数字化解决方案提供商。为了更好地提供教学服务，提升教学质量，麦格劳-希尔教师服务中心于 2003 年在京成立。在您确认将本书作为指定教材后，请填好以下表格并经系主任签字盖章后返回我们（或联系我们索要电子版），我们将免费向您提供相应的教学辅助资源。如果您需要订购或参阅本书的英文原版，我们也将竭诚为您服务。

★ 基本信息

姓		名		性别	
学校		院系			
职称		职务			
办公电话		家庭电话			
手机		电子邮箱			
通信地址及邮编					

★ 课程信息

主讲课程		课程性质		学生年级	
学生人数		授课语言		学时数	
开课日期		学期数		教材决策者	
教材名称、作者、出版社					

★ 教师需求及建议

提供配套教学课件 （请注明作者／书名／版次）	
推荐教材 （请注明感兴趣领域或相关信息）	
其他需求	
意见和建议（图书和服务）	

是否需要最新图书信息	是、否	系主任签字/盖章	
是否有翻译意愿	是、否		

Mc Graw Hill Education | **Higher Education**

麦格劳-希尔教育教师服务中心
地址：北京市东城区北三环东路 36 号环球贸易中心 A 座·702 室 教师服务中心 100013
电话：010-57997600
传真：010-59575582

教师服务热线：800-810-1936
教师服务信箱：instructorchina@mheducation.com
网址：www.mheducation.com

教师教学服务说明

中国人民大学出版社工商管理分社以出版经典、高品质的工商管理、财务会计、统计、市场营销、人力资源管理、运营管理、物流管理、旅游管理等领域的各层次教材为宗旨。

为了更好地为一线教师服务，近年来工商管理分社着力建设了一批数字化、立体化的网络教学资源。教师可以通过以下方式获得免费下载教学资源的权限：

在"人大经管图书在线"（www. rdjg. com. cn）注册，下载"教师服务登记表"，或直接填写下面的"教师服务登记表"，加盖院系公章，然后邮寄或传真给我们。我们收到表格后将在一个工作日内为您开通相关资源的下载权限。

如您需要帮助，请随时与我们联络：

中国人民大学出版社工商管理分社

联系电话：010-62515735，62515749，62515987

传　　真：010-62515732，62514775　　　　电子邮箱：rdcbsjg@crup. com. cn

通讯地址：北京市海淀区中关村大街甲 59 号文化大厦 1501 室 （100872）

教师服务登记表

姓 名		□先生　□女士	职　称		
座机/手机			电子邮箱		
通讯地址			邮　编		
任教学校			所在院系		
所授课程	课程名称	现用教材名称	出版社	对象（本科生/研究生/MBA/其他）	学生人数
需要哪本教材的配套资源					
人大经管图书在线用户名					

院/系领导（签字）：

院/系办公室盖章